渝北年鉴

YUBEI YEARBOOK

· 2022 ·

重庆市渝北区地方志编纂中心 编

方志出版社
Publishing House of Local Records

图书在版编目（CIP）数据

渝北年鉴. 2022 / 重庆市渝北区地方志编纂中心编.
—北京:方志出版社,2022.10
ISBN 978-7-5144-5358-4

Ⅰ. ①渝… Ⅱ. ①重… Ⅲ. ①渝北区－2022－年鉴
Ⅳ. ①Z527.193

中国版本图书馆CIP数据核字(2022)第241253号

责任编辑：丛珺
责任校对：刘玉霞
责任印制：梅中英
出 版 者：方志出版社
地 址：北京市朝阳区潘家园东里9号（国家方志馆4层）
邮 编：100021
网 址：http://www.zgfzcb.cn
发 行：方志出版社图书营销中心（010-67110500）
印 刷：北京中科印刷有限公司
开 本：889毫米×1194毫米 1/16
印 张：24
字 数：660千字
版 次：2022年10月第1版
印 次：2022年10月第1次印刷
定 价：228.00元

重庆市渝北区地方志编纂委员会

（2021 年 12 月）

顾　　问：于会文　李联铁　彭建康

主　　任：廖红军

副 主 任：王小渝　廖红军　唐丽华（女）唐　密

成　　员：李义奎　邓　超　任忠明　夏　凡　缪　璞　任晓曼（女）
赵　兵　艾道淳　李世瑜　唐贤源　陈　华　曹兴建（女）
邓贤伦　吴云斌　康碧霞（女）张国安　杨永洪　余　江
李　晋

《渝北年鉴（2022）》编辑

总　　编：李　晋

副 总 编：刘　琴

编　　辑：徐吉容　白小玉　刘奕含　熊　枞

总纂分工：李　晋：卷首　特载
刘　琴：渝北概览
徐吉容：大事记　中共重庆市渝北区委员会　重庆市渝北区人民代表大会　重庆市渝北区人民政府　政协重庆市渝北区委员会　中共重庆市渝北区纪律检查委员会 重庆市渝北区监察委员会　民主党派·工商联　人民团体　先进名录
白小玉：法治　军事　财政·税收·金融　交通·邮政·通信　社会生活
刘奕含：开放·开发　农业农村·水利　工业　城建·环保　镇　统计资料　组织机构及领导名录
熊　枞：商贸服务业　经济综合管理　科教文旅卫　街道

撰稿人名单

李　晋　刘　琴　张郁梅　曾祥海　陈登科　禹　婷　曾　娅　陈　凌　赵　茜　刘姝伶
王　谦　唐　诗　李　喻　秦菲扬　穆　飞　郭瑞雪　陈寒秋　邱　宇　董金津　和　雷
谷安柏　胡建军　张　娟　黄贵洪　刘　炼　沈庆航　朱荣熙　龚　玲　杨倩怡　周　巧
李　丹　吴琼霞　任焕志　徐雪滢　雷　璐　肖亚梅　何大洪　江　洪　王　娇　陈远强
郭　震　蒋兆婉　徐　蜜　林　倪　严　洁　高菀蓁　杜　建　魏潇潇　林　欣　赵　晶
向朝阳　潘禹媗　陈若曦　刘妍利　李小华　代丹丹　张　寻　蒋小丽　王成志　刘飞龙
李军乐　袁海溢　任　伟　秦　馨　孙　婕　黄俊豪　苗建波　徐吉容　寇村图　沈昱廷
周创业　袁　丽　王文慧　吴宇淇　胡兴春　彭　芃　方　乐　陈怡玮　张　清　龚俊豪
陈和平　向艾苓　张　松　张方瑜　刘媛媛　易　乐　张广纳　黄晓梅　罗建华　聂　浩
谢　芳　陈　晨　朱传兴　王　庭　张晗资　梁巧琳　朱守拓　田　洁　周代军　石昌吉
王　越　文　君　王子建　罗　靖　刘真子　熊　川　罗梓洋　杨　丽　邓胜严　胡　波
黄双斌　徐　欣　陈　欣　伍祥龙　王晓江　庄　君　蓝海洋　黄志毅　石少云　焦　点
付永利　邓　娅　颜会香　蒲志宇　郑　凯　杨　静　娄　庆　黄群英　王　勤　唐　刘
常露倩　文　莉　王肇华　吴　强　荆铁轮　王　琴　陈宇涵　杨　鑫　谭　越　敖　翔
秦荣耀　张　梦　何丁妮　孟　朋　陈芏霖　张洪瑞　凌　菲　邓　雪　凌　静　曾伶俐
张思思　伍丹妮　余　景　何　凡　黄圣杰　尹江君　白小玉　赵佳豪　费银平　张宗生
许言杰　解　勇　李姗姗　熊林森　李　丹　唐发丽　王　宇　石　兵　龚志平　辜升霜
陈　礼　李博文　田　宇　余　春　潘　舒　陈　洁　游朝义　代发晶　邵　伟　范袅娜
余林霜　方纪函　陈　成　田　梦　吴秋瑶　李向浩　陈军飞　朱万强　杨　迪　周芋瑾
廖远东　赖　昕　幸　青　田焱文　刘月星　陈雁铃　谭兴悦　张远刚　肖　桢　谭显春
樊文宇　白泰萌　李　岚　李　丹　倪婷婷　邹　静　何　东

经济社会发展成就

▲2021 年 12 月 28 日，中国共产党重庆市渝北区第十五次代表大会在区会议中心举行 （区融媒体中心）

▲2021 年 3 月 10 日，重庆市渝北区第十八届人民代表大会第五次会议在区会议中心举行
（区融媒体中心）

▲2021 年 3 月 9 日，中国人民政治协商会议重庆市渝北区第十五届委员会第五次会议在区会议中心召开
（区融媒体中心）

◀ 2021 年 3 月 22 日，渝北区退役军人事务局举行老战士进消防救援支队讲党史活动
（退役军人事务局）

▶ 2021 年 3 月 28 日，民盟渝北区委会举办庆祝中国共产党成立 100 周年暨中国民主同盟成立 80 周年纪念大会
（民盟渝北区委）

◀ 2021 年 6 月 17 日，渝北区启动庆祝中国共产党建党 100 周年“五个一百”系列文化活动
（区文旅委）

▲2021 年 6 月 27 日，由渝北区委教育工委、渝北区仙桃街道党工委联合主办的“永远跟党走”渝北区党史学习教育情景党课音诗画·莲华颂在重庆八中举行

（区教委）

▲2021 年 7 月 29 日，双龙湖街道举办学习贯彻“七一”重要讲话精神 “老兵故事汇”“六进”宣讲报告会

（双龙湖街道）

▲2021 年 12 月 23 日，两路街道双凤路社区开展“党史教育进社区　垃圾分类大家知”宣传活动
（区城管局）

▲2021 年 3 月 30 日，川渝高竹新区投资推介暨项目集中签约活动在重庆市渝北区悦来会展中心举行
（胡瑾）

▲ 2021 年 6 月 18 日，重庆市渝北区法院与四川省邻水县法院签订《服务保障高竹新区 2021 年行动方案》

（区法院）

▲ 2021 年 10 月 18 日，川渝高竹新区开发建设领导小组第二次会议在仙桃国际大数据谷召开

（胡瑾）

▲ 2021 年 12 月 27 日，川渝高竹新区管理机构揭牌暨重大项目集中签约开工活动在川渝高竹新区集中建设场地举行（胡瑾）

▲ 2021 年 4 月 2 日，渝北区体育馆方舱接种点开舱接种新冠病毒疫苗（区卫健委）

▲ 2021 年 9 月 27 日，进口冷链食品新冠疫情应急处置演练在渝北举行（区市场监管局）

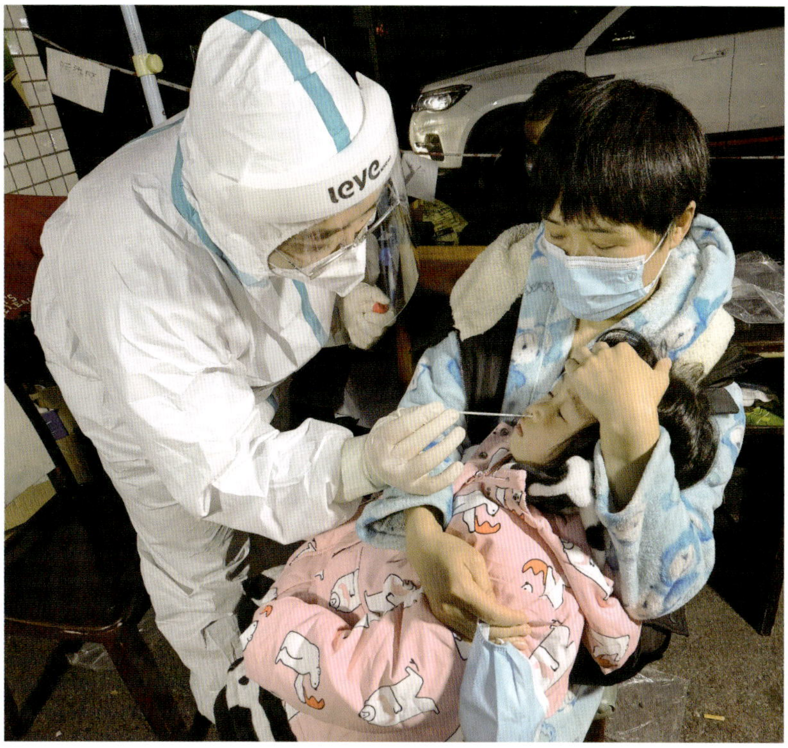

▲ 2021 年 11 月 2 日，宝圣湖街道星充新能源公司突发新冠肺炎疫情，立即组织全员进行核酸检测（宝圣湖街道）

▲ 2021 年以来，渝北区积极推动、有序组织新冠疫苗接种。图为康美街道新冠疫苗接种现场

（康美街道）

▲ 2021 年 4 月 22 日，渝北区 2012 年第二季度重大招商项目集中签约活动举行，中车时代电气、安徽海螺集团、顺丰丰泰等项目签约落户

（临空招商公司）

▲ 2021 年 4 月 26 日，国家产业知识产权运营西南分中心在仙桃国际大数据谷揭牌

（仙桃数据谷公司）

▲ 2021 年 9 月 27 日，2021 智博会汽车电子（软件）产业发展论坛在仙桃国际大数据谷举行，全国首个万人研发的“汽车软件产业基地”启动

（仙桃数据公司）

▲12月22日，重庆市智能硬件检测公共服务平台在仙桃数据谷揭牌成立

（仙桃数据谷）

▲2021年11月30日，OPPO（重庆）创新示范智能工厂启动仪式暨产值破300亿元纪念活动在创新经济走廊举行

（创新经济走廊公司）

▲2021年11月29日，洛碛镇召开中共重庆市渝北区洛碛镇第十七次代表大会

（洛碛镇）

▲ 2021 年 8 月 30 日，渝北悦来中学新校区揭牌投用

（区教委）

▲ 2021 年 4 月，渝北区公安分局开展“反诈宣传进校园”活动

（区公安分局）

▲ 2021 年 6 月 25 日，铜锣山矿山公园正式开园迎宾

（临空文旅公司）

▲ 2021 年建设中的龙兴足球场

（龙兴镇）

▲ 2021 年大湾镇金凤桃园丰收

（大湾镇）

▲ 石船镇葛口村大棚蔬菜基地

（石船镇）

▲ 大盛镇柑橘基地

（大盛镇）

▲ 洛碛镇八桥叠翠

（洛碛镇）

▲ 云龟山帐篷公园

（大盛镇）

编辑说明

一、《渝北年鉴》坚持以马克思列宁主义、毛泽东思想、邓小平理论、“三个代表”重要思想、科学发展观、习近平新时代中国特色社会主义思想为指导，坚持辩证唯物主义和历史唯物主义的立场、观点和方法，逐年真实、全面、系统地记载和反映渝北区改革开放、经济发展、社会进步的情况，旨在为决策服务，为修志积累史料，并为国内外各界人士了解渝北、加强交流合作提供资料，是各级各部门和各方面人士认识渝北的一个窗口。

二、《渝北年鉴》是重庆市渝北区政府主办、重庆市渝北区地方志编纂委员会主持编纂、重庆市渝北区地方志编纂中心承编的政府综合性年鉴。

三、《渝北年鉴（2022）》保持年鉴框架结构的稳定，记载和反映渝北区2021年的国民经济和社会发展情况，主要记述区内经济和社会发展的新成绩、新经验、新情况。采取分类编辑法，由类目、分目、子分目、条目组成，设本区地图、经济社会发展成就（彩图）、特载、大事记、渝北概览、中共重庆市渝北区委员会、重庆市渝北区人民代表大会、重庆市渝北区人民政府、政协重庆市渝北区委员会、中共重庆市渝北区纪律检查委员会 重庆市渝北区监察委员会、民主党派·工商联、人民团体、法治、军事、开放·开发、农业农村·水利、工业、商贸服务业、财政·税收·金融、经济综合管理、城建·环保、交通·邮政·通信、科教文旅卫、社会生活、街道·镇、先进名录、统计资料、附录共28个部分。

四、本年鉴所载资料，由渝北区级各部门、镇街和有关驻区单位提供，并经供稿单位领导审核，渝北区地方志编纂中心负责总纂并编辑成书。书中所用统计资料，凡渝北区统计局有的数据，均以之为准；统计局没有的，则以主管部门的数据为准。由于资料来源、统计口径和项目内涵不尽相同，个别数据不完全一致，采用时请注意鉴别。

五、本年鉴中数字用法、标点符号用法分别采用国家标准《出版物上数字用法》（GB/T 15835—2011）、《标点符号用法》（GB/T 15834—2011），计量单位采用国家技术监督局1993年12月发布的《量和单位》系列国家标准。

六、撰稿人署名于条目的右下角，加圆括号表示。若同一分目内连续数个条目均为同一撰稿人，则在其末一条目后署名。

七、经济社会发展成就图片及文字说明由相关单位提供。

目 录

特 载

大事记

渝北概览

中共重庆市渝北区委员会

重庆市渝北区人民代表大会

重庆市渝北区人民政府

政协重庆市渝北区委员会

中共重庆市渝北区纪律检查委员会
重庆市渝北区监察委员会

民主党派·工商联

人民团体

法　治

军　事

开放·开发

农业农村·水利

工　业

商贸服务业

财政·税收·金融

经济综合管理

城建·环保

交通·邮政·通信

科教文旅卫

社会生活

街道·镇

先进名录

统计资料

附　录

特 载

以科技创新为支撑加快建设协同创新引领区 奋力谱写渝北高质量发展新篇章

——在区委十四届九次全会第一次全体会议上的讲话

中共重庆市渝北区委书记 唐 川

（2021 年 6 月 16 日）

这次全会的主要任务是，以习近平新时代中国特色社会主义思想为指导，深入学习贯彻习近平总书记关于科技创新的重要论述和《在中国科学院第二十次院士大会、中国工程院第十五次院士大会、中国科协第十次全国代表大会上的讲话》精神，全面落实习近平总书记对重庆提出的系列重要指示要求，深化落实市委五届十次全会精神，立足新发展阶段、贯彻新发展理念、融入新发展格局，动员全区上下进一步统一思想、凝心聚力，对标全市建设具有全国影响力的科技创新中心，深入推动科技创新，加快建设协同创新引领区，为推动高质量发展、创造高品质生活注入强大动能。刚才，谭庆同志就《中共重庆市渝北区委关于加快建设协同创新引领区奋力推动高质量发展的意见（讨论稿）》作了说明，请大家深入思考、深入讨论。下面，我代表区委常委会讲四点意见。

一、认识再深化，深刻领会习近平总书记关于科技创新的重要论述和市委全会精神

科技是国家强盛之基，创新是民族进步之魂。党的十八大以来，以习近平同志为核心的党中央着眼全局、面向未来，全面分析国际科技创新竞争态势，深入研判国内外发展形势，针对我国科技事业面临的突出问题和挑战，坚持把科技创新摆在国家发展全局的核心位置，确立了到 2035 年跻身创新型国家前列的战略目标，引领我国科技实力从量的积累迈向质的飞跃、从点的突破迈向系统能力提升，开辟了创新发展新境界。习近平总书记多次强调科技创新的重要性，提出了一系列新思想、新论断、新要求，科学回答了事关我国科技事业发展的一系列重大理论和实践问题，为我们加快推进科技创新提供了根本遵循、指明了前进方向。在前不久召开的两院院士大会上，习近平总书记发表的重要讲话，回顾了我们党在各个历史时期对科技事业的高度重视，总结了我国科技事业取得的新的历史成就，分析了新一轮科技革命和产业变革的演化趋势，明确了加快建设科技强国的重点任务，对更好发挥两院院士和中国科协作用提出殷切希望，具有很强的思想性、指导性、针对性，对我国实现高水平科技自立自强、向第二个百年奋斗目标胜利进军具有重大意义。

5月17日召开的市委五届十次全会，专题研究部署推进全市科技创新工作，主题鲜明、意义重大、影响深远。市委书记陈敏尔的讲话，对习近平总书记关于科技创新的重要论述进行了深入解读，全面分析了重庆建设具有全国影响力的科技创新中心的意义和作用、优势和短板、方向和路径，系统部署了全市科技创新的“三大主攻领域”和“六项任务抓手”。全会审议通过的《中共重庆市委关于深入推动科技创新支撑引领高质量发展的决定》，提出把科技创新作为高质量发展的主动力、把大数据智能化作为科技创新的主方向、把建设具有全国影响力的科技创新中心作为主目标、把产业科技创新作为主战场、把建设西部（重庆）科学城作为主平台、把科技成果产生转化应用作为主抓手、把优化创新生态作为主任务，对重庆在新阶段育先机开新局、加快推动科技创新进行了整体设计，是指导“十四五”和今后一个时期重庆科技创新工作的纲领性文件。全区上下要把深入学习习近平总书记重要论述和落实市委全会精神作为当前的一项重要政治任务，引导广大党员干部群众把思想和行动统一到中央部署和市委要求上来，掀起学习宣传贯彻的热潮。

第一，要学在深处。习近平总书记关于科技创新的重要论述，是基于我国社会主要矛盾变化和国际形势变化，对马克思主义科技观的理论创新，是一个系统完整、逻辑严密的科学理论体系。我们要坚持读原著、学原文、悟原理，在全面学习的基础上，把握重点、反复研学，品悟“真理的味道”，推动学习往深里走、往实里走、往心里走。要深刻领悟“发展科技第一生产力、培养人才第一资源、增强创新第一动力”是对“科学技术是第一生产力”战略思想的丰富和发展，是对发展规律和科学规律认识的不断深化。我们必须贯通起来学习领会、一体化贯彻落实。要深刻领悟“把科技创新摆在国家发展全局的核心位置”是从战略和全局的高度，阐明了科技创新的地位和作用。我们必须牢牢抓住创新这个牵动经济社会发展的“牛鼻子”，抢占先机、赢得优势。要深刻领悟“加快科技自立自强”是确保国内大循环畅通、塑造我国在国际大循环中新优势的关键。我们必须切实增强责任感和危机感，打好关键核心技术攻坚战。要深刻领悟“面向世界科技前沿、面向经济主战场、面向国家重大需求、面向人民生命健康”是科技创新全面支撑“五位一体”总体布局的战略方向。我们必须抓住新一轮科技革命和产业变革机遇，把经济领域作为科技创新重中之重，把国家所需和渝北所能结合起来，把保护人民生命健康作为科技创新的出发点和落脚点。要深刻领悟“深化科技体制改革”是解决科技创新堵点难点问题的迫切需要。我们必须以更大的力度、更实的举措，加快破除科技创新体制性障碍，不断提升科技创新效率。要深刻领悟“加强国际科技交流合作”是着眼创新要素开放性、流动性，顺应全球化、信息化、网络化深入发展的必然要求。我们必须进一步扩大开放，在更大范围内整合利用创新资源，加大协同创新力度。

第二，要谋在新处。习近平总书记关于科技创新的重要论述，体现了鲜明的时代特征。我们要对标习近平总书记重要论述和市委要求，立足渝北实际，加快推进以科技创新为核心的全面创新。要以科技创新引领新需求，面对新情况新问题，更加注重从全局谋划一域、以一域服务全局，对照市委全会提出的任务，结合“十四五”规划，进一步细化完善工作举措，塑造更多依靠创新引领的发展优势。要以科技创新拓展新空间，深度融入成渝地区双城经济圈建设，从工作布局、领导力量、发展路径、财力保障等方面入手，着力畅通经济循环堵点、断点，在更大范围、更宽领域、更深层次上配置创新资源、集聚创新要素，实现依靠创新驱动的内涵型增长。要以科技创新催生新动能，充分发挥科技创新在推动高质量发展中的重要作用，全面提升科学研究能力、技术创新能力、成果转化能力，推动质量变革、效率变革、动力变革，为渝北经济高质量发展注入强大动力。

第三，要干在实处。党的十九大以来，我们深入实施以大数据智能化为引领的创新生态圈建设行动计划，抢抓成渝地区双城经济圈建设战略机遇，先后召开区委十四届七次、八次全会，谋划部署了“四区”发展定位，对标重庆建设具有全国影响力的科技创新中心和主城都市区中心城区提升创新能级，作出了建设协同创新引领区的重大决策。今天，我们召开全会专题研究建设协同创新引领区，是一次再动员、再部署。全区上下要深刻把握建设协同创新引领区，是区委一体贯彻习近平总书记关于科技创新的重要论述和对重庆提出的重要指示要求、精准落实市委决策部署的具体行动，是对区域经济发展和科技创新的规律性认识，有利于推动渝北高质量发展、有利于融入全市科技创新版图、有利于服务构建新发展格局。我们必须保持定力、坚定信心、久久为功，在战略部署上“扣扣子”、在责任履行上“担担子”、在任务落实上“钉钉子”，以科技创新的“加强版”实现渝北经济社会发展的“升级版”。

二、目标再明晰，准确把握协同创新引领区的内涵特征

建设协同创新引领区，渝北既有基础和优势，又有潜力和需求。从区位优势看，我们拥有江北国际机场、火车北站两大交通枢纽，拥有空港保税区、悦来国际博览中心等市级平台，是重庆自贸试验区、中新（重庆）战略性互联互通示范项目的重要承载地，通过空港水港铁路港“三港”联动、空铁公水“四式”联运、人流物流资金流信息流“四流”聚散，为汇聚更多科技创新资源要素创造了有利条件。从产业基础看，渝北是全市最大的汽车制造业基地、重要的智能终端生产基地和进出口基地，汽车和笔电产量分别占全市一半和1/3，科技型企业、国家级高新技术企业分别占全市1/10、1/7，“五个千亿级”产业集群和农村“双十万工程”发展潜能正逐步释放，必将为建设协同创新引领区提供强大支撑。从生态环境看，我们拥有“三山两江两河”自然生态资源，拥有各类公园160多个，是三峡库区和主城都市区中心城区重要的生态屏障，是国家生态文明建设示范区，有助于吸引科学家、投资者、创业者纷至沓来。从科创实力看，全区全社会研发经费支出占GDP比重达到4.08%，“双创”指数连续17个季度排名全市第一，综合科技竞争力连续多年全市第一，创新10条、每年2亿元技改资金等支持政策显效发力，初步形成以大数据智能化为引领的创新生态圈，为新技术运用、新产业发展、新模式推广创造了条件、开辟了空间。但我们也要清醒地看到，对标重庆建设具有全国影响力的科技创新中心，我区还有不少短板和“痛点”。一是基础研究水平还不够高，自主研发能力还不强，重大原创性成果产出不多，对“卡脖子”关键核心技术攻关与协同攻关的支撑性不足。二是创新要素集聚能力还不够强，缺乏“独角兽”“瞪羚”企业和具有引领性、带动性的科创企业。三是产学研合作渠道还不畅，企业、高校、科研院所协同不够，科创资源未能有效分享与整合。四是高水平创新人才仍然不足，人才培引与一线城市、沿海发达地区还有较大差距。五是创新开放水平还不高，科技合作、科技交流、科技成果异地转化等还需持续用力。这需要我们在今后工作中，认真加以研究和解决，真正让科技创新成为城市发展主动力。

建设协同创新引领区，就是要着眼于新时代渝北经济高质量发展、创造高品质生活，聚焦“创新”主题，把握“协同”路径，实现“引领”目标，立足优势固底板、瞄准问题补短板、挖掘潜能锻长板，坚持科技创新和制度创新“两个轮子”一起转，推动产业重塑、城市重构，形成“科创+产业+城市”新的发展格局，努力在新一轮竞争中抢占先机、赢得主动。到2025年，创新资源高效集聚，创新能力大幅提升，创新成果率先应用，创新生态持续优化，全区全社会研发经费投入占GDP比重保持4%以上，高技术产业和战略性新兴产业增加值占GDP比重达到40%以上，以成渝地区双城经济圈为重点的跨区域合作机制更加完善，基本建成协同创新引领区。到2035年，创新能级显著提升，开放协同创新纵深推进，渝北科技创新的集聚度、活跃度、开放度、贡献度、辐射度不断增强，协同创新引领区作用充分彰显。

第一，必须增强创新的系统性。坚持创新在现代化建设全局中的核心地位，持续优化创新发展布局，以仙桃国际大数据谷为策源地，以创新经济走廊、两江国际商务中心、空港工业园等为重要承载地，以镇街众创空间为主要孵化地，形成联动全域、优势互补的创新圈层，进一步强化创新策源、科技发源、产业引领等核心功能，统筹基础研究、技术攻关、应用创新和成果转化，构建产业链、创新链、供应链、要素链、政策链、价值链深度融合的创新生态系统。

第二，必须增强创新的集聚性。着眼要素为创新赋能，抓住用好新一轮科技革命和重庆建设具有全国影响力的科技创新中心机遇，聚焦“五个千亿级”产业集群和“双十万工程”高质量发展，以开放的思维、改革的办法优化创新资源配置，破除制约科技要素自由流动、高效配置的制度性障碍，充分释放人才、资金、技术、服务等要素活力，推进产业集群、企业集聚、人才集中、技术集成，通过提升要素的“含金量”，构建创新集聚的“磁力场”。

第三，必须增强创新的协同性。立足渝北创新资源禀赋，深度融入两江协同创新区和西部（重庆）科学城等重大科创平台，以企业为主体、市场为导向，围绕创新需求，聚焦关键共性技术、前沿引领技术、应用型技术，加快建设创新孵化“联合体”和“政产学研金用”协同创新体系，打造联动协作的创新场景，推动区域之间、平台之间创新协作，促进科研项目、科技成果共建共享，形成“多主体、跨区域、宽领域”协同创新的生动局面。

第四，必须增强创新的引领性。聚焦科技创新为高质量发展、高品质生活赋能添彩，依托创新生态圈，推进科技创新成果区内应用和异地转化，着力在产业、民生、环保、社会治理等领域加强科技供给，塑造更多依靠创新驱动、更多发挥先发优势的引领型发展，不断增强创新影响力、区域带动力和环境吸引力，力争在“一区两群”当好示范，更好服务全市发展大局。

三、措施再强化，精准抓好建设协同创新引领区的重点任务

建设协同创新引领区涉及多个领域、多个环节，必须聚焦关键重点，持续精准发力，确保各项任务举措落地见效。这里，我着重强调五个方面。

第一，建平台夯基础，着力集聚创新资源。习近平总书记强调，要“加快布局一批重大创新平台”“抓好科技、人才、政策等要素配置组合”。市委书记陈敏尔指出，要加强高能级科创平台建设。我们要发挥临空优势，加快培育一批突破型、引领型创新平台。一是提升仙桃国际大数据谷科创策源能力。要围绕“创新谷”“智慧谷”“生态谷”发展思路，加快推进中新示范项目合作通信领域示范点、中关

村信息谷协同创新中心、长安全球软件中心等重点项目建设，持续优化“1+3+5+10+N”创新生态，联动全域创新“赋能”，着力打造全区创新驱动的“核心引擎”。要强化要素集聚功能，抓紧建成175万平方米楼宇，加快完工“小蛮腰”“指环王”等标志性建筑，重点推动洲际华邑酒店、无人驾驶公园等配套项目落地，以一流园区吸引高端创新资源。要强化开放协同功能，加大与中关村、张江高科、天府软件园等成熟园区产业互动，强化与两江数字经济产业园、水土云计算中心等毗邻园区协同合作，加强国际协同投资孵化，不断提升创新生态圈循环和辐射能力。要强化引领示范功能，依托华为软开云等十大开放共享平台，加快培育一批“瞪羚”“独角兽”种子企业，为全区各类主体提供跨领域、跨行业的创新服务。二是提升国家农业高新技术示范区科创辐射能力。要聚焦今年成功升建国家级农高区目标，加快完善136平方公里“一核五区”规划，提速建设10平方公里核心区，打造七大科技支撑平台，建成农业科技区域发展交流和辐射带动的窗口。要突出资源整合，发挥好荣庭昭院士工作站引领作用，加快引进涉农科研院所、知名农业高校进驻园区或共建研究院，带动建设一批研发总部、培训基地和孵化中心，成为西部丘陵山区现代高效特色农业科创集聚地。要突出科技服务，围绕“农高区＋科研院所＋龙头企业＋新型农业经营主体”的链式推广服务体系，加强现代种养、农产品精深加工、生物制造等核心技术攻关和应用，实现农业科技成果的高效转化。要突出智慧智能，利用好大数据、物联网等技术，建设智能种养、农产品质量追溯等农业科技平台，提升园区智能化水平。三是提升特色产业园区科创聚合能力。各园区要充分发挥产业优势，围绕功能定位，差异化布局科技基础设施，吸引科创企业入驻，加速创新资源汇聚，形成特色鲜明、优势互补、充满活力的创新增长点。前沿科技城要围绕研发、制造、服务一体化，加快引进一批技术创新中心，成立研发联盟和研发基地，支持OPPO研发中心开工建设，创建市级智能终端产业创新中心。空港工业园区要突出数字化、网络化、智能化，加快产业转型升级，着力推进汽车智能网联、车载智能硬件、物联网等核心技术攻关，促进制造业迈向中高端。现代建筑智慧产业园要聚焦智能建造，依托紫光建筑云等项目，加快建设行业数据中心、智能建造等平台，打造集创新研发、生产制造、智慧管理于一体的全国现代建筑智慧产业综合性园区。创意公园要发挥国家级众创空间的带动作用，围绕“科创＋文创”，拓展创意产业孵化渠道，推动文化和科技融合，打造西部一流的创新创业基地和文创产业高地。

第二，强技术兴产业，着力强化科技赋能。习近平总书记强调，要把科技创新真正落到产业发展上。市委书记陈敏尔指出，要把产业科技创新作为主战场。我们要牢牢把握大数据智能化创新方向，围绕产业链部署创新链，围绕创新链培育产业链，以科技创新带动提升产业链韧性和竞争力。一是聚焦“五个千亿级”产业集群高质量发展强化创新链。区委创新实施的“五个千亿级”产业集群成效已逐步显现，正在成为渝北经济新的增长点。我们要着眼科技创新与产业发展深度融合、数字经济与实体经济深度融合，一手抓战略性新兴产业发展壮大，一手抓传统产业转型升级，全面提升“五个千亿级”产业基础高级化、产业链现代化水平，努力把产业集群打造成为创新集群。一方面，要推动智能制造产业链创新链深度融合。对标全市“智造重镇”建设要求，围绕“芯屏器核网”全产业链，支持OPPO、传音等龙头企业和相关配套企业，开展重点生产环节和关键生产工艺技术攻关，全力打造智能终端创新链条；围绕“云联数算用”全要素群，支持国家信息中心西部大数据研究院、重邮工业互联网研究院、物奇科技等，加快突破一批“卡脖子”技术问题，提升软件和信息服务业创新水平和竞争能力，到2025年，全区数字经济规模达到3000亿元。要加快传统产业转型升级，持续用好每年不少于2亿元的技改扶持资金，支持汽摩、笔电等传统制造业智能化改造，引导产业链企业“上云用平台”。另一方面，要推动智慧应用价值链创新升级。对标全市“智慧名城”建设要求，围绕“住业游乐购”全场景集，加快5G等新型基础设施建设，依靠科技创新推动现代消费走廊、两江国际商务中心、航空物流园等产业集群价值链向中高端迈进。要大力营造智慧商圈应用场景，依托新城吾悦广场、中粮大悦城、西南国际汽贸城、居然之家智能家居小镇等重点项目，培育发展数字消费、定制消费、体验消费、时尚消费等新业态，提升现代消费能级。要大力营造智慧物流应用场景，支持中远海运、圆通速递等企业，加快应用无人仓储、智能调度等先进技术，推动物流业触网升级。要大力营造智慧会展应用场景，用好国博中心等资源，全面提升设施和服务智能化水平。要大力营造智慧金融应用场景，提升重庆基金小镇柔性服务能力，创新发展新型金融业态。二是聚焦“双十万工程”补链延链强化科技兴农。从已实施“双十万工程”的村来看，大部分基本实现机械化、规模化、组织化，但是其他“几化”还存在一些不足。我们要围绕“七化”，加大农业科技创新力度，不断丰富“双十万工程”产业场景，增强农村一、二、三产业融合发展动能。要依靠科技提升智能化、信息化水平，推动“智慧农业·数字乡村”建设，搭建覆盖全区的农业信息数据平台，发挥好农业科技特派员作用，更好地推广水肥一体化、智能滴灌、病虫害防治新技术，全面提高管护能力，降低风险和成本。要依靠科技提升品牌化水平，围绕产加销一体，建立全流程技术服务体系，推动渝北特色农产品向生产加工、冷链物流、零售和大宗交易等领域拓展，精准对接供销市场，不断提高农产品附加值。要依靠科技提升景观化水平，用好古洛环线、南北大道沿线等旅游资源，围绕旅游基础设施管理运营和观光、体验、休闲、消费等环节，着力提高智能化应用程度，切实增强“双十万工程”的观赏性、游览性和消费者的体验感、满意度。要在做精做强“双十万工程”的基础上，鼓励研发制造适合丘陵山区的智能农机装备，积极培育引进“果变汁、菜变肴”的农业食品融合企业和航空食品加工企业，着力提高农耕文化体验、研学教育、田园康养等特色项目的科技含金量，推动乡村产业跨界融合。三是聚焦“社会民生”强化科技添彩。坚持把满足人民对美好生活的向往作为科技创新的落脚点，努力为改善民生提供更多的科学技术解决方案，以科技助力高品质生活。要让科技更好服务人民生命健康，积极筹建樊代明院士工作站，开展疾病防控、诊疗关键技术攻关，建设一批全市一流学科和专科，推进“5G+智慧医疗”，创建一批智慧医院，让市民享受更多优质、便捷的医疗服务。要让科技更好服务教育，搭建全区教育云平台，建设一批智慧校园，促进优质教学资源联网共享，推动智慧教育创新发展，打造渝北教育信息化2.0版本。要让科技更好服务养老，加快建设悦来老年康养中心智慧健康养老示范点，加大智能设备在居家、社区及养老机构的运用，提高老年人生活质量。要让科技更好服务城市管理，探索城市信息化项目与城市基础设施同步规划、同步建设、同步使用，优化提升城市管理数字化服务平台，大力推动公安、城管、交通等跨系统、跨行业信息资源的整合，提升城市数字化、智能化水平，建设新型智慧城市。要让科技更好服务基层治理，推广智能感知等技术，整合数据资源、拓展应用场景，加强基层智慧治理能力建设，提高基层治理数字化智能化水平。四是聚焦“绿色发展”强化科技支撑。坚持产业生态化、生态产业化，积极探索绿色低碳发展的科技路径，推广应用绿色科技、绿色发明，建设智慧环保体系，以更多更好的科技创新成果，助推国家“两山”实践创新基地建设。要提升科技对生态保护修复的支撑能力，以洛碛长江库岸保护、铜锣山生态系统修复等项目为重点加快应用创新成果，建设山水林田湖草综合治理科技示范基地，筑牢长江上游重要生态屏障。要提升科技对环境污染防治的支撑能力，围绕环保“五大行动”，加大水体污染与控制治理、大气污染防治、农业面源污染与重金属污染土地治理等新技术创新应用，不断提升污染治理科技水平，持续巩固国家生态文明建设示范区成果。要提升科技对绿色转型发展的支撑能力，落实好全市碳达峰、碳中和科技创新行动，加快引进绿色技术创新中心和绿色工程研究中心，推动高能耗企业利用高新技术改造升级，大力发展绿色低碳循环经济，提高资源生产率和减少废物排放，创建一批零碳示范园区、零碳示范企业。

第三，壮主体聚人才，着力增强创新活力。习近平总书记强调，“企业是创新的主体”“人才是创新的根基”。市委书记陈敏尔指出，要提升企业创新意识和技术创新能力，激发人才创新活力。我们要坚持以企业为主体，促进创新要素向企业集聚，加快培养创新人才队伍，为科技创新提供有力支撑。一是多措并举强化企业创新主体地位。增强企业创新动力，正向激励企业创新，反向倒逼企业创新。要深入实施企业创新能力提升行动，发挥科技领军企业市场需求、集成创新、组织平台的优势和创新引领支撑作用，鼓励参与重大科研项目攻关和新技术应用，支持企业先行制定标准、建立技术创新战略联盟和专利池。要深入实施科技型企业培育行动，建立分级分类培育库，用好科技创新券等支持政策，壮大“科创企业森林”，打造一批细分领域专业化“小巨人”企业和单项冠军企业，确保到2025年，国家高新技术企业达到1000家以上、市级高新技术企业达到5000家以上，新增企业自主发明专利1000件以上、万人有效发明专利拥有量达到30件以上。要深入实施科技企业孵化器建设提升行动，支持今日头条创作空间、微软人工智能加速器、感知孵化器、立洋孵化器等加速项目挖掘培育，以“三龙”片区为重点，打造一批规模化、特色化孵化载体，构建“众创空间＋孵化器＋加速器”全链条孵化体系。二是多管齐下建设创新人才高地。突出“高精尖缺”导向，完善“塔尖”“塔基”人才政策体系，深入实施“临空英才计划”，激发各类人才创新潜力。要在引进上用力，依托人力资源产业园、青年人才成长驿站等平台，探索“人才＋项目＋平台”等引才模式，吸引更多战略科技人才、科技领军人才和创新团队留在渝北、扎根渝北。要在培育上用心，聚焦培养更多高素质技术技能人才、能工巧匠、大国工匠，鼓励企业建立院士（专家）工作站、博士后工作（流动）站，支持渝北职教中心建设综合实训基地，打造创新型、应用型、技能型人才队伍。要在激励上用功，坚持“破四唯”和“立新标”并举，健全以创新能力、质量、实效、贡献为导向的人才评价体系，认真落实“揭榜挂帅”和全市科研人员“减负行动2.0”要求，持续完善科技创新政策和科技成果收益分配机制，让科技工作者“名利双收”。要在服务上用情，认真落实党管人才要求，建立健全党政领导干部直接联系人才机制、科技工作者联系服务机制，设立区级人才专项基金，用好用活高层次人才服务中心及线上线下服务平台，在安家落户、购房买车、配偶就业、父母养老、子女入学、看病就医等方面提供精准化、个性化服务，切实做到在政治上关怀人才、工作上支持人才、生活上关心人才，让科技人员把主要精力投入科技创新和研发活动。三是多点突破培育发展研发机构。要引进一批，立足渝北产业基础和科技企业规模优势，积极对接全市“名校名院名所”引进计划，加快引进新型研发机构，加大科创基地创建力度，支持重庆纤维研究院等企业和高校建设国家、市级重点实验室和技术创新中心。要建设一批，落实好全市规模以上工业企业内部研发机构三年倍增行动计划，到2025年，实现全区规模以上工业企业内部研发机构全覆盖；鼓励有条件的企业研发机构实行法人化改革，支持企业“走出去”设立或并购境外研发机构，增强企业转型升级支撑能力。要提升一批，加快推进传统科研机构升级，支持事业类科研院所向新型研发机构转型，推动基础研究、应用研究与技术创新对接融通。

第四，抓改革促转化，着力提升协同创新能力。习近平总书记强调，要探索建立高效协同的创新体系，加快科技体制改革步伐。市委书记陈敏尔指出，要完善科技创新体制机制，坚定走交流合作的科技创新之路。我们要抢抓重庆入选国家“全面创新改革试验区”机遇，以深化改革激发创新活力，在协同创新上全面发力、多点突破，让更多科技成果转化为现实生产力。一是深化科技体制机制改革。要完善创新决策机制，明确政府、园区、企业的决策范围和决策事项，健全科技决策咨询制度，设立以区内企业家和产业专家为主体的渝北区科技创新战略咨询委员会，参与区内科技创新规划、计划、政策的制定和科研项目立项决策，给予创新领军人才更大技术路线决定权和经费使用权。要完善创新投入机制，优化科技投入结构，加大科技创新产业导入力度，分期设立总规模约100亿元的政策性产业基金，引导股权投资机构加大对科技型企业和科技项目的投资力度；鼓励规模以上企业提高研发投入比例，降低中小企业科技创新政策享受门槛。要深化科研信用管理改革，加快建设全区科研信用体系，推进部门间科研信用信息共享。要完善容错纠错机制，健全创新试错政策体系，明确容错纠错具体情形，以更大的力度支持改革、鼓励创新。二是促进创新政策跨区域协同和产学研协同。要强化区域协同创新，抢抓成渝科创走廊建设机遇，加强与双城经济圈部分城市和毗邻地区结对合作，联合成立区域科技创新投资基金，加快建立产业创新联盟，引进建设跨区域科技基础设施和技术创新平台，探索在高竹新区建立科技创新合作管理模式，促进科技资源双向流动、共建共享。要全面落实“一带一路”科技创新行动计划，用好西洽会、智博会等资源，持续办好办优软件产业、智慧建筑、大数据“三论坛”和集成电路沙龙、软件开发大赛，深化科技创新交流合作。要推进园区、校区、厂区“三区融合”，支持西南政法大学建设西部（重庆）科学城法治科技园，建立企业与区内外高校、科研机构的长期合作机制，推动教育发展、科技创新、城市经济协同联动、有机融合。三是提高科技成果转移转化成效。要认真落实《重庆市促进科技成果转化条例》，深入实施促进科技成果转化行动，建立健全科技成果转移、交易平台和服务机构，开展数字化科技成果应用示范，到2025年，实现重大科技成果转化应用100项以上。要以“互联网+技术交易”为重点，打造中新（重庆）大数据智能化成果展示促进中心，积极引进知名高校、科研院所在渝北建立科技成果转化基地或技术转移服务机构，培育科技成果转化和技术交易市场。要加快科技成果区内转化应用，落实技术成果交易税收减免政策，出台奖补政策，支持有条件的技术转移机构与天使投资、创业投资等开展合作，优先购买区内企业研发的科技成果和开发投产的市级高新技术产品，吸引国内外优质科技成果来区转化应用。

第五，优环境提品质，着力打造一流创新生态。习近平总书记强调，要“营造良好创新环境”“构建开放创新生态”。市委书记陈敏尔指出，要坚持硬环境和软环境两手抓，在政策制度、公共服务、创新文化、生活环境等方面取得新的突破。我们要加大创新支持力度，全力做好服务保障，持续打造“近悦远来”的创新环境。一是在优化政务环境上下功夫。要深化“放管服”改革，搞好“全渝通办”“一网通办”等服务，扩大“就近办”比例，推进“互联网＋政务服务”，提高网上注册、网上申报、网上办理效率。要营造公平公正的市场环境，完善“双随机、一公开”监管、信用监管、“互联网＋监管”、跨部门协同监管等制度机制，提高监管执法规范性和透明度。要增强创新政策供给，提高政策精准度、配套性和执行力，加强宣传解读和贯彻落实，把政策的“真金白银”用在刀刃上，最大限度释放政策红利。各级各部门要结合党史学习教育“我为群众办实事”实践活动，深入开展“为科技工作者办实事，助科技工作者作贡献”行动，满腔热情地为各类创新主体排忧解难，搞好服务。二是在强化金融支撑上下功夫。要加大科技金融产品和服务模式创新，鼓励银行机构围绕“两新企业”种子期、初创期、成长期、成熟期、困难期开发“全周期”综合化金融产品，深入开展金融服务进园区、进企业等活动，为企业提供量身定制的融资服务。要用好临空远翔、科创基金、种子基金、天使基金，采取只参股不控股的方式支持初创期科技型企业发展，提升物联网、传感器、生物医药、大数据等科技天使、风险基金使用效率。要加大知识产权质押融资力度，依托“科信贷”担保基金，拓宽合作银行范围，支持银行组建“专业、专职”的科技信贷管理团队，提升信贷审批效率，解决科技型企业轻资产造成的抵押难、担保难问题。要完善科技企业保险服务，支持保险公司围绕科技研发、成果转化、企业孵化、知识产权创造保护等发展科技保险，采取保费补贴等方式鼓励科创企业购买科技保险，推动“银保互动”，加快形成有保、愿保、敢保长效机制。三是在做好法律服务上下功夫。要加强知识产权保护，强化知识产权综合行政执法，完善知识产权行政司法保护衔接机制，用好两江新区知识产权法庭等资源，鼓励企业、行业协会等构建知识产权维权联盟，切实保护科技工作者的合法权益。四是在培育创新文化上下功夫。要高度重视创新文化建设，在全社会营造尊重劳动、尊重知识、尊重人才、尊重创造的环境，形成崇尚科学的风尚。要深入开展“院士专家校园行”“北斗领航梦想”“科技活动周”“三下乡·四进社区”“科普讲解大赛”等活动，让青少年心怀科学梦想、树立创新志向，让公民的科学素养得到全面提升。区科协等群团组织要发挥好桥梁纽带作用，坚持为科技工作者服务、为创新驱动发展服务、为党和政府科学决策服务，更广泛地把广大科技工作者团结在党的周围，引导科技工作者把论文写在渝北大地上，把成果应用在经济社会发展中。

四、责任再压实，不断凝聚建设协同创新引领区的强大合力

习近平总书记强调，要坚持和加强党对科技事业的领导。市委书记陈敏尔指出，要加强组织领导，创造良好条件，为推动科技创新提供有力保障。各级各部门要增强“四个意识”、坚定“四个自信”、做到“两个维护”，切实扛起领导责任、主体责任和工作责任，最大限度地调动创新资源、激发创造活力，为推动协同创新引领区建设走深走实凝聚智慧和力量。

一要强化组织领导。协同创新引领区建设领导小组要加强统筹领导，相关区领导要率先垂范、靠前指挥，及时研究解决科技创新领域重大问题，压茬推进科技创新各项任务。要加强工作联动，区科技局要担起主责主业，各级各部门和平台公司要充分发挥主动性创造性，各司其职、密切配合，清单化、项目化、事项化推进科技创新各项工作，使谋划创新、推动创新、落实创新成为自觉行动。各级领导干部要带头加强学习和实践，提升科学素养，发扬专业精神，不断提高推动创新发展的能力水平，努力做到抓科技创新有想法、有办法。

二要强化考核评价。要加强任务分解，这次全会提出的目标任务涉及方方面面，既有年度目标，又有中长期目标，要按照项目化、事项化的要求进行细化分解，确保各项工作落地落细落实。要加强监测评估，将科创重要指标纳入党政领导班子年度考核体系，建立第三方评估与政府评价相结合的考核机制，完善区级部门、区管教育机构、区管国有公司创新激励考核机制，确保科技创新取得实实在在的效果。要加强督促检查，区人大、区政协要发挥监督支持作用，区委、区政府“两办”督查室要加强跟踪问效，确保科创项目跑出加速度、增强可视度。

三要强化氛围营造。要加大科技创新奖励力度，深入开展“人才创新科技奖”“首席技师”等表彰评选，树立一批典型创新企业、创新团队、创新人物，大力弘扬新时代科学家精神，营造勇于创新、追求卓越的浓厚氛围。要加强舆论引导，围绕“大众创业、万众创新”，积极开展各类主题宣传活动，综合运用新闻宣传、理论宣传、文艺宣传、社会宣传等方式讲好渝北创新故事，使创新创业创造在全社会蔚然成风。

同志们，创新驱动发展，科技引领未来。让我们更加紧密地团结在以习近平同志为核心的党中央周围，在市委市政府的坚强领导下，以与时俱进的精神、革故鼎新的勇气、坚韧不拔的定力，只争朝夕、乘势而上，深入实施创新驱动发展战略，加快建设协同创新引领区，为谱写渝北高质量发展高品质生活新篇章、开启社会主义现代化建设新征程注入强大动力，以优异成绩庆祝建党100周年！

深入学习贯彻党的十九届六中全会精神 以更加昂扬的姿态奋进新征程建功新时代

——在区委十四届十一次全会上的讲话

中共重庆市渝北区委书记　于会文

（2021年12月16日）

这次全会的主要任务是，全面贯彻习近平新时代中国特色社会主义思想，深入学习贯彻党的十九届六中全会精神，认真落实市委五届十一次全会精神，进一步增强“四个意识”、坚定“四个自信”、做到“两个维护”，始终坚持和加强党的全面领导，大力弘扬伟大建党精神，围绕把习近平总书记殷殷嘱托全面落实到重庆大地上这条主线，团结带领全区人民以史为鉴、开创未来，确保实现“十四五”良好开局，开启渝北社会主义现代化建设新征程，以优异成绩迎接党的二十大召开。

党的十九届六中全会重点研究全面总结党的百年奋斗重大成就和历史经验问题，这是党中央郑重的历史性、战略性决策。六中全会通过的《中共中央关于党的百年奋斗重大成就和历史经验的决议》，是一篇马克思主义的纲领性文献，是新时代中国共产党人牢记初心使命、坚持和发展中国特色社会主义的政治宣言，是以史为鉴、开创未来、实现中华民族伟大复兴的行动指南。习近平总书记在全会上发表的重要讲话，深刻阐述了总结党的百年奋斗重大成就和历史经验的重大意义，科学回答了一系列方向性、根本性、战略性重大问题，提出了许多新思想新观点新论断，为我们做好当前和今后一个时期各项工作提供了根本遵循。11月29日，市委召开五届十一次全会，对深入学习宣传贯彻党的十九届六中全会精神作出了全面部署。市委书记陈敏尔在讲话中指出，全市上下要全面落实党的十九届六中全会部署要求，以咬定青山不放松的执着奋力实现既定目标，努力在新征程上赢得更加伟大的胜利和荣光。这充分体现了市委自觉落实“两个确立”、坚决做到“两个维护”、不折不扣贯彻落实中央决策部署的坚定性和自觉性，为我们学习贯彻六中全会精神明确了要求、作出了示范。

党的十九届六中全会召开后，区委第一时间召开区委常委会会议、区委理论学习中心组集中学习会，深入学习全会精神，深入开展宣传宣讲，迅速掀起学习宣传贯彻党的十九届六中全会精神的热潮，引导广大党员干部群众把思想和行动统一到全会精神上来。为确保党中央决策部署和市委工作要求更好地在渝北落地生根，不断把学习贯彻六中全会精神引向深入，区委研究制定了《中共重庆市渝北区委关于深入学习宣传贯彻党的十九届六中全会精神的意见（讨论稿）》。希望与会同志以高度负责的态度，认真思考和审议，提出建设性意见和建议。同时，《区委常委会工作报告》和《区委常委会抓党建工作报告》书面稿也已经印发给大家，请同志们一并审议，并提出意见和建议。

下面，我就深入学习宣传贯彻党的十九届六中全会和市委五届十一次全会精神讲三点意见。

一、深入领会党的十九届六中全会的丰富内涵和精神实质，从党的百年奋斗历程中汲取精神滋养和前进力量

习近平总书记指出，党的历史是最生动、最有说服力的教科书。这次全会回望历史、面向未来，提出了系列原创性新理念新概念新论断，进一步深化了我们对党的历史的认识，增强了我们奋进新征程、夺取新胜利的信心和力量。我们要深入学习领会全会精神，准确把握蕴含其中的道理学理哲理，既要整体把握又要抓住关键，既要知其然又要知其所以然、更要知其所以必然，切实把思想和行动统一到全会部署要求上来。

一要深入领会党百年奋斗贯穿的“一个主题”就是实现中华民族伟大复兴。中国共产党一经诞生，就把为中国人民谋幸福、为中华民族谋复兴确立为自己的初心使命。一百年来，中国共产党团结带领中国人民进行的一切奋斗、一切牺牲、一切创造，归结起来就是一个主题：实现中华民族伟大复兴。党之所以能够在近代以后各种政治力量的反复较量中脱颖而出、赢得人民信任、取得重大成就，根本原因就在于党在坚持初心使命上矢志不渝、坚定如磐。一代一代中国共产党人为了初心使命不懈奋斗，作出了巨大奉献和牺牲。今天，我们比历史上任何时期都更接近、更有信心和能力实现中华民族伟大复兴的目标。我们要始终牢记中国共产党是什么、要干什么这个根本问题，勿忘昨天的苦难辉煌，无愧今天的使命担当，不负明天的伟大梦想，锚定既定目标、保持战略定力，努力在实现中华民族伟大复兴的历史进程中跑好属于我们这代人的这一棒。

二要深入领会“两个确立”对新时代党和国家事业发展、对推进中华民族伟大复兴历史进程具有决定性意义。党确立习近平同志党中央的核心、全党的核心地位，确立习近平新时代中国特色社会主义思想的指导地位，反映了全党全军全国各族人民的共同心愿。我们要深刻认识到，“两个确立”是新时代最具有决定性意义的政治成果，是历史的选择、时代的选择、人民的选择。党的十八大以来的实践充分证明，有习近平总书记这个党中央的核心、全党的核心的坚强领导，有习近平新时代中国特色社会主义思想的科学指引，全党就有了值得信赖的“主心骨”，全国各族人民就有了可以依靠的“顶梁柱”，中国这样一个大国就有了能够行稳致远的“定盘星”。我们要深刻理解“两个确立”的极端重要性，切实把“两个确立”的政治成果转化为坚决做到“两个维护”的政治自觉，转化为对习近平新时代中国特色社会主义思想的忠实践行，转化为履职尽责、做好工作的实际行动。

三要深入领会马克思主义中国化“三次历史性飞跃”产生的真理力量和实践伟力。回顾我们党的历史，就是一部不断推进马克思主义中国化的历史，就是一部不断推进理论创新、进行理论创造的历史。六中全会指出，毛泽东思想、中国特色社会主义理论体系、习近平新时代中国特色社会主义思想是马克思主义中国化的三次历史性飞跃；习近平新时代中国特色社会主义思想是当代中国马克思主义、二十一世纪马克思主义，是中华文化和中国精神的时代精华。特别是，《决议》在党的十九大报告“八个明确”的基础上，用“十个明确”进一步概括了这一伟大思想的科学内涵，是我们党理论创新的重大成果，开辟了马克思主义新境界，为我们党和国家提供了新时代思想和精神之魂。我们要持续强化理论武装，切实用党的创新理论统一思想、统一意志、统一行动，更加自觉地做习近平新时代中国特色社会主义思想的坚定信仰者和忠实实践者，坚持不懈用这一伟大思想武装头脑、指导实践、推动工作。

四要深入领会党百年奋斗的“四个伟大成就”

推动中华民族伟大复兴进入不可逆转的历史进程。百年征程波澜壮阔，百年奋斗成就辉煌。一百年来，党领导人民创造了新民主主义革命时期、社会主义革命和建设时期、改革开放和社会主义现代化建设新时期、中国特色社会主义新时代的伟大成就。特别是，党的十八大以来，以习近平同志为核心的党中央统筹把握“两个大局”，以伟大的历史主动精神、巨大的政治勇气、强烈的责任担当，统揽伟大斗争、伟大工程、伟大事业、伟大梦想，推动党和国家事业取得历史性成就、发生历史性变革，彰显了中国特色社会主义的强大生机活力，为实现中华民族伟大复兴提供了更为完善的制度保证、更为坚实的物质基础、更为主动的精神力量。面对交织激荡的“两个大局”，我们要自觉用党的百年奋斗重大成就鼓舞斗志、凝聚力量，不断增强工作的系统性、预见性、创造性，更加积极主动把渝北现代化各项事业推向前进。

五要深入领会“五条历史意义”充分彰显了党百年奋斗的价值所在和历史性贡献。党的百年奋斗从根本上改变了中国人民的前途命运，开辟了实现中华民族伟大复兴的正确道路，展示了马克思主义的强大生命力，深刻影响了世界历史进程，锻造了走在时代前列的中国共产党。这五个方面的历史意义，既立足中华大地，又放眼人类未来，体现了中国共产党和中国人民、中华民族的关系，体现了中国共产党和马克思主义、世界社会主义、人类社会发展的关系，贯通了中国共产党百年奋斗的历史逻辑、理论逻辑、实践逻辑。我们要从党的百年奋斗中看清楚过去为什么能够成功、弄明白未来怎样才能继续成功，承前启后、继往开来，以高度的政治自觉和强烈的使命担当续写新的时代荣光。

六要深入领会党百年奋斗形成的“十个坚持”历史经验具有根本性和长远指导意义。一百年来，党领导人民进行伟大奋斗，在进取中突破，于挫折中奋起，从总结中提高，积累形成了坚持党的领导、坚持人民至上、坚持理论创新、坚持独立自主、坚持中国道路、坚持胸怀天下、坚持开拓创新、坚持敢于斗争、坚持统一战线、坚持自我革命的宝贵历史经验。“十个坚持”历史经验深刻揭示了党和人民事业不断成功的根本保证，揭示了党始终立于不败之地的力量源泉，揭示了党始终掌握历史主动的根本原因，揭示了党永葆先进性纯洁性、始终走在时代前列的根本途径，是党百年奋斗理论和实践的科学总结。我们要把“十个坚持”同习近平总书记在庆祝中国共产党成立100周年大会上的重要讲话中提出的“九个必须”结合起来，一体学习理解，一体贯彻落实，自觉运用到事业发展全过程各方面。

二、更加清醒更加坚定地办好渝北自己的事，努力在新的赶考路上展现新气象新作为

过去一百年，党向人民、向历史交出了一份优异的答卷。百年党史镌刻着闪亮的渝北印记，历届区委团结带领全区人民披荆斩棘、锐意进取，实现了从昔日“江老幺”到今天“领头羊”的华丽蝶变。现在，党团结带领中国人民又踏上了实现第二个百年奋斗目标新的赶考之路。站在“两个一百年”奋斗目标历史交汇的关键路口，渝北发展已经迎来了战略机遇窗口期、科创成果释放期、临空开放跨越期、高质量发展关键期，前景十分光明，大戏好戏还在后头。我们必须全面贯彻落实六中全会决策部署，以咬定青山不放松的执着接续奋斗，努力在新时代新征程上书写无愧于历史、无愧于人民的答卷。

第一，在大力加强党的政治建设上见行动见效果。习近平总书记在六中全会上指出，我们党始终重视党的政治建设，教育引导广大党员干部增强政治意识、坚定政治方向、站稳政治立场，坚决贯彻执行党的政治路线，推动全党保持统一的思想、坚定的意志、协调的行动、强大的战斗力。旗帜鲜明讲政治、保证党的团结和集中统一是党的生命，也是我们党能成为百年大党、创造历史伟业的关键所在。我们要始终把党的政治建设摆在首位，坚定不移向党中央看齐，团结带领全区上下沿着习近平总书记指引的方向砥砺前行。要始终做到对党忠诚。对党忠诚是共产党人必须具备的政治品格，是纯粹的、无条件的，不能打折扣、不能耍小聪明搞小动作。要自觉忠诚党和人民，忠诚党的理想信念，忠诚党的初心使命，忠诚党的组织，忠诚党的理论和路线方针政策，不断增强维护党中央集中统一领导的思想自觉、政治自觉、行动自觉。对党忠诚是具体的、实践的，不是空洞的口号，不能停留在口头表态上，要体现在贯彻中央决策部署的行动上，体现在履职尽责、做好本职工作的实效上，体现在日常言行上。要坚持党的全面领导。党政军民学，东西南北中，党是领导一切的。六中全会《决议》从13个方面总结新时代中国特色社会主义的伟大成就，第一条就是坚持党的全面领导；从10个方面总结我们党百年奋斗的历史经验，首位的就是坚持党的领导。我们要坚持党的全面领导不动摇，充分发挥党的领导政治优势，把党的领导落实到各领域各方面各环节，不断提高总揽全局、协调各方的能力水平。要严守政治纪律和政治规矩。纪律严明是维护党的团结和集中统一的重要保证。要深入贯彻党内政治生活若干准则，严格执行重大事项请示报告制度，坚决防止“七个有之”，坚决做到“五个必须”，始终做政治上的明白人。深入抓好巡视反馈意见整改落实和政法队伍教育整顿工作，持续营造良好政治生态。

第二，在扎实推动高质量发展上见行动见效果。习近平总书记在六中全会上强调，要全面落实党中央把握新发展阶段、贯彻新发展理念、构建新发展格局、推动高质量发展、促进共同富裕的部署和要求。我们要完整准确全面贯彻新发展理念，坚定不移走高质量发展之路，不断提升经济社会发展的含金量、含新量、含绿量。要全面融入成渝地区双城经济圈建设和“一区两群”协调发展。前不久公布的《成渝地区双城经济圈建设规划纲要》有11处与渝北密切相关，必将带来更多人流、物流、商流、资金流、信息流、科技流的高效集聚，这是我们必须抓住的重大战略机遇。要认真贯彻落实《规划纲要》，加快建设川渝高竹新区，积极探索经济区与行政区适度分离改革，形成更多可复制可推广的经验。加强与成都、广安等地合作联动，在产业发展、社会民生、生态环保等领域，推动落地一批重点项目。深度参与两江新区开发建设，强化毗邻区县衔接联动，携手云阳打造全市“一区两群”区县对口协同发展示范标杆。要培育壮大现代产业体系。坚持把发展经济的着力点放在实体经济上，加快构建“2+4+1”现代工业体系、“5+3+1”现代服务业体系、“3+6+1”现代农业体系，形成多点支撑产业发展格局。深入实施“链长制”，聚焦汽车、智能终端、航空物流等重点产业强化建链延链补链强链，全面提升产业基础高级化和产业链现代化水平。加快数字产业化、产业数字化步伐，积极推进城乡5G网络深度覆盖，扩大工业互联网、智慧城市等场景应用，促进实体经济与数字经济深度融合发展。要持续深化改革扩大开放。强化改革系统集成、协同高效，积极推进渝北承接落实的国家级改革试点、市级改革重点任务。紧扣市场化、法治化、国际化目标，发扬“店小二”精神，做优不叫不到、随叫随到、服务周到“三到”品牌，打造渝北营商环境“升级版”。全面融入共建“一带一路”、西部陆海新通道和长江经济带发展，深化重庆自贸试验区渝北板块和空港型国家物流枢纽建设，加快提升江北机场枢纽功能，支持保税港区、悦来国际会展城等各类平台开发开放，切实提高开放型经济发展水平。要加快推进创新驱动发展。抢抓全市建设国家数字经济创新发展试验区机遇，提升仙桃国际大数据谷创新策源能力，扎实推进中关村信息谷协同创新中心、长安全球软件中心等重点项目建设。强化企业创新主体地位，大力实施科技企业加速成长、创新能力提升、孵化器建设等行动，推动“科创企业森林”枝繁叶茂。深化科技体制改革，落实“揭榜挂帅”“赛马”等制度，健全科技工作者服务机制，弘扬科学家精神，营造更具吸引力的创新生态。要统筹推动城乡融合发展。加快推进城市更新提质，科学拓展多宝湖、朝阳等城市发展空间，加强精细化、规范化、智慧化管理，大力解决“出行堵”“停车难”等问题，提升城市韧性和宜居度。加快建设全市乡村振兴先行示范区，因地制宜发展乡村产业，持续深化农村“三变”改革和三社融合发展，推进“巴渝乡愁”等一批农文旅项目建设，打造现代人回望乡愁的归处。加快推进国家农高区创建，力争早见形象、早出效果。要探索生态优先绿色发展新路子。深入践行“绿水青山就是金山银山”理念，巩固国家“两山”实践创新基地和全国生态文明示范区创建成果，让“好山好水”永驻渝北。深入打好污染防治攻坚战，统筹山水林田湖草系统治理，加强耕地保护和生态修复，深化林长制、河长制，实施国土绿化提升行动，落实长江十年禁渔，推进江河湖库协同治理。有序推进碳达峰碳中和工作，严格落实能耗“双控”要求，倡导绿色低碳生活方式，培育壮大绿色产业和循环经济。

第三，在不断增进民生福祉上见行动见效果。六中全会《决议》提出，让老百姓过上好日子是我们一切工作的出发点和落脚点。我们要始终把人民放在心中最高位置，着力加固民生底板、补齐民生短板，把民生保障网织得更密更牢。要促进更加充分更高质量就业。强化就业优先政策，稳定现有岗位，拓宽市场化就业渠道，加大对自主创业、灵活就业扶持力度，做好高校毕业生、城镇就业困难人员等重点群体就业工作，积极推动稳定和扩大就业。紧盯年末岁尾关键节点，扎实做好农民工工资保障等工作，依法维护劳动者合法权益。要增加优质均衡公共服务供给。落实立德树人根本任务，深入推进教育强区建设，深化义务教育“双减”工作，办好人民满意教育。加强卫生健康体系建设，推动区人民医院创建“三甲”，加快区中医院整体搬迁，不断提高医疗水平和服务质量。要下大力气解决好“一老一小”问题，完善基本养老服务制度，抓好三孩生育政策及配套支持措施落实，促进人口长期均衡发展。要健全多层次社会保障体系。建立完善城乡统一的社会保险机制，落实重大疾病医疗保险和救助制度，开展“物质+服务”困难群众综合救助行动，提高扶老、助残、救孤、济困等水平。充分保护妇女儿童合法权益，鼓励支持公益慈善事业发展。健全租购并举住房制度，有效增加保障性住房供给。

第四，在更好统筹发展和安全上见行动见效果。六中全会《决议》提出，保证国家安全是头等大事，国泰民安是人民群众最基本、最普遍的愿望。安全的发展才是高质量发展，安全的生活才是高品质生活。我们要增强忧患意识，树立底线思维，深入落实“稳定大局、统筹协调、分类施策、精准拆弹”的方针，防范化解各类风险，以万全准备应对万一可能。要加强和创新社会治理。加快推进市域社会治理现代化试点，深化“枫桥经验”渝北实践，完善信访制度和人民调解、行政调解、司法调解联动工作体系，推动社会治理重心向基层下移，用好“民情茶室”“松牌夜话”等线下平台，引导更多社会力量有序参与社会治理。健全完善社会治安防控体系，常态化开展扫黑除恶斗争，严厉打击各类违法犯罪活动，持续净化社会风气。要筑牢安全发展底线。全面贯彻总体国家安全观，毫不松懈抓好经济、文化、社会、科技、生态、资源等重点领域安全工作，着力防范化解金融、房地产等领域风险，坚决守住不发生系统性、区域性风险的底线。严格落实安全生产责任制，加大安全风险管控和隐患排查整治力度，特别是区级领导要围绕分管领域工作，进一步强化督查暗访，督促指导隐患限期整改到位。完善应急管理体系，加强应急队伍建设，提升突发事件应急响应和处置能力。提高突发公共卫生事件预警处置水平，慎终如始抓好常态化疫情防控。要推进全面依法治区。坚持法治渝北、法治政府、法治社会建设一体推进，推动严格执法、公正司法、全民守法共同发力，充分发挥法治对社会治理的引领、规范和保障作用。扎实开展“八五”普法，大力开展法治宣传教育，不断提升公民法治意识，引导广大群众自觉守法、遇事找法、解决问题靠法，让依法办事蔚然成风。

第五，在全面加强新时代党的建设上见行动见效果。习近平总书记在六中全会上指出，我们党之所以伟大，不在于不犯错误，而在于从不讳疾忌医，敢于直面问题，勇于自我革命。永葆自我革命精神，是我们党区别于其他政党的显著标志，也是我们党最鲜明的品格和最大的优势。我们必须把严的要求贯彻到管党治党全过程、落实到党的建设各方面，推动全面从严治党向纵深发展，为走好新时代赶考之路提供坚强政治保障。要加强宣传思想文化工作。牢牢把握意识形态工作领导权、话语权和主动权，坚决守好意识形态主阵地，让主旋律更加响亮、正能量更加强劲。深入践行社会主义核心价值观，建好用好新时代文明实践中心，巩固全国文明城区建设成果，创建全国文明典范城市。健全完善公共文化服务设施，丰富公共文化产品和服务供给，加快文化产业和文化事业发展。要不断夯实基层基础。牢固树立大抓基层、抓实基础的鲜明导向，突出抓好农村和城市基层党建，统筹推进国企、学校、医院等各领域党建，确保基层党组织全面进步、全面过硬。提高基层党建工作实效，抓好党员发展和管理工作，推动党员更好发挥先锋模范作用，使每一名党员都成为一面鲜艳的旗帜。加强党内激励关怀帮扶，让党员充分感受到组织温暖，不断增强党员的归属感和责任感。要锤炼素质过硬的干部队伍。落实新时代好干部标准，树立正确选人用人导向，加强年轻干部梯次培养，注重选配女干部、少数民族干部和党外干部。加强高素质专业化干部队伍建设，坚持请进来与走出去相结合，提升干部教育培训质效，加强基层一线“墩苗”历练，打造与“四个大区”建设相适应、符合高质量发展需要的干部人才队伍。深入实施临空英才计划，吸引更多的人才走进渝北、扎根渝北。要坚定不移推进党风廉政建设和反腐败斗争。严格执行中央八项规定精神，毫不松懈纠治“四风”，力戒形式主义、官僚主义，推动党风政风持续好转。保持惩治腐败高压态势，精准运用监督执纪“四种形态”，深化拓展“以案四说”“以案四改”，一体推进不敢腐、不能腐、不想腐。完善监督体系，加强政治巡察，强化对“一把手”和领导班子的监督。聚焦招投标、营商环境等领域敢于“亮剑”，坚决整治群众身边腐败和作风问题。要广泛凝聚团结奋进合力。积极发展全过程人民民主，支持人大、政协依法依章程履行职能，进一步发挥工会、共青团、妇联等群团组织作用。巩固和发展爱国统一战线，做好民主党派、工商联、党外知识分子等工作。推进党管武装、退役军人事务和军民融合发展，汇聚助推渝北经济社会发展的磅礴力量。

三、切实加强组织领导，把学习宣传贯彻党的十九届六中全会精神不断引向深入

学习好、宣传好、贯彻好党的十九届六中全会精神，是当前和今后一个时期全区上下的重大政治任务。全区各级各部门要自觉把思想和行动统一到党中央部署和市委要求上来，精心组织、周密实施，持续掀起学习宣传贯彻热潮，确保六中全会精神在渝北落地生根、开花结果。

第一，要在学深学透上下功夫。六中全会精神内涵丰富、思想深邃，必须认真学习、准确把握。要把学习贯彻六中全会精神同学习贯彻习近平新时代中国特色社会主义思想、习近平总书记在庆祝中国共产党成立100周年大会上的重要讲话精神、习近平总书记对重庆所做重要讲话和系列重要指示批示精神结合起来，一体学习、一体领会。把六中全会精神作为各级党委（党组）会、理论学习中心组、“三会一课”的必学内容，作为区委党校（行政学校）的必修课程，作为学校思政教育和课堂教育的重要内容。对县处级以上领导干部进行全员轮训，分级分批对党员干部进行普遍培训，采取适当方式组织好离退休人员、非公有制经济组织和社会组织从业人员、流动人口中党员的学习，做到入脑入心、知行合一。

第二，要在宣传宣讲上下功夫。聚焦党的十九届六中全会精神实质和重点内容，广泛深入开展宣传宣讲，把全会提出的一系列新的重要思想、重要论断、重大举措讲清楚讲明白。要抽调精干力量组建学习贯彻党的十九届六中全会精神宣讲团和进企业、进农村、进机关、进校园、进社区、进网络等“六进”宣讲分队，开展对象化、分众化宣讲，推动全会精神走进基层、走进群众。要坚持新闻宣传和社会宣传一体推进、网上宣传和网下宣传同向发力，充分发挥区融媒体中心宣传平台作用和新时代文明实践中心作用，用好“理论麻辣烫”等载体，全方位、多层次宣传解读全会精神。要统筹协调好各类媒体资源力量，深入报道全区各级党组织的宣传贯彻举措，全面反映全区上下学习宣传贯彻全会精神的生动实践。

第三，要在落细落实上下功夫。学习贯彻六中全会精神关键在落实，不仅看态度、更要看行动、最终看效果。要把学习成效体现在推动渝北高质量发展上，认真落实中央经济工作会议“稳字当头、稳中求进”的工作要求，巩固恢复性增长良好势头，聚焦“四个大区”建设，对发展思路再完善、工作举措再细化、具体行动再落实，不断开拓渝北各项事业发展新局面。要把学习成效体现在巩固拓展党史学习教育成果上，赓续红色血脉，弘扬红岩精神，进一步做到学史明理、学史增信、学史崇德、学史力行。要把学习成效体现在推动当前工作上，扎实做好区第十五次党代会筹备、年度任务圆满收官、疫情防控等各项工作，做到两手抓、两不误、两促进。

同志们，历史长河奔流不息，时代考卷常答常新。让我们更加紧密地团结在以习近平同志为核心的党中央周围，全面贯彻习近平新时代中国特色社会主义思想，增强“四个意识”、坚定“四个自信”、做到“两个维护”，大力弘扬伟大建党精神，以史为鉴、开创未来，埋头苦干、勇毅前行，加快建设“四个大区”，以优异成绩迎接党的二十大召开！

重庆市渝北区人民政府工作报告

——在重庆市渝北区第十九届人民代表大会第一次会议上

重庆市渝北区人民政府区长　廖红军

（2022年1月8日）

一、过去五年及2021年工作回顾

过去五年，是渝北发展历程中应对重大挑战、经受重大考验、取得重大成就的五年，也是渝北发展势头好、城乡面貌变化大、群众获得实惠多的五年。五年来，我们深学笃用习近平新时代中国特色社会主义思想，深入贯彻习近平总书记对重庆提出的系列重要指示要求，在市委、市政府和区委坚强领导下，在区人大、区政协监督支持下，团结依靠全区人民，坚持创新发展、协调发展、绿色发展、开放发展、共享发展，抢抓成渝地区双城经济圈建设和全市“一区两群”协调发展战略机遇，全力服务和融入两江新区开发建设，持续打好“三大攻坚战”，深入实施“十项行动计划”，统筹抓好稳增长、促改革、调结构、惠民生、防风险、保稳定各项工作，推动渝北各项事业迈上新台阶，较好地完成了区第十八届人大一次会议确定的目标任务。

过去五年，我们坚持攻坚克难、砥砺奋进，综合实力持续增强。全区生产总值由1561亿元提高到2235.6亿元，在全市率先突破2000亿元，连续十五年位居全市第一。三次产业结构由1.5∶46.6∶51.9调整为1.4∶34.2∶64.4。规模以上工业总产值达到3680亿元，创历史新高。战略性新兴产业产值占规模以上工业总产值比重达到47%。社会消费品零售总额突破1000亿元；累计完成固定资产投资6900亿元，位居全市第一；累计实现一般公共预算收入354亿元，年均增长5.8%。城镇和农村常住居民人均可支配收入分别达到49114元、23465元，年均增长8.9%和11%。

过去五年，我们坚持创新驱动、转型升级，现代产业加快发展。科技创新提速赋能。仙桃数据谷被评为“中国最具活力软件园”。高新技术企业从253家增加至796家，科技型企业达到4477家、总量全市第一。培育市级新型研发机构24家、新型高端研发机构12家，分别占全市1/5和1/3。50%规模以上工业企业建有研发机构，市级以上研发平台达到223家。引进高层次科研人才778人，建成院士工作站2个、博士后工作站46个。全区有效发明专利总量达到5258件、万人有效发明专利拥有量24件。全社会研发经费投入375亿元，科技创新指数连续五年全市第一。制造业提质增效。临空智能制造产业园、OPPO智能生态科技园等项目建成投产，手机产值累计实现1734亿元，电子信息产业年均增长22%。生产汽车380万辆、占全市40%。9家企业年产值过百亿，“牛羚”“瞪羚”等高成长性企业达到128家。实施智能化改造项目191个，建成智能工厂、数字化车间31个，数字经济年均增长16.8%。服务业提档升级。全区3万平方米以上商业综合体达20个，商品销售额达到3383.4亿元、年均增长8.4%。金融机构存贷款余额近1.4万亿元，金融业增加值占比提高到14.7%。悦来国际会展城持续举办智博会、西洽会等高水平展会，累计实现直接收入98亿元。两江影视城、际华园成功创建AAAA级景区，旅游综合收入年均增长16%。

过去五年，我们坚持全域融合、建管并举，城乡品质大幅提升。基础设施日趋完善。4号线、10号线等5条轨道建成投用，运营总里程达到127公里。渝航大道等13条城市主干道建成投用，打通断头路59条，城市道路通车里程达到817公里。新建改建普通干线公路460公里、“四好农村路”2184公里，农村客运实现“2元一票制”。联通城乡、连接川渝的南北大道全线通车，“十纵十横”骨架路网基本成型。5G组网规模全市前列，智慧城市大数据中心建成投用。城市提升扎实推进。建成区面积拓展到202平方公里，常住人口超220万人、城镇化率达到89%，成为全市首个“双两百”城区。航空小镇、前沿科技城等临空新城加快建设，中央公园片区成为展示城市风貌新地标。开工商品房5065万平方米、销售4268万平方米。改造棚户区164万平方米，整治违法建筑218万平方米。新建公共停车场44个，新增停车位8794个。覆绿整治国有空地超过1万亩，公园游园达到161个。城市综合管理水平保持全市前列，蝉联5届全国文明城区。乡村面貌展现新颜。栽植经果林、生态林18万亩，“两品一标”农产品达到140个。加快三社融合发展，174个村完成集体产权制度改革，87个村实施“三变”改革。提档升级中心场镇7个、撤并场镇23个，整治提升农村危旧房7万余户，卫生厕所普及率提高到93%。40座村镇水厂实现统一规范管理，农村自来水普及率达92%。打造农村人居环境示范点13个、示范片24个，创建市级美丽庭院和整洁庭院3050个。古洛环线农文旅融合示范带成效初显，统景印盒获评全国“魅力新农村”十佳乡村。

过去五年，我们坚持生态优先、绿色发展，环境质量更加优良。污染防治效果明显。中央、市级环保督察反馈问题扎实整改，实施泰山电缆等6家企业环保搬迁。完成32家企业污染物排放治理，$PM_{2.5}$浓度下降32%，空气质量持续改善，优良天数连续两年达到320天以上。碧津湖等5个湖库整治成效明显，完成4个“清水绿岸”工程，城区黑臭水体全面消除。开展“无废城市”建设试点，建成土壤污染综合防治示范区。城乡生活垃圾分类实现全覆盖，获评全国农村生活垃圾分类和资源化利用示范县。生态保护成效显著。山水林田湖草系统治理深入推进，完成矿山生态修复和土地复垦428.7公顷，铜锣山矿山生态修复入选联合国生物多样性大会典型案例。整治“大棚房”“违建别墅”17.8万平方米。长江禁渔退捕成果持续巩固，长江入河排污口排查整治试点获生态环境部高度肯定。创新开展公益性育苗500万株，完成营造林29万亩，成功创建国家生态文明建设示范区，荣获国家“两山”实践创新基地称号。

过去五年，我们坚持深化改革、扩大开放，发展动能加速集聚。重点改革落地见效。累计实施中央、市级改革试点100余项，“一本报告管全域”改革试点获评全市优化营商环境十佳案例，青年人才“成长驿站”被中组部评为全国人才工作创新做法。企业开办实现“一日办”“零成本”，市场主体总量突破15万户。驰名商标数量全市第一，获评“全国质量强市示范城市”。经营性国有资产实现集中统一监管，国有企业资产总额从648亿元增长到1130亿元。主板上市、新三板挂牌企业分别达到5家和78家，直接融资超400亿元。设立“升级贷”等风险资金池，累计新增减税降费74.5亿元。发行政府债券137亿元，政府债务风险安全可控。开放发展纵深推进。铁路枢纽东环线主体完工，渝广高速、南两高速等对外通道建成通车。江北国际机场T3A航站楼及第三跑道建成投用，基地航空公司达到8家。临空经济示范区引领示范效应逐渐凸显，临空产业占地区生产总值比重达43.2%。中新（重庆）国际互联网数据传输专用通道开通运营。与攀枝花、德阳等六地缔结协同发展友好城市，川渝高竹新区成为全国首个跨省域共建新区。与酉阳、云阳开展对口帮扶和协同发展。两江协同创新区引进“大院大所”40家，综合保税区累计实现产值4270

亿元。签约项目650个，合同投资额3700亿元，到位资金额800亿元。实现进出口总额7700亿元、实际利用外资112亿美元。

过去五年，我们坚持人民至上、以人为本，社会事业全面进步。民生保障坚实有力。滚动实施老旧住宅增设电梯等重点民生实事125件。坚持就业优先，累计新增城镇就业34万人。建成投用公租房146万平方米、安置房72万平方米。城乡养老、医保参保率均稳定在96%以上，城乡低保、特困人员供养等补助标准逐年提高，社会救助兜底保障工作获评全国助力脱贫攻坚典型经验。公共服务不断增强。投入80亿元，新建改扩建中小学35所，新增学位6.2万个。新增公办幼儿园65所、普惠性幼儿园118所，在园幼儿普惠率从48.2%提高到75.4%。重医大附三院成功创建“三甲”医院，区人民医院新院区、悦来老年康养中心建成投用，获评全国慢性病综合防控示范区、全国基层中医药工作先进单位。军政军民团结进一步巩固，蝉联“全国双拥模范城”称号。“七馆一中心”建成投用，新的图文两馆获评国家一级馆。“一老一小”工作受到全国表彰。社会保持和谐稳定。三级“综治中心”全面建成，矛盾纠纷化解率保持在85%以上。“律师驻所服务”等社会治理创新做法在全市推广，“四张清单”“民情茶室”获评全国乡村治理先进典型。扫黑除恶专项斗争成效显著，刑事警情和立案数分别下降31.6%、22.8%。食品药品安全监管持续加强。防灾减灾和应急救援体系不断完善，事故起数和死亡人数分别下降46%、45.3%，连续8年未发生较大以上生产安全事故。

过去五年，我们坚持转变作风、提升效能，自身建设不断加强。“两学一做”学习教育、“不忘初心、牢记使命”主题教育和党史学习教育扎实开展。自觉接受人大法律监督、工作监督和政协民主监督，办理人大代表建议1588件、政协提案1885件，办结率、满意和基本满意率均达100%。清理公布行政权力事项5147项，废止规范性文件66件。全面建立政府法律顾问制度，“七五”普法圆满完成，成功创建全市法治政府建设示范区。机构改革、预算管理一体化改革全面完成，审计监督实现全覆盖，公共资源交易等领域监管更加规范。严格落实中央八项规定精神和市委、区委实施意见，持之以恒正风肃纪反腐。国务院大督查、市委巡视、经济责任审计等反馈问题深入整改。开展全国第三次农业普查、第四次经济普查、第七次人口普查、第二次地名普查、第三次国土调查。五年来，工会、共青团、妇女儿童、红十字、残疾人、计生、关心下一代、老龄、慈善等事业取得新成效，国防动员、民族宗教、外事、侨台、档案、保密、修志、科普、气象、人防等工作取得新成绩，税务、邮政、通讯、供电等部门作出新贡献。

各位代表！五年风雨兼程，五年破浪前行。在以习近平同志为核心的党中央坚强领导下，我们在大战大考中践行初心使命，在攻坚克难中展现担当作为，走过了一段极不寻常的历程。我们团结一心、共克时艰，全力抗击新冠肺炎疫情，220万渝北人民同呼吸、共命运，聚力打赢疫情防控攻坚战歼灭战，全力守护重庆“空中门户”，汇聚了同心抗疫正能量，谱写了一曲曲以生命担使命，用挚爱护苍生，汇涓滴之力成磅礴伟力的抗疫赞歌，受到了党中央、国务院和中央军委表彰。我们尽锐出战、精准发力，以决战决胜之势打好打赢脱贫攻坚战，拿出“不获全胜决不收兵”的拼劲和干劲，压茬推进定点攻坚战、百日大会战、收官大决战，现行标准下1001户、2505名农村贫困人口全部稳定脱贫，与全国同步迈入小康社会。我们主动作为、加快转型，坚定不移推动传统产业转型升级，培育壮大战略性新兴产业，推动经济实现“V”型反转，书写了跨越发展的奋进篇章，为渝北扬帆再启航、迈上新征程，积蓄了强劲动能、奠定了坚实基础。我们凝心聚力、锐意进取，干成了一批打基础、利长远的大事，办成了一批群众期盼、社会关切的实事，人民群众的获得感成色更足、幸福感更可持续、安全感更有保障。全区经济社会发展实绩考核、党政领导班子年度考核保持全市前列，先后获得国家、市级荣誉98项，52家单位、87名同志受到国家和市级层面表彰，渝北发展的向心力、凝聚力、承载力和支撑力不断增强，在全面开启社会主义现代化建设新征程上迈出了更加坚实、更加有力的步伐！

各位代表！刚刚过去的2021年，面对复杂多变的外部环境和疫情点状散发的严峻形势，我们沉心静气、攻坚克难，扎实做好“六稳”“六保”工作，推动经济社会有速度、有质量、有效益发展，实现了“十四五”良好开局。全区生产总值增长8.5%，规模以上工业总产值增长16.6%，固定资产投资增长8.2%，社会消费品零售总额增长13%，一般公共预算收入增长10.2%。主要抓了6个方面工作：

（一）着力提升产业质效

全市首个汽车电子重点关键产业园加快建设，汽车、电子产业产值分别增长13%、18%。重点行业加速发力，装备制造、消费品产值分别增长66%、8%。建筑业注册地总产值突破1000亿元、增长7%。持续开展“消费促进季”等活动，加快消费集聚区建设，两江国际商务中心首期开业，桥达茂宸广场、水獭云选等6个商业综合体投入运营，临空消费走廊17个重点消费项目有序推进，重庆创意公园获评国家级创业孵化示范基地。商品房销售面积增长25.5%、总量全市第一。新发展特色高效农业3万亩，认证“两品一标”、全国名特优新和市级品牌农产品36个，农产品加工业总产值突破100亿元。

（二）着力释放创新活力

仙桃数据谷入驻科技型企业达到250家，智能硬件实验室等创新平台建成运营，华为软开云等科创平台被评为市级重点软件公共服务平台。智得热工、创隆实业等8家企业入选工业和信息化部专精特新“小巨人”企业，金山科技入围全国民营企业科技创新百强榜单。全社会研发经费投入增长17%，占地区生产总值比重达4.4%。7家企业进入市级上市储备库，发放“上市贷”1亿元。樊代明院士工作站挂牌成立，引进山地农业产业研究院等创新平台8个，宜机化及农业智能装备研究院启动建设。247个重点项目投资完成率达90%，41个市级重点项目完成投资218亿元。签约引进中车时代、国货航重庆运营基地等产业项目220个，合同投资额1000亿元，资金到位额225亿元。

（三）着力抓好开放协同

江北国际机场T3B航站楼及第四跑道进入主体施工，旅客吞吐量提升至全国第四位，货邮吞吐量达到47.7万吨、增长16%。成功获批空港型国家物流枢纽，入选国家外贸转型升级基地。渝邻快速路开工建设，三环高速渝北段建成通车。中新航空产业园15个项目集中开工，自贸试验区渝北板块新入驻企业4900家。举办“川渝国企高竹行”等重大活动，与24家市级银行机构签订战略合作协议，与中交、中建、中铁等央企合作走深走实。川渝高竹新区管委会正式成立，建立税费征管服务等6个跨省集成、协同高效的创新机制，川渝科创基地、重庆工职院高竹校区等29个项目签约落户。

（四）着力改善城乡面貌

158个城市基础设施项目加快实施，春华立交、金山立交等节点工程建成通车。改造提升老旧小区3个，完成棚改房屋征收26万平方米。整治提升人行道181公里、城市道路124万平方米。绿化美化坡坎崖15万平方米，新增绿地面积150万平方米，利用边角地、“灰空间”建设社区公园等创新做法被央视《新闻联播》报道。“马路办公”整改问题1.7万余个，顺利通过国家卫生区复审。建成“四好农村路”100公里，改造危旧桥梁10座。整治提升农村C、D级危房5690户和旧房3456户。茨竹方家沟村等6个居民新村主体完工，打造杨家槽传统村落保护示范项目。完成124个村规划编制，同德片区等6.7平方公里控规获批。“四山”保护提升项目深入推进，清理乱占耕地建房2238栋，铜锣山矿山公园一期建成开园。

（五）着力优化公共服务

24件市、区重点民生实事扎实推进，“我为群众办实事”实践活动深入开展，脱贫攻坚成果持续巩固。新增城镇就业5.6万人，社会保险基本实现法定人员全覆盖。空港实验中学、腾芳中学加快建设，悦来中学、职教中心等8所新建扩建学校建成投用，6所“公参民”学校顺利“转公”，“双减”政策落地落实，中小学课后服务提质增效。新中医院基本建成，空港佳园、王家社区卫生服务中心建成运营，统景中心卫生院、回兴社区卫生服务中心成功创建甲级医院。新建养老服务中心7个，4个社区获评全国示范性老年友好型社区。空港新城羽毛球馆及青少年活动中心建成开放。市民服务中心正式投用，集中提供服务事项1000余项，政务服务更加方便快捷。

（六）着力创新社会治理

高效推进疫苗接种工作，累计接种超过350万剂次、居全市第一。推进信访“治重化积”专项工作，中联办及市级交办案件化解率分别达到100%和86%。实施“全民反诈”专项行动，打击电信诈骗工作得到公安部嘉奖。实施常态化安全监管“十条措施”，完成700余栋高层建筑消防隐患治理。开展“迎大庆保安全”百日攻坚，确保庆祝中国共产党成立100周年活动期间社会环境安全稳定。国家安全发展示范城市通过市级复核，应急管理工作获全国先进表彰。

各位代表！回顾过去的奋斗历程，爬坡上坎砥砺斗志，拼搏奋进成就精彩。我们深刻体会到：必须始终坚持党的领导，坚定不移沿着习近平总书记指引的方向奋勇前行，才能战胜各种风险挑战，推动渝北高质量发展行稳致远；必须始终坚持发展第一要务，以改革破难题、以开放添活力、以创新增动力，才能牢牢把握发展的主动权；必须始终坚持以人民为中心的发展思想，多谋民生之利、多解民生之忧，才能凝聚起推动发展的强大合力；必须始终坚持真抓实干、久久为功，咬定目标不放松，才能不断实现新跨越、创造新辉煌、成就新梦想。我们真切感受到：能够取得这些来之不易的成绩，得益于习近平新时代中国特色社会主义思想的科学指导，得益于市委、市政府和区委的坚强领导，得益于区人大、区政协的监督支持，饱含着历届党委政府和广大干部群众的辛劳、智慧和汗水。在此，我谨代表区人民政府，向辛勤奋战在各条战线上的广大干部群众，向大力支持政府工作的人大代表、政协委员，向各民主党派、工商联、无党派人士、人民团体和社会各界人士、离退休老同志，向驻区部队、武警官兵、公安民警、消防指战员和中央、市级驻区单位，向所有关心支持渝北发展的朋友们、同志们，表示衷心的感谢并致以崇高的敬意！

我们也清醒地认识到，渝北发展还面临一些困难和问题：经济平稳运行的基础还不够牢固，产业发展能级不高、创新策源能力不强，临空优势发挥不足；城市功能还不够完善，农业农村发展动力活力还不足，城乡融合发展水平不高；公共服务基础设施还不完善，教育、医疗、托育等民生保障还有短板；安全稳定风险依然较多，社会治理有待加强；政府职能转变还不够到位，服务型政府建设还任重道远，营商环境还需进一步优化。这些问题，我们必须高度重视、勇于面对，并切实加以解决。

二、今后五年发展的目标任务

刚刚召开的区第十五次党代会，描绘了渝北未来五年发展的宏伟蓝图，鼓舞人心、催人奋进。我们要更加主动地扛起政治担当、发展担当，坚守奋斗者的底色，保持奔跑者的姿态，精进笃行、革新图强，按照党代会确定的目标和方向奋勇前行。

今后五年，是渝北发展的战略机遇窗口期、科创成果释放期、临空开放跨越期、高质量发展关键期。纵观国际、国内发展大势，百年变局和世纪疫情交织叠加，我国经济面临需求收缩、供给冲击、预期转弱三重压力，不稳定性和不确定性明显增加，机遇和挑战都前所未有，但总体上机遇大于挑战。进入新发展阶段，社会主义现代化建设新征程全面开启，以国内大循环为主体、国内国际双循环相互促进的新发展格局正加速形成，共建“一带一路”、长江经济带发展和新时代西部大开发等重大国家战略深入推进，成渝地区双城经济圈建设和全市“一区两群”协调发展加快成势。渝北作为全市开放开发的重要战略支点、枢纽门户，肩负着时代赋予的光荣使命，我们要进一步增强机遇意识、风险意识，善于在危机中育先机、于变局中开新局，与最优者对标、与最强者比拼，以等不起的紧迫感、慢不得的危机感、坐不住的责任感，苦干实干加巧干，推动渝北高质量发展之路越走越宽广。

今后五年，我们要高举中国特色社会主义伟大旗帜，坚持以习近平新时代中国特色社会主义思想为指导，深入贯彻党的十九大和十九届历次全会精神，全面贯彻落实习近平总书记对重庆提出的系列重要指示要求，全面落实党中央、国务院决策部署和市委、市政府工作要求，增强“四个意识”、坚定“四个自信”、做到“两个维护”，牢记“国之大者”，统筹推进“五位一体”总体布局，协调推进“四个全面”战略布局，弘扬伟大建党精神，立足新发展阶段，完整准确全面贯彻新发展理念，服务和融入新发展格局，抢抓成渝地区双城经济圈建设和全市“一区两群”协调发展战略机遇，加快建设高质量发展的经济大区、高水平开放的临空大区、高能级策源的科创大区、高品质生活的城乡大区，奋力打造成渝地区全面建设社会主义现代化标杆城区。

今后五年，我们必须锚定“四个大区”和标杆城区目标定位，推动渝北经济发展实现更大突破、改革开放展现更大作为、科技创新迈出更大步伐、城乡融合呈现更大提升、民生福祉得到更大改善、社会治理取得更大进步。主要预期目标是：到2026年，全区生产总值突破3200亿元，规模以上工业总产值达到5200亿元，高技术制造业产值占规模以上工业总产值的比重超过50%，全社会研发经费支出占比达到5%；固定资产投资累计达到6000亿元，社会消费品零售总额达到1250亿元，一般公共预算收入达到85亿元；进出口总额累计突破1万亿元，利用外资累计达到120亿美元；城镇调查失业率控制在5.5%以内，城乡常住居民人均可支配收入超过7万元。到2035年，成为中西部地区全面建设社会主义现代化的标杆城区。

为实现上述目标，要突出抓好以下6个方面重点任务。

（一）全面构建现代产业体系

产业强则经济强，建设支撑高质量发展的现代产业体系，其时已至，其势已成。要以质量引领和内涵式增长为方向，全力打造“2+4+1”现代工业体系，再造一个渝北工业。推动汽车产业智能化、网联化、高端化发展，集聚发展新能源汽车及汽车电子关联产业集群，力争汽车全行业产值达到2000亿元。狠抓电子产业补链强链，推动智能终端龙头企业扩产放量，持续引进一批核心配套企业，力争全行业产值超过2000亿元。集聚壮大先进材料、智能装备、消费品工业、智慧建筑4个百亿级潜力产业集群，加快形成多点支撑的产业格局。大力培育专精特新等高成长性企业，在医药器械、通用机械、军民融合等领域引优育强。坚持生产性服务业与生活性服务业并重，着力构建“5+3+1”现代服务业体系。做大做强创新金融、现代物流、软件和信息服务、专业服务、商务会展5大生产性服务业，提质发展文化旅游、康养休闲、商贸服务3大生活性服务业，大力发展总部经济，力争现代服务业增加值达到1700亿元。推动农业提质增效，加快构建

“3+6+1”现代农业产业体系。聚焦现代设施农业、都市体验农业、临空高效农业3大主攻方向，做大做强优质水果、绿色蔬菜、高端花卉、道地药材、生态渔业、特色兔业6大品牌，着力完善冷链物流、仓储配送、精深加工等配套体系。高标准建设国家农业高新技术产业示范区，打造西部丘陵山区现代山地特色高效农业科创集聚区。

（二）全面推进更高水平开放

开放合作是历史潮流，互利共赢是人心所向。要充分发挥临空优势，用好国际国内两个市场、两种资源，打造功能齐备、要素集聚、互联互通、环境优良的内陆开放空中门户。提升开放通道效率，推动江北国际机场扩建项目建成投用，力争年旅客吞吐量达到6350万人次，货邮吞吐量突破60万吨。全力推动临空经济示范区发展，推进空港型国家物流枢纽建设，深化关地合作，打造国际物流分拨中心、航空中转集散中心。加快建设交通强区，推动渝广城际铁路、快速六横线、两江至长寿快速通道、洛碛港等项目建设，完善“空铁公水轨”多式联运体系。开展自贸区首创性、差异化改革探索，形成一批可复制可推广的试点经验。深度参与中新示范项目合作，建设大数据智能化产业示范园区、中新航材保税贸易集散中心，打造国家跨境电商示范园区，促进更多合作项目和技术成果落地渝北。加强与两江新区各平台联动发展，提升开放平台能级，形成优势互补、协同发展良好局面。联手广安加快建设川渝高竹新区，深化与成都双流、德阳、眉山等地合作，打造成渝地区对外开放的前沿阵地和示范窗口。跟踪对接RCEP、CPTPP等国际经贸规则，依托国家外贸转型升级基地等平台，提高国际贸易和投资便利化水平。加强与京津冀、长三角、粤港澳大湾区等发达地区交流合作，积极承接东部沿海地区产业转移，力争招商引资累计合同投资额5000亿元、到位资金额1200亿元以上。

（三）全面提升创新策源能力

抓创新就是抓发展，谋创新就是谋未来。要抢抓成渝科创中心建设机遇，积极对接“大院大所”“双一流”高校、世界500强企业，来区设立科学实验室、研发中心和分支机构。依托仙桃数据谷，加快引进科创平台和科技型企业，打造全区创新驱动的“硬核引擎”。积极参与全国一体化算力网络国家枢纽节点建设，加快融入全国一体化大数据中心创新体系。充分发挥前沿科技城、空港工业园等平台产业优势，探索差异化创新发展路径，提升创新资源集聚能力和转化能力。实施科技企业成长工程，力争科技型企业达到5000家、高新技术企业达到1000家以上。强化企业创新主体地位，推动规模以上工业企业内部研发机构全覆盖。实施百家企业智能化改造行动，力争数字产业增加值达到700亿元，加快建设全市首批数字经济应用示范高地。促进科技与资本高效对接，支持更多科技企业上市发展。培育崇尚科学的创新文化，强化知识产权保护，提高科技成果转化成效。对标国际国内先进水平，持续打造“近悦远来”营商环境，加快建设民营企业转型发展试点区。保护和激发市场主体活力，大力弘扬“工匠精神”和企业家精神。深入实施临空英才计划，完善“塔尖”“塔基”人才政策体系，努力用优质高效的综合服务吸引人才、留住人才、成就人才。

（四）全面加快城乡融合发展

城市让生活更美好，乡村让人们更向往。要统筹规划城乡生产生活生态空间，塑造山水相依、城景交融、宜居宜业的大美渝北。高标准编制国土空间分区规划，高起点规划建设多宝湖、朝阳、兴旺、五重同德等城市拓展区域，打造产城融合“升级版”。建成运营15号线等轨道项目，通车总里程达到200公里。提速建设城市立交、主次道路、公共停车场和人行过街设施、综合管廊，全面建成中央公园片区“七横五纵”路网体系。用好工程、科技、管理、法治等手段，系统治理出行堵、停车难等“城市病”。规划布局大数据中心、工业互联网、充换电设施等一批新基建项目，新建5G基站8000个以上。分期分批推进老旧小区、棚户区改造，规划建设一批城市公园、社区公园、山城步道或绿道，提升城市功能品质。系统整治城区易涝点，建设海绵城市、韧性城市。下足“绣花”功夫，深化“大城三管”，持续提升城市综合管理水平。深入实施农村人居环境整治提升五年行动，扎实开展“村庄清洁行动”和“五清理一活动”专项行动。加快“智慧农业·数字乡村”建设，缩小城乡数字鸿沟，完善水电路气讯等基础设施。推动巩固拓展脱贫攻坚成果同乡村振兴有效衔接，全区村集体经济组织累计实现收益5亿元，城乡互促、城乡共荣发展格局基本形成。

（五）全面优化生态环境质量

良好的生态环境是高质量发展的最靓底色。要坚定不移走生态优先、绿色发展之路，深入落实碳达峰、碳中和要求，持续巩固国家生态文明建设示范区和“两山”实践创新基地建设成果，让渝北的天更蓝、地更绿、水更清！深入打好污染防治攻坚战，加强工业废气、施工扬尘、餐饮油烟等源头治理，空气质量优良率达到90%以上。深入落实“河长制”，持续抓好长江“十年禁渔”，统筹推进“三水共治”，开展小流域水体治理，强化饮用水源地保护。完成城区雨污分流治理，巩固提升城区湖库水环境治理成效。实施土壤环境风险分级管控，确保污染地块安全利用。严格执行噪声防护标准，创建一批市级“安静小区”。严守生态保护红线，加强自然保护地生物多样性保育。持续推进山水林田湖草系统修复工程，完成铜锣山矿山生态修复，打造全国山地生态保护修复样板。推动垃圾分类处理和再生资源利用“两网融合”，发展绿色产业和循环经济。人不负青山、青山定不负人。要落实“两岸青山·千里林带”任务，推进高质量国土绿化行动，森林覆盖率提高到55%。

（六）全面提高社会建设水平

为人民谋幸福是我们工作的出发点和落脚点。要实施共同富裕推进行动，多渠道增加居民收入，努力让渝北人民的生活一年更比一年好。聚焦群众“急难愁盼”，接续滚动实施一批重点民生实事。全面落实就业优先政策，新增城镇就业25万人以上。加快建设临空都市教育强区，持续提升在园幼儿普惠率，推动义务教育优质均衡发展、高中教育特色化发展，大力发展职业教育、特殊教育，支持驻区高校发展。新建改扩建3家区级医院，争创2家“三甲”医院。持续推进健康中国行动，加强卫生服务和疾控体系建设，实现街道卫生服务中心全覆盖。争取重庆博物馆、历史名人馆、第二图书馆等市级文化项目落地，建设中央公园国际文化艺术中心，打造“城市文化会客厅”。规划建设新体育场，做好2023年亚洲杯等大型赛事承接服务。积极应对人口老龄化，提高“一老一小”服务水平，健全多层次社会保障体系。持续推进新时代“枫桥经验”渝北实践，健全矛盾纠纷多元化解机制。加强立体化智能化社会治安防控体系建设，推动扫黑除恶长效常治。系统防范金融、房地产等领域风险，守住不发生系统性、区域性风险底线。统筹发展与安全，提高突发事件应对能力，完善应急管理和防灾减灾应急响应体系，坚决遏制较大及以上安全事故发生。

三、2022年重点工作

2022年是新一届政府工作的开局之年，也是“十四五”规划承上启下的关键一年，我们党将召开二十大，全市也将召开第六次党代会，要保持平稳健康的经济环境、国泰民安的社会环境、风清气正的政治环境，做好政府工作意义重大。综合考虑各方面因素，2022年经济社会发展主要预期目标是：全区生产总值增长6.5%左右，规模以上工业总产值增长10%左右，固定资产投资与上年持平，社会消费品零售总额增长7%，一般公共预算收入增长5%，城乡常住居民人均可支配收入增长9%，单位生产总值能耗和主要污染物减排达到约束性要求。实现上述目标，必须坚持稳字当头、稳中求进，重点抓好以下9个方面工作：

（一）以创新驱动为引领，提升科技创新能力

增强创新发展动能。发挥仙桃数据谷平台集聚效应，围绕大数据、物联网、集成电路等领域，新引进创新项目20个以上。加快数字产业化、产业数字化，推动武汉光庭等10个大数据智能化项目落地运营，力争软件和信息服务业增长20%以上，数字经济增长10%以上。完善企业科技投入激励机制，推动中交三航、再升科技等企业争创市级以上研发平台。加快OPPO等企业研发中心建设，支持企业开展研发机构法人化改革，鼓励更多规模以上工业企业建立研发机构。新培育科技型企业200家、高新技术企业100家，全社会研发经费投入93亿元以上。

营造优质创新生态。落实“揭榜挂帅”“赛马”等制度，实施科技计划项目60个，完成技术合同成交额80亿元以上。提档升级威瑞、健康智谷等科技企业孵化器、众创空间，加快构建全链条孵化体系。发挥好青年人才“成长驿站”、人才苑“筑巢引凤”作用，强化教育、医疗等优质资源保障，支持各类科创人才、创新团队落户渝北。挖掘大数据商用、民用、政用价值，打造15个智慧应用新范例。深化与西部（重庆）科学城、两江协同创新区、天府软件园等平台交流合作，支持举办各类创新活动。完善“创、投、贷、融”科技金融服务体系，构建“政产学研金用”创新生态圈，营造浓厚创新氛围。

（二）以补链强链为方向，促进制造业高质量发展

培育壮大重点产业集群。深入实施“链长制”，加快打造汽车电子重点关键产业园，引进一批“大小三电”等核心零部件项目。全力争取长安新能源汽车项目落地，扩大智能网联汽车产销规模，力争汽车产业产值增长10%以上。围绕手机整机企业，聚力招引芯片、光学器件等上下游核心配套项目，智能机出货量达到8000万台。提速建设现代建筑智慧产业园，推进三圣、中投等项目建成投产，力争中建科技等4个项目落地建设。启动农业科技园区核心区建设，加快打造高端食品精深加工产业园，积极争取天友、中粮等企业落地发展，提速建设重庆果树科技创新中心等科创平台。

实施智能制造提升行动。支持企业创建市级数字化车间、智能工厂，推动奥发斯等50家企业实施智能化改造，“上云上平台”企业达到1000家。开工建设宏拓精密等20个项目，建成投产宇邦汽车、大明电子等15个项目。全年工业投资增长5%，技改投资占比30%以上。引导中小微企业特色化发展，培育市级以上专精特新企业15家。加强与综合保税区协作，支持引入联想智能终端制造基地项目，鼓励纬创、翊宝等企业丰富智能产品、拓展国际市场。

强化项目服务保障。深化区领导“一对一”联系制度，及时解决项目落地、建设、投产等问题。加快朝阳等拓展片区征地拆迁，完善工业园区生产生活配套设施，促进职住平衡、产城融合。开工建设明月山500千伏线路工程、同茂110千伏变电站，建成投用高嘴、望乡110千伏变电站。推进铜锣峡地下储气库、中航油输油管道工程等重点能源项目建设。完善政银企合作正向激励机制，充分发挥风险资金池撬动作用，鼓励金融机构开发专项融资产品，切实降低企业融资成本。

（三）以扩容升级为重点，做大做强现代服务业

加快建设服务业集聚区。打造金融服务集聚区，依托基金小镇和临空金融总部，引进股权投资、证券保险等金融和总部机构，金融机构存贷款余额超过1.5万亿元。推动20家上市重点企业股改

培育，新增上市企业2家。打造文旅产业集聚区，建成运营T23时装文创园一期，依托重庆创意公园、国盛IEC、重庆新闻传媒中心等平台，集聚发展数字文化、创意文化等新型业态，增添重庆时尚消费新名片，文旅产业增加值超过200亿元。打造临空物流产业集聚区，开工建设东方嘉盛、顺丰等项目，加快普洛斯、中通等项目建设，推动万科冷链、复星国药项目建成运营，壮大国际物流、跨境电商等业态，完善空港型国家物流枢纽功能。

持续巩固和扩大消费。深入实施“巴渝新消费”八大行动，鼓励传统企业拓展线上销售渠道。建成运营合景泰富悠方、森活大融城等商业综合体，加快居然之家等商贸项目建设，推动西南国际汽贸城6个品牌4S店建成开业。打造统景国际温泉度假区，加快龙兴古镇升级改造，建成开园金紫山石头房子文创园。大力发展“五夜经济”，提档升级紫薇路等示范街区，规划建设中央公园夜经济示范区。大力发展大健康、养老、家政等服务业，集聚发展专业服务业，建成运营法治科技园一期。

（四）以改革开放为关键，增强发展动力活力

加快推进重点领域改革。打造“升级版”营商环境，坚持“好时不扰、难时出手”，把市场主体的痛点、难点、堵点作为改革发力点，让来自五湖四海的企业投资放心、办事顺心、发展安心。落实企业纾困和减负降本政策措施，探索实施“一业一证”改革，新增市场主体3.7万户，“四上”企业100家。全面推行审批服务“马上办、网上办、就近办、一次办”，“一件事一次办”事项达到100件以上，让群众办事更加省事、省心。深化拓展自贸区试点改革经验，不断完善社会信用体系。加强政策对接，用好宏观、微观等各项政策红利，争取更多项目纳入国家和市级盘子。发挥临空远翔等产业基金引导作用，鼓励社会资本加速投向战略性新兴产业。深化国企改革三年行动，推动国企转型发展，增强区属国有公司市场化运营能力。推动农村集体产权制度改革，清理盘活闲置校舍、集体用房等各类资产，支持工商资本下乡参与乡村振兴。务实推进川渝高竹新区经济区与行政区适度分离改革，加快形成一批实践经验。

加强合作和协同联动。推动铁路枢纽东环线及机场支线建成投用，提速建设古路、统景、银花3个铁路站点。完成川渝高竹新区国土空间规划报批，加快建设川渝大道，建成渝邻快速路主体工程。强化市级平台服务保障，助推龙兴足球场馆建成投用。支持悦来国际会展城打造会展全产业链，建成会展总部基地。推进中新大数据智能化产业示范基地建设，升级大数据智能化展示促进中心，建设中新数字经济人才发展中心，拓展技术、人才、应用、产业等领域合作。推动临空经济示范区核心区建设，加快长河、白鹤片区基础开发。积极发展国际贸易，支持保税贸易做大做强，实现进出口总额2000亿元。大力开展“双招双引”，完成合同投资额900亿元、到位资金额210亿元。务实推进与云阳县对口协同发展。

（五）以城市更新为抓手，持续提升城市品质

优化城市空间布局。完成“三线”划定，加快空港新城S分区、多宝湖等重点区域控规调整和报批。高标准实施片区开发，完善中央公园北区、航空小镇等路网管道、市政绿化等配套设施。依法实施批而未供、闲置土地专项清理行动，加强土地集约节约利用。有序推进成熟地块出让，促进房地产业良性循环和健康发展。持续推进华荣路等9个棚户区和危旧房改造项目，实施花卉园、渝湖路片区城市更新，改造提升老旧小区114万平方米。征收国有土地上房屋6万平方米，整治违法建筑13万平方米。

完善城市功能设施。推动5号线北延伸段等轨道项目建设，建成运营9号线一、二期。提速建设秋成大道四期等16条城市道路，建成通车甘悦大道、椿萱大道一期，完成城南立交二期、鹿山隧

道等节点工程，打通紫兴路南段等断头路3条，新增城市道路31公里。新建5G基站1000个，新增一批充电桩、换电站等设施。实施城市缓堵促畅工程，拓宽改造渝鲁大道等4条道路，实施59个路口微小点位改造，打造龙山城市路网更新市级示范片区。加快11个公共停车场建设、建成投用4个，新增公共停车位750个，推动行政企事业单位停车泊位有偿错时共享。启动轨道步行便捷性提升项目4个，加快10座人行过街设施建设，建成2条山城步道，努力让市民出行更加绿色便捷。

深化城市精细管理。推动城市生态更新，新建改建公园游园4个，完成坡坎崖绿化美化5万平方米，新增城市绿地100万平方米。深化“路平桥安”专项整治，治理城市易涝点5个，完善提升人行道80公里、城市道路42万平方米。加快建设智慧城管二期，推动城市综合治理“一网通管”。实施老城区环境“小而美”惠民提升行动，严格落实“门前三包”“五长制”，打造一批“精品街巷”。实施停车秩序管理专题年行动，强化户外广告、店招店牌、校园周边秩序等长效治理，维护干净整洁文明市容环境。

（六）以促农增收为目标，加快建设乡村振兴先行示范区

提高农业质量效益。新发展特色道地药材2000亩、生态渔业2000亩，出栏肉兔50万只，建成10万平方米智慧设施农业。加强经果林后续管护和农业品牌建设，新增“两品一标”等名特优新农产品20个，推动一批优质农产品获得“巴味渝珍”“花果渝北”公用品牌授权。加快三社融合发展，新增“三变”改革试点镇2个，新培育农民专业合作社3家、家庭农场5家。启动建设20万吨级现代化柑橘加工厂，农产品加工业产值达到110亿元。促进农业“接二连三”，提速建设木耳新乡村、巴渝乡愁等田园综合体，建成白俄罗斯风情小镇，大力发展乡村旅游，鼓励民宿经济发展。落实粮食安全党政同责和耕地保护制度，严禁耕地非农化、防止非粮化，实施木耳、大湾全域土地综合整治试点。

实施乡村建设行动。加快建设两江大道北延伸段，改造提升双关路、关旱路等普通干线公路，持续完善农村公路安防设施。实施中心场镇环境提升工程，稳步推进农房和村庄建设现代化试点。加快建设南北大道乡村振兴示范带，持续推进农村危旧房改造提升。建设古路范家院子等9个居民新村，打造美丽宜居乡村20个。实施农村供水保障工程14个，提速建设碑口水库，盘活利用苟溪桥水库。深入推进农村“厕所革命”，农村卫生厕所普及率保持90%以上。开展国家数字乡村试点，推动5G网络、电商快递向农村延伸。

巩固拓展脱贫攻坚成果。严格落实“四个不摘”要求，扎实做好巩固拓展脱贫攻坚成果同乡村振兴有效衔接。推进兴隆新寨村、大盛青龙村2个市级示范村建设，加快打造5个区级示范镇、10个示范村。开展专业种植养殖、家政服务等技能培训，促进脱贫人口稳定就业。加强脱贫人口动态监测帮扶，健全区领导带头、部门定向指导、街道对口帮扶机制。实施“万企兴万村”行动，推动农村低收入群众稳步增收、逐步致富。

（七）以绿色低碳为导向，强化环境治理和保护

深入打好污染防治攻坚战。加快农投、金航等企业环保搬迁进度，常态长效推进生态环境问题整改。完成578家“散乱污”中小企业综合整治，实施5家企业污染物排放治理，健全餐饮油烟事中事后监管机制，加大扬尘控制示范工地、道路创建和巩固力度，力争空气质量优良天数达到325天。推进城区环境综合整治PPP项目，完成雨污分流改造一期工程。实施7个饮用水源地规范化建设，支持悦来污水处理厂扩建，改建兴隆发扬村等9个农村生活污水处理设施。持续开展污染地块调查和治理，推动化肥农药减量增效，推进废弃农膜回收处置。

厚植绿色发展本底。落实“一河一策”，实施

肖家河、盘溪河等流域综合治理，开展次级河流入河排污口排查整治。完成御临河渝北段市级示范河流建设，实施洛碛库岸环境综合治理。严格落实“林长制”，开展森林资源“四乱”突出问题专项整治，完成营造林1万亩、林相改造5000亩。推广应用装配式建筑，发展绿色建筑200万平方米。推动垃圾分类处理设施建设，加强建筑垃圾监管利用，生活垃圾回收利用率达到50%以上。健全跨区域生态环境保护联动机制，严格执行“三线一单”管理，落实能耗“双控”措施。推进国家“两山”实践创新基地项目建设，做好国家生态文明建设示范区复核迎检工作。

（八）以人民需求为根本，着力保障和改善民生

推动社会事业优质均衡发展。推进悦港中学等10所学校建设，建成举人坝小学等学校4所。新增公办幼儿园6所，持续提升公办园在园幼儿占比和普惠率。提质集团化办学，深入落实“双减”工作。大力发展职业教育，办好特殊教育。建成投用新中医院，推进区人民医院“三甲”创建，开工区妇幼保健院迁建项目，推动重庆医科大学口腔医院项目落地开工。加快建设石船等3个农村区域性医疗中心，健全分级诊疗网络，深化医共体“三通”建设，开展群众应急救护培训。提档升级古路、双凤桥等镇街综合文化服务中心，建成投用渝北职工之家。倡导全民阅读，新建3个特色文化场馆。加快建设石坪体育公园等体育设施，举办区第三届运动会等赛事活动。

加强就业和社会保障。持续打响“创享渝北”“技兴渝北”等品牌，新增城镇就业5万人以上。做好征地人员安置对象等重点群体养老保障，城乡养老、医保参保率保持在96%以上。加快建设玉峰山等3个养老服务中心，实现城乡社区养老服务全覆盖。完善三孩生育配套支持措施，建成投用救助管理站和未成年人救助保护中心。启动建设区残疾人康复中心。加快新城雅居等安置房建设，建成安置房13万平方米，开展保障性租赁住房试点。积极创建新一届全国双拥模范城。抓好工会、妇女、青少年、修志、统计、科普、民族宗教、外事、侨台、人防、气象、征兵、红十字、爱国卫生等工作。

完善民生实事长效推进机制。我们将始终坚持在发展中补齐民生短板，滚动实施一批重点民生实事，做到民生投入只增不减、惠民力度只强不弱。根据本次代表大会票决结果，连同市级重点民生实事一并抓好办理，确保把群众关切的“关键小事”办好办实办到位，让人民群众获得感、幸福感、安全感在家门口升级。

（九）以安全稳定为底线，建设更高水平的平安渝北

毫不松懈抓好疫情防控。筑牢“外防输入”防线，持续优化机场口岸联防联控机制，严格重点人员闭环管理和货物防疫检查，持续守好重庆“空中门户”。抓好“内防反弹”工作，从严落实重点场所、重大活动防疫措施，压实市场监管、商贸、文旅等行业防疫责任，引导群众持续做好个人防护。稳步推进疫苗接种，筑牢群体免疫屏障。推动发热门诊规范化改造，加快建设区人民医院感染大楼。充分发挥发热门诊、药店“哨点”监测作用，建强流调溯源、检测救治、社区防控3支队伍，备足隔离场所和防疫物资，确保应急性处置“一触即发”、常态化管理“一网兜底”。

全力维护社会和谐稳定。建成投用执法办案管理中心、刑事科学技术中心，严厉打击“黄赌毒”、电信诈骗等突出违法犯罪活动，持续净化社会治安环境。深入推进“治重化积”专项行动，矛盾纠纷化解率达到90%以上，高质量完成市域社会治理现代化试点工作。持续开展非法集资等违法违规金融活动专项整治，防范化解金融风险。多渠道化解存量债务，严格控制新增政府隐性债务。压实意识形态工作责任，加强网络舆情应对处置。扎实做好自然灾害综合风险普查，开展城镇燃气安全排查整

治，加强建筑施工、交通运输、危化品、食品药品等重点领域隐患治理，推广应用“两单两卡”安全防范措施，创建国家安全发展示范城市。

四、推进政府治理现代化

走好新的赶考之路，书写高质量发展新答卷，必须坚持和加强党的全面领导，落实全面从严治党要求，切实加强政府自身建设，推进政府治理体系和治理能力现代化，努力打造人民满意的服务型政府。

（一）坚持政治引领

始终把党的政治建设摆在首位，深学笃用习近平新时代中国特色社会主义思想，增强“四个意识”、坚定“四个自信”、做到“两个维护”，自觉落实“两个确立”，时刻牢记“国之大者”。注重从讲政治的高度做好经济工作，善于用政治眼光观察和分析经济社会问题，不断提高政治判断力、政治领悟力、政治执行力。把对党绝对忠诚贯穿于政府工作的各方面，落实到履职尽责的实践中。坚决服从区委统一领导，以“十个落实”践行区委“十个带头”公开承诺。巩固风清气正、正气充盈的政治生态。

（二）坚持依法行政

只有恪守法治、依法干事，才能规范有序、充满活力。深入贯彻习近平法治思想，全面推进依法治区，积极创建全国法治政府建设示范区。规范行政决策，完善重大决策事前评估与事后评价制度，慎重决策、依法用权。严格规范公正文明执法，决不允许以言代法、以权压法、逐利违法、徇私枉法。依法规范推进政务公开，落实好行政机关负责人出庭应诉制度。依法接受人大监督，自觉接受政协监督、监察监督、司法监督，主动接受社会监督和舆论监督。深入开展“八五”普法，引导干部群众尊法学法守法用法，让信仰法治成为一种社会风尚。

（三）坚持实干担当

把敢于担当、勤政履职作为政府工作的基本要求，政府系统干部要坚持作表率、打头阵，冲在前、干在先。弘扬真抓实干、雷厉风行的良好政风，提振敢担事、能干事、干成事的精气神，不务虚功、不图虚名，大力倡导现场办公、一线指挥。增强斗争精神，在斗争中经风雨、见世面、壮筋骨、长才干，练就担当作为的硬脊梁、铁肩膀、真本事。严格落实“清单制、责任制、销号制”，坚决整治庸政懒政怠政行为，让“躺平式干部”躺不住、让混日子的没市场。坚持完善担当作为的激励机制，为担当者担当，为负责者负责，为干事者撑腰。强化政务督查和效能监察，畅通政令，绝不允许“上有政策、下有对策”，坚决做到令行禁止。

（四）坚持廉洁从政

打铁必须自身硬，始终把纪律和规矩挺在前面。严格落实中央八项规定精神和市委、区委实施意见，大力整治群众身边的不正之风和腐败问题，对侵害群众利益问题，从严惩治、决不姑息。深化拓展“以案四说”“以案四改”，筑牢思想和制度防线，真正实现不敢腐、不能腐、不想腐。牢固树立过紧日子思想，严格控制“三公经费”，确保安全、廉洁、高效运行。全体政府工作人员要如履薄冰、如临深渊、审慎用权，明大德、守公德、严私德，知敬畏、存戒惧、守底线，永葆为民务实清廉的政治本色。

各位代表！新时代承载百年梦想，新征程呼唤奋斗激情。让我们更加紧密地团结在以习近平同志为核心的党中央周围，在市委、市政府和区委的坚强领导下，团结带领全区广大干部群众，以拼搏进取的精神状态，以时不我待的豪迈干劲，以众志成城的强大合力，只争朝夕、不负韶华，踔厉奋发、笃行不怠，埋头苦干、勇毅前行，为加快建设“四个大区”、打造成渝地区全面建设社会主义现代化标杆城区不懈奋斗，奋力谱写渝北高质量发展高品质生活新篇章，以优异成绩迎接党的二十大胜利召开！

大事记

1月

4日 《2020年重庆区县知识产权发展状况报告》发布，渝北区知识产权综合水平位列全市第一。

5日 第十四届区委召开常委会会议，学习贯彻习近平总书记2021年新年贺词、在中央农村工作会议上的重要讲话精神和对做好关心下一代工作的重要指示精神，传达学习市委书记陈敏尔到渝北区调研时的讲话要求，研究渝北区贯彻落实意见。

7日 区第十八届人民政府召开第99次常务会议，传达学习中央全市经济工作会、中央农村工作会和市委书记陈敏尔调研渝北时的讲话精神等，听取2020年安全生产与自然灾害防治、高考综合改革等情况汇报，研究部分村（社区）建制调整、石子山体育公园用地等事宜，审议《关于认真落实计划生育特殊困难家庭扶助政策的通知（送审稿）》《渝北区2021年重点项目名单（送审稿）》等事宜。

8日 国家卫生健康委、中国红十字会总会、中央军委后勤保障部卫生局在北京联合召开2018—2019年度无偿献血表彰电视电话会议，渝北区获“2018—2019年度全国无偿献血先进区”荣誉称号。

13日 市委常委、市政府常务副市长吴存荣到川渝高竹新区调研指导新区规划建设等工作。

15日 渝北区在金港国际步行街推出全市首个“平安驿站”。该站是集市民咨询求助、法治宣传服务、治安巡逻防范、矛盾纠纷调处、应急救援处置、政策宣传教育等功能于一体的基层平安建设联动平台，整合相关部门、单位及社会组织资源，为市民提供零距离、零时差、零收费的平安与法治服务。

18日 渝北区2021年一季度重大招商项目集中开工暨竣工投产活动在临空前沿科技城举行，集中开工、竣工投产重点招商项目24个，合同投资205亿元。

是日 渝北区被国家卫健委授予“2018—2020年全国计划生育优质服务先进单位”荣誉称号。

27日 深圳三匹马出行科技有限公司与渝北区签署投资协议，在仙桃数据谷投资设立重庆市三匹马人工智能科技有限公司，开展网约车平台运营、无人驾驶与车路协同研发等创新业务。

是日 空港佳园公租房配套学校——空港佳园小学挂牌。该小学位于空港佳园公租房F区，占地56亩，建筑面积约41668平方米。

29日 区第十八届人民政府召开第100次常务会议，传达学习全国全市春运工作、市委农村工作、全市民政工作等会议精神，研究开展政策性租赁住房试点项目和教育工作先进集体、优秀教师、优秀教育工作者表彰等事宜，审议《渝北区创建全国法治政府建设综合示范区工作实施方案（送审稿）》《渝北区2020年度法治政府建设情况报告（送审稿）》和干部人事任免等事宜。

是月 渝北区事业单位公务用车标识化、信息化工作全面落实，全区事业单位公务用车制度改革完成。

是月 大盛镇、统景镇、仙桃国际大数据谷被评为重庆市“绿水青山就是金山银山”实践创新基地。

2月

1日 渝北区实行建筑工程施工许可电子证照。

5日 中共渝北区第十四届纪律检查委员会召开第六次全体会议。

7日 渝北区的重庆国盛数字创意产业园获评第六批市级文化产业示范园区，重庆重视传媒有限责任公司和重庆狼卜品牌营销策划股份有限公司获评第六批市级文化产业示范基地。

8日 区第十八届人民政府召开第101次常务会议，传达学习全国全市征兵工作会议，全市财政、国资、金融、安全生产与自然灾害防治、粮食（能源）、生态环境暨林业、交通、供销、规划建设管理和人民防空、开发暨商务、文化和旅游工作会议等，审议《渝北区农村公路建设管理办法（送审稿）》《渝北区农村公路养护管理办法（送审稿）》和干部人事事宜。

9日 大盛镇青龙村生产互助农业股份合作社举行第一次分红大会，平均每户分红近2000元。

11—17日 春节假期，全区共接待游客328.58万人次，旅游收入110421.63万元。

23日 重庆市公安局渝北区分局杨雪峰大队被中宣部命名为第六批全国学雷锋活动示范点。

24日 由重庆市渝北区人力社保局、四川省广元市人力社保局、四川省达州市人力社保局、四川省南充市人力社保局联合主办“春风行动·直播带岗”线上招聘会在重庆广电重视传媒基地举行，吸引高校毕业生、待业者、进城务工人员等10余万人次收看。

25日 全国脱贫攻坚总结表彰大会在北京人民大会堂举行。渝北区大盛镇青龙村党总支书记黄志荣获“全国脱贫攻坚先进个人”荣誉称号。

是日 第十四届区委召开常委会会议，学习贯彻习近平总书记在十九届中央政治局第二十七次集体学习时的重要讲话精神，传达学习十九届中央第六轮巡视反馈视频会议、中央第十二巡视组巡视重庆市情况反馈会议精神等，审议《区委常委会2021年工作要点（送审稿）》等事宜。

26日 区第十八届人民政府召开第102次常务会议，学习贯彻《重庆市生态环境保护督察工作实施办法》，研究合作建设金鹏实验小学校（西政附小）事宜，审议《关于全面推进乡村振兴加快农业农村现代化的实施意见（送审稿）》《关于实现巩固拓展脱贫攻坚成果同乡村振兴有效衔接的实施意见（送审稿）》《渝北区农村人居环境整治提升五年行动实施方案（送审稿）》等事宜。

28日 以“盛世花开·古韵印盒”为主题的第十一届渝北印盒李花节开幕。

3月

1日 川渝高竹新区2021年“春风行动”专场招聘会暨公共就业服务专项活动在茨竹镇政府广场举行。新区40多家企业提供800多个就业岗位，川渝两地市民2000余人进场求职应聘，达成就业意向327人。

3—4日 新华社重庆分社党组书记、社长李勇率采访组到渝北区开展调研采访，实地了解渝北区依托农村“双十万工程”，通过三社融合促进“三变”改革，加快实现农业农村现代化、全面推进乡村振兴的举措和成效。

4日 渝北区党史学习教育动员大会在区会议中心召开。会议以视频会议形式举行，渝北区有关部门，区属国有公司，市级部门驻区单位、区管学校党组织、区管医疗卫生单位党组织主要负责人，区委党史学习教育领导小组办公室各工作组负责人在主会场参会。各镇、街道设分会场，班子成员及村（社区）党组织书记在分会场参会。

是日 渝北区政法队伍教育整顿动员部署会在区会议中心召开。3月初至6月底，渝北区开展为期4个月的政法队伍教育整顿，全面正风肃纪、反腐强警。7月1日，全区政法队伍教育整顿工作总结会在区会议中心召开。

是日 渝北区人民政府与中国石化重庆石油分公司在区政府会议室签订战略合作协议。

4日 2021年渝北区投资的城市基础设施及民生工程项目建设誓师大会在龙头寺小学施工现场举行。2021年渝北区投资的城市基础设施项目171个、民生项目228个，总投资643.94亿元，年度计划投资140.79亿元。

9日 中国人民政治协商会议重庆市渝北区第十五届委员会第五次会议在区会议中心开幕。11日大会结束。会议审议通过《关于加快推进渝北区康养产业发展的建议案》作为大会建议案的决议。

10日 重庆市渝北区第十八届人民代表大会第五次会议在区会议中心开幕。11日大会结束。会议表决通过《2021年渝北区重点民生实事项目》。

12日 渝北区与四川省广安市在川渝高竹新区联合开展2021年春季义务植树活动。

是日 在市农业技术推广总站、市柑橘产业协会主办的2021年“三峡杯”优质晚熟柑橘评优活动中，渝北区选送的“春见”获得日系杂柑类银奖。

15日 渝北区政府与中国建设银行重庆市分行签订《渝北区实施乡村振兴战略合作协议》。

16日 区委书记唐川带队到开州区考察交流乡村振兴工作。

是日 渝北区新兵入伍欢送仪式在龙兴镇举行。

18日 市级重点项目“巴渝乡愁”二期巴渝时光项目开工。

19日 区第十八届人民政府召开第103次常务会议，审议《渝北区违法建设和违法违规审批专项清查实施方案（送审稿）》《关于加强重庆江北国际机场净空保护的通告（送审稿）》《加强新时代退役军人工作的实施方案（送审稿）》《2021—2025年渝北区云阳县对口协同发展实施方案（送审稿）》等事宜，研究购买回兴心海湾幼儿园、统景镇场镇提升等事宜。

是日 南川区党政代表团到渝北区考察乡村振兴工作。

21日 甘肃省平凉市崇信县党政考察团到渝北区考察乡村振兴工作。

23日 市人大常委会主任张轩率队到渝北区调研农业面源污染防治工作，并召开片区座谈会，听取渝北、合川、大足、铜梁、潼南等区关于农业面源污染防治工作情况和工作评议进展情况汇报。

是日 四川省乐山市峨边彝族自治县考察组到渝北区考察乡村振兴工作。

24日 国家安全生产应急救援指挥中心指挥部副主任王成峰一行到渝北区调研应急管理工作。

是日 渝北区中医院与成都中医药大学数字医药研究所签署战略合作协议。按照协议，双方将在渝北区中医院新院区发展规划与信息化平台建设、国家三级甲等中医医院创建，以及专业人才培养与团队建设上展开深入合作。

26日 全国政协常委、农业和农村委员会副主任、民建中央副主席吴晓青一行到渝北区调研，实地查看重庆市朗萨家私（集团）有限公司、重庆金山科技（集团）有限公司、中华职教社社史陈列馆等地。

29日 第十四届区委召开常委会会议，学习贯彻习近平总书记在中央政治局第二十五次集体学习时的重要讲话精神和市委常委会有关会议精神，听取2020年下半年交叉巡察和十四届区委第十一轮巡察工作情况汇报。审议《2021—2025年渝北区云阳县对口协同发展实施方案（送审稿）》《渝北区政府云阳县政府对口协同发展2021年度工作协议（送审稿）》。区人大常委会主任李联铁列席会议。

30日 以“拥抱高竹 成就梦想”为主题的川渝高竹新区投资推介暨项目集中签约活动在悦来会展中心举行。签约产业项目18个，总投资230亿元；基础设施项目18个，协议投资1250亿元；23家金融机构意向授信1160亿元。

是日 区退役军人事务局、区慈善会在区会议中心共同举行渝北区退役军人关爱基金成立仪式。该基金是由区退役军人事务局、区慈善会共同发起设立的社会公益性专项基金，基金资金来源主要为区财政一次性注资、法人和自然人捐赠、专项筹资活动募集及基金增值收益。

是日 位于重庆巴渝民俗博物馆内的巴蜀七十二行雕塑馆开馆。巴蜀七十二行雕塑馆以雕塑艺术形式展示清末至民国时期极具特色的巴蜀地区传统行当。

31日 《重庆市渝北区国民经济和社会发展第十四个五年规划和二〇三五年远景目标纲要》印发。

4月

1日 九三学社四川省广元市委员会与九三学社渝北区委员会在区会议中心签署战略合作协议，双方将进一步加强友好往来和各领域合作，助力成渝地区双城经济圈建设。

2日 设于区体育馆的渝北区首个新冠病毒疫苗方舱接种点“开舱”运行。该方舱面积2.5万平方米，设置等候区、登记区、接种区、留观区、应急处置区、冷链区等功能区域。开舱首日，完成接种5467剂次。

7日 2021年中国软件产业年会在北京召开，渝北仙桃国际大数据谷被评为“2020中国最具活力软件园”。

9日 区委全面深化改革委员会第十三次会议召开，传达学习中央全面深化改革委员会第十八次会议和市委全面深化改革委员会第十五次会议精神，研究统筹渝北区发展与安全体制机制改革工作等，研究探索经济区与行政区适度分离改革、推进川渝高竹新区开发建设有关工作。

12日 区第十八届人民政府召开第104次常务会议，传达全市教育工作会议、全市外事工作电视电话会议、全市农产品加工业发展现场推进会精神，听取一季度安全生产与自然灾害防治、治安防控工作情况汇报，审议《渝北区公共投资建设项目预算编审管理办法（送审稿）》《渝北区公共投资建设项目建安工程费计价指导意见（送审稿）》《渝北区中小学生校内课后服务工作实施方案（送审稿）》等事宜。

是日 国家卫健委法制司副司长、国务院联防联控机制疫苗接种驻点工作组组长陈宁珊一行到渝北区调研新冠疫苗接种工作。

13—15日 重庆市第四届老年人体育健身运动会太极拳（剑）比赛在全民健身中心举行，全市各区县和市级行业系统41支代表队500余人参加。

14日 2020年度重庆市优化营商环境十佳案例颁奖大会在雾都宾馆举行，渝北区推荐案例《自贸试验区实行“一本报告管全域”改革试点》荣获十佳示范案例。

是日 国务院打击治理电信网络新型违法犯罪工作部际联席会议专项督导片区座谈会在渝北区召开。

是日 云阳县党政代表团到渝北区中心城区实地考察全国文明城市建设工作。

15日 在重庆市脱贫攻坚总结表彰大会上，木耳镇良桥村党总支、大湾镇龙庙村党支部和渝北区住房和城乡建设委员会（简称“区住房城乡建委”）荣获先进集体称号，渝北区农业农村委员会主任陈华、区网络宣传中心驻统景镇西新村工作队队员胡建军、大盛镇经济发展办公室主任张何欢、大盛镇千盏村党总支书记付福刚、重庆半边月村勤美农业专业合作社理事长万康荣获先进个人称号。

是日 西藏自治区总工会党组书记、常务副主席王纯丁率队到渝北区考察调研工会工作。

16日 全国老龄委办公室副主任、中国老龄协会副会长吴玉韶到渝北区调研老龄工作。

是日 云阳县党政代表团到渝北区考察并出席“渝北区·云阳县对口协同发展联席会议”，签订对口协同发展2021年度工作协议。

21日 全国总工会书记处书记王俊治率国务院安委会第十三考核巡查组到渝北区巡查2020年度安全生产和消防工作，渝北区代表全市迎接考核巡查组检查。

是日 渝北区与深圳机械行业协会举行招商推介会。

22日 全国人大常委会委员、全国人大环资委副主任委员王洪尧一行，到渝北矿山公园调研废弃矿山生态环境保护和生态修复工作。

是日 渝北区2021年第二季度重大招商项目集中签约活动在仙桃国际大数据谷举行，签约项目40个，总投资额208.8亿元。

22—23日 国家统计局总经济师毛盛勇带队到渝北区调研指导统计调查等工作。

23日 渝北区召开2021年总河长会议及区委农村工作暨实施乡村振兴领导小组、区扶贫开发领导小组会议，审议《渝北区2021年河长制工作要点（送审稿）》《2021年全区巩固拓展脱贫攻坚成果同乡村振兴有效衔接工作重点（审议稿）》《渝北区2021年巩固拓展脱贫攻坚成果项目库（审议稿）》等事宜，研究巩固拓展脱贫攻坚成果同乡村振兴有效衔接工作和乡村振兴示范镇（村）和重点帮扶镇村有关事宜。

是日 渝北区首届“双十万”新农人直播带货大赛开幕。

25日 回兴街道团工委获评2021年“全国五四红旗团（工）委”。

26日 全区354个村（社区）举行第十一届村（居）民委员会换届选举。

是日 国家产业知识产权运营西南分中心在仙桃国际大数据谷举行揭牌仪式。

27日 渝北区公安分局刑事侦查支队荣获“全国工人先锋号”称号。

28日 重庆科技发展战略研究院和重庆知识产权信息中心联合发布《重庆市企业知识产权创新指数报告（2020）》，渝北区的OPPO（重庆）智能科技有限公司、重庆润泽医药有限公司、重庆金山医疗器械有限公司、重庆蓝岸通讯技术有限公司、重庆元创汽车整线集成有限公司、重庆金山科技（集团）有限公司、重庆华渝电气集团有限公司、重庆泰山电缆有限公司、南方英特空调有限公司、重庆腾通工业设计有限公司入选，数量排名全市前列。其中，OPPO（重庆）智能科技有限公司的排名进入百强企业前十。

29日 区委全面依法治区委员会办公室第八次会议暨创建全国法治政府建设综合示范区领导小组办公室第一次会议召开。

5月

1—5日 “五一”假期，渝北区共接待游客180.84万人次，旅游收入约9.5亿元。

8日 重庆市经信委、四川省经信厅联合发布首批20个成渝地区双城经济圈产业合作示范园区名单并授牌，渝北区空港工业园区、川渝高竹新区上榜。

10日 渝北区龙山街道商会与湖北省麻城市龙池商会签署《友好商会协议书》，缔结为友好商会。

11日 第十四届区委召开第175次常委会会

议，学习贯彻习近平总书记在中央政治局会议和中央政治局第二十九次集体学习时的重要讲话精神，以及在广西考察时的重要指示精神，审议《渝北区“学党史见行动——以优异成绩庆祝中国共产党成立100周年”重点工作清单（送审稿）》等事项。区人大常委会主任李联铁、区政协主席彭建康等列席会议。

是日 石柱县县长左军带领石柱县党政代表团到渝北区考察乡村振兴工作。

13日 2021年渝北区文化旅游惠民消费季（春）暨“5·18国际博物馆日”“5·19中国旅游日”活动，在华辰财富广场购物中心举行。

17日 区司法局、区工商联、重庆市四川资阳商会、资阳市政府外来企业投诉中心、资阳市司法局、资阳市工商联在四川发现（重庆）律师事务所共同签订《积极服务成渝地区双城经济圈建设——构建跨行政区域企业投诉处理协作机制暨共建外来（民营）企业投诉服务工作站合作协议》。

是日 两路街道沙坪社区天然气输气工程开工仪式举行。凯源石油天然气公司在沙坪社区启动建设28公里的天然气输气工程管道。

18日 市委书记陈敏尔到仙桃国际大数据谷调研，考察中新（重庆）大数据智能化成果展示促进中心。

19日 区第十八届人民政府召开第107次常务会议，传达全国、全市近期安全生产与自然灾害防治会、全市驻村驻乡工作视频会、全市防汛抗旱形势研判分析会等精神，通报全区道路货运行业安全专项整治行动推进情况，审议《渝北区防止耕地“非粮化”稳定粮食生产工作方案（送审稿）》《2021年全区法治政府建设工作要点（送审稿）》等事宜。

是日 由中宣部组织的第三期国家人权行动计划实施成果采访团走进渝北。《人民日报》、新华社、《光明日报》、《经济日报》、《中国日报》等10余家媒体的记者到大盛镇青龙村，采访渝北区农村人居环境综合整治以及以三社融合深化“三变”改革取得的成果。

是日 资阳市市长徐芝文率代表团到渝北区考察智能终端产业、大数据智能化创新发展及城市开发建设工作。

是日 2021重庆数字文化产业论坛暨重点项目签约仪式在国盛IEC·重庆数字创意产业园举行，5G人工智能产业创新孵化中心、数字文创产业孵化基地等8个项目签约落户渝北，总投资28亿元。

是日 渝北区象棋协会成立。

20日 渝北区婚俗改革试点工作启动仪式在渝北区婚姻登记处颁证大厅举行。区民政局、区文明办、区政务办、团区委、区妇联等相关部门负责人，16位特邀颁证师和10对新人代表参加活动。

21日 以“走进西部，洽谈未来”为主题的第三届中国西部国际投资贸易洽谈会在悦来国际会议中心开幕。渝北区参展，签约5个招商项目，总投资53.5亿元人民币。

25日 梁平区委书记杨晓云率梁平区党政代表团到渝北区考察交流。

是日 全市中心城区“城管蓝守护重庆蓝”建筑渣土专项整治行动新闻通报会在渝北召开。渝北区集中展示了建筑渣土运输、消纳的智能监管新技术。

是日 兴隆镇牛皇村互助养老试点启动仪式在礼朝屋基举行。

27日 科研机构助力成渝地区双城经济圈建设行动启动仪式暨渝北—广安站技术对接与项目签约活动在仙桃国际大数据谷举行。现场签约新能源、生物医药等领域项目20个，合同总额3.58亿元。

28日 香港置地控股有限公司联合招商局蛇口工业区控股有限公司打造的光环花园城购物公园，在中央公园商圈举行动工仪式。

6月

2日 重庆工业职业技术学院与渝北区老年大学签约，双方将共同组建重庆工业职业技术学院老年大学。

3日 区第十八届人民政府召开第108次常务会议，传达全国、全市“大棚房”问题专项清理整治行动“回头看”视频会议，全市防大汛抗大旱“两线作战”工作部署会议，全市防汛抗旱视频调度会议等精神，听取全区大排查大整治大执法“百日行动”工作开展情况、近期新冠肺炎疫情防控情况汇报，审议《区政府领导干部安全生产职责清单（送审稿）》《2021年义务教育阶段学校招生方案（送审稿）》《渝北区“十四五”城市缓堵保畅工程建设工作方案（送审稿）》等事宜。

3—4日 唱支山歌给党听——渝北区庆祝中国共产党成立100周年镇街歌咏比赛在临空文化剧场举行，渝北区22个镇街合唱队参赛。

7日 全区6861名高中毕业生参加为期3天的高考。

是日 区第十八届人民政府召开第109次常务会议，集中学习《民法典对依法行政的影响和要求》，审议《渝北区加快建设协同创新引领区助推科技创新领域高质量发展若干措施（送审稿）》《中小学建设工程专项工作方案（送审稿）》。

是日 2021中国工业软件大会在重庆举行，市经信委、渝北区政府与重庆长安汽车软件科技有限公司及软通动力、北斗星通、武汉光庭等企业签署《共建汽车软件产业高地，推动汽车软件产业发展框架合作协议》，拟在渝北共建汽车软件产业基地，助力汽车产业高质量发展。

是日 中国残联副理事长王梅梅、中国残疾人体育运动管理中心副主任赵谦一行到渝北区调研残疾人事业发展情况。

8日 第十四届区委召开第177次常委会会议，学习贯彻习近平总书记在推进南水北调后续工程高质量发展座谈会、在河南省南阳市调研、在全球健康峰会上的重要讲话精神，传达学习市委常委会有关贯彻精神和全市区县、乡镇领导班子换届工作会议精神、全市区县换届工作统战分线会议精神，审议《渝北区三社融合供销服务有限公司组建方案（送审稿）》《重庆市渝北区党政机关和事业单位公务用车管理实施细则（送审稿）》。区人大常委会主任李联铁、区政协主席彭建康和区政府副区长颜其勇列席会议。

9日 重庆市“渝跃·夯基础”招商季临空经济示范区暨中新航空产业园航空物流产业集群项目集中开工活动在渝北区举行。此次活动有15个重大招商项目集中开工，主要涉及智慧物流、冷链物流、智能制造、文创商贸等领域，总投资340亿元。其中，落地重庆临空经济示范区北部C4片区的顺丰西南运营总部、普洛斯西南航空智慧物流大枢纽、万科重庆临空智能冷链物流产业园、中通智慧电商物流园4个现代物流项目，总投资近100亿元。

11日 市政府副市长、铜锣山市级林长郑向东到铜锣山矿山公园、玉峰山旱土森林防火检查站，督导检查生态保护、森林防火、病虫害防控等工作，并主持召开专题推进会。

是日 由区委老干局牵头组织开展的渝北老干部庆祝中国共产党成立100周年系列活动之一——“铭记党史，永跟党走”庆祝中国共产党成立100周年文艺演出在区会议中心一楼举行。

是日 2021中国国际智能产业博览会重要赛事之一——2021中国（重庆）国际物联网创新大赛在仙桃国际大数据谷启动。9月24日，活动落幕。经过报名、初赛等环节，决出50个优秀入围项目，其中12个作品获奖。

15日 由渝北区政府、江北区政府承办的重庆市2021年打非宣传月启动仪式暨集中宣传在观音桥举行。渝北区全面开展以“学法用法护小家·防非处非靠大家”为主题的防范打击非法集资宣传系列活动。

16日 中国共产党重庆市渝北区第十四届委员会第九次全体会议审议通过《中共重庆市渝北区委关于加快建设协同创新引领区奋力推动高质量发展的意见》和全会决议。

是日 重庆市住房公积金管理中心渝北区办事处在重庆人力资源服务产业园正式揭牌。

17日 由区委宣传部、区文旅委、区文联主办的永远跟党走——渝北区庆祝中国共产党建党一百“诗书画影戏·五个一百”文艺展演系列活动启动仪式暨百名书画家百米长卷现场书画活动在碧津美术馆开幕。本次展演活动结合党史学习教育，采用歌舞、戏曲、器乐演奏、小品、故事、诗歌朗诵等形式，举办100场演出，展出100首诗词、100件美术作品、100件书法作品、100件摄影作品。

18日 渝北区五金机电商会成立暨第一次会员大会在银鑫世纪酒店举行。

是日 位于渝北区空港大道中段（轻轨3号线观月路站旁），总投资约20亿元，总建筑面积24万平方米的桥达茂宸广场开业。

22日 2021仙桃国际大数据谷创新生态圈联盟新产品发布会举行。7家仙桃国际大数据谷创新生态圈联盟企业集中发布了11款面向智慧服务、人工智能、安防领域的新产品、新技术、新服务。分别是慧年智慧健康养老平台、司机心脏健康监控仪、triooo商用智能清洁无人车、异音检测系统、智能交互骑行仪表系列产品、火链智园、火链绩效通、Snake 60压力管道检测机器人、otter-s动力声呐检测机器人（鸭嘴兽）、泰信建筑安全智慧监管平台——泰安云、泰信智慧交通安全管养平台。

24日 民革渝北区委会第四次代表大会在区会议中心召开。

25日 铜锣山矿山公园正式开园。

是日 区委、区政府主办，区委宣传部、区文化旅游委承办的“永远跟党走”渝北区庆祝中国共产党成立100周年文艺演出在区体育馆举行。全区各部委、区级各部门、各人民团体、各区属国有公司、各民主党派干部职工代表，各界人士，先进模范代表，以及各镇街干部群众代表观看。

是日 区委直机关工委在区会议中心举行庆祝中国共产党成立100周年大会，为党龄达到50周年、一贯表现良好的党员代表颁发“光荣在党50年”纪念章，表彰区直机关党组织涌现出的先进集体和优秀个人。

是日 渝北区新党员入党集体宣誓活动在杨袁善、唐虚谷烈士墓前举行，区相关部门和单位的32名新党员参加。

26日 民建渝北区委会第六次会员代表大会在区会议中心召开。

27日 中国民主促进会重庆市渝北区会员大会在区会议中心召开。

28日 渝北区委、区政府主办，区委宣传部和区文旅委承办的唱支山歌给党听——渝北区庆祝中国共产党成立100周年合唱音乐会在区体育馆举行，渝北区各街镇共11支合唱队参演。

是日 中国民主同盟重庆市渝北区第六次代表大会在区会议中心召开。

是日 中国致公党重庆市渝北区工委会第二次党员大会在区会议中心召开。

29日 南北大道二期工程正式通车。

是日 第十四届区委召开第179次常委会会议，听取政法队伍教育整顿情况汇报，审议《区委贯彻〈中国共产党政法工作条例〉实施细则（修订）》。

是日 中国农工民主党重庆市渝北区第四次代表大会在区会议中心召开。

30日 九三学社重庆市渝北区第四次代表大会在区会议中心召开。

是日 渝北区工商业联合会（总商会）召开第十二次会员代表大会。

是日 区第十八届人民政府召开第110次常务会议，传达学习习近平总书记对湖北十堰市张湾区艳湖社区集贸市场燃气爆炸事故作出的重要指示、全国安全生产电视电话会议等精神，审议《渝北区集体土地征收补偿安置实施办法（送审稿）》《渝北区大数据应用发展专项资金管理办法（送审稿）》等事项，研究上半年经济运行情况。

是日 兴隆镇徐堡农民聚居区分批分房工作启动。首批房屋分配对象主要涉及徐堡、广佛村2个村共8个社32户176人，完成大三室一厅户型分配33套。

是月 重庆创意公园创业孵化基地获评第五批“全国创业孵化示范基地”，是渝北区首个国家级创业孵化示范基地。

是月 渝北工业展示厅开业。

7月

1日 仙桃数据谷悦港大桥右幅正式通车。缩短了仙桃数据谷园区往来悦港王家庄站通行时间。

2日 渝北区举行庆祝中国共产党成立100周年座谈会。区（县）级离退休老干部，区委各部委、区级各部门、各人民团体主要负责人，各镇、街道党（工）委书记，区属国有公司主要负责人，市级部门驻区单位主要负责人，不是区领导的民主党派主委，党的十九大代表，渝北区优秀共产党员代表、优秀党务工作者代表、先进基层党组织代表，各界人士代表，先进模范代表等参加会议。会上，对渝北区优秀共产党员、优秀党务工作者、先进基层党组织进行表彰。

是日 市中新项目管理局和渝北区政府签署共建中新（重庆）大数据智能化产业示范园区的合作协议，规划以仙桃数据谷为先期启动区，共同打造中新（重庆）大数据智能化产业示范基地。

是日 以“爱尚重庆·爱上渝北”为主题的重庆渝北消费促进季在新光天地商场启动。7月，渝北以品鉴“十一镇十一味儿”美食、打卡渝北商业“十三香”、“食尚渝北·乐购好物”等活动为主线，推出一系列特色浓、内容新、优惠大的消费促进活动。

5日 区第十八届人民政府召开第111次常务会议，研究追加教育经费、同茂大道沿线环境整治等事宜，审议全国文明城区建设、重庆工业职业技术学院川渝高竹校区建设、基金延期扩容等事宜。

是日 由区委宣传、区文化旅游委、区融媒体中心、重庆广电网络渝北分公司主办，区文化馆承办的喜迎二十大　奋进新征程——2022重庆市大家唱群众歌咏渝北片区赛在渝北临空剧场举行，全区22个镇街代表队参加。

6日 渝北区党外知识分子联谊会第四次会员大会在区会议中心召开。

7日 全国人大常委会委员、全国人大财经委主任委员徐绍史率调研组到重庆国家广告产业园开展专题调研。

8日 第十四届区委召开第180次常委会会议，学习贯彻习近平总书记在中共中央政治局第三十一次集体学习、在庆祝中国共产党成立100周年大会上的重要讲话和《中国共产党组织工作条例》《中国共产党巡视工作条例》等，听取巡视组反馈意见整改情况汇报，研究部署有关工作。

9—11日 在荣昌举行的2021“重庆好礼”旅游商品（文创产品）大赛上，渝北区的原木如意拼花梳子荣获2021“重庆好礼”旅游商品（文创产品）大赛铜奖，毛哥品味重庆礼盒装荣获2021“重庆好礼”外事礼品入围名单，渝北区文化和旅游发展委员会荣获大赛优秀组织奖。

11日 南华中学从汉渝路38号正式迁到回兴街道宝桐路308号(原渝北职教中心)，并举行新校揭牌仪式。

12日 区第十八届人民政府召开第112次常务

会议，听取安全生产与自然灾害防治、防汛抗旱等情况汇报，研究新统大路升级改造、大白路和洛张路局部拓宽改造、统景国际温泉度假区项目建设等事宜，审议《渝北区通信基础设施迁改管理暂行办法（送审稿）》《渝北区精品旅游建设工程实施方案（送审稿）》等事宜。

13日 中国农业大学校长孙其信一行就全力打造山地特色高效农业创新高地到渝北区对接交流。

15日 渝北区智库建设工作会议在区会议中心召开，首批16名来自全区各行业的专家入选渝北智库。

16日 第十四届区委召开第181次常委会会议，听取全面从严治党情况汇报，审议《渝北区“十四五”城市缓堵保畅工程建设工作方案（送审稿）》，研究部署下一步工作。

是日 渝北区中医院与重庆医科大学中医药学院签署战略合作协议，双方将在医、教、研等方面深入合作。

19日 工业和信息化部发布《关于第三批专精特新“小巨人”企业名单的公示》，立信（重庆）数据科技股份有限公司、重庆智得热工工业有限公司、重庆金山科技（集团）有限公司、重庆中光电显示技术有限公司、重庆创隆实业有限公司、重庆凯瑞传动技术有限公司、重庆耐德能源装备集成有限公司等7家渝北企业榜上有名。

22日 在大连举行的2021年中国国际数字和软件服务交易会上，仙桃数据谷荣获“中国数字与软件服务最佳服务平台奖”。

23日 重庆市“我为群众办实事”实践活动系列新闻发布会（第四场）上，渝北区双龙湖街道在老旧小区改造和基础设施改善等方面的经验和做法，作为“一旧”方面的典型案例进行介绍。

是日 渝北区妇联、资阳市妇联举办渝北—资阳创业女性座谈会暨共建“两新”组织签约仪式。

27日 渝北区大盛镇天险洞村“母亲水窖”项目集中供水工程正式启动。该工程由渝北区妇联向中国妇基会、重庆市妇联申请获批，由支付宝公益爱心用户捐助捐建。

29日 渝北区人民医院成为重庆医科大学教学医院授牌仪式在渝北区人民医院举行。

8月

3日 区第十八届人民政府召开第113次常务会议，学习《重庆市内部审计工作办法》，传达全国全市第一次全国自然灾害综合风险普查、全市防汛抗旱工作视频调度等会议精神，听取河长制和新冠肺炎疫情防控情况汇报，审议《渝北区关于加快建设体育强区的实施意见（送审稿）》《2021年区级工业和信息化发展专项资金使用方案（送审稿）》等事宜。

是日 由中建七局西南公司承建的重庆仙桃数据谷三期项目一标段通过竣工验收。三期项目是仙桃数据谷园区整体布局大数据产业生态谷的一部分，占地面积约10.54万平方米，总建筑面积约30万平方米。

4日 渝北区疫情防控工作会议召开，要求深入贯彻习近平总书记关于疫情防控的重要指示精神和李克强总理的重要批示精神，认真落实全国、全市疫情防控工作会议要求，紧盯疫情防控关键环节从严从紧从快抓好各项工作，为全区群众构筑严密防线，确保渝北社会大局和谐稳定。

6日 区政协召开十五届第70次党组（扩大）会议及第107次主席会议，审议《政协重庆市渝北区委员会提案工作条例（送审稿）》等。

是日 位于渝北区双龙大道54号的渝北区妇女儿童活动中心启用，拥有室内外活动场地近1500平方米。

9日 区第十八届人民政府召开第114次常务会议，专题学习习近平法治思想，听取本轮强降雨防汛防灾情况汇报，研究住房保障家庭租赁补贴、规范管理机关事业单位编外聘用人员事宜，审议《关于规范有关行政决策事项的通知（送审稿）》。

16日 第十四届区委召开常委会会议，学习贯彻习近平总书记在西藏考察、向新冠疫苗合作国际论坛首次会议书面致辞等重要指示精神，听取新冠疫情防控和创建全国法治政府建设综合示范区情况汇报，研究部署有关工作。区人大常委会主任李联铁、区人大常委会党组书记黄宗林、区政协主席彭建康列席会议。

18日 区第十八届人民政府召开第115次常务会议，传达学习全市巩固拓展脱贫攻坚成果同乡村振兴有效衔接重点工作视频调度会议精神，研究智能立体停车楼处置事宜，审议《渝北区公办幼儿园收费政策调整方案（送审稿）》《关于进一步做好农村住房安全保障工作的通知（送审稿）》《支持制造业高质量发展若干政策措施（送审稿）》等事宜。

23日 中国—上海合作组织数字经济产业论坛、2021中国国际智能产业博览会在重庆悦来国际会议中心开幕。中共中央政治局委员、国务院副总理刘鹤以视频方式出席，宣读习近平主席贺信并致辞。中共中央政治局委员、重庆市委书记陈敏尔在开幕式上致辞。全国政协副主席、中国科协主席万钢出席。白俄罗斯第一副总理斯诺普科夫，上海合作组织秘书长诺罗夫，塔吉克斯坦经济发展与贸易部部长扎夫基佐达，新加坡通讯及新闻部部长、内政部第二部长杨莉明通过视频致辞。中国工程院院长李晓红等现场致辞。市委副书记、市长唐良智主持开幕式。

24日 渝北区2021年第三季度重大招商项目集中签约活动在仙桃国际大数据谷举行，集中签约46个重大招商项目，投资总额335亿元。

26日 市发改委、市交通局、市中新项目管理局、市政府口岸物流办、两江新区、渝北区政府、重庆机场集团、保税港区管委会8家中新互联互通项目航空产业专委会成员单位签订《共建中新（重庆）国际航空物流产业示范区战略合作协议》，协力共建中新（重庆）国际航空物流产业示范区。

27日 长安软件科技公司入驻仙桃国际大数据谷举行揭牌仪式。

30日 渝北区实验中学校从晚晴园校区整体搬迁至渝北区汉渝路38号（渝航校区），教学班从48个扩容至72个。

是日 渝北悦来中学新校区举行揭牌仪式。悦来中学新校区位于悦城路333号，总占地95亩，以4.48万平方米“欧式经典学院风格”建筑群为特色，规划建设75个教学班，毗邻嘉陵江畔和嘉悦大桥桥头。

31日 渝北区召开干部大会宣布市委决定，于会文任渝北区委委员、常委、书记；唐川不再担任渝北区委书记、常委、委员职务，另有任用；廖红军任渝北区委副书记，被提名为渝北区区长候选人。

9月

3日 区第十八届人民政府召开第116次常务会议，学习贯彻习近平总书记在河北承德考察时的重要指示精神，传达干部大会、区委常委会（扩大）会议精神，听取上半年食品药品安全情况汇报，审议《渝北区农村养老服务全覆盖实施方案（送审稿）》。

6日 第十四届区委召开常委会会议，学习贯彻习近平总书记在中央党校中青年干部培训班开班式上的重要讲话精神和对档案工作的重要指示精神，传达学习市长唐良智调研科技型企业时的指示要求，审议《中共重庆市渝北区委常委会关于做到“十个带头”的公开承诺（送审稿）》。

是日 渝北职业教育中心举行新校落成揭牌仪式。该校新校区位于龙兴园区两江大道985号，占地面积 243.91 亩，建筑面积 14.8 万平方米，可容纳学生 1 万人。

9 日 区第十八届人大常委会召开第三十四次会议。表决通过《关于廖红军同志为渝北区人民政府代理区长的决定（草案）》和其他有关事项。

10 日 区第十八届人民政府召开第 117 次常务会议，传达学习全市巩固拓展脱贫攻坚成果同乡村振兴有效衔接专项督查业务培训电视电话会议和全市防汛专题视频调度会议精神，研究空港新城公园北区道路（二期）建设事宜，审议《千亿级两江国际商务中心产业促进办法（送审稿）》。

11 日 “5G 时代·法进万家”天翼高清智能法律咨询产品发布会在仙桃国际大数据谷举行。

13 日 重庆市企业联合会举行重庆企业 100 强发布会，渝北区共有 27 家企业榜上有名。其中，渝北的龙湖集团位列第二，华宇集团、化医集团、建工集团分别位列第五、第七、第八。

是日 公安部授予重庆市公安局渝北区分局跨境电信网络诈骗案专案组集体一等功。

15 日 区政协主席彭建康主持召开区政协十五届第 72 次党组（扩大）会议暨第 109 次主席会议，审议《政协重庆市渝北区委员会关于加强和促进凝聚共识工作的实施意见（送审稿）》等。

18 日 重庆市首届中小学美术教师优秀作品展在碧津美术馆开展，展出 724 件作品。

23 日 以“庆丰收·感党恩”为主题的渝北区 2021 年中国农民丰收节在兴隆镇牛皇村举行。开展开幕式庆典、“唱丰收、感党恩”乡村歌会、农特产品展销、百年“三农”成果展、“一镇一味”美食大比武、农民趣味运动会、川渝美食展等活动。

是日 在青岛举行的由高通公司（Qualcomm）与中国电信联合主办的“2021Qualcomm XR 创新应用挑战赛”上，渝北团队“ID 家”出品的《太空守卫》获影创 AR 消费组金奖。

25 日 区委书记于会文会见华为中国地区部副总裁雷战奎一行，双方就拓宽合作领域、推进经济高质量发展等事宜交流座谈。

是日 教育部幼儿园园长培训中心“学员实践教学基地”在渝北庆龄幼儿园授牌成立。

27 日 “2021 智博会汽车电子（软件）产业发展论坛”在仙桃国际大数据谷举行。重庆市和渝北区相关部门负责人，有关国有公司主要负责人以及来自全国各地的汽车电子与汽车软件行业的企业家、专家学者参加论坛。

是日 重庆市进口冷链食品新冠疫情应急处置示范演练在渝北区举行。

28 日 第十四届区委召开常委会会议，学习贯彻习近平总书记向 2021 中关村论坛视频、世界互联网大会乌镇峰会等致贺信精神，审议《渝北区“我为群众办实事”四类十项“精准发力”工作方案（送审稿）》。

29 日 区政府党组（扩大）会议、区第十八届人民政府第 118 次常务会议召开，学习贯彻习近平总书记在中央党校（国家行政学院）中青年干部培训班上的重要讲话精神和市委书记陈敏尔、市长唐良智在重庆主城都市区工作座谈会上的讲话精神，听取《关于迎接中央依法治国办法治政府建设督察暨创建全国法治政府建设综合示范区工作推进情况的报告》。

30 日 渝北区 2021 年烈士纪念日公祭活动在唐虚谷、杨袁善烈士墓前举行。

是日 渝北各部门、镇街开展“国庆吃面　国泰民安”主题活动，以同吃“国庆面”的新民俗活动，喜迎国庆节。

10月

1 日 渝北区首个镇街历史文化陈列馆——洛碛历史文化陈列馆开馆。该馆位于洛碛镇祥泰路状元广场，占地面积 1400 平方米。

1—7日 国庆假期，渝北区共接待游客176.67万人次，同比2020年增长5.57%，接待收入91350.59万元，同比2020年增长16.63%。

7—8日 渝北区委理论学习中心组（扩大）集体学习会暨学习贯彻习近平总书记在庆祝中国共产党成立100周年大会上的重要讲话精神专题研讨班举行。会上，区委书记于会文作题为“抢抓机遇，奋勇争先，推动渝北经济社会发展再上新台阶”的辅导报告。区级各部门主要负责人，各镇、街道党政负责人，区属国有公司董事长、总经理，区级各民主党派主委、专职副主委，市级部门驻区单位主要负责人参加。

9日 重庆市第六届劳动模范和先进工作者表彰大会在人民大厦举行。渝北区任晓曼（区财政局党组书记、局长）、黄青松（区法院行政庭庭长）、朱炳清（重庆瑞恩医院管理有限公司董事长）等11人被授予劳动模范、先进工作者称号并获表彰。

是日 甘悦大道渝北段隧道工程双洞贯通。起点接双龙湖立交，与春华大道相交节点，自西向东以隧道的形式下穿两路城区，终点接城南立交(与机场路相交节点)，双向六车道，设计车速为60公里/小时。该项目线路全长2233.958米，路基段长165.958米，隧道长2068米。

11日 以“网络安全为人民，网络安全靠人民”为主题的2021年渝北区网络安全宣传周启动仪式在区政府广场举行。活动为期一周，开展了校园日、电信日、法治日、金融日、青少年日、个人信息保护日等主题日活动，普及网络安全的政策法规和知识技能。同时各镇街、相关部门也开展相关宣传活动。

14日 在云南省昆明市举行的《生物多样性公约》第十五次缔约方大会生态文明论坛上，渝北区荣获全国“绿水青山就是金山银山”实践创新基地称号，渝北铜锣山矿区生态修复案例入选全国18个优秀案例。

是日 渝北区庆重阳暨第十二届慈孝敬老活动在临空文化剧场举行。活动表彰了渝北区第十二届“十大孝子”“十大老有所为明星”“十佳老年协会”“十大敬老楷模”“敬老模范单位”，以及2021年度“长寿之星”“模范金婚夫妇”。

15日 重庆市渝北区第十八届人民代表大会第六次会议在区会议中心举行。廖红军当选渝北区人民政府区长，于贵生当选渝北区监察委员会主任。

18日 广安市委书记张彤率党政代表团到渝北考察，实地查看长安汽车渝北工厂、金山科技集团公司等企业，并召开川渝高竹新区开发建设领导小组第二次会议，审议《川渝高竹新区存量锁定及运行管理方案（审议稿）》。区委书记于会文、区政府区长廖红军和相关区领导陪同考察。

是日 由重庆市纺织服装联合会主办、重庆渝北城市更新建设有限公司承办的“红星耀中国·时尚共携行”2021重庆国际时尚周闭幕式暨联合大秀在渝北临空消费走廊两港大道T23时装小镇举行。

19日 国家卫健委、全国老龄办公布首批全国示范性老年友好型社区名单，渝北区仙桃街道睦邻路社区、两路街道义学路社区、双龙湖街道飞湖路社区、龙山街道旗龙路社区入选。

20日 中共中央、国务院印发《成渝地区双城经济圈建设规划纲要》，渝北区在其规划范围内。

21日 成渝地区双城经济圈建设与数字经济高质量发展高峰论坛在仙桃国际大数据谷举行。

22日 中国智慧城市数据开放创新应用大赛暨中国高校数据驱动创新大赛颁奖典礼在仙桃国际大数据谷举行。易创经云数字科技有限公司、北京大学梦想星球项目分别获得企业组和高校组“最佳优胜奖”。

是日 渝北区商务委、渝北区文旅委主办的“爱尚重庆，夜色向北”2021不夜渝北生活节在水獭云选广场启幕。活动至11月底结束。

25日 两路幼儿园晚晴分园举行揭牌仪式并

开园。

26日 第五届全国室内跳伞（风洞）锦标赛在重庆际华园极限运动中心开幕，来自全国各省、市的10支专业队伍66名选手参赛。

28日 全市供销系统农业社会化服务现场推进会在渝北区召开。与会人员到统景镇江口村、大盛镇青龙村调研三社融合发展和农业社会化服务的工作情况。

29日 由中国人民银行重庆营业管理部、重庆市渝北区政府主办的深化银政企合作助推渝北高质量发展对接会在悦来会议中心举行。双方签订《财政金融政策联动支持渝北区经济高质量发展框架协议》；"渝北区1+5+N民营小微企业和个体工商户金融服务港湾""央行再贷款示范基地"揭牌落地；渝北区首贷续贷中心线上服务平台正式启用。

11月

1日 渝北区政府与中国中铁股份有限公司深化战略合作座谈会在区会议中心举行。会上，渝北区政府与中铁开发投资集团有限公司签订战略合作协议。根据协议，双方将在包括但不限于城市更新、片区开发、港口航运、市政设施、文旅康养、乡村振兴等方面的项目开展合作，合作投资额不低于500亿元。

是日 渝北区应急局被人力资源和社会保障部、应急管理部授予"全国应急管理系统先进集体"称号。

3日 第十四届区委召开常委会会议，学习贯彻习近平总书记在参观国家"十三五"科技创新成就展时的重要讲话精神，安排部署新冠疫情防控和核酸检测工作。

是日 中共重庆市委全面依法治市委员会办公室公布《关于第一批全市法治政府建设示范区县和项目命名的决定》，渝北区被评为"全市法治政府建设示范区县"。

5日 在第八届全国道德模范座谈会和颁奖仪式上，渝北区居民袁镇涛被授予全国道德模范提名奖。

10日 第十四届区委召开常委会会议，学习贯彻《习近平在第四届中国国际进口博览会开幕式上的主旨讲话精神以及在有关活动中的重要指示及贺信精神》，审议《渝北区构建"3+6+1"现代农业产业体系推动农业高质量发展实施方案（送审稿）》《渝北区构建"2+4+1"现代工业体系推动工业高质量发展实施方案（送审稿）》《渝北区构建"5+3+1"现代服务业体系推动服务业高质量发展实施方案（送审稿）》。

18日 区第十八届人大常委会召开第36次会议，学习贯彻党的十九届六中全会精神和习近平总书记在中央人大工作会议上的重要讲话精神，听取区监察委员会关于开展扶贫领域腐败和作风问题专项治理工作情况的报告。会议表决通过有关人事任免事项和2021年区级预算调整方案的决议（草案）。

是日 渝北区文化馆被文化和旅游部评为国家一级馆。

20—21日 区委书记于会文、区政府区长廖红军率渝北区党政代表团到云阳县考察交流。双方在云阳举行渝北区云阳县对口协同发展联席会议。

25日 第十四届区委召开常委会会议，学习贯彻中共中央政治局会议精神和习近平总书记在中央全面深化改革委员会第二十二次会议上的重要讲话精神等，审议《渝北区学习宣传贯彻党的十九届六中全会精神工作方案（送审稿）》。

26日 重庆八中与龙塔实验学校在龙塔实验学校举行联盟学校共同体签约授牌仪式。

是日 重庆临空文化旅游发展有限公司与天险洞（重庆）文化产业发展公司签订天险洞直播电商产业园投资协议。天险洞产业园项目总投资4亿元，规划打造"四中心＋两基地"（直播中心、选品中心、运营中心、服务中心+农旅融合特色产业基地、公共服务培训基地）。

29日 国家发展改革委印发《关于做好“十四五”首批国家物流枢纽建设工作的通知》，重庆空港型国家物流枢纽入选“十四五”首批国家物流枢纽建设名单。

30日 “智造引领未来”OPPO（重庆）创新示范智能工厂启动仪式暨产值破300亿元纪念活动在前沿科技城举行。

12月

1日 重庆临空经济示范区设立五周年新闻发布会在重庆市人民政府新闻办公室举行。市发展改革委副主任、新闻发言人朱江，渝北区委副书记、区人民政府区长廖红军，重庆机场集团副总经理陈世琴，重庆保税港集团副总经理黄曲介绍临空经济有关情况，并回答记者提问。

2日 区公安分局交巡警支队杨雪峰大队被公安部评为“全国公安机关成绩突出交警大队”。

3—4日 区委书记于会文率渝北区党政代表团到四川省成都市考察学习产业发展、科技创新、城市建设、乡村振兴、社会治理等方面先进经验。

7日 松下真空节能新材料研发制造基地项目开工奠基仪式在前沿科技城举行，该项目是松下全球最大的真空绝热板研发制造基地。

10日 渝北区举行区、镇人大代表换届选举投票。全区共划分区人大代表选区171个、人大代表选区322个，设立299个中心会场、1713个投票站。112.2万名选民参与投票，依法选举产生新一届区人大代表443名、各镇人大代表809名。

14日 区政府党组（扩大）会议和区第十八届人民政府第123次常务会议召开，传达学习中央经济工作会议精神和习近平总书记在中共中央政治局第三十五次集体学习时的重要讲话精神，听取区消防安全专项委员会办公室2021年工作情况报告，审议《渝北区能源发展“十四五”规划（送审稿）》等，研究重庆医科大学附属口腔健康创新中心建设工程项目划拨土地、核销临空经济总部债权债务等事宜。

是日 重庆市家风家教创新实践基地在仙桃街道空港佳园社区揭牌，是渝北区首个设立在公租房小区的市级家风家教创新实践基地。

16日 中国共产党重庆市渝北区第十四届委员会第十一次全体会议在区会议中心召开。会议审议通过《中共重庆市渝北区委关于深入学习宣传贯彻党的十九届六中全会精神的意见》和全会决议。

17日 中新（重庆）大数据智能化产业示范园区揭牌活动在仙桃国际大数据谷举行。活动现场举行了中新信息通信领域合作项目线上签约仪式，超体科技总部落户、新加坡新科技创新服务集团、新加坡AFPI、新加坡BrioMed Technologies 4个项目签约落户中新（重庆）大数据智能化产业示范园区，将在智慧物流大数据系统研发、AI视觉医疗系统、人工智能及物联网传感器、科技创新服务平台搭建等方面开展合作。同步正式启动2022年新加坡（重庆）青年人才驿站实习计划。

是日 渝北区2021年第四季度重大招商项目集中签约活动在仙桃国际大数据谷举行。通过面对面“线下签”、屏对屏“云上签”，渝北区共签约武汉光庭信息全国第二总部、希尔顿惠庭酒店、塘鹅美装饰等75个招商引资项目，正式合同额330.18亿元，项目涉及汽车电子、智能驾驶、智能制造、法律服务、酒店管理等。

20日 中国残联党组成员、副主席、副理事长程凯带队到渝北区调研残疾人就业工作。

是日 隔江相望、直线距离仅约1公里的巴南区麻柳嘴镇到渝北区洛碛镇的公交线路开通。

22日 由市经济信息委、渝北区政府联合中国信息通信研究院西部分院共同打造的重庆市智能硬件检测公共服务平台（由重庆市无线电检测中心、中国信息通信研究院西部分院智能硬件实验室组成）在仙桃国际大数据谷揭牌成立。市政府党组成员、副市长陈金山等市、区相关领导出席揭牌活动。

是日 区第十八届人民政府召开第124次常务会议，学习中央、市委经济工作精神，审议《重庆市渝北区乡村振兴“十四五”规划（送审稿）》等。

25日 中央公园商圈首期——新城吾悦广场开业。至31日，龙湖公园天街、中粮大悦城也相继开业。

27日 川渝高竹新区管理机构揭牌暨重大项目集中签约开工活动在川渝高竹新区集中建设场地举行。川渝高竹新区党工委、管委会、纪工委、监察室挂牌。重庆市发改委、广安市、渝北区、川渝高竹新区等相关领导出席。

28日 《重庆市渝北区人民政府办公室关于加快建设体育强区的实施意见》印发。

28—30日 中国共产党重庆市渝北区第十五次代表大会召开。28日，大会在区会议中心开幕，应到党代表390人，实到383人，于会文代表中国共产党重庆市渝北区第十四届委员会向大会作《抢抓新机遇 奋进新征程 为打造成渝地区全面建设社会主义现代化标杆城区而努力奋斗》的报告。其间，会议选举产生第十五届区委常务委员会委员：于会文、廖红军、王小渝、罗勇、张广莉（女）、颜其勇、于贵生、王代兵、唐密、胡建川、杨帆（女）。

29日 重庆市科学技术研究院和重庆科技发展战略研究院发布《2021年度重庆市区域与行业科技竞争力评价报告》，渝北区科技竞争力位居全市第一，是渝北区连续第四年排名全市第一。

30日 统景镇胜利村、御临村、中和社区、河坝社区的165户征地群众在统景御景雅居二期喜接安置房。

31日 区第十八届人民政府召开第125次常务会议，学习贯彻中央党史学习教育总结会议和中共中央政治局党史学习教育专题民主生活会会议精神，传达中央农村工作会议精神，审议《渝北区大健康产业发展“十四五”规划（送审稿）》等。

渝北概览

基本区情

【地理位置】渝北区位于重庆主城东北部，位于北纬29°34′45″~30°07′22″、东经106°27′30″~106°57′58″，辖区面积1452平方公里。区境东邻长寿区，南与江北区毗邻，同巴南区、南岸区、沙坪坝区隔长江、嘉陵江相望，西连北碚区、合川区，北接四川省华蓥市和邻水县。区政府驻两路街道义学路32号，距市中心22公里。

渝北区是渝东地区和四川东部地区进入重庆主城的门户，也是重庆主城新中心和两江新区核心区。辖区内有全国第九大枢纽机场江北国际机场，有西南最大的龙头寺客货列车编组站，渝怀、渝利等干线铁路和渝宜、渝邻、渝武等高速公路在区境内交会，国道319线、210线和重庆外环高速贯通全境，长江上游最大的寸滩深水港紧紧毗邻，中国唯一内陆保税区——两路寸滩保税港区空港功能区位于境内，形成水陆空轨立体交通枢纽。

区境地处华蓥山主峰以南的巴渝平行岭谷地带，地势从西北向东南缓缓倾斜。境内为自西向东由华蓥山脉、铜锣山脉、明月山脉三条西北至东南走向的条状山脉和宽谷丘陵交互组成的平行岭谷。北部为中山，海拔800~1460米；中部为低山，海拔450~800米；南部多浅丘，海拔155~450米。区域地质属沉积岩广泛发育区，地质形态为华蓥山帚状褶皱束和宣汉—重庆平行褶皱束，褶皱带呈北北东向展布，狭长而不对称，褶皱紧密，向斜宽，背斜窄，断裂少。地貌多呈垄岗状，山体雄厚，长岭岗、馒头山、桌状山错落于岭谷间，地势起伏较大。喀斯特地貌分布较广，谷坡河岸多溶洞。过境主要河流有长江和嘉陵江，长江沿区东南边境流过，在区境中东部有寸滩河、朝阳河、长堰溪、御临河注入；嘉陵江沿区西南边境流过，有后河注入。

【历史沿革】渝北区历史悠久，商周之际，原居住于今湖北南部、西部和汉水流域一带的巴族进入本境，与本地土著居民杂居共处。西周初（公元前11世纪），巴族因助周灭纣有功，首领受封子爵，在嘉陵江中、下游及其与长江交汇一带建立巴国，世代相传，本境即属巴国之一部分。至东周慎靓王五年（前316年），秦惠王灭巴国置为巴郡，其下置江州县，本境遂为江州县地。汉无变化。三国时，蜀汉在境东南置乐城县，县治设在今洛碛镇，延熙十七年（254年）撤。东晋永和三年（347年），原在涪陵的枳县迁治乐碛（今洛碛镇），境东部分即属枳县，至元熙二年（420年）枳县治迁回涪陵。南齐永明五年（487年），改江州县置为垫江县，本境大部即属垫江县。北周武成二年（560年）改垫江县为巴县，将枳县部分并入，隶于楚州巴郡。隋开皇三年（583年）罢郡，以州统县，改楚州为渝州，历隋唐直至清乾隆年间，本境俱为巴县地。乾隆十九年（1754年），析巴县江北镇建置江北厅，重庆府同知自城内白象街移此驻守。乾隆二十四年（1759年），将巴县义里、礼里及仁里上六甲划归江北厅，史称“江巴分治”。江北厅隶于四川行省重庆府。民国2年（1913年）废府、厅之设置，另设道统县，江北厅改为江北县，隶于四川省川东道。1949年11月30日江北县解放，属川东行署璧山专区，后属江津专区。1976年1月归重庆市管辖。1994年12月，经国务院批准撤销江北县，设立重庆市渝北区，以原江北县行政区划出11个乡镇（划归北碚区6个镇2个乡、江北区2个镇1个乡）后的地域为其行政区域。1997年，重庆市改为直辖市，渝北区被确定为地级市。

【行政区划】 2021年底，全区有19个街道和11个镇，有社区居委会237个、村委会173个。19个街道分别是：两路街道、龙溪街道、龙山街道、龙塔街道、回兴街道、宝圣湖街道、双龙湖街道、双凤桥街道、王家街道、悦来街道、仙桃街道、人和街道、天宫殿街道、大竹林街道、礼嘉街道、鸳鸯街道、翠云街道、金山街道、康美街道；11个镇分别是：木耳镇、兴隆镇、茨竹镇、大湾镇、玉峰山镇、古路镇、龙兴镇、石船镇、统景镇、大盛镇、洛碛镇。

【气候】 2021年，渝北区年平均气温18.0℃，较历年年平均气温17.5℃偏高0.5℃；年极端最高气温39.5℃，年极端最低气温-0.4℃；年总降水量为1409.2毫米，较历年平均总降水量1168.2毫米偏多21%；年日照时数986.2小时，较历年平均日照时数1218.7小时偏少19%。入春早、出夏晚，春夏两季持续时间长。2021年，渝北区气候状况总体偏差，涝重于旱，阶段性高温明显。主要天气气候特点为：强降水和区域暴雨次数多、强度强，区域高温频次高，强降温偏多偏重，连阴雨偏轻偏弱。

【主要气候事件】 暴雨　年内共出现14场区域性暴雨天气过程。依次为5月2日、6月26日、7月1日、7月8日、7月11日、7月16日、8月8日、8月12日、8月22日、8月26日、9月5—6日、9月11—12日、9月16日、9月18—19日。暴雨过程主要集中在7月、8月和9月，落区重叠度高。

高温　两路城区≥35℃高温日数为26天，≥37℃高温日数为6天。8月3日极端气温达39.5℃。部分镇街日最高气温达40℃以上，最高气温出现在兴隆镇兴隆站45.1℃（8月3日）。共出现7次区域高温过程，分别是5月1—2日、6月14—16日，7月13—15日，7月20—23日，7月25日至8月6日，8月17—21日、10月2—5日。区域性高温来得早，最晚过程走得迟。首场过程出现在5月1—2日，持续2天，为1989年以来最早的一次区域高温。全年最后一次区域性高温过程出现在10月2—5日，持续4天，为1961年以来最晚的一次区域性高温过程。

大风　两路城区共监测到2次短时阵性大风，分别出现在5月3日和7月21日。5月3日极大风速为19.1米/秒，7月21日极大风速为27.2米/秒，均达到大风标准。

连阴雨　年内累计出现连阴雨4次。分别为3月31日至4月7日、4月9—20日、5月20—28日和10月14—22日。

强降温　年内，累计出现强降温5次，其中冬季2次（2月24—27日、12月24—27日）、春季1次（3月18—21日）、秋季2次（10月4—7日、11月6—8日）。10月4—7日达到特强降温，降温幅度达13.2℃，为全年以来最强降温过程。

【灾害】 5月2—3日，偏北镇街出现强降水天气过程，木耳镇、茨竹镇、兴隆镇、大湾镇、双龙湖街道、龙兴镇13个站点累计降水量超过100毫米，24个站点累计降水量超过50毫米，其中木耳镇良桥站最大累计降水量为249.1毫米，最大小时降水量为138.5毫米（茨竹镇同仁站）。据统计，至5月

3日18时，全区有18个镇1793人受灾，因灾受伤1人，紧急避险76人，紧急转移并分散安置67人，全区倒塌房屋6户11间，严重损坏房屋108户231间，一般损坏房屋802户1017间；飞机备降外场32架次，返航4架次，取消13架次，受影响旅客约4400人次，直接经济损失约1348.16万元。

7月11—12日，暴雨天气过程造成全区16个镇164人受灾，紧急避险16人，回兴街道蓝色星空狮子座小区外一冻库房旁边的水管爆裂引发边坡垮塌，致1人死亡，直接经济损失100.4万元。

7月21日15—17时，受局地热对流影响，全区出现大风、短时强降雨天气过程。最大风速出现在两路城区为27.2米/秒，玉峰山镇风速为17.8米/秒。王家街道、双凤桥街道的5个村138人受灾，紧急转移并分散安置7人，倒塌房屋1户2间，一般损坏房屋68户94间，主要是房屋屋顶受损，直接经济损失约16万元。

8月8日，暴雨天气过程造成洛碛镇、龙兴镇24个村95人受灾，紧急避险转移20人，一般损坏房屋31户47间；农作物受灾72.08公顷，2200立方米水池、堰塘损坏，损失鱼2100余公斤；农村公路损毁2.74公里，0.22公里公路护栏垮塌，220立方米各类边坡堡坎滑坡垮塌；3.16公里农业小路损毁；1座10立方米的饮用水池和600米饮用水管被冲毁；直接经济损失775.4万元。

8月12日，暴雨天气过程造成木耳镇良桥村19社梭槽湾发生滑坡地质灾害，2人受灾，直接经济损失2万元。

8月23日，暴雨天气过程造成大盛镇1个村2人受灾，一般损坏房屋1户1间，直接经济损失约0.85万元。

8月25—29日，持续降雨天气过程导致大湾镇大湾村5社境内省道536线茨大路K15+300处发生堡坎垮塌，受损公路长60米、宽3.5米、高10米左右，垮塌方量约2000立方米；严重损坏房屋1户1间，9人受灾，紧急避险4人；直接经济损失30.4万元。

9月6日，暴雨天气过程造成茨竹镇、木耳镇2个镇18个村23人受灾，山体滑坡、道路塌方，房屋严重损坏1间、一般损坏1间，直接经济损失71.3万元。

9月12日，暴雨天气过程造成茨竹镇、两路街道2个镇街2个村9人受灾，紧急转移安置3人，倒塌房屋1户6间，严重损坏房屋1户5间，直接经济损失16.2万元。

【自然资源】 区境内自然资源丰富。植被属亚热带湿润常绿阔叶林区，原生植被破坏后逐渐生成次生林，分布在各山脉。有野生植物97科219属326种，其中中草药123种。用材林木主要有松、柏、杉、栗、青冈、枫、樟、竹、楠和其他阔叶林木。经济林木主要有柑橘树、柚树、梨树、桃树、李树、苹果树、樱桃树、枇杷树、核桃树、桑树、茶树、银杏树、榕树、铁树、桂花树、罗汉松、山茶花树等。近年来引进不少热带观赏植物品种。有野生脊椎动物87种，其中哺乳动物19种、鳞介类21种、禽类40种、爬行类7种。被列为国家重点保护动物的有锦鸡、鲟鱼、水獭等。水资源除长江、嘉陵江过境水外，尚有御临河，常年过境地表水量约17亿立方米。区境内年平均降水量10亿立方米，地下水流出地表总量约1.1亿立方米。矿产资源主要有煤、天然气、硫铁矿、砂金、含钾凝灰岩、石灰岩、石英砂、陶瓷土、耐火黏土等10余种，均有不同程度开采。

【旅游资源】 渝北区旅游资源丰富，有闻名遐迩、集山水林泉洞峡瀑于一体的中国十佳休闲旅游景区之一、国家AAAA级旅游景区——统景温泉风景区，有中国历史文化名镇、国家AAA级旅游景区——龙兴古镇，有玉峰山、华蓥山、南天门三大森林公园；有梨树种植面积达1.5万亩的放牛坪观光度假区、印盒李花生态旅游区、温塘河万亩红枫基地、兴隆杨梅基地、农业园区拓展区西部农谷四季田园、木耳金刚葵花基地、华蓥山休闲避暑区等生态旅游景区，汇聚了重庆中央公园、重庆园博园、重庆国际博览中心及张关水溶洞、碧津公园、重庆鳄鱼中心、御临排花洞等独具特色、广受群众喜爱的景区景点；有五洲、金科、戴斯、奥蓝、犀牛、新华等一批星级酒店（宾馆）等。

区内重要的古代遗址有洛碛新石器发掘遗址、分布于御临河上段山崖的汉代崖墓群、翠云南宋抗元名城多功城、洛碛宋代"巴渝第一状元"冯时行寓所"缙云故里"及"状元井"、大竹林明代吏部尚书蹇义墓葬（当地称"天官坟"）、清初白莲教据点辜寨坪等。爱国主义教育基地有位于回兴街道黄桷坪黄炎培中学校内的中华职业学校（渝校）旧址暨于学忠将军故居，还有位于碧津公园内的王朴烈士塑像等。

【人口】 2021年末，全区常住人口220.58万人，较上年增加0.71万人。人口密度为每平方公里1519人。其中，城镇常住人口197.85万人，城镇化率89.70%，较上年提高0.65个百分点。年末户籍总人口152.20万人，较上年增加5.68万人。其中，城镇人口120.76万人，较上年增加6.19万人；乡村人口31.44万人，较上年减少0.51万人。户籍人口中，男性人口75.29万人，女性人口76.91万人，人口性别比为97.9（以女性为100）。全年出生人口14384人，出生人口性别比为106.92，符合政策性生育率99.91%；死亡人口7424人；人口自然增长率4.66‰。

【民族】 渝北区为少数民族散杂居地区。2021年，区内的少数民族有壮、布依、朝鲜、满、侗、瑶、白、傣、黎、傈僳、彝、水、土家、景颇、仫佬、羌、布朗、毛南、仡佬、回、苗、藏、蒙古、哈尼、维吾尔、拉祜、畲、佤、达斡尔等45个民族，人口19857人。外来流动少数民族人口11736人，主要为来区务工、经商和求学人员。

【宗教】 2021年，渝北区有佛教、道教、基督教、天主教等较为固定的信教群众1.2万余人，宗教教职人员17人。依法开放宗教活动场所16处，其中佛教活动场所6处、道教活动场所1处、基督教活动场所9处（含2处基督教临时活动地点）。有审批备案的宗教团体2个，分别为区佛教协会和区基督教三自爱国会。

（刘　琴　张郁梅　曾祥海　陈登科　禹　婷）

国民经济和社会发展

【概况】 2021年，面对复杂多变的外部环境和新冠肺炎疫情点状散发的严峻形势，渝北区全面落实中央、市委、市政府决策部署，统筹新冠肺炎疫情防控和经济社会发展，统筹发展和安全，把握新发展阶段，贯彻新发展理念，融入新发展格局，经济呈现稳中加固、稳中向好态势，实现"十四五"良好开局。全区地区生产总值增长8.5%，规模以上工业总产值增长16.6%，固定资产投资增长8.2%，社会消费品零售总额增长13%，一般公共预算收入增长10.2%；城乡居民人均可支配收入增长9.1%。

【统筹新冠肺炎疫情防控和经济社会发展】 坚持人民至上、生命至上，坚决落实"外防输入、内防反弹"的常态化防控措施，面对突发防疫事件，第一时间启动应急响应工作机制，成功地在一个潜伏期内控制住疫情。高效有序推进新冠疫苗接种，累计接种350万余针次，接种量居全市第一。有效投资稳步提升，41个在区市级重大项目、247个区级重点项目总体推进顺利，分别完成投资218亿元、430亿元，投资完成率为107%、90%。消费活力持续增强，全力打造"十三香"商业特色街区和"御临风物"品牌，推动线上线下消费齐发力，水獭云选、桥达茂宸广场等大型商业综合体建成开业。加大向上争取资金力度，争取中央预算内资金2.14亿元，创历史新高；争取政府新增债券额度和再融资债券额度44.8亿元。实施政府债务全程管控，债务率低于风险警戒线，全区债务风险总体可控。积极防范金融风险，陈案化解率达到85%，全区未发生区域性、系统性金融风险。

【创新驱动发展】 仙桃数据谷创新生态圈体系持续完善，累计建成商务楼宇170万平方米，长安软件科技公司等项目落地投产。新认定市级孵化器3家，市级以上孵化器总量达8家，总建成面积达7.35万平方米，重庆创意公园获评“国家级创业孵化示范基地”，市级以上众创平台达到15家。新培育市级科技型企业1572家，总量达4477家，居全市第一。“种子、天使、风险、担保”四大科技基金规模达33.71亿元，累计为402家科技型中小企业融资28.5亿元。积极拓宽引才渠道，引育高层次、高技能、紧缺型人才224名。

【现代产业体系构建】 工业扩量升级不断加快，汽车、电子等重点支柱产业支撑有力，分别增长13.1%、17.8%，带动全区规模以上工业总产值增长16.6%。67个智能化改造项目推进顺利，新建1个智能工厂和15个数字化车间。软件和信息服务业加快发展，仙桃国际大数据谷获评“中国最具活力软件园”“中国数字经济与软件服务业最佳服务平台”。金融机构存贷款余额达到13964亿元，同比增长6.3%。金紫山石头房子文创园等项目快速推进，铜锣山矿山公园一期开园迎客，两江国际商务中心实现首期开业，临空消费走廊17个重点消费项目有序推进。农业发展质效稳步提升，建成柑橘、桃李等特色经果林8.7万亩，林下套种粮油、蔬菜等作物9.4万亩，建成高标准农田4万亩。新认证“两品一标”、全国名特优新和市级品牌农产品36个，农产品加工总产值突破100亿元。

【重点领域改革】 营商环境持续优化，“零跑动”事项1154项、“最多跑一次”事项287项，许可事项“全程网办”占比提升到89.3%。推进“一件事一次办”，提供套餐服务达92项。全年新增市场主体3.7万户，较上年增长13.6%。扩面深化农村“三变”改革，试点村增加至87个，占全区建制村总数的50%。有序推进国资国企改革，国企改革行动整体任务完成80%，累计完成集中统一监管改革企业22家，全面完成公司制改革企业7家。积极推动落实各项助企纾困政策，畅通企业融资渠道，充分发挥“升级贷”“上市贷”风险补偿金作用，新增发放贷款2.89亿元，惠及中小企业102家。

【对外开放合作】 江北国际机场T3B航站楼及第四跑道建设提速推进，新开通国际航线5条，成功获批“空港型国家物流枢纽”。铁路枢纽东环线等项目进展顺利，洛碛码头前期工作稳步推进，三环高速渝北段建成通车。积极融入成渝地区双城经济圈建设，进一步深化与广元市、德阳市等友好城市（地区）交流合作，19个可视化项目推进顺利。加快推动高竹新区发展，新签约项目29个，协议投资295亿元。主动服务两江新区开放开发，累计为市级平台征地5.3万亩。持续做好云阳对口协同发展工作，投入3040万元援建项目13个。外贸外资稳定发展，全区实现进出口总额达1968亿元，增长17.3%，实际利用外资20.31亿美元，新增外商投资企业超101家，外商直接投资（FDI）完成6.01亿美元，同比增长11.61%。

【城乡统筹发展】 发展空间加快拓展，同德片区、农业科技园区等6.7平方公里控制性详细规划获批，完成国有土地上房屋征收26万平方米。基础设施建设有序推进，158个城市基础设施项目提速建设，南北大道北延伸段建成通车，9号线一期二期、5号线北延伸段等5条轨道交通和椿萱大道等17条快速路和主干道加速推进。新建“四好农村路”100公里，实施骨架公路改造项目120公里。城市品质显著提升，城区环境综合整治和空港新城基础设施及公共服务PPP项目顺利推进，完善提升人行道181公里，整治车行道35公里，路平整治和人行道完善提升完成总量位居全市第一。改造提升老旧小区18.6万平方米，完成棚户区改造643户。新增城市绿地150万平方米。乡村振兴扎实推进，完成农村C、D级危房整治5690户，整治提升农村危旧房3456户，建成“四美”庭院6个。新建农村生活污水处理设施11座，创建绿色示范村庄8个。巩固拓展脱贫攻坚成果同乡村振兴有效衔接，安排资金2322万元，落实项目41个。

【生态环境保护】 污染防治成效明显，实施10家重点行业企业挥发性有机物深度治理，完成1102家涉气中小企业综合整治，2021年城区空气质量优良天数达321天。完成空港新城F区等14个地块土壤风险评估，启动实施搬迁企业原址地块土壤治理修复，建成土壤污染综合防治示范区。生态保护修复持续推进，严守生态环境保护红线，强化“四山”（缙云山、中梁山、铜锣山、明月山）地区和自然保护区管控，森林覆盖率达42%，渝北区被命名为“绿水青山就是金山银山”实践创新基地，大盛镇、统景镇、仙桃国际大数据谷被命名为市级“绿水青山就是金山银山”实践创新基地。完成明月山、铜锣山等矿山生态修复2940亩，铜锣山矿山生态修复入选联合国生物多样性大会典型案例。持续倡导绿色低碳生产生活方式，新增农村生活垃圾分类示范村9个，城区生活垃圾无害化处理率保持100%。

【保障和改善民生】 持续加大民生领域投入力度，80%以上的财政支出用于民生事业发展。大力实施就业优先政策，城镇新增就业5.6万人。深入实施全民参保计划，城乡养老保险参保率稳定在96%以上。大力推进农村养老服务设施建设和敬老院改造升级，建成镇养老服务中心7个，农村养老互助点101个，完成改扩建敬老院2个。新增（扩建）公办幼儿园12所，新增普惠性民办幼儿园13所，在园幼儿普惠率达85.4%。8所学校建成投用，6所“公参民”学校顺利“转公”。新中医院基本建成，区人民医院儿科成功创建市级区域医学重点学科，樊代明院士工作站挂牌成立，统景中心卫生院、回兴社区卫生服务中心成功创建甲级医院。空港新城羽毛球馆及青少年活动中心建成开放，市民服务中心正式投用。深入实施安全生产专项整治三年行动，扎实开展道路交通、建设施工、危险化学品、消防等领域突出问题整治，全区事故防控和灾害防治形势持续稳定向好。大力开展扫黑除恶专项斗争，全区现行刑事案件立案同比下降16.48%，九类案件破案率达100%，群众安全感进一步增强。

（曾　娅）

经济结构与经济效益分析

【概况】 2021年，渝北区坚持以习近平新时代中国特色社会主义思想为指导，全面贯彻落实党的十九大和十九届历次全会精神，坚持稳中求进工作总基调，真抓实干、务实进取，科学统筹新冠肺炎疫情防控和经济社会高质量发展，着力巩固经济恢复基础，推动经济和社会发展全面复苏回升。全年民生保障坚实有力，经济总体呈现持续恢复、稳中向好、质效提升的良好态势，实现“十四五”良好开局。

【产业结构】 2021年，渝北区实现地区生产总值2235.61亿元，按可比价格计算，较上年增长8.5%。其中，第一产业增加值31.16亿元，增长4.6%；第二产业增加值765.16亿元，增长9.3%；第三产业增加值1439.29亿元，增长8.2%。三次产业结构比调整为1.4：34.2：64.4。

【农业结构】 2021年，全区实现农业总产值43.70亿元，按可比价格计算，比上年增长5.7%。粮食播种面积31.27万亩，总产量11.14万吨，粮食综合单产356.22公斤/亩，比上年增长0.2%。蔬菜总产量30.16万吨，比上年增长0.3%。全年生猪出栏8.07万头，羊出栏9325只，家禽出栏164.16万羽。乡村产业高效发展。新培育区级示范合作社10个、家庭农场20个，认证“两品一标”、全国名特优新和市级品牌农产品共36个。建立村级生产互助农业股份合作社59个，“三变”改革试点村增加至87个。建成高标准农田4万亩，高效节水灌溉面积2万亩。

【工业结构】 2021年，全区实现工业增加值633.98亿元，按可比价格计算，比上年增长10.6%。规模以上工业总产值增长16.6%，分经济类型看，国有企业总产值增长1.6%，股份合作制企业总产值增长32.3%，股份制企业总产值增长19.0%，外商及港澳台商投资企业总产值增长13.7%。分行业看，总产值排名前五的行业呈现较好增长态势，计算机、通信及其他电子设备制造业总产值增长18.3%，汽车制造业总产值增长13.1%，通用设备制造业总产值增长17.1%，电气机械及器材制造业总产值增长1.6%，专用设备制造业产值增长306.5%。

【投资结构】 2021年，全区固定资产投资比上年增长8.2%。其中，基础设施建设投资增长21.3%，工业投资增长6.1%，房地产开发投资增长1.7%。全区247个重点项目推进顺利，共完成投资430.41亿元，年度投资计划完成率达90%以上。分类别看：基础设施类项目60个，完成投资159.48亿元；社会民生类项目100个，完成投资90.04亿元；产业类项目57个，完成投资71.24亿元；城市综合体类项目30个，完成投资109.65亿元。

【宏观经济效益】 2021年1—12月，全区规模以上工业企业盈利能力增强，实现利润总额164.55亿元，比上年增长52.5%；实现营业收入4231.82亿元，比上年增长17.6%，营业收入利润率为3.89%、比上年提高0.89个百分点，77.1%企业实现盈利。

（张郁梅）

社会主义精神文明建设

【概况】 2021年，渝北区深学笃用习近平新时代中国特色社会主义思想，认真贯彻落实党的十九大及十九届历次全会精神，自觉承担起举旗帜、聚民心、育新人、兴文化、展形象的使命任务，紧紧围绕庆祝中国共产党成立100周年这条主线，持续加强社会主义核心价值观建设，不断深化群众性精神文明创建活动，培育时代新人、弘扬时代新风，努力提升公民道德水平和城乡文明程度。

【新时代文明实践中心建设】 坚持以习近平新时代中国特色社会主义思想为指导，着力推动新时代文明实践中心建设接地气有活力，建成新时代文明实践中心1个、实践所22个、实践站357个。整合打通53类资源，设立七大工作平台，建成新时代文明实践志愿服务队伍1000余支，注册志愿服务组织1165个、志愿者26.4万人。评选区级志愿服务典型32个，获评市级志愿服务典型4个，曾毅、李兴红等6人获评“重庆市最美志愿者”，谢彬蓉获评“全国最美志愿者”，“温情夕阳”为老助困志愿服务项目获评“全国最佳志愿服务项目”。开展志愿服务活动，以“一学二讲三传”（学理论，讲理想、讲政策，传文化、传文明、传爱心）为主要内容，打造有渝北特色的“理论麻辣烫”宣讲品牌、“文明农家乐”实践品牌、“巴新巴常”志愿服务品牌，开展各类文明实践活动4500余场，服务群众50万余人次。

【群众性精神文明创建】 做实全国文明城区常态化管理，全面提升844个实地点位、近50万户住户调查问卷质量，持续巩固115项网报资料优势，全年开展群检、专检督查124次，发出督查通报12期、交办单706期，交办案件2982件，整改率99.5%，高质量通过全国文明城区年度复查测评。深化文明细胞创建，获评市级文明村镇4个、文明单位5个、文明家庭3个；评选区级文明村镇16个、文明单位33个、文明家庭20个；评选区级文明校园13所，推荐重庆市暨华中学等4所学校获评重庆市文明校园，推荐重庆市松树桥中学入选创建全国文明校园先进学校。深化文明礼仪宣传教育，发放《重庆市文明行文促进条例》单行本6万余份，设计制作“渝北文明八条”宣传折页、海报5万余份，组织开展集中宣传活动3场、网络有奖问答1场，参与人数3万余人次。把倡导绿色环保理念、培育健康生活方式作为群众性精神文明创建活动的重要内容，开展“文明健康、绿色环保”主题实践活动118场，开展健康知识讲座、传染病防控知识教育培训200余次；围绕“吃住行游购娱”开展系列活动800余场，创建市级文明餐桌食品安全示范街1条、示范单位4个，数量居全市第一；践行文明健康、绿色环保生活理念，开展宣传劝导1000余次、环境卫生整治活动600余次。深入推进“文明在行动·满意在渝北”工作，评选区级岗位服务明星18名，获评市级岗位服务明星5个。举办“庆百年华诞·赞文明渝北”——渝北区第四届“讲文明，树新风”公益广告创作大赛，评选出优秀平面类作品50件、优秀视频类作品10件，发放公益宣传品120余万件，制作公益广告小品9个，发布主题公益广告超4.2万平方米、标语2700余条，发布量居全市前列，获第28届中国国际广告节黄河奖优秀奖1项。

【农村精神文明建设】 制定印发《渝北区2021年在农村开展“三管一养成”生活习惯培养行动工作方案》，组织开展卫生健康、垃圾分类、居家整理、消防安全、文明礼仪等专题讲座及培训230余场次。深化城乡结对共建，组织区市场监管局、区卫生健康委等61个市级文明单位与农村新时代文明实践站结对，开展社会主义核心价值观教育、村庄环境整治、移风易俗等志愿服务活动1300余场次。净化环境营造氛围，制作农村人居环境整治、乡风文明、移风易俗、文明城区创建等宣传标语、广告牌、墙体彩绘1000余处，统一制作发放移风易俗帆布袋1万个、星级文明户挂牌2万余件。

【思想道德建设】 深入开展道德典型选树与学习宣传。开展第七届渝北区道德模范推荐评选，评选区级道德模范10名，推荐袁镇涛、周尚会获评重庆市道德模范，其中袁镇涛获评“全国道德模范提名奖”；参与“我推荐我评议身边好人”活动，推荐邱雪松、陈茂秀、任泽林3人获评“重庆好人”，其中任泽林获评“中国好人”；持续开展道德模范、身边好人等先进典型学习宣传活动，刊播以“道德模范”为主题的公益广告，开展“党在我心中”微访谈等区级活动20余场。深入开展未成年人思想道德建设。组织“新时代好少年”学习宣传活动，评选“新时代渝北好少年”20名，获评“新时代重庆好少年”3名；推进“童心向党”教育实践活动，评选优秀“红色小讲解员”18名，获评市级一等奖、二等奖各1个，评选优秀作品292个；深入推进“点亮心窗”未成年心理关爱项目品牌打造工作，举办活动5场；参与“九童圆梦”春节行动，获单项奖17个，区委宣传部获优秀组织奖；开展“我劳动·我快乐”实践示范活动3场，在重庆市劳动教育典型宣传展示活动中获评重庆市“快乐劳动小能手”2名、“劳动教育优秀校长”2名、“劳动教育优秀教师”3名、重庆市乡村学校少年宫劳动教育项目优秀案例2个；积极参与“红樱桃·冬日针爱”活动，获评“最美编织志愿者”4人，区委宣传部获评“爱心单位”。

（陈　凌）

中共重庆市渝北区委员会

综　述

【概况】2021 年，区委坚持以习近平新时代中国特色社会主义思想为指导，深入贯彻党的十九大和十九届历次全会精神，深化落实习近平总书记对重庆提出的系列重要指示要求，增强“四个意识”、坚定“四个自信”、做到“两个维护”，牢记“国之大者”，按照党中央决策部署和市委工作安排，统筹新冠肺炎疫情防控和经济社会发展，统筹发展和安全，立足新发展阶段、贯彻新发展理念、服务和融入新发展格局，自觉从全局谋划一域、以一域服务全局，各项工作取得积极进展，全区政治生态持续向好，干部群众精神状态积极向上，经济社会发展各项事业稳步向前，“十四五”开局良好、起步扎实。

【推动党史学习教育】紧扣“学党史、悟思想、办实事、开新局”，重点在学、讲、看、做四个环节上下功夫，全区党员干部学史明理、学史增信、学史崇德、学史力行氛围浓厚。全区党史学习教育接受中央第八指导组实地调研和市委巡回指导六组 5 次指导均获好评，“我为群众办实事”实践活动受到中宣部领导充分肯定，中央广播电视总台、《人民日报》等媒体刊播相关新闻 1122 条，中央简报刊发信息 4 条、市简报刊发信息 41 条，数量位居全市前列。

【谋划渝北未来五年发展】召开区第十五次党代会，提出加快建设高质量发展的经济大区、高水平开放的临空大区、高能级策源的科创大区、高品质生活的城乡大区（简称“四个大区”），奋力打造成渝地区全面建设社会主义现代化标杆城区（简称“标杆城区”）的发展目标定位，明确现代工业体系、现代服务业体系和现代农业体系，分别制定三个产业体系具体实施方案，加快构建多点支撑的现代产业格局。

【做好换届工作】严格落实党中央及市委对换届人选的政策要求、提名标准和资格条件，落实“两代表一委员”资格条件联审工作机制，严把人选政治关、品行关、能力关、作风关、廉洁关，完成代表推荐选举，产生区党代表 390 名、区人大代表 443 名，产生政协委员 411 名，区党代会、区两会成功召开。统筹区、镇、村（社区）三级换届工作，坚持正确用人导向，大力选用优秀年轻干部，推进干部交流，配出“加强版”领导班子。换届环境风清气正。

【推动经济高质量发展】一是加快经济恢复性增长。全力扩投资、促消费、稳外贸，签约引进盟固利动力电池等产业项目 220 个，合同投资额 1000 亿元，资金到位额 225 亿元，247 个重点项目投资完成率均达 90%，两江国际商务中心首期开业，6 个商业综合体投入运营，推动消费市场平稳回暖。全区地区生产总值增长8.5%，固定资产投资增长5%，社会消费品零售总额增长10%，一般公共预算收入增长10.2%。二是提升产业发展质效。全市首个汽车电子重点关键产业园落地建设，汽车、电子产业产值分别增长18%、20%。重点行业加速发力，装备制造、消费品、建筑业注册地总产值分别增长66%、8%、10%。大力发展航空物流、商务商贸等业态，服务业增加值增长8.2%。举办"深化银政企合作·助推渝北高质量发展"对接会，与24家市级银行签订战略合作协议，获得意向性授信超6000亿元，全年存贷款余额超1.4万亿元。新发展特色高效农业3万亩，认证"两品一标"、全国名特优新和市级品牌农产品36个，农产品加工总产值突破100亿元。三是推进科技创新。召开区委全会专题研究部署科技创新工作，全社会研发经费投入增长17%，占地区生产总值比重的4.4%。仙桃数据谷入驻科技型企业达到250家，智能硬件实验室等创新平台建成运营，华为软开云等科创平台被评为市级重点软件公共服务平台。8家企业入选工信部专精特新"小巨人"企业，金山科技入围全国民营企业科技创新百强榜单。发放"上市贷"1亿元，7家企业进入市级上市储备库。四是持续深化改革开放。召开区委全面深化改革委员会会议5次，统筹推进国家级改革试点和市级改革任务88项。实施优化营商环境，新增市场主体3.4万户，全区市场主体超15万户。江北国际机场T3B航站楼及第四跑道建设全面提速，客货吞吐量位居全国前列，成功获批"十四五"首批空港型国家物流枢纽，入选国家外贸转型升级基地。中新航空产业园15个项目集中开工，自贸区渝北板块新入驻企业4900家。

【推动城乡区域协调发展】 一是主动融入成渝地区双城经济圈建设。认真落实《成渝地区双城经济圈建设规划纲要》，7项"毗邻地区合作项目"、5项"友好城市合作项目"、7项"特色合作项目"取得阶段性成效。川渝高竹新区管委会正式成立，川渝科创基地、重庆工职院高竹校区等29个项目成功签约。深入开展经济区与行政区适度分离改革，探索建立税费征管服务等6个跨省集成、协同高效的创新机制，得到国家发改委充分肯定。二是全面实施乡村振兴。继续落实驻镇驻村帮扶工作，向3个重点帮扶镇派驻乡村振兴工作队，向7个示范村派第一书记。持续深化农村改革，"三变"（农村资源变资产、资金变股金、农民变股东）改革试点覆盖50%的建制村，完成农村土地承包经营权确权登记颁证并得到市级充分肯定，全区实现集体经济经营收益1亿元。开展乡村建设行动，新建"四好农村路"100公里，整治提升C、D级危房5690户、旧房3456户，创建市级美丽庭院250个。"四张清单助推基层减负增效"入选全国乡村治理典型案例，金刚村成功创建国家乡村治理示范村。三是加快提升城市功能品质。多宝湖等片区空间拓展有序推进，同德片区等6.7平方公里控制性详细规划获批。158个城市基础设施项目加快实施，龙兴隧道、春华立交等一批重点工程建成通车。改造提升老旧小区3个，完成棚改房屋征收26万平方米，整治提升人行道181公里，新建城市雨污管网22.7公里，新增绿地面积150万平方米，利用边角地、"灰空间"建设社区公园等创新做法被央视《新闻联播》报道。深化大城细管、大城智管、大城众管，依托"多勤联动"推进市容秩序综合整治，常态化开展"马路办公"，渝北区顺利通过国家卫生区复审。

【生态文明建设】 一是抓好自然生态保护与修复。推进"四山"保护提升项目，完成国土绿化12.8万亩、林相改造5200亩，实施有害生物防治工程6万亩、矿山治理复垦面积428.7公顷，铜锣山矿山生态修复入选联合国生物多样性大会典型案例，成功获批国家"绿水青山就是金山银山"实践创新基地。二是打好污染防治攻坚战。高质量完成市级目标任务174个，城区空气质量优良天数达321天，土壤、地下水环境质量持续向好，长江入河排污口排查整治试点获生态环境部高度肯定，新建1个市级安静居住小区，区域环境噪声平均值达到国家标准。三是加快绿色低碳发展。做好碳达峰碳中和工作，开展能源消耗总量和强度“双控”，推进绿色生产，累计建成国家级绿色工厂2家、市级绿色工厂4家。开展低碳节能主题宣传活动，倡导绿色生活。

【保障和改善民生】 一是统筹巩固拓展脱贫攻坚成果同乡村振兴有效衔接。落实财政投入、兜底保障等政策，谋划衔接项目41个、涉及资金2322万元。严格落实“四个不摘”要求，健全防止返贫监测和帮扶机制，持续开展“两不愁三保障”巩固情况“回头看”，及时消除致贫返贫风险。二是办好民生实事。推进24件重点民生实事办理，让群众看到变化、得到实惠。结合党史学习教育，通过结对帮扶、志愿服务等措施，办理群众身边事14.7万件、惠及群众78.5万人。三是发展社会事业。新增城镇就业5.6万人，社会保险基本实现法定人员全覆盖。新（扩）建投用中小学8所、幼儿园9所，6所“公参民”学校（公办学校参与举办民办学校）顺利转为公办学校，“双减”政策全面落地落实，中小学课后服务提质增效。区医院设立樊代明院士工作站，区新中医院基本建成，2家基层医疗机构成功创建甲级医院。新建养老服务中心7个，4个社区获评全国示范性老年友好型社区。

【宣传思想文化工作】 一是持续壮大主流思想舆论。隆重开展庆祝中国共产党成立100周年系列宣传活动，引导全区广大市民听党话、感党恩、跟党走。深入践行社会主义核心价值观，推进新时代文明实践云平台建设，实名注册25.3万人，居全市第一。评选“临空网事”网络传播优秀作品44件，全年原创新媒体作品浏览量达百万以上有29个、千万以上有1个、1亿以上有1个，网上正能量充沛、主旋律高昂。二是牢牢掌握意识形态工作领导权。严格落实意识形态工作责任制，以做好中央巡视意识形态专项整改工作为契机，持续强化意识形态阵地管理，抓好文化娱乐领域综合治理。三是加快推动文化事业和文化产业发展。创新举办系列文艺展演活动，创作《杨闇公》《凤凰于飞》《王朴英雄事迹》等一批文艺作品。区档案馆、空港新城羽毛球馆及青少年活动中心建成投用，打造乡村文化振兴示范点12个。推动文旅融合发展，启动龙兴古镇升级改造，T23时装小镇、金紫山石头房子文创园等项目快速推进，文化产业增加值占地区生产总值比重为4.2%。

【保持社会大局和谐稳定】 一是抓好常态化新冠肺炎疫情防控。坚持“外防输入、内防反弹”不放松，实行加强版疫情防控机制，快速有效处置多起突发防疫事件，坚决守住来之不易的成果。高效推进疫苗接种工作。二是推进平安建设。加强社会面治安防控，实施“全民反诈”专项行动，打击电信诈骗工作得到公安部嘉奖。开展“迎大庆保安全”百日攻坚，实施常态化安全监管。国家安全发展示范城市通过市级复核，区应急管理局获评全国应急系统先进集体并受表彰。三是加强和创新社会治理。推进市域社会治理专项工作，持续深化“枫桥经验”渝北实践，开展“治重化积”专项攻坚，中联办及市级交办案件化解率分别达到100%、86%。加快建设社会治理示范点，率先打造5个涵盖不同场景的“平安驿站”，新培育出悦来“智慧街道”等样板。

【推进民主法治建设】 一是支持人大、政协发挥作用。落实新时代加强和改进人大工作的要求，支持人大增强监督实效，组织对市、区级重点项目建设情况进行视察，开展专项评议和专题询问各1项、视察6项，审议专项经济事项22项。支持政协充分发挥社会主义协商民主的重要渠道和专门协商机构作用，组织开展专题视察协商监督活动80次，形成重点协商议政成果56个。二是推进全面依法治区。深学笃用习近平法治思想，抓好宪法实施和严格执法、公正司法、全民守法等重点工作，以第一名成绩成功创建全市首批法治政府建设示范区。三是巩固和发展最广泛的爱国统一战线。完成民主党派区级组织、区工商联、区知联会等换届工作。开展政党协商活动6次、形成年度重点调研课题32个，党外人士建言位居全市前列。全面落实中央和市委民族工作会议精神，持续推进宗教场所规范化建设，维护民族宗教领域和谐稳定。

【推进全面从严治党】 一是坚决做到“两个维护”。持续提升领导干部政治能力，常态化开展贯彻落实习近平总书记对重庆所作重要讲话和系列重要指示、批示精神“回头看”，确保渝北各项工作始终沿着总书记指引的方向笃定前行。严格执行请示报告制度，2021年向市委报送请示、报告31件。深入学习贯彻党的十九届六中全会精神，教育引导全区干部群众更加坚定地将“两个确立”的政治成果转化为“两个维护”的政治自觉。二是深学笃用习近平新时代中国特色社会主义思想。召开21次区委理论学习中心组学习会、46次区委常委会会议进行集中学习，系统开展专题培训，部署推进“十四五”发展、推动科技创新、加快制造业高质量发展等重点工作，切实把学习成果转化为工作实践、工作实效。三是抓好巡视整改落实。成立整改工作领导小组和3个专项整改工作专班，制定61条整改措施，召开7次区委常委会会议专题研究调度，推动整改任务落实，在市委巡视整改综合成效评估中取得“好”等次评价。四是持续巩固发展良好政治生态。严明政治纪律和政治规矩，区委常委会作出“十个带头”公开承诺，引领带动各级党员干部从严自我要求，坚决防止“七个有之”、做到“五个必须”。深入开展政法队伍教育整顿，发展积极健康的党内政治文化。五是抓好组织建设。保持大抓基层、抓实基层的强劲势头，统筹推进各领域党建工作全面进步、全面过硬。优化干部育选管用工作，区委选人用人“一报告两评议”总体评价连续三年位居全市前列。全面贯彻落实中央和市委人才工作会议精神，持续营造“近悦远来”人才生态。六是持续深入推进党风廉政建设和反腐败斗争。制定毫不松懈纠治“四风”工作措施25条，全年共查处违反中央八项规定精神问题25个，批评教育帮助和处理44人。聚焦服务保障优化营商环境推进专项监督，坚决整治政策落实“中阻梗”、服务企业不作为乱作为等问题。常态化推进“以案四说”“以案四改”，紧盯重点领域和关键环节加大查处力度，全年共处置问题线索325件、立案54件、处分67人。

（区委办）

组织工作

【概况】 2021年，区委组织部深学笃用习近平新时代中国特色社会主义思想，围绕中心、服务大局，选干部配班子、聚人才建队伍、抓基层打基础，完成各项目标任务。市委书记陈敏尔到渝北调研基层党建工作并给予充分肯定，人才工作经验做法被中组部刊发介绍，选人用人“一报告两评议”总体评价连续三年位居全市前列，组工调研课题获得全市一等奖。

【庆祝中国共产党成立100周年活动】 渝北区1人获评全国优秀党务工作者，6名共产党员、3名党务工作者、11个基层党组织受重庆市“两优一先”表彰。区委表彰全区100名优秀共产党员、100名优秀党务工作者、100个先进基层党组织，为6434名“光荣在党50年”的老党员颁发纪念章。“七一”前新发展党员412名，在全社会形成爱党信党跟党走的浓厚氛围。“七一”前后，开展走访慰问、新党员入党宣誓、党旗在基层一线高高飘扬等活动，组织动员基层党组织团结带领党员群众奋进新征程、建功新时代。

（赵　茜）

【区、镇、村（社区）三级换届】 严格贯彻落实中央及市委对区级换届人选政策要求、提名标准和资格条件，落实“两代表一委员”资格条件联审工作机制，完成区级代表、委员推荐协商选举。发挥党组织作用，研究落实选举工作要求，做好换届人事说明，完成“三会”选举任务，确保市委批准的人事安排方案顺利实现。召开区第十五次党代会，选举产生新一届区委和区纪委。配合市委组织部做好区级班子换届考察工作，完成民主党派区级组织及区工商联、区知联会等团体换届工作。镇级换届坚持正确用人导向，选用优秀年轻干部，推进干部交流，配出“加强版”领导班子。完成市委规定换届指标，镇领导班子平均年龄比换届前下降1.5岁，40岁以下年轻干部为34.1%，比市委规定指标高出4.1个百分点，“五方面人员”（乡镇事业编制人员、优秀村党组织书记、到村任职过的选调生、第一书记、驻村工作队员）全覆盖配备，班子年龄、学历、专业、经历结构明显优化。全区354个村（社区）集中换届，实现党组织100%按期换届、100%一次性选举成功，村（社区）书记、主任“一肩挑”占98.9%。村（社区）“两委”成员平均年龄下降1.9岁，大专及以上学历提高7个百分点。同时，组建4个换届指导组深入基层督导，开展风险排查、巡回督查、举报核查，换届环境风清气正。

（赵　茜　刘姝伶　王　谦）

【组织系统党史学习教育】 深入开展习近平新时代中国特色社会主义思想和党的十九届五中全会精神暨党史学习教育培训，举办3期专题培训班，培训区管干部750余名。在就近就便用好红岩、小平故里等党性教育基地的基础上，组织147名主体班学员到井冈山、延安（梁家河）接受系统党性教育，教育引导干部学史明理、学史增信、学史崇德、学史力行。以党史学习教育为契机，通过“三会一课”、主题党日等抓实日常学习，促进基层党组织和广大党员用功学、用情讲、用心看、用力做，推动学习贯彻习近平新时代中国特色社会主义思想不断走深走实。

（唐　诗　李　喻）

【干部队伍建设】 坚持事业为上选用干部。严格落实干部政治素质考察工作相关规定，结合晋升二巡岗位空缺、镇领导班子换届等需要进行人事调整。累计开展干部选任工作19次，提拔、进一步使用处级领导干部102人，轮岗交流88人，“改非”94人，班子结构进一步优化。贯彻落实党中央战略决策和川渝两地党政部署要求，与四川省广安市共同筹备成立川渝高竹新区党工委（管委会）、高竹开发公司及2个事业单位，为新区发展配强干部。按照市委组织部统一安排，接收2名四川省选派挂职干部到渝北区实践锻炼。聚焦深化改革、招商引资、乡村振兴等“十四五”时期重大任务，实施推动高质量发展主题培训等计划，举办重点专题班16期，培训干部1933人次。举办主体班7期（学制半个月至2个月），培训干部2145人次。在班子回访、年度考核、专项巡查等日常工作中，把了解“80后”优秀处级干部、“90后”优秀科级干部作为“规定动作”。选派30名正科、34名副科、29名93后干部参加中青班培训。加大优秀年轻干部选拔力度，提拔40岁左右处级、35岁左右科级干部35名，占总提拔人数41.7%。坚持从严管理保护干部。深化

“抓早抓小”问题发现处置机制，发现各类苗头性、倾向性问题95件次，预防“小毛病”演变成“大问题”。开展个人有关事项报告专项整治工作，位居全市前列，代表重庆市接受中组部调研并得到充分肯定。完成2020年度公务员考核。落实新修订的公务员平时考核实施办法，指导各单位严格按照规定开展平时考核。做好2021年度军转干部、退役士官安置工作，除自愿安置到区级医院的，军转干部安置到公务员（参公）单位的比例为100%。联合四川省广安市出台《激励干部干事创业助推川渝高竹新区高质量发展六条措施》，让川渝高竹新区干部安心、安身、安业。完成6名二级巡视员和47名一级至四级调研员晋升工作。开展定期奖励，对连续3年年度考核优秀的117名公务员记三等功，对年度考核优秀的513名公务员给予嘉奖；对在全国文明城区建设、扫黑除恶专项斗争中表现优秀的33个集体、154名个人进行及时性奖励，并评选表彰100名2021年“渝北区担当作为好干部”。认真落实干部保健等政策，健全完善干部健康体检、重大疾病报告、生病住院慰问等制度，全年慰问19名生病住院领导干部。认真贯彻落实中央改进高质量发展的政绩考核有关要求，优化考核指标、强化结果运用、激励担当作为，2020年度市对区经济社会发展考核排名主城都市区第一，全面从严治党考核定性评价为“好”。同时，用心用情、精准服务老干部，统筹做好干部档案、信息管理等工作。

（刘姝伶　秦菲扬　王　谦　穆　飞　郭瑞雪　陈寒秋）

【党的基层组织建设】 分领域推进农村党建提升、城市党建引领、模范机关创建、国企党建提质、中小学校党建创新、公立医院党建增效、“两新”党建攻坚行动，推动基层党建工作和渝北高质量发展融合共进。出台发展壮大农村集体经济20条措施，从资金、金融、税收、人才等方面进行扶持，全区累计发展由村级集体经济组织创办、领办的实体经济115个，推动村级集体经济实现经营性收入30708万元，净收益8017万元，村均净收益46万元，向群众分红326万元。排查整顿农村发展党员违规违纪问题，确定存在涉嫌“带病入党”等四类问题党员68人。完成村级集体经济组织换届，全区173个联合社理事长由村党组织书记兼任。持续整治“村霸”等农村黑恶势力，结合实际提出贯彻落实措施152条，夯实筑牢农村基层党组织战斗堡垒。做实三级党建联席会议解决群众实际问题672个，用活资源、需求、项目三张清单，收集清单事项3048条、落实2923条。以小区（网格）为单元建立党组织169个，按楼栋划分党小组132个，推动61个物业服务企业建立党组织，持续提升基层治理效能；在龙山街道建峰小区、仙桃街道桂馥家园等小区，探索建立一个小区党组织，配备网格长、楼长、层长、家长的“一组四长”制度，通过党组织引领、志愿服务等措施解决基层治理难题。面向社会公开招录配备社区专职工作者105人，持续增强基层服务力量。组织党员干部进园区、进小区、进云区报到，配合开展市直机关党员进小区报到试点，推动在职党员参与治理服务常态化。指导华夏航空公司成立党委，健全“两新”组织党建管理体系，加大在商圈市场、重点园区等建立党组织力度，新建党组织37个，全区非公有制企业和社会组织党组织覆盖率分别达到85%、78%，推荐重庆助友创美物业公司党委获评全国文明单位。实施模范机关创建行动，建设机关智慧党建平台，推动机关党建走在前作表率。各国有企业认真落实党委前置研究讨论事项清单，推行“四步工作法”，把党的领导融入公司治理全过程，在部室、项目工地等设立党员示范岗、责任区150个，以高质量党建推动国有企业高质量发展。中小学校贯彻落实党组织领导的校长负责制，各中小学校进一步完善学校党组织议事决策制度和行政办公会议制度，学校党组织书记、校长“一肩挑”占比98%。指导公立医院严格落实党政分设，探索“把党支部建在科室”模式，支部书记全部由科室党员负责人、学科带头人担任，提升医院党建工作质量。

（赵　茜）

【人才队伍建设】 全面贯彻落实中央和市委人才工作会议精神，进一步融入成渝地区双城经济圈建设，与广安市联合发布川渝高竹新区《广安渝北人才一体化发展先行区政策互认暂行办法》，推动政策互通互融、人才联引联育、服务共建共享，探索人才一体化发展新路径。推荐9名人才入选川渝高竹新区专家智库成员，推荐2名人才入选德阳市资格评审委员会专家库，促进区域内人才合理流动、资源共建共享。健全“塔尖”“塔基”人才政策，整合出台《渝北区临空英才培育引进实施办法》，简化评审程序、提高奖励力度、扩大享受范围，全年引进中国工程院院士1名，新增院士工作站1家，新引进高层次人才138人。用好用活青年人才成长驿站，深化落实青年人才“三免三减半”等服务政策，推动与新加坡国立大学、南洋理工大学、新跃社科大学、新加坡理工大学青年人才合作项目，吸引525名青年才俊入驻驿站。实施人才工作提升行动，认真落实市委组织部“一企一策”支持长安汽车人才发展方案。实施人才安居工程，出台相关《人才公寓管理办法》，提升“渝北人才苑”人居环境，举办高层次专家人才专题研修班，为人才办理配偶就业、子女就学等“一站式”精准化服务50余人次，提供江北机场要客通道、有机蔬菜配送到家等暖心服务2600余人次，持续营造“近悦远来”人才生态。

（邱　宇）

宣传工作

【概况】 2021年，区委宣传部深入学习宣传贯彻习近平新时代中国特色社会主义思想，认真贯彻落实习近平总书记关于宣传思想工作的重要论述，认真贯彻落实《中国共产党宣传工作条例》，全区宣传思想工作取得新成效。接受中央第八指导组和中宣部副部长蒋建国专题调研，并获充分肯定。荣获国家级荣誉50项（人次），在全市交流发言6次。

【理论武装】 深入学习《习近平谈治国理政》第一卷、第二卷、第三卷等原文原著，印发全区党委（党组）理论学习中心组学习意见，服务区委理论学习中心组开展学习21次，指导全区各级理论学习中心组开展学习2000余次。“学习强国”学习平台党员覆盖率等指标居全市前列。开展习近平总书记在庆祝中国共产党成立100周年大会上的重要讲话精神、党的十九届五中和六中全会精神等主题宣讲3000余场次，受众30余万人次。开展“学党史，讲理论，庆华诞”“理论麻辣烫”微宣讲视频展播，视频播放量超75万。区“理论麻辣烫”宣讲团获全国基层理论宣讲先进集体，为全市唯一。区委宣传部获市级优秀基层理论宣讲荣誉2个。渝北区获全市社科工作“先进区县”。“我市干部群众对建设‘智慧名城’的认知”调研项目入选市社科规划重点项目。1篇调研报告获市级优秀调研报告，在《重庆宣传》等刊发文章6篇。

【渝北区党史学习教育】 区委带头学，区委领导撰写心得体会60余篇。普通党员跟进学，统景镇67岁的老党员邹文理，用心撰写300多页党史知识学习“活页”，与党员群众分享心得和感悟，成为群众身边的党史学习辅导员。征订发放学习材料22.3万册，举办专题培训班3期，打造党史书屋、家庭党史馆等11个，开展“永远跟党走·强国伴我行”党史知识竞赛250余场，区委宣传部获评全国党史知识竞赛活动“优秀组织单位”，为全市唯一获奖单位。区委主要领导带头用情宣讲，带动全区党员领导干部讲党课1321场。组建区委宣讲团集中宣讲224场。首创“五老回家”宣讲品牌，开展老干部回机关、老支书回村社、老教师回学校、老工人回企业、老政法回警营“五老回家”讲党史活动600余场。区“理论麻辣烫”宣讲团和22支“理论麻辣烫”宣讲小分队开展宣讲400余场。区“六进”宣讲小分队、“铜锣山下小讲堂”、区优秀共产党员先进事迹报告团等深入基层宣讲2000余场，引导干部群众听党话、跟党走。打造区级党史学习教育基地9个、线路2条，评选区级爱国主义教育基地2家、市级基地1家。开展“永远跟党走”百场演出、百件书法、百首诗词、百件摄影、百幅绘画“五个一百”文艺展演，展示文艺作品3000余件。举办“永远跟党走”庆祝中国共产党成立100周年文艺演出、“唱支山歌给党听”镇街歌咏比赛等庆祝文艺演出活动500余场。举办“忆峥嵘岁月，传红色基因——三线建设在渝北历史展”等巡回展览200余场。打造音诗画舞台剧《莲华颂》，创作舞台剧《杨闇公》、连环画《江竹筠在渝北》等文艺作品6部。携手新华社拍摄的短视频《给小萝卜头的一封信》播放量超200万。“十百千万”解难题，完成12项市级重点民生实事、100项区内民生实事，党员干部走访企业2.8万余家，解决难题2.5万余个；全区民生支出预算85.78亿元，党员干部为群众办好身边实事14.7万件、惠及群众70.8万人。探索社区治理新方式，实施“网格长+楼长+层长+家长”的“小区四长制”，打通服务居民“最后100米”。针对龙脊花园老旧小区加装电梯“楼上着急、楼下不急”问题，党员志愿者“包楼栋、包单元、包户数”，改造签字率100%，获得群众称赞。开展“养老、育小、扶弱、畅行”4类10项惠民工作，投资27亿元建成养老中心、养老点172个，新增学位3万个，帮扶1.3万名登记失业人员、4603名就业困难人员、1800名应届高校毕业生就业，完成新牌坊立交等8处中心城区堵乱点治理。严格落实国家“双减”政策，投入6000余万元统筹安排作业辅导和特色课程，探索分层化、个性化“延时服务”，惠及10万余户家庭。服务和融入成渝地区双城经济圈建设，加快建设“四个大区”、奋力打造“标杆城区”，2021年地区生产总值突破2150亿元，总量保持全市第一。“学党史，见行动”，77项重点工作为全区经济社会发展注入新动力，420万平方米、千亿级的中央公园商圈首期开业，南北大道北延伸段、两江大道北延伸段等重点基础设施建成投用。党史学习教育先后接受中央第八指导组和时任中宣部副部长蒋建国专题调研，均获充分肯定。全区在中央简报刊发信息4条，在市简报刊发43条，位居全市前列。

【意识形态工作】 区委常委会专题研究意识形态领域工作8次，印发工作责任制实施细则等制度机制5个，及时印发工作情况通报、开展专项督查。

【舆论引导】 全年在中央、市级媒体总计刊发稿件8509条。其中在《人民日报》、新华社、中央广播电视总台等传统央媒上稿253条，包括央视《新闻联播》25条（单条1条）、《人民日报》24条、新华社48条。央视《新闻联播》用1分47秒单条刊播《重庆：幸福养老，让城市更有温度》，介绍渝北社区居家养老服务工作。全年召开新闻发布会21次，举办新闻发布市级示范活动2场、区级5场。《渝北时报》连续11年获“市优秀区县报”称号，2件作品获第二十四届重庆新闻奖。完成2022年党报党刊征订发行。将《重庆仙桃数据谷全力建设协同创新引领区“核心引擎”》翻译成英语、德语等8种语言，在全球27个国家280家海外媒体传播，总阅读量逾1.82亿次。全区海外传播矩阵向海外用户发布推文477条，超6.8万海外用户成为渝北粉丝，外宣工作经验在全市交流。开展“临空网事”网络精品征集评选活动，全网浏览量超1.2亿。原创阅读量超百万作品29个，开展“云游渝北live”网络主题活动，直播参与总人数超1000万人。12.4万人参与“国庆吃面，国泰民安”活动，在同茂大道等悬挂国旗3.7万面。发布党史学习教育宣传标语、公益广告等8760余幅（条），累计发布主题公益广告超4.2万平方米，营造社会宣传浓厚氛围。

【精神文明】 做好全国文明城区年度复查测评。获市级文明单位5个、文明村镇4个、文明家庭3个、文明校园4个，居全市前列。打造“巴新巴常”志愿服务品牌，注册志愿者26.4万人，开展活动4500余场。谢彬蓉获全国最美志愿者，“温情夕阳”为老助困志愿服务项目获评全国最佳志愿服务项目，4个项目获市级志愿服务典型，为全市最多。贯彻《重庆市文明行为促进条例》，制定“渝北文明八条”，开展“三管一养成”（管住手、管住口、管好禽畜，养成良好生活习惯），承办全市“吃得文明”巡回公益讲座8场，18万余人参与“倡节俭，扬新风，庆国庆”线上活动。创建市级文明餐桌食品安全示范街1个、示范单位4个，数量居全市第一。强化典型引领，袁镇涛获全国道德模范提名奖，任泽林获评“中国好人”，杨雪峰先进事迹陈列室获中宣部“全国岗位学雷锋示范岗”，郭茂获全市“富民兴渝贡献奖”提名奖。全区获第28届中国国际广告节黄河奖优秀奖1项，2人获评市道德模范，6人获评“文明在行动·满意在重庆”岗位服务明星。8项成果获市思想政治工作研究成果奖，为全市最好。承办“重庆好少年”讲“红色小故事”活动，开设梦想课堂920余场，3人获评“新时代重庆好少年”，在“寻找最美教师”活动中8人获奖。

【文化文艺】 区文化馆获评国家一级馆。4人获第九届重庆文学和艺术奖。1人在全国“我的书屋·我的梦”活动中获奖，兴隆镇牛皇村、龙塔街道分获全市十大“书香社区”“书香之乡”称号。放映惠民电影4400余场。引进华侨城，对统景温泉旅游度假区进行升级打造。铜锣山矿山公园一期开园迎客。重庆创意产业园四期入驻企业700余家。稳步推进文化振兴，打造乡村文化振兴示范点12个，新建乡情陈列馆5个、“学习强国”数字农家书屋5个，培育“一村一品”特色文化活动5个。成立重庆时尚设计版权服务中心，为西南地区唯一。获中国数字与软件服务最佳服务平台奖1个，获评全市“版权示范单位”1个、全市“扫黄打非”进基层示范标兵和示范点各1个，在“绿书签行动”创意活动中获奖数量最多并获优秀组织奖。开展打击新闻敲诈和假新闻专项行动，办理侵犯著作权案件4件，涉案金额500余万元；全市推进使用正版软件工作实地核查成绩良好。查处“扫黄打非”刑事和行政处罚案件近30件，办案量居全市前列。

（董金津）

统战工作

【概况】 2021年，全区统一战线坚持以习近平新时代中国特色社会主义思想为指导，深入学习贯彻党的十九大和十九届历次全会精神，开展党史学习教育，组织庆祝中国共产党成立100周年主题活动，全力维护“五大关系”和谐，承办2021年全球华裔青少年“讲重庆故事·结世界友人”重庆营、侨法进社区等活动，不断加强自身建设，统战各领域工作高质量走在全市前列。全年党外人士建言获党和国家领导人批示3次，民主党派、民营经济、侨台等工作在全市作交流发言，民建龙塔支部获评中央统战部“为全面建成小康社会作贡献先进集体”，区工商联蝉联全国“五好”县级工商联荣誉称号，渝北青年商会被全国工商联确定为“党建工作示范单位”，龙塔街道紫福路社区“侨胞之家”获评全国侨联系统优秀单位。

【党对统战工作领导】 区委认真履行统一战线工作主体责任，坚持把统战工作放在事关全局的战略高度去统筹谋划，区委常委会21次传达学习统战相关会议、文件精神，研究部署全区统战工作，及时调整充实区委统一战线工作等领导小组力量，召开全体会议、专题会议14次，研究议定重大事项30余项，组织开展学习宣传贯彻《中国共产党统一战线工作条例》等专项督查，健全完善党员区领导联系党外代表人士制度，各镇街、各部门齐抓共管的大统战工作格局不断加强。

【思想政治引领】 坚持把深入学习贯彻习近平新时代中国特色社会主义思想作为思想政治引领主脉主线，扎实开展“不忘初心·与党同心”主题教育，持续深化统一战线“学讲做”活动，组织开展庆祝中国共产党成立100周年重大活动13场，举办党史等专题宣讲190余场、覆盖6000余人次，举办专题培训21期、培训学员960人，承办全市中小学教师“学中共党史·讲统战故事”第一片区赛、总决赛，全区统一战线团结奋斗的共同思想政治基础不断夯实。

【民主党派和无党派人士工作】 全面贯彻落实《中共中央关于加强中国特色社会主义参政党建设》等精神，支持各民主党派不断深化“五种能力”建设，不断健全完善理论学习、述职评议、内部监督等制度规定。指导各民主党派抓实基层组织建设，全年新发展党派成员84名，完成7个民主党派区级组织换届。支持各民主党派和无党派人士参政议政、建言献策，组织开展政党协商活动8次，形成年度重点调研课题31个，党外人士资政建言工作持续位居全市前列。

【党外知识分子工作和新的社会阶层人士统战工作】 完成区党外知识分子联谊会换届，开展“五好”知联会创建，探索区知联会、区新的社会阶层人士专业联合会、区欧美同学会“社会化”运营管理模式，完成社团组织法人登记。推进新的社会阶层人士统战工作实践创新基地建设，实现新的社会阶层人士广泛联系、全面覆盖。持续打造渝北新的社会阶层人士工作品牌——“临空新力”，深化实施“巴渝网络大V同心圆工程”，探索打造全区网络人士之家。组织开展“‘一带一路’来华留学人员渝北行”“同心书屋”等特色活动。

【非公有制经济领域统战工作】 完成区工商联（总商会）换届，启动“服务高质量发展商会建设年”活动，成功跻身“万名会员俱乐部”。深入开展“大谈心大走访”活动，收集民营企业诉求问题447件，办结442件，印发《民营企业扶持政策汇编（三）》等2.2万册，帮助28家企业实现融资6776万元。深化“万所联万会”，开展“公共法律服务园区行”等巡回宣讲50余场。持续加强民营经济人士思想政治引领，做好年轻一代民营企业家教育引导，非公有制经济“两个健康”持续向好。

【港澳台统战工作】 发挥市级港澳青年国情研修基地作用，开展港澳台学生乡村振兴研学营活动2期。落实“三个深耕”要求，积极参与“重庆·台湾周”、第九届渝台基层交流等活动，接待参访团5批230余人次。举办台商中秋联谊、送清凉进台企等活动，协助108名台胞完成疫苗接种。

【党外代表人士队伍建设】 落实组织部门、统战部门联席会议制度，牵头完成区政协换届，配合完成区人大换届选举，做好党外代表人士政治安排和党外干部安排使用。做好重庆党外代表人士实践锻炼渝北基地建设，建成全市党外代表人士实践锻炼工作经验展厅，完成第十二批市级党外代表人士实践锻炼，启动第十三批市级党外代表人士实践锻炼。

【统一战线服务经济社会发展】 助力新冠肺炎疫情防控和经济社会发展，启动“万企兴万村”行动，

41家民营企业与42个村结成对子，新增投资1140万元，38家民营企业走进“高竹新区”，达成意向投资17亿元，建立重庆台商小微企业孵化园，引进台企11家，统战系统各单位与成都、广安新签订友好合作协议13个，开展互访交流活动23次，达成项目投资18个，累计投资近20亿元。

（和　雷）

政策研究工作

【概况】 2021年，区委研究室深入贯彻党的十九大和十九届历次全会精神，全面落实习近平总书记对重庆提出的营造良好政治生态，坚持“两点”（西部大开发的重要战略支点、“一带一路”和长江经济带的连接点）定位、“两地”（内陆开放高地、山清水秀美丽之地）“两高”（推动高质量发展、创造高品质生活）目标，发挥“三个作用”（在推进新时代西部大开发中发挥支撑作用、在推进共建“一带一路”中发挥带动作用、在推进长江经济带绿色发展中发挥示范作用）和推动成渝地区双城经济圈建设等重要指示要求，围绕建设“四个大区”、打造“标杆城区”，统筹抓好综合文稿、调查研究、深化改革和机关党的建设，各项工作稳步向前。内设综合科、调研科、改革科3个科室和区政策信息中心，同时区委全面深化改革领导小组办公室设在区委研究室。

【调查研究工作】 策划重点调研课题114项，分解至全区各部门单位开展调研，形成“大调研”格局。聚焦协同创新引领区建设、区第十五次党代会等开展专题调研，策划24个专项课题，由区领导牵头挂帅调研。深化交流合作，组织全室文秘人员到四川省成都西部片区、江西省鹰潭市、重庆市长寿区和合川区等地调研4批次、区内调研5批次，接待市委改革办、市委研究室，以及内蒙古自治区鄂尔多斯市、四川省资阳市等地到区考察活动7次。围绕区第十五次党代会、区十四届九次全会等重大会议，聚焦城乡融合发展、生态渔业发展等重点专题，深入开展调查研究，形成《渝北加快建设协同创新引领区路径研究》《关于科学确定未来五年发展总体思路和奋斗目标的研究》《渝北加快建设城乡融合示范区路径研究的调研报告》《关于利用全区水库资源发展生态渔业的专题调研报告》等调研报告7篇。编印《2020年调研成果汇编》《建设协同创新引领区集中调研成果汇编》《区第十五次党代会专题调研成果汇编》各1部；印发《领导参阅》13期，其中获区领导肯定性批示5次，为区委区政府决策提供重要参考。

【重要文稿起草】 牵头起草区委常委会工作要点、渝北区巡视整改工作情况报告、区委2017年以来工作总结等综合性文稿近40篇，起草区第十五次党代会、区委全会、区委财经委会议暨经济工作会等重要会议材料20余篇。聚焦成渝地区双城经济圈建设、全市巩固拓展脱贫攻坚成果同乡村振兴有效衔接专项督查、区政法队伍教育整顿、区党史学习教育、区新冠疫情防控等重大工作专项，先后完成在渝北区庆祝中国共产党成立100周年座谈会上的讲话、主城都市区工作座谈会发言，以及各类专项工作发言材料20余篇。及时收集整理全国各地官媒的新闻报道素材，编印《决策参考》19期、《要情参阅》100期。认真撰写中央和市级主流媒体对区委领导的采访提纲，完成中组部关于干部担当作为的采访、重庆电视台关于“一区两群协调发展”联播采访、支洽会致谢视频采访等宣传交流材料，提升渝北美誉度和知名度。

【改革工作】 深入贯彻中央和市委改革决策部署，承接国家级改革试点20项、落实市级改革项目68项、谋划区级改革项目5项，均达到时序进度要求。

对中央、市委深改委召开的会议，第一时间传达学习、研究部署，召开区委深改委会议5次，研究改革专项工作20余次，审议改革文件10个。加大对全区改革工作整体调度，建立区委深改委带头示范学、专项小组深度系统学、部门镇街广泛深入学的学习贯彻工作机制，完善与18个专项小组“点对点”协调联动机制，以钉钉子精神抓好改革任务落实。完善国家级改革试点清单、年度改革任务清单等“4本台账”，及时收集梳理改革项目推进情况，掌握工作进展。健全改革培训机制，举办改革专题培训班1期，60余名部门、镇街分管改革领导干部参训。制定重点改革项目督察计划15个，创新区级联动、川渝联合等多种方式，开展重点改革项目督察20余次。健全督察调研一体机制，联合相关部门集中时段到基层进行调研指导，开展区内调研督察100余人次。探索改革与审计联动，抽选重点改革项目纳入审计专项，强化面上工作和专项改革的督促推动。编撰川渝高竹新区创新跨域党建模式、探索垃圾分类新模式等区级改革简报11期，向市级或中央报送各类改革材料40余篇。结合庆祝中国共产党成立100周年、党史学习教育等，邀请新华社、《重庆日报》等主流媒体到改革现场专题采访，被中央、市级媒体报道改革工作200余次，各项改革工作获得中央和国家部委肯定近20次。

（谷安柏）

网信工作

【概况】 2021年，区委网信办深入贯彻落实中央重大决策部署和市委、区委工作要求，坚持守正创新、注重五个突出，推进各项工作。通过国家数字乡村试点建设阶段性评估，建成全国地级市网络安全应急指挥中心试点，荣获全市扫黑除恶先进单位，北斗技术运用案例代表重庆上报中央网信办，成功申报国家智能社会治理实验基地，获评中国正能量2021“五个一百”网络精品2项、全市脱贫攻坚先进个人1名，为全区改革发展稳定提供可靠网络安全保障和有力信息化支撑。

【理论学习行业党建】 把学习宣传贯彻习近平新时代中国特色社会主义思想作为首要政治任务，认真学习领会习近平总书记在庆祝中国共产党成立100周年大会上的重要讲话、在党史学习教育动员大会上的讲话以及党的十九届六中全会精神，深入学习《习近平关于网络强国论述摘编》等原文原著，不断提高运用党的创新理论解决实际问题的能力和水平。精心做好习近平总书记和习近平新时代中国特色社会主义思想网上宣传，开设“奋斗百年路 启航新征程”“党史春秋”主题专栏，通过“学、讲、看、做、宣”，增强广大网民和党员干部学党史、悟思想、办实事、开新局的行动自觉。指导互联网企业做好党建工作，评选表彰互联网优秀应用案例4个，策划开展“E心向党，献礼百年”系列活动、“网络人士助力乡村振兴”网络公益活动，提高党对网信企业的组织领导，网上网下“同心圆”更加紧密。

【网络宣传】 一是网上重大主题宣传。明确乡村振兴等八大类共24个重点项目，“追光吧！城市合伙人”网络主题活动等2个项目被纳入全市年度重点项目，累计落实宣传指令11900余条次、推送稿件660余篇，做到重大节点、重要议题全网同步推送。二是在全市率先开展“临空网事”网络传播精品征集评选活动，筛选精品作品44件，全网曝光量1亿人次，全年推出“两江国际商务中心网上宣传”等阅读量上亿级作品2件，超100万作品36件，超10万作品38件；开展“云游渝北live”“铜锣山矿山公园”“浪慢紫薇路”“大盛‘橙’熟了”等网络主题宣传，全网参与人数1100万余人次。撰写网络评论文章156篇，评论品牌“北鸣”在市委网信办网评文章主阵地“两江评论”发稿145篇。

【网络安全保障】开展网络安全应急演练。加强网络安全预警巡查和整改督查，累计扫描监测网络风险安全漏洞 6170 个，下发网络安全季报 3 期、网络安全预警 17 次、整改通知 32 次，高危漏洞有效整改率 100%；完成 2020 年网络安全风险重点问题整改，开展违法违规收集使用个人信息督查检查 43 家、整改问题 125 个，开展互联网应用现场监督检查 15 家。组织开展网络安全宣传周活动，发放宣传资料 50 万份，组织讲座 30 场；制作原创视频《选择》，在抖音、快手等网络媒体播放量超过 200 万、点赞数 8 万，并在轨道交通 10 号线 1124 块车内屏、站台屏全天候循环播出一周，全民参与网络安全的态势不断彰显。

【信息化统筹】编制网信“十四五”规划。推进数字乡村试点，制定印发《渝北区数字乡村建设规划》《渝北区数字乡村试点发展行动计划（2021—2025 年）》，召开专题会 3 次，组织 34 个区级部门和 12 个涉农镇街研究数字乡村工作重大事项和重要工作，建成数字乡村智能中枢系统，11 月中旬在市级专家组开展的中期评估中获充分肯定。推进渝北网 IPv6 改造。开展移动互联网应用程序规范整治，筹备召开区块链发展管理统筹协调第一次会议。“推广应用北斗技术到智能汽车”案例作为全市仅有的两个案例之一上报中央网信办。仙桃街道成功申报国家智能社会治理实验基地，是全国唯一上榜的街道办事处。

（胡建军）

机构编制工作

【概况】2021 年，区委编办持续巩固机构改革成果，创新推进重点领域改革，盘活用好机构编制资源，完成第二次机构编制核查，《重庆市渝北区委编办“四个注重”扎实推进机构编制核查工作》被中央编办网站宣传推介。全面加强编办自身建设，机构编制各项工作取得明显成效，为助推渝北高质量发展提供坚强的机构编制保障。

【机构体制机制调整】调整区委农村工作暨实施乡村振兴战略领导小组及其办事机构，调整扶贫开发机构设置，在区农业农村委挂牌设置区乡村振兴局，推动巩固拓展脱贫攻坚成果同乡村振兴有效衔接。重新制发区供销社“三定”规定，增加事业编制 5 名，强化区供销合作社牵头三社融合工作职能，助推乡村振兴。深化应急管理综合执法改革，组建应急管理综合行政执法支队，明确为副处级，核定支队长、政委领导职数各 1 名，统筹配置执法资源和执法力量。在区文化旅游委挂区文物局牌子，明确由区文化旅游委主任兼任区文物局局长，1 名副主任兼任区文物局副局长。投入事业编制 10 名组建招商投资促进中心、重点项目服务中心，为推动优化营商环境提供体制机制保障。

【开发区管理机构设置】研究制定《清理规范开发区管理机构设置方案》，上报市委编委批复同意，保留农业园区管委会、空港工业园区管委会、创新经济走廊管委会、区临空办（空港新城管委会）4 个开发区管理机构。与广安市联合制定《川渝高竹新区管理机构组建方案》报重庆市、四川省党委编委同意，设立中共川渝高竹新区工作委员会、川渝高竹新区管理委员会，设置川渝高竹新区投资促进和综合服务中心和川渝高竹新区建设管理服务中心 2 个正处级事业单位，印发高竹新区“三定”规定和 2 个事业单位机构职能编制规定，核配行政编制 50 名、事业编制 40 名，是全国首个建立跨省市开发区管理机构，助推成渝双城经济圈建设。

【事业单位登记服务】完成 2020 年度事业单位年度报告工作及公示。简易程序办理 10 个事业单位法人注销登记。助推两江新区协同创新发展，为两江新区与国内外著名高校在区登记设立的15家科研机构做好登记服务工作。销毁已注销事业单位公章14枚，完成事业单位设立登记50个、变更登记180个。在全市率先研究出台《渝北区机关、群团等统一社会信用代码赋码档案管理办法（试行）》。完成机关群团赋码初领1个、换领3个、变更44个。

【机构编制管理】优化整合教育资源配置。制发《关于印发渝北区义务教育阶段教师区管校聘实施办法的通知》，中小学编制由审批制变备案制，重新备案中小学教职工编制8359名，其中借用增编116名，全年批准教育系统用编455名。配合推进“公参民”学校规范整治，将南开两江中学校、一中寄宿学校、皇冠实验中学、鲁能巴蜀小学、两江人民小学校、首地人和街小学校6所民办学校转设为公办学校，调剂专编公招教师80名。撤并龙山中学校、石鞋小学校、永庆小学校、明月学校4所学校，成立悦来幼儿园、龙兴幼儿园、渝江幼儿园3所幼儿园。持续推进区人民医院人员总量管理改革，招录引进医技人员123名，盘活区人民医院空余的95名事业编制，投入到区中医院70名、区第二人民医院10名、区妇幼保健院15名，保障公立医院创建三级甲等医院和搬迁扩建人员编制。渝北区在全市公立医院人员总量管理试点扩面工作会上唯一作交流发言。优化完善区疾控中心机构编制配置，增加区疾控中心专职副书记领导职数1名、副主任领导职数1名；核定区疾控中心设15个内设机构，内设机构领导职数30名。上报市委编办批复同意使用疾控周转编制67名，已招录入编44人。全年核准全区用编1136名，保障重点领域、重点行业公招、人才引进和政策性安置用编需求。其中，调配事业编制6名加强巡察、社情民意收集和人力社保执法工作力量。完成985名入编登记、859名出编登记及领导调任、人员调动等实名制信息维护。

【机构编制法规制度学习宣传】在室务会、编委会专题研究部署，印发《关于学习贯彻〈“三定”规定制定和实施办法〉等4个机构编制管理法规制度的通知》，推动《中国共产党机构编制工作条例》及配套法规制度纳入各级党委（党组）理论学习中心组学习内容和党校培训课程。统一购买、编印《渝北区党政机构改革纪实》等宣传资料2000余册，发放到全区各单位学习运用。

（张　娟）

直属机关党建

【概况】2021年，区委直属机关工委以党的政治建设为统领，以创建模范机关为目标，深入推进机关党建“三基”建设，推动机关党组织和广大党员干部增强“四个意识”、坚定“四个自信”、做到“两个维护”、做好“三个表率”。年底，区委直机关工委直属党组织71个、机关党委11个、机关党总支15个、机关党支部45个，各机关党委（总支）下属党支部155个。机关党员3945人，其中在职党员2922人。

【思想政治建设】以党史学习教育为契机，不断推动理论学习走深走实。各部门党组（党委）带头学，机关党组织引领学，支部主题党日深入学，各部门党组（党委）开展中心组学习800余次，领导干部讲党课430余次，“进机关”宣讲习近平总书记在庆祝中国共产党成立100周年大会上的重要讲话精神和党的十九届六中全会精神270余场次，参与1.2万人次。实施青年理论提升工程，组建青年理论学习小组152个，开展理论学习380余次，开展“红心向党、青春激扬”青年干部读书会200余场，分享心得500余篇。开展网上“党史百分百”知识竞赛，共有70.47万人次参与闯关答题。以庆祝中国共产党成立100周年为主线，组织开展“我心向党寄心语”快闪活动、“百年丰碑”会演等庆祝中国共产党成立100周年系列活动。严格执行新形势下党内政治生活的若干准则，坚持和完善民主集中制，督促落实“三会一课”、主题党日、党员领导干部讲党课和双重组织生活等制度，完善重温入党誓词、入党志愿书，以及党员过“政治生日”等政治仪式。组织开展52个区级部门党组（党委）书记和71个机关党组织书记述职评议，对各直属党组织开展督促指导。落实意识形态工作责任制，将意识形态工作纳入区直机关党组织书记述职和机关党建督查的重要内容，制定《落实〈渝北区党委（党组、党工委）意识形态工作责任制度实施细则〉的措施》《关于网络意识形态工作责任制的举措》等。坚持做好渝北机关党建微信公众号，全年共发布宣传信息86条。

【组织建设】 以“三基”建设为抓手，提高机关党建工作标准化规范化。对照机关基层组织工作条例等党内法规制度，印发《区委直属机关工委指导督促部门党组（党委）落实机关党建主体责任具体措施（试行）》，制定党组（党委）抓机关党建工作责任等4个清单，细化党建工作责任。督促机关党组织按期进行换届选举，选优配强机关党务干部。制定《渝北区直机关基层党建工作标准规范（试行）》。新发展党员46名并开展入党宣誓活动和岗位实践锻炼，培训发展对象341名。开展“学思杯”党建知识竞赛网上答题，3974人次参与。分类开展机关党组织书记、党务干部、党员培训。在庆祝中国共产党成立100周年之际，为284名老党员颁发“光荣在党50年”纪念章，发放慰问金14.2万元；慰问困难党员165名，发放慰问金6.4万元；表彰39个先进基层党组织、99名优秀共产党员和99名优秀党务工作者。制定《关于深化机关党建工作“三基”建设，进一步推进模范机关创建工作的实施方案》，以建设“讲政治、守纪律、负责任、有效率”的模范机关为目标，把“三基”建设、全面从严治党等工作要求细化分解为4个方面35条要点的评价体系，力争做到“示范一批、带动一片”，促进机关党建水平全面进步、整体提升。

【党风廉政建设】 严格落实中央八项规定精神和市委、区委有关文件精神，健全机关作风建设常态长效机制，加强对落实情况的监督检查。持续整治形式主义、官僚主义，防止和纠正不作为、慢作为等机关不良风气，形成求真务实、清正廉洁的新风正气。落实党风廉政建设责任制，加强党风廉政教育，将党规党纪学习作为领导班子理论学习、党支部学习和干部教育培训重要内容。深化以案为鉴、以案促改，各党组织开展“以案四说”警示教育200余次，参与7600余人次，参观教育基地220余次，参与6500余人次。

【服务中心工作】 结合“我为群众办实事”实践活动，开展“服务企业、服务基层、服务群众”的党员“三服务”活动，各机关党组织服务企业1.8万次，服务基层1100余次，服务群众8万人次。推动党建和业务相融共促，制定《机关党建“灯下黑”问题专项整治工作方案》，各机关党组织建立整改台账、明确工作措施，完成问题整改205个；印发《破解“两张皮”问题推动机关党建和业务工作深度融合的实施意见》，探索建立党建服务中心工作“个性清单”，各党组织积极申报党建服务中心项目47个。开展“党旗在基层一线高高飘扬”活动，号召机关党组织和广大党员在新冠肺炎疫情防控、乡村振兴等重点任务中，走在前、做表率。同时，各党组织通过创建党员先锋岗、党员示范点等，引导党员亮身份、亮职责、亮承诺，积极担当作为。

（黄贵洪）

老干部工作

【概况】 2021年，区委老干局全面贯彻落实习近平总书记关于老干部工作、老龄工作重要指示精神、全国及全市老干部局长会议要求，围绕中心、服务大局，在加强离退休干部政治建设、思想建设和党组织建设，落实老干部各项待遇和服务保障措施，组织引导老干部开展“四大助力行动”等方面取得新成效。全年服务管理老干部区（县）级离退休干部53人、离休干部23人（含市外代管离休干部2人，市内区外代管离休干部4人）、处级（含原江北县辖区、镇、局级）退休干部492人（含代管25人）。

【老干部“三项建设”】 以“思想引导、组织强基、典型示范”三项活动为抓手，持续加强离退休干部政治建设、思想建设和党组织建设。除因新冠肺炎疫情影响而暂停的月份外，坚持每月15日开展老干部政治学习，组织区（县）级老干部开展暑期培训和党纪知识竞赛。组织离退休干部党支部书记参加重庆市老干部党校第90期、91期培训班学习，定期组织老干部收看网上专题报告会，广泛动员老干部关注“离退休干部工作”“红岩青松”微信公众号，通过离退休党支部微信群，定期向老干部推送思想政治学习资料。组织开展学习习近平总书记在庆祝中国共产党成立100周年大会上的重要讲话精神座谈交流会和知识竞赛活动4场，专家辅导2场。灵活设置123个离退休党组织，覆盖全区2700余名离退休党员干部，选优配强123名离退休党支部书记。举办离退休干部党支部书记培训班，邀请市委老干局、市委党校、区委党校领导干部、专家学者专题授课，强化党性教育，提升履职能力。制定《离退休党员在线学习制度》，推进新冠肺炎疫情常态化下老干部学习制度化规范化。督促落实阅读文件、订阅报刊、主题党日、送学上门、在线学习等各项制度。抓好帮扶慰问，全年帮扶困难离退休党员207人次，慰问离退休党支部书记246人次。以功勋人物、全国先进集体（个人）表彰对象等为重点，组织老干部学先进、做先进。会同有关单位举办第十二届庆重阳暨“慈孝敬老”活动，表彰“敬老楷模”“敬老模范单位”“十大孝子”“十大老有所为明星”等先进典型，大力弘扬尊老敬老好传统。

【老干部政治待遇和生活待遇】 落实好区领导联系离退休干部、定期情况通报、重大节日走访慰问、就近就地参观工农业生产等基本制度。对每位离休干部的具体家庭情况和身体状况进行摸底，建立23名离休干部基本信息册，制定“一人一策”具体措施，建立在职干部结对联系离休干部制度，及时为离休干部排忧解难。为中华人民共和国成立前离休干部杨彪、柴德礼申报办理享受按副省（部）长级标准报销医疗费待遇。组织区（县）级离退休干部开展视察参观活动7次。为年满70周岁、80周岁、90周岁的43名老干部举办集体祝寿活动。集中组织全区74名区（县）级退休干部、离休干部和492名处级退休干部开展健康体检。做好全区4个市级试点社区的“四就近”工作。坚持在端午节、春节等中国传统节日开展走访慰问活动，全覆盖走访慰问53名区（县）级老干部和18名离休干部。提请区委常委会研究将老干部生病、去世慰问标准调高一倍。及时对生病住院和去世老干部开展走访慰问，帮扶困难老干部59人。

【老干部精神文化生活】 区离退休干部活动中心根据老干部兴趣爱好、技能特长，新成立渝北区老干部文学书画摄影社，组织15个兴趣小组分季度谋划太极、书画、摄影、文学、象棋、川剧、器乐、乒乓球等19项活动，为老干部丰富精神文化生活、展示阳光心态、激发正能量搭建平台。全年共开展各类活动72场次，1300余人次参加。举办渝北区第七届“夕阳红”声乐大赛、2021年老年人中国象棋交流比赛、钓鱼比赛、“铭记党史，永跟党走”庆祝中国共产党成立100周年老干部文艺演出、主题征文暨书画摄影展览、重庆市老干部书画作品展首站巡展等活动，编印老干部文学艺术作品集。区老年大学与重庆工职院开展合作，实现教学资源共享，首批聘请8名兼职教师，开设34门专业课程67个教学班，在校学员4672人。推进全国老年远程教育示范区建设，承办2021年中国老年大学协会远程教育工作委员会主任会议，课题“探索远程老年教育‘医养教’新模式研究”纳入第五批全国老年远程教育重点研究课题。开通渝北区老年大学微信公众号，开发在线课程，满足更多老年人远程居家学习需求。推动老年教育资源均衡化发展，纳入区党史学习教育领导小组“我为群众办实事”工作清单，成立22个镇街老年学校、54个社区老年教学点，出台《关于加快推进镇街老年大学建设的通知》。

【老干部作用发挥】 召开2021年迎春座谈会、半年座谈会、政府工作报告征求意见座谈会等，引导老干部用好自身丰富知识和宝贵经验，为全区改革发展建言献策。成立33人的“五老回家（老干部回机关、老支书回村社、老教师回学校、老工人回企业、老政法回警营）讲党史”宣讲队，深入各地以耳闻目见、亲身经历讲好党史故事164场次，其中“老干部回机关讲党史”活动32场次，邀请5名老干部、老模范深入8所中小学举行党史报告会9场次。成立成渝双城经济圈建设、乡村振兴、城市基层治理、青少年健康成长“四大助力行动”工作组，每组组长、副组长均由正厅级退休老党员担任，分批组织100余名老党员深入各镇街实地调研视察6次，引导老党员们看成就、找短板、提对策。组织离退休党员积极参与志愿服务、物业维权、扶贫帮困等活动，引导老干部在宣传引导群众、化解矛盾纠纷等城市基层治理工作方面为党委政府分忧解难。凝聚“五老”（老干部、老战士、老专家、老教师、老模范，下同）力量，开展“中华魂”（民族复兴的旗帜——纪念中国共产党成立100周年）主题教育读书活动暨征文、演讲比赛，以及“关爱明天 普法先行”青少年普法教育、“六一”慰问特困儿童、关爱帮扶“五失”（失学、失业、失亲、失足、失能）青少年等系列活动，为全区关心下一代工作做出积极贡献。

（刘　炼）

党校工作

【概况】 2021年，中共重庆市渝北区委党校全面贯彻落实习近平总书记办学治校系列重要指示精神，遵循《中国共产党党校（行政学院）工作条例》《社会主义学院工作条例》，不断加强和改进新时期党校工作，连续第九年获得全市党校行政学院系统年度办学考评工作一等奖和创新奖。作为唯一党校系统代表，在全市干部教育培训工作会上交流发言。党史学习教育获得市、区指导组充分肯定。在巡察整改综合评估中获得“好”的评价等次。全年举办培训班44期、培训2800余人次，完成课题17个，资政报告获区委、区政府主要领导肯定性批示6次。获得表彰奖励18人次，其中1人获评全市基层理论宣讲先进个人、1人在全市党校系统第七届教学比赛决赛中获二等奖。1人被聘为渝北区首批智库专家。3人被选为区十五次党代会代表。

【教育培训】 坚持以学习贯彻习近平新时代中国特色社会主义思想为干部培训首要任务和中心内容，整体设计“理论武装与发展战略”“党性修养与公仆意识”“领导素养与能力提升”三大模块。根据培训对象不同类别层次，设计差异化、梯度性课程体系，增强教育培训针对性、实效性。举办党史学习教育专题培训班，实现县处级领导干部全覆盖。在主体班次，创新推出“看、听、学、讲、忆、考、赛、研、写、析、演、做”等10多项举措，不断增加党史学习教育分量。全年举办主体班7期，培训212人次，培训时间288天；专题班20期，培训1600余人次；外培班17期，培训1000余人次。同时，还承办重庆学习论坛7期。

【科研资政】 规范“选题审核、新课试讲、集体评课、专业评价”制度。全年编写教学案例2个，编印辅导教材2本，研发完善课程13门，初步形成具有渝北党校特色的课程体系。“渝北区城乡融合绿色发展实践教学基地”等6个现场教学基地接待培训班次52期2590人次。完成省部级课题2个、市级部门调研课题12个（其中重点项目1个）、区级部门课题3个，成功申报市级部门课题5项、区社科联智库项目2项，积极申报区社科联“研究阐释党的十九届六中全会精神”专项课题7个，在省级以上刊物发表论文40篇（其中核心期刊1篇）。编印《党校视窗》24期，其中18篇资政报告获区领导肯定性批示27次。

【对外交流】 统筹组织全市党校系统第四片区党校开展“学习贯彻党的十九届五中全会精神”理论研讨会、“党史故事”演讲比赛等交流活动；协调举办第四片区“四史”学习教育和“推动高质量发展”两期专题班，培训110人。完成市委组织部交办的全市区县国有企业领导人员培训示范班，培训84人次，承接区外委培班次10期，培训600余人次。主动融入成渝地区双城经济圈，选派优质师资前往四川遂宁、邻水等党校开展交流活动10余次，承接四川省直机关党校第97期处级干部“推动成渝地区双城经济圈建设”研究专题进修班，以及四川成都、邻水等地党校班次培训5期，培训近300人。推动第三届临空经济论坛以“线上”交流形式有序开展。

【队伍建设】 编印《习近平在中央党校领导干部培训班上的重要讲话》，组织全体教职工集中学习交流。提拔科级职务1人，晋升非领导职务3人，新晋副教授2人、讲师2人，上挂市委组织部顶岗锻炼1人。组织教师开展新课试讲13次、教学研讨和集体备课7次、集中开展线上培训11次，选派教职工到市内外学习进修11人次。开展学习党史学习教育专题交流研讨活动，并编印成《党史学习教育文集》和《十九届六中全会精神研究成果集》，参加市、区级征文及理论研讨会13人次，获奖10人次。探索建立特色长效的宣讲机制，校内教师和在校学员到区级部门、镇街、村（社区）、企业宣讲100余场次，受众1万余人次。

【服务保障】 严格落实常态化新冠肺炎疫情防控措施，加强人员健康管理，保障市审计组、区疫情防控工作指挥部等临时性机构在校正常办公。优化升级“我爱学习”App教学评价、考勤管理等功能，定期开展校园安全三级巡查，完成固定资产清查和节水型单位创建。全年承接市、区级会议40余次、服务参会人员3000余人次，接待宜昌市委党校等6个单位考察调研。

（沈庆航）

关心下一代工作

【概况】 2021年，区关工委认真贯彻市委市政府重要文件精神，凝聚“五老”、主动作为、砥砺前行、服务大局，印发《关于加强新时代渝北区关心下一代工作委员会工作的实施意见》，“立德树人”多项工作取得新成绩。2021年，全区22个镇街、348个村（社区）、3个区级部门建立健全关工委组织。

3月下旬，区关工委邀请市关工委专家对基层关工委干部开展了培训。首次建立对镇街关工委考核机制，评出优秀等次9个、合格等次13个。年内，区关工委改革中国关工委机关刊物《中国火炬》订阅办法和稿件撰投奖励办法，渝北区《中国火炬》订阅量、投稿量跃居全市第三位、全国第六位。12月，区关工委被《中国火炬》杂志社评为订阅、投稿“标兵单位”。

【“五老”队伍建设】 区关工委组织“五老”建立“读书指导”“法治教育”“思想道德教育”“家庭教育”“科技辅导”5个工作团，建立“征文、演讲比赛评审专家库”，各镇街关工委也组建了相应的工作团队。全区2000多名“五老”活跃在基层第一线，在“立德树人”工作中发挥着不可替代的作用。

【庆祝中国共产党成立100周年活动】 6月上中旬，区关工委牵头并会同区级五部门诚邀组织有名望的“五老”分别到区内部分中小学、社区作党史教育报告9场，帮助青少年学党史、知党情、感党恩、听党话跟党走。区关工委向全区镇街、中小学制发《“五老”党史教育报告会》实况录像，新华网、人民网、华龙网、市关工委官网“渝露春苗”全程跟踪报道了渝北区“五老”党史教育报告会内容及盛况。

【“中华魂”主题教育读书活动】 1月至11月，区关工委牵头并会同区委宣传部、区文明办、区教委、区文旅委、团区委在全区青少年中开展第19届“中华魂”主题教育读书活动。购买主题教育读本5.1万册下发。全区14.8万人参加，围绕“民族复兴的旗帜”主题，1.4万人撰写征文、演讲稿，8800多人参加班级、学校、片区征文、演讲比赛，1372人次参与区级征文、演讲比赛，区级六部门联合表彰征文、演讲优秀选手284名，推荐46名选手参加重庆市比赛均获奖。此活动区财政共投入资金40多万元。

【“家校社合作育人”试点】 配合中国关工委“三宽教育”在渝北区9所中小学和社区开展“家校社合作育人”探索试点工作，依托家长学校，加强家长培训，注重优良家教家风教育，为孩子“扣好人生第一颗扣子”。6月，试点校渝北空港新城小学负责人应中国关工委邀请在成都“全国家长大会”上介绍经验。

【关爱弱势青少年群体】 为169名残疾学生发放慰问金3.38万元，为93名“五失”青少年发慰问金2.79万元；会同区级有关部门和镇街在全区建立59个儿童保护工作站、110个心理咨询室，培训待业青少年再就业技能1192人次。

【上级关怀】 10月25日，市关工委主任何事忠、常务副主任谢春光、秘书长韩国涛一行到渝北调研，实地考察悦来、仙桃街道的社区和空港新城小学并召开座谈会，听取区关工委、区教委等五部门工作汇报，充分肯定渝北关工委工作，高度赞扬区委、区政府对关工委工作的重视，对渝北区关心下一代工作予以全面精准指导。次月下旬，区委书记于会文针对《何事忠主任在渝北调研座谈会上的讲话》作出批示，提出区委要专题研究贯彻落实。

（朱荣熙）

重庆市渝北区人民代表大会

综　述

【概况】 2021年，区人大常委会努力把人民代表大会的制度优势转化为治理效能，助推渝北经济社会高质量发展。扎实开展党史学习教育，通过党组会议、常委会会议、专题培训班等多种形式，全覆盖组织全区人大系统认真学习党的十九大及十九届历次全会、市委五届十次及十一次全会、区第十五次党代会精神，教育引导干部职工增强“四个意识”、坚定“四个自信”、做到“两个维护”，提高政治判断力、政治领悟力、政治执行力，在思想上政治上行动上同以习近平同志为核心的党中央保持高度一致。全年召开常委会会议7次、主任会议26次，开展2次专项评议、1次专题询问、4次主任会视察、1次常委会视察。区人大常委会机关被国家机关事务管理局、中共中央直属机关、国家发展改革委、财政部评为节约型机关。

【坚持党的领导】 坚持重大事项请示报告制度，人民代表大会召开、任命干部履职评议、代表家站点建设等向区委请示报告16次，严格按照区委要求开展工作，确保党的领导落实到人大工作各方面全过程。持续推动成渝地区双城经济圈建设，共同组织代表为两地协同发展建言献策。完成区委交办的民主法治领域改革、软弱涣散基层党组织整顿、脱贫攻坚对口帮扶等工作、“河长制”责任落实等工作。

【区镇人大代表建设】 坚持开展主任接待日活动，定期走访慰问困难群体。实现全区四级人大代表进家进站进点全覆盖，收集社情民意、解决群众急难愁盼问题1000余件。完成区镇人大代表换届选举任务，市人大专篇刊发渝北区选举工作经验做法。开展新一届区人大代表履职培训，确保代表依法正确有效履职。镇人大建立重大民生实事项目代表票决制和街道重大民生实事项目人大代表票选工作，重点民生实事票决票选全覆盖。

重要会议

【区第十八届人民代表大会第五次会议】 3月9—11日在区会议中心召开，出席代表362人，编为15个代表团，列席人员24人。会议听取和审议渝北区人民政府工作报告；审查和批准《渝北区国民经济和社会发展第十四个五年规划和二〇三五年远景目标纲要》；审查和批准渝北区2020年国民经济和社会发展计划执行情况及2021年国民经济和社会发展计划草案的报告，批准渝北区2021年国民经济和社会发展计划；审查和批准渝北区2020年财政预算执行情况及2021年财政预算草案的报告，批准2021年区级财政预算；听取和审议区人民代表大会常务委员会工作报告、区人民法院工作报告、区人民检察院工作报告；审议两江新区直管区“十三五”时期及2020年经济社会发展情况、“十四五”时期及2021年重点工作安排；票决2021年区重点民生实事项目。

【区第十八届人民代表大会第六次会议】 10月14—15日在区会议中心召开，出席代表360人，编为15个代表团，列席人员5人。会议选举廖红军为区人民政府区长，选举于贵生为区监察委员会主任。

【区第十八届人大常委会会议】 3月1日召开第31次会议。听取和审议人事任免事项，关于接受何才德、骆瑞华辞职的议案，区政府对水污染防治工作评议意见研究处理情况的报告并开展满意度测评，以及《区第十八届人民代表大会第五次会议日程（草案）》《渝北区人大常委会2021年工作要点（草案）》；听取渝北区2020年度法治政府建设情况报告（书面）；代表资格审查委员会报告关于终止杨乾刚区十八届人大代表资格事宜（书面）。

5月12日召开第32次会议。听取和审议关于接受刘明涛辞职有关事宜；听取部分区人大街道工委工作情况报告；书面听取了市人大代表述职、区人大监察法制委关于上年度规范性文件备案审查工作情况报告；党史学习教育专题宣讲。

7月8日召开第33次会议。会议听取和审议人事任免事项；听取部分区人大常委会任命人员履职情况报告并开展满意度测评、区政府环境状况和环境保护目标完成情况报告、主任会议关于提请审议接受王充辞去重庆市渝北区人大常委会副主任职务的议案。开展区政府农业面源污染防治工作评议。

9月9日召开第34次会议。听取和审议人事任免事项、代表资格审查委员会关于终止谭庆区十八届人大代表资格事宜、关于提请审议《关于渝北区区、镇人民代表大会换届选举的决定（草案）》的议案、关于提请审议《关于设立重庆市渝北区选举委员会的决定（草案）》《关于设立渝北区各镇选举委员会的决定（草案）》的议案、关于提请审议《重新确定渝北区新一届镇人民代表大会代表名额的决定（草案）》的议案、区政府2021年上半年国民经济和社会发展计划执行情况的报告、区政府2021年上半年财政预算执行情况的报告、区政府2020年财政决算（草案）报告、区政府2020年区级财政预算执行和其他财政收支审计情况的报告、区政府2020年国有自然资源资产管理情况专项报告、区政府国有资产管理情况综合报告、《重庆市渝北区人大常委会议事规则（修订草案）》；审查和批准区级决算、区政府2021年区级预算调整方案（草案）的报告，审查和批准区级预算调整方案。

10月9日召开第35次会议。听取和审议区人大常委会主任会议关于提请审议接受赵荣华辞去重庆市渝北区监察委员会主任职务的议案，关于提请审议《重庆市渝北区人大常委会关于召开重庆市渝北区第十八届人民代表大会第六次会议的决定（草案）》《重庆市渝北区第十八届人民代表大会第六次会议议程（草案）》《重庆市渝北区人民代表大会第六次会议日程（草案）》的议案。会议还听取和审议《重庆市渝北区第十八届人民代表大会第六次会议选举办法（草案）》和《重庆市渝北区第十八届人民代表大会第六次会议主席团成员及秘书长建议名单（草案）》等有关名单草案。会议表决通过区人大常委会关于接受赵荣华辞去重庆市渝北区监察委员会主任职务的决定（草案）、《重庆市渝北区人大常委会关于召开重庆市渝北区第十八届人民代表大会第六次会议的决定（草案）》、《重庆市渝北区第十八届人民代表大会第六次会议议程（草案）》、《重庆市渝北区人民代表大会第六次会议日程（草案）》、《重庆市渝北区第十八届人民代表大会第六次会议选举办法（草案）》，以及《重庆市渝北区第十八届人民代表大会第六次会议主席团成员及秘书长建议名单（草案）》等有关名单草案。

11月18日召开第36次会议。听取和审议人事任免事项、关于提请审议接受刘鸿辞职的议案、区人民政府关于政府性债务规模、结构、使用和偿还情况的报告、区监察委员会关于扶贫领域腐败和作风问题专项治理工作情况的报告；听取和审议区人民政府、两江新区管委会、区人民法院关于代表建议办理情况的报告、区人民政府对农业面源污染防治工作评议意见研究处理情况的报告，并开展满意度测评；审查和批准2021年区级财政预算调整方案；听取区人民政府关于《中华人民共和国长江保护法》贯彻实施情况的报告（书面）、代表资格审查委员会关于终止刘鸿区人大代表资格的报告（书面）；学习贯彻习近平总书记在中央人大工作会议上的重要讲话和会议精神、党的十九届六中全会精神（书面）。

12月17日召开第37次会议。听取代表资格审查委员会关于区第十九届人大代表资格审查情况的报告，关于调整区、镇选举委员会组成人员的报告（书面）；听取区政府关于"七五"普法工作情况报告，作出关于"八五"普法的决议；听取和审议人事任免事项、2021年区重点民生实事项目办理情况报告，并开展满意度测评；听取和审议2022年渝北区重点民生实事候选项目方案（草案）、区人民政府关于2020年区级财政预算执行和其他财政收支审计整改情况报告，以及区生态环境局、仙桃街道、仙桃数据谷公司审计整改情况报告，并开展满意度测评；听取和审议《关于召开区第十九届人民代表大会第一次会议的决定（草案）》、《区第十九届人民代表大会第一次会议议程（草案）》、《区第十九届人民代表大会第一次会议日程（草案）》、区人大常委会工作报告（草案）、区第十九届人民代表大会第一次会议有关建议名单（草案）、区第十九届人民代表大会第一次会议选举办法（草案）、区第十九届人民代表大会第一次会议设立专门委员会的决定（草案）、区第十九届人民代表大会第一次会议专门委员会组成人员人选通过办法（草案），以及关于区第十九届人民代表大会第一次会议议案和建议、批评、意见的规定（草案）。

人大常委会工作

【视察调研】 4月7日，区人大常委会主任会到兴隆镇智慧种苗基地、天堡寨村石垭子"双十万工程"和大湾镇龙洞岩村、金凤村"双十万工程"视察；7月9日，到回兴街道时装小镇、玉峰山镇精品民宿等全区重点文旅项目建设情况视察；8月18日，对木耳镇新乡村农旅融合示范项目建设情况、西部建材家居小镇（居然之家）建设情况、同茂小学新建项目建设情况、空港新城城市基础设施及公共服务PPP项目（鹿山隧道）建设等情况进行视察。7月20日，区人大常委会对木耳镇农村乡村道路错车点建设、渝北职教中心门口交通安全隐患整改、观音公园运行管理等区第十八届人大第五次会议确定的重点代表建议办理工作情况进行了视察；12月15日，对旺瑞小区改造提升情况、宝石路区域交通组织优化情况、悦来中学迁建项目建设情况、智能立体停车场及新能源汽车充电服务平台项目建设情况、区中医院建设情况展开实地视察。全年形成《渝北区镇（街）民生实事项目人大代表票决（选）制的实践与探索》《关于我区应急管理综合行政执法改革情况的调研报告》《提质发展现代服务业，推动物流业与制造业融合》《关于我区民办义务教育工作的调研报告》《关于区政府农业面源污染防治情况的调研报告》《关于我区国有自然资源资产管理情况的调研报告》《关于渝北区消防工作的调研报告》等7篇调研报告。

【专项评议】 3月，区人大常委会启动政府农业面源污染防治评议工作。4—5月，深入13个涉农镇

（街），实地查看点位15个，召开部门集中调研座谈会1次、分组调研座谈会6次，并学习借鉴山东青岛、烟台等地经验，结合区内实际，形成调研报告。渝北区人大常委会对渝北区水污染防治工作开展评议，并进行满意度测评，测评结果为“满意”。2020年8月29日，区第十八届人大常委会第28次会议对区政府水污染防治工作开展评议形成的4大类12条意见，交区政府研究办理。区政府坚持问题导向，对照问题反馈清单，落实责任、逐个销号，取得阶段性成效。

【专题询问】 7月中旬至8月中旬，区人大常委会深入镇街、部门单位和国有企业开展区人民政府国有资产管理情况调研，采取实地查看、听取工作报告、查阅资料等方式，听取渝北区国有资产管理工作的成效经验、困难问题和意见建议，形成专题询问调研报告。9月14日，开展区政府国有资产管理工作专题询问，区政府分管领导及区财政局、区国资委、区规划自然资源局、区机关事务中心、临空投公司、渝港公司等部门单位主要负责人作为应询人逐一回答。专题询问结束后，区人大常委会形成询问意见交区政府研究办理，并以视察、检查等多种监督方式，对整改落实情况进行跟踪问效。区政府及相关部门及时研究整改落实，12月向区人大常委会报告整改落实情况。

人民代表大会工作

【人大监督】 坚持每季度审议经济运行情况、每半年审议计划执行情况，促进人民代表大会确定的目标任务全面完成。视察重点项目建设，开展统景国际温泉度假区项目建设、南北大道二期拓宽改造等24项专项经济事项审议。开展国有资产、政府债务、预算决算、审计整改等监督，建立预算联网监督室。开展对区政府及4个部门单位审计查出问题整改落实情况满意度测评，传导审计整改压力。专题询问国有自然资源资产管理工作，促进国有资产保值增值。听取上年度环境保护目标完成情况，评议农业面源污染防治工作，助推“绿水青山就是金山银山”实践创新基地创建成功。听取城市提升工作情况报告，促进城市功能完善。听取脱贫攻坚同乡村振兴有效衔接工作报告，视察古洛环线、南北大道沿线经果林、生态林推进情况。视察文旅项目建设情况，听取全区社会保障、殡葬管理、学前教育建设及推进情况、2021年重点民生实事项目办理情况等报告，促进民生改善。认真开展调查研究，关于全区民办义务教育发展情况的调研报告、国有资产管理情况调研报告，得到区委区政府主要领导批示肯定。

【助推依法治区】 听取和审议法治政府建设情况、区法院一站式多元解纷和诉讼服务体系建设、区检察院民事行政检察工作、区监委开展扶贫领域腐败和作风问题专项治理情况等工作报告，推动“一府一委两院”依法行政、依法监察、公正司法。听取和审议《中华人民共和国传染病防治法》《中华人民共和国未成年人保护法》等实施情况，确保相关法律法规的贯彻实施。对区政府、镇人大20件规范性文件进行备案审查，集中清理直辖以来镇人大、镇政府规范性文件19件。承办市人大常委会委托的《重庆市人口和计划生育条例》等15部法律法规草案征求意见相关工作。受理来信来访209件、798人次，维护群众合法权益。

【人大决议决定和任免】 依法作出区镇人大代表换届选举、批准决算、预算调整、计划调整、“八五”普法等决议决定16项。任命国家机关工作人员45人次，接受辞职3人，组织任前法律知识考试39人次，任前表态发言29人次，宪法宣誓45人次。听取和审议“一府一委两院”等14名任命干部履职情况报告并进行满意度测评，督促其依法履职尽责。

【人大代表发挥主体作用】 深化代表“家站点”建设，常态化开展代表联系组、专业组活动。发挥代表行业、专业优势，收到代表建议300件，实现建议网上交办、办理全程跟进、成果实时评价，推动建议办理提质增效，代表建议满意率和基本满意率100%，落实率88.6%。继续实行区委、人大、政府领导和人大专工委室牵头督办重点建议工作机制，中央公园片区道路规划建设及投入使用、渝北职教中心门口交通安全隐患解决等10件重点建议较好落实。邀请相关群众、人大代表对31件建议办理开展评估，推动建议从“满意率”向“落实率”转变。1名区人大代表获评全国先进工作者，4名区人大代表获评重庆市劳动模范。

【换届选举工作】 6月渝北区启动区、镇人民代表大会换届选举工作，按阶段推进组织准备、选民登记、提名推荐确定代表候选人、投票选举等，克服区镇人大换届选举工作存在的“三多四难”（公租房社区选民多、“空挂户”数量多、选民关系转移工作量大，登记参选难、涉农转城镇街选区划分难、机关企事业单位组织参选难、保障措施到位难），12月10日一次性成功依法选举出区第十九届人大代表443名、镇第二十届人大代表809名，镇代表缺额1名。全区登记选民135.09万人，112.22万名选民参加投票。2021年市人大专篇刊发渝北区选举工作经验做法。

（龚　玲）

重庆市渝北区人民政府

综 述

【概况】 2021年，区政府坚持统筹抓好新冠肺炎疫情防控和经济社会发展，加快融入成渝地区双城经济圈建设和“一区两群”协调发展，推进稳增长、促改革、调结构、惠民生、防风险、保稳定，各项工作取得新成效。全区地区生产总值2235.61亿元，比上年增长8.5%；规模以上工业总产值3685亿元，增长16.6%；工业增加值634亿元，增长10.6%；固定资产投资增长8.2%；社会消费品零售总额1070.38亿元，增长13%；一般公共预算收入73.88亿元，增长10.2%；城乡常住居民人均可支配收入分别为49114元、23465元，增长9%和11%。

【提升产业质效】 出台支持制造业高质量发展16条措施，新认定数字化车间、智能工厂30家，规模以上智能终端企业产值比上年增长42.7%，规模以上软件和信息技术服务业增长11%，战略性新兴制造业占比47%，高技术产业增长26%。汽车、电子产业加速向价值链中高端延伸，全市首个汽车电子重点关键产业园落地建设，汽车产业产值1360.6亿元、增长13.1%，智能手机占74.6%，带动电子产业实现产值1728.6亿元、增长17.8%。装备制造、消费品工业等潜力产业加速发力，产值分别增长59.7%、8.3%。中新（重庆）大数据智能化产业示范园区揭牌运行，数字经济业务收入增长27%，增加值增长23.2%。建筑业注册地总产值突破1000亿元，增长7%。开展“消费促进季”活动，加快消费集聚区建设，中央公园商圈首期开业，桥达茂宸广场、水獭云选等6个商业综合体投入运营，临空消费走廊17个重点消费项目有序推进，重庆创意公园获评国家级创业孵化示范基地。商品房销售面积增长25.5%、总量全市第一。新发展特色高效农业3万亩，认证“两品一标”、全国名特优新和市级品牌农产品36个，农产品加工业总产值突破100亿元。

【释放创新活力】 新培育国家高新技术企业106家、市级科技型企业1556家，均居全市第一。新培育市级新型研发机构9家，总量达到33家、占全市23%，其中新型高端研发机构占比50%。近一半的规模以上工业企业建立研发机构，市级以上研发平台223家。仙桃数据谷创新生态圈初步形成，聚集科技型企业250余家、研发人员近万人，智能硬件实验室等创新平台建成运营，华为软开云等科创平台被评为市级重点软件公共服务平台。智得热工、创隆实业等8家企业入选工信部专精特新“小巨人”企业，金山科技入围全国民营企业科技创新百强榜单。全社会研发经费投入增长17%，占地区生产总值的4.4%、高于全市2.2个百分点，区域科技竞争力和“双创”指数保持全市第一。7家企业进入市级上市储备库，发放“上市贷”1亿元。樊代明院士工作站挂牌成立，引进山地农业产业研究院等创新平台8个，宜机化及农业智能装备研究院启动建设。247个重点项目投资完成率为90%，41个市级重点项目完成投资218亿元。仙桃数据谷、前沿科技城、现代建筑智慧产业园等平台显效发力，签约引进中车时代、国货航重庆运营基地等产业项目220个，合同投资1000亿元，资金到位225亿元。市场活力持续增强，新增市场主体4万多户，总量近15.6万户。

【开放协同】 江北国际机场T3B航站楼及第四跑道进入主体施工，旅客吞吐量提升至全国第四位，货邮吞吐量47.7万吨、比上年增长16%。成功创建空港型国家物流枢纽，获批国家外贸转型升级基地，实现进出口总额1900亿元、增长13%。渝邻快速路开工建设，铁路枢纽东环线主体完工，三环高速全线贯通。中新航空产业园15个项目集中开工，自贸试验区渝北板块新入驻企业4900家。与24家市级银行机构签订战略合作协议，与中交、中建、中铁等央企深度合作。川渝高竹新区管委会成立，建立税费征管服务等6个跨省集成、协同高效的创新机制，累计入驻重点企业167户、竣工投产66户，新签约落户川渝科创基地、重庆工职院高竹校区等项目33个。

【改善城乡面貌】 持续完善城乡基础设施，158个城市基础设施项目加快实施，春华立交、金山立交等节点工程建成通车，甘悦大道等17条城市主干道提速推进，轨道交通9号线等在建轨道提速推进。改造提升老旧小区3个，完成棚改房屋征收26万平方米。新建成公共停车场6个，整治提升人行道181公里、城市道路124万平方米，完成3个老旧小区改造，绿化美化渝航大道等坡坎崖15万平方米，新增绿地面积150万平方米，利用边角地、“灰空间”建设社区公园等创新做法被央视新闻联播报道。“马路办公”整改问题1.7万余个，通过国家卫生区复审。深化实施“大城三管”，开展“马路办公”和“多勤联动”执法，城市综合管理水平保持全市前列。联通城乡的南北大道全线贯通，龙胆路主体完工，建成“四好农村路”100公里，改造危旧桥梁10座。推进巩固拓展脱贫攻坚成果同乡村振兴有效衔接，投入资金2322万元，实施巩固脱贫项目41个。整治提升农村C、D级危房5690户、旧房3456户。茨竹方家沟村等6个居民新村主体完工，打造杨家槽传统村落保护示范项目。新建农村生活污水处理设施11座，新增农村生活垃圾分类示范村9个，卫生厕所普及率为93%。完成124个村规划编制，同德片区等6.7平方公里控制详细规划获批。提升“四山”保护项目，清理乱占耕地建房2238栋，铜锣山矿山公园一期建成开园。

【优化公共服务】 坚持将民生摆在突出位置，推进24件市、区重点民生实事，新增城镇就业5.6万人，社会保险基本实现法定人员覆盖。空港实验中学、腾芳中学加快建设，悦来中学、职教中心等8所新建扩建学校建成投用，6所“公参民”学校顺利“转公”，“双减”政策落地落实，中小学课后服务提质增效。新中医院基本建成，空港佳园、王家社区卫生服务中心建成运营，统景中心卫生院、回兴社区卫生服务中心成功创建甲级医院。新建养老服务中心7个，4个社区获评全国示范性老年友好型社区。空港新城羽毛球馆及青少年活动中心建成开放。新市民服务中心投用，全年中心集中提供服务事项1000余项，政务服务更加方便快捷。坚持把良好的生态环境作为最普惠的民生福祉，中央公园镜湖等4个“清水绿岸”治理提升工程全面完成，长江入河排污口排查整治试点获生态环境部高度肯定，全年空气质量优良天数达321天，铜锣山矿区修复试点入选全国生态修复典型案例，成功获得国家“绿水青山就是金山银山”实践创新基地命名。

【社会治理】坚持人民至上、生命至上，在一个潜伏期内控制住突发新冠肺炎疫情，守住重庆“空中门户”。高效有序推进疫苗接种。推进信访“治重化积”专项工作，中联办及市级交办案件化解率分别达到100%和86%。实施“全民反诈”专项行动，打击电信诈骗工作得到公安部嘉奖，全区刑事案件立案数同比下降7%。实施常态化安全监管，完成700余栋高层建筑消防隐患治理。开展“迎大庆保安全”百日攻坚。国家安全发展示范城市通过市级复核，应急管理工作获全国先进表彰。

（杨倩怡）

发展改革工作

【概况】2021年，区发展改革委深入学习贯彻党的十九大和十九届二中、三中、四中、五中、六中全会精神，深入贯彻新发展理念，围绕建设“四个大区”、打造“标杆城区”，全力稳增长、促改革、调结构、惠民生、防风险，全力维护经济持续健康发展和社会大局稳定。全年审批项目455个，项目投资185.2亿元；备案项目529个，项目投资805.3亿元。在国际形势严峻多变和新冠肺炎疫情持续反复考验下，加大对全区经济运行监测分析，适时提出稳增长措施建议，2021年全区地区生产总值为2235.61亿元，增长8.5%，居主城第四位。

【综合规划】牵头编制渝北区“十四五”规划纲要并推进落地实施，统筹全区21个重点专项规划，通过区委区政府审议。研究起草未来五年渝北区产业发展路径建议，按一、二、三产业分领域提出创新发展思路，得到区领导采纳；牵头撰写党代会主报告中“未来五年重点工作”，牵头起草《未来五年经济社会发展形势研究》《培育发展经济新动能》等调研报告，《构建“5+3+1”现代服务业体系推动服务业高质量发展实施方案》《渝北区“一老一小”整体解决方案》等重要文件。推进综合经济体制改革，7项牵头任务完成年度目标，“国家数字经济创新发展试验区”改革有序推进。牵头防范化解经济领域重大风险，全区全年未发生系统性重大经济风险。

【区域协调】督促区级部门落实《成渝地区双城经济圈建设规划纲要》精神，推进各项共建合作事项；推动川渝共建重大项目申报、调度；参与新区规划编制、项目储备、资金争取等，为新区建设提供服务。牵头开展对口云阳协同发展工作，开展产业园区共建、文化旅游互动、科技创新协同、产品销售助推“四大行动”，“渝北对口协同云阳产业园”成功揭牌，投入3040万元援建项目13个，助力云阳销售农特产品2200万元，开展就业培训305人次，提供就业岗位2800个，相关做法被市发展改革委转发。

【投资管理】全年247个区级重点项目完成投资430亿元，投资完成率90%；41个市级重大项目完成投资218亿元，投资完成率107%。为区内14个项目争取到中央预算内资金2.14亿元，创历史新高。会同区财政局争取政府债券资金19亿元（专项债券17亿元、一般债券2亿元）。

【营商环境】组织策划渝北区打造国际一流营商环境大会，牵头起草《关于持续营造国际一流营商环境的实施意见》《渝北区打造营商环境“升级版”工作举措及实施细则》等文件。牵头开展渝北区2020年优化营商环境先进集体及先进个人表彰工作，表彰先进集体50家、先进个人100名。

【信用建设】加强信息公开，通过国家发改委2021年第一季度“双公示”评估抽查。成功申报市级信易贷试点区县，积极推进“中标贷”相关工作，遴选渝北区符合条件的国有公司试行“中标贷”全流程，拓展信用应用。

【招投标监管】 全面推行电子标，要求全区所有依法必须招标的工程建设项目原则上均须采用电子招标，取消投标报名费，减轻企业资金负担。开展专项整治营商环境，集中清理、排查各类不合理限制和壁垒，解决招标投标活动中市场主体反映强烈的突出问题。对9家投标人作出349万余元的行政处罚，对9家投标人、2家招标代理机构、32名评标专家及1名代理机构从业人员进行行政量化记分处理，其中2家企业直接被记入全市“重点关注名单”。

【物价民生】 统筹推进24件市、区两级重点民生实事，同各责任单位合力推动幼有所育、学有所教、劳有所得、病有所医各项民生工作，完成目标任务，人大票决的10项重点民生实事全部通过满意度测评。推进相关价格改革，清理取消区供电供气行业不合理收费12项，完成村镇天然气销售价格、公办幼儿园保育教育费调整；制定《渝北区重要民生商品保供稳价方案》《渝北区猪肉保障工作措施》等文件。全年办理价格认定540件，标的金额1119.05万元，完成率100%，实现连续21年价格认定业务无复核。进一步降低部分行政事业性收费标准，推进收费清单目录动态管理并及时向社会公开。强化政策性储粮日常监管，确保市、区两级应急粮食储备到位，推动大盛粮库建设。

【能源环保】 推动分布式光伏发电、疆电特高压入渝、川气东送、铜锣峡储气库、相国寺库扩容达产等重大能源项目建设。加大全区470公里长输油气管道保护，协办长输油气管道保护项目38个、安全评审项目16个、查处隐患160处（已全部整改）。开展能源消耗总量和强度“双控”，完成“两高”项目排查整改，加强节能审查，编制完成能耗双控五年行动规划。编制全区碳达峰碳中和实施方案，分解目标任务，搭建工作机制，开展碳达峰碳中和工作。推进环保督察整改，组织申报2021年长江经济带运输船舶岸电系统受电设施改造项目，获批中央预算内投资786.8万元。

（周　巧）

人事工作

【概况】 2021年，区人力社保局通过公开招聘、考核招聘、人才引进等引才方式引进区事业单位优秀人才347名；对全区上年度事业单位工作人员及机关工勤人员开展年度考核和定期奖励。组织开展人社部高层次专家走进渝北（川渝高竹新区）活动，实现医药健康类院士工作站零的突破，引导和支持各类人才服务乡村振兴，推动出台渝北区临空英才培育引进实施办法，贯彻落实博士后新政，打造“临空匠才”技能人才品牌，加强高技能人才队伍建设。开展职称申报评审，推进技能人才评价制度改革，落实好关心关爱一线医务人员临时性工作补助、新录（聘）用高校毕业生高定工资等政策；推进公立医院薪酬制度改革，确保医院职工超额绩效水平在新冠肺炎疫情防控期间不下降；清理规范全区评比表彰、创建示范活动。

【事业单位人员队伍建设】 组织全区事业单位公开招聘10场考试，组织各类笔试、面试、专业技能测试24场次，通过公开招聘、考核招聘、到高校招聘、选聘、人才引进等五类引才方式为区事业单位引进优秀人才347名（教育94名、卫生242名、其他11名），改善用人单位人才结构，为干部队伍建设不断注入源头活水。对120名事业单位科级领导干部进行任前审查，办理1504名事业单位工作人员聘任手续，办理23名2021年参加转岗考试合格人员转岗手续，办理371名新招聘事业单位工作人员转正定职，办理95名事业单位工作人员区内交流调动手续。完成2020年全区事业单位工作人员及机关工勤人员年度考核和定期奖励工作。经审核，共有1945名事业单位工作人员、16名机关工勤年度考核为优秀；给予2018—2020年连续3年年度考核优秀的218名事业单位工作人员（机关工勤人员）记功；给予2020年年度考核优秀的1746名事业单位工作人员（机关工勤人员）嘉奖。

【高技能人才队伍建设】 发挥专家示范引领作用，组织开展人社部高层次专家走进渝北（川渝高竹新区）活动，推动樊代明院士工作站落户渝北，实现医药健康类院士工作站零的突破。引导和支持各类人才服务乡村振兴，探索推行基层下单、部门传递、专家组团接单服务模式，木耳镇金刚村柑橘栽培项目获得市农技站专家团队精准服务。推动出台渝北区临空英才培育引进实施办法，评选认定“临空英才”55名，23人入选全市高层次人才“鸿雁计划”。贯彻落实博士后新政，推动部分资助与市级政策1∶1配套，对博士后日常资助、招收补贴实行全覆盖，博士后设站45家，稳居全市第一，发放资助610万元。打造“临空匠才”技能人才品牌，创新“竞赛+就业”育才模式，帮助技能人才实现从竞技赛场到职业舞台的直线跨越。成功创建“市级技能大师工作室”1个，推荐获评“全国技术能手”5名、“最美巴渝工匠”1名。在第七届中国·重庆职业技能大赛上获2金、2银、1铜。

【职称评审和表彰奖励】 开展2021年职称申报评审，全区新增正高级专家26名、副高级专家264名、中初级专业技术人员1273名。推进技能人才评价制度改革，开展职业资格鉴定1717人次。引导1638名专业技术人才申报职称，全区高中初专业技术人员平均结构比例为1.8∶4.4∶3.8。市委、市政府审批通过2021年区级表彰项目2个，分别为“渝北区‘十三五’期间作出重大成绩和重大贡献的先进集体和先进个人”和“渝北区担当作为好干部”。在全区开展清理规范评比表彰、创建示范活动，经过清理规范，市里明确渝北区保留创建示范活动5项、取消6项。

【工资福利】 落实好关心关爱一线医务人员临时性工作补助、新录（聘）用高校毕业生高定工资等政策。审批3416人乡镇工作补贴调标及年限增资，人均增资240元每年。增核区殡仪馆、天合陵园、区疾控中心超额绩效，追加80所中小学2020年和2021年寄宿生管理、随班就读残疾学生教育管理绩效工资总量。稳步推进公立医院薪酬制度改革，下达区人民医院和区中医院2020年超额绩效总量，确保医院职工超额绩效水平在新冠肺炎疫情防控期间不下降。推进工资管理信息化建设，11月起试用“渝芯薪”工资管理信息系统，实现让人事薪酬待遇办理“不出门、不跑路、秒办结”。

（李　丹）

机关事务管理

【概况】 2021年，区机关事务局坚持围绕中心、服务大局，不断提升服务保障水平和管理效能，支撑全区党政机关高效运转，推动全区经济社会高质量发展。获得“国家节约型机关”“渝北区先进基层党组织”等称号。

【标准化信息化建设】 编制印发《重庆市渝北区公共机构节约能源资源“十四五”规划》。制定印发《渝北区机关事务标准化工作计划（2021—2023年）》，初步搭建起涵盖基础通用标准、运行保障标准、监督评价标准3大体系、10大领域、47个标准的标准框架体系和标准体系明细表，形成渝北区机关事务标准体系。编印渝北区《公务接待标准化操作手册》并下发全区，为全区各级各部门提供公务接待标准化指导。开展机关运行成本统计调查，严格执行《机关运行成本统计调查制度》，配合市机关事务局对全区34家机关单位基本信息和年度财政拨款总额、机关运行经费支出、机关运行成本以及单位资产、办公用房、“三公”经费等情况进行统计调查分析，为机关运行管理科学决策提供依据。

【公务车辆管理】 制定出台《重庆市渝北区党政机关和事业单位公务用车管理实施细则》，对公车使用管理的各个环节进行规范，通过编制、标准、经费、购置、处置的统一管理，以及加强定点维修、定点加油、定点保险等日常管理，实现公务用车全生命周期管理。全面落实公务用车“统一购置经费、统一采购配备”规定，2021年落实预算经费4200余万元，分三批次采购配备党政机关和事业单位公务用车182辆，其中国产自主品牌占比100%，国产新能源汽车占比31.6%。探索解决基层偏远地区公务出行新途径，扩大分时租赁试点成果，在木耳镇、兴隆镇等8个镇街部署新能源汽车32辆并打造统一标志，基本实现渝北区镇域新能源汽车分时租赁全覆盖。定向化保障用车平台完成车辆保障1.2万余次，运行里程约31万公里，保障任务优质高效、安全准时。

【办公用房】 推进办公用房权属统一登记，现场勘查区公路事务中心等单位35宗房产6745平方米，将区国资委名下的房产47宗、面积14527平方米过户到区机关事务中心名下。核查区教委等10余家单位办公用房使用情况，现场指导职教中心等单位对办公用房进行整改并制定管理规定，加强事业单位办公用房监督管理。推动巡视问题整改，对全区347宗无产权国有房屋逐一梳理分类，形成分类处理建议方案，经区政府专题会议研究后分类推进解决。规范处置国有资产，2021年累计报废固定资产55宗，涉及区民政局、区大数据局等40余家单位，总价值6725万元。调剂、调配固定资产54宗，涉及区农业农村委等40余家单位。其中房地产21宗、面积13.34万平方米，一般设备33起、价值10257万元。结合临空商务大楼、档案馆综合楼、市民服务中心装修进展程度和区内办公用房使用现状，对区农业农村委、区政务办等20余家单位办公用房进行调剂调整，涉及建筑面积18.27万平方米，实现群众办事一站式服务，改善办公条件，提升办公环境。

【公共机构节能】 全区公共机构带头践行习近平生态文明思想，推动绿色低碳转型发展，实施绿色化改造，全年成功创建30家国家节约型机关、33家重庆市节水型单位。“十三五”时期渝北区公共机构节约能源资源工作居全市第三名。推进资源节约循环利用，统计公共机构能源资源消费数据，持续开展节水护水行动，大力推广节水新技术、新工艺和新产品，“十三五”时期全区人均水耗下降14.28%；贯彻落实《中华人民共和国反食品浪费法》《粮食节约行动方案》，常态化推进“‘光盘行动’我带头”活动，完成全区25家公共机构食堂油烟污染治理成效评估；持续深化细化精准化推进公共机构垃圾分类工作，在实现公共机构生活垃圾分类全覆盖的基础上，提高分类投放准确率，细化标志标识，打造5个公共机构生活垃圾分类示范点，带动全区公共机构垃圾分类工作。采用“线上为主、线下为辅”方式开展节能宣传，发放宣传资料5000余份，综合运用多媒体手段，通过制作节能宣传短视频、开展线上答题等方式，提高广大干部职工和群众节约能源资源、反对食品浪费、生活垃圾分类等意识。

【电子政务】 优化区智慧政务平台功能，全区所有一级单位实现电子公文流转，电子办公、移动办公水平提升。整合区公务用车信息管理平台，1月事业单位公务用车信息化管理上线运行，实现党政机关、事业单位全覆盖，公务用车申请、审批、调派实现全流程网上运行。

【公务接待】 服务保障中央巡回指导组调研渝北、国务院督查组来渝、市审计组开展审计、市委换届考察组开展考察等公务接待108批次1762人次，OPPO公司、腾讯公司、中国旅游集团、中粮集团等招商接待39批次478人，渝北区2021年第二季度、第三季度、第四季度重大招商项目集中签约活动及渝北区庆祝中国共产党成立100周年座谈会、区第十五次党代会等大型活动及会议26批次6641人次，接待服务工作得到各级领导充分肯定。

【后勤服务及安全保障】 推动后勤保障市场化，全年高标准、高质量完成全区会议服务保障任务362场，完成区委办公楼、区政府办公楼、区会议中心、行政服务中心、公共资源交易中心和玉峰山基地的食堂管理、物业管理和安全保卫，以高效优质的服务树立机关事务后勤服务品牌。抓好新冠肺炎防控常态化，从严从紧落实新冠肺炎防控措施，坚决做到措施不变、力度不减，强化人员管控，抓好场所消毒，组织疫苗接种，确保正常办公秩序。

（吴琼霞）

信　访

【概况】 2021年，区信访办坚持以人民为中心，正确处理新形势下人民内部矛盾，畅通和规范群众诉求表达、利益协调、权益保障通道，构建源头防控、排查梳理、纠纷化解、应急处置机制。突出规范办理、风险防控、责任落实和问题解决，化解了一大批涉及民生民利的突出信访矛盾纠纷，维护了全区社会大局持续和谐稳定。

【信访事项办理】 全年登记来信来访事项2569件次、5569人次，其中来信1173件次、1173人次，来访1396批次、4396人次。人民建议215件次；网上信访6437件次，其中网上投诉4734件次、网上建议147件次、领导信箱1556件次，网上信访占信访总量的74.41%。分流至涉法涉诉窗口128件次、302人次，法律服务室疏导解释引导进入法律途径解决事项350余人次，心理咨询室疏导群众150余人次。通过行政程序等其他法定途径办理的信访事项3475件次，占比达54%。办理复查案件21件，其中不予受理7件，受理并作出复查意见书10件，中止复查2件，经组织开展协调化解工作促使信访人主动撤回申请2件，信访人向市政府申请复核3件。

【矛盾纠纷排查】 在落实网格每天、村社每周、镇街每半月、区级每月矛盾纠纷四级排查化解机制基础上，强化矛盾纠纷排查主体责任，明确事权单位的化解责任、属地的稳控责任，将矛盾纠纷排查、化解工作落实落地，推进矛盾纠纷排查、化解工作规范化。全年，经每月分析研判的矛盾纠纷300余件，区调度中心交办督办重点的矛盾纠纷58件；区级层面排查上报市信访办重点突出矛盾纠纷29件，化解27件，化解率93.1%。

【风险评估】 按照扩面、提质、增效目标和科学化、规范化、法治化思路，将全区的各类重点工程、项目、重大决策都纳入评估范畴，对44个市区重点项目进行稳定风险评审备案，其中准予实施42件、高风险项目2件。

【干部接访下访群众】 印发《2021年度渝北区领导干部接访下访工作方案》《渝北区2021年全国“两会”期间区级领导干部公开接访群众时间安排表》《关于2021年6月领导干部接访下访群众有关工作

的通知》《关于2021年11月领导干部接访下访群众有关工作的通知文件》，落实区委、区人大、区政府、区政协领导每周二、三在区群众接待中心公开接访群众和区级部门领导每月至少1天、镇街领导每周至少1天公开接待群众，落实重要时段各级领导干部接访下访工作。承办区领导公开接访75次，其中区委书记公开接访、研究信访问题3批次，区长公开接访、研究信访问题1批次，推动化解了一大批群众信访问题。全区各级领导干部接访下访群众3049件次、4321人次，办结3049件，办结率100%。其中区领导接访下访群众452件次、527人次，办结452件，办结率100%；区级部门主要领导接访下访群众448件次、581人次，办结448件，办结率100%；镇街主要领导接访下访群众2149件次、3213人次，办结2149件，办结率100%。

【治重化积专项工作】 将“治重化积”专项工作作为党史学习教育“我为群众办实事”的重点方面，坚持清单制责任制销号制，按照中央联席办和市里要求，区主要领导率先垂范、带头攻坚，其他包案区领导逐案研究、推动化解，各责任单位主动作为、全员行动，“治重化积”专项工作取得显著成效，推进了一大批矛盾纠纷化解。中央联席办第一批交办渝北区共206件，已全部上报审核通过。市联席办交办56件、化解46件；区联席办交办116件、化解71件，均已完成市要求60%以上化解率的考核指标。

【信访工作融入市域治理】 深化枫桥经验重庆实践，围绕市域治理社会现代化，打通联系服务群众“最后一米”。完善视频接访工作机制，整合公、检、法、司、律师、心理咨询室等资源，优化落实中心运行模式，依托接待中心视频接访、区领导接访等多种途径，畅通群众诉求反映渠道，实现群众诉求快速收集、处置、反馈等闭环措施，实现“群众张嘴、干部跑腿”，稳步推进市域社会治理现代化。落实各功能室统一台账管理、案件移送、督办、回访等闭环流程，以开展“人民满意窗口”创建活动、推行“最多访一次”为载体，落实“受理办理零超时、流程细节零差错、失职渎职零通报、极端事件零发生、负面舆论零炒作”工作要求，确保群众信访问题件件有回音。

【矛盾纠纷多元化解工作】 区信访诉求人民调解委员会通过“先调后导”的工作机制，第一时间化解矛盾纠纷，访调对接窗口共接待来访群众132件次、301人次。区信访诉求人民调解委员会受理纠纷65件次，调解成功13件次，其中委托12个基层人民调解组织调解案件21件、成功调解5件。对未能进入人民调解程序或调解未成功案件，按照信访程序或其他法定途径程序依法做好解释疏导及法治宣传工作。

（任焕志　徐雪滢）

外　事

【概况】 2021年，渝北区外事工作始终坚持党管外事，在新冠肺炎防控常态化背景下，积极融入重庆中西部国际交往中心建设，推动地方对外交流合作，服务好国家总体外交和市区高质量发展。中新（重庆）大数据智能化成果展示促进中心建成投用，市委书记陈敏尔5月在仙桃国际大数据谷调研给予充分肯定。对外经贸往来保持畅通，白俄罗斯风情小镇建设顺利推进；澳大利亚驻成都总领事馆副总领事杨绿到川渝高竹新区参访。区内学校成功举办国际学习节、第十一届中国西部匈牙利文化节·布达佩斯之春、“亲情中华·为你讲故事”网上夏令营等活动；联合海外“大V”对龙兴古镇进行视频网络日志和旅游攻略拍摄、直播重庆悦来国际设计论坛及重庆工业设计创新成果展。组建成立“临空外商投资服务中心”，加快推进重庆临空政策法律服务国际中心建设。常态化抓好防境外新冠肺炎输入工作。严密防范重大风险，对外工作领域整体平安稳定。

【重要外事活动】 3月，英国驻重庆总领事馆总领事史云森先生以个人身份拜访巴蜀常春藤学校，向学生介绍英国教育的特点优势及求生技能知识。区政府外办、临空农业公司等单位主要负责人拜访白俄罗斯驻重庆总领事馆代理馆长德米特里·叶梅利亚诺夫先生，就白俄罗斯风情小镇建设及运营工作进行交流。

4月，加拿大驻重庆总领事馆总领事戴杰豪先生一行到访重庆八中渝北校区，双方围绕推动加拿大与重庆八中项目合作进行友好交流。区政府副区长杨熳、白俄罗斯驻华大使尤里·先科、白俄罗斯明斯克州相关负责人、白俄罗斯驻重庆总领事馆代理馆长德米特里·叶梅利亚诺夫举行视频会议，围绕白俄罗斯风情小镇运营合作事宜进行详细讨论，重庆市、渝北区等相关部门负责人参加。

5月，德国驻成都总领事馆副总领事塞巴斯·蒂安到访暨华中学，并为该校通过德语二级考试学生颁发证书。英国驻重庆总领事馆总领事史云森先生出席哈罗礼德学校开校典礼并致辞。澳大利亚驻成都总领事馆副总领事杨绿到访川渝高竹新区，详细了解川渝高竹新区的发展规划、管理情况。

6月，日本驻重庆总领事馆总领事渡边信之到访两江中学，参加“中日文化友好交流”校园活动，并与学校师生分享日本文化及日常学习生活情况。

7月，区政府外办受邀参加白俄罗斯驻重庆总领事馆纪念白俄罗斯共和国独立日活动。

12月，松下真空节能新材料研发制造基地项目开工奠基仪式在区举行，日本驻重庆总领事馆总领事高田真里、副总领事大熊雅昭参加活动。为庆祝中日邦交正常化50周年，日本嘉年华重庆执行委员会在新光天地举办“重庆日本节”活动，日本驻重庆总领事馆总领事高田真里出席活动并致辞，市文化旅游委、市商务委、市政府外办及渝北区有关负责人参加活动开幕式。

【融入重庆中西部国际交往中心建设】 中新（重庆）战略性互联互通示范项目信息通信领域示范点建设推进，新建成投用中新（重庆）大数据智能化成果展示促进中心，新加坡CARRO、超体科技等一批项目落户仙桃国际大数据谷。完成白俄罗斯风情小镇建设项目地块清表、土石方开挖、施工便道建设以及室内家具、灯具、软装等采购。区委组织部与新加坡理工大学、新加坡新跃社科大学签署人才合作协议，并开展2021远程暑期实习活动，加强中新人才合作。澳大利亚驻成都总领事馆副总领事杨绿到川渝高竹新区参访，双方围绕川渝高竹新区的发展战略和工作重点进行讨论，奠定了交流合作基础。组织10余家区内企业参加西洽会的“重庆—哥伦比亚经贸文旅系列交流活动”“重庆—阿尔及利亚经贸合作推介会”等国际商贸活动。重庆临空政策法律服务国际中心建立涉外法律专家顾问库、政策专员库、专业服务机构库，开辟“线上咨询”“电话咨询”“面对面咨询”“视频咨询”等多种政策法律服务渠道，全年为企业提供咨询服务36次、法治体检27家、撰写涉外法律指引74篇。重庆国际传播中心渝北分中心在Facebook和Twitter上分别开设Chongqing Airport City（重庆临空之城）账号，超6.8万名海外用户成为渝北粉丝；联合海外“大V”对龙兴古镇进行视频网络日志和旅游攻略拍摄、直播重庆悦来国际设计论坛及重庆工业设计创新成果展，渝北国际传播力建设增强。毛哥品味重庆礼盒装进入2021年度“重庆好礼”外事礼品入围名单。

（雷　璐）

应急管理

【概况】 2021年，区应急局认真履职、严格监管、依法行政，全区安全生产与自然灾害防治工作取得明显成效，荣获首届全国应急管理系统先进集体称号。全年，全区共发生生产安全事故27起、死亡29人；发生自然灾害10起，2442人受灾，因灾死亡1人，直接经济损失2401.32万元。

【健全机制】 建立定期向区政府常务会汇报工作机制，每月开展安全生产与自然灾害防治形势研判，针对重点时段，专题开展全区风险研判，提出管控措施。建立暗察暗访曝光工作机制，每月关注重点行业领域，形成警示片在全区播放，对发现问题交办属事属地单位，并持续跟踪督办。完善事故灾害应急指挥调度救援机制，基本形成包括监测预警、值班调度、处置救援3个方面和研判预警、现场处置、调查评估等8项制度的“3+8”大应急制度架构。

【综合统筹】 编制全区各部门、镇街、区属国有公司应急管理工作履职清单，形成区、镇街和区级部门、村社区以及基层网格的“三级管理、四级网络”管理模式。进一步理顺文化娱乐场所、物流、游泳场馆等行业领域安全监管职责。结合示范城市创建工作要求，对渣土受纳场、小型游乐设施、防雷防静电、餐饮场所安装燃气报警装置等项目进行专题研究，明确相关单位职能职责。

【专项整治】 开展大排查大整治大执法百日行动，为庆祝中国共产党成立100周年营造安全稳定的社会环境。完成渝北区危险化学品重大危险源安全生产风险监测预警系统建设，全面实现实时监测、动态评估、及时预警、事故应急等功能，降低安全风险。全面实施安全生产标准化及监督检查一体化，聘请危化专家对全区危化企业实施一体化标准化考评，全区危化企业一体化评审100%完成，一体化标准化达标率100%。积极开展烟花爆竹批发企业“六严禁”零售经营点“两关闭”“三严禁”专项治理工作。召开道路交通、高温汛期自然灾害防治、市级项目监管工作现场会及回兴、龙兴两个片区工业企业现场会和物流企业现场会，开展“四涉一有限”企业专项整治和“一厂多租”企业专项整治，提升企业本质安全水平。

【依法行政】 深化应急管理综合行政执法改革，强化“互联网+监管”系统录入，推广“互联网+执法”系统，整合年度安全生产监督检查计划同“双随机、一公开”。规范执法文书模板，落实行政执法音像记录管理，规范行政执法全过程记录，所有重大执法决定100%进行法制审核。持续推进应急管理领域“放管服”改革，所有行政许可审批事项入住行政大厅，持续开展容缺办理和承诺制审批工作。

【严格执法】 推动事后处置向事前处罚转变，全区开展安全隐患或违法行为检查2.6万余家次，排查发现3.4万余个问题，实施罚款3063.59万元，责令停产停业、停止施工173家，行政拘留19人。开展联合执法行动30余次，查处非法销售、储存成品油18起，汽油28.72吨，柴油42.4吨，二甲醚、乙炔等气罐（瓶）357个。查获涉嫌非法销售、储存烟花爆竹6起305件。严格事故责任追究，全年立案调查23起一般生产安全事故，处罚事故责任单位25家，移送司法机关6人，共计罚款754.84万元。

【自然灾害防治】 推进渝北区第一次全国自然灾害综合风险普查，统筹开展9个行业领域风险普查，牵头开展应急管理综合板块风险普查工作。加密会商研判预警，召开调度会30次，临灾会商8次，发布月会商通报8期，启动防汛应急响应5次。备足应急物资装备，精确制作全区森林火灾救援指挥配套图，加强地震监测预警，制定应对极端暴雨灾害应急处置方案，细化完善监测预警、前置力量等12条措施。完成应急管理综合应用平台的框架搭建和七大基础模块设计，基本实现“小鱼易连”、应急平台、无人机和指挥车的互联互通。做好灾情统计核查上报，指导帮助受灾镇街开展应急生活救助，下拨中央和市级灾害救助补助资金63万元，巨灾保险赔付115.9万元。

【应急救援处置】 统筹指导全区应急演练，推动灾害事故应急演练形成常态化，组织实施“战汛2021——渝北区洪涝地灾综合应急演练”。打造“1小时应急救援协作圈”，将渝北区22个镇街划分为7个应急联动片区，与北碚、合川、长寿、江北及四川广安等毗邻地区签订联防联控联动协议，提升队伍协同作战和联合处置能力。积极应对突发事件，成功处置木耳“1·15”道路交通事故、龙兴4号线轨道交通隧道起火、“7·12”回兴塌方、“8·4”茨竹森林火灾、“9·20”洛碛油罐车自燃点等突发事件。成功应对14次强降雨天气过程，确保御临河、“长江1号”、“嘉陵江1、2、3号”等9次洪水平稳过境。

【宣传教育培训】 开展安全文化宣传，丰富“5·12”防灾减灾、“6·16”安全宣传咨询活动，成功承办市安全生产月“安全宣传咨询日”活动暨“安全嘉年华”科普体验展。加强安全宣传“五进”（进企业、进农村、进社区、进学校、进家庭）活动，突出“五进”示范点建设，形成以点带面效应。举办全区应急干部业务培训班、突发事件专题培训班、危险化学品及烟花爆竹安全知识等专题培训活动。严考特种作业，严格持证上岗，全年组织新训考试111期次，复训考试331期，其他工种考试16期。

（肖亚梅）

消　防

【概况】 2021年，区消防救援支队实现火灾形势、队伍管理“双稳定”和队伍形象、能力素质“双提升”。全年，接出警5606起，比2020年增加14%；办理行政执法案件544起，比上年增加71%。与区应急局、区公安分局等建立8网信息共享联动机制，将全区乡镇专职队纳入统一调度，建立全区信息资源融合、一体化指挥、“防抗救结合”的救援指挥新体系。支队荣获“巴渝工匠”职业技能竞赛“优秀组织奖”、全市春季比武竞赛团体第7名、渝北区优化营商环境先进集体。1人荣获全市消防救援队伍机关党委书记比武竞赛一等奖、2人荣获火灾调查岗位练兵比武竞赛单项第一名和第三名。完成全市两会、智博会等76场次重大消防安保任务。

【落实消防安全责任制】 坚持依法治火，推进消防安全责任制落实，构筑共建共治共享火灾防控管理格局。区委、区政府主要领导2次批示肯定支队改革转制三周年工作，区委常委会、区政府常务会16次研究消防工作，区级领导带队检查消防安全63次，批示消防工作223次；会同区住房城乡建委、区经济信息委等部门开展大型商业综合体消防安全达标创建等工作；督促全区796家消防安全重点单位设置《消防安全责任公示牌》，对照《火灾风险自查指南》开展自查自纠。

【重点领域火灾隐患整治】 瞄准重点领域和突出问题，全面推进高层建筑、厂房仓库、古镇古寨等10余项专项行动，全年共检查单位4135家，督促整改火灾隐患3760处，发放消防安全提示函600余份，罚款268.22万元，提请区政府挂牌督办重大火灾隐患5处。聘请第三方检测公司对规模以上工业厂房企业进行专项督导检查；提请区政府、两江新区管委会共同投入6.5亿元用于龙兴古镇改造升级，将消防隐患、基础设施和消防物联网纳入整改范畴，整治一批重大消防安全风险隐患。

【火灾防控基础建设】 推动旺瑞街区开展老旧小区消防安全社区自治示范建设。策动区政府专题研究城市消防远程监控系统，在10个小区试点建设，逐步推广加州花园安全示范小区经验。为“九小”（小学校或幼儿园、小医院、小商店、小餐饮场所、小旅馆、小歌舞娱乐场、小网吧、小美容洗浴场所、小生产加工场所）场所安装简易喷淋10套、独立式感烟探测器3000个，在火灾高危单位安装电气火灾监控装置30套；组织专业机构对268家火灾高危单位开展消防安全评估。全区新增68个市政消火栓。开展生命通道联合执法150余次，拆除路障652处，设置消防车道警示牌687处，处理违停车辆2万余辆，新建停车场28个，新增停车位1.3万余个。

【高层建筑隐患整治】 完成3186栋高层建筑隐患排查，聘请专业机构对高层建筑消防安全排查、无水建筑整改评估。累计整治消防管网无水高层建筑738栋，拆除可燃雨棚4.18万户，整改防盗网4.97万户，整改率100%。渝北区高层建筑整治成效作为重庆市2021年15项重点民生实事示范典型宣传培树。

【消防宣传教育】 开辟农贸市场宣传新阵地传播消防知识。在中央级、市级媒体发布稿件281篇，建设应急消防科普教育基地7处、消防主题公园8个。由区委宣传部牵头，推动建立农村“大喇叭”，同步开展社区宣传“小喇叭”阵地建设，全年累计播放消防安全提示1万余条次。在全市第六届消防作文绘画比赛和消防安全示范课评比中，荣获一等奖1个、二等奖1个、三等奖1个、优秀奖2个。

【灭火应急救援建设】 分两期招录培训政府专职消防员120人；大盛镇、兴隆镇专职队通过市消防救援总队验收并投入执勤；石船镇、玉峰山镇专职队完成人员招录培训、器材装备和车辆采购工作；区政府投入资金200万元建设龙兴古镇专职消防队，全区11个镇灭火救援力量全覆盖。开展全域实战练兵，10人取得冲锋舟驾驶员证书，22人取得CPR（心肺复苏术）证书，在市消防救援总队体能达标考核中达标率100%，优良率99.26%。开展抗洪抢险、地下空间、大型商业综合体等科目演练15次，夜间临机拉动4次。制（修）订支队级预案30份、站级预案210份，开展战例复盘12次，经受住了“3·13”北碚区荣特物流园火灾、“5·21”龙兴镇轻轨在建工地火灾、“8·8”统景镇山洪救援等实战检验。

【后勤装备建设】 区政府投入4300万元采购“高、精、尖”装备2万余件套、消防车7辆。制定三年消防装备器材提升计划，配齐配强高层攻坚、地震救援、抗洪抢险、森林灭火等各类专业队装备器材。筹备入驻仙桃消防救援站、保税区消防救援站，开工建设石坪消防救援站及龙山、龙溪小型消防站。

（何大洪）

大数据工作

【概况】 2021年，区大数据发展局狠抓大数据应用发展，以推动大数据智能化为着力点，推进数据汇聚、共享互通和创新应用，努力实现新作为，助力渝北区高质量发展。

【政务系统上云整合】 完成区级政务数据共享交换平台优化升级，持续丰富“数字渝北”政务云平台功能，提升区级政务云平台支持能力，提高资源利用率和使用效率。出台《渝北区政务信息化项目管理办法》，建立全区政务信息化项目台账并落实动态管理，加大全区政务系统上云整合。全区迁移上云系统35个，上云率100%。

【政务数据治理】 完成政务数据资源目录清单、需求清单和责任清单，发布政务数据目录1124条、字段10795个。结合与华为合作的智能中枢（一期）项目建设，建立政务数据资源池，初步建成8个主题数据库。成功申请纳入市级数据协同试点区县，初步实现市对区数据“反哺”。

【智能化典型应用】 建成智慧养老云平台、“互联网医疗”远程诊疗、渝北综治信息系统、智慧招商系统、渝北智慧政务平台、矛盾纠纷排查系统等一批特色应用，智慧安防、新材料理论分析等10个智能化应用场景入围2021年重庆市级大数据与数据治理相关产业发展试点示范及专项资金支持项目。立信公司的智慧养老项目已从申报之初的200户用户，拓展到1000户用户，是重庆唯一成功入选的国家级智能社会治理实验基地。龙溪街道、悦来街道分别实施的1个智慧社区项目纳入市级“小切口、大民生”应用示范。智慧教育投入3.8亿元，完成班班通、校园网配备和升级改造，29所学校实现AI分析智能录播；智慧城管整合3.2万余路视频资源开展线上巡查，实现综治网格员、智能抓拍、市民上报统一派遣处置，实现重点区域土壤监控、大树管理、自动喷灌、导航屏、地板钢琴设备，持续提升群众获得感；渝北公安“全息感知热力图”项目，实现精准开展数据综合研判，高效统筹一线警情处置，创新开展微表情研究，实现预警调度处置的快速反应。

【新型智慧城市建设】 编制完成《渝北区“十四五”智慧城市建设规划》，厘清渝北区新型智慧城市的建设基础、发展现状与面临的形势，明确“十四五”时期建设智慧城市的发展思路、目标和任务，明确渝北区智慧城市建设规划。渝北区新型智慧城市智能中枢一期项目竣工，搭建起渝北区新型智慧城市建设底层架构，实现应用全景展示。

【信息基础设施建设】 全区累计建成基站15832个，其中5G基站4569个，居全市前列，覆盖江北国际机场、仙桃国际大数据谷、悦来国博中心、金港国际商圈等重点区域，增补部分重点镇5G基站。城市家庭千兆光纤网络覆盖率137.92%，每万人拥有5G基站21个，高于全市平均水平。建成互联网小镇8个，推动农村信息化发展，实现农村地区300米以内20户以上的自然村光纤和4G网络普遍覆盖。中新数据通道顺利，为仙桃前沿、立信数据等企业提供智慧家居、陆海新通道贸易等领域跨境数据服务，养老服务户数从0增至1000余户，仙桃街道入围全国智慧健康养老示范街道。

【中国智慧城市数据开放创新应用大赛暨中国高校数据驱动创新大赛】 2020年12月4日，国家公共数据开放平台建设地方专题会在区召开，会上中国智慧城市数据开放创新应用大赛暨中国高校数据驱动创新大赛启动。大赛以“数行千里，慧致广大”为主题，旨在推动数字经济领域合作创新，激发创业活力，挖掘培养大数据智能化及数字经济领域人才，促进大数据应用创新及成果转化，立足西部打造重庆数据开放品牌。大赛由国家信息中心指导，重庆市大数据应用发展管理局、渝北区人民政府主办，渝北区大数据应用发展管理局、重庆西部大数据前沿应用研究院、数字重庆大数据应用发展有限公司、重庆仙桃数据谷投资管理有限公司、重庆科技服务大市场有限公司承办，为2021中国国际智能产业博览会重要赛事之一。大赛发挥重庆市政务资源和西南数据治理联盟头部企业资源优势，将1400G以上政务数据开放给公众，吸引国际国内知名高校和企业参赛30余个城市503支队伍2000余人参赛，经初赛项目遴选、复赛等流程，2021年10月21日在区仙桃国际大数据谷举行决赛，评选出15个获奖团队。其中，易创经云数字科技有限公司、北京大学——梦想星球分别荣获企业组、高校组最佳优胜奖。10个优质项目在颁奖典礼现场成功签约，包含4个意向落地项目与6个意向投资项目。

（江　洪　王　娇）

政务服务管理

【概况】 渝北区行政审批工作认真贯彻落实国务院、市政府深化“放管服”改革、优化营商环境电视电话会议精神，围绕审批更简、服务更优、跑路更少的工作目标，打造优化营商环境“升级版”。全区办理审批服务事项354万件，其中中心32.3万件、分中心253.3万件、镇街68.5万件，办件准确率100%，群众满意率97%以上，被授予“重庆市文明单位”“全市政务服务优秀窗口”“重庆市先进基层党组织”“渝北区营商环境先进集体”等荣誉称号。

【夯实审批基础】 坚持事项清单管理、动态管理和编码管理，发布区级行政权力及公共服务事项清单5511项、镇街级行政权力及公共服务事项清单206项，并及时上线运行，推动线上线下融合同步。持续开展“减环节、减时间、减材料、减跑动”改革，全区行政许可事项时限压缩比85.7%、即办件比例57.5%、平均跑动次数0.1次、全程网办比例90.31%；依申请事项“马上办”71.23%、“网上办”97.37%、“就近办”35.13%、“一次办”比例100%；发布“零跑动”事项1154项、“最多跑一次”事项287项。各项指标处在全市第一序列。

【提高服务便利度】 渝北行政服务中心于12月20日搬迁新址，位于仙桃街道同茂大道66号，新中心2.4万平方米，分公安事务等8个功能服务区分别设置综合服务窗口，入驻行政审批职能部门30个，入驻审批事项1000余项，工作人员260余人。在分中心、镇街公共服务中心、村（社区）便民服务中心推行“一窗综办”及“无差别受理窗口”，使群众办事更便捷。在新中心创设“优化营商环境服务专区”，将企业开办、政府采购、信用监管、招投标、获得用水用电用气、获得信贷、执行合同和惠企政策等营商环境指标服务内容全部纳入专区，为企业提供一站式集成服务。推进“业务下层”和“服务上门”。农房产权登记、养老金领取、待遇资格认证、户籍办理等高频事项均向基层延伸，实现“就近办”，对特殊困难群体提供预约上门服务。

【推进专项改革】 进一步优化流程，实现企业设立登记、印章刻制、税票申领和就业社保登记“一窗通办”，全流程“一日办结”，企业开办实现“零成本”。全面优化整合工程建设部门窗口和办事流程，实现“一家牵头、并联审批、限时办结”，工程建设审批再提速。实现区级“一件事一次办”56个套餐优化升级。实现“跨区域通办”各层级全覆盖，全年全区实现跨省通办11933件、川渝通办32543件、全渝通办610770件。

【加强效能监管】 全面推行“好差评”，2021年全区总评价量155.64万件，群众满意率达99.9%，差评整改率、回访率均为100%，实现服务内容、服务对象、评价渠道全覆盖。不断强化中心运行监管，落实日常值班巡查、视频巡检、三方测评等制度，加大群众意见建议及投诉处理力度。

（陈远强）

民族　宗教

【民族】 2021年，全区深入学习贯彻习近平总书记关于加强和改进民族工作的重要思想和中央、市委民族工作会议精神，以铸牢中华民族共同体意识为主线，加强少数民族流动人口服务管理和城市民族工作，深入开展民族团结进步创建和宣传教育等活动，扎实做好流动少数民族人员服务管理，新创建市级少数民族维权服务站1个，帮助少数民族群众解决困难问题30余件，不断促进各民族交往交流交融，全区民族关系保持和睦。

【宗教】 全区深入学习贯彻习近平总书记关于宗教工作的重要论述和全国宗教工作会议精神，坚持宗教中国化方向，以社会主义核心价值观为引领，引导宗教界树立正确的历史观、民族观、国家观、文化观、宗教观，不断增进对伟大祖国、中华民族、中华文化、中国共产党、中国特色社会主义的认同，全区宗教关系保持和顺。积极推进宗教活动场所规范化建设，不断加大私设宗教场所治理力度，实现宗教活动场所新冠肺炎“零聚集、零发生”目标。

（曾祥海）

政协重庆市渝北区委员会

综　述

【概况】 2021年，区政协充分发挥在政协工作中把方向、管大局、坚持把加强党的全面领导和强化党的创新理论武装作为首要政治任务，坚持把抓好中央政协工作会议和市委、区委新时代加强和改进人民政协工作会议精神贯彻落实作为工作重要要求，坚持把紧扣全区中心工作和重点任务双向发力作为工作重要原则，坚持把强化委员履职担当、推动提质增效作为工作重要内容，坚持把加强政协系统党的建设、作风建设作为工作重要保障，以实干实绩兑现市委“三个确保”政治承诺，奋力谱写渝北高质量发展新篇章。

【宣传工作】 在《人民政协报》及市、区等媒体推出工作报道25篇，微信公众号简讯采用13条，推介渝北政协工作成效。编印《渝北政协》杂志5期，通过报、刊、网、微、端讲好政协故事，引导委员不忘初心使命、凝聚思想共识。守好意识形态主阵地，打造清朗网络空间，确保区政协门户网站、微信公众号、委员交流平台安全稳定运转。

【制度建设】 建立完善《政协协商工作规则》，在实践基础上归纳总结出“精选题、细方案、深调研、专协商、重成效、促落实、有评价”7个步骤、21个字的闭环协商程序。出台《区政协提案工作条例》《区政协专门委员会工作规则》《加强和促进凝聚共识工作的实施意见》《关于强化政协委员责任担当的实施意见》等工作制度机制，形成政协依制运转、委员依制履职、机关依制保障的良好局面。在全市率先推进“渝事好商量”协商平台建设，按照“学习交流的载体、联系群众的纽带、协商民主的路径、团结协作的平台”的功能定位，全面推进30个镇（街）政协委员工作站建设。

重点工作

【政治协商】 在区级层面，落实《重要经济事项专题协商工作办法》；制度化开展“区委书记接待政协委员日”活动、区政府季度经济社会发展情况通报协商，推进民主评议；通过“精选题、细方案、深调研、专协商、重成效、促落实、有评价”，健全协商程序，推进协商民主工作实践。在镇街、社区，出台《关于加强政协基层协商民主建设规范基层协商平台打造“渝事好商量”品牌的实施意见》《渝北区政协镇街委员工作站建设工作要求》，结合基层社会治理需求，在镇街政协委员活动室的基础上进行提档升级，打造集政协委员学习交流、接访群众、宣传政策、远程协商、网络议政等功能于一体的30个镇街政协委员工作站；加强与基层群众自治、议事等制度衔接，在民情茶室、居民议事会等的基础上，建立20个“渝事好商量”政协委员流动工作站。龙山街道“渝事好商量”委员工作站被评为全国首届人民政协“委员工作（室）站”39个优秀案例之一。开展院坝协商、楼宇协商，运用远程协商、网络直播等形式开展网络议政，实现线上线下、场内场外互动协商，推动议题产生、成果落地。

围绕推动经济高质量发展，深入调研建设川渝自贸区国有出资企业协同改革先行区，对现代消费走廊建设情况进行专题视察，协商提出推动基础设施加快完善、城市品质加快提升、传统项目加快升级、新兴项目加快集聚等建议，推动传统业态改造提升。参与市政协打造高品质生活宜居地联动协商，围绕推进T23时装小镇建设，在市级平台呼吁建言，助推打造重庆市城市更新试点项目。立足解决好群众最关心、最直接、最现实的问题，对教育、养老、消防安全等问题深入调研协商，为不断增强广大群众获得感、幸福感、安全感出谋划策。

【民主监督】 综合利用协商、调研、视察、监督等方式，拓展履职广度、深度，围绕提升对外开放水平，聚焦“优化营商环境”开展政协民主评议。围绕推动城乡融合发展，聚焦“推动渝北乡村振兴”开展书记接待委员日活动，针对巩固脱贫攻坚成果同乡村振兴有效衔接，组建专项民主监督小组，促进党的惠民政策落地落实。

【参政议政】 开展专题视察协商监督活动80次，形成重点协商议政成果56个，征集提案726件，立案交办428件并全部办结；收集反映社情民意信息560余条，并跟踪督办；围绕推动创新驱动发展，开展“我为科技创新献一策”网络协商议政活动，政协委员和社会各界提出意见建议364条，为渝北经济社会发展建言献策。紧扣“以推动科技创新平台提质增效为抓手，促进科技创新”召开专题议政性常委会，协商提出加快引进高端科技创新平台、增强科技资源共享平台开放度等建议，为加快建设高能级策源科创大区汇聚众智。

【区政协第十五届委员会第五次会议】 3月9日至11日召开。会议审议通过重庆市渝北区第十五届委员会常务委员会所作的工作报告；审议通过政协重庆市渝北区第十五届委员会常务委员会所作的提案工作情况报告；增选刘明涛为政协渝北区第十五届委员会副主席，孙明明为政协渝北区第十五届委员会常务委员会委员；审议通过《关于加快推进渝北区康养产业发展的建议案》作为大会建议案的决议，并通报表扬2020年度政协工作先进集体、先进个人及优秀政协委员、优秀提案、优秀社情民意信息。

【区政协第十五届委员会常委会】 3月4日召开第十八次会议，听取区政协十五届四次会议以来政协提案办理和协商意见转化落实情况通报和2020年区法院、区检察院工作情况通报。

7月26日召开第二十次会议。听取全区千亿级现代消费走廊建设情况通报、围绕促进教育均衡发展推进全区中小学集团化办学改革情况通报，并就“推进全区中小学集团化办学改革”等重点提案开展专题协商。会前，彭建康一行首先前往国盛IEC数字文化产业园，就国盛IEC数字文化产业园项目情况进行视察，详细了解了园区的特色优势、产业定位、招商运营等详细情况。区委常委、政法委书记唐密，区政府副区长张广莉列席会议。

11月29日召开第二十二次会议。听取区政协十五届五次会议建议案（加快推进康养产业发展）办理情况通报。会议就加快渝北老旧小区改造打造高品质生活宜居地、发展乡村民宿产业助推乡村振兴等事宜进行协商，审议通过《政协重庆市渝北区委员会协商工作规则（送审稿）》。会前，彭建康一行还前往龙兴实验小学、渝北职教中心、两江新区协同创新区，就各项目规划建设情况进行视察。区政府副区长张广莉、张问伦到会听取协商意见。

【“区委书记接待政协委员日”活动】 8月5日，“区委书记接待政协委员日”活动在区会议中心举行。区委书记唐川与十余名区政协委员、专家学者汇聚一堂，听取区政协课题组关于《深化“双十万工程”建设，推动渝北乡村振兴》成果汇报，并就推动“双十万工程”走深走实等与大家交流。

【领导调研】 4月15日，市政协副秘书长、联络委主任余季平一行到渝北调研“渝事好商量”协商平台建设情况。6月18日，市政协副主席宋爱荣率市政协提案委、联络委前往渝北区，围绕安全稳定工作、“渝事好商量”协商平台建设、乡村振兴、“双十万工程”建设等情况开展调研。10月21日，市政协主席王炯率队到渝北区调研“渝事好商量”协商平台建设工作。王炯先后前往龙山街道和仙桃街道空港佳园社区调研“渝事好商量”委员工作站、“渝事好商量”委员流动工作站建设及委员进社区情况，对渝北区政协在扎实推进区级协商平台建设、规范镇街协商平台、打造村（社区、园区）流动协商平台等方面取得的成效给予充分肯定。

（郭 震）

中共重庆市渝北区纪律检查委员会 重庆市渝北区监察委员会

综 述

【概况】 渝北区纪委监委贯通运用党的百年奋斗历史经验，认真落实新时代党的自我革命实践要求，一刻不停推进党风廉政建设和反腐败斗争，全面从严治党不断向纵深推进，管党治党宽松软状况得到根本扭转，反腐败斗争取得压倒性胜利并全面巩固，党风政风焕然一新，社风民风持续向好，监督保障执行、促进完善发展的实践不断深入、成效显著，形成了惩恶扬善、纠治并举的良性循环。全年共受理检控类信访举报344件，精准研判、处置问题线索338件，立案65件72人，给予党纪政务处分73人，留置6件7人，移送司法5件7人，为渝北经济社会发展提供有力保障。

【政治建设】 坚持把学习习近平新时代中国特色社会主义思想和习近平总书记最新重要讲话、重要指示批示精神作为区纪委常委会会议的首个议题，贯通学习党的十九届五中、六中全会精神，持续学懂弄通做实党的创新理论，始终保持政治上的清醒坚定。班子成员牵头，围绕健全贯彻党中央重大决策部署督查问责机制、党风廉政建设和反腐败斗争、优化营商环境等，开展多项重点课题调研，形成调研成果10余篇，切实把科学理论转化为解决实际问题、推动事业发展的具体行动和实际成效。扎实开展党史学习教育，以集中学、专题学、自主学、体验学、研讨学等“五学”悟思想，以讲党课、讲初心、讲故事、讲先进等“四讲”忆初心，以晒微言、晒知识、晒业绩等“三晒”比成效，在系统内掀起学党史的热潮，积极传承党的优良传统和作风。

【体制改革】 出台《区管企事业单位纪委业务指导关系及工作流程（试行）》，加强领导指导和监督管理。推进规范化法治化建设，深入学习、一体贯彻《公职人员政务处分法》等法律法规，落实《“案中案”问题线索及涉案人员处置办法》等制度规定，严格依规依纪依法履行职责。持续落实《关于全面提升查办职务犯罪案件质量的意见》，建立健全保障案件质量的长效机制。及时调整由常务副书记分管案管和安全工作，建立审查调查谈话管理制度，坚持“走读式”谈话和留置场所安全每日零报告、不定期“飞行检查”以及新冠肺炎防控监管等制度，坚决守住审查调查安全生命线。

主要工作

【政治监督】 自觉践行“两个维护”，落实《关于推进新时代政治监督具体化常态化的实施意见》，围绕贯彻落实习近平总书记重要讲话、重要指示批示精神和党中央决策部署强化政治监督。将三级换届风气监督作为2021年监督重点，严把人选审查关，对换届人选审查“亮红灯”47人次，坚决防止带病提拔，确保换届风清气正。加强对优化营商环境情况的监督，制定《服务保障优化营商环境工作责任清单》《渝北区优化营商环境监督工作方案》《渝北区优化营商环境“十不准”》，集体约谈有关职能部门主要领导，建立优化营商环境“码上”监督平台和“514”企业信息直通机制，坚决整治政策落实“中阻梗”、服务企业不作为乱作为等问题。精准稳慎做好问责工作，全年问责9件16人。推进智慧监察建设，构建“1+5”数字监督体系，创新开展“我与群众零距离——码上监督”，相关做法在《人民日报》刊载。

【惩治腐败】 坚持严的主基调，建立区纪委班子成员重要对象首谈和担任专案组组长机制，促使139人主动讲清问题。开展问题线索“大起底”，精准研判、处置问题线索338件、检控类信访举报344件。全年立案65件72人，给予党纪政务处分73人，留置6件7人，移送司法5件7人。综合运用“四种形态”处理413人次，第一种形态占82.1%。落实三个区分开来要求，为7名受到不实举报的干部澄清正名。整顿政法队伍教育，约谈政法单位领导班子成员19人次，督促政法单位整改问题30个，查实违纪违法问题线索16件，立案5件6人。召开全区“以案四说”警示教育暨“以案四改”工作会，开展警示教育719场，受教育3.83万人次，拍摄《“爱”入歧途的出纳》等警示教育片，增强不想腐的自觉。落实渝北区“以案四改”实施方案，编发《违纪违法典型案例选编》，发出纪检监察建议书、督办通知书等24份，推动全区各单位治理突出问题50个，建立完善制度机制272项。

【作风建设】 坚持常态化教育提醒、警示预防，宣传贯彻《落实中央八项规定精神30问》系列，推动解决公款购买和违规收送“天价烟”、“天价茶”、高档酒以及岁末年初“突击花钱”等方面的倾向性、苗头性问题40余个，紧盯职能部门开展重复报销差旅费、重复发放工会节日慰问金等问题清理整顿，督促清退违规发放资金187万余元，全年查处违反中央八项规定精神问题29件48人。出台《持续解决形式主义问题为基层减负工作负面清单》，针对治理文山会海、优化检查考核等方面发出工作督办单7份。对照市纪委《毫不松懈纠治“四风”十项举措》细化制定25条工作措施，制定《提升“四风”问题线索处置质效联动机制》。推动巩固拓展脱贫攻坚成果同乡村振兴有效衔接，查处挪用集体经济资金、优亲厚友等问题6件12人。集中解决群众急难愁盼问题，查处群众身边腐败和作风问题28件52人，移送司法3人。常态化开展新冠肺炎防控监督工作，开展专项督查8次，压紧压实各单位防控职责。

【巡察工作】 突出政治巡察，区委常委会、领导小组会坚持定期研究巡察工作，听取汇报、部署工作。组织开展第十一轮常规巡察，发现14个区管党组织突出问题和共性问题160个，区管单位和村（社区）党组织实现巡察全覆盖。督促被巡察党组织清退违规发放津补贴等177万元，谈话提醒144人、批评教育79人、免职3人，建立完善制度机制519项。推动巡察问题整改落实和成果运用，在全市率先实现巡察整改成效综合评估全覆盖，督促深化整改事项594件次，相关经验做法被《中国纪检监察报》刊载。

（蒋兆婉）

民主党派·工商联

民革渝北区委会

【概况】 2021年，民革渝北区委会有党员196人，男117人、女79人，其中发展新党员13人、转入10人；具有高级职称64人，中级职称44人；有市人大代表1人、市政协委员3人、区人大代表7人、区政协委员19人、区政协常委4人。下设两路支部、双凤桥支部、双龙湖支部、龙山支部、龙塔支部、西政渝北支部、金山支部。

【参政议政】 承担市委会重点课题1个、专项课题2个，并形成调研报告1个；建议类信息7件，市政协采用3件；完成调研报告11个，获区委统战部优秀调研成果二等奖、三等奖各1个。在区两会期间，提交集体提案34篇，立案22篇，其中2篇提案获区级重点督办。报送社情民意信息109篇，民革中央采用13篇，市政协采用11篇，区政协采用38篇，撰写率、采用率、采用数量创历史新高。

【重要党务活动】 开展各类学习活动12次，累计学习450余人次，编辑学习资料12期。举办《中国共产党统一战线工作条例》专题学习5场，征集多党合作和政协理论文章3篇，发放《中国共产党统一战线工作条例》80册。组织党员到红岩村、遵义会址等革命教育基地开展红色教育，邀请西南政法大学马克思主义学院商爱玲教授举办中共党史专题讲座，开展重温红色经典主题观影活动、弘扬红船精神体验指尖传承剪纸活动，累计参与党员220人次。发动党员积极参与民革中央庆祝中国共产党成立100周年线上知识竞赛活动，党员参与率100%；组织党员参与民革市委会及中共渝北区委统战部组织主题书画展、征文、短视频创作、诗朗诵等系列庆祝活动，征集党员书画作品15幅、征文22篇、短视频10个，入选作品20余件，诗朗诵作品《风雨携手·同心筑梦》在市委会庆祝中国共产党100周年朗诵会上荣获最佳创作奖。

【社会服务】 采取实地走访和电话追踪等方式与贫困户交心谈心12次，发放慰问品累计1800余元，巩固脱贫攻坚成果。1名党员到大盛镇、长寿区开展消费扶贫累计金额12万余元，慰问乡村留守儿童、孤寡老人和郑州水灾累计金额2万余元；1名党员全年免费为统景镇小学142名学生开展武术训练进行扶贫扶志，免费对全区59所中小学校的66名体育骨干教师进行峨眉武术的培训教学；1名党员参加民革市委企业家联谊会到贵州开展贫困慰问；2名党员参与由重庆冬青社工组织的事实孤儿支持项目，资助3名儿童，全年累计资助善款约7万元；1名党员参加重庆市第九批援藏队前往西藏昌都开展慰问演出；1名党员支持贫困山区儿童和乡村教育，捐款捐物累计1.5万元。1名党员开展公益课堂，

4200余人次受益，并到彭水保家镇中心小学捐献书籍及助学金2万余元，赠书画作品100余幅；1名党员的企业被龙山街道商会评为抗击新冠肺炎疫情和扶贫济困的爱心企业。

【宣传工作】 撰写宣传报道46篇，民革中央、市委会等上级单位和团结报、市政协报等媒体累计采用43篇；编辑出版《渝北民革》期刊2期，面向基层支部和对口联系部门赠阅400余册。

（徐　蜜）

民盟渝北区委会

【概况】 2021年，团结带领全区盟员，深入学习“四新”“三好”要求，深刻领悟中国特色社会主义制度和新型政党制度的显著优势和巨大优越性，努力提升履职水平，认真履行政治协商、民主监督、参政议政职能，各项工作取得新成效。发展新盟员12人，转入盟员5人。年底有盟员308人，其中女157人，有高级职称182人。市人大代表1人，市政协常委1人，市政协委员3人。区人大代表14人，常委1人；区政协委员35人，副主席1人，常委5人。下辖9个支部（卫生、渝北中学、两路、龙溪、西政、工职、文化教育、双龙湖、两江新区）。

【参政议政】 市、区两会期间，盟员中的人大代表向市人民代表大会提交意见3件，区人民代表大会提交意见7件；政协委员向市政协提交提案立案4件，区政协提交提案立案20件，其中区政协重点督办提案2件。反映社情民意228件，中央统战部采用1件，民盟中央采用1件，市委统战部采用10件，市政协采用6件，民盟市委会采用65件，区政协采用11件。

【重要盟务】 学习贯彻习近平新时代中国特色社会主义思想和中共十九大、十九届二中三中四中五中六中全会精神，全年以主委会、区委会、专题研讨会等多种形式组织开展专题学习会28次，民主生活会1次。组织撰写调研报告11个。撰写理论文章54篇，20篇获市政协、民盟重庆市委会、区政协、区委统战部等表彰。举行庆祝中国共产党成立100周年暨中国民主同盟成立80周年庆祝大会，并表彰35名先进个人。开展“永远跟党走·强国伴我行”——重走先贤之路主题教育活动。开展4期“学史明理、学史增信、学史崇德、学史力行”线上答题活动，参与人数4000余人。组织区委委员及骨干盟员到川渝高竹新区开展乡村振兴调研活动。

【组织建设】 6月召开民盟渝北区第六次代表大会。会议选举产生新一届民盟渝北区委、出席民盟重庆市第六次代表大会代表，并任命了新一届监督委员会。举办专题培训3次，参加民盟重庆市委会、中共渝北区委统战部组织的培训5次。

【社会服务】 组织盟员走访慰问茨竹镇花云村贫困户12次，制订帮扶计划，指导贫困户养殖创收，消费扶贫近1万元。组织骨干盟员为忠县磨子土家族乡敬老院老人义诊，并捐赠5000元的慰问品。积极开展烛光教育行动，组织5名盟员教师送课下乡，为渝北中学受伤贫困学生筹措爱心资金1.45万元，为武隆土地乡中心学校、石船中心小学校赠送2.5万元慰问物资，支持盟员企业家向重庆儿童救助基金捐赠100万元。积极探索以支部为单元的社区服务工作模式，组织20余名盟员开展送卫生、送法律、送文化“进社区”活动32次，服务群众近万人。

【宣传工作】 推送渝北民盟微信公众号信息34条。编发《渝北民盟》4期。向各类平台报送工作信息

69条，在各级媒体刊载19条。编发微信群“盟务快讯”“盟务通知”“盟员动态”130条。

（林　倪）

民建渝北区委员会

【概况】 2021年，发展新会员18名，平均年龄36.6岁。有会员320名，平均年龄47.7岁，中高级职称占49%，经济界会员占81%，市人大代表1人、市政协委员5人（含常委1人）、区人大代表5人（含副主任1人）、区政协委员25人（含常委5人，武隆区政协副主席1人）。区委会主委刘荐华，委员19人，下辖下辖龙山、龙溪、龙塔、回兴、双龙湖、双凤桥、两路、两江（仙桃）宝圣湖、悦来10个综合支部，另设参政议政、理论宣传、经济与综合服务、组织与履职考评、老年服务、妇女、文化建设7个专门工作委员会，以及企业家联谊会和青年会员联合会2个团体。

【组织建设】 深化“渝北民建会员教育基地”“渝北民建会员农创活动基地”建设，新增挂牌“渝北民建会员科创基地”，支持指导基层支部与街镇、社区共创“多党合作基地”，为支部活动、履职搭建阵地和平台；整合22个制度为13个；开展学习活动20余次，组织下发学习资料提纲500余份；组织23名新会员参加民建重庆市委第37期新会员培训班，组织13名会员参加区委统战部组织的新成员培训班，为会员成长搭建平台。龙塔支部被中共中央统战部和各民主党派中央、全国工商联联合表彰为“为全面建成小康社会作贡献”先进集体。6月26日，民建渝北区第六次会员代表大会在区会议中心召开，115名会员代表参加大会，会上选举产生第六届委员会。

【参政议政】 区两会期间，提交集体提案153件，立案103件，其中重点提案3件、优秀提案1件；完成调研课题33篇，其中1篇获区统一战线优秀调研成果一等奖、10篇得到民建重庆市委会成果转化；上报社情民意362篇，各级采用158篇，其中2篇获全国政协采用、9篇获民建中央采用、4篇获市委统战部采用、14篇获市政协采用，5篇获评区政协2020年度优秀社情民意，占获评优秀社情民意的50%。

【理论宣传】 完成理论文章13篇，其中1篇被编入区县研讨会交流材料、1篇在区政协理论研讨会上获二等奖。向《人民政协报》、《团结报》、民建重庆市委会、区委统战部等投稿120篇，采用97篇，其中《人民政协报》刊载1篇、《团结报》刊载4篇。向民建市委会报送征文13篇，其中1篇获民建中央采用、1篇获民建重庆市委会一等奖。编印《渝北民建》4期。

【社会服务】 渝北民建会员及会员企业累计捐助各类善款240余万元，为地区经济社会发展作积极贡献。渝北民建区委会积极响应民建重庆市委会、中共渝北区委开展乡村振兴活动号召，购买助农产品5000余元；在百年不遇的河南水灾中发动会员捐款4.7万元，在腾讯“99公益日”中捐款1万元；新春佳节民建渝北区委会到渝北区消防救援支队开展了慰问，“八一”建军节到区武警中队开展慰问；深入街道和社区开展慰问老人、失独家庭、困难妇女活动，资助贫困大学生；同时开展法律知识讲座、普法宣传，参加各类志愿活动，扩大党派影响力。

【重要活动】 在中国共产党成立100周年之际，民建渝北区委会邀请中共渝北区委宣讲团成员给全体会员宣讲党史，组织10个支部开展庆祝中国共产党成立100周年经典诵读，开展学习读书会并撰写读书感悟，在“七一”当天组织会员观看庆祝仪式，承办民建重庆市委会“与党同心、共创伟业”——庆祝中国共产党成立100周年报告会，组织参加区委统战部开展的“永远跟党走·强国伴我行”渝北统一战线庆祝中国共产党成立100周年党史知识竞赛并获三等奖。

（严　洁）

民进渝北区工委

【概况】 新发展会员6人，有会员总数224人，其中男会员127人、女会员97人，平均年龄45岁，大学本科及以上学历197人（其中硕士39人、博士12人），占88%，拥有中高级职称138人、占62%，主界别人数137人、占62%，其他界别人数87人、占38%。下辖两路、双龙湖、西政、龙塔、龙山、重庆八中6个支部。

【参政议政】 全年提交人大建议、政协提案50余件，报送社情民意130余篇。向民进市委、区政协、区委统战部报送调研文章10篇。《建议政府投资基金运营管理应更加科学高效》被全国政协采用，《应对“约翰霍普金斯大学不认可中国疫苗”事件的建议》等2篇建言被中央统战部《零讯》采用，《加强海外中国公民人身安全保护的建议》等15篇建言被民进中央采用，《刑事冤案国家赔偿制度亟待优化完善》等16篇建言被市政协采用。《巩固拓展脱贫攻坚成果同乡村振兴有效衔接治理体系研究》等2篇课题调研文章中标民进市委会立项课题。《渝北区优化营商环境建设中的疑难问题及解决路径》等2篇被区委统战部评为2021年优秀调研成果二等奖。《中国共产党的自我革命精神对参政党建设的启示》获民进中央“中国共产党百年党建经验对中国特色社会主义参政党建设的启示”主题理论征文二等奖，《新发展阶段人民政协工作的新变化新趋势新布局研究》被市政协评为年度人民政协理论研究优秀论文一等奖。

【重要会务活动】 与民进河南省安阳市红旗渠支部开展民进基层组织结对共建交流活动，接待民进绵阳市委会到渝北区实地考察。组织会员到南川开展“百年征程 同心向党”庆祝中国共产党成立100周年拓展训练。各支部结合庆祝中国共产党成立100周年、党史学习教育和民进主题教育活动开展形式多样的会务活动。

【社会服务】 为结对帮扶的古路镇菜子村4户贫困户送去慰问物资。两路支部会员1名会员为贫困孩子减免保教费、生活费，长期关注贫困大学生入学。2名会员长期结对帮扶贫困家庭学生。基层支部分别开展了“春联万家”活动。

【宣传工作】 会员撰写的《风险理论视角下智能投顾投资者的保护路径》被《人民日报》刊登，《民进八中支部线上学习吴蓉瑾、王红旭精神》被《团结报》刊登，《加强中学历史教育，推动全社会学史明理》等6篇信息被《人民政协报》刊登，《民进渝北区工委会召开宣传工作研讨会》等4篇信息被人民政协网采用，《民进龙山支部端午服务社区活动》等7篇信息被《重庆政协报》刊登。《渝北民进》继续发行。

（高菀蓁）

农工民主党渝北区委

【概况】 2021年发展新党员14名，年底有党员305名。其中高级职称专家学者126名；有市人大代表3名；市政协委员6名，其中常委2名；区人大代表10名，其中常委1名；区政协委员32名，其中副主席1名、常委5名；担任农工党中央委员会委员1名、中央监督委员会委员1名，市委会主委1名、副主委1名、委员4名、市监督委委员1名；担任副处级以上实职领导干部24名，其中正厅级1名、副厅级2名，区管处级实职5名。有机关一、机关二、卫生一、卫生二、龙溪、科技、环保、农业、卫监、西政等10个基层支部。建成党员之家2个。6月29日在区会议中心召开农工党渝北区第四次代表大会，选举产生区委会第四届委员会，成立了第四届监督委员会。

【思想政治建设】 开展领导班子理论学习中心组集中学习4次，完善机关学习制度和基层组织学习制度。结合区委会换届开展了作风建设年活动和“学党史、讲《条例》、增合力、促发展”大走访大谈心活动。完成党史及理论研究文章4篇，向农工党市委会、区委统战部报送中共党史学习教育征文3篇。

【参政议政】 提交并立案区政协集体提案20件、委员提案21件，区人大代表建议6件。市政协委员提案6件，市人大建议9件。反映社情民意信息112条，其中市政协采用3条、农工党中央采用8条、全国政协每日社情采用1条；市委统战部采用建言信息4条、中央统战部采用1条；获得国家领导人批示1条、市领导批示2条。完成调研课题16个，获得统战系统调研课题成果奖2项、市委会采用调研成果5项，转化上报区政协会议大会发言材料2项、党外人士建言2项。

【社会服务】 发挥医药卫生主体界别作用，持续投身抗击新冠肺炎疫情工作。发挥人口资源环境主体界别作用，开展环境与健康宣传周活动，走进空港佳园幼儿园开展环保知识宣传，选派党员参加全国村镇水环境治理论坛，向农工党中央推荐长江流域生态环境保护民主监督专家6名。继续帮扶定点联系贫困户，到自力村开展脱贫攻坚成果回头看，区委会获得农工党全国脱贫攻坚民主监督工作先进集体表彰、农业支部获得农工党全国脱贫攻坚工作先进集体表彰，3名党员得到农工党中央脱贫攻坚工作、脱贫攻坚民主监督工作表彰。支持基层组织参与属地街道的社会服务工作。

【重要党务活动】 3月，组织女党员开展护理知识专题培训。6月，开展中共党史学习教育动员会暨庆祝中国共产党成立100周年党史报告会，邀请市委宣讲团成员、西南政法大学教授商爱玲做党史宣讲报告。9月，到开州开展中共党史学习教育参观考察活动。9月，开展骨干党员参政议政的培训。10月，开展重阳节慰问关怀老党员活动。

（杜　建　魏潇潇）

致公党渝北区工委会

【概况】 2021年，发展新党员4人，转入党员2人。年底有党员76人。其中正高职称4人、副高职称14人；正处级2人，副处级3人；博士研究生13人、硕士研究生25人。致公党中央专委会成员1名；致公党重庆市委常委1名，专委会委员8名；市政协委员1名，区人大代表2名（其中常委1名），区政协委员9名（其中常委3名）。下辖综合一、二、三支部、西政一、二支部5个支部。

【参政议政】 区工委会承接致公党中央课题《关于进一步吸引海归人才服务中西部地区高质量发展的建议》，致公党中央副主席张恩迪到渝北调研，课题得到中共中央领导批示。全年提交区政协集体提案21件，立案14件。其中《关于尽快推动渝北区新型基础设施建设的建议》《关于乡村振兴战略中进行农民自媒体电商培训的建议》被评选为区政府领导督办政协重点提案。撰写社情民意信息50余篇，被中央统战部采用5篇、致公党中央采用3篇、市委办公厅采用1篇、市委统战部采用14篇。1篇信息得到副国级领导批示。

【重要党务】 深学笃用习近平新时代中国特色社会主义思想，深入学习习近平总书记在庆祝中国共产党成立100周年大会上的重要讲话精神。深入学习中共十九大、十九届历次全会精神，学习贯彻中共重庆市委五届历次全会精神和中共渝北区委十四届历次全会精神。召开中共党史学习教育动员会暨庆祝中国共产党成立100周年主题报告会，购买《中国共产党简史》。与致公党江北区委会、致公党渝中区委会联合举办“学党史 铭初心”中共党史知识竞赛，到开州刘伯承同志纪念馆、刘伯承故居等地开展现场教学活动。

【组织建设】 2021年6月，区工委会按时换届，选举产生了新一届领导班子和委员。区工委会与广安、泉州致公组织签订三方合作框架协议书，缔结为友好组织，助推三地经济社会事业高质量发展。

【社会服务】 每月到统景镇胜利村入户走访结对帮扶对象，以实际行动助推脱贫攻坚成果和乡村振兴发展。组织全体党员通过“酉好货”电商平台开展消费扶贫，支持致公党中央帮扶酉阳经济社会发展，全年累计购买1.3万余元农产品。到木耳镇白云小学开展爱心送书活动，送去价值2000元的书籍和学习用品。

【海外联谊】 联合大盛镇、西南政法大学国际教育学院、重庆大学国际学院、区欧美同学会共同举办“‘一带一路’来华留学生走进渝北”活动，邀请来自缅甸、越南等11个国家的30多名西南政法大学、重庆大学来华留学生走进大盛镇，感受中国特色社会主义新成就。组织党员线上参加菲律宾中国洪门竹林协议总团成立100周年暨第99—100届职员就职网络庆典活动。

【宣传工作】 提交宣传类稿件18余篇，被致公党中央网站采用1篇、《重庆政协报》采用1篇、重庆统一战线网站采用2篇、重庆致公网采用3篇、区政协采用7篇。

（林 欣）

九三学社渝北区委

【概况】 九三学社重庆市渝北区委员会成立于2006年11月10日。2021年底有社员192人，其中男114人、女78人，有高级职称117人，有市人大代表1人、市政协委员6人（其中市政协常委1人）、区人大代表8人、区政协委员22人（其中区政协常委3人）。社员主要来自高等教育58人、占30.2%，科学技术人员61人、占31.8%，机关企事业单位43人、占22.4%，医药卫生领域30人、占15.6%。按时完成九三学社渝北区委员会换届。换届后，班子平均年龄45.4岁，比上届减少4岁，5名班子成员中有两名博士研究生，占比40%，班子配备更加年轻有活力。监督委也同期进行了换届。下设西南大学应用技术学院支社、渝北区综合支社、渝北区医卫支社、重庆市机电设计院支社、重庆工业职业技术学院支社、西政支社6个基层支社。

【参政议政】 聚焦统筹乡村振兴和城市提升、区域协调发展、生态绿色发展、民生实事社会热点等重点领域，收集委员课题报告15篇，提交社市委1篇，提交区委统战部5篇，1篇获区统一战线重点课题优秀调研成果奖。其中，提案素材被全国政协十三届四次会议大会采纳为书面发言，《关于推动渝北区御临河片区“产城旅”融合发展的建议》被区政协十六届一次会议大会采纳为口头发言。提交区政协提案28件，立案12件，占比43%，其中2篇被列为重点提案。参与中共区委政党协商1次，就区内缓堵保畅等工作提出意见建议。选报送社情民意信息57条，其中区政协采用15条、社市委采用6条、市委统战部采用1条、市委统战部党外人士建言采用1条、社中央采用2条。其中《关于加快规划发展康养产业促进渝北经济转型升级的建议》荣获渝北区“十四五”规划公众建言献策“金点子”优秀奖。

【重要社务活动】 开展庆祝中国共产党成立100周年专题活动。以“学党史、感党恩、跟党走”为主题，动员全区社各级组织和广大社员，以征文、学习、书画作品、知识竞赛等方式，广泛参与庆祝中国共产党成立100周年活动，其中2篇征文入选区统一战线征文集、5幅书画入选区统一战线书画摄影作品展；开展座谈会、考察调研、“学·讲”活动，弘扬九三学社爱国、民主、科学优良传统，巩固深化“不忘合作初心，继续携手前进”主题教育活动成果。以学习中共党史为重点，全区九三学社各级组织开展中共党史、新中国史、改革开放史、社会主义发展史、多党合作史、社史专题学习29场次，参加社中央开展的党史知识竞赛近300人次，参加区委统战部党史知识竞赛获团体一等奖，广大社员做到学史明理、学史增信、学史崇德、学史力行，更加坚定了爱党爱国、与党同心同行的政治信念。在中国共产党成立100周年之际，向区委统战部提交理论文章3篇，向区政协提交理论研讨文章3篇。

与九三学社广元市委签订战略合作协议，共同打造具有党派特色的社会服务活动。立足成渝双城经济圈建设，在生态环境、社会治理、重大决策咨询、医疗技术与科学技术方面交流学习，人才交流培养以及历史文化交流探讨等方面实现深度合作，为党委政府科学决策建言献策。持续推进基层组织规范化建设，各基层组织累计开展活动24场次。监督委、青工委、老年委开展各类活动6场次。青工委以“借力陆海新通道建设，促进重庆经济内外双循环”为主题参与第八届重庆九三青年论坛活动，提交论文9篇，其中获一等奖1篇、二等奖2篇、三等奖2篇。组织社员参加首届川渝九三学社青年论坛。

【社会服务】 继续对口帮扶玉峰山镇龙门村，持续关注帮扶户家庭动态，防止返贫情况发生，走访慰问5次，入户走访及政策宣传12人次，消费帮扶2次。坚持开展“九三·助学行动”，新结对帮扶3名贫困大学生，每月每人资助生活费1000元。在兴隆镇中心小学建立“九三书屋”。开展科技进基层活动，到渝北区排水中心宣传低碳生活，并送去新时代市民科学素质读本《碳达峰碳中和知多少》。中秋节组织慰问一线排水工人和帮扶户。重阳节，到统景镇中坪敬老院为104名老人开展义诊服务。

【大走访大谈心活动】 开展“学党史、讲《条例》、增合力、促发展”大走访大谈心活动，全区九三学社各级组织分层级、分类别开展走访谈心活动，开展中共党史和《中国共产党统一战线工作条例》学习26场次、谈心活动66人次，收集意见建议36条。通过谈心谈话，回应社员关心的重点、热点和难点问题。

【开展“作风建设年”活动】 严明政治纪律和政治规矩，严格落实中共中央关于过紧日子、勤俭办一切事业要求，持之以恒落实中共中央八项规定及其实施细则精神和中共市委实施意见。加大《九三学社纪律处分办法（试行）》宣传教育，领导班子和监督委员会带头开展研讨解读、警示教育等方式抓好学习宣传和贯彻落实，增强社员的纪律意识，强化纪律约束。

（赵　晶）

区工商联

【概况】 2021年，区工商联牢牢把握“两个健康”主题，围绕区工作大局，开拓创新，主动作为，带领广大民营经济人士努力克服世界百年未有之大变局和新冠肺炎疫情全球大流行交织影响，完成全年目标任务，巩固“全市领先、全国有影响”局面，为渝北民营经济高质量发展作出应有贡献，获评“2020—2021全国‘五好’县级工商联”“2021年调查点工作先进基层单位”“渝北区优化营商环境先进集体”等称号。完成区工商联（总商会）换届。修订完善《十二届企业家副主席、副会长轮值制度》《十二届主席（会长）会议管理办法》《执行委员会委员守则》《会费管理办法》，新出台《十二届企业家副主席、副会长联系商协会和企业制度》，执委会建设更加规范。是年，全区有基层商协会53个，其中镇街商会22个、异地商会11个、行业商协会19个、青年商会1个。全区有会员10526个，其中个人会员4241个、企业会员6232个、团体会员53个。

【服务企业】 依托成渝地区双城经济圈建设大战略，联合开展“高竹新区民企行”活动和投资交流座谈会，38家企业初步达成意向投资17.24亿元。组织330家企业参加全国上规模民营企业调研，完成全年各项民营经济数据调查。组织企业参加巴中招商引资推介会等商贸活动，帮助他们开拓市场。推广“渝北金服”App，117家企业完成注册，28家企业获得融资6776万元。举办民营企业专场招聘会，为用人单位和务工人员牵线搭桥，解决170余人就业。深化“万所联万会”机制，开展“公共法律服务园区行”等各类法律服务活动50余场。举办“善法者说”巡回宣讲2期，录制线上法治小课堂10期，编印法治宣传资料2万余册。创新调解工作机制，在两路街道商会等4个商协会设立基层调解室，推动调解力量持续下沉，共处理各类商事纠纷15件，涉案标的526万元。全年调委会共调解案件5件，成功率100%，涉案标的856万元。进一步理顺诉求问题办理工作机制，收到诉求问题447件、已办结442件，办结率99%，比上年同口径提高2个百分点，其中由区工商联牵头办理的10件诉求问题，全部办结。启动区工商联“大走访大谈心”活动，班子成员分片负责走访商协会50余家次、企业100余家次，解决问题17件。

【参政议政】 工商联界别“两代表一委员”积极建言献策，全年提交意见建议38条、提案30件、社情民意9条。开展调查研究，形成调研报告6篇，其中《关于支持民营经济参与成渝合作，实现高质量发展对策研究》作为优秀研究成果向市思想政治工作研究会推荐申报。

【服务社会】 联合多个部门、多家金融机构，组织广大商协会和民营企业积极开展“万企兴万村”行动，42个商协会与10个镇进行对接，41家企业与42个村结成对子，新增投资1140万元，新增公益捐赠16.33万元。持续做好巩固拓展脱贫攻坚成果同乡村振兴有效衔接，全年工商联系统完成消费帮扶605万元，累计为洛碛镇贫困户、低保户捐资2万元。发挥总商会志愿者服务队作用，引导民营经济人士用实际行动关爱扶持弱势群体。联合基层商协会开展慰问辖区困难退役军人、驻地部队官兵等双拥活动，发放慰问品、慰问金折资12.7万元，助力军企共建。联合青年商会走访慰问洛碛镇中心小学贫困儿童；携手祥茂物流等4家会员企业圆8名残障毕业生“就业梦”。

【宣传教育】 把党史学习教育作为民营经济人士和机关干部职工思想政治建设的重要抓手，通过举办专题辅导讲座、印发学习文件、购买党史书籍等方式，推进党的十九届六中全会精神、习近平总书记在庆祝中国共产党成立100周年大会上的重要讲话精神以及“四史”知识的学习贯彻。以“学习先贤楷模，做新时代渝商”为主题，在基层商协会广泛开展“向爱国企业家卢作孚学习”理想信念教育活动，一大批民营企业家深受感染和触动。召开全区民营经济统战工作会议，出台《关于加强新时代民营经济人士理想信念教育的通知》，进一步凝聚政治共识。全年共举办非公有制经济大讲堂3期，在重庆本地开设民营企业家、商协会秘书长、商协会党支部书记及党务工作者专题培训班3期，邀请3名北京大学教授到渝北授课。推进“第二课堂”建设，联合有关高校通过微信群发布免费视频课程20余期，拓展知识获取渠道。强化网络意识形态阵地建设，出台《十二届执委会微信工作群管理规定》，机关办公电脑软件全部实现正版化，全年共审核优秀企业家系列宣传稿件5篇，编印《渝北商会》会刊4期，印发《渝北区民营企业扶持政策汇编（三）》2500册，通过微信公众号推送涉企信息250条，被《中华工商时报》评为2021年宣传阵地建设先进单位。

【组织建设】 新成立渝北五金机电商会、渝北四川大安商会、渝北四川仁寿商会，商协会总数54个。新认定区级“四好”商协会24个。聚焦“燎原、领雁、固本、引领、强基”五大工程，新成立大数据产业商会党支部等9个党支部，新转化对外贸易企业发展促进会党支部等4个党支部，党组织数量增至49个，渝北青年商会党支部成为全市区县唯一的“全国商会党建工作示范单位”。全年新发展会员2234个，其中企业会员1452个、个人会员779个、团体会员3个，为商协会发展注入新鲜血液。

（向朝阳）

人民团体

区总工会工作

【概况】2021年，渝北区总工会以加强职工思想政治引领、团结动员职工建功立业为抓手，以维护职工合法权益、竭诚服务职工群众为重点，以深化工会改革创新、加强工会党的建设为保障，团结动员广大职工在统筹推进常态化新冠肺炎疫情防控和社会经济发展中建功立业，为“全面建成小康社会，加快建设国家临空经济示范区”作出新贡献。渝北区荣获全国爱心托管班1个、市级爱心妈咪小屋1个，共申报创建市级职工之家示范单位1个、市级模范职工之家2个、市级模范职工小家1个，基层工会服务阵地、服务品质得到规范升级，区职工之家建设工作得到全总调研组充分肯定。区工会亮点工作被《工人日报》、中工网、重庆电视台、上游新闻、华龙网等市级及以上媒体发布40余条。

【组织建设】按照传统领域纵向延伸，新兴领域横向覆盖，新建基层工会60个（含联合工会4个），涵盖企业73家，职工2937人。基层工会组织总数达到2233个（含联合工会130个），职工103973人。规模以上企业、百人以上企业、国有企业、企业经营者有政治安排的企业100%建会，实现建会动态全覆盖，符合建会条件、已建党组织但未建工会的非公有制企业建会实现全覆盖。

【宣传工作】加强工会宣传，渝北区工会亮点工作被《工人日报》、中工网、重庆电视台、上游新闻、华龙网等市级及以上媒体发布43条，在《渝北时报》《渝北新闻》等区级媒体发布32篇，“渝北职工之家”微信公众号发布工会信息862条，编印《渝北工会视窗》3期。联合中国邮政为渝北区6名全国劳模制作个性化邮票纪念册，推崇劳模精神，提升劳模荣誉感；为全区11名市级劳动模范和先进工作者拍摄宣传片，并在区融媒体中心相关媒体进行劳模专题宣传，全面展示劳模风采。

【政治引领】区总工会将党建引领、党史学习教育纳入重点工作，围绕庆祝中国共产党成立100周年，在职工群众中掀起大学习、大宣讲热潮。邀请市总一级巡视员王平为工会职工讲党史1次，工会党组书记带头讲专题党课1次，开展中心组党史理论学习5次。组织职工成立“颂党恩”宣讲团，进企业、进社区、进学校开展党史宣讲8场次，组织工会干部、劳模先进等前往延安、枣庄、广元、聂荣臻纪念馆、洛碛志愿军烈士墓等红色基地实地学习5次，组织基层工会开展读书学习、红岩党性培训、板凳故事会、党史会史巡展等灵活多样的党史学习教育20余场次，在微信公众号发布党史知识80期，把党的理论作为引领职工攻坚克难的奋进力量。

【劳动竞赛】 贯彻落实中央、市委人才工作会和市总五届七次全委会精神，开展素质提升和技能竞赛活动。组织参加川渝两地旅游服务、快递承揽、数控车工、汽车维修、工业设计等职业技能大赛5场次，荣获一等奖4个、二等奖4个、三等奖7个、优秀组织奖3个。动员参加2021年度网上劳动和技能竞赛活动，参赛单位51家，参赛职工2万余人，获评市级“五小”项目5个，季度劳动之星等12个，月度劳动之星等106个，实现参赛单位、参赛职工、获奖数“三提升”。联合举办农村饮用水保障工作技能大赛、“临空匠才”杯综合职业技能大赛、QC质量创新管理竞赛、新农人直播带货大赛、建设行业技能大赛等全区技能竞赛5场次，指导各基层工会举办各行业技能竞赛80余场次，参赛职工达2万余人，为渝北区培养人才、用好人才提供技术支撑。

【劳模管理】 统计核查完成全区劳模并收集相关事迹，新增享受全国和省部级劳模待遇4人，全区累计有全国劳模6人、省部级劳模83人。组织劳模、先进参加市内外疗养休养活动160人次。慰问全国劳模、困难劳模、市五一劳动奖章获得者等，送去慰问金、慰问品共计17.16万元。处理劳模诉求问题2个。支持张正委劳模创新工作室打造“爱耕苑”学生劳动教育实践基地，支持雷伟、袁建等劳模申报攻关创新项目，竭力发挥劳模在科技创新、人才培养方面的带动作用。全区累计共有劳模创新工作室12个。其中市级示范劳模创新工作室3个，累计获得专利795项，创新及攻关数147项，创新成果转化164项，取得直接经济效益78199万元，带动职工技能提升6382人次。

【“四季帮扶”】 以“四季帮扶”为主线、特殊群体帮扶为补充，开展工会普惠服务。“冬送温暖”共帮扶建档困难职工、区级劳模、互助会重疾会员等137名，帮扶困难家庭11户、困难企业1家，发放慰问金及物资64.88万元。“春送岗位”累计发放“政策礼包”1000余份，606位求职者与企业达成就业意向。开展“夏送清凉”慰问高温一线职工活动，慰问3251人，发放清凉物资171万元。“金秋助学”资助在读困难学子96人，发放助学金45.1万元。开展中国农民丰收节慰问活动，走访慰问奋战一线的农民工劳模8名、农民工代表50名，发放慰问金3.3万元。开展新业态劳动者专项慰问，慰问辖区快递员、货车司机等新就业形态劳动者2000名，发放温暖礼包、书籍、电影、互助保障、两癌筛查等价值共计19.5万元。推进社会心理服务体系建设试点，以区总工会心理咨询室为示范点，向全区职工提供心理咨询预约服务，开展职工心理讲座2场，接待个人心理咨询6次。

【职工维权】 完善工会法律服务体系，7月联合区人社局、区法院、区司法局成立渝北区工会劳动争议纠纷人民调解委员会，调委会共设主任1名、副主任1名、委员5名，在区总工会设立“老李调解室”。至年底“老李调解室”共接待职工来信来访79人次，受理求助案件13起，调解成功7件，收到受助对象锦旗2幅，为求助者挽回经济利益10万余元，最大限度将职工维权解决在萌芽状态。实施以职代会为基本形式的企事业单位民主管理制度，制定落实《加强企业协商民主制度建设的实施意见》的举措，加强职工就业、薪酬待遇、休息休假等方面的集体协商。以拖欠职工工资、工伤事故赔偿等为重点援助案件，联合区人力社保局、区住建委等部门，建立健全欠薪报告制度，推动解决拖欠农民工工资问题。全年区总工会提供法律咨询83次，提供法律援助15件，涉及金额16万余元。持续开展“尊法守法・携手筑梦”等职工普法宣传活动，提升职工法治意识，开展线上线下法律政策宣讲、法律知识问答等普法宣传活动28场次，发放宣传资料2万册，覆盖职工7万人次。完成民营企业提升劳动保护条件维护职工劳动安全卫生权益三年行动计划申报工作；联合区卫健委开展健康企业创建活动，指导再升科技股份有限公司、重庆科勒发动有限公司完成创建。在全区22家镇街以及规模以上企业建立一支由158名劳动关系信息员、劳动保护监督检查员组成的“两员”队伍，开展职工劳动保护、安全宣传工作，发挥工会在安全生产中“群众参与监督”的作用。开展全国“安康杯”竞赛活动，28家企业参与竞赛，以赛促学，提高职工安全生产素质。

【普惠服务】 举办首届职工直播采摘节，利用直播平台发动职工对辖区特色农产品、滞销农产品进行线上采摘，促销柑橘1.25万公斤、草莓1500余公斤。举办第二届“520”职工消费季活动，入驻扶贫产品、生活必需品等商品200余种，发放消费券20万元，超5万名职工参与，拉动消费约21.5万元，实现企业、职工、农户三方普惠。举办乡村菜文化节活动，以乡村振兴特色农产品为基础食材，以22个镇街共66名厨师技能竞技为依托，探索土菜新做，延伸土菜产业链，助力乡村振兴、美食经济发展。提升脱贫巩固工作，对大盛镇结对帮扶困难群众给予粮食补助、房屋整改补助8000元，向鱼塘村拨付帮扶资金8.55万元，同时动员工会开展消费扶贫，全区工会系统消费扶贫采购金额约247.1万元，其中区总工会采购20.3万元、基层工会采购共计226.8万元。

（潘禹媗）

团区委

【概况】 2021年，团区委有在职在编干部职工8人，其中机关5人，下属事业单位区青少年活动中心3人。全区有团员49277人，专兼挂职团干部3668人，少先队大队辅导员90人；有直属团团组织61个，其中城市系统17个、镇街系统22个、区直机关团工委下属团组织18个、重点联系团组织4个。全年紧扣工作目标，抓工作落实，推动共青团事业发展取得新成效。承办重庆市中学中职共青团“学党史、强信念、跟党走”学习教育暨庆祝中国共产党成立100周年主题团日活动、“青春同行·渝你相伴”留渝青年线上婚恋交友联谊活动等市级示范活动9场次。相关工作被新华网、人民网、《重庆日报》等中央、市、区级媒体报道370条次。集体和个人荣获团中央、市委宣传部、团市委等中央、市、区级荣誉59项。区青少年党史学习教育工作作为全市调研点，接受中宣部领导现场调研指导，得到充分肯定。

【引领青少年思想】 把渝北优秀文化资源作为“学党史、强信念、跟党走”学习教育教材，依托“主题党日”“主题团日”，开展“童心向党·书香少年”“手绘百米长卷·迎党百年华诞”等主题活动40余场，引导青少年坚定不移听党话、跟党走。把握青少年行为特点和话语体系，成立青年宣讲分队，由青年讲师团带头，与“红领巾讲师团”小分队、青联小分队、“青年文明号”小分队、“青少年之家”小分队、西部计划志愿者小分队组成“1+5”宣讲队伍，走进校园、社区、企业、机关及各团属阵地，开展习近平总书记在庆祝中国共产党成立100周年大会上的重要讲话精神、党的十九届六中全会精神宣讲100余场。携手新华社拍摄《给小萝卜头的一封信》《中国共产党人的精神谱系——红岩精神》短视频，网络播放量分别突破200万、100万。创作《颂歌献给亲爱的党》快闪MV、动态海报等“青年味”“网络味”学习产品20余个，通过微博、微信等青少年聚集的新媒体平台进行推送。评选全区年度共青团工作先进个人、优秀共青团员、优秀共青团干部各10名，共青团工作先进集体

10个，五四红旗团委（团支部）20个，充分发挥示范引领作用。回兴街道团工委荣获“全国五四红旗团委”，区公安分局杨雪峰大队、大盛镇青龙村党支部书记黄志分别荣获“全国向上向善好青年集体”“全国向上向善好青年”称号。

【持续推进共青团改革】 研究制定《渝北区关于推进共青团基层组织改革试点工作实施方案》，结合“我为青年做件事”实践活动，围绕青年租房住房、婚恋交友等现实困难，开展青年交友联谊活动4场，服务青年1000余人次。青年人才成长驿站建设扩容增量，新增“渝北区人才公寓”作为驿站平台公寓，投入资金592万元，新增房间383套、床位1276个，353人次青年人才入住。持续实施“三免三减半”优惠政策，相关工作被《重庆新闻联播》、《重庆日报》、“重庆发布”等市级媒体专题报道。深入贯彻落实习近平总书记关于少年儿童和少先队工作的重要论述，出台《渝北区贯彻落实〈中共中央关于全面加强新时代少先队工作的意见〉和市委精神的具体举措》，召开少先队改革工作会2次、少先队辅导员专题培训2次，开展主题队日活动，推动新时代少先队工作落到实处。

【服务中心大局】 通过“选、育、补、赛、创”运行模式，实现人才培养、技术创新与产业培育共生共振。实施“扬帆计划”“返家乡”“走进重庆·筑梦双城”行动，全区提供工作岗位170余个，吸引北京大学等市内外高校1200余名大学生报名，成功促成160余名大学生到渝北实践实习。在全市“志愿青春心向党·共筑乡村振兴梦”创新项目设计大赛中，渝北区乡村振兴直播基地项目荣获一等奖。牵头渝北境内11公里长、流域面积61.46平方公里的双溪河河长制工作，常态化组织“三青”（“河小青”“洁小青”“林小青”）队伍开展巡河护河、垃圾分类、农村人居环境整治、植绿护绿等志愿服务活动30余场次，发放宣传资料1000余册，推进生态文明建设。建立完善重点青少年数据动态摸排机制，加强扶助帮教工作，开展心理干预30余人次。整合区内资源，推动建成区“12355”青少年服务站、“12355”青少年服务点和“双零”社区，常态化开展主题教育，提升青少年法治意识，维护青少年权益。实施“青联组织服务千村”计划，2名新兴青年荣获重庆市“十大最美快递小哥”“最美网约车青年司机”荣誉称号。举办关爱活动6场，有效服务快递、外卖小哥等新兴青年200余人。

【区共青团自身建设】 统筹推进全区2033个基层团组织开展“学党史、强信念、跟党走”学习教育。全区各基层团组织以学习习近平总书记在庆祝中国共产党成立100周年大会上的重要讲话精神和党的十九届六中全会精神为重点，开展专题学习9800余场次。引入源头活水，从“社会化选”“青年领袖中选”，让拥护党的领导、在青年中“一呼百应”的有为青年走上团的工作岗位。如期完成全区353个村（社区）团组织换届选举，289名团组织书记进入“两委”班子，进入率达81.8%，平均年龄28岁，增强基层组织活力。深化全面从严治团，严格按照团员发展“九步工作法”，规范发展团员3771名。举办2021年“青马工程”暨团干部专题培训班，全面提升团干部履职能力。开展团干部岗位实践能力大比武，形成“比学赶超”浓厚氛围。

（陈若曦）

区妇联

【概况】 2021年，全区有直属妇联组织114个，其中镇街22个、区级机关事业单位65个（新成立区科技局、区大数据局）、非公有制经济组织4个（同舟集团、武陵山珍、空港创业孵化基地、助友创美物业公司）、社会组织建妇联2个（金港国际商圈、区餐饮住宿行业协会)、国有公司12个(临空农业、创新经济走廊、空港经济开发、空港新城、仙桃数据谷、临空投、临空招商、临空基建、城市更新、市农信投、临空文旅公司、川渝高竹新区开发公司)、系统妇委会9个。区妇联机关内设部室2个,即办公室、维权发展部;下属正科级全额拨款事业单位1个,即渝北区妇女儿童活动中心。2021年,全区妇女工作获全国表彰集体1个,获市级表彰集体5个、家庭9户、个人11名,获区委、区政府表彰个人2名。全区妇女工作信息在央视《新闻联播》播出1次,在市区主流媒体上稿36条。

【思想引领】 推进"巾帼心向党"行动。以庆祝中国共产党成立100周年的历史契机,引领广大妇女坚定不移听党话、跟党走。开展"铭记小平同志留下的宝贵财富""强素质、树形象、充分发挥新时代'半边天'新作为"专题学习5次,筑牢信仰之基。联合广安市、邻水县妇联开展"颂党恩 传家风"100余个家庭互访红色教育基地活动,组织妇联干部、妇女群众代表到小平故里、川陕革命根据地红军烈士陵园学习,赓续红色血脉。创作《渝北女儿心向党》主题诗歌,制作短视频通过媒体广泛传播,唱响时代主旋律。

【妇女发展】 召开乡村振兴工作推进会,组织先进妇女典型参观统景镇江口村、大盛镇青龙村乡村振兴发展成果,到万盛经开区学习考察妇女参与乡村振兴工作,推报"川渝乡村女能人之最美乡村女干部",汇聚巾帼之智为乡村振兴献计出力。依托区妇女儿童活动中心开设家政育儿、创新创业培训19次,累计培训产业大户、创业女性1200余人次,提升妇女创业就业能力。

【家庭文明建设】 评选出一批渝北"最美家庭""好婆婆""好儿媳",示范引领广大家庭向善向美。推进村(社区)家长学校建设,指导开展家庭教育知识讲座、亲子活动9000余场。采取购买服务的方式,在全区22个镇街开展家庭教育示范活动,提升家长科学家教能力。打造仙桃街道空港佳园社区、融创嘉德领馆小区"家家幸福安康工程"示范基地,促进"家风润万家"。举办"童心向党爱祖国,党旗引领我成长"庆六一绘画作品展,引导儿童从小厚植爱国情怀。

【权益维护】 聚焦"我为群众办实事",牵头完成2011—2020年妇女儿童发展纲要(规划)终期监测评估,启动区新一轮妇女儿童发展规划编制工作。全年调处婚姻家庭矛盾纠纷364件,将矛盾化解在萌芽状态。开展"三孩"政策下女性平等就业调查,联合公检法建立反家庭暴力"一站式"人身安全保护令申请机制、未成年人人身权益保护机制,从源头维护妇女儿童合法权益。深化妇联系统品牌慰问,筹集资金28.6万元,慰问"两癌"患病妇女、贫困女大学生、困难妇女儿童793人。争取中国妇基会46万元"母亲水窖"项目落地大盛镇天险洞村,提升该村256户村民用水品质。举办"情暖童心,相伴成长"困境儿童心理团辅活动,为困境儿童提供持续稳定亲情关爱。

【妇联组织建设】 指导镇街妇联换届有序推进,村(社区)妇联完成换届,全区357个村(社区)产生新一届妇女代表8115名,选举执委4404名、副主席457名、主席357名,妇联组织代表性、广泛性明显增强。全面推行"六个有""六个一"规范妇女之家、儿童之家建设标准,打造市区示范点14个。区妇女儿童活动中心建成投用,共举办心理健康、婆媳关系、色彩搭配、瑜伽舞蹈、插花茶艺等培训52期,提升妇女综合素质,畅通服务妇女"最后一米"。

(刘妍利)

区科协工作

【概况】 年内，区科协立足“四服务”职能，深化科协系统专项改革，围绕中心、服务大局，完成申报创建全国科普示范区、成立区人民医院院士工作站等任务，承办市科协主要领导调研活动、院士专家进校园等活动，各镇街科协、区级学协会、企业科协和学校科协申报调研课题报告10个，区政协科技界委员提交提案11个（其中重点提案1个）。全国科普示范区总结评估优秀。

【政治引领】 召开全区科技工作者学习习近平总书记在庆祝中国共产党成立100周年大会上的重要讲话精神座谈会；在全区科协系统宣讲习近平总书记在庆祝中国共产党成立100周年大会上的重要讲话精神，引导科技工作者听党话跟党走。开展科技工作者关心关爱行动，录制科技工作者祝福语宣传片；节日慰问院士、专家36名，生日慰问正高职称专家、名医名师和优秀科普志愿者210余名；组织企业科技工作者代表体检；宣传优秀科技工作者18人，其中高级农艺师成映云为区内首获“重庆市最美科技工作者”提名奖。承办第二届重庆市科学道德和学风建设辩论赛（高职高专院校组）复赛活动。联合区委直属机关工委等开展“百年奋斗　百年梦想——学习习近平总书记‘七一’重要讲话精神”主题宣讲，全区党员干部和中小学师生1000余人参加。与区委党史学习教育办公室共同推进“为科技工作者办实事，助科技工作者作贡献”清单工作任务20项，推动全区各相关部门解决涉及科技工作者的困难和问题。

【企事业科协】 在区人民医院建樊代明院士工作站，成为近2年来重庆市新建的首个院士工作站，并兑现建站一次性奖励50万元。会同区委人才办、区人力社保局等7部门，出台《渝北区科技人才“四站”奖补办法》及配套文件，兑现院士工作站、海智工作站运行经费30万元。积极引导校企合作，依托重庆工职院70余名工科博士，为元创汽车、润泽医药等企业牵线搭桥，共同开展科研攻关。助力成渝地区双城经济圈发展，引荐成都中医药大学等专家指导区中医新院区智慧医院、重点学科建设。

【科普宣传】 联合区级相关部门举办全国科普日系列活动，渝北科技工作者《强国一代有我在》快闪MV被新华社、“学习强国”学习平台等采用，单日点击量突破100万；举办科创科普成果展吸引市民3000余人次，发放宣传品1万份。举办第四届渝北区公民科学素质大赛，选拔出龙山街道代表渝北区参加全市总决赛，首获一等奖和网络赛人气奖第一名。开展科技工作者日、防灾减灾日、节能环保周、食品安全周、反邪防邪、“碳达峰·碳中和”、垃圾分类等宣传活动100余场，2万人参加网络活动，5万人次参加现场活动。

【青少年科普】 联合区教委举办第十届科技节，50多所学校参加。组织参加第36届重庆市青少年科技创新大赛，获一等奖26项、二等奖36项，23名科技辅导员荣获优秀。开展第八届渝北区青少年科技创新区长奖评选，推荐学生获市长奖1名、市长奖提名奖1名。在空港实验小学、空港新城小学开展机器人教学活动。开展“院士专家进校园”“中医药文化进校园”等活动22场，近万名学生参加。积极应对新冠肺炎疫情影响，线上开展寒、暑期青少年机器人编程云课堂，免费网络授课1200人次。科普大篷车深入区内及永川、合川、涪陵等，近2万名学生参加。

【农村科普】 助力乡村振兴工作，邀请课堂内外集团调研大盛镇，规划打造市级研学基地。邀请重庆市乡村振兴创意大赛承办单位到渝北区各镇调研选择大赛实做课题，为乡村振兴引入智力资源。大盛镇青龙村被评为重庆市十佳农村科普示范基地。

【阵地队伍】 新建纤维研究院、立洋绿色科技孵化器等科协3个，打造双龙湖街道蓬莱社区新时代文明实践所科技平台，分别联合团区委、区妇联打造区青少年活动中心、区妇女儿童中心科技活动室，新建“赵碛生中医传承工作室体验馆”，新建渝北实验小学“科技名师工作室”、南华中学“航空创客实验室”，升级打造仁睦小学“爱耕苑”农业科普基地。仙桃数据谷、市鳄鱼中心成功申报2021—2025年度全国科普教育基地。仙桃国际大数据谷、重庆市低碳建筑科普体验中心成功申报成渝地区十佳科普研学线路。

【学会协会】 邀请樊代明院士参加人社部高层次专家服务渝北活动，区中医学会开展学术交流活动，邀请重庆医科大学中医药学院教授作专题讲座；金山科技公司举办胶囊内镜全球高峰论坛学术交流活动。区老科学技术工作者协会、区教育学会在46个社区科普大学教学点，开设科普讲座600余场，培训学员1.5万人次。

（李小华）

区侨联

【概况】 渝北区侨联深入学习领会习近平总书记关于侨务工作重要论述精神，严格贯彻落实中国侨联十届四次全会精神，按照市侨联四届六次全委会及渝北区第十四次、十五次党代会工作部署，团结带领归侨侨眷，联系引领海外侨胞，围绕全区中心工作履行职能，推进各项工作，为助推“四个大区”，打造“标杆城区”贡献侨智力量。

【思想引领】 学习宣传贯彻党的十九届六中全会精神、习近平总书记关于侨务工作重要论述精神。通过“渝北区侨胞之家”微信公众号、《渝北新侨》杂志、区侨联全委会等，开展专题学习。深化落实习近平总书记对重庆提出的系列重要指示要求，重庆市委五届十次全会精神及渝北区十五次党代会精神，引导侨界群众积极参与“四个大区”建设，为打造成渝地区标杆城区贡献侨界力量。组织全体机关干部职工开展党史学习教育10次，并开展学习讨论；在区侨联微信公众号上开辟“党史学习 | 中国精神”专栏。举办侨界党史学习教育专题宣讲会、第三届“侨智大讲堂”——党史学习教育专题党课；开展党史宣讲走进安康路社区“侨胞之家”。组织侨界代表观看电影《1921》《王良军长》，主办庆祝中国共产党成立100周年暨端午节联谊活动、“忆党史·聚侨心·颂党恩”诗歌朗诵比赛。拍摄视频《一颗侨心永向党》献上“侨祝福”；参加市侨联“渝侨颂党恩”——百个“侨胞之家”风采展、“渝侨颂党恩”侨界美术展，荣获优秀组织单位。

【为侨服务】 深入开展“我为群众办实事”活动，为归侨、留学生协调联系疫苗接种，帮助解决3名侨眷子女就近入学。开展春节、端午、高温慰问活动，慰问侨界优秀党员、重点人士18名、侨资企业10家，发放慰问品价值6万余元。开展侨界健康体检活动，为老归侨、侨联老干部、本届委员、各协会成员、基层侨联分会班子成员等提供免费健康体检。全年累计收到侨界来电来信20余次，下访侨界群众30余户，信访诉求协调化解办结率100%。对接区人民法院立案庭，联系侨界律师团队，推进涉侨纠纷在线诉调工作进度。

【文化交流】 联合区教委组织全区高中学生参加“第二十一届世界华人学生作文大赛”，选送作品794篇，渝北区101名同学获奖，63名老师获评

“优秀指导教师”，渝北中学获评“优秀组织示范校”。举办二届“侨智”大讲堂，带领50余名侨界企业家、侨联界别政协委员、侨界重点人士走进大盛镇，调研新农村建设及产业发展情况，助力乡村振兴；开展助侨惠侨技能培训活动5场，为100多名侨界人士传授就业创业相关技能。开展“侨爱”国际妇女节——致敬抗疫“她”力量主题活动，弘扬抗疫精神，团结侨界妇女。承办2021“亲情中华·为你讲故事”夏令营重庆营第三期一、二营，宣传巴渝文化。开展“浓情系重阳·侨爱温暖行”活动，组织侨联老同志参观来福士广场探索舱·观景台，感受重庆变化。

【助力成渝地区双城经济圈建设】 市政协到渝北区开展“发挥华侨华人作用助力成渝地区双城经济圈建设”调研，渝北区10家侨资企业参加座谈，提出意见建议6条。与广安市侨联联合开展第二届“侨梦”·走进成渝双城经济圈合作示范区活动，两地20余家侨界企业负责人前往高竹新区实地考察调研。四川都江堰、广元市侨联到渝北区工作调研，与四川省广元市、都江堰市侨联签订友好合作协议，拓展侨企市场，开展合作支持，为推动成渝地区双城经济圈建设贡献侨界智慧和力量。

【参政议政】 积极引导侨界人大代表、政协委员献计献策，在区两会期间，提交议（提）案17件，其中议案3个、提案14个，提案立案10个，转意见4个。提交区政协十六届一次大会发言材料2篇，提交区政协理论研究会2021年征集论文1篇。

【组织建设】 召开七届五次全委（扩大）会，统一思想，明确任务。夯实网上“侨胞之家”建设，利用微信公众号、微信、QQ群等大力宣传工作开展情况，微信公众平台共发布各类信息60余篇。开辟“侨企展播”专栏，为渝北优秀侨企提供展示平台，提供交流合作契机。在春节、妇女节、劳动节、端午等节假日发送“侨祝福”。编辑印制新版《渝北新侨》杂志4期，赠送全市所有区县侨联、国内外友好组织和基层组织。加强基层组织建设，提档升级同盛路、安康路社区“侨胞之家”，新建重庆临空国际贸易示范园侨胞之家，紫福路社区“侨胞之家”荣获全国侨联系统“侨胞之家”优秀单位。继续巩固脱贫成果，每月开展结对帮扶，送生产资料、生活物资价值4500余元，开展消费扶贫等，购买农产品价值4000余元。

（代丹丹）

法　治

综　述

【概况】 2021年，渝北区坚持以习近平新时代中国特色社会主义思想为指导，深入学习贯彻习近平法治思想，认真落实中央决策部署和市委工作要求，坚持统筹发展和安全，扎实推进战疫情、防风险、保安全、护稳定、助发展各项工作，群众安全感指数达99.53%，高于全市平均0.19个百分点，辖区群众获得感、幸福感、安全感持续增强。

【政法队伍教育整顿】 聚焦四项重点任务，抓牢三个关键环节，成立区委书记任组长的渝北区政法队伍教育整顿领导小组，高规格开展全区政法队伍教育整顿，政法队伍政治生态、纪律作风、素质能力、司法公信力得到大净化、大转变、大提升。紧抓学习教育。将政治教育与党史学习、警示教育与纪法学习、英模教育与跟班学习相结合并贯穿始终，扎实有效开展党性教育、专题讲座、政治轮训、党纪党规培训等，选树20名为民服务、公正执法模范。逗硬查纠整改。对全区政法队伍建设开展巡查，发现问题91个并全部整改，组织推动全区两轮谈心谈话，促使全区政法干警主动填报顽瘴痼疾4116条、认定3543条均整改处理完毕，66名干警主动向组织说明问题，兑现从宽政策46人、从严处理11人，315件问题线索全部办结。持续总结提升。针对堵点难点痛点问题，从监督制约、素能提升、协管协查等五大方面，建立长效机制84项。大力开展“我为群众办实事”活动，推出片区联勤联巡联防、一镇街一法官、律师网上阅卷等65项为民办实事举措。

【平安渝北建设】 牢固树立“大平安”理念，充分发挥区委平安办统筹协调、牵头抓总作用，更高水平的平安渝北建设持续推进。捍卫政治安全。深入贯彻总体国家安全观，全力推进“反制、铸墙、净土、攻心”四大工程和系列专项行动，建立全区国家安全重大风险监测预警指标体系，推动区级单位组建国家安全人民防线建设小组，依法打击邪教活动，捣毁一批邪教资料制作窝点，开展国家安全政策法规知识宣传，国家安全更加牢固。维护社会安定。深化矛盾纠纷大调解体系建设，扎实推进诉源治理；建立“一庭两所”矛盾纠纷联调机制，办结案件1800余件；依托“365律警在线”机制，驻派出所律师为群众提供免费法律服务6万余件，调解纠纷1.5万余件；对47个市区重点项目进行稳定风险评审备案，成功预防化解一批不稳定事件。巩固人民安宁。推行以“3+3+N”为基础的片区联勤联巡联防机制，持续推进扫黑除恶常态化，“九类案件”破案率100%，现行命案连续11年100%侦破，16个挂牌整治地区发案同比下降30%以上；深化反诈专项行动，建成智慧侦查中心，成功预警劝阻在区受害人1700余人，打掉诈骗团伙74个、捣毁诈骗窝点61个；扎实开展常态化隐患排查治理，全年未发生较大以上安全事故和个人极端案事件。

【市域社会治理】 坚持“全周期”管理理念，扎实推进市域社会治理现代化试点。抓实网格基础工作。建立网格化工作联席会议制度，调整划分基础网格1466个、专属网格83个，配备专职网格员1033人、兼职720人，建立网格员工作事项清单，明确三大类七项具体职责，推动区级相关部门下沉人员开展组团式服务，全年入户走访76万户次，收集社情民意4.3万余条，排查隐患2.9万个，化解纠纷1.1万个。规范综治中心运行。全力推进全区三级综治中心建设，实体化、规范化建成率97.19%；健全完善综治中心运行机制，推动资源整合、力量融合、功能聚合。依托区综治信息系统，安装智能门禁、“雪亮工程”视频镜头和“乡村卫士”视频监控，流转办结社会治理事件5.1万余件，“1+22+N”的社会治理纵向指挥体系初步形成。形成示范带动效应。推进市域社会治理“1+8”专项工作，扎实开展多层次、多类型示范点建设，在推广统景“民情茶室”等社会治理经典品牌的同时，着力打造悦来“智慧街道”、松牌社区“六心微治”等社会治理新样板，在全市率先打造“平安驿站”，推动治理服务触角不断延伸。

【政法领域改革】 紧扣推动高质量发展主题，纵深推进政法领域改革，严格落实“三个规定”，获评全市第一批法治政府建设示范区。提质营商环境。大力宣传贯彻《中华人民共和国民法典》，开展“保知识产权、护知名品牌”“企业法治体检”“法律服务园区行”等活动，审结合同纠纷、民间借贷等案件4.1万余件，依法批捕、起诉侵犯企业及企业家合法权益犯罪112人，对犯罪情节轻微的市场主体落实少捕慎诉慎押政策50人，平等保护各类市场主体合法权益。加强服务保障。制定出台《渝北区法治社会建设实施方案（2021—2025年）》，“一室两队”警务机制全覆盖，在全市率先试点执行异议繁简分流；持续深化渝广两地“八联”政法合作，设立川渝高竹新区警务、检务、司法、调解和法律服务等工作机构；开展“乡村振兴，法治同行”活动，培养“法律明白人”182名，全区“七五”普法工作顺利通过验收。深化监督制约。修订完善《中共重庆市渝北区委贯彻〈中国共产党政法工作条例〉实施细则》，建立执法司法监督制约机制，健全完善法律适用分歧解决工作机制，实现刑事案件律师辩护全覆盖，开展重点案件交叉评查，司法公信力不断提升。

（张 寻）

公 安

【概况】 2021年，渝北区公安分局狠抓党史学习教育，强化队伍教育整顿，全力维护平安稳定，公安工作和队伍建设展现新气象、新作为，涌现出全国公安系统二级英模曾淑俊、全国公安机关扫黑除恶先进个人胡洋、全市唯一的“第六批全国学雷锋活动示范点”杨雪峰大队、“全国工人先锋号”刑侦支队、“全国巾帼文明岗”“全国青年文明号”指挥中心等先进典型，圆满完成中国共产党成立100周年大庆安保等各项工作，得到市、区各级领导肯定性批示60余次。

【维护社会稳定】 强化矛盾纠纷化解，妥善处理各类涉稳事件；实现“365律警在线”机制23个派出所全覆盖，累计提供免费法律服务6万余件，调解各类矛盾纠纷1.5万余件，调解成功率达99%，受到一致好评。强化社会面巡防，依托“3+3+N”联勤联巡联控机制，强化重点区域、时段巡防，2021年全区盗窃车内物品、入室盗窃、扒窃警情同比分别下降16.4%、9.3%、2%，现行刑事案件立案同比下降7%。持续狠抓新冠肺炎疫情防控，扎实开展高效流调溯源、强化社会面管控、科学精准布警等工作，全面落实定点隔离酒店管控措施，辖区治安持续保持平稳有序。

【公共安全管理】 聚焦新冠肺炎疫情防控、道路交通、建筑施工、校园安全等重点领域，有针对性地开展隐患风险大排查大整改大落实行动。紧盯消防安全，持续开展高层建筑消防安全综合治理暨百日攻坚“回头看”，依法查处占用、堵塞消防通道案件。深入推进“多勤联动”综合整治市容（交通）秩序和道路交通事故预防“减量控大”工作，交通违法行为查处数同比上升132.3%，道路死亡人数同比下降6.45%。紧盯重点行业物品安全，扎实开展护校安园系列行动，有力保障全区校园安全。实施民爆物品运输全程护送机制，安全完成护送任务。圆满完成西洽会等66场大型活动安保任务，实现安全目标。

【道路交通安全管理】 全年查处机动车违停、酒驾、超速、超载等各类交通违法75.8万件，同比上升55.49%。合理改造主干道，高标准高质量完成新牌坊立交、渝鲁大道等8处中心城区堵乱点治理工作。畅通次干道微循环，完成宝石路、宝圣大道等10个区域设施建设和交通优化。整治背街小巷交通，完成百灵路、天竺路、空港佳园等13处区域秩序整治。城区三轮车全域限行，查获摩托车违法7791起、非机动车违法1.04万件。加强交通事故预防及处理，全区公路客车、旅游客车、校车、危险化学品运输车等重点车辆的检验率、报废率均达100%，累计查处货车突出违法1.89万起，农村交通安全“九率”和道路交通安全管理信息系统App安装使用率均达100%，完成122处事故多发点段及安全隐患排查整治。落实“放管服”改革措施，实行38项交管业务网上办理，对18类车驾管业务实行一窗通办、跨省通办、川渝通办和全区22个派出所综合服务窗口通办，全年办理机动车业务19.6万笔、驾驶人业务16.03万笔。

【新冠肺炎疫情防控】 严格按照区疫情防控指挥部、市公安局统一部署，依托分局防控指挥部统筹相关警种、派出所，加强与区外事办、机场分局等工作对接，配合区级相关部门落实新冠肺炎疫情防控措施，强化隔离酒店及疫苗接种点秩序维护，全力保平稳。全年共核查市局系统推送重点关注人员信息，协助落实居家隔离、集中隔离人员。在南京、甘肃、内蒙古等新一轮新冠肺炎疫情防控处置工作中，助力辖区封控区管控，调度警力配合区疾控、镇街及相关部门落实处置措施，有力保障群众生命健康安全。

【基层基础建设】 加快硬件建设。有序推进“两中心”项目实施，完成新建业务技术用房整体搬迁；新建和改扩建10个基层所队业务用房，在统景镇、洛碛镇组建公巡中队，进一步增强基层执法服务能力。做实基础工作。深入开展“一标三实”基础信息采集，深化改革创新，加快“雪亮工程”建设，搭建基于人像感知网络的应用框架，推进“大数据+视频云”创新应用；实现全区“一室两队”警务机制全覆盖，真正做到警力下沉；完成全息感知热力图系统上线运行，切实加强校园周边等重点区域治安管控，不断提升警务效能。

【服务民生发展】 积极服务成渝地区双城经济圈建设，推进与四川省广安市共建川渝高竹新区警务中心，派驻3人协同开展工作；与北京市海淀区公安分局签订警务合作协议，积极开展警务合作。深化“放管服”改革举措，户口审批时限缩短20%以上，推进川黔渝户籍业务“跨省通办”47937人次，累计提供“一站式”业务办理53831人次。推进“互联网+政务服务”“警快办”推广应用，辖区累计55万人完成用户注册，占实有人口总数的25%。推行派出所窗口综合服务，开通24小时自助办证服务。积极回应社情民意，扎实办理人大建议、政协提案115件，3次召开座谈会搜集意见建议，回应群众关切。打造红锦大道等9条多勤联动市容（交通）秩序综合整治示范街，完成8处中心城区堵乱点治理及宝圣大道等9个区域交通设施建设和交通组织优化，推动解决群众“行车难”取得新成效。

【维护校园安全】 全年为辖区学校配备1496名校园保安，专职校园保安配备率达到100%；完善中小学幼儿园围墙、护栏等实体防范设施建设，中小学幼儿园封闭化管理达到100%；建立健全智慧校园智能预警平台，中小学幼儿园一键式紧急报警、视频监控系统达标率达到100%；优化上下学重点时段和校园周边重要路段“高峰勤务”机制，共设置“护学岗”393个，“护学岗”设置率达到100%。督促学校完善校园内部安全管理制度，重点加强校园门卫安全管理和上下学校园门口教职员工值守等制度，确保校园安全。

【公安宣传工作】 全年采编公安要闻及政工信息580余篇，市局采用分局稿件30篇，排名全市第一；传统媒体发表1040余篇（条），其中央级媒体350篇（条），“学习强国”学习平台采用5篇；新媒体在“两微一端”共发布稿件13000余篇（条），被部、局级媒体采用520余篇（条），央级媒体采用390余篇（条）。持续加大禁毒宣传力度，继续以青少年为重点，深入开展“毒品预防教育进校园”“市民学校”“流动课堂”等系列宣传活动。成功推树一大批公安工作先进典型，广泛宣传报道“全国公安系统二级英模”曾淑俊、“重庆市优秀共产党员”曲成顺、“第六批全国学雷锋活动示范点”交巡警杨雪峰大队、“全国工人先锋号”刑侦支队、“全国青年文明号”指挥中心、“全国巾帼文明岗”两路派出所、指挥中心以及“重庆市劳模和工匠人才创新示范工作室”陈德林劳模创新工作室等先进事迹，为公安工作和队伍建设营造良好舆论氛围。

（蒋小丽　王成志）

检 察

【概况】 2021年，区检察院坚持以习近平新时代中国特色社会主义思想为指导，深入贯彻党的十九大和十九届历次全会精神，充分发挥领导班子把方向、管大局、保落实作用，高质高效忠诚履职，各项工作取得新突破。全年受理审查逮捕刑事案件2075人，审查起诉4446人，同比分别增长44.6%、10.8%，受案量连续四年位居全市第一。在全市检察系统年度目标绩效管理考核中取得全市第一的优异成绩，5个条线被市检察院评为年度单项工作考核先进单位。2021年获全国扫黑办“全国扫黑除恶专项斗争先进集体”、最高检察院“全国检察宣传先进单位”荣誉表彰，7名干警在全市各类业务竞赛中获“标兵”“能手”称号，12名干警进入全市专业办案团队。全年共22个集体、29名个人获市级以上表彰。

【维护安全稳定】 全力维护国家安全和社会稳定，始终将打击锋芒对准危害社会和谐稳定和人民群众安全的严重刑事犯罪，全年批捕1328人、起诉2864人。突出打击涉枪涉爆涉毒涉盗等侵犯群众权益犯罪。常态化推进扫黑除恶斗争，专班不撤、力度不减。深入开展“全民反诈”“断卡”专项行动，办理“两卡”关联犯罪案件285件1171人，起诉“4·29”境外电信诈骗“杀猪盘”案、“8·29”算命诈骗案等系列案件。批捕、起诉侵犯个人信息、危险驾驶、交通肇事犯罪533件539人。办理职务犯罪案件31件39人，追缴赃款1600万余元。

【服务经济发展】 始终服务中心工作和经济发展，充分保障经济发展和金融安全。批捕、起诉非法集资、非法吸收公众存款等涉众型经济犯罪68人，办理在全国有重大影响、涉案600亿余元的特大跨境组织、领导传销案，对该案首要分子发出红色通缉令。持续严打涉企犯罪，批捕、起诉侵犯企业及企业家合法权益犯罪112人；贯彻少捕慎诉慎押政策，对犯罪情节轻微的市场主体“三类人员”不捕、不诉50人，建议判处缓刑35人。强化企业合规治理，启动全市首例企业合规治理案件。服务保障成渝地区双城经济圈建设，与四川邻水县检察院联合成立川渝高竹新区检察服务中心。主动研究发案背后存在的制度缺失、监管漏洞等社会治理难题，及时制发检察建议26份。

【推进社会治理】 坚持以人民为中心，参与社会治理。突出守护群众“舌尖上”的安全，深入开展“公益诉讼守护美好生活”专项行动，立案42件。突出守护老百姓“脚底下”的安全，扎实开展窨井盖管理和无障碍出行设施专项监督，与11家单位共同签署《涉窨井盖案（事）件协作工作办法》。关爱未成年人，对侵害未成年人犯罪严打严惩，批捕、起诉42人；对涉罪未成年人惩防结合，当严则严、当宽则宽，起诉36人，不起诉、附条件不起诉56人。加强对农民工、残疾人等社会弱势群体保护，针对怠于支付劳务报酬等案件，支持46人向区人民法院提起诉讼并协助执行。接待群众来信来访437件次，答复率100%，最高检交办的31件积访案件检察环节全部办结。做好“因案致贫”被害人司法救助工作，救助被害人544人，发放救助金68万余元。

【落实法律监督】 坚持公平公正法治价值追求，忠实履行法律监督职责。加大刑事立案、侦查和审判活动监督力度，监督侦查机关立案21件，监督撤案56件，追捕追诉犯罪嫌疑人44人，纠正遗漏罪行6人，提出抗诉7件。发出纠正侦查活动违法通知书61份，督促行政执法机关向公安机关移送案件线索3条。受理民事行政检察案件109件，办结105件。办理刑事执行检察案件195件，发出书面检察监督意见74份，回复率100%。立案公益诉讼案件30件，发出检察建议28件；办理刑事附带民事公益诉讼案件29件，起诉12件。对渝北区10个涉农镇街开展农药安全专项巡查，发现问题线索11件，向渝北区农业农村委和相关镇街发出检察建议，督促行政机关加强农药安全监管。在渝北区河长、林长办公室以及两江新区河长办公室，分别设置派驻检察联络室。

【加强队伍建设】 坚持强化自身建设，锻造过硬检察队伍。扎实开展党史学习教育，通过领导领学、讨论研学、专家讲学、支部联学、观摩促学、网课助学、竞赛验学等方式，全面加强相关会议精神和指定教材学习。党组理论学习中心组开展集中学习14次，各支部开展专题读书班学习48次，开展专题党课20次；组织开展踏红色足迹、观红色影剧、讲党史故事、忆入党初心等活动，引导全体干警深刻铭记中国共产党百年奋斗的光辉历程和做出的伟大贡献。认真贯彻中央关于开展全国政法队伍教育整顿决策部署，开展政治教育、警示教育、英模教育30余次。对交办和受理的涉检举报线索全部处理，对认定顽瘴痼疾问题全部整改完毕。严格落实重大事项请示报告制度，向区委、上级检察机关等请示报告88件次。严格执行“三个规定”，未发生干警违规干预情况。从严从实做好干部选任，组织开展科级领导干部选拔9人，遴选9名员额检察官充实一线办案力量。开展岗位练兵30余次，参加视频培训、集中培训600余人次。建立并优化案件评查全覆盖工作机制，工作经验在全国范围内推广。

（刘飞龙）

法 院

【概况】 2021年，区法院坚持以习近平新时代中国特色社会主义思想为指导，全面贯彻党的十九大和十九届历次全会精神，依法履行宪法和法律赋予的职责，圆满完成维护国家政治安全、确保社会大局稳定、促进社会公平正义、保障人民安居乐业的职责使命。受理案件97317件，审执结84583件，同比增长34.2%、36.12%，均位居全市法院首位。法官人均结案749件，同比增长41.05%。荣获“全国扫黑除恶专项斗争先进集体”荣誉称号，连续7年被评为“全市队伍建设先进法院”。

【刑事审判】 审结一审刑事案件2142件，判处罪犯3084人。审结在境外社交媒体散播政治谣言犯罪案、聚众扰乱中国驻外使馆工作秩序寻衅滋事案，有力维护国家形象和外交安全。审结电信网络诈骗案件146件、347人，全力守护人民群众“钱袋子”。审结“匠魂”网络算命犯罪集团诈骗千余人5440万余元电信网络诈骗案，主犯被判处十六年六个月。集中宣判柬埔寨“杀猪盘”特大系列诈骗案罪犯152人，最高判处十二年三个月。妥善处理涉众型经济犯罪案件31件，涉案金额38.02亿元，审结涉案金额6.7亿余元、投资人800余名的民行信业非法集资案。成立“法护未来工作室”，审结网络“隔空”猥亵儿童案，入选全市法院未成年人司法保护典型案例。审结高空抛物罪、袭警罪、“自洗钱”犯罪等新类型案件。

【民商事审判】 审结一审民商事案件46940件。联合建立一站式人身安全保护令申请机制，审结婚姻家庭纠纷2175件。审结加州花园火灾系列案。审结劳动争议案件2349件，依法保护外卖员、网络主播等新兴业态劳动者权益。审结买卖、融资租赁等合同纠纷案件36931件，维护守约方合法权益。审结民间借贷案件4806件，持续优化市场融资环境。清理破产积案16件，累计清偿债务11.23亿余元。审结西南汽车公司解散纠纷案，入选重庆法院民营经济司法保护典型案例；审结二手房主涨价毁约案，入选全市法院践行社会主义核心价值观典型案例。审结兰亭·新都汇建设工程合同纠纷案件，结案标的额3.6亿余元。

【行政审判】 审结一审行政诉讼案件1142件，判决撤销行政机关行政行为、责令履行法定职责、确认行政行为违法或无效案件61件。支持行政机关依法履职，审查行政非诉案件730件，裁定准予执行617件。完善司法救助机制，制定并严格执行《行政庭办理司法救助案件工作细则》，规范司法救助案件办理时效、职责，司法救助智审平台使用率达100%。向行政机关发出司法建议27件，配合完成中央依法治国办法治政府建设实地督察，助推法治政府建设。

【环境资源审判】 审结一审环境资源案件341件，12件案例入选中华环保联合会《环保法庭案例选编》，助力建成国家“绿水青山就是金山银山”实践创新基地。认真贯彻《中华人民共和国长江保护法》，审结非法捕捞案件62件99人，助力“十年禁渔”。审结公益诉讼案件19件，2篇公益诉讼案例入选重庆法院环境资源审判白皮书。落实中央第二轮生态环境保护督察反馈意见，审结1家环保公司及相关责任人污染环境罪案件，依法打击非法处置废弃物行为。在线审结非法处置89.17吨医疗废物污染环境刑事案件。深入践行川渝六区法院环资司法协作机制，筑牢长江上游绿色发展司法屏障。持续践行恢复性司法理念，稳步推进铜锣山矿山公园生态修复司法实践基地建设。

【执行工作】 执结案件32368件，执行到位金额35.94亿元。司法拘留105人次，查封房屋7019套、车辆3810辆，曝光失信人员5995人次、限制高消费22733人次。加快有财产案件办理，网拍标的物1802件，成交额11.07亿元。建立分类审查机制，在全市率先试点执行异议繁简分流。专项清理兑付不明案款，出台制度规范案款管理。加强协调联动，联合建立车辆在线查封、房屋定向询价等机制，引入公证员参与辅助事务，探索执行文书“霸屏式”电子送达。以拒不执行判决裁定罪，追究有钱不还、打赏网络主播5万余元的陈某刑事责任。在全国法院执行案款集中发放日，渝北区法院作为重庆法院主会场向332人发放案款4200万余元。

【司法改革】 严格落实四级法院审级职能定位改革要求，自2021年10月以来累计受理标的额超3000万元案件84件。持续完善审判权力制约监督机制，出台《法官、审判辅助人员权力和责任清单》，明确各类人员权责。修订案件质量评查办法，评查重点案件152件，倒逼质量提升。加强典型案件监管，识别标记“四类案件”146件，确保有序放权和有效监管相统一。狠抓长期未结案件清理，始终保持三年以上未结案“零库存”。持续深化司法公开，上网裁判文书、网络直播庭审数量均居全市法院前列。强化诉源治理，“诉调·速裁中心”（“老马工作室”）调解纠纷2.7万件。全面推进“智慧法院+”建设，网上立案36459件，在线开庭989件，扫码缴费1.49亿余元，“12368”热线答疑解惑14957次。

【队伍建设】 突出政治标准选人用人，优化配强干部队伍。强化监督执纪问责，落实“一岗双责”，带动全院干警校准自身定位，保持积极有为的精神状态，释放全面从严治党正能量。有力有序推进党史学习教育，深入开展“我为群众办实事”，办理实事共计146件次，服务群众55118人次。扎实开展队伍教育整顿，相关工作受到中央第十三督导组、市第四指导组及市委、市高级人民法院相关领导肯定。加快建设“智慧党建中心”。组织干警参加各类专题培训，全方位提升“五大能力”。4场庭审、5篇文书获评全市法院优秀等次，13件案例入选全市法院以上级别典型案例，1篇论文在全国法院学术讨论会获三等奖。23个集体和103名个人受到区级以上表彰，刑事审判庭荣获“全国维护妇女儿童权益先进集体”荣誉称号，行政审判庭庭长黄青松被评为“重庆市先进工作者”。

（李军乐）

司法行政

【概况】 2021年，渝北区司法行政工作坚持以习近平法治思想为指导，全面贯彻党的十九大和十九届历次全会及中央全面依法治国工作会议精神，推动全区普法依法治理、法治政府建设、全面依法治区各项任务圆满完成，更高水平的平安渝北建设上新台阶显新成效。区司法局荣获“全国司法行政机关2020年国家统一法律职业资格考试工作表现突出单位”“2016—2020年全国普法工作先进单位”荣誉称号，区人力社保局荣获“2016—2020年重庆市法治宣传教育工作先进集体”荣誉称号，全区有3人分别荣获“全国司法行政机关2020年国家统一法律职业资格考试工作表现突出个人”“全国司法所模范个人”“2016—2020年全国普法工作先进个人”称号并受表彰，有2人荣获“2016—2020年重庆市法治宣传教育工作先进个人”称号。

【普法依法治理工作】 召开区委全面依法治区委员会守法普法协调小组工作会，制定印发《渝北区2021年全民守法普法工作要点》；完成对渝北区2个全国民主法治示范社区的复核，全区73.66%的村（社区）达到“三治结合”建设标准。制定印发《法治宣传教育的第八个五年规划（2021—2025年）》；组织新提任领导干部参加法治理论知识考试351人次，网络法治理论知识考试9994人次，32名处级领导干部参加线上庭审旁听。深入开展“12·4”国家宪法日、“三月法治宣传月”以及防范电信诈骗、优化营商环境、美好生活·民法典相伴等主题法治宣传活动，全年累计举行集中宣传活动8383场次，完成创作民法典广播剧50集、普法系列动漫16集、普法四格漫画16幅，推送“渝北普法”微信公众号48期，编写“e同学法”栏目248期；开展法治宣传普及率第三方测评，全区法治宣传教育普及率达96.71%。

【法治政府建设】 印发实施2021年全区法治政府建设工作要点，全面落实法治政府建设年度报告制度，深入推进行政执法监督工作，评议行政执法案件33件，发出执法监督意见书8份。对全区200件行政处罚案件进行评查，合格率92%。规范11项行政裁决工作，清理138项涉企检查事项，助推营商环境进一步优化。对1300名执法人员开展执法培训，考试合格率100%。办理法律服务行业投诉案件147件，未发生因未及时处理投诉造成一定后果等情况。2021年10月15—16日，接受中央依法治国办法治督察并获工作肯定。11月，成功创建第一批全市法治政府建设示范区。11月1日，市委依法治市办将渝北区作为第一参评候选区向中央依法治国办进行推荐。

【全面依法治区】 全年召开全面依法治区会议8次，印发实施《学习宣传贯彻习近平法治思想工作方案》，全面落实全区党政主要负责人履行推进法治建设第一责任人职责述法制度。深入推进法治中国、法治政府、法治社会规划纲要贯彻落实。全面贯彻落实民法典，推进综合执法改革，完成行政复议改革，落实司法体制改革任务，加大法治宣传教育。2021年全面依法治区工作成效突出，在全面依法治市考核中排名第一。

【人民调解人民监督】 深化司法体制改革，创新社会管理方式，完善多元化纠纷解决机制，推动人民调解工作和人民监督工作高质量发展，全力维护社会稳定。截至2021年底，全区有调解组织412个、调解员3145名。全年全区各调解组织共受理矛盾纠纷1.06万件，成功调处1.05万件，调解成功率99.19%；受理行政调解案件2.11万件，成功调处1.84万件，成功率87.27%。配合区法院持续做好全区300名人民陪审员培训管理工作，人民陪审员全年参审案件4586件。配合重庆市司法局加强渝北区域内14名人民监督员的管理，全年组织人民监督员履职45次。

【公共法律服务】 印发实施《重庆市渝北区政府法律顾问考核办法（试行）》，建立完善第五届渝北区政府法律顾问库。派驻律师到镇街、村居开展宣传活动1384次，接受法律咨询7603件，处理群体纠纷35件，参与调解纠纷418件，承办法律援助案件10件，协助处理其他涉法事务246件。派驻律师进驻区信访办窗口，提供法律咨询268件，参与重大纠纷调解9件；派驻律师进驻区法院速裁中心，提供法律咨询648件，调解诉前纠纷207件，成功30件。

【法律援助】 深入学习贯彻《中华人民共和国法律援助法》，加强规范法律援助工作，全力保障公民和有关当事人的合法权益，保障法律正确实施，维护社会公平正义。全年受理法律援助案件979件，办结各类法律援助案件1205件；解答各类来电、来访咨询4102人次，提供法律帮助2397件，代写法律事务文书176份；为受援人挽回经济损失971.27万元，继续保持法律援助“零”投诉。6月22日，接受全国人大调研组的调研指导并获得好评。

【行政复议】 积极推进行政复议体制改革，制定印发《重庆市渝北区行政复议体制改革实施方案》，组建行政复议委员会，全面提升行政复议案件办理质量。2021年，全区发生复议应诉的行政争议案件主要涉及劳动和社会保障、生态环境、房屋征补（拆迁）、城乡规划等领域。其中，行政复议案件174件，渝北区作为复议机关的复议案件161件（部门具有复议权10件），渝北区作为被申请人的复议案件13件；行政应诉案件301件，渝北区作为被告的应诉案件54件（一审），镇街部门作为被告的应诉案件247件（一审）。

【规范性文件管理】 全年开展7次规范性文件清理，废止政府规范性文件15件，延长有效期1件。向市政府和区人大常委会报备政府规范性文件20件，备案审查部门、镇街规范性文件32件，备案30件，对1件部门规范性文件提出修改建议。截至2021年底，全区保留现行有效规范性文件168件，全部在区政府网站公开。

【社区矫正】 全年累计接收社区矫正对象569人，累计解除479人，截至2021年底在册社区矫正对象569人，全年未发生人员脱漏管和参与影响社会稳定事件的情况。全年累计衔接刑释解教人员1001人，安置帮教期内刑满释放人员3277人，未出现不稳定情况。全年开展服刑戒毒人员亲属远程探视628次。

（袁海溢）

军 事

人民武装

【概况】2021年，渝北区人民武装部（简称“区人武部”）坚持以习近平新时代中国特色社会主义思想和习近平强军思想为指导，深入学习贯彻党的十九大及十九届历次全会精神，贯彻落实中央军委主席习近平在庆祝中国共产党成立100周年大会上的重要讲话精神，认真贯彻军委扩大会议和战区、国防动员部、警备区党委扩大会议精神，按照“打牢基础谋长远、巩固成果求发展、补齐短板创一流”的工作思路，狠抓年度各项工作落实，出色完成国防动员组织指挥集训等大项任务，备战打仗、民兵整组、征兵工作等多项指标继续保持全市前列。区人武部连续三年荣获“警备区全面建设先进人武部”称号，1人获军委国防动员部“军事训练先进个人”表彰，1人荣立三等功，多家单位和多名个人受到市委市政府和警备区表彰奖励。

【思想政治建设】2021年，区人武部始终把思想政治建设摆在首位，官兵理论武装不断加强。坚持聚焦“传承红色基因、担当强军重任”主题，扎实抓好以主题教育为重点的年度各项思想政治教育，广泛开展学习卫国戍边英雄、庆祝中国共产党成立100周年等实践活动，官兵听党话、跟党走的思想根基进一步夯实。深化警备区政治能力集训成果，深入阐释党中央、中央军委和习近平主席一系列决策部署的深刻政治内涵，促进官兵对“国之大者”了然于胸，政治判断力、政治领悟力、政治执行力不断提升。紧密结合百年未有之大变局，扎实开展政治纪律教育、形势战备教育和警示教育。弘扬拥政爱民优良传统，广泛开展学雷锋活动，区人武部被市委宣传部确定为“岗位学雷锋活动示范点”。积极开展新闻宣传报道和要讯工作，全年在省级以上媒体刊发稿件150余篇，要讯撰稿、上稿数量和质量均位居警备区部队前列。从严从紧加强党的建设。扎实开展党史学习教育，通过学好习近平《论中国共产党历史》等指定教材，组织全体人员和专武部长到红岩革命烈士公墓开展重温入党誓词活动，认真召开党小组和党委专题组织生活会，抓好“解难题、办实事”实践活动，高标准完成各项学习任务，有力推动民兵教练员不足、人武部营区搬迁、民兵训练无固定场地、现役军人子女优待入学等具体问题的解决。严格规范和落实党内政治生活各项制度，在警备区党组织规范化建设检查考评中，名列全市前列。以上级巡视、巡察、督察问题整改为契机，坚持举一反三、坚持深挖根源、坚持持续用力，在如期完成28个具体问题整改的基础上，查找解决党委班子在思想观念、工作指导等方面存在的突出问题，有力推动班子自身建设。认真履行管党治党主体责任，狠抓党风廉政建设，在清理政治流毒、纠治“四风”、解决“五多”问题等方面持续用力，保持风清气正的良好政治生态。

【战备训练】 2021年，区人武部紧贴实战要求抓实战备训练，部队战斗力水平不断提升。严格落实战备工作制度，结合春节等重要节点组织拉动演练3次，民兵应急分队战备水平稳步提升。坚持按纲施训，集中利用近60天时间，组织基干民兵开展入队训练、轮训备勤、“小专业大集中训练”和任务分队专业训练等集训活动，全面完成年度基干民兵所有训练任务，全区后备力量战斗力整体提升。以参加上级组织的国防动员组织指挥集训为牵引，扎实开展各要素培训和演练，区国动委实战条件下的组织指挥能力明显提升；抽组精干人员修订完善自卫还击国防动员总案及行动计划，集训成果持续巩固深化；扎实开展迎接警备区年度军事训练考核工作，区民兵应急连、天宫殿街道民兵应急排、鸳鸯街道法理斗争排等基干民兵分队出色完成迎考任务，渝北区备战打仗工作名列全市排名第一。

【国防动员】 2021年，区人武部稳步推进国防动员体制改革。认真开展国防动员潜力调查，完成全区34家重点企业和10个重要目标信息采集、核查；推进民兵调整改革，坚持摸清潜力打基础、上门协调解难题、军地协作共推进，人和街道武装部荣获“全市征兵工作成绩突出集体”称号，渝北区人民医院副主任医师王浩、玉峰山镇人民武装部干事郑义泉获“全市征兵工作成绩突出个人”称号并受表彰。

【从严治军】 2021年，区人武部坚持依法从严治军，部队建设各项秩序更加有序。牢固树立安全发展理念，深入学习贯彻《中国人民解放军保密条例》《中国人民解放军安全管理条例》，严格落实安全形势分析、安全风险评估、安全检查等基本制度。履行党委理财、管装责任，投入经费完成营区整治、政治氛围改造、会议系统升级等项目建设，官兵工作生活环境进一步改善。开展资产大清查，完成固定资产核查，按要求建立完善实物账、价值账、综合账。落实党委议装制度，扎实开展管装爱装教育，加强装备日常维护管理，装备始终保持较好的战技术性能。严格落实常态化疫情防控措施，组织民兵参与驻地抗疫行动，实现完成任务好、自身零感染的目标。

【党管武装】 2021年，区人武部严格党管武装落实。认真落实回营办公、定期汇报等基本制度，有效促进党管武装各项工作落地落实。协同渝北区和两江新区组织人事部门，认真做好专武干部的选拔、考察、任用和教育管理，专武干部队伍整体能力素质不断提升。

【规范化建设】 2021年，区人武部持续深化基层武装部规范化建设成果，稳步推进民兵营连部建设，宝圣湖街道投入经费30万余元，率先在全区完成民兵营连部规范化建设。修订完善基层武装部考评细则，落实军地联合表扬武装工作先进单位和个人，有效激发基层武装部和专武干部干事创业的热情。稳步推进新营区建设、国防教育中心修缮等重点工作。

【扶贫帮困】 2021年，区人武部巩固脱贫攻坚成果，助力乡村振兴，向云阳县人武部和渝北区隆仁村拨付扶持资金30万元，持续开展消费扶贫活动，全年购买定点扶贫农产品近10万元。

【“六进七讲”党史学习教育】 2021年，区人武部联合区退役军人事务局组建“老兵故事汇”宣讲团，组织20名“老兵”深入基层开展“六进七讲”活动（进机关、进社区、进农村、进校园、进企业、进军营，讲从军战斗故事、讲革命历史故事、讲爱国爱党故事、讲初心使命故事、讲创业奋斗故事、讲敬业奉献故事、讲崇义友善故事）。坚持把党史学习教育与全民国防教育、征兵宣传工作相结合，广泛开展“传承红色基因，担当强军重任”主题教育，组建“民兵车间”“民兵班组”“民兵机台”学党史宣传队，深入开展党史知识和国防知识宣讲，营造人人学习党史、人人真心系国防的浓厚氛围。

【机关党史学习教育】 2021年，区人武部紧跟上级通知要求，紧扣党史学习教育主题，按照“跟进式、解读式、专题式”施教基本思路，细化具体举措，坚持严督实导，定期收集情况、盘点讲评，不断推动党史学习教育走深走实走心。通过走访调查、座谈讨论、交心谈心等形式，摸清党委班子和党员队伍存在的问题，召开专题党委会，全面分析党委班子和党员队伍建设形势；制定完善党史学习教育实施方案，建立健全党史学习教育工作责任制、例会制、阶段效果分析制和信息反馈等四项工作制度；召开专题组织生活会，查漏补缺完善机制。通过邀请区委党校专家教授讲课、请抗美援朝老战士讲光荣传统、重温入党誓词和党章，以及部领导带头读书记笔记、写心得体会、登台上党课等多种方式，全面强化官兵使命责任感和宗旨意识。深入开展“永远跟党走”和民兵预备役“学党史、我为群众办实事”活动，全年为民办实事60余件。

【党的十九届六中全会精神专题辅导班】 11月26日至28日，区人武部组织开展党的十九届六中全会精神集中宣讲辅导，部长作专题授课辅导，全区民兵骨干参加学习。辅导围绕辉煌与荣耀、光荣与梦想、梦想与未来3个篇章，深刻诠释党的十九届六中全会精神，生动讲解党的百年奋斗伟大成就和宝贵经验，教育引导民兵骨干积极响应党中央新时代赶考路上的集结号与动员令，从百年奋斗历史中汲取养分，时刻牢记职责使命，自觉立足岗位、坚守战位，坚决从应对强敌军事斗争准备的高度加强练兵备战，以时不我待、只争朝夕的精神把渝北区国防动员和后备力量建设各项工作抓细抓实抓到位。

【征兵工作】 2021年，区人武部采取线上宣传与线下发动相结合、全面覆盖与精准投送相结合，推动征兵工作质效全面提升。加强与地方宣传部门对接，拓展“互联网+征兵”宣传渠道，通过微信推送、公众号发布等方式，及时开展征兵新政策解读，集中发布政策宣传20条，滚动播放各类征兵信息30余次。层层签订廉洁征兵责任书，严格落实党委主体责任、纪委监督责任和征兵办主抓责任，细化明确区、镇（街道）、村（社区）三级征兵工作人员职责内容，做到人人有责、人人担责。面向社会遴选聘任廉洁征兵监督员，举办聘任仪式和教育培训，切实协助兵役机关扎紧扎牢廉洁征兵的“笼子”“口子”。

【学生军训】 2021年，针对军委巡视组指出的问题，区人武部党委立行立改，全面加强和完善在校学生军训工作。按照学校提需求、区教委审核、区人武部派兵组织的程序，留存纸质审批文件，确保程序正规。严格从基干民兵中选派军训教官，按照教官需求数量，由基层武装部推荐、区人武部审核把关，切实把优秀民兵选派到军训一线。由学校所在镇街武装部长、人武部选派1名职工全程跟训，每日早晚2次点名核实军训人员，并进行花名册签到；狠抓训风和教官个人作风，确保军训效果，防止发生意外情况。收集核实教官银行卡、身份证、电话号码等信息，并统一提供给军训实施学校，确保施训人、领取人与发放补助信息一致，区人武部与学校发放补助名单一致，发放补助时间与签到实训时间一致。

【军地喜报送达】2021年，区人武部和所在部队共同参与，地方由区、镇（街道）、村（社区）三级组成，区分奖励层级、突出典型重点，采取军地联动，增强喜报送达主体部门职责意识，进一步弘扬新时代拥军优属光荣传统，提高服役军人建功立业的热情，激励军属一如既往地支持国防建设。协调地方政府和相关业务部门，大幅度提高立功受奖人员奖励标准，其中被中央军委授予八一勋章的，奖励50000元；被中央军委授予荣誉称号的，奖励30000元；荣立一等功的奖励10000元；荣立二等功的，奖励5000元；荣立三等功的，奖励2000元；被评为“四有”优秀士兵（学员）的，奖励500元，切实提升军人的荣誉感、幸福感、获得感。联合区委宣传部、区退役军人事务局、区融媒体中心，开展“最美退役军人”“最美军属”等宣传活动，通过广播、电视、抖音、融媒体等平台广泛宣传军人军属事迹，增强全社会“一人参军，全家光荣”“一人立功，全家荣耀”意识，重塑军人荣誉体系，助推军人成为全社会尊崇的职业，军人军属社会认可度不断提高。

【极端天气抢险救灾】5月2日晚至5月3日凌晨，渝北区受强对流天气影响，遭受强风、暴雨和雷电等灾害，辖区600余株行道树、绿化树折断，10余根电线杆损坏，部分公路和乡村道路滑坡、堡坎垮塌，排水沟被冲毁，个别农村土坯民房倒塌。区人武部出动应急民兵参加抢险救灾，清除折断树木，清扫街面卫生，撤除毁损杂物，协助恢复交通，圆满完成抢险救灾和灾后秩序恢复任务，得到党委政府和人民群众的肯定。

【防汛抗洪救灾应急准备】2021年，区人武部针对辖区汛期易发高发的洪涝自然灾害，全面及时做好防汛救灾应急准备。军地专题研判形势，区人武部会同区应急局、区水利局、区气象局、区城市管理局等部门，总结近年渝北区应对洪峰过境情况和前期强降雨处置情况，会商研判汛期辖区防汛、洪涝及次生灾害形势，修订完善针对性预案。加强灾情搜集汇总，与区应急指挥中心建立每日灾情沟通联系机制，常态化督导检查民兵情报系统运行情况，发挥民兵信息员人熟、地熟、情况熟的优势，运用民兵情报信息终端及时报告灾情。周密组织应急准备，修订完善防汛抗洪应急预案；7月16日，组织区民兵应急连和区战备值班分队，在重庆工业职业技术学院举行战备拉动点验，切实增强值班分队战备意识，提高遂行应急任务能力。

【安全稳定】2021年，区人武部参与维护社会稳定，加强与地方政法、公安、信访、反恐等部门的联系，完善应急处置预案，协助做好维护社会稳定工作。抓好机关安全管理，以人、车、酒、密为重点，创新抓好“两个以外”管理，动员家属共同落实禁酒令，严防失泄密事件发生，确保安全稳定。落实抢险救灾准备，以全区应急民兵轮训备勤为契机，以抗洪抢险为重点，狠抓救灾行动训练，全面加强救灾预案演练，备齐抢险救灾装备物资。周密组织行政值班，以值班首长、值班员、值班分队为重点，强化在位履职意识，督导掌握值班情况处置流程，加强应急处突演练，切实做到遇有情况迅即出动、有效处置。

【支援核酸检测】2021年，区人武部面对新冠肺炎疫情防控新形势新任务，第一时间启动应急预案，动员组织龙山、龙溪、龙塔、宝圣湖4个街道民兵，到各核酸采样点位遂行协调组织保障任务。加强安排部署，第一时间号召全区广大民兵和退役军人听令而行、闻令而动，紧紧围绕“平时服务、急时应急、战时应战”的职责使命，全力以赴投身新冠肺炎疫情防控一线，充分发挥民兵组织“建为战”作用。落实防控举措，组织全区民兵坚守各个核酸采样点，严守24小时防控纪律，主动跟进学习新冠肺炎疫情防控常识，圆满完成患者测温验码、筛查登记、分流分诊、环境消杀等任务，充分发挥急时应急的保障作用，用实际行动筑起新冠肺炎疫情防控的坚强堡垒。

（任 伟）

人民防空

【概况】 2021年，渝北区坚持以习近平新时代中国特色社会主义思想为指导，以强化应急准备、加强工程建设、增强宣传实效、优化营商环境为重点，全面提升应急应战能力，提高人防工程智能监管水平，增强群众自救互救技能，积极主动服务经济社会发展，推动人防事业高质量发展取得新成效。

【人防应急准备】 2021年，区人防办完成指挥中心、无线短波电台、车载卫星设备等人防指挥通信日常训练110余次，组织参与全市指挥通信分组训练5次，全年训练共计370余人次。完成防空警报备用蓄电池安装任务，城区警报覆盖率达90%以上；组织2021年“6·5”全区防空警报试鸣放活动1次，鸣响率100%。

【工程建设与平战结合】 2021年，区人防办以推进安全生产专项整治三年行动计划为抓手，深入分析研判安全生产面临的严峻形势和潜在的风险隐患，保持人防安全生产“零事故”良好态势。全年完成公共人防工程管道改造、配电箱及设施改造、主洞口照明改造等整改项目，整改率达100%。立足人防工作战时防空、平时应急支援服务职能，坚持聚焦民生所向、防空防控融合，因地制宜调整人防工程作疫苗接种点使用，充分发挥人防工程战备效益、社会效益、经济效益。完成疏散基地年度建设任务，应急应战人口疏散安置保障能力进一步提高。组织开展全区人民防空专业队伍第九周期组训，成功组建8类专业队伍，圆满完成在职训练任务。

【人防知识宣传教育】 2021年，区人防办持续推进人防宣教“五进”工作，组织机关、下属事业单位人员及区人防骨干教师共300余人，分批次到重庆市人民防空宣教馆参观，实地开展人防知识科普教育。组织编写《青少年人防教育读本》，订购发放《初级中学人民防空知识读本》，落实分发人民防空教材教具，联合区教委在小学、初中举办2021年人民防空教育系列活动，学校开课率、学生受教育率达到100%。深入辖区各高校开展人防知识宣传教育，教师人防教育教学技能和水平普遍提升。组织龙山街道龙山路社区等4个社区，实施人防阵地、队伍建设和装备器材等升级改造，指导已建成“两防一体化”社区开展人防宣传、防空演练，推动人防知识宣传教育走深走实、人民防空应急知识在全区普及。

（秦 馨）

退役军人事务

【概况】 2021年，渝北区深入贯彻落实习近平总书记关于退役军人工作的重要论述精神，以开展“法律政策落实年”活动为抓手，推动机构运转规范高效、重点工作有序开展、矛盾纠纷大幅减少、尊崇氛围日益浓厚，圆满完成各项目标任务，全力助推渝北区经济社会发展上新台阶。

【服务保障体系建设】 2021年，区退役军人事务局投资350万元实施服务中心升级改造，为全区退役军人提供全面、优质、贴心的服务。区退役军人服务中心、镇街服务站、114个村（社区）服务站（服务对象100人以上）全部完成全国示范型服务中心（站）创建工作。投入资金近500万元，完成龙溪街道龙湖社区、双凤桥街道凤鸣路社区、茨竹镇中河社区、石船镇战旗村各具特色的老兵活动阵地建设。

【移交安置和就业创业】 2021年，全面完成退役军人及随调家属的接收安置工作，实现部队、地方、个人“三满意”目标。组织“退役第一课”适应性培训、职业技能等培训400余人次，指导镇（街）开展培训100余人次。打造退役军人就业创业基地，结合“线上+线下”开展职业规划、技能提升、培训就业、创业支持、招聘双选等服务，提升退役军人就业创业技能。积极协调公安、消防、城管、医院等单位定向招录退役军人，组织区、镇（街）两级退役军人专场招聘会10次，重庆长安集团、国美电器等200余家用人单位提供1500余个用工岗位。

【拥军优抚】 2021年，渝北区大力打造双拥公园，全面提升双拥氛围。春节、“八一”期间，组织走访慰问驻区部队，赠送慰问物资折合人民币68万元。开工建设驻区某部队新营区项目。为军队立功受奖人员送喜报、慰问信129份，送慰问金11.5万元。新签订军民共建协议7家、拥军优抚协议2家，开展社会拥军活动29场。受领全国双拥模范城（县）和边海防基层部队结对共建试点任务，开展“八一”慰问、军地文化交流，落实经费1000万余元整治营区环境。中国双拥网、中国双拥杂志、全国双拥工作简报多次宣传报道渝北区双拥工作做法。

【褒扬纪念】 2021年，区退役军人事务局加强革命文物保护利用，完成石船镇张仁华烈士墓、大湾镇杨子渊烈士墓等5处零散纪念设施修缮项目。会同区委党史研究室等单位，深入挖掘整理英烈事迹，核对完善烈士信息，组织开展渝北区烈士英名录编撰工作。组织社会各界代表100余人，规范开展烈士公祭日活动。成功举办“2021年清明祭英烈”等线上线下祭扫活动，参与群众达19.8万人次。

【军休服务管理】 2021年，区退役军人事务局严格落实军休干部“两个待遇”，发放离退休费及津补贴3394万元、报销医疗费234万元。投资600万元在人和、龙山分别建立军休服务站，计划投入资金980万元启动碧津公园新建军休中心，对军休中心老旧房屋进行改造。落实军休党员七项组织生活制度，全面加强军休干部政治教育和理论学习，坚持开展军休活动，引导军休干部坚定理想信念，永葆党员本色。

（孙　婕）

开放 · 开发

综　述

2021 年，渝北区全面融入共建“一带一路”和长江经济带发展，开放发展纵深推进，发展活力持续增强。开放通道不断拓宽，江北国际机场 T3B 航站楼及第四跑道建设提速推进，新开通国际航线 5 条，新增国内客运通航点 13 个，通达城市 12 个，旅客吞吐量提升至全国第四位，货邮吞吐量达到 48 万吨，成功获批空港型国家物流枢纽。铁路枢纽东环线等项目进展顺利，洛碛码头前期工作稳步推进，三环高速渝北段建成通车。区域联动不断深化，积极融入成渝地区双城经济圈建设，与广元市、德阳市等友好城市不断深化交流合作，19 个可视化项目推进顺利，其中双城产业合作示范园、工业链对接平台等 12 个合作项目已出成效。加快推动高竹新区发展，出台“黄金政策 30 条”，新签约项目 29 个，协议投资 295 亿元，川渝高竹新区管委会正式成立。主动服务两江新区开放开发，累计为市级平台征地 5.3 万亩。持续做好云阳对口协同发展工作，投入 3040 万元援建项目 13 个，助力云阳销售农特产品 2200 万元，为云阳提供就业岗位 2300 余个。外贸外资稳定发展，中新航空产业园 15 个项目集中开工，中新大数据智能化成果展示促进中心建成投用。自贸试验区渝北板块新增注册企业 5169 户，引进重点项目 80 个。全区实现进出口总额达 1968 亿元、增长 17.3%，入选国家外贸转型升级基地。利用外资提质增效，实际利用外资 20.31 亿美元，总量居全市第一。新增外商投资企业 101 家，外商直接投资（FDI）完成 6.01 亿美元，同比增长 11.61%。招商引资成效明显，新签约项目 220 个，其中 10 亿元及以上项目 25 个，合同投资额 1000 亿元，到位资金 225 亿元，均超额完成目标任务。举办招商推介、集中签约、集中开工等重大活动 20 次，成功签约荣盛盟固利动力电池智能制造基地、顺丰西南运营总部、树兰（重庆）医院等重点项目。

（曾　娅）

招商引资

【概况】 2021 年，渝北区招商工作紧扣“以高质量招商引资助推高质量发展”这条主线，抢抓成渝地区双城经济圈建设重大战略机遇，加快推进国家临空经济示范区建设，为经济高质量发展注入了强劲动力。2021 年全区引进重点招商项目 147 个，完成正式合同额 784 亿元。

【临空经济示范区建设】 2021 年，临空经济示范区努力克服疫情影响，加快经济复苏步伐，主要经济指标快速回升。临空经济示范区实现地区生产总值 814.56 亿元，同比增长 13%；规模以上工业总产值

2120.86亿元，同比增长15.2%；规模以上高技术制造业产值1607.6亿元，同比增长18.3%，规模以上智能终端产值569.91亿元，同比增长42.7%；完成固定资产投资732.55亿元，同比增长40%。货邮吞吐量47.7万吨，同比增长16%；旅客吞吐量3576.6万吨，同比增长2.4%。截至年底，新开通国际航线5条，新增通航城市19个，江北国际机场航线总数达375条，通航城市达228个，“一带一路”沿线国家航线达72条，“陆海新通道”航线达43条。

【招商工作成效】 围绕“以高质量招商助推高质量发展”这一目标，考核任务全面较好完成、产业集聚取得新进展。全年纳入市级成效新签约招商项目147个，正式合同额784亿元、资金到位额220亿元（同比增长48%），分别完成目标任务的101%、141%，资金到位率28%（同比增长9%），全年共引进正式合同额50亿元以上项目2个，10亿元以上项目22个，考核排名位列全市同序列第二。新招引智能制造项目39个、合同引资188亿元，占比24%；现代服务业项目52个、合同引资420亿元，占比54%；创新金融项目13个、合同引资72亿元，占比9%；软件和信息服务项目33个、合同引资63亿元，占比8%；其他项目10个、合同引资41亿元，占比5%。

【项目量、质齐升】 坚持一手抓招引、一手抓投促，助推全区招商工作量、质齐升。“大招商”格局优势凸显。进一步构建起更加高效完善的“1+1+7+N”全员招商体系，区委、区政府主要领导带队外出招商15次，组织集中签约、开工、招商推介、技能培训等活动20余次。“多形式”招商成效明显。积极融入双城经济圈建设，与德阳、广元、高竹新区等地协同联合招商，联合招引项目23个，正式合同额83亿元，资金到位额约18亿元。与市招商投资局、市商务委等单位联合引进海螺水泥、松下等500强项目2个，承办全市重大招商项目集中开工活动。发挥“专业招商＋平台招商”的体制优势，全年累计研判重大招商项目30余个，完成全区一半的合同引资任务。用好临空投参投的13只基金，与IDG、北极光等知名基金公司深度合作，引进三匹马等科技企业10余家。

【打造链条“助推器”】 一是“2+4+1”现代工业体系方面。新签约欣冠精密结构件、信诚硅胶电子、煌铭旺和新材料等重大项目48个，正式合同额302.5亿元，推动物奇科技、天箭惯性、蓝岸通讯等拟上市企业技改升级、扩大投资，推进OPPO、传音等项目在渝北做大做强。二是“5+3+1”现代服务业体系方面，新签约腾讯云、火链中国、武汉光庭、顺丰西南运营总部、成渝电商物流、树兰医院等重大项目96个，正式合同额476亿元，“5+3+1”产业体系各链条均有重大项目落户。三是“3+6+1”现代农业产业体系方面，新签约农发科技、食用菌研发等重大项目3个，正式合同额5.5亿元，推动双孢菇智能化现代科技园项目开工建设。

（黄俊豪）

外经贸工作

【外贸进出口】 2021年，全区外贸进出口总额实现1967.8亿元，同比增长17.3%，在主城九区中，总量排第二，增长率排第六。其中，出口实现1373亿元，同比增长21.4%；进口实现594.8亿元，同比增长8.8%。

【平台联动】 联合两江新区、保税港区出台《重庆两江新区促进总部贸易转口贸易加快发展办法》，促进小传总部贸易、锦崴总部贸易等项目健康发展。联动机场集团、保税港区编制完成《重庆空港型国家物流枢纽建设方案》，获批“十四五”首批国家物流枢纽。会同市政府口岸物流办等办重庆空港型国家物流枢纽授牌暨2022年重庆市口岸物流重点合作项目集中签约活动，引进四川航空有限公司在重庆设立基地货运公司。

【重点园区发展】 支持临空国际贸易示范园健康发展，已注册企业441家，2021年实现进出口额5.81亿美元。会同临空招商公司研究总部贸易基地升级发展，引进九本能源等项目签约入驻。

【拓展国际业务】 联合两路寸滩海关举办对美加征关税商品市场化采购排除政策宣讲培训会，组织企业参加助力辖区外贸企业高质量发展暨企业管理工作交流会，指导企业深入了解通关便利化、RCEP原产地规则和关税减让政策、AEO制度等。

（苗建波）

中新自贸工作

【市区联动共建中新合作项目】 一是签订战略合作协议。7月2日，渝北区政府和市中新项目管理局签订战略合作协议，共建中新互联互通项目，双方确定联席会议合作机制，明确在信息通信、航空产业、交通物流、金融服务、教育培训等重点领域合作事宜，联合推动更多重点项目落地集聚。二是挂牌中新（重庆）大数据智能化产业示范园。12月17日，在渝北区政府、市中新局、市大数据局联合推动下，在仙桃数据谷挂牌中新（重庆）大数据智能化产业示范园区，重点围绕信息通信领域，通过引进大数据、人工智能、软件信息、物联网、智慧城市、智能制造等领域企业和项目，将仙桃数据谷建设成为全市中新项目合作的核心展示、交流和服务平台。三是开展联合招商推介。12月7日，渝北区相关单位到深圳参加市中新局组织的中新（重庆）国际航空物流产业示范区暨中新航空产业园文商旅推介会，渝北区组织木耳物流园入驻企业宝能供应链有限公司、东方嘉盛协同供应链管理有限公司进行了招商合作推介，展示渝北区营商环境及企业发展优势。

【信息通信领域示范效应】 一是大数据智能化成果展示促进中心建成投用。聚力打造渝北区中新互联互通信息通信领域合作示范点产业服务平台，推动中新数字技术企业及应用项目在示范点集聚，已入驻新加坡新科工程电子、中新智旅等近20个中新合作项目。二是合作重点项目稳步推进。新科电子—仙桃数据谷中新战略合作智慧灯杆合作工程建成投用，新加坡CARRO项目、超体科技等中新企业注册落地，并储备新加坡新科技创新服务集团、新加坡A8科技等一批新加坡项目资源。三是中新数据通道联合创新项目实质应用。用好用活全市中新信息通信创新资金，仙桃前沿陆海新通道国际贸易物流数字平台基本建成，仙桃街道依托立信数据智慧养老项目开展试点，成功入选国家智能社会治理实验基地（养老）。四是中新人才示范合作能级加速提升。与新加坡理工大学、新跃社科大学签署合作协议。新加坡（重庆）青年人才驿站连续3年开展多期中新线上、线下实习合作，项目经验做法被中组部列为全国人才工作创新优秀案例。

【航空物流领域建设】 一是中新航空产业园木耳片区建设提速增效。引进远成物流、复星国药、宝能集团、东方嘉盛、华时电商、中远海运、成渝电商、中通快递等8家企业，总投资额达70亿元。8个项目加快建设，远成物流、复兴国药进行主体施工，复兴国药计划2022年投用；中远海运、中通快递、宝能一期项目开工建设；东方嘉盛、华时电商、成渝电商、宝能二期项目办理前期建设手续。二是中新航空产业园C4、F片区建设稳步推进。加快C4片区基础设施建设，完成沙草路改道、河道工程等重要节点工程，推进桥梁、机场排水明渠建设。完成水、电、气、讯管线迁改工作，全速推进土石方回填。全力完成F片区拆迁工作，推进农房拆除637栋，安置群众2000余人；全年完成177家企业搬迁协议的签订和房屋拆迁；完成国有土地上房屋征收户的签约安置工作。积极争取F片区调规，多次对接市规资局，在支持F片区合理布局临空经济产业上初步共识。积极争取政策支持。在市发改委、市口岸物流办的支持下，争取到C4片区项目免征防空地下室易地建设费。

【自贸试验区建设】 一是持续深入推广自贸试验区"一本报告管全域"改革创新试点成果运用。促进试点区域内落地项目运用改革成果成功办理开工手续，2021年雷克萨斯4S店、比亚迪4S店、星途4S店、汇集汽贸等项目陆续开业，改革试点工作取得良好实效，同时纳入渝北区《进一步优化营商环境服务市场主体若干政策措施》，在全区产业园区进行推广。2021年"一本报告管全域"改革创新试点案例被纳入自贸试验区新一批最佳实践案例在全市范围内复制推广。二是项目集聚效果明显。2021年，渝北自贸区域新增注册企业户5169户，引进重点项目80个，合同投资额361亿元。渝北自贸板块累计新增市场主体18600个，现存续企业34947户，引进重点项目356个，合同投资1604亿元。

【服务贸易】 一是积极落实两项国家级试点工作。牵头拟草印发了《渝北区全面深化服务贸易创新发展试点方案》及《渝北区服务业扩大开放综合试点工作方案》，加强统筹协调，逐一建立工作台账，加大138项试点任务落实推进力度，并形成了3项可复制推广的试点经验和实践案例予以上报。二是进一步加强服务贸易（外包）企业的培育力度。指导企业开展国家级、市级各类项目和资金政策申报工作，分别有2家单位成功申报重庆市第一批服务贸易（外包）人才培训基地，9家企业成功申报市级服务贸易专项资金支持。三是进一步强化服务贸易（外包）统计监测直报工作。通过"专人负责+第三方指导"提升企业数据上报率，做到应统尽统。2021年渝北区服务贸易统计直报额完成8.39亿美元，其中，离岸服务外包执行额完成1.54亿美元，均超额完成市级目标任务。

（苗建波）

川渝高竹新区

【概况】 2020年，重庆市渝北区认真贯彻落实中央财经委员会第六次会议精神，按照重庆市委市政府、四川省委省政府决策部署，在两省市发改委、"双城办"的统筹推动下，与广安市交流与合作，共同推进川渝高竹新区筹建。12月29日，重庆市人民政府、四川省人民政府联合批复，同意重庆市渝北区人民政府、四川省广安市人民政府设立川渝高竹新区。这是川渝共同批准建设的第一个省级新区，也是两地落实推动成渝地区双城经济圈建设重大战略部署的重要举措，是《川渝毗邻地区合作共建区域发展功能平台推进方案》中明确的九大合作平台之一，是国内首个跨省域一体化运行新区。2021年，川渝高竹新区按照"一家亲、一盘棋、一体化"理念，探索经济区与行政区适度分离改革，坚持把"经济活动一体化、社会事务属地化"作为改革核心要义，编制两区分离改革实施方案，梳理形成两区分离改革内容体系，从发展规划、基础设施、运营管理等方面推动毗邻地区一体化发展，初步形成经济区与行政区适度分离改革成果，得到国家发改委和两省市相关部门肯定，各项工作取得阶段性成效。年底，川渝高竹新区累计入驻企业167户，投产66户，规模以上企业38户，实现工业产值98亿元、同比增长51.5%。

【发展规划】 按照“先定山水后定城”思路，打破行政区划，结合川渝高竹新区资源禀赋与地形地貌、环境容量和承载能力等，一体编制新区概念性规划、国土空间规划和产业、交通、城市设计等专项规划，确保规划一幅图、全域一张网。川渝高竹新区概念规划、国土空间规划分别通过渝北区、广安市规委会审查；川渝高竹新区发展规划初步形成成果，控制性详细规划正结合测绘完成的地形图进行现状分析；防灾、管线、生态、水系统、综合交通等规划形成初步成果。为保障过渡期项目落地，确保新区重大交通、重要产业等项目落地建设，新区 6 平方公里起步区规划在完善中。

【基础设施建设】 6 月 29 日南北大道二期建成通车，渝北区内南北轴线全面贯通，为毗邻地区融合发展创造了基础条件。南北大道三期开工建设，渝北已完成投资 2 亿多元，构建“空港—南北大道—高滩工业园”一级公路快速通道。总投资 23 亿元、占地 567 亩的川渝科创基地开工建设，完成产业创新中心一期主体工程。完成中兴河等跨境河流生态治理。渝北启动国道 210 沿线片区综合整治、香炉山、高竹苑等 8 个总投资 37 亿元的公共配套项目建设。茨竹、大湾两镇完成 S536 项目升级改造，推进“四好农村路”建设，完成建设里程 21.5 公里。

【开发建设】 探索企业注册登记、项目审批、税费征管、统计核算等经济活动跨省域一体化运行。按照“锁定时间、锁定现状、锁定边界”的存量锁定原则，协商形成存量锁定及过渡期运行管理方案。采取“小管委会＋大公司”模式，将高竹开发公司定位为集“投融建管运”于一体的新区开发建设综合运营商，把全部资源、全域开发、全部收益归集到高竹开发公司，“一盘棋、一体化”推进新区开发，通过“公司化、市场化”经营，实现新区“长周期、大平衡”开发建设目标。出台工业、服务业、总部经济黄金政策“30 条”，在重庆、上海、成都、厦门等地举办大型投资推介活动。全年新签约重庆工职院高竹校区等项目 33 个、协议投资 310 亿元。

【公共服务建设】 重庆工职院签订入驻川渝高竹新区协议，正办理征地手续。重庆医科大学附属第二医院落地川渝高竹新区建设分院达成初步意向。启动川渝高竹新区公交首末站建设，新开设川渝高竹新区至重庆中心城区（渝北双凤桥）城际公交专线。开通重庆 023 电话区号，并逐步协同两地通信套餐设计、资费标准等服务内容。规划建设高竹文体中心和高竹智慧图书馆。针对川渝高竹新区水资源相对匮乏，6 月 27 日，茨竹镇卫星水库实现跨省域供水，解决川渝高竹新区近期 5000 余人的用水问题。按照规划建设、服务、政策“三统一标准”保电供气、“终端控价”，广安、渝北国网共同成立“供电服务中心”，广安爱众、重庆新辉、凯源北新、高竹开发公司 4 公司合作经营新区燃气，实现水电气要素同城同价。

【运行管理】 创新建立“领导小组＋管委会＋国有公司”三级运行管理模式，由领导小组作为决策层，管委会作为执行层，高竹开发公司作为落实层，推进川渝高竹新区开发建设。按照“政策就高不就低、成本就低不就高”原则，制定《关于支持川渝高竹新区改革创新发展的若干政策措施》，并通过川渝党政联席会议第四次会议审议。按照“应放尽放”原则，广安市首批授权或委托川渝高竹新区行使地市级经济管理事权 134 项，邻水县已梳理下放事权 159 项。按照“一个窗口、统一标准、统一流程”原则，规划建设跨省域精简高效的川渝高竹新区一体化政务服务综合管理平台。联合两地税务部门，挂牌成立全国首个跨省共建的税费征管服务中心。两地公安联合组建川渝高竹新区警务中心，探索建立跨省联合执法机制，法院、检察院启动联合办公场地装修，共同探索建立高竹新区综合法务区。

【形成6个跨省域推进机制】 按照“不破行政隶属、打破行政壁垒”的原则，坚持“行政管理三个属地化”（对新区规划范围内的村镇管理、民生保障、基层治理交由原行政辖区负责），坚持“协同高效、跨省集成、一体运行”原则，初步形成6个跨省域推进机制。一是建立协同高效的运行管理机制。按照“成本共担、利益共享”原则，统一规划、一体推进新区开发建设，建立“领导小组＋管委会＋国有公司”三级运行管理架构。二是建立互利共赢的市场化经营机制。采取“小管委会＋大公司”经营模式，按照市场化机制把新区“全部资源、全域开发、全部收益”归集到国有公司，推进新区开发建设“长周期、大平衡”。三是建立互通互认的人才一体化发展机制。实行人才政策“从优不重复”，新区人才可自主选择广安渝北人才优惠政策，特殊人才实行“一人一策、一事一议”。四是建立跨省域集成的税费征管服务机制。建成全国首个跨省域税费征管服务中心，开发高竹新区电子税务分局运行软件，梳理差异事项801项，统一规范725项。五是建立同城同价的要素保障机制。川渝两地水务、电力、燃气部门达成协议，按照规划、服务、价格“三统一”原则，推动水电气要素“同城同价”。六是建立跨省协同的法务联动机制。两地公安、检察院、法院、司法等部门按照“联动服务、实体运行”原则，共同打造高竹新区综合法务区。

【川渝高竹新区筹备工作委员会与重庆水务集团正式签订战略合作框架协议】 协议于2月3日签订。根据协议，双方将围绕川渝高竹新区规划发展需求，在城市供水、污水处理、厂网一体化、污泥处置、水环境综合治理等领域展开全方位、深层次的合作。重庆水务集团将积极协助川渝高竹新区制定相关规划、设计、投融资、建设、运营等在内的一体化综合解决方案，改善川渝高竹新区水资源状况，为当地人民群众生产生活提供高品质的城市供水，构建高效环保的城市排水和污水处理体系，打造现代化城市生态环境宜居之地，助推国家创新型产业协作配套区和重庆市新型卫星城建设。

【川渝高竹新区2021年春风行动专场招聘会暨公共就业服务专项活动】 活动于3月1日在茨竹镇政府广场举行，主题为“迎春送暖、稳岗留工、合作共建、互利共赢”，由川渝高竹新区筹备工作委员会、渝北区人力社保局和广安市人力社保局联合主办。招聘现场川渝高竹新区40多家企业提供就业岗位800多个，包括普工、文员、工程设计师、研发设计企业高管等20多个工种。川渝两地市民2000余人进场求职应聘，达成就业意向327人。活动现场还为市民发放就业、创业优惠政策宣传资料，并接受咨询及解答。

【川渝高竹新区投资推介暨项目集中签约活动】 3月30日，签约活动在渝北区悦来会展中心举行，是川渝高竹新区成立以来举行的首次投资促进活动。活动以“拥抱高竹 成就梦想”为主题，集中签约产业项目18个、总投资230亿元，基础设施项目18个、协议投资1250亿元，23家金融机构意向授信1160亿元，涉及装备制造、电子信息、新材料及教育、金融、基础设施等领域。广安市、渝北区党政相关领导和有关部门负责人，四川省发改委、经信厅、经合局，重庆市发改委、经信委、招投局、养老服务协会有关负责人，央企、四川省属国企、重庆市属国企和知名民企的200余名代表参加活动。

【川渝高竹新区管理机构揭牌暨重大项目集中签约开工活动】 12月27日，活动在川渝高竹新区集中建设场地举行。渝北区委书记于会文、广安市委书记张彤共同为川渝高竹新区党工委、管委会、纪工委、监察室揭牌，标志着川渝高竹新区正式由“临时党委”过渡到“党工委”，“筹委会”过渡到“管委会”。渝北区委书记于会文宣布项目开工，广安市委书记张彤致辞。是日，川渝高竹新区集中签约项目28个，其中产业项目23个、片区开发项目5个，协议资金525亿元，项目涉及科技创新、智能制造、新一代电子信息、新能源汽车、新材料、职业教育、文旅康养、片区开发等10多个领域；集中开工项目18个，总投资70亿元，涉及产业项目14个，协议投资44亿元。广安市、渝北区、重庆市发展改革委相关领导出席活动。

（徐吉容）

重庆悦来国际会展城

【概况】 2021年，悦来投资集团紧紧围绕市委、市政府各项部署要求，坚持疫情防控与经济发展统筹推进，重庆悦来国际会展城“国际会展集聚区、生态示范先行区、智慧创新引领区”建设取得显著成效。全年完成固定资产投资152.87亿元，实现营业收入20.93亿元；举办展会活动222场，较去年增长30%；出让经营性用地592亩，实现土地出让收入30.6亿元；建成公园绿地面积5604亩，实现集中供能签约面积232万立方米。

【“会展+设计+文旅”会展全产业链生态圈】 2022年，重庆悦来国际会展城会展引擎高位发力。招展引会方面，举办展会活动222个，完成展会面积150.25万平方米，实现展会收入2.16亿元。自办展会方面，成功举办“悦来·国际数字娱乐产业博览会”等多场自有IP展会活动。多元经营方面，成功引进2021“重庆国博杯”击剑俱乐部联赛；会议管理咨询服务成功输出至两江协同创新区；悦来会议酒店联盟扩展至65家，推出相思鱼等特色餐饮产品受到消费者好评；温德姆酒店悦小馆、家政服务相继上线，成功引进星巴克等3家知名餐饮品牌。品牌价值方面，国博中心智慧会展场景数字化运用入围2021年UFI数字化创新奖全球12强，国博公司作为中国唯一受邀单位在IAEE全球年会上向世界推广“智慧场馆”经验。会议中心荣获“2021中国最具竞争力会议酒店”全国“超大型”会议中心第五名。温德姆酒店正式获批成为五星级酒店，荣获5项行业大奖。

设计产业全面起步。推动市政府近期正式出台《重庆市创建“设计之都”行动方案》，明确悦来国际会展城在全市设计产业中的核心承载地定位。举办工业设计创新成果展、山城悦阅读书会等多场活动，引进法诺集团汽车设计研究院、重庆工业设计协会落户悦来。

文旅产业亮点纷呈。以悦来美术馆为核心载体，成功举办“姓·名”等3个当代艺术展，悦来最美江湾、悦来新诗力国际文化艺术节获评“2021文化旅游优选目的地”和“2021最具文化魅力节庆”。

【高品质生活示范区现代城市样板标杆】 生态环保造就城市“绿色肌肤”。新建城市公园7个，“重庆悦来营造‘公园城市’研究与策划”获市优秀城乡规划设计一等奖，“张家溪生态环境综合整治工程设计”项目获“中国风景园林学会科学技术奖”规划设计类二等奖；积极推广集中供能技术，成功申请7项实用性专利。

智慧创新赋予城市“数字灵魂”。悦来城市管理配套系统一期“地质及大型构筑物安全监测系统”获“市勘测设计协会优秀工程勘察设计奖”，“山地城市道路交通协同管控关键技术研究与应用”获得中国公路学会科学技术奖二等奖；智博会期间率先实现无人驾驶在会展接驳的应用，成为智博会智慧创新亮点。

文艺元素彰显城市"国际气质"。加快悦来无边界美术馆建设，将悦来文艺元素不断融入城市血液，新建"等待的风景""如歌的日子"2个艺术车站，艺术车站数量达4个；涂鸦城市变电箱235个，布设文化座椅72个。

基础设施搭建城市"骨骼血脉"。开工建设悦清三路、悦艺路、合悦路等17条道路，总长约18公里，椿楦大道（悦来段）、悦林路、悦清三路等7条道路建成通车，建成亲水步道6公里、生态步道10.5公里，滨江慢行系统6.2公里，嘉陵江滨江休闲道竣工开放。

【"智慧＋产业＋城市"融合的配套体系架构】 智慧配套项目建成投用，建成悦来智慧岛项目，成为重庆智慧场景应用新地标，智慧岛数字场馆系统入选2021年全国数字孪生城市最具潜力案例。产业配套项目多点开花，建成以悦·设创艺展示中心、悦来美术馆为核心的展示配套，加快建设以川美产业设计学院为核心的人才配套，以重庆设计公园创新基地为核心的产业载体配套，以悦来汇、悦来中心、悦来庄稼等项目为核心的商业、商务、休闲配套。城市配套项目加速发力，悦来中学建成开学，正加快推进悦来二小、集中供能能源站及管网等城市配套项目建设。

（寇村图）

龙兴工业园

【概况】 2021年，龙兴工业园坚持以习近平新时代中国特色社会主义思想为指导，坚持稳中求进的工作基调，贯彻落实新发展理念，持续深化国有企业改革，着力推进重点项目建设，推动各项重大部署落实落地，助推经济社会高质量发展。据统计，全年实现规模以上工业产值283亿元，比上年增长30%，其中"一套表"产值178亿元、比上年增长60%；固定资产投资完成252亿元，同比增长16%；工业投资完成67亿元，比上年增长25%；预计实际利用外资3亿美元，比上年下降4%。龙兴公司资产582亿元，负债283亿元，资产负债率48%。

【清理盘活经营资产】 在新冠疫情持续的不利因素下，加大公司安置房商业门面和总部大楼招商力度，重庆空天推进技术研究院、华为技术公司、阿尔特等企业入驻贵格总部城办公，经营性资产出租率、收益率不降反升，2021年出租率75.9%，经营性资产收入3291万元，比上年增长14%，首次突破3000万元。加强与万州经开区合作，推进打造两江新区万州企业研发中心、两江新区先进制造配套产业万州园、两江新区万州绿色智造赋能中心，助推盘活总部办公楼宇。

【重点领域改革】 探索推进与大型央企中能建集团在龙兴足球小镇基础设施、生态环保、城市综合开发、产业运营等领域开展战略合作，初步合作投资规模约100亿元，综合采取融资建设、投资开发及运营、工程总承包、合作开发、产业引进等方式深化双方战略合作。

【产城融合工程】 按照"产城融合、职住平衡、生态宜居、交通便利"总要求，围绕"吃住行学、医游娱购"需求，整合"政产学研、创投融用"资源，高标准完成龙兴足球小镇项目策划、概念方案设计和龙兴智能制造产业园项目策划、修建性详细规划等。完成龙兴新城第一批城市经营性开发项目概念方案设计，开启龙兴新城体育产业国家化、创新产业集聚化、绿色生态示范化、文体旅融合化的新篇章。

【职住平衡工程】 围绕快速聚人气，加快城市功能配套。2021年，建成高品质商品房16万平方米，销售63万平方米。加快教育配套建设，渝北实验小学、渝北职教中心9月顺利开学，重庆八中龙兴校区加快建设。加快完善商业项目配套，策划启动玉峰山康养项目，加快龙湖、国瑞、智创云岭园等商业项目建设，加快打造龙盛消费中心。积极推动三甲医院落地。

【生态宜居工程】 围绕打造山清水秀美丽新城，重点实施城市生态绿化和品质提升。完成三一重工项目配套道路等6个环境整治项目，约28万平方米。完成灯饰亮化工程一期，亮化建筑楼宇170余栋。完成两江大道景观提升工程4万平方米。建成新城一级二级导视系统，完成新城核心区绿地系统策划，龙岗山、飞龙湖等主题公园建设有序推进。

【交通便利工程】 龙兴隧道正式通车，缓解了一横线、机场高速拥堵状况。六纵线、机东南联络线等项目即将投用，加快建设两江大道北延段、轨道4号线二期、5号线等重点工程，建成通车里程达60公里。策划一横线复线、龙骏大道至三环高速等重大通道项目。

【足球小镇建设】 按照“世界一流、时代之巅”建设目标，为满足2023年“亚洲杯”赛事功能需求，绘制亚洲杯赛事配套项目作战图，保障48个亚洲杯赛事配套项目按计划推进。加快龙兴足球场项目建设，2021年4月主体混凝土结构封顶，12月完成外立面龙骨安装。完成4个配套训练场规划设计。加快推进道路配套建设，龙兴中心区配套道路（一期）、龙骏大道、两江大道等主干道及沿线景观、标志标牌提升改造加快推进，寨子路西延段等续建道路加快建设，黄胡路、恰园路、轩龙路等球场周边疏散通道加快征拆。同步规划配套产业，以龙兴足球场为核心，规划5.7平方公里，拓展周边20平方公里龙兴城市中心区建设，以一个球场带动一个小镇、一个小镇带动一个示范区、一个示范区带动一座新城。以足球产业为核心，全面规划产业配套，打造体育赛事、教育培训、文化交流、运动休闲、创新集聚的产业集群，策划足球精品酒店、体育总部、TOD广场、智创中心等重点产业配套项目，引进中国足球青训中心、国内一流运动康复医院、国际体育用品免税店、体育用品研发和制造企业等。

【服务市级招商项目】 推动投资50亿元、占地1500亩的三一重工建成投产，从签约到投产用时不到一年，刷新重庆速度，建成了西南地区首个“灯塔工厂”。该项目主要生产智能挖掘机及其他工程机械、智能工程卡车等装备，年产值超100亿元。投资70亿元、占地470亩的吉利汽车，生产基地完成一期厂房建设、机电安装，二期开始主体施工。该项目是吉利集团高端新能源整车生产基地，规划建设现代工业和旅游一体的高端实体基地。

【中高端产业建设】 成功引进理想汽车、赣锋锂电、阿尔特、爱夫迪等一批投资规模大、科技含量高的优质汽车项目。新开工航天职大、重光GPU等11个项目，新投产威巴克、三耐等9个项目。高效推进代建项目，西工大科创中心一期工程一个月完成主体封顶，四联项目一年半建成投产，瑞声项目正式投产。

【优化营商环境】 清理整合园区产业用地，加大已供未建工业用地清退力度，储备近3000亩工业用地，开展平场整治、能讯保障，确保项目落地有空间。依托总部基地高端产业楼宇，为两江新区万州企业研发中心、华为技术公司、阿尔特汽车等科创企业入驻创造条件。加快完善总部基地商务服务功能配套，助力产业做优、人气做旺。开通974路公交车直达金童路轻轨站，解决总部片区企业停车难题和子女入学问题，切实优化营商环境。

重庆两路寸滩综合保税区

【概况】 重庆两路寸滩综合保税区（原重庆两路寸滩保税港区）是经国务院2008年11月12日经国务院批准设立的海关特殊监管区域，是内陆地区唯一具有“一区双核”（水港+空港）的综合保税区，是全国进行贸易多元化试点的两个（苏州和重庆）海关特殊监管区之一，是承接中新示范项目合作的主要承载地，是重庆自贸区的核心区域和对外开放的重要窗口，是重庆两江新区的重要功能板块。截至2021年12月底，区内入驻企业突破3700家，其中世界500强企业22家、中国500强企业24家。在连续4年保持两位数增长的基础上，2021年实现外贸进出口总额1943亿元、比上年增长28%，创历史最高水平，在全国155个综保区中位列第七。全年实际利用外资12.91亿美元，超年度目标任务4.55亿美元，占全市总额的13%。规模以上工业产值首次突破千亿元大关，全年实现规模以上工业产值1013亿元、比上年增长8%。全年带动实现进出口额589亿元、比上年增长69%，占港区外贸进出口总额比例提升至30%。

【加工贸易】 持续巩固加工贸易对港区产业的支撑作用，抢先一步争订单、拓市场、扩产能，全年生产各类智能终端产品4050万台（件）、比上年增长3.5%。围绕产业链打造创新链、价值链，推动纬创、旭硕研发中心由生产型研发向产品设计型研发转型，推动仁宝设立新型研发机构，累计申报发明专利26项。以大数据智能化为引领，新投入智能化改造资金4.5亿元，生产效率提升15%、生产成本降低35%、产线平均人数降低16%、生产良品率提升至98%。推动先进制造业和现代服务业深度融合发展，飞力达车路协同平台项目数字化运行控制中心建成运营，成为西南地区首个利用“工业互联网+新能源自动驾驶”技术的供应链应用场景。引进联想新品牌新产品开展委内加工，推动联想智能制造基地项目落地。推动4家重点智能终端企业开通保税维修账册，在全市率先开展“全球维修”业务。

【“保税+”产业】 突出“窗口、贸易、旅游”三大功能，推动“一带一路”商品展示交易中心提档升级，国家特色商品馆增至30个，商品品类增至5.4万个；在武隆、黔江、万盛、江津和四川达州、广安设立6个分销中心。加快打造跨境电商示范园区，加大跨境电商“前店后仓+快速配送”模式推广应用，推动“免税转保税+跨境电商”进口模式落地，壮大跨境电商B2B出口业务，形成进出口双向发力的新格局，实现交易额77亿元、同比增长60%。总部贸易实现快速增长，百亿级龙头企业引领作用明显，全年实现进出口额510亿元、比上年增长87%。

【城市品质】 在水港，重点围绕寸滩国际新城建设，加快推动寸滩国际商务中心建设，以“一街五中心”为载体，建成投用国际化智慧街区——丝路花街，成为融入寸滩国际新城建设的首个可视化、场景化项目；建成重庆国际文旅之窗、重庆移民事务服务中心、中西部国际交往服务中心、重庆市签证服务大厅；“一带一路”商务中心引入9家国际企业、区域总部、协会组织和4个国家特色餐饮及文化游购项目。在空港，积极打造文旅融合的智慧新城，推动以5G为引领的城市新基建建设；加快推进全年全天候全室内恒温的中国摩娱乐综合体项目建设，主体工程基本完工；常春藤国际学校招生就读学生约1900人，被胡润百学评为“中国百强国际学校”（全市共3所）。加快完善城市基础设施建设，全年完成固定资产投资141.58亿元；抓好区域运行保障服务，不断提升城市精细化管理水平。

【党建工作】认真落实党建工作责任制，逐级建立党建工作清单，切实抓好国企党组织工作条例和党员教育管理条例等制度落实，在市属国有重点企业党建工作座谈会上作经验交流发言。打造“党建引领、思路新窗”文化品牌，大力开展“创岗建区”活动，涌现出“丝路花街先进党员突击队”“重庆市脱贫攻坚先进个人”等先进典型。做好换届工作，指导13个基层党组织按期完成换届选举。积极发展党员，全年新接收预备党员30名，转正预备党员13名。认真落实新时期好干部标准，坚持正确选人用人导向，改革考核评价机制，形成优者上、庸者下、劣者汰的良好局面；坚持把提升业务能力和工作水平作为干部人才教育的着力点，加强党员干部政治能力训练和政治实践历练，坚持“请进来”和“走出去”相结合，抓好党性教育和专业化能力培训。

【安全稳定】始终把安全稳定防疫工作作为发展底线。完善“辖区政府＋港区＋企业”疫情防控三级联动机制，针对辖区产业人员来自不同区域、流动性强、密度大的特点，严格做好闭环管理，坚决阻断疫情传播链条，做好20万人疫情防控；全面强化海关口岸等关键环节的管控，加强冷链食品及非冷链货物全链条监管，为全市非冷链货物疫情防控提供“样板”。牢守安全底线，建立日周月隐患排查工作机制，针对消防、交通、施工、食品等领域开展大排查大整治，排查问题隐患1880个，确保及时整改。

（沈昱廷）

重庆机场集团有限公司

【概况】2021年，重庆机场集团有限公司统筹抓好疫情防控和发展工作，着力推进成渝世界级机场群建设和集团改革转型。2021年，所属江北机场、黔江机场、巫山机场、仙女山机场共计完成旅客吞吐量3626.24万人次、货邮吞吐量47.7万吨，安全保障各类飞行28.17万架次。

【枢纽机场建设】深耕航空客运市场，创新打造航空快线，实现川航“渝京”航线起飞前30分钟截载常态化运行，打造北京、深圳、广州等精品快线，新建重庆北站、南川城市候机楼，实现市内火车站城市候机楼全覆盖。开通重庆—曼彻斯特留学生包机。开拓航空货运市场，成功入选“十四五”首批国家物流枢纽建设名单。江北机场新开5条国际定期货运航线，在飞国际（地区）定期全货机航线达到17条。全年共保障全货机、“客改货”航班6913架次，同比增长15.7%。

【企业经营管理】深化改革转型，按照《成渝地区双城经济圈建设规划纲要》，推动与四川机场集团交叉持股；制定2035年战略规划和“十四五”发展规划。强化创新驱动，强化企业科技创新顶层设计，制定《发展数字经济三年行动计划》，推动机场数字化转型发展。深挖资源价值，丰富机场立体商业格局，在T3航站楼引入小米旗舰双层店、中信双层书店，投用南川、璧山等区县文旅项目，提升物流园区资源价值，创新闲置资源零租、短租模式。拓展多元业务，临空经济区完成C4区域3块土地出让，实现快件集散中心B区项目投用、顺丰速运按期进驻，合资项目长嘉汇市内免税店开业。

（周创业）

重庆创新经济走廊

【概况】重庆创新经济走廊，是渝北区构建“2+4+1”现代工业体系的主要阵地。园区总规划面积20平方公里，至江北国际机场通行距离1公里、两路空港保税区7公里、寸滩港11公里、重庆火车北站13公里、果园港16公里、渝新欧始发地团结村37公里，毗邻江北国际机场、保税港区、重庆国际博览中心等众多开放平台，叠加航空港、铁路枢纽港、水港等交通优势，已形成内以“四横四纵两轨”骨干道路纵贯园区、外借“铁空水”多港口连通全球的立体联运体系。

【营商环境】 重庆创新经济走廊开发建设有限公司秉持“尊重企业、尊重企业家”的理念，按照“不叫不到、随叫随到、服务周到”的要求，提出《优化营商环境提升服务质量的22条工作举措》，制定《优化营商环境工作方案》，全力打造营商环境“升级版”。结合“我为群众办实事”实践活动，召开企业家座谈会，把12月作为“集中走访、收集问题”月，广泛收集意见、解决问题，全面排查、整改服务企业中的缺陷短板，把服务做到企业急需处、做到企业家心坎上。办理了涉及公司的两项市、区重点民生实事，办结了公司自选的21项重点民生实事，基本做到落地企业满意、企业家舒心。

【招商引资】 瞄准产业前沿领域，按照“招大引强、补链强链”要求，依托现有智能终端、汽车核心零部件等产业基础，加快上下游产业链集聚，引进欣冠精密等24个项目，其中智能终端项目9个、汽车零部件项目7个、其他项目8个，合同投资额127亿元，实际到位资金38亿元，超额完成任务。

【产能释放】 以全面提升服务效能为抓手，加强经济运营调度，狠抓项目落地转化，继续实行“一个项目、一名领导、一套班子、一抓到底”的服务机制，定期收集企业诉求，协调解决难点卡点，限时办结形成闭环，确保事事有回音、件件有落实。大明电子、渝茂等12个项目开工，日照兴业、新大顺、迅昌等13个项目投产，完成规模以上工业总产值456亿元、比年初计划超额156亿元，同比增长62%、比年初计划快42个百分点；实现利润20.6亿元；完成固定资产投资52亿元，其中工业投资36.6亿元。落户的68个项目中，母公司已经上市的8个、正在申请上市的9个，占比达到25%。

【规划建设】 按照“产城景融合”标准，以企业发展需求为导向，统筹调度资金、用地等要素保障，积极推进基础及配套设施建设，实施项目51个，完工项目22个，完成投资13亿元，累计通车里程50公里、绿化面积93万平方米。石坪污水处理厂（一期）建成投运，污水日处理能力达2万立方米；加快商务中心、公寓楼、公园等配套设施建设，提升城市承载力。启动朝阳片区约2300亩土地征收摸底和林地报批工作，完成控规方案编制。

【城市管理】 结合城市精细化管理要求，制定《城市管理工作方案》，坚持人防与技防相结合，实行24小时无死角巡逻管控，加强对国有空地、施工围挡、污水排放、空气扬尘以及占道经营、违停乱放等巡查整治力度，杜绝违章搭建、复耕复种和野渣乱倒等现象发生。加强清扫保洁和园林绿化管护力度，园区干净整洁、规范有序，顺利完成国家卫生城区、全国文明城区复检工作。

【安全稳定】 根据安全生产专项整治三年行动及百日行动保百年大庆等要求，重点围绕建筑施工、道路交通、国有空地、入驻企业等领域加强隐患排查整治和矛盾纠纷化解，全年共检查518家次，发现隐患1184条、整改1184条，整改率100%，未发生安全生产事故，未出现到市进京上访事件。坚持每月邀请专家强化安全生产检查、开展应急管理及消防技能等培训，职工安全生产意识提高、应急处突能力增强。毫不松懈抓好疫情防控，9个排查小组常态化深入园区企业、施工现场摸排指导防控工作，持续推进疫苗接种。定期与属地政府、行业主管部门及园区企业、参建各方召开联席会议，强化协调配合，推进共治共管。

（袁 丽）

重庆仙桃数据谷投资管理有限公司

【概况】 2021年，仙桃数据谷围绕建设国际知名、国内领先的大数据产业生态谷总体目标，在呈现新面貌、激发新动能、做强新投资、探索新功能等方面全面发力。全年完成投资15.79亿元，新增注册企业308家（累计1227家），新增入驻企业51家（累计250家），实现产值50亿元、税收1.5亿元。

【园区建设】 洲际华邑酒店、假日酒店主体结构基本完工，悦港大桥、北立交及超高层写字楼等标志性建筑建成，别墅、公寓全部建成投用，智慧园区正式运营，完成整体建设的97%。

【生态圈建设】 华为软件开发云平台、仙桃教育——数字经济与软件人才公共服务平台入选重庆市重点软件公共服务平台培育库名单，新投用集成电路工程中心、国家知识产权西南运营中心、华大基因西南检测中心等一批重点平台。新增发展46家会员企业，累计会员数量达350家。新引入火链数字经济产业创新基地、博拉网人工智能AI研发中心、佑驾创新科技西南研发中心、中交智慧城市等研发类项目15个，增强产业链关键环节竞争力。中科创达、长安软件、百瑞互联等9家入驻企业入选全市重点软件企业（渝北17家，数据谷企业占53%），扬升信息、新致金服等4家企业入选2021大数据产业发展项目库，立信数据获评工信部专精特新“小巨人”企业。通过线上、线下结合方式，全年培训大数据智能化相关人才3000人次。与新加坡理工大学、新跃社科大学签署人才合作协议。

【招商及投资】 全年预计新签约招商项目55个，预计合同投资额75亿元，全年实到资金23.24亿元，均超额完成全年指标。投资项目6个，累计投资金额9000万元，其中自动汽车驾驶公司纵目科技的估值由科兴科创基金投前25亿元，上涨到80亿元。锁定物奇科技、秦嵩科技、创通联达、黑芝麻科技、百瑞互联、立信数据、扬升科技、瀚海睿智、软江图灵、软维科技等13家上市储备企业，在全区拟上市企业中占30%。

【重点项目】 传音重庆研发中心累计入驻近1100人，上半年实现产值近8000万元。长安软件中心入驻约600人，上半年实现产值8600余万元。腾讯云数字经济产业基地已入驻约400人，数字经济孵化已初见规模。集成电路工程中心订单量稳步增加。华大基因传染病西南检测中心建成投用，产值超过1亿元。南洋理工大学西部创新基地项目签订战略协议。

【营商环境】 新增智慧餐厅、健身房、台球俱乐部、水果生鲜超市、电脑维修店等15个配套商业，完成14个配套项目提档升级。开放人才公寓1186套，开通仙桃数据谷至轨道王家庄站接驳车，开通3603小巷公交，打通园区交通“最后一公里”。仙桃数据谷质量基础设施服务站启动运营，累计为企业提供咨询服务90余次，服务企业60余家。

【园区形象】 连续两年获评2020年“中国最具活力软件园”，2020—2021“中国数字经济与软件服务业最佳服务平台”等全国级荣誉，被认定为重庆市首批软件产业园（综合型）、重庆市软件信息服务产业示范园（示范基地）、重庆市汽车电子重点关键产业园。被重庆市生态环境局评为第二批重庆市“绿水青山就是金山银山”实践创新基地。

【宣传报道】 在各类媒体刊发相关报道1000余条。其中，在《人民日报》、新华社、人民网、新华网等中央主流媒体刊发相关报道100余条，《重庆日报》、重庆电视台、上游新闻、华龙网等市级主流媒体刊发相关报道730余条，以“仙桃数据谷”为主题的抖音短视频作品53个，抖音总播放量1316.6万、点赞量13.5万、评论3389条，其中5个作品与重庆热门景点洪崖洞、解放碑等一同登上抖音同城热榜话题。

（王文慧）

重庆空港工业园区

【概况】 重庆空港工业园区（简称“空港工业园区”）是重庆市政府批准设立的特色工业园区和国家核准公告的省级开发区，是渝北工业的主战场、国家临空经济示范区和重庆自贸试验区建设的重要战略开放平台。重庆空港经济开发建设有限公司是实施园区开发建设的主体单位。经市政府考核，空港工业园区综合实力自2010年以来位居全市特色工业园区前列，是川渝地区首批成渝地区双城经济圈产业合作示范园区之一、重庆园区中唯一同四川省两个园区共建示范园的开发区，被人行重庆营管部确定为央行再贷款示范基地，被市经信委确定为全市首个市级汽车电子重点关键产业园基地，被区委区政府评为优化营商环境先进集体；空港经济开发公司党委被区委评为渝北区先进基层党组织。2021年，空港工业园区完成规模以上工业总产值545.7亿元、增长5.1%，其中汽车制造业277.7亿元、增长6.2%，电子制造业143.4亿元、增长3.2%；固定资产投资30.7亿元、增长6.6%，其中工业投资14.18亿元、增长11%，新增升规纳统企业16家。

【平台建设】 空港工业园区规划面积23.12平方公里，构筑临空物流、智能终端、现代建筑等四大产业承载平台。重庆现代建筑智慧产业园同德片区5.6平方公里控规获批、成果入库，启动16公里道路工程前期工作；加快推进古路片区约0.23平方公里的控规调整工作，1.3公里道路基建开建。启动航空小镇一期716亩拓展区规划调整，完成新建道路工程方案及施工图设计，二期（兴旺片区）分区规划有序推进。加快推进基础配套及民生项目，完成区妇幼保健院迁建工程及配套道路施工图设计，航空小镇公园完成总工程量的70%，跳蹬河西岸截污干管改迁工程完成总工程量的80%，空港实验中学部分楼栋主体封顶，博才路全面完工，8公里道路建成通车。木耳航空物流园约12公里道路整体贯通，铁路东环线古路站前广场完成控规调整、成果入库。空港工业园区（空港组团）区域性整体评价工作基本完成，A061-2号地块智能停车场建成，A129号地块空港自贸总部基地项目开建。35万平方米临空智能制造产业园整体建成投用、实现规模以上工业产值146亿元，亩均产值达6500万元、同比增长6.8%，渝北工业展示厅建成开馆。

【产业发展】 聚焦汽车、智能终端、航空物流、智能建造等主导产业方向，累计引进国货航、极兔速递等项目18个，合同投资额72.1亿元。其中，国货航重庆分公司有望成为西部第一家货运基地航空公司，深圳明亚顺科技等10余家为手机配套企业先后落户临空智能制造产业园。皓元食品拟投资3.5亿元，在收购欧亚包装基础上，与瑞丰包装等周边企业商洽收购事宜，整体连片打造“食品工业科技城项目”，达产后预计产值50亿元。安排4400余万元撬动园区27家企业投入4亿元实施技改，促进湾际、舟海等20余家企业改善生产工艺，嘉泰精密、南方英特、驰骋汽车等企业生产效益明显提升。天箭惯性、阿泰可公司在创新经济走廊拿地，企业上市前期准备工作进一步完善。

【项目建设】 谋划储备项目40多个，向上争取到位专项债券资金1.7亿元。成渝电商物流基地项目签约落户，加快办理华时母婴电商产业基地项目建设手续。总投资超100亿元的15个拿地在建社会投资项目加快建设。其中，中远海运、中通快递、东方嘉盛进场施工，宝能物流一期厂房独立基础开挖、二期项目方案持续优化，加快复星国药项目、渝北酒厂主体施工，加快光明、佳源等6个房地产开发项目主体施工建设，全年完成投资约36亿元。2020年拿地的中投、三圣两个装配式建筑项目实现试运营。圆通速递主体工程基本完成，3个智能分拣仓投入试运营，全年投揽件3.5亿件，实现营收1亿元。

【示范合作】 主动融入成渝地区双城经济圈建设战略，积极发挥首批产业合作示范园区带动作用，支持重庆工职院在川渝高竹新区拿地1600亩建设新校区，引导顺驰、江华、翔力等多家企业在新区扩能增产，支持重庆吉航与四川智华盾肯联合打造汽车电子生产项目，促进双方共享市场、合作共赢。支持中投、金石等企业与德阳经开区内的四川建院、四川工职院开展人才培养、项目服务、技术研发、专业共建等深度合作，支持万向钱潮与德阳天和公司签订战略合作协议、深耕汽车领域合作，协助百佳思公司制定机器人智能体检项目推广方案。园区内的元创、博俊、众思创3家企业入选2021年成渝地区工业互联网和智能制造服务商资源池名单，由川渝两地企业牵手合作的成渝电商物流基地、智华盾肯汽车电子2个项目落户空港工业园区，产业合作示范园建设起步扎实、开局良好。

（吴宇淇）

重庆空港新城

【概况】 重庆空港新城规划面积33平方公里，是新一轮重庆市国土空间总体规划（2021—2035年）确定的两江中心，其范围东临江北国际机场，西接悦来国博中心，南连两江新区翠云组团，北至绕城高速，具有突出的区位优势。重庆空港新城立足“四山四水”和约50%绿地率（含生态用地）的良好生态本底，以“公园城市、宜居宜业”为总体定位，秉承“城市建在公园中、公园建在城市里”两大理念，努力实现“两江核心区、重庆新中心、国家临空都市风貌展示区”三大发展目标。重庆空港新城以重庆中央公园为核心规划建设“十大公园”“百里绿廊”，并划分“公园中区、公园北区、公园东区”三大产业分区，着力培育“同茂大道商业商务带、秋成大道创新创意带”两大产业带，重点打造“国际商务中心、公共服务中心、智慧创新中心、文娱创意中心”四大产业核心，着力形成“三区两带四核”产业发展布局。

【规划编制】 全面完成鸽子沟片区路网、瓦房村片区路网、双桥路、春华大道与腾芳大道立交、S17-2幼儿园控规一般性技术修改。12月7日，完成S标准分区116公顷新增用地指标规划调整方案编制，并挂网公示。高起点、高标准谋划多宝湖智慧生态城发展定位，1月28日，启动多宝湖拓展片区产业策划及概念性规划方案征集，7月28日，经区规委会2021年第一次全体会议审议，选出获胜方案。

【征地拆迁】 全年完成多宝湖生态修复项目涉古路镇继光村、同德村、乌牛村、裕民村、新桥村，木耳镇五通庙村等23个村民小组109.8公顷租地和14家企业处置。完成S区航油管线抢险工程涉北碚区复兴街道栀子村4社临时用地0.49公顷手续办理。完成悦港北路项目、悦港北一横线、中央公园西路北拓段、桂馥西路（北段）、F40-1-1北部、F40-1-2地块土地平场工程、渝北区空港新城城市基础设施及公共服务PPP项目、瓦房5社6社排水涵工程等项目红线范围约133.33公顷土地清表，拆除房屋12栋，涉及仙桃街道、双龙湖街道、双凤桥街道3个社区17个村民小组。

【征地报件】 全年完成仙桃街道原黄山村第15村民小组2.14公顷国有土地转用工作，保障同茂货运停车场用地。完成仙桃街道原花石社区第1、2、5、6、7村民小组，原黄山社区第4、5、11、13、14、15村民小组，双龙湖街道原鹿山社区第8村民小组，原方家山社区第10村民小组5.78公顷国有土地转用，保障椿萱大道、双桥溪公园、悦港大道等项目建设用地。完成双龙湖街道方家山社区第4村民小组，仙桃街道花石社区第12村民小组2.4公顷临时用地手续办理，保障悦港北路项目建设用地。完成双龙湖街道方家山社区第4村民小组，仙桃街道花石社区第12村民小组2.44公顷用地勘界、两规一次性处理、耕地等级报告、耕地占补平衡、预公告等前期工作。

【旧城改造】 2021年1月，完成观音岩扩大片区棚户区（危旧改）改造项目第三标段开心家园等约0.9万平方米房屋和第一标段约10.6公顷土地整体移交。6月，完成观音岩扩大片区、睦邻路一期（祥和中学建设项目）棚改项目土地成本返还5.89亿元。7月，完成渝湖路片区零星危旧房改造项目备案，取得符合国民经济和社会发展规划和年度计划，以及符合城市、国土空间规划的批复。11月，完成观音岩片区、丁字口片区旧城拆迁涉及德嘉公司等历时13年历史遗留问题处置和交地。12月，完成空港新城片区零星危旧房改造项目两路织布厂、泛源灯具厂、曾弟祥等10户签约，拆除面积0.35万平方米，完成观岩4、5社38户征地遗留处置补偿31户，拆除房屋面积约1.4万平方米。

【土地供应】 全年完成土地出让共计8宗地，约39.93公顷，实现土地出让综合价金约77.43亿元。2021年4月1日，完成空港新城市民服务三期工程项目1.52公顷土地成交。4月28日，完成旭辉项目10.26公顷土地成交。4月29日，完成龙湖、朗诗、合能、中粮、华宇、象屿项目28.14公顷土地成交。

【项目建设】 全年有序推动实施国有投资平台项目85个（子项目154个），其中完工项目32个，完成年度投资额26.8亿元。建成投用悦港大道二期、悦港大道三期（金山立交）等14条城市道路，新增城市道路通车里程7.5公里，完成汉渝路至土两路连接道、水两路路面改造等项目建设，开工建设春华大道鹿山隧道、悦港北路等15条城市道路，提前开工秋成西路等S标准分区8条城市道路，不断完善城市路网交通体系。建成投用中央公园北侧临时停车场，新增停车位900余个，有效解决中央公园周边停车难问题。依托渝北区空港新城城市基础设施及公共服务PPP项目，开工建设鹿山公园、花石公园，加快建设“十大公园”体系。开工建设望乡变电站地块停车场及小游园、两江国际商务中心周边景观及交通提升等项目。建成投用行政服务中心、渝北展览馆、同茂大厦、空港新城羽毛球馆及青少年活动中心、睦邻路邻里中心及幼儿园、同茂小学等项目，不断完善城市功能配套。

【交通整治】 全年组织交巡警双龙大队152人次、新城市政执法大队128人次、市政部275人次（管理人员、巡查队员、国土看护保安等参加），对春华大道以西、秋成大道以东、悦港大道以南、兰桂大道以北城市干道禁止停车区域和规范停车区域开展集中联合整治行动，共计摄像1315件、拖车579辆、劝离车辆2335辆，现场处罚交通违章7件，整治占道经营73处、户外广告63处、占道经营24处、摩托车乱停放214辆、发放规范停车宣传单2700张。

【招商引资】 全年签订项目投资协议6个。2021年2月3日，与广州市君兆物业经营有限公司重庆分公司签订君兆商业管理项目投资协议；4月25日，与重庆鲁能开发（集团）有限公司签订重庆鲁能JW万豪酒店项目投资协议；7月30日，与树兰医疗管理股份有限公司签订树兰重庆医院项目投资协议；8月24日，与重庆太平洋森活辉太置地有限公司商业管理分公司签订重庆太平洋森活广场商业管理项目；10月15日，与重庆鲁能开发（集团）有限公司签订重庆市渝北区鲁能泰山7号中学投资协议；12月20日，与福建臻煌科技有限公司签订云创空间创业基地项目投资协议。全年招商引资正式合同投资额完成57亿元，招商引资项目实际到位资金15亿元。

【两江国际商务中心】 两江国际商务中心位于空港新城中央公园片区，引进有重庆大悦城、龙湖重庆公园天街、渝北吾悦广场、合景泰富悠方、万科智汇谷五大核心项目及金茂国际生态新城、鲁能泰山七号、鲁能城和香港置地光环花园城项目，并入驻OPPO西南总部、重庆有线电视台。商业商务总建筑面积423万平方米，其中商业面积99万平方米，商务面积203万平方米，车库及配套面积121万平方米。2021年10月13日，第198次区委常委会会议审议通过《重庆两江国际商务中心产业发展促进办法》，大力引进总部企业，优先引进、培育和发展国家战略产业和区域优势产业两大类产业，鼓励创造或招引全国性、国际性文化活动品牌和国际高端消费品牌、高端餐饮品牌。12月25日，渝北吾悦广场开业，当日累计到访客流量21万人次，招商率完成100%，开铺率96%。12月30日，龙湖重庆公园天街开业，当日累计到访客流量14.9万人次，招商率完成98%，开铺率95%。12月31日，重庆大悦城开业，当日累计到访客流量7万人次，招商率完成100%，开铺率85%。截至年末，重庆大悦城、龙湖·公园天街、渝北吾悦广场、合景·悠方（重庆）、万科·智汇谷五大核心商业商务综合体项目的商务塔楼已基本完成封顶，商业裙楼部分建成。内部7条市政道路园兰一纵路、园兰二纵路、园兰三纵路、秋兰二纵路、西城路、兰桥路、青冈西路等涉商业项目的部分路段建成投用。外部道路完成同茂大道、金山大道“一横一纵”，受轨道建设及翠云螺旋立交等重难点项目影响，片区南向、西向由渝高公司和市地产集团负责的通道暂未打开。

（胡兴春　彭　芃）

重庆临空都市农业开发建设有限公司

【概况】 重庆临空都市农业开发建设有限公司（简称“临空农业公司”）系重庆渝北国家农业科技园区、重庆市现代农业开发园区公司化改革后，2015年6月经区委、区政府批准改革重组，由重庆临空开发投资集团有限公司出资组建的法人独资公司，注册资金6.2亿元，具有融资、投资、开发、建设等功能，挂重庆渝北国家农业科技园区牌子。2021年，临空农业公司招商新签约6个项目，合同投资共计10.2亿元，完成目标102%；固定投资6.2亿元，完成目标124%；到位资金2.1亿元，完成目标105%。完成增资7.2亿元，到位资金2.8亿元；筹融资34.57亿元，到位资金14.73亿元。

【农高区升建】 2021年，组织召开渝北升建国家农高区专家论证咨询会、渝北农高区智库第一次会议筹备会，锁定主题定位、产业构建、规划布局。完成农高区产业规划，完成核心区建设用地控规和土规调整方案并在自然资源部备案，完成核心区规划环评并获批。完成示范区总规编制，启动示范区规划环评编制。完成基础设施规划审查。

【产业培育】2021 年，临空农业公司正式加入成渝双城经济圈“农业科技创新联盟”，与四川德阳国家农业科技园区合作建立“共享平台”，与中国农业大学、安徽农业大学、西南大学、中国科学院微生物研究所、市农科院等高校及科研机构合作建立山地农业产业研究院、生物技术创新中心西部区域中心、重庆茶树种质资源与产业技术创新中心等 8 个创新平台。临空农业公司院士工作站 2021 年度评估为优秀。依托院士专家工作站，玉米示范基地完成玉米种植约 150 亩，国有蔬菜农场采收各类蔬菜 15 万余公斤、喂养鱼苗水花 30 万尾。

【科技项目】2021 年，实施开展“优质食用百合绿色高效栽培技术集成示范”“基于人工智能（AI）的智慧温室种植关键技术研究与应用”“营养型专用玉米品种鉴选及饮料加工产品研发项目”等 3 个科技项目并做好结题准备。

【项目建设】2021 年，临空农业公司承建政府投资项目 33 个（续建 11 个、新建 15 个、前期 7 个），其中重点项目 12 个，完成投资 5.2 亿元。白俄罗斯风情小镇项目运营策划方案、建筑功能布局及室内装修装饰方案通过专家评审，完成土石方平场约 10 万立方米和家具、灯具、软装采购流程。徐堡污水处理厂完成总工程量的 80%，龙兴镇排花洞村沿山公路完成总工程量的 60%，洛碛库岸环境综合整治项目完成总工程量的 11%。累计支付“双十万工程”和“木耳新乡村”项目资金 3.58 亿元。

【用地保障】2021 年，完成巴渝乡愁项目 181.87 亩征地和林地审批、土地整治、规划条件函等挂牌前期相关工作，完成白俄罗斯风情小镇 70 亩、农高区 495 亩土地征地预公告和补偿安置方案公告发布，完成徐堡污水处理厂项目 40.43 亩征地实施市政府批复、农业园区乡村振兴还建房项目征地前期工作，完成 210 沿线景观打造用地涉及的 9 户农房搬迁置换、双孢菇项目 60 户 168 人农房搬迁和徐堡 8 社宜机化整治项目区内 8 户农房及坟包搬迁。

（方　乐）

重庆临空招商集团有限公司

【概况】重庆临空招商集团有限公司（简称“临空招商公司”）是在原重庆临空现代服务业投资促进有限公司、原重庆临空战略产业投资促进有限公司基础上，于 2019 年 3 月合并重组成立。重庆临空招商集团有限公司统筹渝北区一、二、三产业招商引资，主要承担全区航空产业、金融、科技创新三大核心领域招商，统筹兼顾贸易、文化、旅游、体育、康养、生态农业、专业服务等重点领域以及中新自贸一体化招商。负责总部贸易基地、临空经济总部等政府租赁物业招商引资与运营管理。

【招商工作】全年引进顺丰西南运营总部、海螺（川渝）物流集散中心、中科智远新能源装备研发制造基地、株洲中车时代电气供电板块等项目 52 个，全年合同总投资完成 482.93 亿元，实际到位资金完成 85.87 亿元，分别完成年度目标任务的 107%、116%。与 2020 年的指标完成情况对比，合同投资增加 31%，实到资金增加 59%。合同投资、实到资金 2 项核心指标占年初全区招商目标任务的 52%、43%，完成情况约占全区成效的一半。围绕市区两级考核导向，更加注重招大引强，落户的项目中，投资额 10 亿元及以上项目 14 个、合同额占比 76%，投资额亿元及以上项目 44 个、合同额占比 99%。截至年底，临空招商公司储备项目 40 余个，其中亿元以上项目 29 个、10 亿元以上项目 14 个，重点跟进长安新能源汽车（拟投资 90 亿元）、三亚哈曼度假酒店（拟投资 30 亿元）、中国邮政航空邮件处理中心（拟投资 20 亿元）、海南航空重庆基地（拟投资17亿元）、京东重庆空港智能产业园（拟投资10亿元）等优质项目。

【遗留问题处置】 完成重庆空港实业有限公司名下王家街道土地产权过户手续；完成“宝桐佳苑”办公用房价值评估与税费估算；完成IBS定增股权协议签订，2021年收回股权转让款约1.2亿元人民币；完成盛世华旭债权债务处置，一次性收回债务约60万元；配合区审计局完成微软大数据平台和智能设计大数据平台审计；配合完成ARM IP集成电路产业平台的审计工作；完成渝北总部贸易基地入驻企业遗留问题清理，收回企业往年欠缴费用约60万元。

【产业基地建设】 2021年，临空经济总部已入驻中新机场商业管理公司、联东U谷招商中心等企业14家，使用面积约1.1万平方米。渝北总部贸易基地经区政府专题会同意续租至2024年12月31日，并对入驻的外贸企业分级奖励、租金补贴有关政策进行了明确。截至2021年，累计入驻企业48家，目前，白俄罗斯明斯克州重庆联络处、重庆山鼎盛进出口贸易有限公司、重庆富桂源进出口贸易有限公司等4家企业实地办公，使用面积约530平方米。

（陈怡玮）

重庆临空开发投资有限公司

【概况】 重庆临空开发投资集团有限公司（简称“临空投公司”）成立于2014年11月，经两轮国企改革重组，公司注册资本17亿元，资产规模770亿元，信用等级AA+，是渝北区主要的国有资本投资运营平台。公司下属一级子公司8家，直接管控的二级子公司10家，控股公司3家。按渝北区国企改革方案，公司职能为筹资融资、股权投资、产业基金运营、二级子公司监管等。

【资产运营管理】 2021年，临空投公司在国资确权、资产整合、经营管理上狠下功夫，确保国资权属安全。积极参与国有资源、资本、资信、资产、资金、资质“六资”清理，根据区属国有公司运营需要和资产禀赋，剥离划转27万平方米资产或经营权至其他区属国有公司，努力提高资产运营的综合效益。临空商务大楼全面启用，落户北城国际中心的星荣三级整形外科医院稳步运营，为西南地区最大的美容专科医院。基金小镇已入驻超50家企业，聚集基金规模288亿元。

【投融资管理】 2021年，投资方面，新增签约极创沣源、国家集成电路大基金二期增资2个投资项目，总投资规模155亿元，认缴21亿元，实缴4.54亿元，加上存量项目出资，全年实缴投资额6.7亿元。积极发挥资本招商作用，2021年参投基金推荐的谛声科技、光庭信息等5个优质项目，引导参投基金向渝北区本土企业北斗智联、阿泰可项目直接投资1.8亿元，协同企业融资11.1亿元，助力企业发展。融资方面，全年完成融资授信140亿元，按资金需求情况，全年提款约80亿元，支持其他区属国有公司筹资超过100亿元，其中为各公司直接提供资金77亿元、提供融资增信93亿元，同时积极与政策性银行紧密合作，保障了全区各国有公司资金需求。助力实体经济“升级贷”“上市贷”助推区内企业发展。“升级贷”累计为区内100余家企业循环发放6.45亿元信贷资金。“上市贷”为区内重点培育企业累计发放1.13亿元贷款。公司大力拓展直接融资渠道，全年完成债券发行47亿元，包括两期PPN20亿元、两期中票17亿元、一期公司债券10亿元，发行利率都保持了较低水平。

【风险控制】 2021年，通过加强政策研判、完善风险防控制度建设、强化责任落实、实行分类管理，严控风险底线。加强融资合规性管理，严防债务违约和违规举债风险。加强投前投中管理与投后监管，积极防范和化解风险。采取法律渠道维权，尽量减少损失。全年形成投后管理报告40余份，实地走访调查投资项目30余次，推进处置风险投资项目5个，涉及投资金额近2亿元，风险总体可控。

（张　清）

重庆渝港建设投资集团有限公司

【概述】 2021年，重庆渝港建设投资集团有限公司（简称“渝港公司”）一手抓企业改革，一手抓经济发展，取得了较好工作成效。全年完成营业收入31267万元，较上年增加了85%，实现净利润1061万元。

【经营性资产运营】 渝港公司经营管理的国有资产共计1711宗，建筑面积69.73万平方米，较上年同期增加22.99万平方米，增长49.19%。全年公开招租30场次，成功招租381宗，成交面积5.18万平方米。积极对接相关单位解决遗留问题，完成资产权属变更42宗。处置低效资产15宗。运行资产管理信息系统，实现网上合同流程审批、微信公众号收费等智能化集成功能。分类办理国有房屋产权遗留问题，工作成果得到区政府充分肯定。2021年实现营业收入5138万元，较上年提升68.9%。

【重点项目建设】 推进与中石化合资公司的组建工作，双方已签订合资经营合同。开拓民用醇基液体燃料市场经营，取得“渝北区民用醇基液体燃料分装站”经营权。推进殡仪馆迁建及箭沱湾公墓项目，配合区重点办完成了火化功能迁建项目概念性方案设计。按期完成“多勤联动”办公室装修工程和村镇供水维修整治工程。完成箭沱湾“双十万”绿化工程除征地拆迁历史遗留问题外的其余工程。

【消纳场运营】 建设运营D6地块土石方消纳场，开发使用消纳场在线管理系统，实现了智能化、高效化的管理目标。消纳场监控数据实时接入重庆市城管局“建筑垃圾区级监管平台”，严格落实监管部门“六个全面覆盖”的管控要求，被重庆市城管局评为“重庆市示范性消纳场”。2021年接收土石方约700万立方米，实现经营收入12035万元，较上年提升206%。

【物业项目管理】 渝港公司在管物业项目21个，在管停车场16个，路内停车位1709个。全年新接管临空商务大楼、悦来康养中心、三社公司等8个物业项目，新接管晚晴园、龙头寺公园、黄桷坪公园等6个停车场。积极探索市场化经营管理模式，通过ISO质量管理、职业安全管理、环境管理三个体系认证，连续两年获评“重庆市物业管理行业50强”。积极推进人才苑景观提升改造工程，不断改善人才居住品质。开展新能源汽车充电桩建设，完成116个车位充电桩。2021年实现营业收入5026万元，较上年提升12.3%。

【村镇饮水保障】 2021年对在管水厂进行例行检测，共检测水样52份，合格45份，合格率87%，较去年水质整体合格率有较大提升，步入全市前列。完善智慧水务系统，全面实现物资“进销存”线上管理。推进管网测绘，组织专业测绘人员，有序开展测绘工作，完成中河、自力、永庆等17座水厂的管网测绘工作，测绘里程共计518公里。大力培育技术骨干，举办“学党史·践初心·保供水”农村饮水保障工作技能大赛，有效提升员工整体素质和村镇供水保障能力。2021年，统景、永庆、顺龙、滚珠4座水厂被重庆市水利局评为“四管”示范水厂。

【担保业务】 按渝北区委、区政府“控制风险、缩减规模、化解债务、清收追偿”的要求，渝港公司逐步压缩担保债务余额。截至2021年底，在保业务42笔，金额1.68亿元。顺利完成“融资担保业务经营许可证”的换证工作。

【衡通公司】 2021年，衡通公司顺利开展项目征地工作，推进回兴、两路、玉峰山棚改项目，按期开展宝桐小学、环湖雅居片区国有空地绿化整治工程等民生项目建设，协助区征地中心处置征地拆迁等事宜，衡通公司步入正轨。

【渝学公司】 2021年，渝学公司集采配送范围覆盖全区106所公办中小学及幼儿园，配送金额共计7200万元。7月，按照区委区政府及区国资委关于区属国有公司整合重组要求，完成渝学公司注销事宜，将相关业务移交到三社公司。

（龚俊豪）

重庆临空都市基础设施建设运营有限公司

【概况】 2021年，重庆临空都市基础设施建设运营有限公司坚持以习近平新时代中国特色社会主义思想为指导，全面贯彻落实区委区政府决策部署，围绕年度经营目标，不断改进作风，强化管理，狠抓落实，年初下达公司项目建设计划55个，公司实际推进项目80个（新建15个、续建30个、前期10个、计划外25个），超计划推进比例约45%，项目总投资约112.6亿元（含城区环境综合整治PPP项目），年度完成投资10.9亿元，完工项目32个，较好完成全年目标任务。

【城市交通路网建设】 实施大型城市立交项目1个，城市道路项目7个，交通改造项目9个。累计提档升级车行道6条，人行道15条，新建城市路网1.85公里，改造道路面积4.4万平方米，优化道路交通设施14条长度约10.84公里。其中，新牌坊立交工程（后续建设）E、G、J等匝道建成投用，环形天桥完成最大难度区域既有上跨桥正下方钢箱梁吊装作业，加快推进A、B匝道等关键线路；紫兴路延伸段道路工程完成3、4号挡墙主体结构、人工挖孔桩施工，累计完成至总工程量的60%；兴盛大道（曾家岩大桥北隧道口至新溉路段）拓宽改造工程人行道、车行道拓宽部分、排水、管网全部完成；空港园区至航空城连接道工程完成围挡及临时搭建工作；渝北区中心城区轨道站步行便捷性提升工程完成黄泥磅站和双凤桥站的道路提升；渝鲁大道鲁能星城片区交通改善、高竹新区连接道交通工程开工建设。象屿观悦府项目周边道路、悠彩郡片区道路等断头路完工并开放通行；渝北双向六车道及以上城市道路分隔、宝圣大道沿线交通改善、渝北区缺失交通信号设施新建、桃源大道工职学院人行信号灯、交通堵乱点治理、龙山一路交通、高岩路片区交通组织7个交通工程完工。绿梦广场立交改造工程配合前段业主开展前期工作。

【市政配套设施建设】 实施人行过街设施项目8个，公共停车场项目10个，凯旋国际人行天桥项目、双凤桥轨道站人行天桥工程项目完工并投用。余松路小游园公共停车库完工，共计提供停车位230个。要坝地下停车库工程7～23轴主体结构全部完成并封顶，完成总工程量的65%。两港大道时装小镇人行天桥项目完成主体结构施工，松石大道都市俪人医院人行天桥项目进行地下管线的迁改，双湖路旭辉小学人行天桥项目完成墩柱浇筑，桃源大道桃源印象人行天桥项目程开工建设，渝北区6个公共停车场项目、碧津公园西南门立体停车楼等5个项目开展前期工作。

【城市景观绿化建设】 实施景观提升项目8个、社区体育公园项目3个，灯饰照明工程2个，新增城市绿化2.02万平方米，在机场路、嘉州商圈等重要地段安装灯具14.05万套。其中，西南政法大学大门广场美化、龙湖花市旁绿化恢复、盘溪河旁（安琪儿医院后及龙脊路路口）国有空地覆绿整治、黄龙路北延伸段绿化恢复、龙华大道中间隔离带绿化景观提质、宝圣大道两侧绿化景观提质6个景观提升项目完工，城区景观照明（老城区部分）、渝北区2022年元旦春节街景灯饰建设（第五片区）2个灯饰照明工程完工。李家花园绿化景观提档升级工程开工建设，3个社区体育公园抓紧推进。

【环境综合整治】 实施环境综合整治项目5个，其中金紫山片区D27–1号地块整治、龙腾新苑外路面改造、龙山老旧小区地下排污管网整治完工。城区雨污分流治理及市政道路提档升级工程一期（龙塔及南方翻译学院片区）完成景观大道、霓裳大道、锦衣路等15条道路人行道提档升级施工，6条道路车行道提档升级施工，17处雨污混流点已开工，并完成5处整治，累计铺贴花岗石4.4万平方米、生态砖11.07万平方米，升级沥青混凝土4.4万平方米。松龙锦绣园既有挡墙加固工程开工建设。渝北城区环境综合整治PPP项目完成6265万元资金支付。

【民生设施建设】 实施学校项目2个，医院项目2个，公共建筑项目6个。龙头寺小学项目于8月30日完工，增加班额66个，学位2880个，停车位210个。区中医院于年底完工，新院区较旧院区扩容10倍，共设置床位900张、车位1048个。天竺路201号地块危旧改工程全面完工，建有住宅114套，门市20个，车位76个，并顺利完成回迁业主的分房工作。“二中心”建设项目（执法办案管理中心及刑事科学技术中心项目）完成消防、通风、强电、屋面陶粒混凝土找坡、抗滑桩开挖等，累计完成总工程量的60%。龙塔中学新建工程完成土地划拨、临建工程、管线改迁、围护桩施工等总工程量的20%。龙头寺公园管理用房B楼地下室渗水修复工程、武装部外立面改造工程完工。区二院、龙塔服务中心及龙溪服务中心项目均在开展前期推进工作。

【国有资产】 在面临融资难、项目建设和偿债资金需求量大的压力下，采取“向上争、内部筹、财政保”等多渠道筹集资金，全年向上争取中央、市区补助和财政资金5.3158亿元。内部挂网销售长期闲置的润都7号、蓝天锦湖苑等85套住宅，实现销售收入6236.35万元，运营大丰、搪瓷厂、安琪儿和天竺路201号地下停车场（库），取得收入69.76万元。出租金稠街等国有空地和奔力酒店用品市场和房屋资产，取得收入217.28万元。对龙脊路小商品市场等储备土地按程序予以注销，每年节约土地使用税费40万余元。观音桥组团C20–1号地块、金田花苑小区旁约10亩零星土地出让共计5.1亿元。争取土地成本返还资金5845万元，代建项目专项债券资金及专项资金1.9亿元，争取应急周转金5000万元，确保公司正常运转和项目建设资金需要。

【安全稳定】 修订《全员安全生产责任制度》等安全生产管理制度3项，研究部署安全生产工作41次，并签订安全生产目标责任书107份，从制度机制上构建安全生产管理闭环体系。开展专项检查、日常监督检查239家次，下发整改通知书173份，查出隐患806条，开展应急救援演练2次，发放新《中华人民共和国安全生产法》文本500余本，安全手册600余册，建筑施工安全挂图150余幅，开展新《中华人民共和国安全生产法》宣讲进工地活动5场次，采取线上+线下结合方式对224人次相关人员进行安全生产教育培训。对照渝北区安全生产专项整治三年行动任务清单，公司纪委、监事会开展安全生产专项督察24次，先后8次约谈双湖路旭辉小学人行天桥、兴盛大道拓宽改造工程等6个项目施工、监理单位负责人；按照首查必罚、严管重罚的原则，对14家次违反合同约定的施工单位开出罚单，共计罚款4.85万元。按照“外防输入、内防反弹”常态化疫情防控要求，制定涉及公司办公区域和各项目工地的疫情防控应急预案，层层落实责任，建立疫情防控管理和疫苗接种登记动态台账，实施重点地区和中高风险区来渝返渝人员登记、报告、备案、核酸检测、健康管理工作，最大限度保障一线工人和员工的生命安全。持续开展欠薪工作和农民工工资支付管理制度落实排查，梳理隐患，逐个分析研判，制定应急预案、约谈教育等，处置历史遗留及欠薪稳定问题40余次，切实维护一线工人权益。

（陈和平）

重庆渝北农村基础设施建设有限公司

【概况】 重庆渝北农村基础设施建设有限公司（简称“区农基建公司”）成立于2015年6月18日，隶属区政府直管，为区国资委出资组建的全资国有公司，注册资金4.5亿元，秉承“专业、规范、高效、廉洁”的企业价值观，围绕乡村振兴战略目标，聚焦农村基础设施建设，截至2021年12月底累计实施渝北区境内交通、水利、环保、场镇等项目265个，完工项目246个，较大程度改善全区农村交通、环境和居住条件，有效提升农村整体面貌。

【项目建设】 全年实施项目34个（续建12个、新建17个、前期5个），完成投资约10亿元。重点实施辐射木耳、兴隆、茨竹、大湾四镇，跨越三环高速、快速六横线和绕城高速，直通川渝高竹新区的南北大道工程和接驳三环高速、东环铁路、渝邻高速，有效促进石船、统景、大盛、大湾片区与两江新区实现快速联系、协同发展的两江大道北延伸段工程，畅通经济社会发展主动脉。提升G351古路至北碚界段、G319关兴至旱土新建工程等国省干线公路改造和农村骨架路，优化农村道路运输结构。推动塘库工程建设，重点建设以城镇供水、农业灌溉为主，兼有发电、生态景观及应急水源等综合利用功能，总库容达6500万立方米的碑口水库。改造提升场镇基础设施，实施龙兴场镇提升整治工程，开展场镇建筑风貌改造、停车场、市政道路改造、环境景观、公厕和农贸市场及管线管网工程改造等，为2022年亚洲杯召开打造赛事外围渝北区场镇新形象。

【国企改革】 实施国企改革三年行动，依托加快建设“四个大区”和奋力打造“标杆城区”目标，聚焦公益类项目建设主业主责，精心制定“一企一策”改革方案，形成8个方面、22个专项、40条改革内容，公司上下全力落实改革各项工作。加强党的领导和完善公司治理的统一，党的领导融入公司治理各环节。对标世界一流企业管理，推进管理体系和管理能力现代化提升，公司治理全面实现制度化、规范化、程序化。完善市场化运营机制，实施以劳动合同管理为关键、以岗位管理为基础、以绩效考核为检验的市场化用工制度，“管理人员能上能下，员工能进能出，收入能增能减”的“三能”目标充分实现并形成机制。

【资金资产管理】 全年到位资金13.54亿元，统筹调度安排资金支付23.19亿元，推进乡村旅游及环境整治融资提款5.88亿元，完成13个项目资产转固入账0.88亿元。严格政府债券使用，规范资产管理，接受各项审计21次，资金调度使用合规合纪。

（向艾苓）

重庆渝北城市更新建设有限公司

【概况】 2021年，根据区委、区政府部署安排，重庆渝北城市更新建设有限公司（简称“城市更新公司”）与原创新经济走廊建成区指挥部进行整合重组，全面接管原创新经济走廊建成区指挥部职能职责，围绕“产业发展、土地征供、城市更新、基础配套建设以及市政管理”等重点工作，在临空消费走廊片区，完成回兴、石盘河片区城市更新规划，成功引进产业项目协议投资额65.48亿元，实际到位18.86亿元，完成服务业营收450亿元，完成工业投资9.36亿元，完成规模以上工业总产值135亿元，完成全社会固定资产投资70亿元，新增规模以上企业20家。公司全年拆除房屋面积约17.5万平方米，完成供地17宗620亩，完成国有投资6.5亿元，资产性经营收入达到862万元。

【招商引资】 全年签约引入项目17个（投资亿元以上项目11个）。西南国际汽贸城引进保时捷4S店、运通好车等汽车类项目4个，全年引入汽车品牌41个，其中已开业10个、在建23个、办理供地手续8个。重药控股总部正式入驻医药产业园。引入张义超工作室、CFA设计师孵化园、斜杠广场直播基地推动服装产业转型，千谷产业园启动二期扩展，朗之瑞汽车过滤新材料、智能真空断路器生产基地等4个工业项目成功落地。

【产业发展】 重药控股及其下属15家子公司正式入驻，辖区首家五星级标准酒店——临空智选假日酒店开业，法治科技园（一期）开工建设。创意公园成功入选第五批全国创业孵化示范基地名单，成为渝北首个国家级创业孵化示范基地。金山科技自主研发的第四代胶囊胃镜机器人获得欧盟CE认证，成功申报工信部重点专精特新“小巨人”企业。国盛IEC成功创建市级数字文化产业园，再升科技获市政府科技进步奖一等奖。

【土地征供】 全年攻坚23个产权人完成签约交房，泰山电缆、红岩方大2个中央环保搬迁项目实现停产搬迁，交房面积约24万平方米，拆除房屋面积约17.5万平方米。拆除水电气管线和通信基站36处，民兴路、华荣路片区2条10千伏高压线完成迁改。完成824亩污染状况调查和221亩污染土地修复。完成461亩土地挂牌，其中出让二类居住用地163亩，商住用地123亩，保障招商引资项目用地115亩，完成60亩土地划拨用于城市道路建设。

【城市更新建设】 和盛街老旧小区完成1.8万平方米外立面改造，规范水电气管线300余处。花卉园、渝湖路2个老旧片区完成建设方案制定，花卉园城市有机更新项目在全市创新推出EPC+O模式。烂尾20年的“四久工程”香樟湖樾项目先后处理群体维稳事件10余次，安抚群众300余人次，成功实现施工结构加固、内部优化等工作，全年完成工程投资17.8%。

【城市配套建设】 实施“打通断头路、拓宽瓶颈路、提升老旧路”战略，完成横二路、东湖一支路（三期）、横五路（二期）、宝石一支路等4条道路建设，新增通车里程2.4公里。横六路西延伸段开工建设；建成富兴苑二期350套安置房，安置群众1000余人；建成创意公园、木耳两个生态停车场，新增停车位300余个；厂房5号楼、城市更新管理用房完成建设；完成市级坡地堡坎崖壁绿化美化示范项目——渝航大道1、2、3号边坡提档升级，优化辖区交通信号设备12处，完成东湖大道、霓裳大道、两港大道等道路景观提升约2.4万平方米。

【城市管理】 对两港大道、食品城大道等主干道进行交通常态化整治，全年劝导违停车辆1万余次，摄像纠违2200余次，拖移违法车辆700余辆。整治不规范围挡6000米，清理城市菜地30万平方米，完成约10万平方米国有空地覆绿，制止施工扬尘30余次，露天焚烧10余次，完成8800平方米违法建筑拆除。对来访群众实施“首问负责制”，反馈问题实行“清单制、责任制、销号制”，协调农民工工资等群体性涉访事件16起，办理来信来访件46件，解决各类城市管理问题952个。建立《事故隐患“日周月”排查治理制度》推动全员抓安全，研究调研安全工作350余次，全年检查项目454个，整改安全隐患844条，实施安全违约处罚13万元，未发生一起安全生产责任事故。

【资财管理】 在区政府的支持下，从其他国有公司、区级有关单位划转国有资产19.8万平方米。建立资产台账，全年完成7次21处约1.2万平方米闲置资产公开招租，资产闲置率为15%，全年实现国有资产运营收益862万元。成功申报3期7.5亿元政府专项债，融取花卉园片区改造资金6亿元。

【重大活动】 在国盛IEC成功举办“2021重庆数字文化产业论坛”。成功举办首届“国风西南·艺术重庆”非遗民族服饰秀，推动重庆时尚设计版权服务中心落户临空消费走廊。成功举办“2021中国重庆国际时尚周”闭幕式活动，持续加强片区影响力。

（张　松）

重庆临空文化旅游发展有限公司

【概况】 重庆临空文化旅游发展有限公司（简称“临空文旅公司”）于2020年10月12日正式挂牌运行，定位为渝北区全域文化旅游产业项目开发建设及市场运营主体，注册资本金5亿元，分类为商业二类企业，负责全区文化旅游项目的策划、建设、营运和管理，引领带动全区文旅产业健康发展。全资子公司——重庆铜锣山运营管理有限公司于2021年12月1日正式挂牌运行，注册资本金3000万元，负责母公司所有文旅项目的运营管理，不断提高市场竞争力和影响力，着力塑造渝北特色文旅品牌，提升运营管理水平。2021年，公司累计完成投资约1亿元，实现铜锣山矿山公园对外开园迎宾；完成融资授信6.5亿元，为项目建设提供持续的资金保障。

【规划建设】 完成矿山公园范围四山优化调整方案编制工作，《“四山”管控区规划优化方案》通过市规划委员会暨市历史文化名城保护委员会审议，争取城镇开发边界用地349.74公顷，乡村建设区域289.21公顷。完成矿山公园范围石壁、关兴、天坪三村村规划编制，方案于2021年7月6日通过区政府审查获得批复，落实村庄建设用地113.49公顷。初步完成矿山公园旅游总体方案编制，总投资约65.19亿元，建设年限2035年，规划建设用地约315.02公顷。开展大盛天险洞—云龟山片区旅游策划及规划方案、荀溪桥村乡村旅游策划及概念性规划等6个乡村旅游项目规划设计工作。完成矿山公园核心区生态修复营林工程方案设计、廖家湾精品民宿改造工程等15个项目的设计工作。2021年，临空文旅公司投入资金约1亿元对铜锣山矿山公园进行统一规划建设和提档升级，建成并投用矿山公园开园区域景观升级工程（EPC项目）、导视系统设计安装工程等项目17个，建成观景平台14个，种植各类乔木8000余株，灌木、草坪15万平方米。

【招商引资】 临空文旅公司先后到北京、云南等地区开展招商活动10余次，招商对接企业100余家，其中拜访、接待企业50余家，招商签约天险洞直播电商产业园、“凤凰于飞”动画电影、情定关兴田园综合体等文旅项目，完成合同投资6.3亿元，实际到位资金1.2亿元。

【乡村振兴】 临空文旅公司坚持把乡村旅游发展作为促进乡村振兴战略的有力抓手，推动“农文旅”深度融合发展。高标准打造“宿于·龙槐山院”“宿于·天池是何年”2个精品民宿。重点围绕古洛、印放、玉龙等精品文化旅游路线，深入挖掘本地特色资源和生态环境优势，拟整村开发打造统景中坪、茨竹放牛坪、大盛天险洞、王家苟溪桥等乡村文旅项目，实现乡村旅游全面发展的同时，全力带动农民增收致富、助力乡村振兴。

【民宿协会】 2021年12月10日，在区文旅委指导下，重庆市渝北区旅游民宿产业协会正式成立，系主城都市区中心城区首家区级民宿产业协会，临空文旅公司作为会长单位，全力搭建民宿业主学习、交流、合作与发展以及政府和行业间沟通平台，将渝北打造成为休闲民宿示范区、高端民宿集聚区，推动全区旅游民宿业高质量发展。协会共吸引48家单位会员和31位个人会员入会。

（张方瑜）

重庆市渝北区三社融合发展供销服务有限公司

【概况】 重庆市渝北区三社融合发展供销服务有限公司成立于2021年7月30日，注册资金800万元，是渝北区供销合作社出资组建、参照区一级国有公司管理的公司。下设重庆市渝北区原和顺再生资源有限公司（简称“原和顺再生资源公司”）、重庆市渝北区农民合作社服务中心有限公司（简称“农服中心公司”）2个子公司。公司致力于打造专业的现代农业综合服务商，以服务“三农”为宗旨，以促进农村产业化发展助力乡村振兴为目的，开展农业生产社会化服务、农资采购供应、农产品销售等，促进农村市场现代流通网络体系建设，引领渝北区生产互助农业股份合作社有效对接市场、营销市场、促进发展壮大。

【资产清理】 完成统景御临、木耳鸿盛等19家基层供销社公司的股权变更，以及农服中心公司、原和顺再生资源公司的法人及股权变更，对佩迪商贸公司、汇丰中介服务公司、供亿网络科技公司进行资产评估、股权变更、清算注销；核定固定资产5处共约6000平方米，持续开展租赁业务。

【食堂配送】 公开招选供应商，通过发布、招选及实地考察等程序，确定20家全品类供应商和3家粮油类供应商；建立常态化定价机制，制定《食堂物资购销定价实施细则》，召开价格谈判会议10次，确保供需双方价格合理、透明。严格管控食品安全，组织开展专项抽查121次，实地查看供应商经营和分拨场地，筑牢食品安全防线；完成114所学校、19家机关单位《食材配送合同》的签订，2021年11月、12月配送销售额约1800万元，代销各镇特色农产品约1000万元。

【品牌建设】 完成18项“花果渝北”关联性设计申报，开通公司微信公众号、微信商城小程序，推出“花果渝北”之年味和巧手礼盒，订单销售合计63万元。

【投资监管】 积极支持智慧农服渝北公司推进农业社会化服务，全托管服务柑橘示范园188亩，专项服务约4万亩次，销售农资约1.3万吨约6000万元，开展技术培训11场。进一步规范农服中心公司运营管理，完善27家合作社公司服务协议，定期走访基层社公司了解经营状况。

（刘媛媛）

农业农村·水利

综　述

2021年，渝北区农业农村工作深入贯彻党的十九大和十九届历次全会精神，全面落实习近平总书记关于“三农”工作重要论述和在全国脱贫攻坚总结表彰大会上的讲话、在庆祝中国共产党成立100周年大会上的重要讲话、视察重庆重要讲话精神以及对重庆作出的系列重要指示批示，对标对表2021年中央和市委一号文件、《重庆市乡村振兴十大重点工程实施方案（2020—2022年）》《中共重庆市委农村工作暨全面实施乡村振兴战略领导小组2021年工作要点》等文件精神，以推进巩固拓展脱贫攻坚成果同乡村振兴有效衔接为统领，发展特色高效农业，构建“3+6+1”现代农业产业体系，推进产业融合发展，深化农村改革创新，提升农村基础设施，促进成渝“双城”经济合作、协调发展，亮点纷呈。2021年第一产业增加值31.16亿元，比上年增长4.6%；农村常住居民人均可支配收入23465元，比上年增长11.0%。区农业农村委获农业农村部表彰长江禁渔执法监管先进集体、全国星级基层农技推广机构和市级表彰农村承包地确权登记颁证先进集体、农村人居环境整治三年行动成效明显单位，获区政协工作先进集体和开展脱贫攻坚工作中成效突出集体。在乡村治理中推广运用“四张清单”治理模式被农业农村部、国家乡村振兴局作为全国乡村治理创新典型宣传报道。

（易　乐）

乡村振兴行动

【概况】 2021年，渝北区学习贯彻习近平总书记关于“三农”工作重要论述，贯彻执行党中央、国务院决策部署和市委、市政府工作要求，践行新发展理念，对照《重庆市实施乡村振兴战略行动计划》《重庆市乡村振兴十大重点工程实施方案（2020—2022年）》，以加快建设全市乡村振兴先行示范区为总揽，统筹推进产业、人才、生态、文化、组织“五大”振兴，乡村振兴取得阶段性成效。

【乡村振兴工作体制机制】 落实“五级书记抓乡村振兴”工作机制，健全“区委书记带头联系、区属国有公司定点帮扶、区级行业主管部门定向指导”工作机制，撤销原区扶贫开发办公室，成立区乡村振兴局，分层分类推进乡村振兴示范镇村、重点帮扶镇村建设，继续落实驻乡驻村帮扶工作，向3个重点帮扶镇、7个示范村或重点帮扶村派驻第一书记。2021年，通过领导小组会、区委常委会、区政府常务会等会议，研究部署乡村振兴工作67次，逐级压实工作责任，推动工作重心从脱贫攻坚向乡村振兴有序转变。

【乡村产业振兴】 聚焦现代山地特色效益农业提质增效。聚焦现代设施农业、休闲体验农业、临空高效农业三大发展方向，培育壮大优质水果、绿色蔬菜、高端花卉、道地药材、生态渔业、特色兔业六大特色高效产业，加快推进渝北国家农高区升建工作，构建“3+6+1”现代农业产业体系，推动农业高质量发展。继续推进10万亩经果林建设，套种蔬菜7.9万亩，持续强化后续管护，对已建成的8.7万亩柑橘等经果林、10万亩生态林实行首席专家负责制、“网格化”“单元式”管理，农业产业管护水平明显提升。新评选市级龙头企业18家，认证“两品一标”、全国名特优新和市级品牌农产品36个。推动产业向农产品精深加工、乡村旅游等领域拓展，打造木耳新乡村、“古洛环线”乡村旅游示范带等农旅融合精品。村级集体经济发展壮大。以三社融合深化“三变”改革，建立村级生产互助农业股份合作社59个。全区“三变”改革试点村增加至87个。积极探索推进智慧农业，在大盛镇青龙村建成丘陵山地无人果园管理平台，入选2021年智博会重庆市大数据智能化应用十大“智慧农业”精选案例。渝北国家农高区创建工作全面推进。

【乡村生态振兴】 统筹推进农村旧房整治，美丽村庄、“四美庭院”建设，农村生活垃圾治理及分类等工作。推进农村户厕改造，全区卫生厕所普及率达到92.5%。推进村庄绿化及国土绿化，完成“两岸青山·千里林带”建设0.86万亩、公共场绿化40亩、四旁植树300亩，建设绿色示范村10个。开展化肥农药减量与废弃农膜回收。推进水产养殖尾水与生活污水治理，治理面积1472亩、尾水210万吨。制定《农村生活污水治理规划（2021—2025）》，新建集中式污水处理站3座，技改污水处理站10座，配套建设管网1.2公里。

【乡村人才振兴】 回引乡村人才队伍不断壮大。积极回引农民工返乡创业就业，开展农村技能人才、农村电商人才、家庭农场经营者的培训上千人次。加强对农村劳务经纪人素质培养和日常管理，开展劳务经纪人培训200人次。引导各类人才向基层一线流动，招聘乡镇基层人员42人。落实医疗卫生人员定期到基层从事医疗卫生工作，选派二级以上医疗机构52名医疗卫生人员到乡村基层医疗机构指导支医。选派市级科技特派员32人、区级科特派员50人深入基层开展科技服务。探索推行基层下单、部门传递、专家组团接单服务模式，获新华社内参报道。打造“临空匠才”技能人才品牌，新建乡村人才培训培养平台2个，区级特色职业（工种）目录累计达14项。

【乡村文化振兴】 2021年，加强农村思想道德教育。围绕庆祝中国共产党成立100周年，开展主题授课800余堂次。广泛挖掘在乡村振兴等重点工作中涌现出的先进典型，推荐获评3名重庆好人、1名中国好人，1人获全国道德模范提名奖。申报“重庆市文明家庭”2户、“渝北区文明村镇”16个、“渝北区文明家庭”14个，评选“清洁户”和“星级文明户”15000余户，评选“美丽庭院”250个。持续推进基层综合文化服务中心提档升级建设，新建乡情陈列馆5个。持续开展送文化下乡、戏曲进乡村和送流动文化服务进村等文化惠民活动，培育“一村一品”特色文化活动5个。完成送流动文化服务进村活动512场次，开展惠民电影放映3000余场，开展全民阅读系列活动600余场。推进乡村优秀传统文化的传承。抓好乡村文物修缮保护工作和督办推进文物保护项目工作，对6处文物存在的安全隐患进行督查整治。开展非遗传承推广展示活动10余场。

【乡村组织振兴】 做好全区172个村“两委”集中换届工作，实现年龄、学历“一降一升”，整体素质明显提升。持续做好村（社区）换届后续培训工作，针对乡村治理中的难点、堵点、痛点，建立“四张清单”，入选第三批全国乡村治理典型案例。

探索乡村治理新模式，谋划建设18个乡村治理示范点。探索构建党组织领导下的自治、法治、德治、智治“四治合一”乡村治理体系，成功创建国家乡村治理示范村1个。在建制村全覆盖推广运用“积分制”，将农村人居环境整治、农村基础和公共服务设施运维管护、乡风文明建设与“积分制”有效结合，用“小积分”引领乡村文明新风尚、开启乡村美颜新模式、点靓乡村幸福新生活。

【巩固拓展脱贫攻坚成果同乡村振兴有效衔接】 2021年，持续巩固“两不愁三保障”，完成农村C、D级危房整治5551户；将农村低保对象、特困人员、困难残疾人、脱贫户纳入40种（比全市多7种）大病专项救治对象，救助脱贫人口7103人次，救助金额152.33万元；按照“全覆盖、零拒绝”要求，解决随班就读残疾学生345人，送教上门119人，落实教育资助资金577万元，惠及脱贫户、边缘易致贫户等家庭学生2059人。持续加大产业帮扶力度，实施巩固拓展脱贫攻坚成果和乡村振兴项目41个、涉及资金2321.83万元，重点支持脱贫群众产业发展、镇村基础设施建设。通过送工送岗、公益性岗位安置、帮扶车间吸纳等方式，帮助1069名脱贫人员、31名边缘人口实现稳定就业。拓展深化消费帮扶，认定企业帮扶产品123个。大力推广使用消费帮扶平台、开展直播带货、展会展销等系列活动，累计实现消费帮扶1.36亿元。截至12月底，全区已脱贫户987户2458人、监测对象38户102人无一返贫。

（易　乐）

农村经营管理

【概况】 以改革创新为动力，以增加农民收入为核心，以完善、创新和培育新型农业经营主体为着眼点，以维护农民合法权益和增加农民收入为最终目标，开展各项农经工作。

【农业农村改革】 2021年，全区共清理核实各类集体资产20.06亿元，清理核实各类集体土地137万亩。截至2021年末，渝北区“三变”改革试点村增加至87个建制村，达到全区建制村总数的50%。建成农村宅基地审批管理系统，收到农户建房申请3120宗，申请面积359.52亩；完成审批2668宗，审批面积306.19亩；完成验收3683宗，面积430.83亩。

【农村承包地确权颁证】 完成13个镇街的163个村、1870个村民小组农村土地承包经营权确权登记颁证工作，2021年10月12日通过市级专家组验收，验收成果为优秀等次。

【农业新型经营主体培育】 2021年，培训合作社各类人才350人次，新培育区级示范合作社10个、家庭农场13个。安排180万元专项资金支持7个市级及以上示范合作社、4个区级示范家庭农场发展。

【农村集体经济】 2021年，全区农村集体经济实现经营性收入3.6亿元，村均经营性收入202.2万元，经营净收益8017万元，均村净收益45万元。

【农业保险】 2021年，新增小龙虾、柑橘、花椒和经济林木产量保险，保险范围覆盖区内重点特色农业产业。2021年，完成生猪保险14767头，能繁母猪保险1480头，经济林木灾害损失保险14276亩，花椒、柑橘、竹笋收益保险110亩，参保农业生产经营主体86个，政策补贴保费125.04万元，理赔223.6万元。

【农业社会化服务】 2021年，扶持农业社会化服务组织65个，服务面积6.04万余亩，涉及农户2万余户，兑付补助资金590余万元。

（易　乐）

种植养殖业

【概况】 2021年，渝北区以产业振兴为中心，坚持“生态优先、绿色发展”理念，推进种植养殖产业建设标准化、管理智能化，向绿色高效高质量发展。重点发展果树、蔬菜、林下中药材等为主的经作产业，发展生态特色畜牧业，紧紧围绕“稳粮增收”这根主线，以“稳政策、稳面积、稳产量”为目标，明确任务清单和粮食种植面积底线，圆满完成粮油生产的各项目标任务。同时不断推进数字农业农村建设，培育新型农民，扎实推进农田宜机化改造工作及高标准农田建设工作。

【水果蔬菜中药材生产】 围绕“3+6+1”现代农业产业体系建设，大力发展果树、蔬菜、中药材等特色产业，建成宜机化果园7.1万亩，发展优质水果15.54万亩、蔬菜20.45万亩，南北大道等5个现代农业产业示范基地初步建成。建成丘陵地区无人果园管理平台，并在智博会上发布。年产1.5亿株蔬菜花卉育苗智慧工厂和日产菌袋3万袋的食用菌智能化工厂建成投产。全年申报获批各类产业发展竞争性项目20个，补助资金3000万元。

【粮油生产及病虫害防治】 2021年，全区粮食作物种植面积和总产量实现“双增”，粮食作物播种面积31.27万亩，比上年增长0.45%；粮食总产11.14万吨，比上年增长0.70%。强化惠农政策落实落地，全区兑付实际种粮农民一次性补贴342万元，兑付耕地地力保护补贴2236万元，惠及16个镇街90086户农户，补贴面积18.65万亩。扎实推进植保植检，新建病虫害智能监测点23个，绿色防控示范片5个，绿色防控覆盖率达到43.27%。

【畜牧水产生产及动物重大疫病防控】 科学调整畜牧产业结构，出栏生猪8.07万头，比上年增长29.00%；出栏家禽164.16万羽，比上年减少12.90%；出栏羊9325只，比上年减少11.80%。2021年，持续推进畜禽粪污资源化利用，全区畜禽粪污资源化利用率达88.06%以上。重点实施水产健康养殖，突出治理养殖尾水。推行兽医工作“三项制度”，切实开展动物疫病监测流调，全年检测血清及组织样品等共13751份次。落实动物疫病防控责任，全年累计免疫生猪口蹄疫10.26万头，牛、羊口蹄疫2.58万头（只），羊小反刍兽疫0.73万只，家禽禽流感122.87万羽，犬3.19万只。全年产地检疫申报检疫率达100%。屠宰检疫率、出场动物产品检疫合格率均达100%，无害化处理率达100%。

【农业宣传教育培训】 培育规模涉农电商企业，全年农产品电子商务线上销售金额2.48亿元。培训高素质农民、农业职业经理人、青年农场主、农村致富带头人等691人。评选年度“渝北十佳新型职业农民”，开展新型职业农民的认定和动态管理。

【农业机械化推广】 2021年，全区新建宜机化示范田2.4万亩，耕种收综合机械化水平达到52%，顺利完成先进农业机械及高标准农田建设技术示范推广、农机购置补贴资金、农机社会化服务组织进行能力提升建设任务。继续督促实施购机补贴政策，充分调动农民购买使用农机积极性，推进农机装备结构优化。组织开展机插秧技术应用示范，切实做好跨区机收的组织服务工作，开展技术培训，系统推广新型农机技术。

【高标准农田建设】 2021年，完成2019年度市级下达高标准农田建设项目收尾工作，全面完成2020年度市级下达高标准农田建设项目任务，建成高标准农田面积4万亩，高效节水灌溉农田面积2万亩，建成大湾镇高标准农田七化示范区1个。推进2021年度市级下达高标准农田建设项目前期工作，完成项目设计规划、立项预算编审和招投标工作，项目正式开工建设。

（易　乐）

农业法治

【概况】 渝北区深学笃用习近平法治思想，深入贯彻落实党的十九大和十九届历次会议精神，履行监管责任，全面贯彻落实农业法律、法规，着力开展农业生产安全，农产品质量安全，农业行政审批，农业综合行政执法等工作，不断推进农业法治建设。

【农业安全生产】 全力实现安全领域“零事故”。认真落实安全生产“一岗双责”。定期研判安全风险、重要时段专项分析，防控措施责任落实落地。扎实推进安全生产专项行动，常态实施安全监管，大排查大整治大执法持续深入，全年检查各类农业企业（个人）301家次，整改隐患189项。广泛开展安全宣传活动，发放宣传资料、组织安全培训和应急演练。牵头开展变型拖拉机专项整治，收缴假牌假证，查处农机违法行为。深入推进农药包装废弃物回收，科学设置农药包装废弃物总回收站、回收点。

【农产品质量安全管理】 印发《渝北区农产品质量安全监管年度工作方案》，与各镇街签订目标责任书，形成一级抓一级、层层抓落实的工作格局。深入开展食用农产品“治违禁 控药残 促提升”三年行动，对11个重点治理品种进行全面摸排，建立79家重点监管对象台账并实施动态管理。牵头抓好农村假冒伪劣食品整治、农资打假、农业转基因监管等专项行动，强化监督检测，定性检测、定量监测样品合格率100%。全区完成37个“两品一标”认证，获证企业全部入驻国家追溯平台。

【农业行政审批】 规范农业农村政务服务，进一步优化营商环境。梳理编制行业行政审批权责事项清单450项，通过规范特殊环节、精简申请材料、优化办理流程，积极推行“跨区县通”“零材料办理”等审批服务方式，全程网办比例提高至90%，办理时限压缩比提升至88.5%。建立窗口+农技专家行政审批运行机制，从法规制度、申报材料填报、经营场所建设等方面进行全程指导。

【农业综合行政执法】 全年开展执法检查278次，牵头处置重大涉农问题，全年共查处各类违法行为75起，办结案件71起，罚没金额共计84.36万元。持续推进长江流域禁捕退。建设AI预警处置系统，全面建立禁捕水域三级网格管理体系。督促业主办理水生野生动物驯养繁殖、经营利用许可证。扎实推进“河长”工作。

（易　乐）

农村社会事务

【概况】 2021年，渝北区以全国乡村治理体系建设试点示范区建设为抓手，紧扣加快健全党组织领导的自治法治德治相结合的乡村治理体系建设目标，着力强化党建引领、“三治”（自治、法治、德治）融合、智能支撑，不断推动乡村治理实践创新，加快构建“135”治理格局，探索总结出“四张清单”“积分制”等有效治理模式，乡村治理体系建设试点示范工作通过农业农村部中期评估并作为典型向全国推介。大力实施农村人居环境整治提升五年行动，扎实推进农村“厕所革命”、生活垃圾污水治理、村容村貌提升，深入开展村庄清洁行动、“五清理一活动”和“百村宜居”计划，成片推进农村人居环境整治，全区乡村面貌持续改观，农村人居品质加快提升。

【农村人居环境整治】 聚焦农村改厕、清脏治污、村容村貌提升等重点接续实施农村人居环境整治提升行动，新改造农村户厕1142户、卫生厕所普及率达到93.5%，新建成农村生活垃圾分类示范村9个，建制村生活垃圾有效治理率达100%，改造农村生活污水集中处理设施4座，建设雨污管网15.4公里，新创建市级美丽宜居村庄10个、美丽庭院250个、绿色示范村庄10个，新整治提升农村危旧房9146户，打造了茨竹板栗屋基、兴隆柏树屋基等20个“四美庭院”，提档升级“古洛”环线农村人居环境整治示范片，加快建设南北大道沿线农村人居环境整治示范片，农村人居环境整治成效显著，连续三年获评全市农村人居环境整治成效考核先进激励区。

【乡村治理】 在建制村全覆盖搭建“一约三会”等自治平台，大力推行“五事工作法”和“逢十协商”制度，创设“温馨三见”公共法律服务品牌，打造了“和为贵”“律师驻所调解”等一批具有渝北特色的调解品牌。开展“法润千里·治汇广大”系列活动，127个村被评为市级民主法治示范村。创新“积分制”“清单制”等治理方式，“四张清单”经验做法在全市、全国推广，木耳镇金刚村成功创建国家乡村治理示范村，茨竹镇放牛坪村、大湾镇太和村获评市级乡村治理示范村。大力开展慈孝文化“三个一百”“十抵制十提倡”“五风润新村”等品牌活动，见贤思齐、向善向美在渝北乡村蔚然成风。建成“9+X+N”乡村综治信息系统，处理乡村社会治理事件1.2万余件。实施“智慧天网”和“雪亮工程”，搭建村镇两级“乡村卫士”综治监控平台，全天候全方位守护群众平安。

（易　乐）

林　业

【概况】 2021年，渝北区林业工作深入学习贯彻习近平新时代中国特色社会主义思想和党的十九届六中全会精神，以习近平生态文明思想为指引，自觉践行“绿水青山就是金山银山”理念，按照守存量、促增量、提质量的总体发展思路，精心谋划、精准施策、依法治林，大力实施林业重点工程，注重林业生态建设，全区生态环境显著改善，圆满完成了各项工作任务，并取得良好成绩，实现了“十四五”良好开局。截至年底，全区森林总面积61582.14公顷，森林覆盖率为42.30%（含两江新区）。

【国土绿化】 以国土绿化行动为契机，大力开展造林绿化和森林提质增效。全年采用轻基质无纺布营养袋培育并完成公益性育苗60万株，全区造林用苗得到充分保障。积极抓好无偿送苗工作，有序开展科技送苗下乡活动，与云阳县等区县开展无偿送苗。全民植树造林积极性普遍高涨，全年完成义务植树60万株。完成景观示范林、四旁植树、产业结构调整、森林抚育等营造林9.16万亩，完成率为100%，创建绿色示范村10个。认真开展造林“回头看”。建立国土绿化造林长效管护机制，落实后期管护资金，持续开展后续管护。采取晒成效、搞拉练、促整改等措施，加强督导检查和考核，巩固造林成果，确保成活、成林、见成效。切实加强天然林保护，完善天然林管护平台，编制《渝北区天然林保护修复规划》。

【森林资源保护】 以森林资源保护为抓手，切实维护森林生态安全。一是狠抓森林火灾预防预警监测，全年无森林火灾发生。2021年发放宣传资料4万余份，发送森林防火信息600万条，对入山人员及时提醒森林防火。建立起区、镇、村、社四级防火责任机制，落实护林员1680名，形成了森林防火网格化体系。建成防火阻隔网络1057公里，防火蓄水池92口，规范化森林防火检查站73个，建立46人的国有林场森林消防专业队1支，森林火灾预防和初期火情处置能力不断加强。二是加强林业有害生物防控，全年投入1463万元，全面完成23.5万亩松林枯、病死松树的除治清理工作，其中疫情小班面积8.5万亩。全区松材线虫病发生面积逐年下降，市级考核等次为优秀。加强红火蚁、扶桑棉粉蚧和加拿大一枝黄花等其他外来有害生物的防除工作。三是加强项目使用林地手续的审批工作，及时办理重点工程、开发园区、农村“四好”路、农村基础设施、农民建房等各类项目征占用林地294宗，面积2389亩。严格执行“放管服”要求，全年受理行政审批服务事项4378件，办结率达到100%。四是抓好林业行政执法工作，以森林督查为重点，严厉制止和打击涉林违规违法犯罪行为。全年查处林地违法图斑79个，追收森林植被恢复费6935万元，有效遏制违法用地行为。全年共办理各类林业行政案件71件，移交区公安局处理的涉刑案件3件，收缴罚款213万元，案件查处率100%。

【林长制】 以林长制牵头，构建齐抓共管治绿格局。深入推进林长制工作，全面建立“三级林长+网格护林员”组织体系。横向落实林长制成员单位28个，纵向设立总林长2名，区级林长3名，镇街级林长34名，村居级林长133名，网格护林员474名，实现森林资源保护管理常态化。按照市总林长1号令，有序开展“四乱”整治，全面清理中心城区“三山”及其支脉范围内森林“四乱”突出问题，查摆问题18件，已整改4件。严格实行“四个一”巡查巡林制度。全年区级林长巡林13次，镇街级林长巡林879次，村居级林长巡林5487次，实现山有人管、树有人护、责有人担。

【自然保护地建设管理】 以加强自然保护地建设管理为保障，提升生态环境整治成果。开展张关—白岩风景区总体规划修编。开展南天门森林公园和张关—白岩风景区内生物多样性的科学考察。按国家及市林业局的要求，进一步优化整合全区的自然保护地，并及时进行报送。积极开展自然保护地的日常巡查管理，并建立管理台账，重点预防和打击自然保护地范围内的违法建设、污染环境等破坏林地非法违法行为，营造了良好的林业生态环境。

【森林公园】 全区现有市级森林公园3个，即重庆市华蓥山森林公园（269公顷）、重庆市南天门森林公园（1500公顷）、重庆市玉峰山森林公园（2359公顷），总面积4128公顷。2021年，以森林公园建设为依托，提升森林康养旅游品质。按照“城市之巅，森林氧吧”理念，推进玉峰山森林公园和南天门森林公园的各类改造建设，投资4500万元完成玉峰山新坪老街公共节点及环卫配套项目、沿街绿化项目、内街整治、农副产品交易市场项目建设任务。基础设施和景观效果得到提档升级，极大提升公园形象。全年接待游客达30万人次，突显森林康养成效。

【国有林场】 2021年，继续按照管护站“五个一”建设要求，推进国有林场管护站点的环境整治工作，进一步改善了基层林业职工生产生活条件。按时间节点完成了国有林场生产任务。集中力量抓了国有森林资源保护管理、防火基础设施建设和松材线虫病防治，全力抓了国有林区安全生产和信访稳定工作，无安全事故发生。

（张广纳）

水　利

【水利基础设施建设】 2021年实施政府投资项目54个，完成投资约4亿元，其中碑口水库建设完成投资1.6亿元，完成右岸泄洪闸、发电厂房及坝基建基面基础开挖工作并通过坝基验收，右岸3孔泄洪闸土建及金属结构安装施工完成工程总量50%，发电厂房土建及金属结构安装施工完成工程总量40%等。供水工程项目完成投资5300万元，7个民生实事项目和龙兴排花洞水厂改扩建工程全面完工，改造和新增供水管网151.8公里，完成大湾镇天池村六角丘供水工程超滤膜处理技术试点，完成69座小型工程并网改造，由规模化水厂覆盖，提高饮水保障能力。后扶打捆项目投资2336万元，完成包干指标资金、两岔水库杨家河2#渡改公路桥工程、大盛镇千盏村配套设施升级改造后扶工程等11个项目；拨付补助资金8090.34万元，实施三峡后续项目9个，石船水厂改造工程、御临河岸线环境综合整治工程（寨子路至龙湾森林公园）等项目进展顺利。拨付补助资金3034.75万元，实施库区基金项目共4个，实施后期扶持项目2个。完成玉兰沟等5座水库除险加固工程建设相关工作，完成3座中型水库和6座小型水库维修养护工程。

【河长制】 认真开展巡河查河，全区各级河长巡河查河8397次，完成巡河任务要求的125%，发现问题132个，完成整改132个，整改率100%。启动御临河渝北段首批市级示范河流建设工作，成立由区双总河长担任组长的工作小组，并编制实施方案。配合编制3条市级河流新一轮“一河一策”方案，编制印发区级河流新一轮“一河一策”方案13条。贯彻落实市第1号、2号、3号总河长令，推动各类水问题整改到位。深化“河长+检察长”工作机制，成立“区人民检察院派驻区河长办公室检察联络室”，明确信息共享互通、线索双向移送、联合巡查等协作内容。

【水资源管理】 严格执行计划用水，切实加强取水监管，开展全区2021年取水户取水计量设施暨超证取水问题专项行动，现场检查和修复水资源在线监控设备80次，保障取水在线监测设备正常运行。督促取水单位按时缴纳水资源费，2021年共征收水资源费312万元。贯彻落实《渝北区节水行动实施方案》，完成《渝北区“十四五”节约用水规划》编制。召开节约用水部门联席会议，牵头完成20个节水型居民小区、8个水利行业节水型单位、1个节水型学校建设，配合区级相关部门完成1个节水型企业，31个公共机构节水型单位等节水载体建设。大力开展节约用水工作到镇街，进社区、进小区、进校园，评选校园“节水小使者”13名。持续强化6条重要河流9个断面和4个饮用水源地共计13个断面水质监督监测工作，至今完成采集水样143组、检测水质指标3432个，每月定期出具检验报告。

【水土保持监管】 2021年，渝北区严格落实水土保持“三同时”制度，年度审批水土保持方案83个，征收水土保持补偿费578.99万元，水土保持设施自主验收报备项目46个。开展东河小流域水土保持综合监测站提档升级建设，完成鹿山监测点迁建工程，建成的白云山点投入试运行期监测。定期向长江委和市总站上报数据，并及时录入相关监测信息管理系统，完成年度监测数据整编并通过长江委水保中心站验收。

【河道管理】 完成河道岸线本底调查和河道岸线规划工作，全面摸清河道开发利用现状，合理划定河道管控分区，科学论证确定河道管理四大管控指标。落实涉河建设项目复核经费24万元对已批项目的批建一致情况进行复核。继续推行长江经济带小水电清理整改后续工作，完成小水电站清理整改市级复核。建立完善水电站生态流量监管平台建设，确保7个电站生态流量正常泄放。

【饮水保障工作】 渝北区农村供水保障工作总体向好，供水水质达标率提升幅度名列全市前茅。加强对各镇街强化属地供水保障责任和制度建设的指导，专业指导供水公司切实履行好运行管理责任，加强工程设施的管理、维护，确保安全稳定供水。开展农村饮水保障巡查检查500余人次，检查发现问题20余个，对多数问题已即查即改，对不能及时完成的督促责任单位采取措施尽快整改。深入基层开展农村饮水安全“进村、进社区”活动，对群众反映的饮水问题认真核实、及时处置整改，全部动态清零。建立水价机制，专业化管理的供水工程全部由区发改委定价，各镇对小型供水工程通过一事一议建立收费机制，农村集中供水工程全部收费，率先实现城乡同一水价，落实水价专项补贴，减轻农村群众用水负担。持续提升农村供水水质合格率，制定农村饮水水质监测方案，定期开展水质检测。区卫健委监测农村自来水水质综合达标率为85.53%，比去年提高17.12%。统景水厂、滚珠水厂、永庆水厂、顺龙水厂、牛头岩水厂5个农村水厂通过市水利局专家评审，被授予“重庆市农村供水规范化管理示范工程”标识牌。

【水库管理】 全区51座小型水库均为国有，全部进行注册登记，并取得了产权证书，实行户籍化管理，全部完成信息复核。强化行业指导和监督，对51座小型水库编制了调度运用、大坝安全管理等预案，并在“世界水日”“中国水周”期间，组织开展宣传活动20场，引导群众自觉爱护水利工程、珍惜水资源。各水库管理所立足本职，加强水库水质安全监测、防汛应急调度、水库维护等各个方面的工作。渝北区水库“以大带小”的区域集中管护得到水利部、市水利局的高度肯定和推介，积极探索政府购买服务的“物业化”，各水库管护人员落实每日巡查水库安全、每日清理水库垃圾、每日报告水库情况“日巡日清日报”制度，并向沿线群众进行保护水源宣传。建设水库视频监控系统，安装监控设备78套，对库区重要码头、取水点、水库大坝等进行实时动态监测，实现了水库巡视检查工作远程可视化。

【水事秩序】 全年开展执法巡查60余次，出动执法人员240余人次，多次采取清江行动、清河行动、利剑行动、河道清四乱、打击河道非法采砂等专项行动，通过高频次的巡查和高强度的专项行动相结合，极大程度震慑了水事违法人员，全区水事秩序良好，近3年来无一起非法采砂行为。持续开展河道“清四乱”，形成了由镇街排查复核、部门联动整改的工作态势，确保河道“四乱”问题摸排不留死角，确保“四乱”问题整改到位，共摸排整改河道“四乱”问题14个。

【水利安全】 强化巡查检查，各水库管理所按照每月2次对水库例行巡查检查，在重要时间节点、重大节假日、汛期及强降雨天气加大巡查次数和力度进行水库安全检查，确保能及时发现、消除安全隐患。强化专项行动，扎实开展大排查大整治大执法百日行动、专项整治三年行动、水利建设领域“建安”系列集中执法行动，对全区水库、电站、在建水利工程逐一进行汛前、汛中及地震波及的安全检查，今年以来共排查出各类安全隐患104处并全部整改完毕，整改率达到100%，及时消除安全隐患，织密水利安全生产防护网。强化质量监督，对15个在建水利项目开展质量监督，强化水利工程建设事前、事中、事后监督检查，共开展监督检查100余人次，发出检查意见书60份。强化“行政+专家”督查检查，聘请安全专家对区内水库运行、水电站、建设施工等督查检查41次，扎实开展各类水利安全生产检查，坚决杜绝重特大事故发生，全年全区水利生产未发生一起质量安全事故。

（黄晓梅）

工 业

综 述

2021年，面对新冠疫情多点散发、上游原材料价格高涨、消费市场持续低迷、投资者信心不足等多重压力，渝北区认真贯彻落实中央、全市“高质量”发展要求和稳字当头、稳中求进的工作总基调，大力培育先进制造业集群，深度谋划发展“2+4+1”现代工业体系。2021年，渝北区实现工业增加值634亿元、较上年增长10.6%，其中385家规模以上工业企业完成总产值3685亿元、较上年增长16.6%，营业收入4231亿元、较上年增长17.6%，利润总额164.6亿元、较上年增长52.5%，营业收入利润率3.7%，规模以上工业增加值增速12.3%，工业增加值占全区生产总值比重28.4%、对全区经济增长贡献率达到35.5%，软件信息产业增加值占GDP比重提高到5.3%。

重点指标保持全市第一。工业产值、增加值、营业收入总量全市第一。全区规模以上工业产值创历史新高，占全市1/7左右，工业增加值占全市8%左右，营业收入突破4200亿大关，产值、增加值、营业收入对全市工业经济总量贡献明显。汽车、手机、平板电脑产量全市第一。全区生产汽车63.29万辆、占全市近1/3，生产手机8062.3万台、占全市72.3%，生产平板电脑1206.8万台、占全市99.5%，全市最大的汽车、手机、平板电脑生产基地地位更加巩固。百亿级企业数量全市第一。全区产值超过100亿元企业9家、占全市3/8，其中600亿级企业1家，300亿元级企业2家；营业收入超过100亿元企业10家。

工业质效稳步提升。全区规模以上工业利润总额较上年净增加57亿元，营业利润率较上年提高0.9个百分点；战略性新兴产业、高技术产业分别增长26.6%、26%，增速均高于全区平均增速10个百分点左右；汽车出厂单价14.1万元/辆、较上年增加1.15万元/辆，智能手机占比较上年提高30.5个百分点、达到74.6%、出货量6013.6万台、较上年增长50.4%，手机出厂单价630.8元/台、较上年增长71%。

产业结构不断优化。汽车制造、电子信息等支柱产业产值分别达到1360亿元和1728亿元，汽车中高端车型持续热销，新能源汽车从“零”增加到1534辆，电子产业加快补链成群，锂离子电池较上年增长102.7%，生产电子元器件7.2亿只；智能装备、新材料、消费品工业等潜力产业产值分别较上年增长59.7%、19.4%、8.3%；软件信息业较上年增长15.4%；培育专精特新企业45家，新规模以上工业企业45家、软件信息企业26家。

转型升级持续推进。优化区级2亿元扶持政策，推动智能化改造项目157个、扶持资金2.14亿元，帮助企业争取上级资金1亿元；加快汽车产业新能源化转型，推动长安新能源项目迁建前沿科技城，成功申报全市首个市级汽车电子重点关键产业园，汽车电子关联规模以上企业数量达29家；支持OPPO、传音厚植渝北，帮助企业稳产促销，OPPO5G手机占比达到85.5%，传音智能手机较上年增长26.3%；推动5家企业实施节能节水改造，绿色工厂达到11家，完成4家企业环保搬迁，规模以上工业产值能耗下降7.8%。

（罗建华）

汽车制造业

【概况】 汽车制造业是渝北工业经济的支柱产业，现有长安福特、长安汽车渝北制造厂、上汽红岩3家整车厂，规模以上汽车配套企业170余家，已形成较为完备的汽车产业生态链。长安福特、长安汽车渝北制造厂产值合计约占汽车制造业产值比重58.2%、占全区工业总产值的21.5%，2021年，得益于长安福特产销大幅增长，汽车行业完成规模以上工业总产值1360.6亿元、较上年增长13.1%，生产汽车63.3万辆，占全市约1/3。

（罗建华）

计算机通信和其他电子设备制造业

【概况】 计算机通信和其他电子设备制造业是渝北工业经济的另一支柱产业。近年来，渝北自主板块围绕智能终端大力招商引资，引进了OPPO、传音、中光电等一批智能终端品牌企业和核心配套企业，OPPO项目一期投产，传音项目开建，2021年自主板块智能终端产业产值达到570亿元、较上年增长42.7%，初步形成品牌整机+代工+零部件配套的产业生态链。保税港区笔电产品主要依靠智能手机、穿戴设备、平板等新产品拉动，稳步增长。总体上，2021年计算机通信和其他电子设备制造业总产值1606.8亿元、增长18.3%，成为全区第一大产业；全区计算机产量3072.66万台、较上年增长13.7%，笔记本电脑1758.63万台、较上年增长14.9%，平板电脑1206.75万台、较上年增长20.8%；手机8062.32万台，智能手机6013.55万台、较上年增长50.4%，全球每生产16台手机就有1台渝北造。

（罗建华）

电气机械及器材制造业

【概况】 电气机械及器材制造业主要包括电机、输配电及控制设备、电线、电缆、电池、照明器具等产品制造，全区共18家规模以上企业，主要代表企业有泰山、鸽牌、宇邦等电线电缆制造企业，吉能变压器、施能电力等配电开关制造企业，电池厂、裕祥电池等电池制造企业，星河光电等照明灯具制造企业，2021年完成工业总产值97.5亿元、增长1.6%。其中重庆鸽牌电线电缆有限公司的“鸽牌”商标被国家认定为“中国驰名商标”，鸽牌系列产品被评为“国家质量AA信誉资质”“重庆名牌产品”，鸽牌电线销量位于全国前三名；重庆泰山电缆有限公司荣获中国线缆行业100强企业。

（罗建华）

专用设备制造业

【概况】 专用设备制造业主要包括采矿、冶金、建筑专用设备，化工、木材、非金属加工专用设备，电子和电工机械专用设备，农、林、牧、渔专用机械，医疗仪器设备及器械，环保、邮政、社会公共服务及其他专用设备等产品制造，全区共20家规模以上企业，主要代表企业有金山科技、山外山血液净化等治疗诊断设备制造企业，平伟汽车科技、元创整线集成、明远橡塑等模具制造企业，2021年完成工业总产值91.8亿元、较上年增长306%。其中，金山科技主打品牌“OMOM”被国家工商总局认定为“中国驰名商标”并先后获得了中国SFDA、欧洲 CE、俄罗斯等国家认证，对临床意义重大。

（罗建华）

铁路船舶航空航天和其他运输设备制造业

【概况】 铁路船舶航空航天和其他运输设备制造业主要包括摩托车整车制造、摩托车零配件制造、城市轨道交通设备制造、航天设备制造、航空设备制造，全区共22家规模以上企业，2021年完成产值68亿元、较上年下降10.1%。摩托车整车制造企业3家，摩托车零配件制造企业包括摩擦发动机、摩托车轴承、摩托车平衡轴、凸轮轴、模具以及其他零部件等，基本形成摩托车制造过程的全产业链。城市轨道交通设备制造，主要生产单轨产品；航空设备制造（阿莫森航空安全器材（重庆）有限公司），主要生产企业航空安全带。

（罗建华）

通用设备制造业

【概况】 通用设备制造业主要有锅炉制造、内燃机制造、电梯升降机制造、气体压缩机制造、液压动力机械及元件制造、制冷空调设备制造、其他通用设备制造等，全区共28家规模以上企业，2021年实现产值107.3亿元、较上年增长17.7%。主要代表企业有智得热工、嘉陵本田、科勒发动机、博林特电梯、盈丰升、奥的斯电梯等企业。其中，智得热工生产制造的医废高温处理设备在医疗固废处理中处于行业领先地位，嘉陵－本田、科勒发动机等生产制造的汽油发动机在全球得到广泛应用，博林特电梯、盈丰升、奥的斯等生产的施工电梯在西南地区也有一定的市场份额。另外，还包括泰精密、前卫宏华、环泰机械等通机配套企业。

（罗建华）

医药制造业

【概况】 医药制造业主要有化学药品原料制造业、化学药品制剂制造业，全区共6家规模以上企业，2021年实现产值39亿元、较上年增长0.3%。其中，化学药品原料制造业2家，分别是春瑞医药和伊诺生化。伊诺生化生产的肝素钠、软骨素，产品主要出口欧美市场，并在欧美生化制药基础上建立了独特的、严谨的追溯系统，新建生产线已通过德国汉堡药监局GMP认证、中国GMP认证及美国FDA认证。化学药品制剂制造企业主要有福安药业庆余堂制药、华邦制药、康刻尔制药、药友制药、润泽医药等5家企业。

（罗建华）

部分驻区重点工业企业

【长安汽车股份有限公司渝北工厂】 长安汽车股份有限公司渝北制造厂（简称“渝北制造厂”）成立于2004年10月，是长安自主轿车的发祥地，是长安公司第一个自主轿车生产基地，主要生产逸动、CS35等车型。渝北制造厂坐落于重庆市渝北区双凤桥空港经济开发区长安工业园区内，占地面积约750亩，建筑面积约255亩，水、陆、空交通便利，地理优势突出。2021年，渝北制造厂完成工业总产值190亿元、较上年增长5.6%，生产汽车28.5万辆。

【OPPO（重庆）智能科技有限公司】 OPPO（重庆）智能生态科技园位于重庆市渝北区，用地约1524亩，规划建设建筑面积约130万平方米，预计总投资70亿元。于2019年10月正式建成一期并投产。OPPO公司是一家全球性的智能终端和移动互联网公司，致力于为用户提供先进和精致的智能手机、高端影音设备和移动互联网产品与服务，业务覆盖中国、美国、欧洲、印度、东南亚等广大市场。2021 年完成工业总产值 353.3 亿元、较上年增长 91.4%，生产智能手机 3410 万台、较上年增长 85%，其中 5G 手机占比超过 85%。

【**重庆市中光电显示技术有限公司**】 重庆市中光电显示技术有限公司成立于 2016 年 8 月，注册资本 75000 万元，是一家集液晶显示模组、背光、导光板、模切、注塑胶铁、盖板、sensor 等研发、生产、销售于一体的高科技公司，是国内唯一一家将全配套资源整合的光电企业。投资 50 亿元在重庆市渝北区临空创新经济走廊建设“中光电光电产业园”项目，成立屏幕组件组装、精密模组切割、精密零件贴片、ME 自动化、SMT、BL 注塑、FPC、TP、Oncell 触控、盖板、贴合、模具、五金冲压、光学工程等事业部。已发展成以重庆为中心，以河源中光电科技园、深圳科技园研发中心为支撑，以北京、上海、西安、深圳、香港为研发和销售网点，形成覆盖全国、面向全球的产业格局。公司已通过 ISO 9001：2008 质量管理体系认证并先后被评为“国家高新技术企业”“重庆市双百企业”“重点工业企业”，取得“博士后工作流动站”“企业技术中心”“导光板数字化车间”等荣誉。一期项目于 2017 年 3 月份正式投产。2021 年完成工业总产值 48 亿元、较上年下降 22.8%。

【**本田动力（中国）有限公司**】 本田动力（中国）有限公司总部地处重庆渝北空港工业园。公司占地面积约 20 万平方米，现有员工 2500 余人，主要从事通用汽油发动机、割草机、水泵、微耕机、割灌机、发电机和船外机等的研发、生产、销售以及零部件的制造、销售，并提供完善的售后服务。公司成功引进开发并投产了 GX160、GXV160、GX200、GX270、GX340、GX390、GX690 以及为新兴国家市场需求而生产的 GP 系列发动机等通用汽油机系列产品，WB、WL 系列水泵、HRJ 系列草坪机、FJ500、FQ650 微耕机、UMQ435、UNQ435 割灌机，以及 EC、EG、EP、EB、EM、ET 系列发电机组。公司还生产 Honda BF2 到 BF6 系列船外机。2021 年完成工业总产值 23.7 亿元、较上年增长 36.8%。

【**重庆泰山电缆有限公司**】 重庆泰山电缆有限公司成立于 1998 年，是国家电网下属山东电工电气集团全资公司，是电力装备行业国有大型骨干企业，是智能电网等输配电领域和世界级大型工程项目的优质供应商。公司产品通过了荷兰 KEMA 认证、欧盟 CE 认证和 ACSR 波兰认证，拥有对外总包工程资质，产品主要立足重庆，辐射全国，放眼世界，产品被包括城乡电网建设与改造、西电东送、电源建设、三峡输电、北京奥运在内的国家重点工程项目广泛采用，特高压导线在已经投运的多条 1000 千伏交流和 ±800 千伏直流输电线路工程中质量稳定可靠，深受客户赞誉。2021 年完成工业总产值 32.1 亿元、较上年增长 9.4%。

【**重庆鸽牌电线电缆有限公司**】 重庆鸽牌电线电缆有限公司隶属于港交所上市的重庆机电股份有限公司，系全国电线电缆行业重点企业。60 多年来专注于电线电缆，铜型材，高压电瓷，塑胶管业的研发与生产，致力于为国际国内航天航空，轨道交通，发电机组，输配电工程配套及家装系列提供安全、节能、环保产品和优质服务。公司现为中国西部最大的家装电线、特种电缆、铜型材产品加工制造基地，西南最大的高压电瓷产品加工制造基地。“鸽牌”商标被国家认定为“中国驰名商标”；鸽牌系列产品被评为“国家质量 AA 信誉资质”“重庆名牌产品”，鸽牌电线销量位于全国前三名；连续 14 年进入“重庆市优秀工业企业”和“重庆企业 100 强”行列。公司建立了省级企业“技术中心”和“重庆市特种电线电缆及高精铜型材工程技术研究中心”，修建了西南地区最大的高电压试验室。2021年完成工业总产值27亿元、较上年增长1%。

【重庆传音科技有限公司】 重庆传音科技有限公司是渝北区重点招商引资企业，成立于2017年6月1日，注册资本1亿元，2017年6月13日正式入驻重庆临空智能终端产业园，同年10月12日重庆工厂正式投产。传音控股致力于成为全球新兴市场最具品牌影响力，且消费者最喜爱的智能终端产品和移动增值服务提供商，旗下拥有新兴市场知名手机品牌TECNO、itel及infinix。经过10余年的发展，传音现已成为全球新兴市场的中坚力量。2021年完成工业总产值127亿元，生产手机4638.4万台，生产智能手机2591万台、较上年增长26%。

【重庆市天实精工科技有限公司】 重庆市天实精工科技有限公司（简称“天实精工”）成立于2015年12月，位于渝北区临空智能终端产业园，注册资金4.24亿元，2019年成功认定为国家高新技术企业。主要从事高端摄像头模组的研发、生产及销售。拥有AF、OIS、TOF、多摄、PDAF、虹膜识别、高感光度等功能摄像头产品研发制造能力，产品已应用于包括以OPPO、传音、TCL为代表的手机客户，以小天才、奥比中光、石头科技为代表的物联网客户，以上海汽车、比亚迪为代表的汽车客户。2021年完成工业总产值12.4亿元，较上年增长1.3%。

【北斗星通智联科技有限责任公司】 北斗星通智联科技有限责任公司（简称“BICV”），成立于2019年6月28日，主营业务包含车载座舱电子（IVI/DA、数字液晶仪表、智能座舱、T-BOX、车载天线等）、技术服务（座舱平台方案技术开发等）和车联网（车联网TSP整体解决方案），旨在向客户提供满意的汽车智能网联整体解决方案，助力产业升级，拥有员工1500余人，总部位于重庆，深圳、成都、南京、上海、北京、宿迁等地设有研发机构，拥有研发团队680余人，其中核心骨干拥有Global企业多年工作经验，具备DA、IVI、TBOX、液晶仪表、域控制器、V2X、智能天线、TSP、手机App、全套汽车智能座舱类产品专业开发及量产能力。BICV拥有宿迁、重庆（在建）两大生产基地，厂房面积32000平方米，产能180万台/套，拥有业内领先的13条西门子/松下全自动高速SMT贴片线、基于精益制造的17条装配生产线、高标准的自动化生产检测设备，可实现APS智能排产，满足主机厂大批量，高质量标准生产要求。BICV的主要客户包括大众、斯柯达、长安、吉利、通用五菱、一汽红旗、奇瑞、北汽等国内外主流车企。2021年完成工业总产值10亿元、较上年增长688%。

【重庆蓝岸通讯技术有限公司】 重庆蓝岸通讯技术有限公司，成立于2013年10月，注册资本9967万元，是在政府扶持下发展壮大的重庆本土企业，先后获得世界500强企业英特尔、伟创力的入股投资，成为一家既有国际背景也有本地资源的高科技公司。公司是以物联网终端、智能终端以及应用软件为核心的研发创新型企业。创业团队脱胎于国内顶尖的ODM研发团队——比亚迪手机事业部，分别在北京、上海、重庆设有研发中心，有超过150名熟悉英特尔、高通和展讯等平台的工程师，为包括印度RELIANCE集团 、美国REPUBLIC、英国BULLITT、紫光集团等国际国内大公司提供集产品研发、设计、生产、出口于一体的全方位服务，产品包括智能手机、智能穿戴设备、物联网智能终端、平板电脑、笔记本电脑等等。蓝岸通讯落户渝北三年，跻身重庆市创新型企业百强。公司已取得国家高新技术企业认证、重庆市优秀创新型企业、重庆市技术创新示范企业、重庆市知识产权优势企业、重庆市企业技术中心、重庆市电子设备工业设计中心等荣誉资质。2021年完成工业总产值6.5亿元。

【重庆光大产业有限公司】 重庆光大产业有限公司成立于1998年2月，是一家以汽车零部件为主的集设计、制造、销售、服务于一体的民营企业。位于重庆市渝北空港工业园溜马山大型生态公园脚下，占地面积105亩，建筑面积5.5万平方米。公司设有安全带工厂、飞轮工厂、零部件工厂、织带工厂、电子电器工厂等产品设计研发和生产制造机构。主要产品包括汽车安全带总成、安全带织带、汽车发动机飞轮总成、驱动盘总成、齿圈、组合开关、倒车雷达等7大系列百余类产品。公司产品涵盖华东、华中、华北、华南、东北、西南等地区。长期为一汽轿车、重庆长安、上汽通用五菱、一汽天津丰田、长安福特马自达、比亚迪、奇瑞、吉利等全国30多家著名汽车生产厂家提供配套服务。飞轮总成进入福特全球采购体系，出口美国、德国、印度、韩国、英国、西班牙、土耳其等国际市场。2021年完成工业总产值8.3亿元、较上年增长21%。

【重庆天友乳业股份有限公司】 重庆市天友乳业股份有限公司创始于1931年，公司以加工经营乳制品为主，下设3个大型乳品加工厂、天友牧业公司、销售分公司、友生活物流公司、市级技术中心和四星级银河大酒店。公司积极实施优质奶源基地全国布局的战略，按照现代化的养殖模式建设了16个生态牧场，拥有重庆95%优质奶源，并同时布局黄金奶源带，在四川、宁夏、陕西等投资兴建具有国内领先水平的现代化大型牧场，有效带动牧草种植、饲料等相关产业的快速发展，实现奶业产业链的整体良性发展。2017年4月，天友乳业通过“中国优质乳工程”验收，成为全国首个通过“中国优质乳工程”验收的国有企业，有力地提升了企业品牌及产品形象。公司建立了以重庆主城区为中心、覆盖半径达600公里的周边省市销售市场，拥有终端销售网点数万个，构建了以天友健康生活馆为形象引领，商超、便利连锁店、社区副食店、送奶到户、学校以及电商为多渠道的立体销售网络。公司拥有西南地区最大的冷储中心，各型专业冷链运输车辆近200台，冷链运输及城市配送能力居于西部领先地位。现拥有西南最大、重庆唯一的“重庆市乳制品工程技术研究中心”和“市级企业技术中心”，以及“重庆市博士后科研工作站”，拥有50万吨/年牛奶加工能力，生产天友、百特、淳源、山城、恬恩、净燃等多个品牌近百个乳制品品种。2021年完成工业总产值10.8亿元、较上年下降4.5%。

【南方英特空调有限公司】 南方英特空调有限公司成立于2000年11月，是由中国长安汽车集团有限公司（CCAG）和澳大利亚空调国际热能系统（AITS）合资组建的绿色环保、高舒适性的车用热管理系统研发、生产、销售的企业，总部位于重庆渝北空港工业园区。公司拥有重庆本部工厂、南京工厂、北京工厂三个生产基地，年产空调系统150万台，芯体300万套。主要客户为长安、长安福特、长安马自达、长安标致雪铁龙、广汽、一汽、东风、吉利和长安铃木等公司。2012年南方英特成为国家高新技术企业，同年获得长安福特马自达汽车公司Q1供应商资格；2014年获重庆市渝北区两化融合示范企业；2016年荣获长安汽车QCA体系认证，同时连续三年获得马自达“优秀供应商”；2018荣获长安马自达优秀开发供应商，荣获2018年度长安福特最佳战略合作奖，通过高新技术企业复审，荣获国家级两化融合体系评定证书。2021年完成工业总产值9.2亿元、较上年增长16.2%。

【重庆再升科技股份有限公司】 重庆再升科技股份有限公司成立于2007年，注册资本金14960万元，坐落于重庆渝北区创新经济走廊，占地24.23亩，主要从事玻璃微纤维及其制品的研发、生产和销售，产品主要服务于空气污染控制和高效节能领域。公司是高新技术企业、重庆市创新型试点企业、重庆市四星级培育企业和重庆市第一批知识产权试点单位，创新基金重点培育企业，先后开发了ULPA超高效空气过滤纸、冰箱专用VIP芯材、人防专用空气过滤纸等新产品。“VIP芯材”“ULPA超高效空气过滤纸”“601料”被重庆市科学技术委员会评为“重庆市重点新产品”“重庆市高新技术产品”；“VIP芯材”“ULPA超高效空气过滤纸”被重庆市质量监督局评为“重庆市知名产品”“重庆市名牌产品”；“冰箱专用VIP芯材”及“ULPA超高效空气过滤纸”2个创新项目已获得科学技术部立项。2021年完成工业总产值6亿元、较上年下降8.2%。

【重庆科勒发动机有限公司】 重庆科勒发动机有限公司前身是由美国科勒发动机公司与重庆银翔摩托车（集团）有限公司于2007年4月共同组建的合资公司——重庆科勒银翔有限公司，2014年6月，正式变更为科勒公司旗下的美商独资企业——重庆科勒发动机有限公司。重庆科勒发动机有限公司以通用汽油发动机及其终端产品的研发、制造、市场开发、销售等为主要经营范围。公司以高品质、高性能的发动机产品，为全球小排量汽油发动机市场带来新的活力与增长。2021年完成工业总产值近6.4亿元、较上年增长48.4%。

【重庆航星实业有限公司】 重庆航星实业有限公司成立于2003年8月，是经重庆市建委批准的一级施工企业，具备建筑幕墙工程专业承包一级、钢结构工程专业承包二级。公司注册资本金4500万元，历经短短数年发展，固定资产达到2亿元人民币，于2008年6月被金科集团公司吸收为旗下的产业企业，2006年8月31日更名为重庆天豪门窗有限公司。2018年因公司重组及股权变更，现更名为重庆天豪虹淘实业有限公司。公司有专业技术管理人员有50余人，专业制作安装施工人员250余人。员工队伍中具备大专以上文化程度有60余人，达到中级以上技术职称的有15人，获取一、二级项目经理及一、二级注册建造师资格的有8人。拥有国内最先进的塑钢门窗、铝合金门窗生产线6条，各类制作安装设备200余台（套）。具有现代化的标准厂房，面积15000平方米，年设计生产能力80万平方米，设计年产值3亿～4亿元人民币。公司自主研发的铝合金型材及产品，有17项实用新型专利，以TH68系列为代表的铝合金型材产品，以其优越的经济实用、安全节能优势，深得广大客户和社会各界好评。公司既是重庆市建筑节能协会理事单位，也是重庆市渝北质量协会副会长单位。公司生产的塑钢门窗、铝合金门窗、中空玻璃通过建筑节能技术认证。2021年完成工业总产值4.9亿元、较上年增长22%。

【重庆金山科技（集团）有限公司】 重庆金山科技（集团）有限公司成立于1998年6月，总部位于中国重庆渝北区霓裳大道18号，注册资金2000万元，是一家集数字化医疗设备研发、生产、销售和服务于一体的国家级高新技术企业。公司在医学影像、手术设备、生化检验、远程诊疗等领域开发了多个系列的无创、智能及网络化的民族高端医疗设备，特别在消化领域拥有很深的技术积淀和较大影响力，胶囊内镜、胶囊机器人、氩气高频电刀、宫腔观察吸引手术系统、pH胶囊、阻抗–pH联合检查系统、医疗健康互联网平台等高端创新性主打产品已在全球72个国家或地区的5000多家医疗单位实现了临床应用，是中国医疗微系统的领导者。公司在渝北区建有金山国际工业园，占地133亩，拥有员工800余人，建有多条先进的智能化的生产线，并拥有国际化的超净厂房和品质检验例行实验室，研发室、资料室、办公室等配套设施齐全，工作条件优越，现已建成微系统设计模拟平台、微系统实验加工平台和微系统测试分析三大平台，建有十余个国际先进的实验室，拥有技术开发仪器设备原值5000余万元，其基础条件完善，工作环境优越。2021年完成工业总产值1.76亿元，较上年下降22.6%。

【重庆嘉士德食品有限责任公司】 重庆嘉士德食品有限责任公司，系渝北区农业产业化龙头企业，成立于1998年10月8日，位于渝北区农业园区食品工业城，主要经营嘉士德品牌的月饼、粽子、抄手、饺子、包子、净配菜、糕点；嘉香坊品牌的豆干、凤爪、猪皮、花生等休闲食品。年产月饼300吨、粽子300吨、糕点250吨、小吃6000吨、休闲食品5000吨的生产能力。2021年完成工业总产值3.9亿元，较上年增长0.1%。

（罗建华）

商贸服务业

综　述

2021年，面对复杂多变的经济形势，全区商务工作坚持以习近平新时代中国特色社会主义思想为指导，深入学习贯彻党的十九届六中全会精神，认真落实区委、区政府有关工作部署，统筹推进新冠肺炎疫情防控和商务经济发展，迎难而上，勇毅前行，全力抓好“稳外贸、稳外资、促消费”等各项工作，商务经济稳中向好，实现商务工作“十四五”良好开局。全年实现社会消费品零售总额1070.38亿元，较上年增长13%，总量位居全市第二；实现进出口总额1967.84亿元，较上年增长17.3%，总量全市第二；实际利用外资20.31亿美元，其中外商直接投资（FDI）6亿美元，增长11.6%，总量和FDI均位居全市区县第一。区商务委荣获“渝北区优化营商环境先进集体”“渝北区先进基层党组织”“全国文明城区建设和综合复查工作集体嘉奖”等多项荣誉。

（苗建波）

市场建设

【集市贸易】 2021年，全区正常营业的城区菜市场共有26个，营业面积7.12万平方米，经营摊户1718户，从业人员2933人，年交易总额6.89亿元。营业的乡镇农贸市场共有24个，占地面积6.72万平方米，营业面积4.76万平方米，有固定摊位1684个、经营商户1127户、从业人员1784人，年交易总额4.59亿元。

【商品交易市场】 截至年底，全区有各种专业交易市场18个，占地面积83.03公顷，营业面积82.33万平方米，有固定摊位5505个、经营户4682户，年末从业人员22099人，年交易额104.77亿元。

【商场超市】 截至年底，全区营业面积2000平方米以上的大型商场、超市共有40个，营业面积23万平方米，年营业额32亿元。

【会展行业】 全年举办展会活动115次，实现会展直接收入21.4亿元，拉动消费192亿元。

（苗建波）

商贸流通

【消费载体建设】 2021年，通过加大政策资金支持、指导招引商家入驻、协调解决困难问题等，大力支持商业综合体建设，水獭云选、桥达茂宸广场、泽科新泽汇，以及两江国际商务中心龙湖天街、吾悦广场、中粮大悦城等6个大型商业综合体开业运营，满足市场消费需求，社会关注度高，特别是两江国际商务中心三大商业综合体的开业运营，迅速成为社交媒体上的热门话题之一，吸引大量市民消费打卡。

【培育消费热点】 立足渝北消费资源，深挖消费潜力，策划开展"渝北商业十三香""一镇一味儿"等渝北消费品牌宣传推介系列活动，"重庆小曼谷"紫薇路成为青年时尚群体的消费目的地和网红打卡地。组织开展"渝北消费促进季""2021 不夜渝北生活节·公园夜经济榜单发布活动"等系列促消费活动，鼓励支持商贸企业开展形式多样的"周年庆""店庆"等促销活动。成功创建中央公园市级夜经济示范区，"五夜经济""五夜业态"加快集聚。

【积极发展农村电商】 成功推出御临风物品牌，建成御临风物馆，100 余种渝北农特产品上线入馆。举办直播带货等系列培训，培养孵化农村电商人才。

【市场保供】 完成区级冻猪肉收储任务，调整确定 18 家区级重点保供企业、64 个生活物资应急供应网点，支持 5 个农贸市场改造升级，建成 2 个标准化智慧化农贸市场，创建 3 个市级公益性农贸市场、1 个区级公益性批发市场和 18 个区级公益性农贸市场，市民"菜篮子""果盘子"货丰价稳。在双福农贸市场因新冠肺炎疫情影响暂停营业期间，海领（临空）国际农产品交易中心承接全市的蔬菜水果交易功能，为全市的蔬菜水果供应做出积极贡献，得到市、区各级领导的充分肯定。

【行业监管】 认真落实安全生产监管党政同责、一岗双责，坚持把安全工作纳入重要议事日程，党委会、主任办公会必安排部署安全工作。按照"一企一清单一台账"原则，强化商贸领域分级分类监管，认真落实"十条措施"和重要时间节点"五在"要求，顺利推进商贸领域"两单两卡"试点工作，全年排查安全隐患 910 条，处罚 4 家企业 11 万元。持续推进安全生产标准化建设，新创建达标安全生产标准化企业 5 家，复评达标 8 家。扎实推进专项整治。牵头开展全区成品油非法经营专项整治行动，组织公安、应急、市场监管、交通等部门联合办公，并建立形成联合处置长效机制，先后开展执法行动 70 余次，查封违法车辆 21 台，查获非法销售（储存）成品油 73 吨，刑事立案查处案件 6 起，采取刑事强制措施 14 人，专项整治成效明显，区内非法销售（储存）成品油现象得到有效遏制。

（苗建波）

粮食工作

【粮油仓储】 2021 年，开展粮食库存检查、国有粮食仓库使用情况专项清查。区级成品粮储备情况良好，新建立渝北粮食储备库。

【粮油购销】 是年，政策性粮食购进 12398 吨，销售 12556 吨。

【粮安工程建设】 完善粮食应急供应体系建设，一是在全区完善建立 61 个粮食应急供应网点；二是建设完成渝北粮食储备库，待验收后投入使用；三是建设完成大米加工厂，待安装调试后，投入使用。

【仓储物流建设】 完善粮食应急保供体系建设，投入使用 6 万吨仓容，余下 4 万吨仓容已建设完成，待全面验收后投入使用。

（聂　浩）

供销合作

【概况】 2021 年，面对经济新形势、改革新任务，渝北区供销合作社始终以服务"三农"为宗旨，深入推进供销综合改革，坚持为农服务和加快发展两手抓，真正将供销社打造成服务全区农民生产生活的主力军和综合平台。系统全年实现购进总额20.83亿元，其中从农业生产者购进农产品20.18亿元；实现销售总额25.8亿元，其中农产品销售额11.19亿元、农资销售额2.23亿元、消费品销售额4.13亿元，均超额完成全年主要经济业务指标目标任务。全年共回收废弃农膜78.38吨，完成年度目标任务的115.26%；回收肥料包装物46.24吨，完成年度目标任务的355.69%；新建废弃农膜回收村级点20个，达到175个，实现村级回收网点全覆盖。

【三社融合发展】 一是改组社属企业。整合区供销合作社社属企业，成立区三社融合发展供销服务公司（简称“区三社融合公司”），公司参照区管一级国有公司管理，区供销合作社履行监督管理职能。二是组建智慧农服渝北公司。2021年2月，社属企业区农服中心与市智慧农服集团共同出资成立智慧农服渝北公司，牵头开展农业社会化服务，实现市区联合发展。三是强化镇级合作。积极推进基层社示范社建设，建成洛碛镇碛乐供销合作社、大盛镇盛铭供销合作社、统景镇御临供销合作社等3个市级示范社。四是大力发展生产互助农业股份合作社。动员3000余户农户，入股土地533.33余公顷，发展村级生产互助农业股份合作社7个。到12月底，全区累计有66个村的20481户农户以5712.67公顷土地，2113户农户和11个村集体经济组织以1330.3万元资金（其中农户股金1052.2万元、村集体经济组织股金278.1万元）入股，建设生产互助农业股份合作社59个，建立健全社员（代表）大会、理事会、监事会“三会”制度，并规范运营管理。五是规范生产互助农业股份合作社运营和管理。在全区生产互助农业股份合作社推进“云尚行”财务共享平台强化财务管理，推进合作社社务公示、财务公开制度，每季度在村委会公示合作社运营情况，增强入股农户对合作社的参与度和满意度。六是建立经果林考核制度。结合全区10万亩柑橘和10万亩桃子、李子、梨子等伏季水果建设，与区农业农村委每季度对生产互助农业股份合作社运营、经果林建设和管护情况进行督查，确保经果林管护到位。七是强化信用评级授信。与农商行渝北支行一道，组织对生产互助农业股份合作社开展建档、评级、授信工作。完成53个生产互助农业股份合作社评级工作，意向授信2.65亿元。八是完善授信贷款机制。协助农商行渝北支行完成大盛镇青龙村、统景镇东河畔、洛碛镇碛乐供销合作社等5个单位授信工作，拟放贷款1300万元。大盛镇青龙村获贷款300万元。九是建设普惠金融网点。建成大盛镇青龙村、大湾镇金凤村和古路镇吉星村等3个村普惠金融基地，推行便捷化、个性化、差异化金融服务。

【为农服务】 一是切实保障农资供应。全区供销系统累计销售有机肥3.29万吨、化肥0.23万吨、农药9.37吨、种子52.84吨、农膜9.69吨。其中，通过区智慧农服公司组织订购有机肥1.37万吨、复合肥0.14万吨；基层社、生产互助农业股份合作社自购有机肥1.92万吨、复合肥0.09万吨。二是畅通农产品销售渠道。建设农村综合服务社8个、社区便民店6个，组织各基层社、合作社设立“村村旺”电商服务站网点9个，实现农产品销售额224.44万元。区三社融合公司为全区106所学校和6家单位签订农产品采购合同，实现农产品配送额1000万元以上。三是强化农业社会化服务。区智慧农服公司与各农民专业合作社签订农资订购协议，建设区、镇（街道）、村三级农业社会化服务体系，在统景镇建设智慧农业服务中心1个，在村生产互助农业股份合作社建设村智慧农业服务点6个，在统景镇江口村建设高标准“智慧柑橘示范园”12.53公顷。区智慧农服公司组织50人组建割草、修枝等为农服务队伍10支，组建植保飞防队伍2支（共10名飞手，无人机8台），现场召开技术培训会30余场，培训职业化农业技术员250余人。四是废弃农膜回收利用成效显著。制定并印发《2021年废弃农膜及肥料包装物回收利用工作方案》，明确工作目标和任务。采取广播倡议、悬挂横幅等方式，宣传废弃农膜及肥料包装物回收利用政策原则及补助政策，发放宣传单3万余份。市、区财政共安排补助资金44.1万元，确保回收保障政策及时落实到位。开展农膜和肥料包装物使用量核查，督促各涉农镇街以村为单位建立农膜和肥料包装物使用量台账，确保农地膜使用量底数清。全区2021年使用农膜80.02吨（其中地膜54.97吨、棚膜25.05吨）、肥料包装物40.72吨。完善废弃农膜回收利用网络体系，建成区级废弃农膜回收中心1个、镇级废弃农膜回收站23个、村级废弃农膜回收点175个，实现村级回收网点全覆盖。落实回收加工企业，签订废弃农膜供销合同，督促回收企业及时准确录入回收数据，实行线上线下融合监管，确保每笔交易结算可溯源、回收利用数据真实、可查。对13个涉农镇街的废弃农膜回收利用情况进行督查、核查，确保台账登记、交易结算规范，档案资料和佐证材料齐全。

【安全稳定工作】 制定安全生产专项检查工作方案，召开安全生产会议12次，组织开展安全生产培训1次、烟花爆竹应急救援演练1次，组织消防安全培训2次，强化安全责任落实。利用会议、安全培训等形式开展安全生产宣传教育活动，发放宣传资料5万余份。配合区应急局开展机场净空区烟花爆竹网点关停，按要求转运关停网点的存货。全年安全隐患排查出动128人次，排查隐患单位和设施35处，排查出安全隐患15项，督促责任单位限时整改安全隐患，整治率达100%，实现安全生产“零事故”。

（谢 芳 陈 晨）

烟草专卖

【概况】 渝北区烟草专卖局（分公司）组建于1985年，内设办公室（安全保卫科）、综合管理科、党建人事科、专卖监督管理科、客户服务部、专卖内管与法制监督科、财务审计科等7个职能科室，辖5个区域客户服务部、5个市场稽查队和稽查支队、机动大队等12个基层部门。现有从业人员159人，其中在册在岗人员136人，离退休职工35人，大专以上文化程度128人，取得职业技能等级鉴定113人，取得中级及以上专业技术职称15人。区烟草专卖局被渝北区评为“A级诚信纳税企业”。

【经济运行】 2021年，累计销售卷烟9.71万箱，比上年增长0.21%；销售收入39.44亿元（含税），增长1.66%；实现税利7.57亿元，增长1.78%，卷烟销量、销售结构、税利水平持续位居全市同行业前茅。年内发展现代终端目标客户1150户，建成星级终端646户。

【专卖管理】 是年，破获涉烟案件459起，其中5万元以上案件40起，累计查获违规卷烟935.8万支，涉案金额达851.5万元。破获符合国家级假烟网络标准案件1起，刑拘4人，判刑3人，涉案金额126万元，查扣卷烟483.6条，实物货值8.6万元。全年累计受理许可证申请2487份，其中准予许可1327份，变更许可136份，注销许可证953户，依法取消经营资格5户。

【队伍建设】 以强化培养教育为抓手，坚持集中培训、集体学习、拜师学艺、帮带互助、个人自学和实践锻炼有机结合，努力建设适应改革发展需要的高素质员工队伍。广泛开展群众参与、丰富多彩、寓教于乐的团建活动，提升素质、释放压力、激发活力，为渝北烟草高质量发展夯实基础。

【公益事业】 认真落实对口帮扶责任，全年向扶贫结对帮扶贫困户等捐赠 2 万元；向华蓥中学贫困学生捐款 6 万元。

（朱传兴）

部分驻区商贸重点企业简介

【重庆万友诚行汽车销售服务有限公司】 成立于 2020 年 12 月 24 日，是万友汽车投资有限公司的全资子公司。该公司总占地面积 2212 平方米，建筑面积 5603 平方米，注册资金 5000 万元，注册地址为重庆市渝北区回兴街道翠屏路 3 号 3–11–166，经营地址为重庆市渝北区新南路 50 号。公司秉承中国兵器装备集团优良传统，汇“万友”知名商号近 30 年品牌积淀，坚持弘扬“自我批判、拼搏进取、务实高效、真诚奉献”的企业精神，践行“诚信、激情、变革、共赢”的核心价值观，以“战略引领、对标行业、开放融合、科学规范、直击痛点、立即行动、精益管理、持续优化”为企业准则，以“引领汽车服务，共享出行价值”为企业使命，致力打造国内一流客户体验与价值创造服务供应商。

【重庆安福汽车营销有限公司】 成立于 2002 年 4 月 8 日，2003 年 1 月 23 日正式营业。公司是由万友汽车投资有限公司、重庆星驰实业有限公司、重庆龙华实业（集团）有限公司共同组建的股份制企业，公司实行董事会领导下的总经理负责制，是集汽车销售、维修服务、配件供应、信息反馈“四位一体”的具有现代汽车营销理念的公司。公司总部位于渝北区新牌坊转盘东侧，地理位置优越，交通便捷，总占地面积 10000 平方米，注册资金 4200 万元，公司拥有长安福特 4S 店 2 家（重庆安福 4S 店、南坪安福 4S 店），江铃福特 4S 店 1 家，重庆地区独家代理福特新能源（电马）体验店 2 家，福特新能源（电马）交付中心 1 家，公司有员工 252 人。该公司是长安福特在重庆地区的首家授权经销商，主要经营长安福特汽车、进口福特汽车，多年经营业绩稳居长安福特全国经销商前列。

【重庆华辰国际大酒店】 位于渝北区空港新城，是片区首家五星级暨五叶级绿色饭店、国家五钻级酒家、重庆市无废饭店、渝北区无废饭店，集政务商务、会议住宿、餐饮康体、休闲娱乐于一体。酒店建筑面积 60000 平方米，有 317 间智能客房和 50 米标准恒温泳池，包括中式、欧式和东南亚三种特色客房；酒店无线网络全覆盖；拥有东南亚风格 500 餐位的西餐厅；拥有“两江汇”千人宴会厅和 900 个停车位。酒店先后荣获“亚洲影响力品牌盛典·年度亚洲最佳会议会展酒店”“亚洲影响力品牌盛典·年度最具投资价值酒店品牌”“中国优秀绿色饭店”“2021 年全国绿色饭店领跑者 TOP100 企业重庆市渝北区放心消费创建活动示范单位”等 20 余项荣誉。

【重庆金陵大饭店】 位于重庆市渝北区中央公园核心位置，坐落于国家级人力资源园区内，临近轨道 10 号线中央公园鹿山站及 9 号线春华大道站（在建），酒店距离江北机场 T2 航站楼 5 公里、T3 航站楼 10 公里，距重庆火车北站 17 公里，距重庆国际博览中心 6 公里，步行 10 分钟可达重庆中央公园和两江国际商务中心。酒店总体经营面积为 33608 平方米，全权委托南京金陵酒店管理有限公司进行管理。酒店设计富含东方文化气息，拥有客房 267 间，配备全景落地窗。金海湾全日制餐厅可容纳 300 人同时用餐，另有 9 间贵宾包房。1208 平方米无柱式千人宴会厅，挑高 14 米，配有 180 平方米高清 LED 屏幕墙及 7 部高速智能电梯，可同时容纳 1200 人开会。拥有 11 间会议厅。酒店获评“五叶级绿色饭店”“国家安全生产标准化三级企业”“五洲钻石奖年度品牌城市商务酒店”等多项荣誉。

【俏巴渝餐饮（集团）】 是一家集餐饮连锁、宴会服务、主题婚礼堂、私宴定制于一体的大型餐饮运营机构。俏巴渝是重庆宴会服务主体经营总面积最大、主题婚礼堂种类最多、有自主品牌、独资经营的大型餐饮集团。至2021年，俏巴渝共有31家门店分布在重庆市内，主要位于主城繁华的CBD核心商圈，每年累计接待宾客人数800万人次。品牌总部设于重庆市渝北区新牌坊康田凯旋国际5A甲级写字楼内，有员工2000余人。集团下设餐饮品牌运营中心、财务中心、人力资源中心、培训中心、菜品研发中心、采购中心等多个部门，全面实现办公智能化、自动化，确保为各直营店提供坚强有力的菜品品质保障、顾客服务保障、直营门店全员社会福利保障等。重庆俏巴渝品牌成型于2012年9月12日，旗下有俏巴渝、俏园荟馆、澜渝火锅、锦宴等子品牌。集团曾荣获“全国工商联餐饮业委员会委员单位”“重庆餐饮业民营企业10强”“国家五钻级酒家”等称号。

【重庆秦妈餐饮管理有限公司】 成立于2005年9月，发展成为集火锅餐饮经营、品牌火锅连锁及调味品生产于一体的大型餐饮连锁企业。公司有直营店7家、加盟店600家、食品生产基地及技术研发中心1个、原材料生产种植基地3个，在册员工3.2万人（含加盟店），年营业额突破18亿元（含加盟店）。投资亿元打造重庆首个火锅产业化示范园，将传统的火锅底料生产方法提升到产业化、标准化、规模化、现代化的新型火锅产业模式。公司产品远销欧美和全国26个省市、自治区。公司先后荣获“国际美食质量金奖”“中国十佳酒家”“国际餐饮名店”“中国十佳火锅店”“中国名火锅宴金鼎奖”“中国名火锅”“中国餐饮百强企业”“重庆市首届餐饮业诚信经营示范单位”“中国驰名商标”“重庆市著名商标”等百项荣誉。

【重庆健之佳健康药房连锁有限公司】 是云南健之佳健康连锁店股份有限公司全资子公司。2007年起进入重庆市场，有门店数250家，有员工人数1000余人，其中执业药师290余人。重庆健之佳以打造健康药房为主，通过持续提供专业咨询、开创慢性病管理服务、开展营销活动、打造全渠道营销布局等方式，努力为顾客提供优质服务，有健之佳会员190万人。

【重百渝北商场】 位于渝北金港购物中心，商场建筑面积1.75万平方米，共有4个经营楼层，主要经营黄金珠宝类、男鞋女鞋箱包类、化妆品类、精品女装类、少淑装类、童用类、男装类、户外运动类等主力品类，共260多个品牌。商场定位为大众社区百货店，满足就近社区居家客群日常生活需求，以中档、年轻时尚商品为主流定位。品牌组合以国内品牌为主，品牌组合朝年轻化、时尚化、潮流化发展，主要满足消费意识较具时代感的工薪阶层和小康家庭一族的消费需求。近三年商场实现销售10亿多元，解决1000多人次就业问题。商场曾先后获得“全国巾帼文明示范岗”“全国敬老文明号”“重庆市文明单位”“重庆市消费维权诚信单位”“重庆市商业诚信示范企业”“重庆市无废商场”等多个称号。

【重庆市渝北区临空国际贸易示范园】 于2018年正式开园运营，位于重庆市渝北区回兴街道翠屏路3号，是渝北区在自贸区内试点以商招商、政策打包、效益对冲考核的开放型经济创新示范项目。为促进对外贸易便利化，集聚国内外、市内外国际贸易企业落户，依托园区的综合管理、综合配套、综合政策的一体化服务，有效降低中小外贸企业交易成本，提高国际贸易各环节服务链条的外贸生态圈，实现政府、运营方、企业多赢的局面。园区有服务面积17000平方米，设有渝北区内陆开放空中门户展示厅、重庆市渝北区大学生就业创业公共服务中心、重庆临空政策法律服务国际中心、渝北区外商投资服务中心、渝北区对外贸易企业发展促进会、中虎国际进出口商品展示厅、临空数贸新阶层人士之家、党建之家、职工之家等服务机构，运营公司设有综合部、企服部、招商部、政策研究部等部门，为入驻企业提供各种服务。园区自开园起共招商引资企业400余家，实体办公企业达62家，注册资金共18亿元，集群注册企业数380余家，办公招商入驻率98%，累计进出口额达到123亿元人民币，实现税收2600万元。园区接待政务、外事及商务洽谈、经贸培训活动200余次，共计5000余人次，平均每周接待2次。

【重庆载禾农业发展股份有限公司】 是一家专业从事绿色生态产品电子商务的公司，公司自2009年起开始自建土鸡基地，整合生态农产品，成为重庆土鸡及生态农产品电商宅配第一品牌。在渝北区商务委的指导支持下，公司构建自有电商平台、小程序，同金科、东原等13家物业公司及800余名社区团长构建社区配送合作，同京东、抖音、工行融e购、建行善融商城等9个三方平台建立长期合作，积累忠实家庭用户21万余户，公司自建冷库4个，建设御临风物云仓中心6000余平方米，自有物流车辆14台，构建完整的农产品商品化处理系统，打造从产地到家庭的鲜活供应链。2021年，完成年销售额7500余万元。

【重庆悦来温德姆酒店】 位于重庆市两江新区国际博览中心核心位置，与悦来国际会议中心相连接，造型犹如山峦，憩于嘉陵江畔，坐拥山水相融的旖旎景致，是一家集会议、餐饮、住宿于一体的五星级酒店。酒店拥有390间豪华客房和套房，面积从45平方米至420平方米不等，所有房间均配备独立阳台，可将嘉陵江景及山峦美景尽收眼底；拥有风格各异的5间餐厅和酒廊，室内泳池、健身中心和水疗中心；拥有12间会议室，面积自57至566平方米不等，与悦来国际会议中心联袂提供面积达13000平方米的灵动会议空间。自开业起，酒店共接待宾客48万人次，其中接待境外宾客2.8万人次，先后成功接待中国国际智能产业博览会、中国西部国际投资贸易洽谈会、亚太零售商大会、中新（重庆）战略性互联互通示范项目金融峰会、中国教育装备展、全国制药机械暨中国国际制药机械博览会等国家级、国际性重大活动嘉宾。酒店先后荣获“中国五星级饭店”“省级文明旅游示范单位（重庆市酒店行业首家）”“中国最佳酒店”“最佳卓越服务酒店”“最佳国际会议酒店白金奖”“中国酒店业优质服务酒店”“中国酒店业最佳服务创新实践酒店”“中外酒店白金奖最佳国际会议酒店白金奖”等30余项荣誉。

（苗建波）

财政 · 税收 · 金融

综 述

2021年，渝北区以习近平新时代中国特色社会主义思想为指导，紧紧围绕“两点”定位、“两地”“两高”目标，推动成渝地区双城经济圈建设，扎实做好“六稳”“六保”工作，稳步推进财政、税收、金融发展取得新成效，实现“十四五”良好开局。完成一般公共预算收入73.88亿元，同比增长10.2%，其中税收收入67.37亿元，占一般公共预算收入的比重为91.2%；同比增长17.8%；一般公共预算支出116.48亿元，同比增长0.5%，其中保障民生支出94.1亿元，占全区一般公共预算支出的80.8%，切实保障教育、社会保障和就业、生态环保、农林水等重点民生支出正增长。一般公共服务支出9.01亿元，同比增长3.7%；教育支出25.51亿元，同比增长5.9%；社会保障和就业支出17.84亿元，同比增长30.4%；交通运输事务支出1.45亿元，同比下降64.9%。年末全区金融机构人民币存贷款余额达13963.57亿元，同比增长6.3%，其中，存款余额5958.26亿元、增长4.1%，贷款余额8005.32亿元，同比增长8.0%。

（王 庭 张晗资）

财 政

【概况】 2021年，全区财政工作坚持以习近平新时代中国特色社会主义思想为指导，紧紧围绕习近平总书记对重庆提出的“两点”定位、“两地”“两高”奋斗目标，发挥“三个作用”和推动成渝地区双城经济圈建设等重要指示要求，扎实做好“六稳”工作，全面落实“六保”任务，坚持依法理财、科学理财、为民理财，稳步推进财政改革发展各项工作，为全区经济高质量发展和社会和谐稳定提供有力支撑和坚实保障。

【财政收支预算执行】 2021年，全区一般公共预算收入73.88亿元，同比增长10.2%。其中税收收入67.37亿元，同比增长17.8%；非税收入6.5亿元，同比下降34%。加上上级补助38亿元、债务转贷收入11.5亿元、调入资金13.8亿元、动用上年预算稳定调节基金11.9亿元、上年结转9.9亿元，收入总计159亿元。全区一般公共预算支出116.48亿元，同比增长0.5%。加上上解支出8.2亿元、债务还本支出9.7亿元、安排预算稳定调节基金15.5亿元、结转下年8.9亿元、调出资金2528万元，支出总计159亿元。全区政府性基金预算收入118.5亿元，其中本级收入1329万元、上级补助收入78.6亿元、债务转贷收入33.3亿元、上年结转6.2亿元、调入资金2528万元。全区政府性基金预算支出118.5亿元，其中本级支出84.5亿元、债务还本支出16.3亿元、结转下年4亿元、调出资金13.6亿元、上解支出350万元。全区国有资本经营预算收入2626万元，其中本级收入2000万元，上年结转626万元。全区国有资本经营预算支出2626万元，其中调出资金2000万元至一般公共预算，结转下年626万元。

【平衡财政收支】 夯实开源节流财政理念，全力平衡收支矛盾。积极应对减税降费、产业结构调整、新冠肺炎疫情影响叠加的收支平衡压力，一手抓“开源”，一手抓“节流”。围绕“开源”，全面统筹预算资金、存量资金、债券资金等各类资金，整合资金、资产、资源，全年完成一般公共预算收入73.88亿元，动用预算稳定调节基金11.9亿元，争取政府债券44.8亿元，统筹结转及存量资金17.6亿元，向上争取直达资金、地方转移支付等各类补助资金116.6亿元，全力做大“蛋糕”。围绕“节流”，以政府过“紧日子”为主线，调整优化财政支出结构，全年一般性支出压减5%，非急需项目资金压减7%，实现全年收支平衡。

【助推经济发展】 坚持积极有为财政导向，增添经济发展动能。落实落细减税降费等政策，切实优化营商环境，降低企业经营成本。用好用足专项债券，全年争取政府新增债券资金19亿元，支持学校、医院、交通、乡村振兴及园区基础设施建设。加力加码财政杠杆，安排资金8.2亿元扶持工业、商贸流通及外贸、科技、金融等产业，助力全区经济高质量发展。

【保障改善民生】 践行兜底保重财政使命，推动共建共治共享。坚持将保障改善民生作为财政工作的出发点和落脚点，精心办好群众身边事、关心事，不断增强群众获得感、安全感、幸福感。2021年全区民生投入94.1亿元，占全区一般公共预算支出的80.8%，切实保障教育、社会保障和就业、生态环保、农林水等重点民生支出正增长。多方统筹资金8亿元，推动城区基础设施建设、保障性安居工程、“清水绿岸”治理提升、三峡移民职业教育龙兴校区建设等6个重大基础设施项目建设，支持共建成渝地区双城经济圈，全力保障东环线铁路枢纽项目、椿萱大道建设、环保搬迁等市、区重点任务落实。

【债务风险管控】 守牢债务管控财政底线，统筹兼顾促发展防风险。充分发挥部门联动作用，加强债务统计和动态监测，定期排查风险，及早消除隐患。开好融资“前门”，争取新增债券额度，有效发挥新增债券资金对扩内需、稳投资、补短板的重要作用。争取政府再融资债券额度25.8亿元，偿还政府到期债券，缓解财政资金压力。强化主体责任，通过盘活存量资金等方式，多措并举化解存量债务，确保债务本息无违约发生。

【财政管理改革】 深化提质增效财政改革，提高资金配置效益。推动预算编制增效。深入推进全口径预算、公开评审、支出标准等多项重大改革，持续提高财政管理精细化水平。推动财政资金增效。持续深化全面预算绩效管理，构建全方位预算绩效管理格局，建立全过程预算绩效管理链条，完善全覆盖预算绩效管理体系，更加注重财政资金配置效率和使用效益。推动体制改革增效。进一步优化镇街财政管理，完善区属国有公司产业发展财政补助体制。推动管理方式增效。通过政府采购节约资金2.2亿元，节约率15.7%。严格财政投资项目评审，评审项目185个，审减金额2.9亿元，审减率5.2%。服务全区公共投资项目建设，完成94个项目的工程结算，审减金额4470万元，审减率5.4%。

（王　庭）

国有资产管理

【概况】 2021年，全区共有43户区属国有公司纳入区国资委监管。其中，按股权架构划分，由区国资委直接出资的一级公司共4户；按管理模式划分，12户区管国有公司全部按一级公司进行监管，其余公司由其上级母公司履行出资人职责并负责日常监管。截至2021年底，区属国有公司实有人员共1790人，其中一级以及参照一级管理公司1350人，二级子公司440人；区属国有公司资产总额1146.52亿元，负债总额845.46亿元，所有者权益总额301.06亿元，资产负债率73.7%。

【国企改革】 制定印发《渝北区国企改革行动方案（2021—2022）》，细化任务台账63项，逐一明确主责单位和完成时限，对改革任务实行清单式管理、项目化推进，建立跟进督办机制，全年改革任务完成率达80%。存续全民所有制企业公司制改革全面完成，经营性国有资产集中统一监管扎实推进，涉改企业24户，完成22户。持续深化国企重组整合，指导完成创新经济走廊公司与城市更新公司整合重组，制定印发《区属国有子公司整合重组工作方案》，进一步调整优化股权架构。加大力度处置遗留问题，牵头并积极配合推动重庆能源集团淘汰煤炭落后产能遗留问题移交，按期完成渝北区与重庆能源集团移交框架协议及各类子协议签订，有序推进实物移交及后续监管工作。

【国企现代化治理】 按照国有公司资本结构和管理类型，制定国有独资公司、国有控股公司、国有全资公司共三大类九个细分的章程模板，指导各公司完成章程修订及变更工作，进一步完善公司治理结构，提升公司治理能力。开展对标世界一流管理培育具有核心竞争力企业专项行动，指导各公司研究制定管理提升方案，进一步推动区属国有公司加强管理体系和管理能力。建立企业年金和补充医保制度，印发实施《关于区属国有公司建立企业年金的通知》《关于规范管理区属国有公司补充医疗保险的通知》，建立完善职工养老保险和医疗保险体系，力促职工养老和医疗待遇水平整体提升。

【国资监管】 制定出台《区属国有企业财务决算报告管理办法》《区属国有企业公务用车管理办法》，规范区属国有公司中层及以下人员选聘流程，全面加强公司财务监督。加快推进国资监管大数据平台建设，完成人力资源管理、“三重一大”、采购监管等7个系统上线试运行，初步实现已建系统的常态化数据采集报送。充分发挥考核工作“风向标”作用，完成区属国有公司2020年经营业绩考核结果反馈，围绕高质量发展要求，制定2021年经营业绩考核目标任务，专项开展区属国有公司重点任务完成情况半年工作督查。建立审计、国资联动协作机制，“以审代训”，实现问题线索互通、审计整改互动、监督结果互用，形成监督闭环。规范化开展国企结算审核和采购工作，全年审批国有公司采购计划95笔，采购金额6.67亿元，完成37个项目公共投资项目结算审核，送审金额6.03亿元，审定金额5.77亿元，审减金额2578.72万元。

【国企运行风险管控】 完成国有公司资产、资本、资金、资源、资信、资质“六资”清理，扎实开展国有公司“十三五”经济运行分析，总结公司运行发展的成效及问题，提出“十四五”期间的运营思路、针对性措施和建议等，为全区国资国企发展规划提供科学决策依据。加强区属国有公司债务风险管控，开展区属国有公司间资金往来、担保、银行存款等专项清理，强化公司内部管控及业务规范管理。制定印发《区属国有公司违规经营投资问题线索查处工作指引》，专项开展公司违规经营投资责任追究半年工作督查，建立职责明确、流程清晰、规范有序的违规经营投资问题责任追究机制，有效防止国有资产流失。

（梁巧琳）

税 收

【概况】 2021年，渝北区税务工作高举中国特色社会主义伟大旗帜，以习近平新时代中国特色社会主义思想为指导，深入学习贯彻党的十九大和十九届历次全会精神，认真贯彻落实中央经济工作会议、市委经济工作会议、区委经济工作会议以及全国、全市税务工作会议精神，扎实推动征管改革，着力优化营商环境，全面落实减税降费，圆满完成组收目标，为全市税收事业高质量发展和渝北建设“四个大区”打造“标杆城区”做出积极贡献。

【组织收入】 始终牢记组织税费收入任务，严守依法依规征税收费底线，构建完善横向协调、纵向贯通的组织收入工作格局，全面增强收入工作统筹、目标管理和运行监控，实现全年预测准确率达90%以上。统筹社保费征缴和非税收入划转工作，加强城乡居民社保费“网格化”管理，抓好医保现金征缴风险防控，稳妥承接水土保持补偿费、土地闲置费等4个项目的划转工作。2021年，累计组织各项税费收入287.7亿元，同比增长26.8%。其中，税收收入完成184.9亿元，同比增长17.9%，社会保险费、非税及其他收入完成102.8亿元，同比增长46.6%，圆满完成各级次税收预期目标，税费收入与地方经济发展基本协调，税务部门“既收税又收费”的职能进一步发挥，保障地方财力的关键作用进一步增强。

【减税降费】 坚决贯彻国务院决策部署，建立健全税费优惠政策落实直达快享工作机制，按月推进、跟进辅导、全面覆盖、精准落地，全年累计新增减税降费超过19亿元，累计为3660余户小型微利、西部大开发、高新技术企业减免企业所得税9.36亿元，累计为177户纳税人办理即征即退、留抵退税10.24亿元，为1047户制造业中小微企业办理缓税5388万元，切实为企业减负降本、纾困解难。

【征管改革】 深入贯彻中央办公厅、国务院办公厅印发的《关于进一步深化税收征管改革的意见》，认真落实重庆市委办公厅、市政府办公厅印发的《重庆市进一步深化税收征管改革实施方案》和重庆市税务局印发的《关于进一步转变税费征管方式提升管理质效的通知》精神，精心研究制定渝北实施路径，明确57项改革任务，做到把准执法尺度，创新执法方式，促税收执法更精确；践行为民理念，坚持需求导向，促税收服务更精细；划分风险等级，完善风控体系，促税收监管更精准；加强社会协同，深化“银税互动”，促税收共治更精诚。与15个区级部门建立涵盖21种涉税数据类型的常态化数据共享机制，全年累计获取数据13万条，清理疑点数据7323条，征管基础进一步夯实。统筹风险闸口，强化智能化风险管理，统筹完成风险应对任务7587户，查补入库税款2.03亿元。

【纳税服务】 重点推出“六个一”工程，持续优化整合办税资源，完成1所办税厅整体搬迁和“三龙”办税厅改造升级，推出全市首个“去柜台化”办税服务厅，取消传统办税窗口，设置“一窗通办”桌，真正实现征纳“零距离”、办税“更便利”，2021年“好差评”评价体系显示好评率达99.99%以上。举办渝北区首届“我眼中的税收营商环境”图文征集活动，聘请120余名人大代表、政协委员、企业法人等担任营商环境体验师，举办体验师活动5场，广泛汇聚优化营商环境的“金点子”。组织“优化税收营商环境，赋能渝北经济高质量发展”活动，开展A级纳税人培育专项行动，实施为期三年的“千户计划”，每年新增1000户A级纳税人，推进纳税信用建设与优化营商环境深度融合。开展“春雨润苗”专项行动，从税收优惠、业务办理、创新融资等方面多点发力，构建“线上+线下”双平台，全面强化服务管理，大力推动“银税互动”，帮助企业获得贷款共951户次、金额4.5亿元，切实为小微企业办实事、解难题。

【依法治税】 全面推行行政执法“三项制度”，多维公示晒权，严格记录控权，细化审核督权，确保执法公平公正公开。加强法治建设，做好规范性文件清理和重大税务案件审理，完善公职律师和法律顾问制度。强化日常税收执法督察，规范税收执法行为。健全税收违法“黑名单”认定、信息推送、联合惩戒机制，提升税收遵从水平。创新执法方式，落实“首违不罚”清单，超过500户纳税人免于处罚。

【服务渝北发展】 聚焦地方经济高质量发展，服务渝北“四个大区”建设，加强重点税源、专精特新、科技创新企业管理服务，组建专家服务团队且调研辅导全覆盖，点对点向企业推送“一户一策”政策包，423户企业享受研发费用加计扣除12.25亿元，切实激发企业活力，促进可持续发展。开展拟上市企业税费服务“三项行动”，强化政策支持，辅导企业建立内部风险防控机制，增强发展效能。深化以税资政，全年向地方党政领导报送税收经济分析报告10余篇，获区委、区政府主要领导肯定性批示3篇次，税收数据“晴雨表”“风向标”作用进一步发挥。

【川渝高竹新区税费征管服务】 推进高竹新区税费征管服务一体化建设。按照市局试点工作要求，强化统一组织领导，制定统一管理方案，明确“五个统一”目标，梳理比对两地差异事项，制定《川渝高竹新区税费差异政策执行规范（1.0版）》，与广安市税务局共建川渝高竹新区税费管理服务中心，在全国率先实现跨省（市）级电子税务局互联互通。自2021年10月25日起正式投入运营，截至2021年底累计为川渝高竹新区范围内纳税人缴费人办理跨省通办业务6.35万笔，实现组织收入8854万元，高效服务两地纳税人缴费人，探索构建跨省毗邻地区税费征管服务一体化的渝北“样板”。

（朱守拓）

金　融

【概况】 2021年，渝北区全面落实金融工作“三项任务”，着力推动金融业高质量发展，金融行业呈现稳中向好、稳中有进的态势，规模体量稳步提高，资产质量总体稳定，主要风险指标低于全市平均水平。截至2021年末，全区（不包含两江新区在渝北区范围内的直管区域）拥有银行分支机构73家，其中一级分行3家、一级支行或二级分行70家；证券机构17家，其中分公司5家、营业部12家；保险机构15家，其中一级分公司1家、二级支公司14家；累计注册新型金融机构138家，其中小额贷款公司16家、股权投资公司115家。全区金融业增加值实现328.8亿元，同比增长1.4%；金融机构人民币存贷款余额达13963.57亿元，同比增长6.3%，其中存款余额5958.26亿元、增长4.1%，贷款余额8005.32亿元、增长8%；证券成交额实现12650亿元，保费收入47.35亿元，新型金融业营业收入307.33亿元。

【服务实体经济】 成功举办“深化银政企合作，助推渝北高质量发展”对接会，累计获得银行意向性授信6096亿元，截至2021年底发放贷款176亿元。稳步推进绿色金融改革创新重点区建设，储备绿色产业项目92个，绿色贷款余额426亿元。全区普惠型小微企业贷款余额达676亿元，同比增长24%。充分发挥“升级贷”“科信贷”等风险补偿金作用，全年帮助企业获得信用贷款累计1118家次、22.7亿元。

【推动企业改制上市】 为6家企业兑现上市扶持资金360万元，举办上市培训12场次，走访拟上市企业34家，解决问题43个。推动阿泰可、天箭惯性进入重庆证监局辅导备案，立信数据从新三板基础层转到创新层；推荐7家企业进入市级拟上市储备库，新增重庆OTC挂牌企业11家；发放“上市贷”信用贷款1亿元，上市企业实现再融资147亿元。

【金融招商引资】 持续加大金融招商力度，成功引进盈湃优社基金、信义典当等金融项目12个，累计合同投资额75.4亿元，实际到位资金13.8亿元。

【重大金融风险防控】 开展防范非法集资风险专项排查26次，排查企业626家，处置风险线索22条，推动7件非法集资陈案结案，结案率达85%。清理规范第三方财富管理公司172家、私募股权投资机构121家，有序推动风险分类处置。妥善办理金融领域信访投诉案件506件，及时受理率和按时办结率均为100%。

（张晗资）

·中国银行股份有限公司重庆渝北支行·

【概况】 中国银行股份有限公司重庆渝北支行（简称“中国银行渝北支行”）成立于1989年6月28日，截至2021年底共设6个职能部门、1个驻行纪检组，下辖14个经营性支行（含营业部），主要分布于两路和龙溪片区，有员工221人。2021年，党务积分考核排名全辖第一位，连续第四年党建考评为A+等级，连续第五年绩效考评为A等，荣获分行级“价值创造先进集体”等荣誉称号；辖属2家网点获评总行级奖项，5家网点获评分行级奖项；支行1名员工被推荐为总行级“青年五四奖章”，2名员工获评分行级奖项。

【经营效益】 2021年实现营业收入4.94亿元，同比新增526.17万元；拨备前利润3.99亿元，同比新增411万元，增幅1.04%；人均净利润137.54万元，同比新增20.38万元，增幅17.39%。人民币个人存款日均余额63.46亿元，较年初新增5.74亿元；人民币个人存款时点余额66.88亿元，较年初新增5.44亿元。“四大行”时点存款份额15.89%，较年初新增0.02%。其中，公司时点存款19.41%，较年初新增0.07%；个人时点存款份额12.63%，较年初新增0.32%。“四大行”日均存款份额14.67%。其中，公司日均存款份额17.16%，较年初新增0.45%；个人日均存款份额12.36%，较年初新增0.03%。全年累计缴纳税金5816.07万元，较上年增加390.56万元，增幅7.2%。

【重点指标】 普惠金融方面，普惠金融银保监口径余额4.28亿元，年增1.47亿元，余额排名全辖第一位，新增额排名全辖第二位；普惠型涉农贷款较年初新增1710万元。双户双基方面，净增单位结算账户736户，排名全辖第一位，累计新开单位结算账户1225户，排名全辖第二位。国际结算方面，完成国际结算业务量13.59亿美元，同比增长64.5%；跨境人民币结算量42.38亿元，同比增长40.65%；供应链融资发生额13.31亿元，同比增长57.14%。

【重点客户合作】 立足区域优势，持续加大银政、银企合作力度。与川渝高竹新区管委会、渝北区政府签订200亿元的全面战略合作协议；推动市分行与渝北区政府签订战略合作协议，未来5年为渝北区各行各业提供意向性授信500亿元，获得“金融服务港湾”授牌；成为渝北“上市贷”业务的4家合作银行之一，为2家拟上市企业发放“上市贷”贷款1500万元。成功营销中标3家区属国有公司企业年金托管人资格。

【服务实体经济】 加大对实体经济的投入，全力提升服务实体经济质效。为机场集团提供186亿元授信额度支持，累计投放20.45亿元支持T3A航站楼及第三跑道项目建设；中标重庆机场T3B航站楼和第四跑道项目开立项目资本金专户，共计来款5亿元资本金；为建工集团提供111亿元授信额度支持（其中为奉建高速项目新增授信额度60亿元）；为重庆高速巨能集团新增授信额度19亿元，合计投放5.53亿元资金，开立非融资性保函9.17亿元；为区域最大的制造业企业长安福特提供8亿元的中长期流动资金授信额度支持，并为其主要供应商提供授信额度10.94亿元。

【个人金融】 顺应市场形势，抢抓客户基础，推进合作发展。2021年实现个人客户全量金融资产日均余额78.68亿元，较年初新增8.04亿元；个人客户全量金融资产时点余额82.36亿元，较年初新增7.9亿元；人民币零售贷款余额为127.06亿元，较年初新增12.75亿元。组织开展“新春贺岁，金牛献瑞”贵金属品鉴会、“国学智慧，财富人生”高净值客户主题沙龙、“筑梦冬奥，与雪滑翔”高净值客户亲子滑雪活动等；开展“智造价值，助力共富”财富金融竞赛，推动全行财富金融、消费金融等数字化转型改革；深化网点渠道建设，新设OPPO自助银行，全力助推重点客户业务合作发展。

（田　洁）

·中国农业银行股份有限公司重庆渝北支行·

【概况】 2021年，中国农业银行股份有限公司重庆渝北支行（简称“农业银行渝北支行”）以习近平新时代中国特色社会主义思想为指导，深入贯彻党的十九大和十九届历次全会精神，紧紧围绕市分行党委“一抓三促两实现”工作思路，全力推动党的建设不断加强、主体业务平稳发展、绩效考核系统领先、创利能力持续增强、队伍建设不断优化、风控案防管控有力，圆满实现各项目标任务。截至2021年末，内设部室7个，辖营业机构19个，在职员工305人。全年实现营业收入15.27亿元，同比增加2.61亿元、增长20.59%，计划完成率117.21%，系统贡献排名第一；拨备前利润13.76亿元，拨备后利润12.88亿元，实现人均净利润317.73万元，同比增加129.13万元，系统贡献排名第一位；人均经济增加值207.56万元，同比增加134.17万元，系统贡献排名第一。全年综合绩效考核排名第一，荣获综合绩效考核先进单位、综合绩效考核排名显著提升奖、先进分支行领导班子等多项荣誉。

【负债业务】 梳理重点资金流脉络，提前锁定重点资金。加强银政对接，争取最大资金额度归行，做好链式营销，对重点企业上下游深度挖潜，推动结算资金增长，抓住纵达城、三亚湾、海领等专业市场商户资金回流的关键节点，沉淀更多结算性资金。开展贴近实际的存款营销活动，用好针对性产品，推动存款增长。做好客户回馈，落实首席客户经理制，做实私行客户营销维护，锁定资金留行；抢挖财富管理目标客户，做好“一揽子”金融服务供给，做大客户资金蓄水池；用好“智慧系列”产品，抢占流量入口，增大客户黏性，锁定商户活期资金体内循环；用好OCRM系统、“网点作战室”、“营销宝”等数字化营销工具，加强对活期存款客户、理财流失客户、代发工资个人客户的精准营销，有针对性地做好行外资金引流和行内资金留存。抓好代发工资专项营销，聚焦财政代发、农民工工资代发、招商引资企业代发等重点开展营销攻坚，深挖存量，拓展增量，着力提高单笔代发金额，做好持续代发营销。2021年末，存款时点余额262.51亿元，日均余额255.45亿元，比年初增加3.31亿元，个人存款141.83亿元，年增量10.94亿元。

【资产业务】 狠抓项目营销。对公方面，及时跟进渝遂复线高速等重点项目贷款授信；用好“五定机制”“四个一批”方法，针对不同项目有的放矢采取对应措施，建好项目营销“蓄水池”。零售方面，提升房贷客户综合贡献，拓展场景消费贷款，加快信贷投放，细致梳理普惠贷款、制造业贷款等各项监管指标完成情况，明确重点客户加快投放进度，确保满足监管要求。围绕成渝地区双城经济圈国家战略、乡村振兴重点领域，加快重大项目和重点工程的储备和入库，探索建立储备长效机制，加大个人贷款储备；围绕重点区域、重点合作伙伴和重点客户，加快储备个人住房按揭贷款，做到两手抓、两手硬。2021年末，贷款余额566.78亿元，累计投放113.89亿元，比年初净增46.90亿元。成功落地农银国际单笔8亿元最高金额境内融资类业务中铁建重庆高速固定收益项目，登上总行《综合信息晨报》头条，荣膺市分行“七号嘉奖状”；成功中标龙湖集团公司债3.4亿元，撬动集团资金21亿元。普惠领域贷款余额14.65亿元，较年初增加3.19亿元，计划完成率105%。普惠法人贷款余额8.32亿元，较年初增加2.14亿元，计划完成率105%；成功营销铁发建新、大内高速两大“保理e融”商圈，余额2.49亿元，比年初净增0.5亿元，供应链金融规模系统领先，2021年末普惠业务专项考评列城市行第一。

【中间业务】 成功举办国寿“期交训练营”，持续开展信用卡分期外呼，积极组织参加家博会等专项活动，信用卡分期业务余额、交易额市场占比列同业“双第一”，荣获市分行“五号嘉奖状”，贵金属销量、中收列市分行第一。全年实现中间业务收入1.39亿元，同比减少0.05亿元。其中，对公板块实现中间业务收入0.75亿元，同比减少0.1亿元；零售板块实现中间业务收入0.64亿元，同比增加0.05亿元。

【“两户”营销】 成立支行营销团队，全力攻坚重点账户，成功营销三一重工、川渝高竹公司、财政部重庆监管局、消防救援支队、机场集团、川渝高竹水务等重点账户，其中川渝高竹公司账户荣膺市分行“三号嘉奖状”。通过持续开展“三扫”“六进”活动，向长尾客户面对面宣讲存款优惠政策，支行负责人直接参与私行贵宾客户营销维护，组织开展“花朝美人节，共创财富季”“相伴私行·尊享健康”“私人银行高端体检”，以及万隆纵达城客户答谢等客户活动，带动个人有效客户数新增49177户、有效账户新增52602户、个人贵宾客户数新增2131户。全年新营销对公结算账户1305户，其中有效账户1065户，占比81.61%。

【“三农”业务】 坚持高起点定位、高标准谋划、高质量要求，充分发挥一把手任组长的乡村振兴团队作用，巩固完善支行推进、属地网点抓落实的工作机制。惠农e贷年末余额1.87亿元，比年初净增0.9亿元。与渝北区农业农村委签订扶贫小额信贷合作协议，划片区制定建档立卡贫困户金融扶贫方案，累计投放291笔脱贫人口小额贷款，共计650.45万元，所负责的兴隆、茨竹、木耳、古路、石船、龙兴、洛碛、大湾8个乡镇，贫困户获贷率均达50%以上，圆满完成政府下达的工作目标。

【创新业务】 加强数字化直销团队建设，调动全行员工营销积极性，拓宽互联网场景思路，协助渝北区农业农村委举办“洛碛镇番茄文化节”，营销西南政法大学“智慧校园”项目，并逐步投产二期、三期项目建设，成功发行系统内首笔银媒合作理财融资业务——重庆报业集团类永续债理财融资2.5亿元，完成渝北区物业专项维修资金管理中心网上缴费及票据电子化系统上线运行，实现大修资金线上缴存及电子发票推送。

（周代军）

·中国建设银行股份有限公司重庆渝北支行·

【概况】 中国建设银行股份有限公司重庆渝北支行（简称“建设银行渝北支行”）成立于1986年8月。2021年末，设10个部门、17个营业网点，在职员工262人，客户超过80万户。实现拨备前利润8.04亿元，系统排名第五，增幅2.69%；一般性存款余额311.33亿元，新增46.15亿元，增幅17.40%。各项贷款余额317.78亿元，同比新增47.24亿元，增幅17.46%。不良贷款总额5361万元，比年初新增2420万元；不良贷款率0.17%，比年初增加0.06个百分点。

【支持地方经济发展】 抓住总行、分行与渝北区政府达成战略合作的机遇，积极支持重点涉农企业正大农牧、正大蛋业，累计完成授信0.65亿元，实现投放0.35亿元。积极储备利纳马汽车、中服免税、川航配餐、优珑科技、北斗智联、秦嵩科技等优质项目。2021年，完成机场T3B航站楼及四跑道项目、航发司白马水电站、重庆天然气储运项目等11个客户（项目）授信审批，累计授信金额123.02亿元。大中型对公非贴贷累计投放49.76亿元，其中人民币贷款投放37.04亿元，系统排名第七；外币贷款投放12.72亿元。截至2021年末，本外币对公非贴贷余额155.89亿元，较年初新增24.32亿元。余额排名系统第三、“四大行”第三，新增排名系统第三、“四大行”第一。

【助力乡村振兴】 推动建行市分行与渝北区政府签订实施乡村振兴战略合作协议落地。坚持以合作协议为遵循和目标指引，找准突破口推动乡村振兴各项工作落地，全年投放渝北区文旅公司绿色贷款1.2亿元。截至2021年末，涉农贷款余额4.78亿元，较年初新增1.06亿元；其中普惠型涉农贷款余额2.79亿元，较年初新增1.19亿元；农户贷款余额3.8亿元，较年初新增2.27亿元。裕农通服务点277户，其中合作方177户，占比73.14%。新建统景镇江口村“裕农通”党建示范点，累计开展党建活动5次。

【风险内控管理】 落实全面风险管控，持续推进风险管理体系建设。强化对九大类风险的分析，梳理查找风险隐患，督促各条线部门整改，补齐管理短板，夯实风险管理基础。加强信用风险管理，支持信贷业务健康发展。提高授信业务质量，切实把好信用评级审查关，提升客户信用评级质量。认真开展各项信贷业务检查，堵塞风险漏洞。加强经济资本精细化管理，提升信贷业务价值创造，加强信贷数据源系统维护，确保押品、客户标志等信息准确；及时清理无效、低效经济资产占用情况。深入贯彻总行、分行及监管部门部署要求，做实做细内控合规管理各项基础性工作，精细化管理水平逐步提升。

【反赌反诈工作】 成立反赌反诈专项工作小组，制定实施《渝北支行账户反赌反诈专项工作推动方案》。各网点持续做好反赌反诈宣传、《风险提示书》唱读和签署、新开户回访工作；加强对交易环节相关可疑特征询问核查，做好台账登记和案例报送；对涉案账户多的网点负责人实施诫勉谈话。全行各部门各岗位共同配合、严加防范，强化对涉案账户数量、新开账户占比、提前管控账户数量等全方位分析管控，快速扭转2021年上半年支行涉案个人账户持续新增的严峻形势，截至2021年7月涉案账户减少至7户，单月系统排位降至第七，环比减少19户，反赌反诈工作阶段性成效明显。

（石昌吉）

·中国工商银行股份有限公司重庆渝北支行·

【概况】 中国工商银行股份有限公司重庆渝北支行（简称“工商银行渝北支行”）成立于1984年。2021

年末，有辖属机构17个、在职员工303人；客户128.83万户（个人127.33万户、公司1.50万户），资产规模471.09亿元，同比增长8.7%；存款余额338.81亿元；贷款余额453.73亿元；中间业务收入1.69亿元；上缴区级税收1.26亿元。2021年荣获中国工商银行重庆分行工银成就集体奖，辖内公司金融业务一部荣获中国工商银行总行青年五四奖章集体荣誉称号；1名员工先后荣获重庆金融工会五一劳动奖章、中国金融工会五一劳动奖章。

【业务发展】 贯彻落实党中央决策部署和总行、市行党委工作要求，积极践行中国工商银行总行党委“48字”工作思路和“三比三看三提高”工作方法，落实“扬长、补短、固本、强基”战略布局，推动经营发展质态持续向好。完成龙溪支行、金港支行的重装，江与城支行的搬迁，推动服务水平不断提高。紧盯竞争力提升发展线，推动各项业务稳步发展，年末实现人民币全部存款（含同业存款）时点余额338.81亿元，较年初增长15.78亿元，增幅4.88%，余额同业排名第一；支行人民币各项贷款余额453.73亿元、“四大行”排名第二，较年初新增30.91亿元。全年未发生案件或案件风险事件。

【支持地方经济】 服务实体企业融资。向长安福特等制造业企业发放流动资金贷款超10亿元；运用E抵快贷、经营快贷、供应链等线上产品服务小微普惠企业，普惠贷款较年初新增5.7亿元，充分利用政府平台信息为创新型小微企业发放科技价值信用贷款和商业价值信用贷款。支持重点项目建设。向轨道多个项目合计投放项目贷款超10亿元，向机场集团投放贷款数亿元，向临空投公司办理类永续债6亿元，支持仙桃数据谷、创新经济走廊等园区建设。助推金融经济发展。营销多家全国性集团公司大量项目及跨区域资金落地渝北辖区，成功争取到理财子公司托管账户开户行资格，带来同业存款的大量流入，有力拉动区域生产总值增长。助力化解企业债务风险。对330户民营企业16.27亿元贷款，实施无还本续贷纾困救助，支持企业渡过难关；累计清收处置不良贷款7.36亿元（含银行卡），完成2户大额不良贷款的核销，压降1户风险企业全部信用敞口并增加第二还款来源，全力防范化解金融风险。

（王　越）

·重庆农村商业银行股份有限公司渝北支行·

【概况】 重庆农村商业银行股份有限公司渝北支行（简称“农商行渝北支行”）系重庆农村商业银行股份有限公司分支机构。2021年，农商行渝北支行认真履行金融国企责任担当，坚持服务“三农”、服务中小企业、服务社会大众，大力支持渝北区经济社会发展。年末，有37个分理处（含1个二级支行），下设10个机关部室、1个集中作业中心、1个财富管理中心、1个住房金融客户服务中心、1个信用卡金融服务中心、3个业务营销部，全行员工总计319人。各项存款余额193.29亿元，各项贷款余额166.58亿元，存贷比86.18%。

【业务创新】 高度重视对辖内实体企业的扶持，积极创新定投产品，支持重点产业发展。推出“渝快振兴贷”系列产品，积极支持乡村振兴，助力农业产业发展；推出“绿色货车按揭贷款”“绿增贷”等绿色信贷产品，用好绿色及碳减排工具，加大绿色项目支持力度。及时转变营销观念，充分借助金融科技，将线下营销模式切换为线上营销，运用“两微一抖加快手”等新融媒渠道推广线上小微金融产品，积极支持受新冠肺炎疫情影响有资金需求且具有较好发展潜力的“保供”行业，全力稳贷增贷。

【服务“三农”】 完善基础金融服务设施。在大盛镇青龙村、大湾镇金凤村以及古路镇吉星村，增设普惠金融服务基地共3个，将金融服务送入村社，打通金融服务“最后一公里”。推进三社融合发展。全面完成全区78户农民专业合作社建档评级以及大盛镇青龙村信用村试点建设工作，申报打造“统景橙”特色银行，积极发挥信用社资金融通作用，加大乡村振兴信贷投放。加强金融法规宣传。深入开展国库知识、反洗钱、反假币、防范电信网络诈骗、存款保险制度等普惠型金融知识宣传，积极引导社会公众消除金融知识盲点，切实筑牢资金安全防护屏障。

【扶持中小企业】 抓好政策落实，加大支小再贷款投放，实施减费让利，落实无还本续贷政策，用好政府设立的“升级贷”“上市贷”“专业合作社”等贷款产品风险资金池及“科信贷”“创业担保贷”等财政贴息政策，加大中小企业贷款投放，有效缓解中小企业融资贵的问题。运用“税易贷”“信用贷”“科信贷”“升级贷”等弱担保贷款产品，促进企业融资缺担保抵押问题有效解决，企业融资获得感大幅提升。建立完善限时办贷监督机制，通过明确各办贷环节时限，公开贷款办理进度，采用内外部双重监督方式，不断提升办贷效率。实施金融科技赋能，全面推出中小微贷款AI智能工作平台，实行云签约、自助抵押、自助支用、自助续贷等线上办贷，促进中小企业快捷方便融资。

（文　君）

·重庆银行股份有限公司渝北支行·

【概况】 重庆银行股份有限公司渝北支行（简称“重庆银行渝北支行”）成立于1996年。截至2021年末，有营业网点2个，在职员工50人，客户数超过8.2万户；存款余额460732.21万元；贷款余额365129.60万元；不良率始终维持在较低水平。全年累计上缴税收2702.98万元。

【服务区域发展】 加强与渝北区政府合作，通过信贷、结算等金融工具支持区域经济发展。2021年向渝北区地方政府投融资平台投放贷款近10亿元，用于支持城乡基础设施建设。助推成渝双城经济圈建设，报审通过川渝高竹新区开发建设有限公司流动资金贷款3亿元，推动成渝地区双城经济圈加快设施建设。

【支持实体经济】 支持普惠金融发展。加强与区金融办、区经济信息委、区科技局、区税务局等区级部门工作对接，推动好企贷、知识价值信用贷款、专精特新信用贷、房抵贷、房抵增值贷、年审贷、如意贷等产品落地，积极化解小微企业贷款难问题，推进实施精准帮扶。2021年，发放知识价值信用贷款6154万元、好企贷信用贷款2332万元、支小再贷款13971万元，全年支持实体、制造业、民营企业共计3.72亿元。服务小微企业。打造“渝北区1+5+N民营小微企业和个体工商户金融服务港湾”，获得人民银行授牌。2021年支持小微企业330户、5.5亿元，其中信用类贷款8486万元、支小再贷款13971万元。

（王子建）

·大连银行股份有限公司重庆分行·

【概况】 大连银行是中国东方资产管理股份有限公司旗下重要的子公司，注册资本为68亿元，中国东方为第一大股东，持有股份34.2亿股，持股比例为50.29%。大连银行股份有限公司重庆分行（简称“大连银行重庆分行”）是大连银行的第8家异地分行，成立于2010年12月。2021年末，下设营业机构7个，有在职员工252人、个人客户47166户，对公1436户；资产规模总计214.67亿元，同比增长 5.71%；存款余额 209.38 亿元，同比增长 6.38%；贷款余额 155.85 亿元，同比增长 24.04%。2021 年累计上缴税收 4841.71 万元，拨备前利润达 2.16 亿元。

【信贷投放】 零售信贷投放方面，贯彻落实“房住不炒”及房地产贷款集中度管控有关规定，强化内部信贷资源配置，合理把握个贷投放节奏。截至 2021 年底，大连银行重庆分行零售信贷余额 42.01 亿元，较年初增加 13.04 亿元。对公信贷投放方面，紧紧围绕《成渝地区双城经济圈建设规划纲要》《成渝共建西部金融中心规划》的总体要求、战略目标和重点任务，抢抓历史机遇期推动各项工作深入开展。紧紧抓住重庆市推动“一带一路”和长江经济带建设大力实施产业升级、发展智能产业、打造智慧城市的良好机遇，将服务实体经济和民营企业作为回归主业的出发点和落脚点，全力夯实分行公司业务发展基础，做实结算、做好产品、做出品牌。截至 2021 年末，表内信贷投放余额约 102.61 亿元。

【支持小微企业发展】 将普惠小微企业贷款作为投放重点，单列信贷计划，加大信贷供给，努力实现普惠贷款余额和户数的增量任务；注重加强房抵类、“税闪贷”等产品的应用，提高首次从银行体系获得贷款的小微企业户数占比；灵活运用行内 FTP 定价优惠，根据贷款市场报价利率（LPR）走势，对小微企业贷款合理确定利率；严格落实“七不准”“四公开”“两禁两限”规定，规范收费；鼓励向小微企业特别是因新冠肺炎疫情遇困的小微企业主动减免服务收费，降低企业综合融资成本；积极推进“税闪贷”应用落地，运用产品“无抵押、零接触、流程快”等优势，加大产品营销力度，拓宽产品受众覆盖面；在总行统一领导下推进新冠肺炎疫情防控和金融支持复工复产等各项工作，实现惠企政策平稳过渡。

【信贷产品】 做好零售信贷产品。积极调整信贷结构，在个人按揭贷款方面严格落实差别化住房信贷政策有关要求，优先满足居民家庭刚需住房需求，支持居民家庭改善性住房合理需求，严厉打击投机炒房行为。按揭贷款产品贷款期限长，手续办理简便，还款方式灵活，客户反馈良好。做优公司信贷产品。以公司类传统金融服务产品为主，按照监管部门的政策指引，合规有序开展各类公司信贷服务业务。依托中国东方全价值链金融服务平台，充分发挥综合金融集团优势，为重庆当地企业提供全方位、综合化金融服务支持。

【文明优质服务】 坚持以“客户为中心”的服务理念，以保护消费者合法权益为己任，以夯实管理基础、规范产品设计、提升服务品质、畅通投诉渠道为抓手，完善消费者权益保护工作机制，切实维护消费者合法权益，不断提升服务质量。持续召开产品和服务培训会，强化员工服务意识和服务责任；持续开展金融消费者权益保护宣传活动，推进金融知识宣传工作常态化；完善投诉处理机制，完善投诉监督体系，依法维护消费者权益；完善产品和服务审查工作机制，强化消费者权益保护内部考核管理，严格执行考核标准；加强内部消保培训工作，有针对性地开展产品和服务销售、消费者投诉处理等专项培训，切实解决消费者关心的热点难点问题，彰显银行业履行社会责任的良好形象。

（罗　靖）

·重庆渝北银座村镇银行·

【概况】 重庆渝北银座村镇银行有限责任公司（简称“重庆渝北银座村镇银行”）由台州银行主发起，成立于 2011 年 10 月 28 日，注册资本 3 亿元，是一家专注于小微企业金融服务的新型农村金融机构。截至 2021 年末，设有总部营业部、回兴支行、龙兴支行等16家营业机构，在职员工494人；各项存款余额90.21亿元，各项贷款余额82.71亿元，其中农户和小微企业贷款余额占比达82.45%，不良贷款率0.83%，资本充足率15.41%，一级资本充足率14.33%，均达到监管要求。

【普惠小微金融服务】 积极落地两项工具政策，减轻企业压力，助力企业复工复产，2021年为小微客户减免各项费用3600万余元。主动对客户降息，减轻小微客户经营压力，发放普惠小微企业贷款82.38亿元，加权平均利率较2020年下降0.33个百分点。及时出台无还本续贷产品“战疫接力贷”以及复工复产专项资金贷款产品“复工低息专享贷”，全年累计向3415家小微企业发放信用贷款21.15亿元，运用再贷款资金发放“复工低息专享贷”专项贷款331笔、金额3.40亿元，为1510家普惠小微企业办理延期还本业务。

【绿色发展】 结合新冠肺炎疫情防控工作实际，积极打造以“视频柜员”为特色的绿色安全线上金融服务通道。创新推出手机银行，“视频柜员”24小时在线，帮助客户办理转账、挂失、咨询、贷款申请等非现金业务，方便客户足不出户享受到与银行网点一样的便捷服务。加大对绿色信贷和节能环保产业的信贷资源扶持力度，不断扩大对清洁绿化、高新技术等绿色行业的信贷投放比例，进一步降低限制控制、淘汰退出行业的信贷投放比例，严格控制“两高一剩”行业授信。全年投向园林绿化建设的贷款99笔，贷款金额8269万元，投向风电、水电、太阳能发电建设的贷款6笔，贷款金额730万元，投向河湖治理及防洪建设的贷款30笔，贷款金额3105万元，投向绿化清洁服务的贷款22笔，贷款金额2835万元。

（刘真子）

·华夏银行股份有限公司重庆渝北支行·

【概况】 华夏银行股份有限公司重庆渝北支行（简称“华夏银行渝北支行”）于2010年5月成立。2021年，坚决落实总分行战略部署，在利润增长、深化阵地战、大额可转让存单运用和稳定存款基本盘等方面取得积极成效，全年无重大风险事件和案件发生，各项业务平稳有序发展。

【业务发展】 坚持“三抓三做”营销策略，沿着“行业+客户”方向找客户，根据支行信息基础和渝北区经济特点，围绕制造业、建筑业、生物医药、绿色金融方面重点发力，拓展优质客户，巩固支行“基本盘”。2021年末，各项存款余额17.25亿元，其中对公存款13.30亿元、储蓄存款2.54亿元、其他存款1.42亿元；各项贷款余额16.54亿元，其短期贷款3.19亿元、中长期贷款余额13.34亿元。

【管理服务】 贯彻落实分行制定的“服务立行、服务兴行、服务出效益、服务是核心竞争力”的经营理念，组织开展专题研究，提前做好安排部署，推动管理服务水平提升。强化内控管理，构建合规文化，树立业务发展合规先行的理念，坚守合规、监管底线，形成良好的合规氛围，圆满实现2021年内控“五个零”目标。

（熊　川）

·中国农业发展银行重庆市渝北区支行·

【概况】 中国农业发展银行重庆市渝北区支行（简称“农发行渝北支行”）是渝北区唯一的农业政策性银行。主要职责是按照国家的法律、法规和方针政策，以国家信用为基础筹集资金，承担农业政策性金融业务，代理财政支农资金的拨付，为农业和农村经济服务。2021年末，农发行渝北支行内设部室2个，在岗员工29名；各项存款余额12.36亿元，各项贷款余额26.34亿元，农发重点建设基金投资余额7.31亿元，账面利润4514.85万元，无不良贷款，案件事故继续保持“零”纪录。

【保障国家粮食安全】 坚持将支持粮油购销和国家粮食储备作为第一要务。2021年，优先保证粮食储备及轮换资金需要，及时足额安排地方政府储备所需贷款，支持重粮集团渝北区粮食公司轮换市级储备粮和区级储备粮12911吨、金额3687万元。

【服务乡村振兴】 积极服务地方经济建设，服务长江大保护，服务乡村振兴，服务城乡融合发展，聚焦国家重点战略及“十四五”规划，加大信贷投入力度，争当服务渝北乡村振兴排头兵，全力助推渝北区改善农村人居环境建设、国土绿化“双十万工程”、乡村旅游及环境整治工程、白俄罗斯风情小镇农旅项目及龙兴古镇改造提档升级等项目实施。2021年，实现贷款有效审批26.9亿元，同比增长11.85亿元；贷款投放8.48亿元；年末绿色信贷贷款余额17.23万元。

（罗梓洋）

·交通银行股份有限公司重庆渝北支行·

【概况】 交通银行股份有限公司重庆渝北支行（简称“交通银行渝北支行”）成立于1995年5月。截至2021年末，下辖3个二级支行；本外币存款余额40.41亿元，较年初增加1.56亿元；人民币贷款余额77.41亿元，较年初增加7.59亿元，经营业绩稳中有进，资产负债规模迈上新台阶。

【支持经济发展】 立足渝北区内实体经济，加大与当地政府合作力度。获批重庆恰置招商房地产开发有限公司4.3亿元开发贷，累计提用3.26亿元；分别给予中铁二十三局六公司、中铁隧道一处2亿元贸易融资额度；落地重庆交运集团1700万美元离在岸一体化跨境融资；为重庆市地质矿产勘察开发集团有限公司获批首笔新增1亿元综合授信额度。为川渝高竹新区开发建设公司提供2亿元授信，提款0.3亿元，助推成渝地区双城经济圈建设；新增重庆渝北区创新经济走廊公司固定资产融资5.8亿元，支持园区基础设施建设。连续2年为区内企业发行政府专项债提供顾问服务，3户区属国有公司共计成功申报发行专项债7.9亿元。将业务触角延伸到区外，申请的国家级专精特新“小巨人”企业——重交再生资源公司获批6000万元授信额度；大足石刻国际旅游集团有限公司获批8000万元固定资产额度；为重庆百事达汽车有限公司获批流动资金贷款2亿元。

【普惠金融】 以网点为阵地，统一全员营销意识，形成以普惠客户经理为主力，个金、个贷、对公客户经理为辅的团队营销队伍。充分利用总行、分行线上线下产品拓展客户，建立核心企业产业链融资体系。实现线上标准化产品、产业链融资、实体小企业“三轮”驱动，综合平衡发展。累计发放线上贷款196笔、金额1.98亿元；发放小企业贷款11笔、金额8380万元。普惠业务得到快速发展，存量规模及新增贷款位列分行第一。

【内控管理】 加强员工教育，营造合规氛围。按季召开内控合规案防专题会议，开展警示教育宣讲活动。加强员工行为管控，防范排除风险隐患。建立“三必三优”人员名单，关心员工“八小时”内外情况，掌握员工思想动态。抓好专项排查，严防案件风险。落实考核问责。制定考核办法，加大考核力度。夯实安保基础，确保平安营运。做到“无四类风险事件、无安全责任事故、无不良影响”。抓好银行业第七轮安全评估工作，支行4个网点以平均分98.25的优秀线顺利通过安全评估。

【服务提升】树立大局意识，坚持新冠肺炎疫情防控和业务工作两手抓双落实。筑牢防疫屏障。严格执行新冠肺炎疫情防控要求，落实办公营业场所防控措施，加强人员流动管控，发现异常情况及时上报并妥善处理，确保员工及客户健康安全，构建防疫抗疫坚实堡垒。强化优质服务。坚持按月召开工单分析会，强化工单“事前—事中—事后”全流程管理，合规处理投诉。积极履行社会责任，主动开展宣教活动，关爱特殊群体，组织员工积极参与“99公益日”定向捐赠活动。2021年新牌坊支行荣获重庆市银行业服务窗口竞赛二等奖；员工何登容荣获2021年度重庆市银行业“十佳”大堂经理和重庆市银行业2021年消费者权益保护及合规知识培训竞赛大堂经理岗一等奖；员工李卓玲荣获重庆市银行业2021年消费者权益保护及合规知识培训竞赛综合管理岗二等奖。

（杨　丽）

·重庆国际信托有限公司·

【概况】重庆国际信托股份有限公司（简称“重庆信托公司”）于1984年10月经中国人民银行批准成立，业务范围包括资金信托、动产信托、不动产信托、有价证券信托、财产或财产权信托、信贷（票据）资产转让及投资银行等，通过投资、贷款、担保、租赁、承销、买入返售、信托及基金等多种手段，为客户提供全面优质的综合金融服务。2021年，重庆信托公司荣获“年度社会责任金融机构奖”“重庆市脱贫攻坚先进集体”“中国红十字会奉献奖章”“中国优秀信托公司”“年度最佳信托公司”“诚信托——卓越公司奖”“年度社会责任金融机构奖”等荣誉称号，连续第6年获得中国信托业协会“A级”（最高等级）评级，成为唯一入选中国服务业企业500强的信托公司。

【服务地方经济】秉承“立足重庆，竭诚服务地方经济”的宗旨，积极响应国家号召，深度服务重大战略。依托项目设计、资产管理、风险控制等经验，充分发挥信托行业联结货币、资本和实业市场的优势，在及时弥补企业资金缺口、加快企业流动资金周转速度、完善企业自身建设方面给予全力支持，促进企业发展壮大。截至2021年末，在“一带一路”倡议、长江经济带辐射区域内存续信托业务规模达1912.75亿元，服务成渝地区双城经济圈建设存续信托规模384.68元，累计为人民群众创造财产性收入超914亿元，为促进西部金融中心建设及成渝地区双城经济圈建设发挥积极作用。全年持续推动中国中车股份有限公司2021年度同行1号资产支持商业票据成功发行6期，截至2021年末该产品自成立以来累计发行7期，累计发行规模突破200亿元，获得第十四届“诚信托”最佳资产证券化信托产品奖。

【普惠金融】围绕“普及金融知识，惠及百姓生活，共建和谐金融”的主题，持续深化“金融知识进万家”宣传服务活动。加强“进企业”宣传。深入中小企业开展实地走访、专题培训和现场咨询等活动，广泛宣传金融服务政策、产品类型等知识，为企业提供更深入更高效的金融服务，助力企业发展。深化“进高校”“进社区”宣传。重点宣传辨别正规金融产品服务、利用“双录”维护自身权益、远离违法违规借贷侵害以及金融诈骗识别等，群众金融风险意识普遍增强。优化提升客户服务。注重客户服务的获得感，全年举办数十场客户见面会，面对面开展金融知识、投资理念、风险警示等投资者教育活动，为客户提供稳健、高质量的财富管理思路与方法。加大信息化建设力度。加快完善信托业务系统，将满足新会计准则和资产管理净值化要求作为系统建设的首要目标，积极开展数据治理工作，通过科技赋能持续向客户提供更加便捷、高效的服务，推动客户体验及满意度全面提升。

（邓胜严）

·重庆市西岸小额贷款有限公司·

【概况】 重庆市西岸小额贷款有限公司（简称“西岸小贷公司”）经重庆市政府有关部门批准于2017年8月成立，由滴滴（香港）科技有限公司发起设立，注册资本2.88亿美元，主要经营范围为开展各项贷款、票据贴现、资产转让和以自有资金进行股权投资，主营业务为个人金融消费贷款、经营贷款等。截至2021年末，累计放款超280亿元，服务用户超90万人。

【业务发展】 大力发展普惠金融，利用互联网技术，结合全新的出行场景，通过数据挖掘和渠道创新，拓展小额贷款覆盖面。主要产品为滴水贷，针对滴滴出行平台用户，提供金额1000元至20万元的小额普惠贷款。

（胡　波）

·重庆市分众小额贷款有限公司·

【概况】 重庆市分众小额贷款有限公司（简称“分众小贷公司”）经重庆市政府有关部门批准于2017年7月成立，是分众传媒（股票代码：002027）旗下上海数禾信息科技有限公司全资控股的互联网小额贷款持牌机构，注册资本3.355亿元。分众小贷公司专注于零售金融产品前沿探索，在产品设计、风险管理、大数据建模分析等方面具有业界领先经验。截至2021年末，累计放款超45亿元，服务用户超66万人。

【业务发展】 以“让人人都能享有金融最优解”为使命，在经营理念、服务客群、产品设计等方面定位专做普惠金融服务，开展基于生活消费多场景的小额消费互联网贷款业务——“还呗”贷款，面向个人、“三农”工作者、小微企业主及个体工商户发放信用贷款，满足个人消费、“三农”发展、小微企业主及个体工商户的短期资金周转需求。

【社会公益】 积极履行社会责任，在新冠肺炎疫情防控期间，定向捐款参与精准扶贫工作，对客户实施延期还款、利息减免等短期帮扶政策，助力小微企业复工复产。

（黄双斌）

·中国人寿保险股份有限公司重庆市渝北区支公司·

【概况】 中国人寿保险股份有限公司重庆市渝北区支公司（简称“中国人寿寿险重庆市渝北区支公司”）属中央直管专营人寿保险企业，隶属重庆市分公司管辖。2021年，中国人寿寿险重庆市渝北区支公司保持稳中求进的工作总基调，以高质量党建引领公司高质量发展为目标，统筹推进稳增长、促就业、调结构、惠民生、防风险各项工作，实现总保费收入7.83亿元，支付保险赔款1.13亿元，上缴各类税费748万元。截至2021年末，设有“一室六部一中心”（即总经理室、综合管理部、收展发展部、个险培训部、团体业务部、银行保险部、客户服务中心），下辖营业机构16个、营业大厅1个；在职员工和个人代理人996人。

【服务渝北发展】 积极履行社会责任，助推渝北经济社会发展。助力“稳就业”。通过社会招聘、校园招聘、人才市场招聘等多种方式，为2000余名应届大学毕业生、社会待岗人员提供新增就业岗位，减轻社会就业压力。助推“惠民生”。积极参与重庆市多层次医疗保障体系建设，自2017年以来累计承办大病保险85万人，为5193人提供大病社保补充医疗保险保障；服务“三农”建设，累计承保小额保险58.89万人；承保老年人意外保险22.18万人次，学生保险覆盖55.27万人，为6277名失独家庭人员提供失独家庭保险，赔款金额332.96万元，为老百姓“病有所医、老有所养、弱有所扶、子有所教”等提供多层次的社会保险保障。全力“防风险”。强化落实消费者权益保护，做到销售源头管控和客户服务双管齐下，加快推进销售误导治理和营销员信用体系建设，切实提升客户服务水平；严格公司声誉风险管理，全面提升风险防范能力，确保守住不发生区域性、系统性金融风险底线。用心“做慈善”。助力慈善公益巩固脱贫攻坚成果，持续推动“精准脱贫保”“惠民济困保”等产品提量扩面，累计为困难群众提供保险保障18365人次、金额55.09亿元。2017年至2021年末，作为渝北区慈善会副会长单位，累计向渝北区慈善会捐助物资总计30万余元，积极推动全区助老、助残、助学、助困等项目实施。

（徐　欣）

·天安财产保险股份有限公司重庆分公司·

【概况】 天安财产保险股份有限公司重庆分公司（简称“天安财险重庆分公司”）成立于2002年7月，主要经营业务范围涵盖车险、企财险、工程险、责任险、货运险、农业保险、短期健康险与意外险等法定产险业务及再保险业务。2021年，天安财险重庆分公司积极参与重庆社会经济建设，投身服务“三农”实践，勇担社会责任，在建设社会风险管理和保障体系、推动实体经济发展、完善新技术、支持实体经济创新战略方面，切实发挥“保险姓保”的职能，全年实现保费收入4.03亿元。在主城区、三峡库区、渝西片区等20余个区县设立营业机构，总计有在职员工300余人、保险营销人员2000余人。

【服务渝北发展】 充分发挥保险保障功能，全力助推稳就业促发展。2021年累计为客户提供保险保障金额24.06亿元，上缴税收3844.09万元，支付保险赔款2.85亿元，服务客户超过2300万人次。提高新市民创业就业保险保障水平。对新市民较为集中的行业开展保险产品创新，重点聚焦快递骑手职业，创新开发产品，扩大保险覆盖率。2021年，美团骑手保险项目雇主责任险承保约5000人，意外险承保人数约6000人。及时解决新市民安居的需求。针对新市民及广大消费者的保险需求，创新开发保费价格低、保险保障高的“装修保”个性化产品。优化新市民子女教育服务金融服务。积极落实“学平险”“教育机构责任险”等，解决新市民的后顾之忧。聚焦农民工的盼点、难点，创新开展保证农民工工资支付保证保险等。

（陈　欣）

经济综合管理

综　述

2021年，面对错综复杂的宏观环境和艰巨繁重的发展任务，全区上下坚持以习近平新时代中国特色社会主义思想为指导，深入贯彻习近平总书记对重庆所作重要讲话和系列重要指示批示精神，全面落实市委、市政府决策部署，统筹疫情防控和经济社会发展，统筹发展和安全，立足新发展阶段、贯彻新发展理念、融入新发展格局，扎实做好“六稳”“六保”工作，抢抓成渝地区双城经济圈建设战略机遇，主动融入“一区两群”协调发展，接续推进“三大攻坚战”和“十项行动计划”，加快构建现代工业、现代服务业产业体系。2021年全区实现地区生产总值2235.61亿元，同比增长8.5%，两年平均增长6%，总量连续十五年稳居全市第一；工业增加值633.98亿元，同比增长10.6%，两年平均增长10.8%；固定资产投资同比增长8.2%；实现社会消费品零售总额1070.38亿元，同比增长13%；全年全区常住居民人均可支配收入45066元，同比增长9.1%，经济呈现稳中加固、稳中向好态势，实现“十四五”良好开局。

（曾　娅）

固定资产投资

【概况】 2021年，以重大项目建设为抓手，全区基础设施建设不断完善，固定资产投资同比增长8.2%，投资总额继续保持全市第一。其中，基础设施投资同比增长21.3%，工业投资同比增长6.1%，房地产开发投资同比增长1.7%。

（伍祥龙）

审　计

【概况】 2021年，全年共计完成审计（调查）单位49个，审计查出问题金额60.98亿元，其中违规金额1.22亿元；审计整改落实金额19.58亿元，其中增收节支2.26亿元、核减政府工程投资4642万元。出具审计报告和专项审计调查报告49篇，被批示、采用31篇次。审计处理处罚金额16810万元，其中应上缴财政11988万元、应调账处理金额4568万元；移送司法机关、纪检监察机关和有关部门处理事项9件，移送处理人员11人，移送处理金额1412万元。审计促进整改落实有关问题资金129245万元；审计后挽回（避免）损失4642万元；审计提出建议212条，被采纳212条；推动被审计单位制定整改措施96项；促进被审计单位建立、健全规章制度18项；提交审计信息150篇，被批示、采用109篇次。

【重大政策和重大项目跟踪审计】 聚焦成渝双城经济圈建设、生态环境、乡村振兴等领域的重点工作、重大项目，全年分阶段实施跟踪审计，开展长江流域退渔禁捕、成渝双城经济圈建设、新型农业经营主体培育政策落实等审计项目 7 个。

【财政审计】 依托渝北区财政及部门预算数字化审计分析系统，对全区一级预算单位部门预算执行情况开展全覆盖审计，并对区生态环境局等 22 个部门单位进行重点审计，密切关注财政收支结构优化、一般性支出压减、财政资金绩效等情况，发现预算执行不规范、过紧日子落实不到位等 6 个大方面问题。同期开展全区政府采购管理审计，审计范围包括上述 22 个单位政府采购管理情况。

【经济责任审计】 不断深化领导干部经济责任审计工作，开展渝北区生态环境局、兴隆镇等 8 名领导干部的经济责任审计，并同步开展区生态环境局局长自然资源资产离任（任中）审计。全年共查出问题金额 1.28 亿元，提出审计意见及建议 22 条，形成审计专报 13 篇并获区领导肯定性批示，下达审计决定 2 份，移送纪检监察部门案件线索 1 件。

【投资审计】 持续推进投资审计工作转型，坚持“五审并举”，全年开展 1 个全市交通局系统建设管理审计调查，2 个跟踪项目竣工结算、财务决算审计，6 个跨年度全过程跟踪审计项目。出具 2 个跟踪项目竣工结算、财务决算审计，跟踪审计项目出具分阶段结算审计结果通知 27 个、出具项目进度款审核建议 38 份、撰写审计专报 1 篇，提出审计建议 2 则。

【交办任务】 根据市审计局安排，完成渝北区财政预算执行和税收审计、国外贷援款审计、社会保险基金审计、交通系统行业审计、固体废物污染防治专项审计调查等专项审计项目。

【信息化建设】 发挥大数据审计的引领和支撑作用，采取“数据分析先行、现场取证跟进”的审计模式，新建审计模型 56 个，深入推进财政、专项资金、国企等行业数字化审计。完善数据采集和定期报送机制，积极引入 3S 地理信息、BIM、数据库运用等前沿信息技术，提升审计效率。

【内部审计】 建立国家审计与内部审计协同机制、动态化的内部审计组织体系和内部审计成果运用机制，选取渝北区 6 家重点单位开展内部审计专项检查，出具检查通报，总结普遍性、典型性问题形成渝北内审动态。组织召开渝北区内审工作培训会和区属国有企业内审培训会，大力提升内审人员业务水平，同时以指导内审为依托，抽调镇街 8 名内审人员，交叉开展区辖 4 个镇 11 个村集体经济组织、村委会及镇集体经济总公司的财务专项检查工作。

【相关工作】 坚持党对审计工作的领导。健全完善在区委审委会统一领导下的审计监督组织机制，严格执行重大决策、重要事项、重点工作请示报告制度，充分发挥区委审计办职能作用，分别与区委组织部、区委深改办、区国资委联合印发建立贯通协作、加强工作沟通的文件，推动区委审委会部署的各项要求落实到位。

（王晓江）

统　计

【概况】 2021 年，区统计部门在区委、区政府坚强领导和全区各级各部门鼎力支持下，紧紧围绕全区中心工作，着眼推动统计工作改革创新，锐意进取、真抓实干，圆满完成各项目标任务。在全市 2021 年度统计工作考核中，渝北区荣获全市 38 个区县总体考核第一名，18 个专项考核中 15 个获考核圈优秀等次，其中综合统计、能源统计等 6 个专业考核分获全市第一名。

【统计基层基础】 建立健全考核机制和定期通报机制，将统计基层基础纳入对镇街的年度考核内容，坚持每季度通报数据报送进度和质量情况。持续抓好“四上”企业“一套表”定报和各项常规抽样调查，多维度做好统计报表审核和监测预警。扎实做好区、镇街、园区生产总值统一核算工作，积极开展文旅、民营经济等派生产业核算培训。全面完成年度企业升规入统工作，新入库241家、退库85家，在库“四上”企业达到1794家，数量连续多年位居全市第一。

【统计监测分析】 坚持每月制印《渝北统计监测快报》呈报区领导，每季度提前收集整理行业主管部门基础数据提供给党政领导和决策部门。完成《渝北区人口年龄结构对经济增长影响研究》《渝北区主导产业选择研究》2篇研究报告，为区委、区政府决策提供参考。完成“十三五”时期全区经济发展、小康10年发展、妇女儿童10年监测评价等，全年撰写专报、呈阅件42篇，获区领导批示10余篇，上报市局信息147篇，报送量、采用量均居全市前列。

【统计法治建设】 主动对接区委、区政府制定印发《渝北区防范和惩治统计造假弄虚作假责任制实施办法（试行）》，进一步健全防范和惩治统计造假弄虚作假工作机制。扎实开展基层统计干部和统计调查对象的普法宣传，通过年报培训、统计调研、执法检查等，对全区500余家企业进行统计法治宣传。积极推动统计法进党校，将统计法宣讲常态化纳入党校主体班必修内容，组织70余名基层统计干部开展为期3天的专题培训。选派7人次参与国家和市局统计执法检查，完成111家企业的统计执法检查，较上年增加205%，其中双随机抽查32家，对4家违法企业处以警告并罚款的行政处罚。

【统计智能化建设】 稳步推进电子统计台账工作，完成378家“四上”企业电子统计台账安装，安装率全市最高，推广经验成为全市模板。完成全市大数据应用试点项目——渝北智能统计数据库建设，基本实现历年资料的电子化和区域经济按行业、指标、时间和区域的多维度立体可视化展示功能。充分利用第四次全国经济普查和第七次全国人口普查地理信息采集成果，创新建立名录库智能地址模板，实现镇街、社区、门牌号三级地址自动匹配，切实解决基本单位地址划分难的问题。

【统计调查】 做好农业统计调查工作。开展基层基础工作、农业年报培训等4次；与区农业农村委合作开展调研3次，与区供销合作社开展座谈2次，2次列席区人大召开的农业面源污染专题会议。做好住户类调查工作。全年开展考核评比4次，奖励优秀调查员40人次、优秀调查户400人次，发放奖励资金9.16万元；组织开展春节等传统节日调查户慰问活动，队领导、工作人员和调查员上门发放慰问品11.7万元；推进全区住户调查电子记账工作，全区开通电子记账户275户，开通率达91.7%；做好劳动力调查工作。渝北区劳动力调查国家样本点样本量从15个扩大到49个，调查样本户由240户扩大到784户，涉及18个镇街（其中包含5个两江新区街道）50个村社，是全市样本量最多的区县；专题向区领导汇报，以区政府办公室名义发文部署全区劳动力调查扩样工作；与区人力社保局召开就业工作专题座谈会，与两江新区经济运行局沟通，保障劳动力调查扩样工作顺利推进；完成50个村社的调查员选聘工作，大专及以上学历人员占比96%；在调查小区悬挂宣传条幅、发放《致调查户的一封信》等，制作劳动力宣传微视频《劳动力调查菜鸟“王二锤”立志成为一名金牌调查员的故事》，被国家统计局微信公众号等4个平台同步采用。做好价格调查工作，制定《渝北区生产投资价格统计调查工作考核办法》，对企业报表报送、数据质量等内容确立量化考核标准，评定企业的报表工作，并对表现优秀的企业给予适当的表彰奖励。做好专项调查工作，定期做好采购经理调查工作，落实专人负责，通过 QQ、电话等形式每月定期提醒企业按时保质保量报送报表，全年开展培训 1 次。

【统计调查宣传】 开展线上宣传，展现调查风貌。发挥“渝北调查”等新媒体在党的建设、统计宣传等方面的作用，采用图解、漫画等多形式进行宣传；围绕统计法治等主题发布原创推文 55 期，重庆调查总队采用 8 期，国家统计局采用 2 期；围绕劳动力就业、农业调查、住户收支、价格调查制作统计开放日普法宣传产品 4 期；“渝北调查”微信公众号先后 3 次进入全国统计调查系统区县级微信公众号综合影响力 TOP50 榜单；结合调查队系统成立 15 周年节点，拍摄制作《汇聚》视频，被“重庆国家调查”微信公众号采用。创新宣传形式，拍摄法治微视频。利用“12・4”国家宪法日、“12・8”《中华人民共和国统计法》颁布纪念日、统计开放日等时点开展线下宣传，通过 LED 屏滚动播放法治视频、统计法治知识竞答等方式全方位宣传统计法律知识，该活动得到重庆长安网、《重庆法治报》以及区普法办等众多市、区级媒体、公众号报道；结合劳动力调查新样本扩样以及重庆调查总队系统开展的最美调查人评选活动，拍摄法治微视频，《万万没想到，我竟成为了这样的调查员》被国家统计局官方微信等 4 大网络平台采用，《张大燕的哲学三问》被重庆调查总队采用。

（庄　君　蓝海洋）

市场监督管理

【概况】 2019 年 2 月 27 日，整合工商、食药监、质监、价格、知识产权等相关职能，渝北区市场监督管理局挂牌成立。主要承担市场综合监督管理，“三品一械”（食品、药品、化妆品、医疗器械）监管、产品质量、特种设备安全监管，市场主体登记注册，消费者权益保护，市场综合执法，计量、标准化、认证认可、知识产权保护等工作。在 19 个乡镇（街道）设有市场监督管理所作为派出机构。

2021 年，区市场监督管理局坚持以习近平新时代中国特色社会主义思想为指导，深入贯彻落实市局决策部署，围绕“113661”工作思路，抓改革促发展、严监管保底线、强质量筑根基、优服务惠民生，以实干实绩庆祝中国共产党成立 100 周年，各项工作取得新成效。区市场监督管理局被评为优化营商环境先进集体，荣获全市“五一”劳动奖章。

【优化营商环境】 实施“活水计划”，着眼商事制度改革全链条攻坚。开办企业“一网、一窗、一次、一日”全流程办结，免费发放电子营业执照和电子印章。持续深化“互联网 + 政务”服务事项，企业开办网上申报率 99% 以上。对涉企经营许可实施全覆盖清单管理，取消审批 2 项，改为备案 2 项，实行告知承诺 1 项，优化审批服务 11 项。实行市场主体住所承诺制，严格落实“双告知、一承诺”，厘清“证”“照”关系，准营门槛再降低。继续落实简化市场退出机制，扩大简易注销适用范围，注销办理时间缩短一半以上，退出渠道更加畅通。全年新增市场主体 40768 户，新增数量为全市第一，保有市场主体总量突破 15 万大关，达 155861 户。

【市场监管】 着眼知识产权保护发力，制定出台《知识产权行政保护实施方案》，建立行刑衔接机制，构建“严大快同”工作格局，成功遏制恶意商标抢注行为 1 起，查处知识产权纠纷案件 21 件。成立知识产权专利纠纷调解委员会，试点专利侵权纠纷行政裁决，建立健全知识产权纠纷多元解决机制。着眼公平竞争全覆盖推进，依法开展公平竞争审查，审查相关文件14件。开展不正当竞争行为专项查处，监督供电供水供气、药店商超、房地产价格收费行为，立案查处7件。开展清理整治网络销售和宣传“特供”“专供”标识商品专项行动，清理失效网站38个。坚持综合施治，打好“组合拳”。牵头17个部门开展跨部门联合双随机抽查19项，组织内部双随机抽查7项，市场监管领域“双随机、一公开”实现常态化、全覆盖。强化信用约束，归集涉企信息3.1万条，依法公示处罚惩戒信息1656条，16户失信企业受到联合惩戒，29户失信企业（企业法人）依法修复信用。与广安市市场监督管理局共同开展川渝加油机联合计量监管工作。深入推进智慧监管，4418家企业入驻阳光食品监管平台，377家校园及养老机构食堂完成“互联网+明厨亮灶”建设，15491台电梯纳入电梯“96333”应急处置平台，重点单位互联网监管覆盖率100%。继续开展“信用码”试点工作，为4000余户企业赋码。开展广告违法线索监测，处置68条违法广告线索。全年收到各类广告投诉举报1911件。全年新立案广告案件44件。

【食品药品安全监管】 严格食品安全监管，落实定期汇报、研判等制度，健全责任体系。实施食品生产、流通和餐饮全环节监管，开展校园食品守护、餐饮质量安全、农村食品治理等9项监管执法行动，常态化开展风险监测。全年食品立案339件，捣毁“黑窝点”16个，其中查处非法使用工业松香加工猪头肉案获评国家农村假冒伪劣食品专项执法行动典型案例。全区7个学校食堂、2家校外配餐单位通过HACCP和ISO 22000认证。承担29起重大活动食品安全保障任务。完成抽检1907批次，食品合格率98.52%。加快推进农贸市场智慧化规范化建设，建成智慧农贸市场10家。严格“两品一械”监管，扎实开展中药饮片质量、儿童化妆品、医疗器械清网等各类专项整治，强化不良反应评测，全年检查经营使用单位4144家次，查处涉医疗、保健品案件40起，其中大要案件2件，上报不良反应1371例。

【产品质量安全监管】 强化宏观质量管理，推动区政府出台《关于推动高质量发展的实施意见》和《渝北区质量提升行动实施方案》，推荐1家企业参评中国质量奖，3家企业申报市场质量管理奖，4家企业获得区长质量奖。设立“一站式”服务中心，开展产品质量技术帮扶“巡回问诊”，先后为107家企业提供指导。指导7家企业参与8项国家标准、行业标准和地方标准制修订，完成国家级高新技术标准化试点1项。建设生物医药大健康专利中心等三大平台，组建大数据智能化知识产权联盟，构建产业专利池。新增专利授权增长超过90%，国内商标注册和驰名商标拥有量全市第一。围绕“身边质量”开展集中整治，共查处成品油、电线电缆、消防产品、服装、家用电器、建筑材料、摩托车产品质量不合格案件12件。

【特种设备安全监管】 完成634家特种设备生产使用单位的日常监督检查计划，执行西洽会、智博会等重大活动安保任务15次。召开全区长输管道和燃气管道专项治理工作会，约谈辖区内7家长输管道和燃气管道使用单位。配合国家局完成2家证后监管、市局11家证后监管和5家川渝交叉检查的现场检查工作。完成233台老旧住宅加装电梯图纸的审核工作，完成33台老旧住宅加装电梯的综合验收工作，完成10台老旧电梯的安全评估工作，并纳入政府补贴实施改造，完成42台老旧电梯改造更新。持续推进电梯按需维保和检验检测改革工作，完成气瓶质量追溯系统建设，辖区内所有充装单位按要求接入全市气瓶质量追溯系统。立案查处各类特种设备违法案件47件。

【消费维权】 开展“3·15”主题宣传活动，扩大消费维权宣传。针对消费投诉举报热点、难点等问题开展消费预警，强化风险研判，落实落细责任，强化监管，着力解决群众反映突出的产（商）品质量和服务方面的消费投诉举报问题。对涉及房地产销售、家具订购、美容美发、健身服务、汽车销售等8家企业共132件集中投诉，开展风险研判和行政调解。消委会支持消费者开展集体诉讼。引导13家企业开展“线下无理由退货”共计退货金额约1013万元。全年“12315”中心受理消费投诉、举报共19886件，为消费者挽回经济损失约1709万元。

【乡村振兴】 统筹抓好对口帮扶和职能帮扶，出资45.6万元用于脱贫项目，选派干部驻村，丰都野桃坝村民告别“摸黑出行”，受到人民网、“学习强国”学习平台等多家媒体点赞。实施“登记便农”“商标兴农”“监管护农”三大行动，新增农民合作社13户、家庭农场12户，注册农产品商标2913件，占全市同类商标注册数量的7.3%，查办农村地区食品违法案件24件，有效净化农村消费市场。

（黄志毅）

自然资源管理

【概况】 2021年，区规划自然资源局立足“两统一”（统一行使全民所有自然资源资产所有者职责、统一行使所有国土空间用途管制和生态保护修复职责）核心职责，坚持规划引领、保障发展和保护资源并重，为全区“十四五”良好开局、顺利实现年度经济社会发展目标提供良好服务和支撑。

【耕地保护】 坚持耕地数量、质量、生态“三位一体”保护，深入落实最严格的耕地保护制度，扎实推进耕地占补平衡，完成年度耕地保有量和永久基本农田保护目标，圆满完成“十三五”耕地保护目标任务。多途径补充耕地资源，实施木耳镇白房村等4个村废弃园地、残次林地、零星裸地开发整理和大湾镇空塘村等2个村土地整理项目，补充耕地23.48公顷；储备木耳镇白房村等4个村土地整理项目，上报备案25.41公顷；完成洛碛镇宝华等6个村农村建设用地复垦等12个复垦项目，补充耕地7.4公顷，严守耕地红线，夯实乡村振兴农业长期发展的根基。

【自然资源利用】 制定并公布集体土地征收补偿安置实施办法，接续发布征地预公告7宗245.33公顷。执行土地储备整治计划，全年供应土地683.33公顷，实现出让价款152亿元（其中第一批次出让土地价款107亿元，位列全市行政区第一）。落实“增存挂钩”机制，完成批而未供处置438公顷，消除闲置土地状态220公顷、处置率达388%。有序推进自然资源产权制度改革，完成国有自然资源资产年度报告编制，完善政府公示自然资源价格体系，城镇标定地价、农用地定级与基准地价、集体建设用地基准地价对外公布实施。

【生态保护和修复】 持续推动“四山”保护提升行动，督导推进“1+8”工作方案落实落地，积极保障铜锣山矿山公园、环山公园、印盒李花等34个“四山”保护提升重点项目空间，努力将“四山”规划建设成为山清水秀的“城市绿肺、市民花园”，获《重庆日报》等市区级媒体专题专版报道。山水林田湖草生态保护修复工程试点18个子工程、71个子项目全部验收，8项主要绩效目标全部完成。铜锣山矿山生态修复区成功入选重庆首届生态保护修复十大案例、全国18个优秀案例，并在联合国《生物多样性公约》缔约方大会第十五次会议（COP 15）生态文明论坛主题四——“基于自然解决方案的生态保护修复”论坛上发布，被央视《新闻联播》等国家级媒体报道。

【执法监察】 加强卫片执法整改工作、全力落实督察要求，扎实开展农村乱占耕地建房问题专项行动，坚决遏制耕地“非农化”，严查各类违法用地行为。按照卫片执法“月清、季核、年评估”新要求，采取“外业人员初判、内业专员复核、业务办公会终审”三级审核机制，完成3117个卫片执法图斑梳理核查，依职责查处82个卫片执法违法图斑。开展日常巡查242次，发现并制止违法占地44宗，查处土地违法案件41件并处罚款241.8万元。全力落实国家自然资源督察要求，妥善完成39个督察项目整改工作。深入贯彻习近平总书记关于农村乱占耕地建房问题的重要指示精神，以“零容忍”的态度稳步推进农村乱占耕地建房问题专项整治行动，对108个新增农村乱占耕地建房督促镇街逐项整改，组织、发动基层力量集中攻坚农村乱占耕地建房问题摸排工作，完成2238个图斑摸排、会审工作，制定分类处置整治方案。采取“线上+线下”方式，开展自然资源领域法制宣传，营造耕地保护良好氛围。

【优化营商环境】 聚焦产业项目优化审批流程，全面梳理明确45项任务压茬推进，召开5次分领域分行业的座谈会，走访26家企业，发出征询意见函100余份、征集意见建议54条，深研政策、刀刃向内、大胆探索，通过“两减、一合、一赋能”（减环节、减流程、合事项、数字赋能），深化产业项目预研模式，提前介入开展产业项目方案审查，审批时限在原先一个月基础上再压缩2/3，大幅提高审批效率。深入推进“放管服”改革事项，建立区级联合审查审批机制、流程，确保市级下放的国有建设用地划拨审批、工业用地出让及收回审批、工业园区内次支道路调整审批等事项接得住、用得好。

【测绘地理信息管理】 全面完成第三次国土调查工作，主要数据成果对外公布。完成年度国土变更调查、地理国情动态监测工作及常规监测任务。开展测绘法宣传日暨国家版图意识宣传周活动，“规范使用地图，一点都不能错”“维护国家版图尊严从我做起”的社会氛围日渐形成。开展测绘行业管理，推进“多测合一”工作，做好地图管理、永久性测量标志保护、地下管线数据动态更新工作。

【地质灾害防治】 常态化开展地质灾害防治工作，进一步健全完善地灾防治体制机制，严防死守全区230处地质灾害隐患点，全区地质灾害防治工作整体可控。开展应急调查88次，新认定地质灾害点27处，组织开展培训800余人次，开展地质灾害风险研判90次，实施避险搬迁60户131人，完成地质灾害治理工程竣工验收项目20个。面对严峻汛情，在地质灾害灾险情同比增加的情况下，坚决执行应搬尽搬、抢险治理、监测预警，有效避免茨竹镇放牛坪村1组简桥1户3人伤亡，入选全国地灾成功避险典型案例。

（石少云）

征地事务管理

【概况】 2021年，在区委、区政府的坚强领导下，区征地事务中心上下深学笃用习近平新时代中国特色社会主义思想，全面贯彻落实中央和市委、区委各项决策部署，以党的建设为统领，统筹征地土储事务适应新发展阶段、贯彻新发展理念、构建新发展格局，为市、区城市建设高质量发展注入新动力、增添新活力、拓展新空间。区征地事务中心7月份被评为渝北区先进基层党组织，8月份成功创建市级节约型机关。

【征地拆迁】 强力助推市、区征地政策调整，为出台《重庆市集体土地征收补偿安置办法》建言献策，做出较大贡献，代区政府起草《重庆市渝北区人民政府关于印发重庆市渝北区集体土地征收补偿安置实施办法的通知》（渝北府发〔2021〕16号），在全市率先出台区级配套征地政策，牵头组织区公安分局、区规划自然资源局等相关部门，研究完善配套操作程序和工作手册，进一步规范全区征地实施程序及各类操作流程。持续推进回兴两路玉峰山棚改、东环铁路枢纽2个项目后续扫尾工作，保障项目建设用地需求。新征地政策调整后，启动实施兴隆镇环保搬迁、兴隆镇白俄罗斯小镇、古路镇同德片区、古路站站前广场、朝阳片区5个征地拆迁项目，涉及248.4公顷、24个村民小组。审核合格被征地群众优惠购房2799人，确定征地人员安置对象40人，审核办理参保137人，在全市率先实现“应保尽保、全面清零”目标。完成统景御景雅居二期238套安置房分配工作，解决统景镇8个项目4个村11社165户469人的住房需求。解决玉峰山、龙兴、统景、洛碛及观岩片区历年征地历史遗留问题64个，实施征地不交地司法拆迁程序16户。

【安置房及配套工程建设】 统筹推进全区8个安置房项目建设，建成玉坪雅居二期、富兴苑二期2个安置房共约8.2万平方米，其余6个安置房项目建设加快推进。中心实施工程项目建设6个，完成投资约4.2亿元，建成1个安置房、1所小学及幼儿园、1座公园、1条人行便道，圆满完成全区民生实事项目任务和全区重点项目任务。玉坪雅居（二期）完工，建筑面积5.44万平方米，建成安置房592套；阳光雅居F组团，建筑面积15.7万平方米，完成主体工程；环湖雅居D组团及20号楼，建筑面积25万平方米，进入主体施工阶段；两江小学B校区及环湖雅居B区农转城安置房30号楼幼儿园工程，建筑面积约3.42万平方米，办学规模为60个班，幼儿园办学规模为9个班，投入使用；环湖雅居片区国有空地绿化整治工程，占地面积12.67万平方米，搭配休闲座椅、运动球场、极限沙坑、娱乐设施等，配套公共卫生间及服务用房，投入使用；宝桐小学工程，建筑面积约3万平方米，开工建设。建成约300米的环湖雅居B区人行便道，确保居民出行便利、学生接送安全。

【土地储备利用】 供应土地15.62公顷（年度目标任务12公顷），完成全年供地任务的130%，实现土地成本收益约6.26亿。其中，完成原回兴科技产业园E88–1/01号2.43公顷土地出让工作，收益5.28亿元；完成鹿山公园、E88–2号地块、统景福利院、古路客运站共13.19公顷土地划拨供应工作，返还成本收益0.98亿元。推进2家环保搬迁工作，昆仑化工公司完成征收搬迁和补偿工作，并通过市级环保搬迁验收，进入土壤污染调查评估和污染风险管控工作；春瑞医药公司停产，搬迁补偿方案经区政府常务会议研究通过及区人大审议通过，按程序呈区政协和区委审议。完成统景YB–61号地块约14.67公顷土地收回，启动挂牌的前期准备工作，助推统景温泉度假区项目成功落地。规范全区土地收购项目的操作流程及模式，为后期实施土地收购项目提供指引。

【土地整理复垦生态修复】 完成大湾镇空塘等2个村土地整理项目，实施面积约257公顷（折合3855亩），总投资约250万元，新增耕地约18.66公顷（折合280亩），超额完成市级考核100亩的目标任务。完成农村建设用地复垦项目24个，实施规模约12公顷（折合180亩），新增耕地11.8公顷（折合177亩），超额完成市级考核100亩的目标任务。建成铜锣山南段生态修复国土综合整治工程（一期），实施规模约333.33公顷，移交石船镇管理并投入使用。

（焦　点）

房屋管理

【概况】 2021年，渝北区构建起“实物保障为主、货币补贴为辅”的住房保障体系。住房保障政策不断完善，公租房管理运营不断优化，人才安居与新市民住房问题得到有效解决，住房货币化工作持续推进。截至年底，公租房（含廉租房）累计实物配租约5.4万户，为15万名住房困难群众提供住房保障，为渝北实现“住有所居”目标提供坚实保障。全区完成解危重建治理236栋，面积7.57万平方米，开展城镇房屋“违法违规建设和违法违规审批”专项清查工作，建立城镇房屋一栋一档15190栋，清查出问题隐患6302起，移交相关职能部门和属地镇街纳入三年行动整治计划。全年完成房屋征收26万平方米，完成市级棚改任务643户。2021年共归集物业专项维修资金2.24亿元，归集户数36581户、归集面积337.97万平方米。

【住房保障】 人才安居工作方面，全年筹集人才安居房426套，其中人才公寓426套，超额完成市住建委下达的400套目标任务。保障性租赁住房方面，发放保障性租赁住房配套中央资金5503万元。出台《关于渝北区城镇住房保障家庭租赁补贴金额标准的通知》（渝北建发〔2021〕98号），修订《渝北区公共租赁住房和廉租住房并轨运行实施细则》（渝北府办发〔2021〕41号）。积极推进空港佳园配套设施悦港大道公租房段建设，完成全面入住目标，空港佳园公租房交付19595套，入住率96.5%；空港乐园公租房交付使用29888套，入住率达95.7%。推进公租房智慧化管理，在空港佳园、空港乐园公租房小区安装11幢高空抛物监测系统，空港佳园C组园安装电梯物流网监测系统。通过“实物配租+租赁补贴”的方式，完成住房保障对象租赁补贴141户，补贴资金发放47.3万元。牵头完成洛碛镇民生乐园小区室外环境整治和金石小区二期等廉租住房23户室内环境升级改造。做好安置房建设申报，完成环湖雅居B区征地农转城安置房D组团及20号楼项目24.2万平方米安置房项目申报工作。完成2020年度全区288个机关事业单位住房补贴审核工作，审核资金额4900万元，并启动2021年全区机关事业单位住房补贴审核工作。

【物业管理】 着力行业发展，推动物业行业转型升级。精心编制完成《渝北区物业管理行业“十四五”发展规划》，作为未来五年渝北物业发展的指导性文件。开展“党建+物业”“物业服务+养老服务”“线上线下生活服务”试点，打造一批示范项目。强化物业行业监督管理，深化物业服务企业星级挂牌管理，将脱贫攻坚和疫情防控工作与星级考核相结合；开展物业安全生产和物业服务质量日常监督检查，全年检查120家物业服务企业及其在管项目，查处安全隐患及问题148个、整改148个，整改率100%。着力民生保障，提升老旧小区居住品质。实施老旧小区改造提升，坚持规划编制先行，编制《渝北区老旧小区改造“十四五”规划》，“十四五”期间拟投入21亿元，改造提升老旧小区600万平方米；推进项目建设，完成金紫山一期、旺瑞街片区、和盛街片区项目69栋、27.52万平方米的改造提升工作任务，启动实施花卉园片区、渝湖路片区等改造项目设计、项目预算、资金筹集等前期准备工作。全年老旧住宅增设电梯竣工210台、发放102台的补贴2417万元。着力社会治理，促进行业发展与和谐社区建设。强化物业矛盾纠纷调处，进一步完善区级、街道、社区三级“蓝丝带”物业矛盾纠纷调处网络体系，全年调处物业矛盾纠纷1185件、化解1078件，化解率91%；注意发挥渝北区“蓝丝带”物业矛盾纠纷调解中心进驻区人民法院诉前速调中心优势，重点调解疑难矛盾纠纷，强化诉调对接，全年成功调解全区重大疑难矛盾纠纷

183件；强化居民小区环境治理，开展高层建筑突出外墙防护网、可燃雨棚整治，累计整治可燃雨棚2556栋、41842户，整治突出外墙防护网2484栋、49739户，整改率100%；切实宣传物业小区垃圾分类，制作发放垃圾袋、雨伞等宣传品，督促指导企业开展“楼层撤桶”工作，全区基本完成物业小区“楼层撤桶”；联合区水利局、区城管局开展节水型小区创建工作，水木青华、香悦华府等20个小区成功创建“2021年渝北区节水型居民小区”。

【城镇房屋安全监管】 持续夯实“四层监管”体系建设，全年城镇房屋使用安全未发生一起垮房伤亡事故。持续加强城镇房屋安全排查和鉴定，共排查城镇“老、旧、危”房屋465栋，建筑面积约20万余平方米，排查出存在安全隐患房屋347栋，纳入三年行动整治计划督促产权人治理。持续狠抓城镇危险房屋解危治理，全区完成解危重建治理236栋，面积7.57万平方米，兑付解危重建补助资金2000万元。开展城镇危险房动态监测工作，全区实施人员动态监测135栋，视频在线监测9栋。有序开展地震易发区域抗震设防排查。对统景等5个镇2103栋房屋开展排查，涉及面积75.86万平方米。经核查，全区需要进行抗震加固的房屋共计323栋，建筑面积约13.69万平方米。开展城镇房屋“违法违规建设和违法违规审批”专项清查工作，建立城镇房屋一栋一档15190栋，清查出问题隐患6302起，移交相关职能部门和属地镇街纳入三年行动整治计划。

【房屋征收（棚改）】 全区实施国有土地上房屋征收（棚改）项目共17个，其中棚改项目9个、危改项目3个、环保项目3个、其他公益性项目2个，涉及全区8个镇街。区国有土地上房屋征收任务25万平方米，市下达区棚户区改造目标任务为630户。截至年底，完成房屋征收26万平方米，棚户区改造643户，重庆银翔集团空港地块项目、回兴街道长河社区（城中村部分）项目、悦来清溪口、悦来狮子口、泰山电缆、红岩方大6个项目完成签约100%。

【房地产市场监管】 开展财政资金支持住房租赁市场发展试点工作。制定财政资金支持租赁住房项目初审规则，成立工作领导小组，建立专项协调工作机制、部门联合评审机制和“部门＋镇街＋社区”三级联动模式。全年筹集新（改）建住房租赁项目4个，房源套数约为1202套，建筑面积约7.8万平方米，全年盘活存量房源套数5000余套，圆满完成市级下达的全年绩效目标。加强住房租赁市场监管。组织相关部门和街道，开展住房租赁市场秩序专项集中整治，对重点住房租赁企业及重点物业小区进行矛盾排查，全力做好矛盾纠纷调处工作。注重宣传发动，通过社区公示栏、物业小区橱窗张贴风险防范提示和组织住房租赁企业召开座谈会等方式，动员群众和企业参与住房租赁市场管理，多措施整治住房租赁市场乱象，化解住房租赁领域矛盾纠纷。强化房地产交易市场管理。办理房地产中介机构门店备案267件；处理协调房地产市场交易矛盾纠纷150余件；开展全区房地产中介机构相关培训1次；会同区不动产登记中心、市场监管局检查房地产开发企业在售项目30余次、房地产中介机构100余次；约谈房地产开发企业、中介机构30余次。

【物业专项维修资金使用与管理】 归集物业专项维修资金2.24亿元，归集户数36581户、归集面积337.97万平方米。全力协助业主追缴被开发企业侵占（挪用）的物业专项维修资金，追回资金5400余万元。受理维修项目853个，受理报送金额8583.12万元，审定金额7315.45万元，审减1267.67万元，审减率14.77%，实际划拨资金6505.29万元。

（秦　馨）

不动产登记

【概况】 重庆市渝北不动产登记中心，宗旨是为不动产权利人提供登记发证服务。2021年，办理各类不动产登记业务23.6万件，办理各类农房登记1.2万件；查询不动产登记信息59.4万人次、117万条；协助征收土地出让金908万元、非税收入3808万元；协助征收契税3.4亿元。是年，中心被区委、区政府评为“渝北区优化营商环境先进集体”。

【优化营商环境】 推行一窗办理，实现不动产交易、税务、登记一站式集成服务，群众只进一个窗口、见一个工作人员、用一套资料，即可办结业务。压缩时限，实现即办即取。除初始登记、土地抵押登记、批量件、非公证继承外，现场登记业务当场办结，平均办结时间约为30分钟。使用电子签批屏、电子签名方式，实现登记资料电子化，群众不再提交纸质资料。不断降低登记费，减少登记成本。不动产变更及更正登记、个体工商户和小微企业免征登记费，车库、车位、储藏室登记收费降低85%。实体服务大厅向网上办事大厅延伸，推行“线上办”，让群众少跑路。是年，办理抵押登记专网业务6.7万件，远程司法查封14件；开发企业专网申报登记2.8万件。推行9条措施优化服务。针对企业实行优先加快办理、容缺受理、主动服务、联席机制等措施全程服务；针对群众坚持开展绿色通道、上门服务、延时服务、告知承诺制、邮政快递到家等便民措施。是年，邮寄证书52件，开展上门服务30次，提供绿色通道670人次。增设“水电气同步过户咨询”办理窗口，实现不动产与水、电、气咨询、过户同步办理。推行“川渝通办”，助推成渝地区双城经济圈建设。

【农村区域不动产登记】 围绕“优化登记流程、增强窗口设置、精简申请材料”，着力提升农房登记便捷度，全年共办理农房登记12233件。联合区规划自然资源局、区农业农村委制定《关于优化统一农村房屋验收、测绘、权籍调查及登记办证流程的通知》，进一步优化流程，加强各部门之间的配合，提高工作效率。持续开展农村村民住宅建设审批、权属登记“村级代办”工作，由村委会工作人员代理村民办理农房建设规划许可、用地批准及权属登记等相关事项，实现村民建房及办证不出村。全年办理“村级代办”1318件。全力推进解决农房登记遗留问题。牵头制定《渝北区解决农村村民住宅权属登记历史遗留问题工作实施方案》，为解决农村房屋办证遗留问题打开突破口。完成约16万宗农村土地房屋登记档案清理和现场调查，形成渝北区农村土地房屋登记信息和空间地理信息大数据成果。

【解决办证遗留问题】 解决工业厂房办证遗留问题项目6个，共计2.94万平方米。解决洛碛移民安置房等群众购房办证遗留问题4.95万平方米。解决国有房产办证遗留问题3.72万平方米。积极参与重点项目处置工作。积极协助国有土地上房屋的征收工作。

【业务质量管理】 制定《不动产登记调查回访制度》《投诉处理制度》，做到业务有回访、投诉有结果。落实疑难登记案件会审制度，及时研究会审登记疑难问题。加强登记业务监管，将城镇房屋初始登记等重点登记类别纳入必检业务。规范司法限制登记。成立不动产登记数据质量核查小组，全面梳理突出的19类问题，完成不动产登记问题数据的集中排查工作并建立问题台账，共计48826条，核查整改完成47461条，修正率达到97%，剩余数据因历史遗留和业务原因无法整改。

【不动产信息服务】 推行登记信息授权查询，推广“渝快办”个人房产网上查询、自助机刷卡式自助查询、镇街和其他部门之间的函件协助查询等方式，实现税务、民政等数据接口联网查询。全年查询不动产登记信息 59.4 万人次、117 万条。其中，通过联网数据交换协查 37 万人次，实现群众零跑路；现场查询 22.4 万人次，其中窗口查询 3.6 万人次、批量查询 14.3 万人次，部门、镇街等协助查询 1 万人次，自助机自助查询 3.5 万人次。完成房产档案清理，标准整理所有档案，共计整理档案 11.2 万卷。

（付永利）

物价管理

【概况】 2021 年，渝北区物价管理围绕全区中心工作和市发展改革委“抓改革、转职能、惠民生、促稳定”工作部署，以民生价格为导向，以稳定物价为首要任务，强化价格监管、提升价格服务，确保价格总水平基本稳定，为全区经济社会更好更快发展做出应有贡献。

【宏观调控稳定物价】 区发展改革委认真贯彻落实国务院、市政府关于加强价格调控监管、保持价格总水平基本稳定的工作部署，紧紧围绕价格控制目标实施专项价格调查活动。全年认真开展价格监测工作。上报价格监测日报、周报、月报等各种监测报表，上报各种监测数据 13636 笔，开展市场巡查 150 余次；清理取消全区城镇供水供电供气行业不合理收费；印发《关于调整 2021 年我区城镇天然气销售价格的通知》（渝北发改〔2021〕3 号），适时调整 2021 年全区城镇天然气销售价格；进一步推进全区农业用水价格改革；印发《关于调整公办幼儿园保育教育费收费标准及增设延时保育费项目的通知》（渝北发改价〔2021〕6 号），调整全区公办幼儿园保育教育费收费标准及增设延时保育费项目；印发《重庆市渝北区完善重要民生商品价格调控机制实施方案》和《重庆市渝北区完善政府猪肉储备调节机制，做好猪肉市场保供稳价工作措施》，稳妥推进重要民生商品价格调控工作；印发《关于建立〈重庆市渝北区促进砂石行业健康有序发展联席会议制度〉的通知》（渝北发改〔2021〕14 号），推进全区砂石行业健康有序发展。

【清理收费及收费管理】 认真落实部分行政事业性收费标准减免或降低政策，对全区涉及调整的相关收费单位及时进行文件转发，并在网上公示行政性事业收费目录清单；按照《重庆市定价目录》有关物业服务收费、教育收费管理权限，对辖区内小区物业服务、停车场、民办教育的收费标准进行登记管理，规范收费行为。备案物业服务收费 10 个、停车场收费 71 个、民办教育收费 63 个。

【价格认定】 区发改委价格认证工作以“服务司法、服务政府、服务系统、服务社会”为着力点，积极履行价格认定和公共服务职能，以涉案物品价格认定为主业，积极拓展价格认证工作领域，1 至 12 月，价格认定 493 件，标的金额 1031.73 万元。所有委托案件均按规定的时间和流程办结，无一鉴证结论被投诉或申请复核裁定，做到办结率、满意率双 100%，受到委托方的肯定和好评，既为司法机关、行政执法机关打击犯罪依法行政提供准确的价格依据，又为保护公民、法人和其他组织的合法权益提供优质高效的价格服务，有效发挥价格认证工作在服务地方社会经济发展中的重要作用。

（邓　娅）

公共资源交易管理

【概况】 渝北区公共资源交易中心（简称“区公共

资源交易中心”）立足服务全区经济发展功能定位，以切实优化公共资源交易营商环境为目标，持续深化“放管服”改革，交易服务质效得到明显提升。

【项目交易】 2021年，完成交易项目1174个，交易金额74.32亿元。其中，政府投资类工程建设项目177个，交易金额39.12亿元（含电子招投标项目27个17.97亿元），公开招标率100%。限额以下报名摇号抽取项目123个，交易金额3.08亿元。实施集中采购项目374个，实际采购资金10.09亿元，节约1.16亿元，节约率10.27%。公开招租368宗59批次，成交金额8881.19万元，增益1049.22万元，增益率13.39%。借用场地交易项目132个，金额21.14亿元。

【制度建设】 在严格落实各级、各类、各项改革政策的同时，充分发挥交易管理主观能动性，完善“1+5+8”制度体系，以场内交易管理细则为统领，配套工程跟标、采购内控、产权竞租、专家入场、保证金收退5项重点制度，细化摇号抽取、专家抽取、文件会审、竞租流程、保证金倒查、信息上网、档案调阅、平台借用8项具体制度，形成长效机制，确保各项交易各个环节有章可循、有据可依、有序可遵。

【优化服务】 实行“一对一”跟标服务，推进工程项目全流程电子招投标上线运行，实现便捷高效交易；采用小微企业自行承诺制，取消部门认证书，全年有99个中标的小微企业享受折扣优惠，折扣金额共计1279.6万元。优化企业诚信库注册登记流程，取消书面申请和诚信证明材料，实行线上申报，提高工作效率，共有4520家企业成功登记成为区公共资源交易中心诚信库内企业。优化开评标场地预约方式，推广使用电话、微信、网络等预约方式，减少现场预约审批环节，成功为748个项目完成场地预约。

【减负降本】 自主开发摇号通系统，利用信息技术缩短现场报名时间，解决担保金退还周期长等实际难题，全年退还诚意担保金9208笔，金额4.33亿元，服务16673人次。持续开展乡镇国有经营性资产公开招租上门服务，为统景、石船、洛碛等8个镇68宗国有资产商户提供“家门口”的便利，交易面积2611.44平方米，成交金额172.97万元。积极推行保函保证金，减轻企业资金积压，全年保函保证金为7.7亿元，占比约80%。建立投标保证金催退机制，通过电话、函告、上门服务等方式，对项目进行分类管理、分类提醒、分类催告，确保投标保证金不在中心滞留，累计临期催退278次。开通外地企业绿色通道，通过邮件送达、电话告知等方式，完成投标保证金退还办理等业务，有效解决外地企业往返不便等问题。

【场内管理】 利用高清人像拍照识别，对评标专家身份验证实行“App+身份证+专家证”三结合，严格执行专家评标承诺制、通信工具没收前移制、异常行为报告制，确保评审公平、公正。完善场内监控设施设备，做到监控全覆盖无死角，成立5个巡逻值守小组维护开标秩序，确保场内交易有序、顺利进行。对每个入场交易项目全过程进行录音录像并刻盘保存，确保进场项目的影像资料有据可查，为纪检监察、公安经侦、招投标监督部门调阅调查提供保障。强化基础数据统计录入工作，挖掘数据潜在价值和关联信息，供纪检监察部门分析研判参考。

（颜会香）

城建・环保

综　述

2021年，渝北区以习近平新时代中国特色社会主义思想为指导，全面学习贯彻落实党的十九大精神，增强"四个意识"、坚定"四个自信"、做到"两个维护"，扎实开展各项工作，推动城乡建设各项工作取得新突破、迈上新台阶，为全区经济社会的发展发挥了骨干支撑和基础保障作用。全年实施城市基础设施项目158个，完成投资约94亿元，新增道路长度41公里，建成区道路里程累计达到817公里，全区的城市基础设施投资额度、建设项目数及建成道路里程均位居全市前列。截至2021年，已建成的8条轨道线路，通车里程达83.71公里，渝北段总投资约320.96亿元，共设有41座车站。全年实现建筑业注册地总产值1016亿元，完成房地产开发投资902.5亿元。2021年整治农村旧房3456户，完成26个周边环境整治工程，创建市级美丽庭院250个，实施村庄亮化工程，完成庭院灯或者路灯安装440盏；实施杨家槽传统村落保护发展项目。实施统景镇场镇道路整治提升及边坡治理（含2021年市级特色小城镇建设项目）、场镇外立面改造2个重点建设项目；开展大湾镇、王家街道、木耳镇、龙兴镇4个中心场镇提档升级项目。

（秦　馨）

规划工作

【规划管理】 2021年，渝北区按照"底线约束、内涵发展"要求，统筹布局生态、农业和城镇空间，划定生态保护红线288平方公里，试划城镇开发边界、永久基本农田，完成587平方公里"四山"管制区优化调整，完成人口用地、生态保护修复等专项研究，形成渝北区国土空间分区规划初步成果。贯彻成渝地区双城经济圈建设重大战略部署，加快高竹新区概念性规划和国土空间规划研究编制并形成阶段性成果。保障重点项目落地空间，同德片区、农高区等6.7平方公里控规获批，建设用地指标预支1700余亩，完成空港新城S分区、创新经济走廊建成区等重点片区规划战略研究，加快详细规划编制（调整）。全区129个村实现村规划应编尽编，并全部获批。全面系统将乡村道路、水电气、医护、体育等设施建设纳入村规划，布局宅基地28.96平方公里、村公共服务用地0.74平方公里、基础设施用地0.14平方公里，补齐乡村公共服务和基础设施建设短板。重点保障木耳新乡、环山公园等乡村振兴项目用地，规划建设用地4.48平方公里，预留机动建设用地1.81平方公里。工程规划许可272件约602万平方米。致力于缓堵促畅，市政项目建设工程规划许可56件，城市市政交通基础设施加快完善。

（石少云）

城市建设

【概况】 2021年，渝北区以实施国际临空大都市建设为统揽的城市提升行动计划为主线，切实加强城市基础设施建设，加快城市路网建设、完善人行交通体系、加快公共停车场建设、助推轨道项目建设，全年实施城市提升行动重点项目232个。

【重点项目建设】 2021年，全年实施城市基础设施项目158个，完成投资约94亿元，新增道路长度41公里，建成区道路里程累计达到817公里。春华立交、悦港大道空港新城段（一、二期）、玉龙大道（二期）、华康街道路工程、春同一纵路等一批项目建成通车。建成凯旋国际人行天桥、盘溪河步道等步行系统。全力服务保障甘悦大道、椿萱大道、三纵线（柏树堡立交至北环立交段）等市级在区重点项目建设。

【重点项目策划】 2021年，全年开展27个基础设施项目前期工作，完成宝和路新建道路工程、轨道站步行便捷性提升工程等13个项目前期工作，完成宝圣大道至宝环路连接道（东原香山段）工程、新南路华融广场人行过街设施等8个项目方案设计。开展12个公共服务设施类项目前期工作，完成宝桐小学（E88整合地块小学）、渝北区第四人民医院迁建工程等5个项目前期工作，完成渝北区统景特困人员供养服务设施工程、区第二人民医院扩建工程等4个项目方案设计。开展7个规划研究项目，完成渝北区中心城区交通缓堵“一点一方案”、渝北城区地下空间开发利用研究等6个规划研究项目工作。2021年还开展15了个其他类项目前期工作，完成金紫山片区老旧小区改造提升工程（二期）、大湾镇乡野欢乐谷项目等10个项目前期工作。同时，统筹推进全区55个公共停车场项目前期工作，建成6个公共停车场，新增1046个公共停车位。完成海绵城市建设专项评估10个，市政消火栓建设84个（计划64个）；编制2021年度渝北区城市管线建设计划（89个项目），已完工项目22个，在建项目43个；报送管线下地项目计划（26个），完工4个，完成电力及通信架空管线拆除或下地约10公里。作为项目业主，完成金紫山片区老旧小区改造工程建设工作。

【房地产开发】 2021年，全年房地产开发完成投资902.5亿元，新开商品房面积646.8万平方米，竣工商品房面积651.1万平方米，商品房销售建筑面积876.5万平方米。

【建筑管理】 2021年，全年完成建筑业总产值1016亿元，与上年同期相比增长7.3%。2021年，全区企业总计880家，其中一级企业96家（总承包一级企业36家、专业承包一级60家）、二级企业361家（总承包二级企业69家、专业承包二级292家）、三级企业247家（总承包三级企业144家业承包三级103家）、不分类别等级专业承包154家，单独不分类别施工劳务不分等级22家。受理建筑企业资质96家（其中有2家为自贸区告知承诺制审批办理），审批通过94家，劳务资质成功备案29家。外区迁入区内企业4家，区内企业迁出外区2家，资质变更97家，职称入库人员办理71人。根据《关于开展2021年度渝北区建筑施工企业“双随机、一公开”检查工作的通知》（渝北建发〔2021〕92号），对42家建筑企业开展检查工作，其中8家企业相应资质类别仍未整改到位。区政府印发《关于进一步加大扶持建筑业做大做强的实施意见》（渝北府发〔2021〕2号），全年向龙湖中央公园项目（F127-1地块）等三个获得“绿色生态住宅小区”竣工标识的项目发放补助资金252.44万元。全年完成建筑能效测评项目75个，面积320万平方米，其中绿色建筑302万平方米，绿色建筑占比超过90%；龙湖中央公园项目（F127-1地块）等三个项目获得“绿色生态住宅小区”竣工标识，建筑面积约28.6万平方米；重医附属第三医院建筑节能改造通过专家验收，建筑面积14.13万平方米；全年对总建筑面积511万平方米的100个项目实施装配式建筑情况进行了审核，其中实施装配式建筑项目35个、建筑面积231万平方米，新建装配式建筑面积占比约40%，完成年度装配式建筑占新建建筑面积比例达到30%的市级考核目标任务。质量监督项目389个，其中房建工程292个，建筑面积约1733.59万平方米；市政工程38个，造价约34.9亿元；装饰装修工程59个，造价约19.77亿元。竣工项目173个，含房建工程133个，竣工面积约525.12万平方米；装饰装修工程31个，造价约7.96亿元；市政工程9个，造价约2.09亿元。

【建筑安全和行政执法】 2021年，安全累计监督项目447个，建筑面积2214.23万平方米，竣工工程168个，竣工面积633.38万平方米，监督覆盖率、工程施工验收合格率、竣工验收备案率均达到100%。全年未发生一起较大及以上建筑安全事故，一般事故亡人数严格控制在指标范围内。创建巩固扬尘示范工地20个、市级文明工地7个。分级分类推进“智慧工地”建设，按照不同星级要求，对新报建项目进行了全覆盖。积极开展项目安全体验培训工作，安全体验人数累计4004人次。全年立案查处违法违规建设案件122起，罚款2219.27万元（含2020年度转结案件）。处理各类投诉436起，处理率达100%。积极开展新冠肺炎疫情防控工作，施工现场未出现一例新冠肺炎疑似或确诊病例。

【建筑行业培训】 组织2021年度全区建设行业技能大赛，辖区建设行业企业及在建项目等28支队伍参赛。加强渝北区建设工程标准化产业化示范基地建设管理，积极与重庆工职院合作打造并揭牌投用“重庆工业职业技术学院建筑技能实训基地”“重庆工业职业技术学院土木建筑领域劳动教育基地”，接待国家住建部调研，全年接待参观培训2000余人次。开展行业专项培训6期，参训755人次，开展农村建筑工匠培训2期，累计培训230人次。进一步深化“放管服”要求，发挥企业、职业院校和社会培训机构优势，加强行业培训指导和监督管理，全年共计进行住房和城乡建设领域施工现场专业人员职业培训14385人次，继续教育15120人次，安全管理人员的继续教育1590人次。

（秦　馨）

街镇建设

【概况】 2021年，整治农村旧房3456户，完成26个周边环境整治工程，创建市级美丽庭院250个，实施村庄亮化工程，完成庭院灯或者路灯安装440盏；实施杨家槽传统村落保护发展项目。实施统景镇场镇道路整治提升及边坡治理（含2021年市级特色小城镇建设项目）、场镇外立面改造2个重点建设项目；开展大湾镇、王家街道、木耳镇、龙兴镇4个中心场镇提档升级项目。

【场镇建设】 2021年，投入资金约1.36亿元，实施统景镇场镇道路整治提升及边坡治理（含2021年市级特色小城镇建设项目）、场镇外立面改造2个重点建设项目；开展大湾镇、王家街道、木耳镇、龙兴镇4个中心场镇提档升级项目。

【旧房整治提升】 2021年，投入资金约2.26亿元，实施农村旧房整治提升3456户，创建了美丽庭院250户。农村配套设施日趋完善，安装公共照明路灯约440盏。

【居民新村建设】2021年，投入资金1584.5万元（基础设施配套资金746万元，农户补助838.5万元），实施茨竹镇新泉村小屋基、方家沟村海龙屋基，古路镇杨家屋基、回龙屋基等14个居民新村建设。

【农村危房整治】2021年，全年投入资金约1.3亿元，全力推进农村危房整治工作，通过修缮加固、新建房屋、固化拆除、租用安全房屋等方式，完成农村危房整治5690户。

（秦　馨）

园林绿化

【概况】2021年，渝北区已完成政府投资项目建设32个，社会单位建设项目12个，完成投资3.53亿元，新增城市绿地面积150万平方米。城区人均公园绿地面积保持18平方米，城区绿化覆盖率达45%。

【绿化建设】2021年，完成渝航大道、石峰大道等6条城市景观大道绿化建设。。以“增绿添园”为引领示范，启动大寨生态公园、鹿山公园等4个城市公园建设，完成环雅公园、石坪体育公园（一期）城市公园建设，完成舟济园、益寿园等4个街头游园新改建工程。年内完成渝航大道三大边坡、环雅公园等坡坎崖示范点建设，新完成坡坎崖绿化美化16.3万平方米。实施“街头绿地提质”和“园林绿化补缺提质”民生实事。全年实施完成渝航大道、宝圣大道、金顶路、金山路和龙华大道等5个绿化景观提质项目，实施舟济园、益寿园、石峰大道等3个补缺提质项目，累计提升城市绿地约28万平方米。

【绿地管护】加强园林绿化日常管护。全年共计补栽地被11.3万平方米，灌木5.4万平方米，行道树、乔木4263株，换栽、新栽鲜花192万余盆，修剪绿篱、绿带631万余平方米，修剪行道树1.3万株、草坪105万平方米，植物造型1.2万个，清理倒伏（扶正）树木2142株，清理藤蔓植物3.77万平方米。每月对行道树、绿篱、草坪施药1～2次，共计施药约350万平方米、乔木20万株。清除杂草落叶、白色垃圾等约979万平方米，除渣5452车。夏季抗旱保苗浇水和冬季冲洗降尘用水约4614车、8万立方米。加强设施维修维护，维修树圈2592处、花台1570处、路缘石1216米、护栏519米，新装橡胶树圈1177个，清洗护栏48万米。打造行道树规范修剪示范道路，修剪观月南路、空港大道、兴科大道3条示范道路乔木2404株。加强区内园林绿化建设。完成渝航大道灌溉管网安装项目、益寿园危旧挡墙应急抢险工程、机场路（实验小学至机场转盘段）挡墙立体绿化项目、庆祝中国共产党成立100周年绿雕安装项目、鳄鱼馆转盘交通渠化岛破硬增绿项目、桃源大道部分国有空地突击整治项目、石港大道龙井段春季苗木补栽工程、金山大道渝北段道路景观改造工程、渝航大道标段桃子湾及青岗坪立交苗木补栽项目、渝航大道4#不稳定斜坡治理工程10个政府投资项目。实施桃源大道驰晨驾校外围墙至跳蹬河两侧段、回兴立交、龙山三路与松石支路三角绿地、龙山小学、益寿园、龙华大道爱丁堡小区堡坎立体绿化、双凤桥立交桥下灰空间、泰山大道东段渝鲁桥下、柏树堡立交桥下节点打造项目。加强园林绿化监督检查。2020年7月起，每月开展渝北区园林绿化监督检查工作，对城区各街道、平台公司、公园管理中心、绿化中心管辖范围内的园林绿化进行监督检查，共计检查园林绿化问题60余处，全部完成整改。

（蒲志宇）

市政管理

【概况】2021年，渝北区市政管理工作对标对表中央、市工作部署，围绕“158”总体工作思路，结合“我为群众办实事”主题实践活动，认真策划，确定了城区环境综合整治、园林绿化品质提升等重点工作，制定88项为民办实事工作清单，并全面完成各项目标任务，顺利通过国家卫生区复审。新华社、《人民日报》、人民网、《重庆日报》等中央和市级主流媒体聚焦渝北区人行道完善提升、路平整治、公厕新改建、坡坎崖治理和广告整治等为民办实事成效，刊发宣传报道70余篇次。

【设施品质提升】 2021年，总投资31亿元的城区环境综合整治PPP项目开工建设，总投资4亿元的城区雨污分流治理一期进入加速实施阶段。全年累计完成投资6亿多元，提升人行道181公里，整治车行道35公里，新改建道路面积124万平方米，改造面积历年最多，投入资金和整治规模均为全市第一，超额完成年度计划目标。整治模式和成效得到《人民日报》《重庆日报》等主流媒体关注。2021年8月，成功承办全市人行道完善提升和路平整治现场会。

【城市绿化建设】 按照“抓增量、重提质、强管护”思路，策划实施环雅公园、鹿山公园等城市园林绿化项目36个，完成坡坎崖治理和街头绿化提质项目10个，滚动整治国有空地25块，提质绿化33万平方米，覆绿空地近10万平方米，全年新增城市绿化面积150万平方米，达年度计划任务150%。康荣路护坡绿化入选全市最美坡坎崖，市级关心关注的渝航大道三大边坡绿化全面完工。同时，完成35.5公里人行道绿化设施提升，修剪行道树11.7万株，补栽地被、灌木13.5万平方米，新换栽鲜花186万余盆，城市绿化景观更加靓丽。

【生活垃圾治理】 完成53座城区生活垃圾收集站改造提升，配合完成黑石子生活垃圾填埋场和餐厨垃圾处理厂关停，维修改造夏家坝二次转运站进场道路，支持完成三峰生活垃圾焚烧发电厂建设及试运行，城镇生活垃圾无害化处理率保持100%。健全统筹机制、实施机制、保障机制，构建“全链条”精准化垃圾分类新模式，全区所有镇街、村（社区）实现生活垃圾分类区域全覆盖、行业全覆盖、类别全覆盖，新创建生活垃圾分类示范村9个，公路通达村农村生活垃圾有效治理率达100%，生活垃圾回收利用率达到50%，全国农村生活垃圾分类和资源化利用示范县成果得到巩固提升。

【重点民生实事】 紧扣市、区重点民生实事任务，结合党史学习教育和“四类十项”精准发力项目，深入开展“我为群众办实事”主题实践活动，新建公厕6座，改造公厕16座，建成劳动者港湾15座，增配人行道座椅600套，人行道完善提升、路平整治、街头绿化提质等任务均超额完成。同时，根据市、区工作要求，编制缓堵促畅百日攻坚工作方案，通过扩路、增位、优管等措施，推进交通出行环境改善和停车难问题缓解。

【市容联动治理】 依托“多勤联动”和“1+8”综合执法，综合整治道路38条，督促整改乱停乱摆、乱拉乱挂、乱扔乱放等市容秩序违规案件680起，清理杂物260吨，处罚“车窗抛物”违规行为637起，办理城镇规划建设用地范围内违法建筑案件933件，整治违建约17万平方米，规范店招牌571块，拆除违规户外广告693块、约6500平方米，融创中央广场、宝桐路医院等群众反映强烈的广告顽疾得到有效治理。

【智慧城管应用】 在完成智慧城管一期、启动智慧城管二期基础上，开发建设路内智慧停车管理平台，并紧扣智慧管理场景应用实施深度开发。针对小额维修点多、面广、监管难等问题，开发使用市政设施维修维护智能监管系统；针对渣土运输监管难问题，建成建筑垃圾区级监管平台，实现建筑垃圾管理线上申报、审批、核准和全流程监管追溯。全年查处渣土运输处置违规案件198起，平衡调运建筑弃土1380万立方米，支持服务市、区重点建设项目108个，成功承办全市中心城区渣土运输监管现场会，渣土运输监管经验在全市交流推广。

【“大城三管”落实】 围绕责任落实、问题解决，突出精准、高效、常态，依托城市综合管理办公室和数字城管中心，进一步建立健全“马路办公”常态运行机制、发现问题快速处置机制、数字城管案件闭环管理机制、市容环境常态考核机制。全年共开展“马路办公”3895次，解决问题1.7万余个，巡查督导整改问题874个，结案处置数字城管案件26万余件，结案率达97.02%，常态长效管理水平持续提升，数字城管单项排名跃升主城前列。

（郑　凯）

公用事业建设

·水建设·

【概况】 2021年，市、区两级持续加大渝北区供水基础建设，通过改造老旧供水设施、新建供水管网、强化水质监管等措施，确保渝北区供水安全，提升供水保障能力。有力保障和改善城市发展环境。

【供水基础建设】 渝北城区供水主要由重庆中法供水有限公司保障。现有梁沱水厂、悦来水厂、两路水厂及牛头岩水厂4座供水水厂，向渝北城区日供水能力74.5万立方米。在供水设施建设方面，区城市管理局协调重庆中法供水有限公司完成甘悦大道二期DN1000管道、悦港大道DN1400管道建设等项目。2021年，通过新建供水管网和改造老旧供水管网，有效提高供水能力，解决供水欠压问题，降低管网漏损率，2021年修正后公共供水管网漏损率为7.88%。

【供水保障工作】 区城市管理局协调中法供水公司、城区有关街道，完成一户一表及二次供水设施改造1309户，超额完成市城管局下达的1000户任务。改造完成后进一步降低漏损率，改善供水水质。根据重庆市城市管理委员会下发《关于进一步加强城市供水管理提高供水水质安全保障能力的通知》（渝城管委〔2018〕25号）、重庆市城市管理局《关于加强城市供水水质管理的指导意见》（渝城管局发〔2020〕4号）要求，渝北区城管局聘请第三方水质检测机构每个月对城区3个水厂出厂水42项（每年一次106项全分析检测）、5个管网水点7项、5个二次供水点8项按照《生活饮用水卫生标准》（GB 5749—2006）和33个直饮水出水19项按照《饮用净水水质标准》（CJ 94—2005）进行水质检测并在区城管局官方网站公示。中法供水公司制定大面积水源污染应急预案和含藻水处理预案，并定期组织实战演练，提高应对水源水异常处理能力。渝北区城市管理局制定《重庆市渝北区城市供水应急预案》，进一步保障渝北城区供水安全及供水高峰期间城市供水正常运行。

（杨　静）

·电力建设·

【概况】 渝北辖区的电力配供全部由国网重庆市电力公司市北供电公司保障。截至2021年底渝北区域内有变电站60座，包括500千伏变电站3座，220千伏变电站16座，110千伏变电站36座，35千伏变电站5座。

【电力基础设施建设】 全面提升电网规划指引、提前做好项目储备，满足全区工业发展和两江新区建设需要。2021年建成投产500千伏金山，220千伏大云、官山、鹿山，110千伏科兰、八角庙6座变电站，为保税港区、中央公园片区发展提供电力支撑，同时加强大湾等农村片区供电能力。

【迎峰度夏电力保障】 2021年夏季，为保障夏季高温渝北区生产生活用电，及时、正确、有效和快速地处理渝北区停电等突发事件，成立渝北区处置电力事故指挥部，协调市北供电公司做好电力迎峰度夏保障工作。同时，加强重要输电线路、重载变电站、核心区域供电设施等的运维检修、带电检测和特巡特护，为全区核心区域的供电提供有力支撑。在农村地区投资1600余万元，安装总保230台，增变58台，完成138个台区隐患治理，更换裸导线47.8公里，确保农网用电安全。

（娄　庆）

·天然气建设·

【天然气保障】 截至2021年12月，渝北区共发展12家燃气公司，共建成配气站22座，供气管道4259.63公里，最高日供气达到296.95万立方米，全年销售燃气总量为6.83亿立方米，其中居民3.56亿立方米、工业1.38亿立方米、商业集体0.96亿立方米、CNG 0.93亿立方米。发展燃气用户1052472户（其中居民1031020户、工业349户、商业21090户、CNG 13户），用气人口约261.82万人。燃气供给网络覆盖面进一步扩大。2021年区内各燃气公司共投资2078.57万元，新建中压燃气管道105.55公里，调压箱（柜）65个；投资217.69万元，改造燃气管道10.78公里，调压箱（柜）46个，阀室（井）50个。燃气基础设施得到进一步改善。

（娄　庆）

城镇排水

【概况】 2021年，围绕“城镇排水管网建设、污水处理提质增效、水污染防治、城市排水防涝”四大工作主线展开工作，打好城镇污水处理提质增效三年行动收官战，编制完善排水“十四五”排水设施建设规划。城市方面完成污水管网建设7.99公里，雨水管网建设15.25公里，雨污管网改造完成16.68公里，改造混流点58处；乡镇方面完成污水管网建设18.50公里，乡镇生活污水集中处理率达到92.8%，实现全区场镇、城乡接合部污水收集处理设施全覆盖。定期监测水质、水量，辖区肖家河、城南、城北、石坪4座污水处理厂出厂水质均稳定达到现行最高处理标准。

【源头管控】 陆续开展违规排水专项整治、污水偷排直排乱排整治专项行动、水篦子臭气排查整治专项行动，以加大宣传力度、严格监督执法、优化办理流程三举措，强化排水许可、改接沟许可等排水行政监管。全年向排水户发放宣传资料1.6万份，抽取2277家重点排水户开展水质监测，实发排水许可376件、改接沟审批39件，征收污水处理费9956万余元。全年排查点位300余处，查处违规违法排水行为134例，向经提醒警告后未立即整改的72例发放整改通知书，年度督办清单整治完成率达98%。

【排水防涝】 汛前对城市排水系统重点设施及易涝隐患点进行全面排查，疏浚雨篦子、排水口约2万个，保证汛期排水设施正常运行。制定《渝北区城市排水防涝应急预案》，组建40余人的专业应急抢险队伍，全年开展2次专项演练。入汛期间严格执行汛期24小时带班值班制度，紧急出动排水抢险队伍129批次，出动抢险车辆117车次，人员1982人次，完成金港医院门前、绿梦广场等35处暴雨积水点整治，有效应对5月2日等13次强降雨导致的城市内涝问题，确保城区大多数交通路段暴雨停后半小时内恢复正常通行。

【日常管理】 按照新增8公里管网核增1名疏浚工人的标准充实排水设施管护队伍，排水管护人员配比稳定维持在1人/10公里。在排水设施日常管护运维中，建立网格制、清单制巡查制度，重要道路、重要管网定期检测、定期清疏，广泛运用裂管、紫外光固化等非开挖工艺，减轻给周边交通和居民生活带来的不良影响。全年处理数字城管平台、“12319”等各类排水设施问题5614件次，疏浚雨污管网46.5公里，更换窨井盖1979个、水篦子2690套，全年实施管网更新改造项目115个，有力保障排水管网的正常运行。

（秦　馨）

环境保护

【概况】 2021年，渝北区生态环境工作进一步深化落实党的十九大和十九届二中、三中、四中、五中、六中全会精神，深学笃用习近平生态文明思想，坚定“绿水青山就是金山银山”理念，践行生态文明建设责任担当，进一步巩固国家生态文明建设示范区成果，积极争创国家“绿水青山就是金山银山”实践创新基地，深入打好污染防治攻坚战，持续改善区域环境质量，全区生态环境工作取得优异成绩。

【生态文明建设】 2021年，渝北区获国家“绿水青山就是金山银山”实践创新基地称号。开展“十三五”生态文明建设规划期终评估，规划全区“十四五”生态环境工作，规划文本通过区政府审议。开展生态文明建设调研，形成《渝北区加强生态文明建设的调研报告》等成果。制定并印发《渝北区2021年生态文明体制改革任务工作推进方案》，完成生态文明体制改革重点任务7项，重大改革项目经验总结复制推广计划任务2项，“331”任务1项，开展川渝高竹新区生态环境承载力评估并通过专家评审。全面完成“绿盾”自然保护地21个问题整改，认真核查市级人类遥感监测工作问题线索145个，无问题点位。与广安市联合组织开展跨界河流（中心河）巡河行动共2次，与长寿区、广安市邻水县等6个相邻区域签订跨界跨流域应急联动机制协议，邀请广安市、邻水县有关部门观摩渝北区2021年突发环境事件应急演练。健全完善合作机制，及时向广安市提供渝北区“三线一单”有关资料以及2025年大气环境质量目标等资料。全年完成生态环境损害赔偿案件5件，共计赔偿金额19.69万元。印发《重庆市渝北区有关单位生态环境保护责任清单》（渝北委办发〔2021〕9号），按市级要求常态化落实生态环境保护责任。

【蓝天保卫战】 完成10家企业挥发性有机废气深度治理、3家企业涉VOCs原辅料源头替代工作。完成75家重点区域、重点行业挥发性有机废气治理监测，完成1102家涉气中小微企业综合整治、3家单位12台燃气锅炉低氮燃烧改造、4家砖瓦窑错峰生产年度任务。完成机动车尾气检测10000辆、非道路移动机械尾气抽检500台，抽检油品121组。出动警力8700余人次，查处货车闯禁12681件，冒黑烟805件，洒漏396件；车检所抽检、巡查40余次；入户企业抽检、抽查12次。区蓝天办坚持每周4次以上日常巡查，大气污染及扬尘类交办38起，结案22起。启动空气污染天气预警与应对工作共10次，督促开展人工影响天气作业5次、发射火箭弹15枚。全面完成市级转达督查交办问题整改153家，并录入系统销号。完成50家餐饮油烟抽测和污染整治，开展已划定363平方公里高污染燃料禁燃区日常巡查，查处露天焚烧62起，整治露天烧烤摊点42起，劝导制止露天烟熏腌腊制品53起。2021年全区空气质量优良天数为321天，超标天数44天，优良天数同2020年相比减少14天，在主城11区中列第二位，在主城都市区22个考核区县中列第六位，国控点站优良天数在主城11区国控站点列第一位。

【碧水保卫战】 依法划定白云山集中式饮用水源保护区和7个分散式饮用水源保护范围；建立区、镇、村、厂集中式饮用水源保护区、分散式饮用水源保护范围巡查机制；26个集中式饮用水源全部完成规范化建设。督促镇村污水处理厂规范化运营，强化日常巡检，委托三方单位对污水处理厂加大监测频次，根据监测结果全年扣减污水运营费132.2万元，镇村污水处理厂出水达标率得到提升。联合两江新区、长寿区对御临河开展巡河3次。投入生态补偿资金1600万元，完成古路镇2021年场镇雨污管网建设项目、印盒村污水管网及配套设施改造工程等一批御临河沿线治污项目，新建管网15.93公里、污水处理站5座。对水利局移交的入河排污口进行清理、检查，发放限期验收通知19份。敦促区住建委等部门、有关镇街持续开展空港园区、王家场镇等处污水管网建设，委托第三方机构编制《平滩河流域环境综合整治工程（水环境提升方案）》。经与市生态环境局有关处室沟通协调，渝北“十四五”水质考核目标得到调整。全区国考、市考涉及地表水水质达标率、城市饮用水源地水质达标率、水功能区达标率、乡镇集中式饮用水源地水质达标率均为100%，全市排位由2019年的31位上升至20位，御临河渝北段被市生态环境局命名为“重庆市美丽河湖”。

【净土保卫战】 完成《渝北区“十四五”土壤污染防治规划》编制，完成两路组团S分区S36-3等24个地块土壤污染调查、空港新城F38-1-2等3个污染地块修复。将16家重点排污单位纳入土壤污染重点监管范围进行监管，将春瑞医药等3家关停搬迁企业原址纳入疑似污染地块清单。推进3个中央土壤污染防治资金项目进入收尾阶段。开展洛碛垃圾填埋场等地下水监测点位核实，推进13家企业重金属企业排查整治。追踪危险废物专项治理App问题整改并动态增补清单，完成118家企业排查，补录企业信息21条。对757家产废企业、5家危险废物经营单位、83家重点监管企业提出规范化管理要求。核实83家重点企业与环境影响评价文件相符性，督促8家与环评不一致的企业完成整改。完成2家铝灰利用企业、30余家产废企业现场检查指导，1家企业具备豁免利用资质。推动年度危险废物规范化督查评估，执行危废产生及经营精细化管理企业13家，占比93%。启动新建村级污水处理厂3座，技改10座。完成5个建制村农村环境综合整治。发布《核与辐射安全监管工作方案》，编制《核与辐射事故应急预案》。全年审批辐射安全许可证45项次，上半年市生态环境局对渝北区辐射环境安全及风险综合评估总得分为45分（满分）。

【宁静保卫战】 认真落实声功能区划要求，完成1个“市级安静居住小区”创建，复查7个。完成4个市级噪声监测点位运维，区域环境噪声昼间平均等效声级为52.8分贝，道路交通噪声昼间平均等效声级为65.8分贝。夜间功能区噪声达标率66%。

【总量减排】 2021年，经市减排办核定渝北区水污染完成减排结果为化学需氧量2555吨、氨氮219吨，提前超额完成“十四五”水污染物减排任务。完成大气主要污染物减排核算及系统填报，根据征求意见稿反馈情况，渝北区完成减排任务。完成《渝北区2019—2020年温室气体排放清单》编制，通过市级审查。启动渝北区应对气候变化“十四五”专项规划编制。争取更新扩容辖区重庆碳市场控排企业名单，积极推动碳市场发展。

【中央生态环境保护督察整改】 第一轮中央生态环境保护督察交办的180件群众环境投诉案件全部办结，反馈整改措施30项、具体问题43个，全部完成整改。第二轮中央生态环境保护督察，交办群众投诉案件328件全部办结；1项专项整改任务持续整改中，10项专项整改（子）任务已申请销号5项；10项举一反三整改任务已申报完成8项。市级环保集中督察，35项整改措施中33项措施得到落实，38个具体问题中36个完成整改；交办案件225件已全部办结。市自查摸底问题，反馈28项已整改27项，其余1项持续推进。

【生态环境监管】 审批监督。依法审批建设项目环评92个，出具土地招拍挂环保意见复函28个，对《渝北区“十三五”天然气发展规划》等6个专项规划环评文件进行质量检查，对5个园区规划环评文件落实情况进行检查。共核发排污许可证32个，变更排污许可证165个，办理建筑施工项目夜间作业审核1256次。完成5个企业强制性清洁生产审核评估和2020年生态环境统计年报工作。强力推进行政审批事项“一网通办”，压缩事项办理时限78.6%，压缩办理提交材料61.6%，规范政务服务事项20项、“互联网+监管”113项。

生态环境执法。全面推行行政执法“三项制度”，制定《环境保护现场检查制度》，印发《生态环境行政处罚程序规定》。优化执法方式，107家企业纳入正面清单。推进柔性执法，对全区20家企业轻微违法行为开展说服教育、约谈告诫。加强与刑事司法衔接，办理《检察建议书》1份。先后2次在全区22个镇街开展委托执法培训以及现场指导，22个镇街完成43件案源线索移交，实施行政处罚43件。全年参评环保信用评价企业138家，诚信企业33家，良好企业105家，提供红名单4家、黑名单4家。深入开展执法大练兵活动，支队执法人员在全市理论知识考试中平均分达99.5分，多人荣获个人奖项。共受理各类环境投诉6860件，调查处理回复率100%。加强污染源自动监控工作，扎实开展各类专项执法行动，完成381家企业的随机抽查检查。作出行政处罚决定191件，罚款557.55万元，实施限产停产1件，无行政复议撤销、行政诉讼败诉案件。

生态环境监测。完成8条河流14个断面监测、5座大中型湖库水华预警监测、14座城区湖库22个断面水质监测。完成御临河江口水华预警监测，27个集中式饮用水水源地和10个水功能区监测断面监测。完成7个大气自动站的监测运行维护以及降雨、降尘监测。完成38家重点污染源企业监督性监测，75家大气执法监测，116个长江入河排污口监测以及76家镇村生活污水处理设施年度监测。完成50个区域环境噪声监测点和15个交通干线噪声监测点的手工监测。保障7个区控空气质量自动监测站、3个水质自动监测站、3个功能区噪声自动监测站正常运行。启动实施3个水质自动监测站建设，持续推进排污单位自行监测帮扶指导。完成监测站资质认证考核和人员持证上岗考核，质控样分析合格率100%。完成《2020年及“十三五”渝北区环境质量报告书》和《2020年重点源排放状况报告书》编制。

生态环境信息化。启动“十四五”智慧环保建设项目，完成“十四五”智慧环保规划编制和生态环境大数据综合应用系统设计方案初稿。

【环境风险防范】 完成105家企事业单位突发环境事件风险评估报告和应急预案编制修订。加强节假日、两会及汛期风险源企业重点排查，督促企业全面落实环境安全主体责任，加大环境安全保障资金和设施设备的投入，降低突发环境事件发生概率。完成“危险废物暂存场废溶剂泄漏”综合应急演练，全区未发生一般及较大以上突发环境事件。

（黄群英）

交通·邮政·通信

综 述

2021 年，渝北区坚持以习近平新时代中国特色社会主义思想为指导，深入贯彻党的十九大和十九届历次全会精神，贯彻落实习近平总书记视察重庆系列重要讲话精神，抢抓成渝地区双城经济圈建设和全市“一区两群”协调发展战略机遇，全力服务和融入两江新区开发建设，坚持全域融合、建管并举，纵深推进基础设施完善、城乡面貌改善、开放协同发展，全区交通事业迈上新台阶。江北国际机场 T3B 航站楼及第四跑道进入主体施工，基地航空公司达到 8 家，新开通国际航线 5 条，成功获批空港型国家物流枢纽，入选国家外贸转型升级基地；铁路枢纽东环线等项目进展顺利，洛碛码头前期工作稳步推进，三环高速渝北段建成通车；新建“四好农村路”100 公里，实施骨架公路改造项目 120 公里。截至 2021 年末，区内累计开通运营铁路 5 条、建成轨道线路 8 条，“三环五射”高速公路网全面形成，村社道路微循环进一步完善。全年完成旅客运输量 2484.04 万人次，同比下降 3.8%，其中公路旅客运输量 578 万人次，同比下降 19.9%；货物运输量 3150.89 万吨，同比增长 18.5%，其中公路货物运输量 2063 万吨，同比增长 16.6%；水路货物运输量 1075.3 万吨，同比增长 22.3%。江北机场旅客吞吐量 3576.6 万人次，同比增长 2.4%；货物吞吐量 47.7 万吨，同比增长 16%。全年实现邮电业务收入 17.85 亿元，同比增长 13.8%。年末固定电话用户、移动电话用户、互联网用户分别为 36.68 万户、168.52 万户、54.20 万户。

（王 勤 唐 刘 周创业 常露倩）

公路交通

【概况】 全区公路通车里程 3403 公里（不含城市道路、两江新区在渝北区范围内的直管区域道路和机场专用道），其中高速公路 145 公里，一级公路 31 公里，二级公路 162 公里，三级公路 98 公里，四级公路 2967 公里。全年完成公路客运量 578 万人次，同比下降 19.9%，公路旅客周转量 36057 万人公里，同比下降 3.8%，公路货运量 2063 万吨，同比增长 16.6%，公路货物周转量 121636 万吨公里，同比增加 1.8%。获得养护工作全市第一、公路工作全市第二的优异成绩。

【公路工程项目建设】 全力助推三环高速、渝长扩能高速完工通车，全区“三环五射”高速公路网全面形成，高速公路总里程达到 206 公里，铁路枢纽东环线线下工程基本完工。南北大道二期、两江大道北延伸段一二标段建成通车，区内南北发展轴线基本贯通。渝邻快速通道、两江大道统景场镇段开工建设，G351 三兴路、统黄路、龙胆路等区内骨架路网项目陆续完工。分两批实施完成“四好农村路”建设100公里，村社道路微循环进一步完善，农村产业支撑力度持续强化。骨架路网路况得到极大改善，交通服务能力有效提升。

【道路养护】 开展G351路域环境专项整治工作，对草坪交通岛进行绿化打造。组织实施G351线草坪至统景段路面改造工程、草统路排水改造工程和渝北区2021年桥梁安全防护设施提升工程。按程序完成南北大道和两江大道北延伸段接养工作。推进养护市场化进程，对G210线（方家沟—沙岚垭）日常养护、南北大道路灯维护、南北大道和古洛环线绿化养护、南北大道垃圾清理转运处置等项目，通过政府采购实行服务外包。完成全区15座通航桥梁抗撞性能和通航安全风险综合评估及汇报工作，配合市公路事务中心参与2021年国家重点桥梁监测工作，G351渝邻高速路跨线桥作为2021年度重庆市普通公路重点桥梁接受交通运输部专家组全面细致检查。截至2021年底，渝北区普通公路里程3283.394公里，其中国、省干道238.769公里，专用公路28.797公里，县、乡、村道3015.828公里；公路密度为每百平方公里226公里。

【路政巡查监管】 开展固定超限运输治理，全年累计出动人员1.3万人次，检测车辆26万台次，查处超限超载车辆400余台次，卸载货物重量5000余吨，固定超限率为0.16%，稳定控制在1%以内。按程序将超限车辆信息全部移送交巡警进行处理，交巡警共计罚款13万元，记1678分。按照“一超四罚”工作要求，向市内外36个交通主管部门移送271条超限超载车辆信息；按照信用交通工作要求，向市公路中心上报3条失信企业及驾驶员信息。加强路产路权维护及路政巡查工作，出动路政巡查人员2000余人次，巡查车辆850余台次，查处违法及损害公路附属设施案件71起，收取赔补偿费48万元，移送执法大队处罚4起，共计罚款1.2万元。联合区交巡警支队分两批对全区场镇路段交通安全问题进行整治，新增货车闯禁卡口、测速抓拍、测速反馈和违停抓拍等设备，完成首批投入90万余元。投入150万元在G351线周家山大桥路段建设非现场执法系统站点1个。

【交通运输服务】 积极融入成渝地区双城经济圈建设，发展完善两路至邻水、自贡、宜宾定制客运，两路至通江、岳池省际班线。全力服务乡村振兴战略，实行农客“2元一票制”，新建成投用农客招呼站162个，优化农村客运线路4条，建成石坪公交首末站，总量达23个，有效降低农村群众出行成本，助推农村群众便捷出行。优化城区交通运输服务，以轨道交通为骨干、地面公交为主体，切实增加公交资源供应总量，截至2021年底全区公交线路增至207条，车辆增至2566台，累计建成公交中途站1227个，加大公车站台改造力度，推进实施具备电子屏幕、无线充电等功能的新型站台试点建设，市民出行便捷度、候车舒适度进一步提升。

【交通安全管控】 以安全生产专项整治三年行动为主线，以“十条措施”为抓手，持续开展各类专项整治行动，注销不符合备案要求的9座以上大型租赁汽车企业2家，对7家驾校的11处教学场地解除备案，对1家企业进行挂牌整治。查处超限超载车辆663台次，卸载6704吨。查获各类交通运输违法案件6810件，处罚287.55万元。排查出公路自然灾害承灾体灾害点181处。开展全区交通行业综合、专项应急演练4次。全区交通行业领域未发生安全生产事故和影响较大的事件，安全形势整体平稳可控向好。

【高速公路建设】 积极履行协调职能，主动作为紧密协作，扎实做好征地拆迁和施工环境保障，全力推进高速公路重点项目建设，推动高速公路网完善、区域互联互通。全年完成高速公路投资10.8亿元；完成合长高速渝北段征地面积4460亩，临时用地1050亩；南两高速渝北段征地面积57亩；渝长扩能项目渝北段征地面积2000亩，临时用地90亩，有效保障项目用地需求，市级项目年度任务圆满完成。区内在建的南两高速、渝长扩能、合长高速实现全线通车。

（文 莉 王肇华 吴 强 荆铁轮 王 琴 陈宇涵 杨 鑫）

水上交通

【概况】 渝北区境内主要通航水域有长江、嘉陵江、御临河，通航里程145.53公里。截至2021年12月，有水运企业12家，船舶总数144艘，运力总量746634吨。其中，营运船舶124艘、吨位746000吨，非营运船舶20艘、吨位634吨。船舶运力数居全市第五位、主城区第一位。全年完成水运货运量1075.3万吨，比上年同期增加22.3%，水路货物周转量153亿吨公里，比上年同期增长3.68%。

【水运建设】 完成渝北区自然灾害综合风险水路承灾体普查工作，摸清洛碛复建码头及其5个附属1000吨级泊位（源宇、川庆、通达、合药、华航）自然灾害风险底数，为有效开展水路承灾体自然灾害防治工作提供科学决策依据。投入资金283万元，完成洛碛复建码头船舶水污染物接收设施建设，实现船舶垃圾、生活污水、含油污水集中转岸处置。全面推进船舶和港口污染突出问题整治，完成“船e行”和协同平台电子联单系统推广应用，船舶污染物接收转运处置率均达100%，实现船舶污染物零排放和“船港城”闭环管理。加大绿色水运建设力度，对109艘船舶实施受电设施改造，发放补助资金786.8万元，实现改造率和资金拨付率“双百”目标。落实水运企业扶持政策，引进企业4家，新增船舶25艘，增加运力15.3万吨，全区2020年度企业发展扶持资金227万元全部发放到位，水运综合实力进一步增强。

【水运市场监管】 强化水运安全监管。印发实施2021年渝北区交通水运行业安全生产督导检查计划，结合水上交通安全生产专项整治三年行动、常态化安全监管十条措施等专项行动，常态化推进扫黑除恶专项斗争，深入港航企业、渡口码头、水工作业区、风景区一线开展检查，全年累计出动人员388人次、巡查123次，排查各类安全隐患136起，整改136起，未发生一起安全责任事故。强化防汛工作落实。修订完善防汛抢险应急处置方案，按照100年一遇防洪标准，筹措资金9.8万元增设洛碛复建码头高、中、低洪水位地锚3个，聘请专家对码头停泊趸船、船舶进行汛期安全风险评估，确保安全度汛。强化水上应急处置。健全水上搜救应急反应机制，组织开展2021年水上交通事故灾难无脚本应急救援演练，有效检验参演人员快速反应和作战能力，为渝北水上交通安全提供更加有力的保障。

（谭 越）

轨道交通

【概况】 截至2021年12月，全区范围内累计建成8条轨道线路，分别是6号线一期、3号线一期和二期、3号线北延伸段、10号线一期、5号线一期、4号线一期、环线和9号线一期。区内通车里程达83.71公里，渝北段总投资约320.96亿元，共设有41座车站。

【轨道建设】 2021年，渝北区加大协调推进力度，统筹做好交通导改、市政占道、绿化迁移、管线迁改、市政设施配套等相关协调工作，全力推动轨道交通加快建设。全年计划完成轨道交通投资56.08亿元，实际完成投资59.5亿元，超额完成年初投资计划任务。区内在建轨道线路4条，分别是轨道交通9号线二期、5号线北延伸段、4号线西延伸段和15号线一期，区内在建里程34.5公里。

（秦　謦）

铁路建设

【概况】2021年，渝北区扎实做好协调服务保障工作，助推铁路建设取得新成效。全年完成铁路建设投资18亿元。截至2021年12月，累计开通运营铁路共5条，分别是渝怀铁路、渝涪二线铁路、渝利铁路、渝万铁路、长化专线铁路，总里程114公里。

【工程建设】2021年，渝北区内在建铁路1条，即铁路枢纽东环线（含机场支线、黄茅坪支线），在建里程85公里。其中，铁路枢纽东环线主线、机场支线工程总进度累计完成95%，黄茅坪支线全面开展施工作业，年度任务圆满完成。

（唐　刘）

民用航空

·重庆江北国际机场·

【概况】2021年，重庆江北国际机场完成旅客吞吐量3576.6万人次，比上年同期增长2.4%，位列全国第四位；货邮吞吐量47.7万吨，比上年同期增长16%，位列全国第八位；运输飞行起降27.94万架次，比上年同期增长2.2%。支线机场运输生产总体稳定。

【安全和疫情防控】牢牢守住安全生产和新冠肺炎疫情防控两条底线，实现安全平稳可控。全面压实安全生产责任，开展“盯组织、盯系统、盯重点、保大庆”系列工作，成员机场全年未发生生产安全事故、责任原因事故征候及以上事件；推进“问题隐患清零”，实现安全生产专项整治三年行动167项安全隐患全部治理、120项任务措施全部落实。全力扎紧防疫防线。全面贯彻落实“外防输入、内防反弹”“人物同防”要求，全年实现“旅客防控零疏漏、员工防控零感染、紧急运输零投诉”的防控目标，江北机场全年配合转运旅客14000余人次，集团员工疫苗接种应接尽接、重点人群全覆盖。

【枢纽机场建设】加快基础设施建设。加速推进江北机场T3B航站楼及第四跑道工程建设，全年累计完成投资23亿元，进入全面施工阶段；保税港区二期国际货站顺利竣工，重庆快件集散中心B区库房竣工投用。服务质量持续提升。江北机场全年航班放行正常率91.1%，多个服务案例入选中国民用机场优秀服务案例库。江北机场荣获2020年度“CAPSE最佳机场奖”，旗下空港贵宾公司荣获2020年度“CAPSE创新服务奖”和“优秀创新服务案例”。

（周创业）

·中国民用航空西南地区空中交通管理局重庆分局·

【概况】2021年，中国民用航空西南地区空中交通管理局重庆分局（简称“民航重庆空管分局”）统筹抓好安全运行，做好新冠肺炎疫情防控，深入开展党史学习教育，全面加强干部队伍建设，大力推动分局企业改革，稳步推进分局治理体系和治理能力现代化建设，圆满完成各项目标任务。全年保障各类飞行96.9万架次，同比增长3.95%，重庆江北机场旅客吞吐量位居全国第四位。设备正常率达99.989%，全要素天气预报准确率达90.74%。

【安全管理】 深入学习贯彻习近平总书记对民航安全工作的指示批示精神，以“六个坚持”为总方针和总遵循，严格落实“六个起来”工作要求，牢固树立底线思维，坚持安全隐患零容忍。完善各级党组织议安全工作机制，建立安全数据分析和安全部长协调会机制；加强安全监督检查员队伍建设，开展法定自查和安全隐患排查治理，推进安全整治三年行动；完善D版运行手册，梳理和修订25个安全管理文件；组织《中华人民共和国安全生产法》（2021年修订版）宣传贯彻工作，举办质量安全管理体系建设专题研讨，加强风险管理和安全隐患排查治理双重安全防护体系建设；成立分局安全运行应急管理建设领导小组，完善应急工作机制；领导干部带头蹲一线、盯现场，带头找风险、排隐患，带头讲案例、写手册；深入开展作风建设量化考核，细化完善典型作风问题负面清单，确保空管安全万无一失。

【运行管理】 按照成都天府机场空域调整方案，同步配套完成B213航路及管制扇区调整，顺利完成重庆管制区适应性调整。支持重庆机场集团开展江北机场容量提升。推进优化跑道运行模式，优化航空器起飞着陆间隔（ADA），有效解决午间进出港高峰航班堆积问题；推进连续爬升/连续下降（CCO/CDO）运行；开展航空器尾流重新分类（RECAT-CN）实验运行，举办独立平行进近培训，大力提升五边精细化调配技能。完成网络中心平稳过渡、独立运行。坚持自动化系统“双主用”常态化运行，实现与武汉AIDC移交，开展语音传输（VoIP）应用验证和C类移交测试。完善管制气象互培机制，建立共同情景意识，实行终端区分区精细化预警，建设低能见度智能监测系统。配合完成全国流量管理系统上线运行，实现流量管理从“经验管理”到“数据驱动”的转变；充分发挥空管在机场运管委的主导作用，深化空地放行协同机制，建立不利条件运行和航班分类处置对接工作程序，航班正常率91.09%，较新冠肺炎疫情发生前的2019年提高1.65个百分点。

【综合管理】 组织实施四跑道空管工程初步设计及概算编制，于2021年6月获西南管理局批复，总投资达3.39亿元。成立四跑道空管工程现场指挥部，统筹推进台站选址论证、施工图设计和技术标书编制，扎实开展四跑道空域和飞行程序前期研究。助力重庆新机场选址咨询调研，参与成渝世界级机场群终端区空域规划编写，主动服务成渝地区双城经济圈战略。加快推进分局重点工程建设，体能训练中心、方斗山雷达站改造项目竣工投用，周转用房顺利封顶。初步建立管制员培训量化考核指标体系，建立基层到机关、分局与江北机场人才交流机制。

【服务经济社会发展】 坚持围绕中心服务大局，推动企业改革、乡村振兴、新冠肺炎疫情防控取得实效。深化企业改革。设立资产管理办公室，统筹加强分局所属企业管理。2021年4月网络公司重庆分公司挂牌，7月正式运行；2021年10月，明确通远公司发展定位及经营发展方向；2021年12月28日举行后勤业务移交签约仪式，确定通远公司自2022年1月1日起正式承接分局所有的后勤业务。助力乡村振兴。累计投入帮扶资金72.8万元，巩固拓展脱贫攻坚成果；认真贯彻民航局援疆工作的部署和要求，安排落实1名干部到新疆维吾尔自治区策勒县古勒铁日干村任驻村第一书记。

（敖　翔）

·中国国际航空股份有限公司重庆分公司·

【概况】 2021年，中国国际航空股份有限公司重庆分公司（简称“国航重庆分公司”）坚持以习近平新时代中国特色社会主义思想为指导，以迎接中国共产党成立100周年为精神动力，聚焦新冠肺炎疫情防控、安全生产两大主要工作，坚持以预防性安全管理为主线，持续完善风险防控机制，依法合规管控新冠肺炎疫情风险、安全风险、合规风险、信息安全风险以及员工健康风险，联系实际严谨有序组织开展各项工作取得积极成效。全年共安全飞行9.4万小时、3.88万架次，未发生责任原因的一般差错以上不安全事件，取得近年来航空安全最好绩效，顺利实现第46个航空安全年目标。年度绩效合约14项KPI考核指标（受新冠肺炎疫情影响除外）均实现T2或以上目标，其中航空安全、航班正常性、服务旅客等项指标超T3目标值。CA航班进离港正常率在驻场航司中保持排名第一。

【安全管理】 强化职业安全文化引领。大力传导安全文化理念，着力弘扬积极的安全文化，推动安全文化持续进步。务实开展安全风险管控。区域各单位紧扣政治年、开局年、复杂年要求，聚焦“三场硬仗”和关键时期安全工作，着力推进安全责任落实。深化安全管理机制应用。全面落实“预防性、针对性、全覆盖”机制，固化以数据驱动和风险防控为核心的季度预警机制，压紧压实安全岗位责任。持续深化落实“干部盯航班”机制，强化大数据比对、智能化监管等技术在常态化安全监督检查中的应用，确保问题隐患动态清零。加强飞行训练过程管理。持续抓好空地安全。空防安全坚持“空中反、地面防、内部纯”的工作要求，以中国共产党成立100周年庆祝活动安全保卫工作为核心，全面做好航空安保、消防安全、治安与综合治理等工作。地面安全着力提升全方位安全文化引领，强化全员网络安全、消防安全和自我安全防范意识。全年安保态势整体稳定。

【运行管控】 围绕高质量管理目标，认真解读运行新环境新政策，全面掌握运行各要素，持续发挥正常性专项机制作用，保持航班正常管控高绩效。用足用好行业政策。强化运行过程管控。以正常性专项机制运用为抓手，优化运行保障机制办法，建立运行班组、攻坚小组问题解决路径，形成正常性管理闭环管控模式。深化系统协调联动。密切保持与运行系统内外单位的联动协调，有效拓展区域高频流控、机位紧张等航班运行突出问题下的协同保障成效。提升运行应急处理能力。通过改版培训《应急处置手册》、完善应急处置预案单卡等，持续加强突发事件及航班大面积延误应急处置能力建设。内挖潜力激发活力。以激励机制运用为载体，加强职业文化引领，形成主动作为、创先争优的职业氛围。

【服务管理】 坚持“价值、问题、客户需求”服务导向，践行真情服务文化理念，有序推进服务重点工作，服务品质进一步改善提升。强化服务基础管理。持续优化服务资源配置，投入使用机上无线网络，增配机上固定残疾人轮椅，Cargos系统投入运行，RFID系统建设持续完善，旅客服务体验不断升级。严格控制服务风险。开展满意度、行李运输差错率等数据分析，发布《旅客意见管理月报》，强化关键环节监控。发挥区域联动优势。制定实施京渝快线保障方案，持续提高航班执行率和正常率、降低行李差错率、提升旅客满意率。持续推进与机场跨航司中转旅客及城市候机楼托运行李项目。

【运营管理】 坚持“质量第一，效益优先”运营管理原则，坚持绩效导向，强化目标管理，不断提升基础管理成效，年度KPI指标管控达到预期。加强市场营销管控。常态化开展运力有效投入和量价把控，优化干线结构，合理分布时刻，稳定市场份额。统筹规划资源布局。合理优化分公司

“十四五”整体规划。接收2架、调出3架飞机并完成5架飞机增重改造。强化基础设施建设。飞行模拟机训练中心通过验收并投入使用。强化财管职能发挥。加强成本管控分析，强化管控手段运用，完成“两金”（存货资金、应收账款资金）压控目标任务。纵深推进绿色发展。深化用工改革，加强干部梯队建设。

（秦荣耀）

·四川航空股份有限公司重庆分公司·

【概况】 2021年，四川航空股份有限公司重庆分公司（简称“川航重庆分公司”）坚持稳中求进，安全运行、服务营销、新冠肺炎疫情防控工作取得积极成效，圆满完成各项目标任务。截至2021年底，川航重庆分公司在重庆江北机场投放过夜飞机23架，其中货机1架、宽体客机1架，客运航线70余条，实现重庆“一大四小”机场全覆盖，年运输旅客总量超500万人次；国际货运航线10余条，包括重庆至布鲁塞尔、新加坡、东京、德里、班加罗尔等，年运输货邮总量近3万吨。获“重庆市服务业企业百强”、渝北区“A级纳税信用”、“重庆江北国际机场运管委运行管理先进集体”、“重庆江北国际机场旅客服务质量共促会先进单位”等荣誉称号。

【安全运行管理】 打好安全、运行管理组合拳，重点抓好安全工作的压力传导、监管实效、培训质量、隐患排查、作风建设、评估考核6个关键点，全力突破“运行工作正常率提升及航班保护”“风险防控及重大任务保障”“运行成本控制”3个难点。全年航班保障安全平稳，未发生车辆、消防等地面不安全事件，直管、代管部门未发生社会治安综治事件。顺利通过2021年度西南地区“平安民航”建设工作考核，满分通过西南管理局及渝监局2021年空防安全保障能力评估，荣获民航西南地区危险品从业人员劳动竞赛重庆地区团体二等奖。全年出港正常率90.19%，全年靠桥率91.5%，优化跑道使用率90.3%，航班正常率稳居重庆江北机场各驻场航司前列。

【服务质量提升】 打造“渝京精品航线”，首推重庆江北机场重庆—北京航班截载时间缩短至30分钟，提升旅客体验和航线品质。在江北机场打造“无微不至”贵宾室服务良好口碑，年度贵宾室接待旅客3.66万人次，日均接待约100人次，受到旅客广泛好评。优化“一站式”服务链条，用优质服务深耕大客户市场，大客户开发超100家，开发转化率达80%。连续4年携手重庆马拉松深度合作，建立10年战略合作关系；连续6年参展“西洽会”，强化品牌深耕，有效提升品牌形象。

（张　梦）

·重庆航空有限责任公司·

【概况】 重庆航空有限责任公司（简称“重庆航空公司”）由中国南方航空股份有限公司与重庆城市交通开发投资（集团）有限公司共同出资组建，主运营基地设在重庆江北国际机场。截至2021年12月，共运营30架空客A320系列飞机，其中A319机型8架、A320机型19架、A321机型3架，安全态势平稳可控。2021年完成“幸福重庆号”机身彩绘涂装全新升级，新增“行千里致广大”“山水之城美丽之地”等文字彩绘，助力深化重庆城市形象宣传。

【安全运行管理】 坚持党对安全工作的领导，将党对安全工作的领导写进《航空安全管理手册》。公司党委会每月专题研究安全工作，各级党组织结合“三会一课”、主题党日活动等定期开展安全研讨和培训。全面学习贯彻《中华人民共和国安全生产法》（2021年修订版），实现全员100%覆盖。完善安全管理体系。强化安全责任体系建设，编制安全主体责任和安全岗位责任“两个清单”，全员签订安全责任书。持续加强风险防控。建立“三大核心风险”管控攻坚专班工作方案，实施每周重点安全工作提醒，开展风险防控联动研讨、不安全案例学习。按照CCAR-121-R7最新要求完成修订《运行手册》并获民航管理局签批，疲劳管理体系正式建立，安全运行水平再上新台阶。全年实现安全飞行7.38万小时，3.51万架次，同比分别增长8.85%和12.09%。未发生严重差错及以上不安全事件，自开航以来连续确保174个月的飞行、空防和地面安全，实现第15个安全年。

【市场运营管理】 争取时刻增量突破，突出“两匹配两加强”，客座率在重庆市场居三大航首位，市场份额较2019年增加1.7%。夯实客户基础，多渠道提升辅收，推进实施打造“金点子”效益工程专项活动，用足用好优惠政策。优化调整航线结构，新开重庆—乌鲁木齐、重庆—巫山—深圳、北京—重庆—迪庆、重庆—宜春—温州、重庆—武汉—台州等29条航线，其中进疆航线实现“零”的突破。开通重庆—胡志明国际“客改货”航班，畅通重庆国际货运物流通道。

【服务质量管理】 强化服务闭环管理，提高投诉管理能力，加强现场服务弥补工作。打造空中五张服务名片，每月定期开展“三个服务细节提升活动”，实现“亲和精细·木棉尊礼”培训全覆盖。开展机上广播专项提升，动态复核广播员资质，实现优胜劣汰。全面提升地面服务质量，严格落实分区登机、邀约登机，开设老年人服务专柜，设立老年旅客专用销售柜台、人工服务窗口和“无健康码通道”，支持现金支付，协助老年旅客完成防疫扫码或纸质填报，提前做好防疫验码工作，全年服务老年旅客近6万人次，切实提高旅客登机效率，服务品牌逐渐彰显。

（何丁妮）

·西部航空有限责任公司·

【概况】 西部航空有限责任公司（简称“西部航空公司”）深入贯彻习近平总书记关于民航安全工作重要指示批示精神，全面落实“一二三三四”民航总体工作思路，夯实三基建设，压实“四个责任”，严格落实“三个敬畏”“六个起来”工作要求，严守安全红线、底线、生命线，安全运营平稳可控。2021年新引进空客A321飞机1架，机队规模达到38架，在重庆投入过夜运力27架，累计开通上海、广州、深圳、拉萨、乌鲁木齐、厦门等航线116条，形成覆盖全国56个大中城市的航线网络布局，在重庆地区市场占有率为11.1%，位居前列。全年执飞航班4.56万班，比上年同期增长6%；旅客运输量653万人次，比上年同期增长3%。

【安全管理】 狠抓安全责任落实，围绕“五个稳”强化风险管控，全力提升安全水平，确保民航安全平稳可控。完善安全培训体系，将“三个敬畏”作为公司核心安全文化，开展“案例疼痛教育”，对每个航季典型天气特点对应的不安全事件案例以及相应的征候条款进行解读，提升一线人员敬畏意识。推进安全“双重防预体系”走深走实，紧盯组织风险，搭建“核心风险树”，设置安全绩效指标对潜在风险进行前置化管理，运用BOW-TIE实施危险源数据库动态管理；建立管理失效后的安全隐患治理机制，实现体系间相补和支持；在庆祝中国共产党成立100周年之际，对安全隐患全部清零并实现常态化治理。完善运行风险管控体系，建立运行STOP机制，将风险控制在地面；明确运行风险处置的标准，建立飞行技术支援席位，提升地空支援专业度。盯住关键环节，优化重点人员管控机制，开展思想摸排，严防认识偏差，全面加强“一对一”网格化管理。累计安全运行100万余飞行小时，运输旅客量7000万人次。

【运行管控】 推进实施10项运行品质提升项目，着力提升快速过站效率，强化短时延误治理正常率、航线管控等，协同调整29条高风险航线时刻，完成91条航线航段时间优化调整，在空管运行管理与控制系统建设完善专职飞行技术值班席和维修技术支援席，制定重点航线现场保障方案标准作业程序，建立灵活航路保障流程和低正常率航线“及时预警—强化治理”机制，尤其针对2021年夏季雷雨大风天气频发的特殊情况，从计划评估、运力备份、过程管控、延误预警、快速恢复等方面制定全流程闭环机制，提升航班运行保障效率。2021年航班正常率88.23%，高出民航平均值0.24个百分点，公司原因延误率处于A区。

【服务提升】 完善投诉处理模式，强化投诉处置培训，建立大数据库模块化分析管理，搭建跨部门应急消峰和投诉应急处置机制，将主动呼叫与被动接听有机结合，加强前端和前后台保障单位协同联动，并向一线充分授权，提升旅客投诉处置效能。针对新冠肺炎疫情下退票类投诉急剧上升，开展联合消峰共处理投诉超5000起，高效有序完成旅客投诉应急处置，及时反馈局方投诉系统，实现局方回函零超时。2021年7月郑州暴雨、10月兰州新冠肺炎疫情等发生时，西部航空公司旅客服务消峰团队通过官方微博、“95373”等渠道发布公告、引导旅客，微博50万余人关注，1000余人留言点赞，获得旅客好评。2021年累计局方投诉调解万分率0.15，累计局方首问万分率2.94，同比下降22%。

【破产重整】 2021年3月13日，海南省高级人民法院裁定对包含西部航空在内的海航集团有限公司等321家公司进行实质合并重整。10月31日，海南省高级人民法院裁定批准《海航集团有限公司等三百二十一家公司实质合并重整案重整计划》，西部航空公司破产重整成功。

（孟　朋）

·华夏航空股份有限公司·

【概况】 华夏航空股份有限公司（简称“华夏航空公司”）立足于支线航空商业模式的根基，与国内30余家干线航空公司通力合作，采用干支结合的模式，搭建起有效衔接骨干航线的全国性航空网络。大力发展通用航空短途运输，向中国支线的下一层级延伸，形成“干线—支线—通航”三网融合的航空立体网络。2021年10月，华夏航空公司党委经批准正式成立，党建工作进一步加强，有力推动公司高质量发展，为支线航空事业发展提供政治保证和组织保证。

【运行管理】 截至2021年底，华夏航空公司机队规模达59架，包括庞巴迪CRJ900机型38架、空客A320机型18架和国产ARJ21机型3架；开通航线142条，通航城市109个，其中支线航线占比99%。2021年航班正常率86.53%，始发正常率92.10%，执行率（含补班）98.64%，连续两年跻身中国品牌价值500强。

【基础建设】 2021年，华夏航空重庆基地飞机维修机库项目二期建设进展顺利。该项目于2021年3月28日开工建设，5月8日完成基础结构工程，9月8日完成辅楼主体结构工程。该项目位于重庆江北国际机场北侧隔离区内，建筑总面积20177.5平方米，总投资约1.98亿元，建成后可同时满足4架CRJ-900型客机或3架空客A320型客机同时维修作业。该项目系渝北区的重大招商项目，对弥补重庆在民航大修板块的行业空白、完善江北国际机场在航空维修方面的功能配套具有重要意义。

【支线航空发展】 华夏航空公司作为中国唯一专注支线航空客货运输的航空公司，致力于编织中国立体交通体系中最薄弱的部分。2021年，华夏航空产业研究院联合中国航空运输协会、中国民航高质量发展研究中心共同编制完成《中国支线城市航空通达性报告（2021）》，并在2021首届中国支线航空发展峰会上正式发布。该报告旨在完善城市航空通达性评价指标体系，真实展现当前城市航空通达性存在的短板，科学客观地评价航空运输对旅客出行体验、对城市竞争力提升的贡献，以便针对痛点与堵点精准施策，提升航空运输整体效率与质量。

【服务管理】 规范通航服务标准。2021年，华夏航空公司联合内蒙古机场集团启动全国首家标准化通程服务机场建设工作。深入贯彻实施民航“干支通、全网联”战略，狠抓《民航旅客中转便利化实施指南》通程航班五项服务标准落实，为偏远地区群众出行提供民航优质便利服务。旅客手持一张包含前后两段航班信息的“通程登机牌”，即可在机场完成登机，无须到中转柜台确认下一段行程，同时通过机场屏幕全程显示通程航班运行情况，方便通程旅客出行途中随时了解航班动态，有力推动整体转机效率大幅提升。

（陈芏霖）

·山东航空集团有限公司重庆分公司·

【概况】 2021年，山东航空集团有限公司重庆分公司（简称“山航重庆分公司”）有过夜飞机10架，共保障航班11605班，航班离到港正常率93.85%，放行正常率94.72%，首班正常率95.11%，关舱门符合率95.58%，靠桥率95.15%，快速过站成功率98.2%。保障重庆进出港旅客160.94万人次；旅客周转量是10779.48万吨公里，运输周转量11927.39万吨公里，货邮周转量1047.91万吨公里。保障安全飞行23398.69小时，未发生分公司责任原因一般差错（含）以上不安全事件、旅客群体性事件、空防及综合治理不安全事件。连续第4年获“重庆江北机场运管委先进单位”荣誉称号。

【安全监管】 结合2021年安全形势特点，深入开展安全专项检查，持续推进飞行兼职安全监察，有序保障安全运行，建立完善安全风险分级管控和隐患排查治理双重预防机制，促进安全从业人员工作作风养成能力提升和空地安全运行效能提升。制定《安全专项整治三年行动专班工作制度》，严格落实安全隐患排查治理机制，动态更新问题隐患、制度措施2个清单，实现问题隐患动态清零。动态更新风险管理专家组成员，组织开展专题培训。结合公司危险源风险评级方式变更，系统梳理分公司危险源库，有效防范安全风险。组织开展区域反诈骗培训和教育，提高全员防骗风险意识。全面修订安全绩效监测指标，提高预警工作的科学性与及时性。深入推进安全生产宣传咨询日、安全知识竞赛、百日安全倒计时活动，组织开展飞机发动机起火、货舱起火等突发事件应急演练，全面增强实战处置能力。

【运行管控】 严格落实新冠肺炎疫情防控要求和责任，每日滚动更新各机场疫情防控最新要求，及时在运行微信群发布提醒。开展进离港旅客健康信息查验，做好重点疫区和境外入境旅客座位安排、信息传递、转运交接。圆满完成疫情防控航班地面保障各项要求，杜绝因疫情原因延误航班。强化现场保障中各个环节的把关，加强对现场保障中安全、运行、服务各类风险管控，做好信息传递、天气预警、重要航行通告和危险天气等方面提醒，持续提高区域风险管控能力。强化分公司全员正点保障意识，有效管控早发航班起飞正常率和全国排名前20位航线正常率。深化“厚道服务”宣传，增强员工服务主动意识；优化特殊旅客保障流程，持续提升旅客乘机体验感，切实感受航空出行便利。

（张洪瑞）

·厦门航空有限公司重庆分公司·

【概况】 厦门航空有限公司重庆分公司（简称“厦航重庆分公司”）成立于2018年10月26日，是隶属厦门航空有限公司直接管理的非法人机构。2021年，厦航重庆分公司平稳有序推进新冠肺炎疫情防控、安全运行、提质增效等工作，圆满完成各项目标任务。截至2021年底，有过夜飞机7架，投入运力14架，共执行航班（含子公司河北航、江西航）11800班，出港航班正常率87.91%，运输旅客123.03万人次，完成货运量60491吨。

【安全管理】 强化“双‘三基’、增敬畏、抓作风”建设，夯实安全管理基础。持续以“双三基”（党建“三基”、民航“三基”）为核心抓手，实现“三年打基础、转作风、强管理”奋斗目标。强化责任落实。始终把安全工作当成头等大事，认真落实“党政同责、一岗双责”，全面加强安全绩效管理，完善分公司管理手册、安保方案及各部门岗位责任清单，构建层层负责、人人有责、各负其责的安全生产工作体系。强化风险防控能力。聚焦“双三基”建设，扎实开展“抓作风、强三基、守底线”安全整顿，深入实施安全专项整治三年行动，紧盯重点人、重点事、重点岗位、重要环节、重要敏感地区航班等关键点，查隐患、定措施、抓监管，靶向施策、精准防控，全年自查发现隐患问题累计16项，全面加强闭环管理，有效防控安全风险。强化地面代理人监管。抽调骨干成立代理人监管小组，优化代理人工作检查单和沟通机制，丰富视频和现场监察手段，加强对机坪运行关键环节的安全监督，强化跟踪落实整改，提高代理人服务品质。强化安全文化建设。持续开展“三个敬畏”宣传教育，以案例学习为突破口，完善作风问题负面清单和作风建设考核机制，推动“三个敬畏”入脑入心入行。组织职工安全学习累计6000余人次；以“安全生产月”为契机，扎实开展岗位练兵，创新推广安全知识挑战答题，营造安全文化良好氛围，实现安全生产形势持续稳定。

【市场经营】 积极应对新冠肺炎疫情下的市场环境，全力加强沟通调配运力，加强市场协调和主动营销，实现经营业绩稳中有升。利用春运加班、运力外放、夏秋和冬春换季的机会，相继新增、加班重庆及管辖机场至天津、拉萨、虹桥、福州、深圳等优质时刻19个，优化重庆至厦门、深圳、上海、天津、西宁等航班。推广“红色之旅”“国际、国内中转”，推出“易畅享”“夕阳红”等营销产品，开展“惊喜一鹭”“航空集市”等营销活动。抢抓货运，实现中转收益增长及货运收入和货量的同比双增长。

【运行服务】 深化服务品牌建设，持续开展“白鹭关怀行”“白鹭医教行”等营销服务活动，践行真情服务理念，圆满完成重要航班保障任务。加大航班协调力度，安排签派入驻重庆机场运管委，并因个人工作突出荣获“运行管理先进个人”荣誉称号。2021年9—10月在公司总部受疫情影响运力外放期间，重庆地区每日进出港航班从52架增至76班，过夜航班从6架增至11架，过夜机组达400余人，创重庆分公司历史记录。突出重点强化措施，全面加强航班保障、过夜机位、机务维修等各项工作，顺利完成运力外放期间各项服务保障任务。完善重庆维修基地的业务内容和人员配置，自2021年

1月15日起代理河北航航前、航后及排故任务，顺利完成外出排故。

【生产基地建设】 成立重庆生产基地搬迁工作领导小组，下设综合事务、安全评估、运行保障、品牌宣传4个专项小组，2021年12月底该基地一期工程完工投用，总建筑面积约3.3万平方米，厦航酒店管理公司、厦航国旅同步入驻，为厦航在西部战略发展奠定坚实基础。该基地由厦航投资建设，被重庆市政府纳入重点招商项目，自2019年8月开工建设，计划总投资10亿元以上，规划建设办公楼、出勤楼、地勤楼、飞机维修库、配餐楼、机务楼等，总建筑面积约7.7万平方米。

（凌　菲）

邮　政

·重庆市邮政管理局五分局·

【概况】 2021年，重庆市邮政管理局五分局（简称“重庆邮政管理五分局”）认真贯彻落实渝北区政府和市邮政管理局的各项工作部署，扎实推进各项工作取得积极成效，全区邮政快递业持续保持安全稳定、快速发展的势头，在维护社会稳定、确保安全生产、服务新冠肺炎疫情防控、解决人员就业、满足群众用邮、推动经济社会发展等方面做出积极贡献。截至2021年底，渝北区邮政快递从业人员共11870人，邮政快递企业为地方贡献税收约4800万元；2021年邮政行业业务总量32.05亿元，同比增长37.00%；邮政行业业务收入达31.73亿元，同比增长30.23%。

【“两进一出”工程】 2021年9月，渝北区政府印发实施《渝北区推进邮政快递业“两进一出”工程实施方案》，全面强化部门协作，细化工作举措，推进邮政快递业“两进一出”（进村、进厂、出海）工程目标任务落地落实。创新推动“快递进厂”。辖区快递企业全年寄递“方便小火锅”为主的自热食品3582.84万件，业务收入8939.67万元，承载销售产值3.8亿元；德邦、韵达等企业寄递制造业产品428.38万件，业务收入2868.71万元；临空电商智能仓配托管中心等4家仓储企业处理快件达5283.07万件。深入推进“快递进村”。实现全区173个建制村“快递进村”全覆盖，邮政全年寄递茨竹放牛坪梨、木耳乌牛村仙桃李、沐丰园番茄、统景脐橙等38个特色农特产品，总计66万余件，产生收入291.59万元。大力推动“快递出海”。支持邮政企业、国际快递业务经营企业加快邮政快递业“出海”步伐，督促指导渝北区18家经营国际快递业务企业进一步完善设施设备和内部管理制度，保障“快递出海”安全畅通。2021年，渝北区国际邮政互换中心累计出口540.42万件、进口186.06万件。其中，通过航空开展邮件跨境寄递业出口17.65万件、进口62.47万件。

【绿色邮政快递建设】 2021年渝北邮政快递业绿色发展扎实推进取得实效，“2582”工程提前完成工作指标。截至2021年底，新设包装废弃物回收装置邮政快递网点337个，新增新能源汽车71辆，电商快件不再二次包装率达84.5%。全年处罚生态环保类案件1起，开展生态环保业务培训3次，邮政快递企业生态环保主体责任意识明显增强。

【新冠肺炎疫情防控】 按照“应接尽接”要求，组织做好从业人员疫苗接种及常态化核酸检测。截至2021年底，全区11870名邮政快递业从业人员疫苗接种全部完成。加强新冠肺炎疫情防控工作对接，做到一旦发生紧急涉疫事件，能及时与地方相关部门沟通协调、有效应对处置。2021年，共处理渝北区涉疫快件事件3起，全区寄递渠道运行安全有序。

【安全生产监督管理】 全面落实安全生产监管属事责任，督促寄递企业严格落实安全生产主体责任，保障邮路安全。严格寄递渠道禁寄物品管控，组织企业定期开展实名收寄及收寄验视培训，加大实名稽查力度，结合快递业务经营许可实地核查，推动快递企业配备安检设备，截至2021年底渝北区快递企业实名信息化率达99%以上。扎实开展重要节点安全专项行动，圆满完成全国两会、庆祝中国共产党成立100周年、全运会、智博会、进博会等重要活动期间寄递渠道安全保障任务，全年出动执法人员220人次，检查寄递企业110家，发现问题隐患19处，下达责令改正通知书19份，全力保障寄递渠道安全畅通、行业稳定运行。

（常露倩）

·中国邮政集团有限公司重庆市渝北片区分公司·

【概况】 中国邮政集团有限公司重庆市渝北片区分公司（简称“中邮渝北片区分公司”）开办有国际（国内）邮件寄递、国内报刊发行、邮政汇兑、邮政储蓄、邮票和集邮品销售、机要通信、邮政物流、分销以及政务、税费、交管等代办业务。截至2021年末，中邮渝北片区分公司内设5个综合职能部门、2个市场经营部门、3个经营支撑部门和寄递事业部；下设3个主城区支局、5个农村支局；有61个邮政所、8个营业部。有从业人员470人、劳务承揽人员251人。全年实现业务收入3.86亿元，同比增长12.76%；实现营业利润7615万元；全口径人员劳动生产率35.97万元/人，同比提升12.06%。

【普遍服务】 2021年，中邮渝北片区分公司普遍服务指标全部达标，建制村通邮、党政机关《人民日报》当日见报率等指标达100%，用户申诉处理满意率持续保持100%。网点标准化建设持续深化，村邮站建设全面加强，村级电商物流配送站点建设上新台阶，建制村通邮服务质量进一步提升。高质量完成巡视邮件寄递工作，得到重庆邮政管理局书面表扬。

【乡村振兴】 大力拓展乡村电子商务渠道，提升乡村综合物流服务，着力构建以“县级仓储处理中心+镇级运营中心+村级便民服务站”为核心的三级物流体系，连接城乡两个市场，实现农村物流干线邮路乡镇全覆盖，农村物流揽投配送线路场镇和建制村全覆盖，推动工业品下乡进村和农产品出村进城流通时限明显提升。探索“政府+邮政+集体经济组织+渠道互用”助农合作模式。拓展渝北农产品销售渠道，承办茨竹梨花节、洛碛番茄节等会展项目5场，结合政府消费扶贫活动，为50余家企事业单位配送农副产品。与社区建立常态化蔬果配送合作关系，展销当地生鲜蔬果产品，全年销售农副产品96万斤，助农增收516万元。支持乡村振兴金融发展，协同地方政府举办20余场“送农技知识下乡、送贷款下乡”主题院坝会，发放贷款4268万元。打造乡村综合性服务，搭建寄递与销售“绿色通道”，开发乌牛村李子、石船葡萄、放牛坪梨子等农特产品项目，寄递生鲜水果达43万余件，助农增收超940万元。

【便民服务】 发展“政务+邮政”合作模式，方便群众“就近办、多点办、少跑路”。9个网点采取“一网通办”服务模式，开设政务服务；19个网点开办警邮业务，其中8个网点升级为警医邮网点，叠加办理体检类交管业务；53个网点开办税邮业务，全年代开发票2.68万张，代征税额955.8万元；新增、升级178个综合便民服务站，叠加包裹代投、水电费代收等功能，全年代投包裹6.32万件，便民缴费2.41万笔，供给合作社肥料约6000吨。

【基础管理】加强能力建设。投入资金1117万元，改造生产处理场地1个，投入使用到件扫描设备5台，新增燃油汽车5辆。改造网点10个、系统化转型网点6个，建成“邮快超市”251个。农村汽车投递乡镇覆盖率达65%。强化预算执行管控。以战略绩效为引领，邮务、邮政、速递账均超额完成利润目标。寄递收寄、投递、陆运运输、管理支撑四大环节成本全部达标。推进人才队伍建设。加强教育培训，优化人员配置，职业技能高级及以上持证率达33.38%；推行领导人员契约化、任期制管理。培育先进典型，一名劳务承揽人员荣获渝北区“五一劳动奖章”，入选“国家邮政局2021年度邮政行业技术能手推进计划”。

【安全生产】全面落实安全生产责任制，强化保障机要通信安全，实现机要通信连续29年“质量全红”。坚决服务新冠肺炎疫情防控工作大局，慎终如始抓好常态化新冠肺炎疫情防控，对涉及疫区的投递员开展全员筛查，为一线员工发放防疫药品及物资，全力确保企业平稳运行和员工身体健康。

（邓　雪）

通　信

·中国电信股份有限公司渝北分公司·

【概况】2021年，中国电信股份有限公司渝北分公司（简称“电信渝北分公司”）大力推动平安乡村、智慧社区等项目建设，加快推动“云改数转”战略转型，实现高质量规模发展。截至2021年底，内设市场部、集成中心等7个职能管理部门，下设回兴支局、双湖支局等24个支局，有员工297人，其中合同制员工167人、代管外包130人。2021年收入增长率10.61%，移动业务完成率104%，宽带业务完成率62.99%。

【客户服务】始终坚持以客户为中心，以“两深入、两服务”为抓手，持续强化“满意服务”品牌打造。建立“服务好不好，用户说了算”的评价体系，全面强化服务工作自我革新，持续优化全渠道服务质量。强化队伍能力建设，实施智家工程师综合画像，根据智家工程师的业绩和服务能力开展星级评定，全面加强智家工程师装维及时性规范性管控。2021年各项服务指标全部实现目标值，装移响应及时率、装移履约及时率、故障响应及时率、故障履约及时率、重复故障率、装维即时测评率、非常满意率指标全面完成。

【网络建设】持续推进渝北通信网络建设，全年完成基站建设323个。优化5G/4G网络建设，4G网优型建设成效明显，无线网络质量大幅提升；渝北城市及场镇光网建设基本完成，村委会所在地光网建设全部完成，建制村以下的组、队以及聚居点集中区域光网建设完成90%。圆满完成两会、元旦、春节、“七一”、智博会等重要时段的保障工作，全年未发生重大网络故障。

（凌　静）

·中国移动通信集团重庆有限公司渝北分公司·

【概况】2021年，中国移动通信集团重庆有限公司渝北分公司（简称“移动渝北分公司”）以习近平新时代中国特色社会主义思想为指导，深入学习贯彻党的十九大精神和党的十九届四中、五中全会精神以及中央经济工作会议精神，贯彻落实成渝地区双城经济圈建设重要战略部署，坚持稳中求进总基调，围绕“一个核心、CHBN全向发力、打好六大战役”的工作主线，主动服务支撑区域发展大局，更加有力地推进数智化转型，实现高质量发展。截至2021年末，设有综合办公室、建维部、集客部、销售部4

个部门，以及宝圣、回兴、双凤、西悦、空港、兴隆、石船、统景8个销售分局，有员工158人。

【网络建设】围绕网络强国、乡村振兴等战略方针，加快推进5G基站及农村宽带建设，全年建成5G基站348个，新建农村宽带资源1.8万户，截至2021年底渝北区域基站累计达6928个，其中5G基站1068个；累计建成宽带资源73万户线，其中农村30658户线，无线及有线规模进一步壮大，有力保障群众对移动网络的使用需求。全年完成国博中心展会以及其他突发事件应急保障任务共50余次，圆满实现零重大安全事故、零重大故障、零重大用户投诉的保障目标。

【集团发展】积极参与渝北区数字化、智慧化及大数据相关项目建设，为政企单位提供信息化应用建设和集成服务，参与龙溪、石船智能门禁、智慧城管二期、渝北区雪亮工程社会资源接入等项目建设。探索5G+行业应用，协助区内企业天实精工、德邦物流成功申报市5G工业互联网应用示范项目。利用信息化手段助力全区新冠肺炎疫情防控工作，快速高效保障渝北区体育馆方舱疫苗接种点通信建设，向社会各界群众发送新冠肺炎疫情防控公益短信400万余条，对1000余名新冠肺炎疫情防控工作人员实行通信费减免，全力助推渝北区新冠肺炎疫情防控工作取得实效。

（曾伶俐）

·中国联合网络通信有限公司重庆市渝北区分公司·

【概况】2021年，中国联合网络通信有限公司重庆市渝北区分公司（简称“联通渝北分公司”）坚持以习近平新时代中国特色社会主义思想为指引，准确把握中国联通新定位新战略，深入实施“1+8+2”战略规划体系和“价值创造提升年”行动，以持续增加收入为核心，以科学精准有效为导向，全面深化改革再进一步，加速数字化转型之路。按照统筹、产品和运营进一步整合市场资源，深入落实新发展理念，推动5G网络共建共享，推进提速降费，提升用户服务感知。截至2021年末，设4个职能部门、8个营销服务中心，有在编人员134人，其中本科及以上学历占比73%。

【网络建设】做实5G精品网。截至2021年末，5G网络实现城区室外、交通枢纽、政府、重点商超、高校、乡镇核心区域覆盖，站点规模达到1500余个，覆盖水平和用户感知速率明显提升，为双千兆的融合发展夯实网络基础。加强服务管控。强化首问责任制，狠抓投诉、申诉源头，完成网络安全隐患整治147处，移网平均中断时长降幅25.7%，固网片区下降30%，积极稳妥做好投诉处理人员的情感修复，促进客户服务质量和用户满意度大幅提高。强化应急保障。全力服务保障智博会、西洽会、英才会等重要经济社会活动，圆满完成各类重要应急通信保障任务52次。

【市场发展】以收入为导向，聚焦高质量、高价值用户发展，大力发展市场经营，实现2021年提质增效目标。全年主营收入2.08亿元，同比增长10.2%。全区光纤宽带覆盖规模超20万户，4G网络覆盖率提升至98%，5G加速覆盖商用，充分发挥政企客户数字化转型使能者的作用，积极参与数字政府、智慧城市、行业客户等重点领域的信息化建设，助力渝北区数字产业化和产业数字化转型取得明显成效，将渝北区智慧交通建设项目成功打造为分公司首个区级综合智慧交通平台，渝北区大盛镇青龙村智慧农业应用系统项目被树为全市智慧乡村项目标杆。

（张思思）

科教文旅卫

综　述

2021年，实施科技计划项目652个，科学技术总支出2.89亿元。科技型企业总量达4461家，国家高新技术企业总量达796家，61家科技企业在重庆OTC科创板挂牌。市级新型研发机构33家，其中新型高端研发机构达16家。全年发明专利授权数1626件，重庆市知识产权优势企业数8家。

2021年，全区拥有各级各类学校545所，其中普通中学49所、职业学校6所、小学86所、幼儿园403所、特殊教育学校1所。全年招生人数（不含两江直属区）为3.96万人，其中普通中学招生1.75万人、职业中学招生0.58万人、小学招生1.63万人。普通中学、职业中学、小学在校学生（不含两江直属区）分别为5.42万人、1.54万人、8.35万人，毕业生数（不含两江直属区）分别为1.7万人、0.49万人、1.06万人。学前教育在园幼儿（不含两江直属区）5.21万人。

年末，全区公共图书馆1个，图书总藏量114.41万册，借还图书29.49万册次；文物藏品17437件，藏品参观45.67万人次；广播综合覆盖率100%，电视综合覆盖率100%；全区规模以上文化及相关产业企业营业收入119.02亿元。

年内，渝北区创建五星级旅游饭店1家，四星级旅游饭店1家。成功引进华侨城，签约统景国际温泉度假区项目。龙兴古镇提档升级，铜锣山矿山公园一期开园，T23时装小镇等项目快速推进。全年旅游接待游客3409.26万人次，综合收入146.12亿元。

年末，全区拥有各级卫生机构884家，其中医院、卫生院61家，社区卫生服务中心（站）39家。卫生机构实有床位数7130张，其中医院、卫生院6744张。卫生技术人员10670人，其中执业医师3763人、执业助理医师560人、注册护士4991人、药剂人员411人、检验人员349人。

（伍丹妮　余　景　何　凡　黄圣杰）

自然科学

【概况】 2021年，全区R&D经费支出达到88.39亿元，万人有效发明专利拥有量达到24件。在市科技局发布的重庆科技创新指数报告中，渝北区连续五年排名第一。科技创新工作继续走在全市前列，国家高新技术企业、市级科技型企业、市级以上研发中心等多项指标名列全市前茅，在重庆科学院公布的《2020年度重庆市区域与行业科技竞争力评价报告》中排名第一。

【创新主体】 紧盯大数据、人工智能等前沿科技产业，推动传统企业转型升级，新培育市级科技型企业1556家、国家高新技术企业106家，总量分别达到4461家、796家，均保持全市第一。首讯科技唐毅带领的智慧交通技术研发与应用创新创业团队、广告产业园刘道锋带领的重庆创意公园超级创客中心运营团队被认定为2021年度重庆英才·创新创业示范团队。

【科技项目】 瞄准大数据、新能源汽车、人工智能等前沿技术方向，组织实施区科技专项62项，资金支持1530.5万元。重庆八中"平安校园和智慧课堂技术研发与应用"、天箭惯性"高精度MEMS陀螺仪角速率传感器研发与应用"等40余个项目获市科技局资金支持5000余万元。

【创新平台】 深化研发机构法人化改革，新培育9家市级新型研发机构，总量达到33家（占全市23%），其中新型高端研发机构达到16家（占全市37%）。鼓励孵化平台提档升级，新认定为市级孵化器3家，已分别建成市级、国家级众创空间7个、6个，分别建成市级、国家级科技型企业孵化器6个、2个，总建成面积达7.35万平方米。全力推动国家农高区创建工作，与中国农业大学、中国科学院微生物研究所等科研院所达成战略合作关系，加快推进重庆中药材快繁中心、草产业技术创新中心、玉米创新中心建设，启动宜机化及农业智能装备研究院建设。

【科技金融】 "种子、天使、风险、担保"四大科技基金规模达35.71亿元，累计为425家科技型中小企业融资32.8亿元。大力推行科技型企业知识价值信用贷款，据实补贴担保服务费，为326家企业发放知识价值信用贷款5.99亿元。

【创新环境】 选派72名市、区两级科技特派员开展科技服务，开展技术指导、咨询、培训等服务100余次。组织开展科普讲解比赛、科技活动周、科技下乡等活动6场，利用西部科技金融路演中心、众创空间等开展创新创业活动138场。组织企业参加全国创新创业大赛，区内7家企业获奖，报名数及获奖数全市排名第一。

【科技合作】 与广安市科技局签订战略合作协议，与重庆市科技局、广安市科技局共同举办"科研机构助力成渝地区双城经济圈建设行动启动仪式暨渝北—广安站技术对接与项目签约活动"，吸引重庆市53家科研机构和100余家企业进行项目对接，开展川渝产学研合作项目20余个，带动产值超2亿元。深化区县对口帮扶工作，协助云阳县引进重庆市中药资源创新中心等创新资源。支持"芸阳徐艾"科技示范基地建设、云阳县农产品质量安全检测平台试点建设等项目10万元。组织科技特派员到云阳开展中药材种植技术指导，推动渝北云阳科技企业互派3名职工挂职交流。

（伍丹妮）

社会科学

·党史研究·

【概况】 2021年，在区委坚强领导和市委党史研究室精心指导下，区委党史研究室牢固树立政治机关意识，坚持以习近平新时代中国特色社会主义思想为指导，全面贯彻落实党的十九大和十九届历次全会精神，深入学习贯彻习近平总书记关于党史和党史工作重要论述和重要指示批示精神，聚焦服务庆祝中国共产党成立100周年、开展党史学习教育两件大事，充分发挥专业职能优势，当好"研究员""宣传员""服务员""守门员""传播员"，以担当作为的实际行动，坚守初心、扛起责任、干出成绩、树立形象、积累经验、锻炼队伍，推动渝北党史事业取得新成绩、迈上新台阶。

【党史编研】 围绕建设渝北展览馆地方党史展厅和编写《图说渝北党史》《口述渝北党史》，系统收集整理党史资料，加快完善地方党史资料体系。编写完成《图说渝北党史》、《口述渝北党史》、《中共重庆市渝北区历史简明读本》（高中版、初中版、小学版）、《红岩英烈王朴》（连环画）、《区委执政纪实（2019年卷）》、《春风化雨话渝北〈重庆日报篇〉》等12本党史读本，为全区党史学习教育提供生动权威的学习教材。2017—2021年共推出党史著作37本（册）共计800余万字、党史题材影像片5部，《爱的行动——纪念中国战时儿童保育会成立80周年》荣获2016—2020年全国党史和文献部门优秀科研成果影视音像类作品二等奖。

【党史宣教】 打造党史展览精品，在区党代会、人民代表大会、政协会议期间分别推出“光辉历程，壮丽篇章——中共一大至十九大图片展览”“奋斗百年路，启航新征程——中国共产党渝北100年光辉历程展览”2部展览精品力作，并在全区100余个单位开展巡展，受众20万人次以上，得到社会各界的高度认可和充分肯定。构建宣传立体矩阵，联合区融媒体中心开设“党史春秋”专栏，刊发“渝北党史大事记”“渝北党史人物”，播放地方党史专题片。联合区委宣传部、区直机关工委、团区委等举办地方党史知识竞赛、党史百分百通关竞赛，开展“童心向党”“学四史，践初心”线上党史学习教育。1名同志入围区委宣讲团，用心用情开展党史宣讲，圆满完成宣讲任务。加强党史信息报送，积极为中央、市级主流媒体提供党史网络宣传工作信息，各类媒体采用40余篇，其中，中央电视台、重庆卫视《新闻联播》和《重庆日报》分别报道“渝北党史书屋”和红色资源保护利用情况。

【党史审读】 严把审读关口，先后为区委办、仙桃街道、大盛镇、重庆八中等单位提供权威专业的党史资料300余件，审核审读审看党史题材作品30余件10万余字。严把史实关口，及时更正中央电视台百集文献纪录片《山河岁月》第41集《烈火中永生》中涉及王朴烈士生前职务、入党地点、被捕时间等3处史实错误。

【基地建设】 立足巩固拓展党史学习教育成果，着眼推进党史学习教育常态化长效化要求，不断深化党史学习教育基地建设。新建近1000平方米的渝北展览馆地方党史展厅、南华中学党史校史馆和龙山路社区党史书屋，改造升级华蓥中学党史校史馆，积极助推仙桃王朴烈士陈列室、大盛张伦烈士纪念馆等基地建设，双凤桥、龙兴、文化馆等8个教育基地积极发挥作用。全力配合区文旅委、区退役军人事务局开展革命遗址遗迹的集中清理普查、保护利用工作，修缮石船小学革命遗址纪念碑。

（尹江君）

·地方志工作·

【概况】 2021年，区地方志编纂中心坚持以习近平新时代中国特色社会主义思想为指导，围绕服务渝北改革发展，聚焦修志编鉴主责主业，扎实推动地方志各项工作取得新进展新成效。

【志鉴编修】 区志编纂稳步推进。结合新冠肺炎疫情防控工作实际，采取书面评审方式，顺利完成《渝北区志（1995—2015）》区级评审，共收到编纂委员会23个成员单位反馈意见50余条，逐一研究吸纳完成修改完善，按程序上报市志办并顺利通过书面评审。年鉴出版质效提升。通过年初印发通知、按月督促指导、分块组稿编纂，切实做到启动时间早、责任落实细、工作措施实，全面完成《渝北年鉴（2021）》公开出版，有力巩固“一年一鉴、公开出版”成果。

【方志馆建设】 协助推进展馆布展设计实施，截至年底，“多馆合一”的渝北展览馆展厅布展基本完成，建筑总面积6000余平方米，其中地方志部分460平方米。配合完成办公用房分配调整，调整后，基本满足工作需要。主动作为统筹推进开馆准备，督促配合项目业主单位完成大楼工程建设和内部装修，及时跟进实施办公家具设计安装、智能化库房建设等，各项入驻筹备工作全面完成。

【地情服务】 立足“三围绕、三服务”，主动融入全区改革发展热潮，积极参与全区党史学习教育等重要活动重点工作，指导协助区级有关部门启动编纂《小康志》《脱贫攻坚志》《成渝地区双城经济圈建设年鉴》等志鉴，为区委、区政府及区级有关部门、单位查找、收集、提供大量翔实客观的史实资料，充分展示一百年来渝北区在党的领导下经济社会发展的光辉历程和重要成就。加强与全国各地地方志工作机构及市、区图书馆交流合作，收集入库《重庆历代方志集成》及《中国名镇志》《中国名村志》系列丛书等地情资料，馆藏资源极大丰富。完成每季度一期《渝北区大事记》编辑工作，全年共编印4期，总计8万余字，为各级各部门编修志书、存史资政提供第一手资料，向区内外有关单位和个人提供地情资料查阅服务1000余次。及时更新完善区政府门户网站“渝北方志”专栏，按时完成重庆市地情资料库资料审核报送。

【依法治志】 立足职能职责，深入宣传贯彻《地方志工作条例》，各级各单位依法修志意识普遍增强，“党委领导、政府主持、地方志工作机构组织实施、社会组织和力量积极参与”工作体制进一步巩固。强化业务指导，全年审定镇街志纲目1篇，累计编修出版各类志书93部。

（白小玉）

·档案工作·

【概况】 2021年，区档案馆围绕中心、服务大局，扎实开展各项档案工作，完成馆藏独生子女档案数据清理，在市档案馆民生档案共享平台挂接，渝北区独生子女档案在全市各区县档案馆均能查询；为共建社区建党史学习教育读书角，搭建起一个“读原著、学原文、悟原理”的教育阵地；公开档案查阅利用程序及制度，让群众了解档案馆馆藏民生档案种类、档案查阅利用服务范围、档案查阅利用程序等，提高群众满意度。

【培训指导】 认真贯彻落实习近平总书记关于档案工作的重要指示批示精神，按照“局统筹、馆承担”原则，承办2期全区档案综合业务知识培训，组织科室负责人走上讲台，共培训各立档单位档案人员300余人次；承办推进档案工作服务农村基层社会治理国家试点工作，圆满完成试点工作任务并高分通过国家档案局验收；深入各单位、镇街、村居开展档案业务指导240余人次，着力对新冠肺炎疫情防控档案、精准扶贫档案等重点档案的指导督促；参与对区属10个单位的汛期档案安全检查、20个单位的档案行政执法检查；推进三峡后续工作档案建设项目实施，完成三峡移民档案专库建设。

【新馆建设】 主动配合推进空港新城公司代建新综合档案馆建设项目相关工作，协调力促按照国家规范和功能使用需求高标准、高质量建设，达到国家对各级综合档案馆“五位一体”功能要求。区新综合档案馆库房容量能满足渝北区未来80年以上新增档案的存放需求，在面积规模、功能配置、设施设备完善等方面，均处于重庆市乃至西部地区同类型国家综合档案馆的先进序列。

【安全管理】 时刻树立档案“安全底线”意识，落实安全值守制度，实行24小时安全值守。严格落实档案库房“九防”措施和库房日常规范管理制度，定期开展安全大检查，确保档案实体、信息安全，全年未发生档案安全事故。在上海市档案馆异地安全备份档案信息数据14TB。

【数字档案馆建设】 争取区委、区政府制定并印发《渝北区创建国家级数字档案馆工作方案》，为创建工作提供坚强组织保障。年内，区档案馆完成馆藏档案数字化加工17002卷、350070件，扫描档案原文1032352页，促进馆藏档案数字化率超过90%。基本完成重庆市渝北区数字档案馆系统建设及设施设备集成项目实施，为创建“国家数字档案馆”打牢坚实基础。

【查阅利用】 全年接待到馆查阅群众4970人次，提供利用档案3900余卷、1.1万余件。做好全市“异地查档、跨馆服务”工作，为95名群众提供婚姻档案异地查询服务。参与市档案局庆祝中国共产党成立100周年主题宣传活动，精心选送的黄炎培职教救国梦和王家街道荣华村文书王明光的故事入选“百年追梦人”档案故事集；深入挖掘馆藏档案红色资源，以馆藏档案史料为素材，编辑《渝北档案参考》党史学习教育专辑12期。

（赵佳豪）

·社科联工作·

【概况】 2021年，渝北区社科联以习近平新时代中国特色社会主义思想为指导，聚焦庆祝中国共产党成立100周年，做理论宣传，办大型专题展览，服务全区党史学习教育。开展十九届六中全会精神学习宣传阐释，围绕渝北区委、区政府中心工作，顺利完成2021年智库项目立项和社科普及基地申报认定，社科工作迈上新台阶。

【理论宣传】 “理论麻辣烫”微信公众号全年推送理论热点图文、视频118期，深受干部群众欢迎。开展“学党史、讲理论、庆华诞”微宣讲视频展播活动，播出宣讲视频20个、访问量超75万人次。开通“理论麻辣烫”视频号，推送视频32期，播放量达120万次。组织开展渝北区“研究阐释党的十九届六中全会精神”专项项目研究。

【社科普及】 举办全市首个以“三线建设”为主题的“忆峥嵘岁月，传红色基因——三线建设在渝北历史展”，展出实物115件、图片216张，吸引40余万人次观展。举办渝北区2021年社科普及巡展，精选红岩英烈革命事迹暨重庆红岩英烈革命遗址遗迹55处、巴渝七十二行中的55个行当，设计图文展板110块，通过进广场、进社区、进学校、进网络，线上线下覆盖观众20多万人次。举办“奋斗百年路 启航新征程——中国共产党渝北100年光辉历程暨红岩英烈革命事迹遗迹展”，创新运用VR全景展示形式在“理论麻辣烫”微信公众号展示。联合区科协举办第四届渝北区公民科学素质大赛，遴选优秀选手和项目参加全市大赛并荣获冠军。联合区科协、区科技局等6家单位举办“科普日活动”，展出市社科联“社科5分钟”内容，该活动荣获“全国科普日优秀活动”。联合各单位、镇街、基地开展社科普及“五进”活动96场，将优秀传统文化、法律法规、传统中医药知识等送到百姓身边，惠及群众10余万人。首创《江竹筠在渝北》《张伦——热血洒渝北》连环画、短视频，并编印《江竹筠在渝北》《张伦——热血洒渝北》《三线建设在渝北》社科普及读本，供社科界内部学习交流。

【智库建设和项目】 率先在9个中心城区启动智库建设工作，召开全区智库建设工作会议，安排部署全区智库建设工作。成立渝北区智库建设工作领导小组。遴选聘用首批智库专家16名，推荐区政府专家顾问团专家3名。首次确立渝北区智库项目17项，力争出好成果为区委、区政府科学决策服务。与广安市、邻水县签订智库联盟框架协议，共同推进高竹新区改革发展研究。加强市级社科项目管理，推动4项市级社科规划“双基”项目顺利结项。

【阵地建设】 开展第三批区级人文社科普及基地申报认定工作，新增基地3个，基地总数达23个。推荐重庆巴渝民俗博物馆命名为市级人文社科普及基地。

（费银平）

教　育

【概况】 2021年，全区拥有各级各类学校545所，其中普通中学49所、职业学校6所、小学86所、幼儿园403所、特殊教育学校1所。有直属单位7个，包括区教师进修学院、区教育技术与装备中心、区中小学卫生保健所、区学生资助中心、区基建服务中心、区教育发展基金会、区质量监测与评估中心。全区有中小学生（含在园幼儿）共205388人，有在职教职员工19508人。全区学校占地面积4177236.84平方米，校舍面积3213666.06平方米，固定资产939348.4494万元（其中仪器设备53451.95517万元）。

【学前教育】 大力规范学前教育管理，出台《关于调整公办幼儿园保育教育费收费标准及增设延时保育费项目的通知》《关于做好渝北区2021年幼儿园招生工作的通知》，适时调整公办幼儿园收费项目及标准，科学规范幼儿园招生工作；规范开展保教活动，采取赛训结合，助推师资队伍专业成长。全年新增公办幼儿园（点）8所，利用6校搬迁扩建公办幼儿园2所，回购民办园举办为公办园2所，新增幼儿学位3540个；新审批普惠性民办幼儿园7所，引导转为普惠性民办幼儿园6所，新增普惠幼儿学位3480个。全区在园幼儿52124人，其中公办在园幼儿17303人、占比33.2%；普惠性在园幼儿43161人、普惠率为82.8%。现有示范园2所，优质园占比达74.03%，学前三年毛入园率100%。

【义务教育】 积极创建全国义务教育优质均衡发展区，全面落实“双减”和“五项管理”要求，全区义务教育阶段学校100%开展课后服务，师生参与率100%。全面实施教学督查制度，开展基础教育精品课遴选，评出小学市级精品课17节、初中市级精品课9节，向教育部推荐参评15节；农村中小学领雁工程优质课竞赛获一等奖1个，立项1个课程创新基地、4个教研工作坊。出台《渝北区2021年义务教育阶段学校招生方案》，首次实行“线上报名、线上信息比对审核、学校直接发放录取通知书”方式，优化招生审核程序、方便群众；民办义务教育学校采取登记注册方式直接录取，或计算机随机摇号派位；6所民办学校转设为公办，执行合法入读协议、相对划片及计算机随机摇号派位相结合的方式招生。三残儿童入学率达100%，义务教育阶段适龄儿童少年入学率100%、巩固率达到100%，初中升入普通高中学校升学率98.4%，初中升入高中阶段学校（普高、职高）毛入学率100%。全区中考联招上线3170人，指标到校录取2581人，普高录取298人，高中录取率为54.2%，高于全市平均水平。

【普通高中教育】 全区稳步提升高级完全中学校内涵发展，向市教委成功申报4门精品选修课程、3个课程创新基地、8个高中优秀学生社团、2个高中校本教研基地、2个新课程新教材实施市级示范校。全区进入“3+1+2”新高考改革模式第一年，为适应“三新高考”，区教委聘请市内外知名专家、名校名师对高三高考学科教师进行分学科专项培训指导；

全区高考裸分上特殊资格控制线（一本线）3343人，上线率达51%，其中重庆八中1346人；原区属7所高级完全中学裸分一本上线1997人，在连续4年年增长超100人基础上，是年猛增至371人；清华北大录取45人，其中重庆八中42人、南华中学1人、渝北中学2人；全区本科上线5537人，上线率为84.5%。

【中等职业教育】 全区认真落实职业教育改革实施方案，将统景职中整体并入渝北职业教育中心，完成渝北职教中心整体搬迁至龙兴。全区新增智能网联汽车维修、3D打印技术应用、无人机操控与维护等3个专业，超额完成招生7613人，毕业生就业率97%以上，学生“双证书”获取率达90%以上；参加高职分类考试本科上线率10.3%、专科上线率80%。狠抓技能大赛，师生共获国家级奖7项，其中一等奖3项；获市级奖48个，其中一等奖18个。成功申报国家“课程思政”示范项目和市级现代学徒制试点项目，汽车运用与维修、建筑工程施工、机电技术应用3个专业获批市级优质专业建设项目；校企合作示范项目、双基地建设项目、紧缺骨干专业和高水平骨干专业建设项目成功通过终期验收，编撰完成每所学校及区级中职教育质量报告。

【成人继续教育及社区教育】 区教师进修学院整体搬迁至渝航路228号，学院不断强化教育科研、教育教学指导和教师培训力度，教育服务水平得到有力提升。创新渝北电大开放发展思路，成功接受重庆广播电视大学教学实地检查和办学水平评估验收，获高度评价。大力发展社区教育，新增社区教育活动中心20个，培植社区教育特色课程（项目）15个，完成全区社区教育示范学习中心评选及挂牌工作，组织成渝双城社区教育联盟“五地六区”终身学习发展共同体、社区市民红色百年书画摄影网络联展等活动，启动市级特色课程、微课大赛、百姓学习之星和学习型团队的培育和申报工作。

【师资队伍建设】 出台《中小学、幼儿园教师师德负面清单（试行）》，健全师德师风建设长效机制；制定中小学教师减负清单，严格实行教师负担台账管理。开展向“时代楷模”王红旭同志和实验中学见义勇为教师黄建斌学习的活动，区委、区政府集中表彰30个教育工作先进集体、100名优秀个人。重庆八中张泽勇获国家“万人计划”教学名师称号，重庆八中周迎春入选重庆英才计划，重庆八中罗来莉荣获重庆市教书育人楷模称号，重庆八中周敦鸾、职教中心梁兴建等7人荣获重庆市特级教师称号。开展中小学有偿补课和教师违规收受礼品礼金问题专项整治工作，严肃查处教职工违纪违规行为，对7人进行严肃处理。落实义务教育“区管校聘”管理改革，出台《渝北区义务教育阶段教师“区管校聘”管理改革实施办法（试行）》；整合教育资源，撤并4所学校，成立3所公办幼儿园，为6所“民转公”学校专门制定增师计划。全年考核招聘应届优秀大学毕业生77人，引进优秀人才8人；分流超编学校教师210人，完成校际教师调动75人、交流17人，基本解决部分学校超编问题。启动中小学绩效工资改革，对7种类型岗位实行绩效工资单列考核；提高义务教育阶段教师待遇，实施新聘到街道和乡镇的基层学校的高校毕业生高定一级薪的工资政策，为全区959名教师一次性补发工资234万元。加强教师培养，全年开展培训项目13个，共培训干部教师7845人次；选派119名干部教师参加“国培计划”、选派49名干部教师参加市级培训计划；重新考核认定区级骨干教师367名，新成立12个特级教师工作室；开展各类教育教研活动113次，组织各类优质课大赛18次，参加市级及以上优质课大赛和教师基本功大赛获国家级一、二等奖6项，市级一、二等奖32项，完成市级科研课题立项57项。

【学校基本建设】 全年完成新（扩）建中小学8所，即职教中心、悦来中学、环雅小学、观月小学、龙兴实验小学、同茂小学、龙头寺小学及龙塔学校，新增学位24210个；推进在建项目11个，完成实验小学、实验三小、玫瑰城小学、长安锦绣小学及天一新城小学等提档升级项目5个，完成中小学（幼儿园）维修改造及排危项目52个；回购黄桷坪幼儿园（心海分园）1所，新建（含装饰装修、提档升级）幼儿园8所，新增公办幼儿园学位2340个；加快推进前期项目17个；完成金瓯理工国际项目配套幼儿园等13所幼儿园无偿移交协议签订工作。强化学校设施设备建设，为30余所中小学、20余所幼儿园共22个项目完成采购资金约6847万元，完成全区信息技术应用能力提升工程2.0培训和智慧教育暨数字乡村项目线下研修活动，成功创建中央电教馆国家级试验区。优化整合教育资源，撤并龙山中学、石鞋小学、明月学校、永庆小学等4所学校，对渝北职教中心、南华中学、实验中学、实验小学、实验三小及两路幼儿园等6所学校（幼儿园）进行整合搬迁，优化城区教育资源布局。

【教育民生】 大力推进“双减”工作落实落地，“五项管理”得到家长充分认可，全区义务教育阶段学校100%开展“5+2”课后服务，区财政投入1亿多元免费为学生提供第一个小时的课后服务，师生参与率100%，校外补课得到有效遏制，学生的作业量、作业时间和家长的负担明显减少；全面开展校外培训机构整治，对全区1031家培训机构开展清理摸排，查处违规办学机构38家，关停4家，处罚金额43万元；建立教育培训市场准入负面清单、培训机构黑白名单等制度，全年公告3批次，列入黑名单5家。开展学科类校外培训机构重新审核登记工作，原审批的学科类培训机构62家全部转型或注销；推进第三方预收费监管平台建设，开通“教培慧服务”微信小程序，保障家长合法权益。开通学校定制公交83条，全年政府补贴1000多万元，为城乡部分学生解决上放学不方便问题。推进特殊教育融合发展计划，按照“全覆盖、零拒绝”要求，全面解决随班就读残疾学生341人，实行“一人一案”送教上门150人。持续开展农村义务教育“控辍保学”专项行动，健全巩固“控辍保学”长效机制，严守“义务教育有保障”核心底线，精准落实各类资助资金6542万元（不含生源地信用助学贷款1332万元），惠及贫困家庭学生3万余名。扎实开展“公参民”学校整治，全区10所民办义务教育学校，有7所经整改由民办转设公办，其中龙湖花园巴蜀学校移交两江新区管理，3所学校符合“六独立”要求，继续民办；坚决禁止“公参民”增量，引导公办教师有序退出，严格规范招生，义务教育学校入学资格不得与楼盘销售挂钩，维护教育公平和群众利益。

【素质教育】 落实立德树人根本任务，推进学生德智体美劳全面发展，紧扣庆祝中国共产党成立100周年重大主线，扎实开展“四史”专题教育，精心策划组织一系列主题宣讲活动和“从小学党史·永远跟党走”“知史爱党·知史爱国”等主题教育，让广大青少年“听党话跟党走”，收到显著效果。全面提升青少年身体素质，成功举办全区教育系统田径、校园足球、乒乓球、啦啦操、武术、排球等7次区级运动会，顺利完成初中学业水平暨高中招生体育考试工作，成功新创建全国足球特色示范园1所、全国足球特色学校（含幼儿园）8所；组织参加全国性体育比赛获特等奖2项、冠军1项，参加市级各种运动会获各种奖254项，其中一等奖（含特等奖和冠军）136项。加强儿童青少年近视防控，在全市率先启动中小学生免费近视筛查工作，对14万余名学生建立电子化视力健康档案；创建市、区级近视防控特色学校各13所，近视率上升幅度低于全市平均增长水平。扎实开展学校传染病防控、校园食品安全、学校健康教育等工作，创建区级健康促进（示范）学校14所，参加学校卫生健康教育各类竞赛活动获市级以上奖45项。加强美育和国防教育工作，出台学生艺术素质测评方案（试行），创新发展“互联网+”新形式，形成以创新评价手段助推学校美育工作健康发展的新模式。举行全区艺术展演系列活动，组织参加市级以上各种美育艺术展演活动获二等以上奖198项，其中国家级奖8项，先后成功创建国家、市、区级中华优秀传统文化传承及美育艺术特色基地学校50所；加强学生国防教育，组织开展军事训练，推进学生军训基地建设。加强新时代中小学劳动教育，出台《关于加强中小学劳动教育的实施方案》，各学校结合实际，开展以“传承中华民族传统美德，做新时代劳动者”和“我劳动·我快乐”等为主题的系列教育活动，创建一批劳动教育实践基地和劳动教育特色学校。加强科技环保工作，开展绿色学校创建行动和环境教育优质课大赛，全区绿色学校达标率达到40%，促进学校生活垃圾分类工作；参加全市第36届青少年科技创新大赛并获奖116项；全年获评小科学家2名、小发明家5名、科技小能手5名，有2人分别获批青少年科技创新市长奖和提名奖，各10名学生分获科技创新区长奖和提名奖。加强语言文字工作，完成全区所有学校语言文字工作达标建设，举办渝北区第七届中华经典诵写讲大赛，参加国家、市级经典诵写讲大赛，获国家级一等奖1个、市级一等奖3个，语言文字科研课题获市级立项1个，语言文字工作经验在全市交流。

（余　景）

【考试】 全区共有11284人报名参加3月高职分类考试和6月普通高考，其中物理类4235人、历史类3332人、高职对口2967人、中职直升726人、单考单招24人。各类普通高校共录取10604人（不含扩招），分别在3月高职分类考试中录取4080人，在6月普通高考中录取6524人。其中，6月本科提前批录取182人，占录取总数的1.7%；本科批录取4634人，占录取总数的43.7%；高职专科提前批录取36人，占录取总数的0.3%；高职专科批录取853人，占录取总数的8%；强基计划录取9人；飞行技术录取20人；体育单独批录取32人；体育本科批录取29人；体育高职专科批录取10人；艺术本科提前批录取95人；艺术本科批A段录取449人；艺术本科批B段录取46人；艺术专科批录取106人；高水平运动队（本科批）录取17人；高水平艺术团（本科批）录取2人；消防单招录取1人；残疾单招专科批录取1人；香港高校自主招生录取2人。3月高职分类专科批录取2988人，占录取总数的28.2%；专本贯通批录取232人，占录取总数的2.2%；应用型本科批录取136人，占录取总数的1.3%；中职直升本科批录取62人，占录取总数的0.6%；中职直升专科批录取662人，占录取总数的6.2%。全区共有2247人报名参加成人高考，其中专升本1035人、文科411人、理科781人、免试20人，共录取1935人。全区自学考试报名总人数为11938人次，27531科次，其中新生人数1191人。全区共有23075人报名参加高中学业水平考试，参考86050科次。组织硕士研究生报名考试4123人。全年组织教师资格笔试报名考试10679人，面试报名考试2613人。

【新冠肺炎疫情防控】 在常态化疫情防控形势下，教育部要求不因疫情影响考试、不因考试引发疫情蔓延。根据各考点实际情况，考前摸排，运用大数据摸排可能存在的风险，会同相关部门分析研判疫情防控形势，细化应急处置预案，配备足够的备用隔离考场和隔离通道，配齐防疫物资，确保正常开考。考中严格管理，按照防疫要求，严把入场检查关，所有考生必须提供一证明两码、测量体温、佩戴口罩，做好防护。考后注重消毒，既对考场环境进行消杀，也对进入隔离考场的试卷进行消毒，确保考生和考务人员的身体健康和生命安全。高考生体检期间，渝北区采取“送检到校”模式，为全区

1.2万名高考生和22个报名点学校提供便捷的体检服务，减少考生往返体检过程中的交通安全问题，缩短体检占用的时间和人员聚集时间，进一步减轻体检工作对考生复习备考的影响。

【普通高考综合改革】 重庆市作为全国第三批启动高考综合改革的8个省市之一，2021年整体实施全面落地。自2021年起，普通高校统一招生依据全国统一考试和普通高中学业水平考试成绩、参考综合素质评价进行录取。根据教育部和重庆市普通高考综合改革方案要求，进一步加强组织领导，落实基础保障，稳妥推进选科专班、职业生涯规划，严格规范管理，做好政策宣传和培训，全区高考综合改革平稳推进、成效明显。

（张宗生）

体　育

【概况】 重庆市渝北区体育事业发展中心是区文化旅游委下设正处级事业单位。2021年，区体育中心快步推进体育事业发展，强力推进公共体育设施建设，建成一大批群众身边的健身场地和设施；大力倡导市民健康行为意识，广泛开展群众体育活动，狠抓群众体育和竞技体育协调发展，有力提升渝北公共体育服务综合水平。

【群众体育】 举办区第四届迎春登山比赛、区第十二届中年男子篮球赛、国际象棋公开赛暨渝北区国际象棋等级赛、区庆党百年华诞机关干部职工钓鱼比赛、“全民健身月”渝北柔力球交流展示赛、2021年“奔跑吧·少年”儿童青少年主题健身活动暨儿童青少年生长发育基础运动能力评估活动等区级有规模的全民健身赛事活动，承办市健力健美比赛、市第四届老年人运动会太极拳（剑）比赛等市级全民健身赛事活动。组织举办2021年渝北区体育健身技能培训暨社会体育指导员培训班、“武术进校园”体育骨干教师培训班、区篮球裁判员培训班等，培训总人数达700余人。

【公共体育服务体系建设】 全区有全民健身辅导站点84个，市、区级社区健身点59个。注册在区的一级运动员39人、二级运动员226人、三级运动员4人；社会体育指导员3546人，其中国家级社会体育员14人、一级社会体育员110人、二级社会体育员952人、三级社会体育员2470人；等级裁判员720人，其中国际级裁判员1人、国家级裁判员18人、一级裁判员51人、二级裁判员203人、三级裁判员447人。全区有区体育总会、区老年人体育协会、区武术协会、区篮球协会、区门球协会、区游泳协会、区足球协会、区轮滑协会、区信鸽协会、区国际象棋协会、区围棋协会、区柔力球协会、区跆拳道协会、区羽毛球协会、区网球协会、区钓鱼运动协会、区乒乓球协会、区长跑协会、区滑雪协会、区健身瑜伽协会、区象棋协会、区体育舞蹈协会共22个体育社团，拥有会员数超10万余人。拥有武术段位制人员2178人，其中高段位7人、中段位32人、初段位2139人。建有国民体质监测站21个，注册好体育人志愿者824人，是年全区国民体质抽检3000人，合格率94.3%。

【竞技体育】 组队参加各级各类赛事，获得市级金牌103枚、银牌83枚、铜牌93枚（含市运会）；获得国家级银牌2枚。

【青少年体育】 审批通过20个区级后备人才单项训练基地，并给予资金补助。加派专业教练到暨华中学、两江中学、空港实验小学、空港新城小学、龙山中学、渝北实验小学、兴隆小学、立人小学等学校进行武术、足球、篮球、田径、射箭、羽毛球、跆拳道等项目的指导。

【体育产业】 克服新冠肺炎疫情影响，继续落实扶持措施，帮助体育企业特别是中小微企业纾困解难；深化“放管服”改革，精简行政审批事项和流程，加强事中事后监管，不断优化服务，着力激发市场活力；深化体育产业体制机制创新，优化体育产业发展环境，持续完善体育产业信息平台、资源交易平台和金融支持平台；积极发展体育彩票，实现体彩销量3.38亿元，同比增幅59.19%，在售渠道310个，渠道规模再创历史新高。

（许言杰）

文　化

·综述·

【概况】 2021年，渝北文化工作坚持以习近平新时代中国特色社会主义思想为指导，深入贯彻落实党的十九大和十九届历次全会精神，围绕开局“十四五”，突出中国共产党成立100周年主题，以建成文化强区为目标，全力提升文化软实力。全年文化产业增加值占地区生产总值比重达到4.2%，文化考核排名全市第一。

【公共文化服务阵地建设】 建成开放西南唯一、全国少有的专门民俗行当展陈馆——“巴蜀七十二行”雕塑馆，成为渝北文化新地标。提档升级基层综合文化服务中心17个，新建图文分馆5个，打造“城市书房”“文化驿站”等新型文化空间12个；兴隆镇牛皇村积极创建文化和旅游公共服务机构功能融合示范点，获得2021长三角及全国部分城市最美公共文化空间大赛“美丽乡村文化空间”优秀案例。探索乡村文化旅游融合发展路径，新建乡村文化振兴示范点12个、乡情陈列馆4个，打造“一村一品”特色文化品牌活动5个，公共文化服务阵地优势进一步凸显。

【群众文化活动】 持续深化“文以载道”文化品牌影响，举办第六期渝北区干部职工文化艺术培训，参训人员1477人，累计创作书法、美术、摄影等艺术作品500余件；广泛开展惠民群众文化活动，全年开展戏曲进校园、进乡村等群众文化活动1500余场次；围绕重大节庆时间节点，组织开展专题特色活动近200场次。

【文化产业发展】 建成1个国家级产业园、1个市级文化产业园区、4个市级重点文化产业基地，广告产业园入驻企业700余家，从业人员1.5万余人，园区全年产值超50亿元。全年文化产业增加值90亿元。

【文化遗产保护】 完成全区40个（42处地点）区级文物保护单位保护范围和建设控制地带划定，市级文物保护单位龙兴龙藏宫保护方案编制和审批，张伦烈士殉难处、石船小学革命遗址纪念碑等文物得到保护修缮，启动实施馆藏珍贵文物、龙兴糖坊湾民居迁移保护等文保修复项目，组织开展全区专项文物调查，核定公布不可移动革命文物6处，登录石窟寺文物9处。开展非遗项目影像信息采集工作，拍摄非遗系列宣传片17部，完成77个非遗项目照片信息采集。

【“庆祝中国共产党成立100周年”系列文化活动】 策划开展“永远跟党走”百场演出、百件书法、百首诗词、百件摄影、百幅绘画“五个一百”文艺展演活动，展示诗词、美术、摄影作品3000余件；组织开展“唱支山歌给党听”群众歌咏活动、渝北区庆祝中国共产党成立100周年合唱音乐会；承办“第十二届重庆市美术书法摄影作品联展”、我们向太阳“红岩少年”阅读大赛等市级重大活动。

【文化市场管理】 组织开展文化市场专项整治、“百日攻坚”保障等行动，立案查处违法违规经营场所18家，停业整顿13家次，整治噪声扰民8家，查处违法违规经营出版印刷企业11家，收缴违法出版物1000余册。

（何 凡）

· 文联 ·

【概况】 2021年，区文联以习近平新时代中国特色社会主义思想为指导，全面贯彻落实党的十九大和十九届历次全会精神，以及习近平总书记关于宣传思想工作、文化文艺工作和群团工作的重要论述和对重庆提出的系列重要指示精神，以庆祝中国共产党成立100周年为主线，着力营造共庆百年华诞、共创历史伟业的浓厚氛围，深耕厚植社会主义核心价值观，开展一系列有影响、有实效的文艺活动，各艺术门类创作出一大批思想性、艺术性、观赏性俱佳的作品，文艺队伍充满生机，自身建设不断加强，文化强区建设不断深化。

【组织管理】 一是加强奖励扶持。严格按照《重庆市渝北区文艺创作奖励扶持暂行办法》对优秀作品、文学艺术项目和名家工作室实施奖励扶持，全年奖励优秀作品36件（其中国家级优秀作品3件），扶持文艺项目10个，扶持名家工作室2个。对《重庆市渝北区文艺创作奖励扶持暂行办法》进行中期修改。二是庆祝中国共产党成立100周年文艺精品创作和系列活动精彩纷呈。重点打造的舞台剧《杨闇公》完成成都、重庆公演，获得第四届重庆青年戏剧演出季优秀剧演剧目。小品《两千两黄金》于7月中旬在重庆大剧院公演。专题创作的音乐作品《红红的幸福》《共产党人》激荡心灵、感人至深。丝网版画《周恩来在重庆》、中国画《太行山上的黎明静悄悄》、书法《喷薄的红》、剪纸《毛泽东在重庆》等作品展现出新时代人民群众奋发向上的精神面貌。举办“庆祝建党100周年 · 红色足迹 · 巴山蜀水长征路”第五届川渝中国画名家写生作品展。联合市民协举办“百年风华，百花齐放——庆祝中国共产党成立100周年民间工艺主题创作展”，联合区文化旅游委等举办《永远跟党走——渝北区庆祝中国共产党成立100周年100场演出活动实施方案》等“五个一百”文艺展演系列活动，联合川渝“两江流域”文艺联盟开展“两江文脉 · 红色巴蜀”文艺采风创作交流活动，联合成都德阳眉山资阳举办“百年绘辉煌，百星耀双城”重庆成都五区市县书法美术优秀作品展等活动。举办“百年圆梦 · 渝北区庆祝建党100周年文学作品征文活动”，编撰《庆祝中国共产党成立100周年渝北区优秀文学作品集》。三是助力双城经济圈建设。成立川渝“两江流域”文艺联盟，由长江、嘉陵江流域四川、重庆境内共21个区县文联共同组建，推进两地实现优势互补、资源共享、合作共赢。成功举办“见证小康 · 双城印象——第四届‘巴山蜀水’中国画论坛暨名家作品展”交流活动，邀请川渝两地艺术家到重庆市渝北区、四川省成都市乡村写生交流，“巴山蜀水”中国画论坛暨名家作品展项目荣获重庆市2020年度基层文联十佳特色品牌；联合举办“‘绘就双城记，抒写巴蜀情’——眉山 · 渝北百名书画家作品展”、首届川渝长江嘉陵江流域文艺联盟美术名家作品联展、“双城记——渝北 · 华蓥两地‘巴蜀情怀’书法联展”，应邀参与“和光水色——成都 · 重庆当代水彩画作品邀请展”。四是积极参与文化大区建设。作协举办“花好月圆 · 中国梦圆——庆祝中国共产党百周年华诞暨渝北作协第七届中秋诗会”、“2021年端午诗会”沙龙活动、“百年梦圆 · 渝北区庆祝建党100周年原创诗歌朗诵会”。美协举办“牢记使命”重庆市渝北区第九届渝北区美术作品展（中国画）、“向心 · 向生”第二届中国画小品展、“流水行云”第3季——视域水彩画邀请展、“绘大美渝北·庆百年华诞”重庆市渝北区第十届美术作品展。书协举办“双城记——渝北·广安两地‘巴蜀情怀’书法作品主题交流展”“渝北区第三届妇女书法展”“家和远方·巾帼添彩——渝北区庆祝建党100周年暨首届百名妇女书法作品展”“永远跟党走——重庆市主城九区书画作品联展”。摄影家协会举办“影绘千盏”摄影采风创作暨展览活动、统景镇印盒村摄影采风创作活动、“庆丰收·感党恩”渝北中国农民丰收节庆祝活动现场采风创作活动。音乐家协会举办赵晓梅独唱音乐会，参与承办渝北区庆祝中国共产党成立100周年镇街“唱支山歌给党听”歌咏比赛。舞蹈家协会参与承办“我们的节日”——春节、端午节、重阳节等系列文艺活动及2021年渝北区新春文艺演出、巴渝民俗（非遗）展演、学史践行·情暖桑榆——庆祝中国共产党成立100周年爱老敬老志愿服务活动等50余场文艺演出。戏剧家协会为市委办公厅“庆百年华诞、讲党史故事”文艺演出创作并编排故事剧《红色家风代代传》，为市委宣传部“永远跟党走”文艺演出创作情景剧《我们不会忘记》，为渝北区庆祝中国共产党成立100周年创作编排情景朗诵《我们都是共产党员》。老年诗书画研究会举办“铭党恩，跟党走”诗书画影作品展、“感党恩、庆国庆、话重阳”书画影作品展。

【文艺精品创作】 在第九届重庆文学和艺术奖评选中，那森（熊令）的短篇小说《父亲的彩虹》获得第九届重庆文学奖；凌承纬的著作《刀与笔的战斗》、任健康的剪纸《深情的目光》获得第九届重庆艺术奖；彭茂琳被评为重庆市德艺双馨文艺工作者。美术方面：《刀与笔的战斗——抗战大后方美术史研究》在市文联举行出版座谈会，该作品填补中国近现代美术史研究的空白；出版美术史著作《中国抗战大后方版画运动史》；3人在“庆祝中国共产党成立100周年第八届重庆市美术作品展”中荣获二等奖、三等奖、优秀奖（各1名），20余件美术作品入选；3人在“第二十届重庆市美术书法摄影作品联展”中分别荣获一、二、三等奖，20余人作品入展；“时代之光——第五届全国油画展”3人作品入选；“第四届邮驿路·运河情全国中国画、油画作品展”2人作品入选；“品真格物·第二届全国青年工笔画作品展”“第二十四届全国版画作品展”“新兴版画90周年全国版画作品展”各1人作品入选，“全国2021名家精品迎新特展”“百花向阳——2021全国花鸟画作品展”“全面建成小康社会暨第二届‘香凝如故’全国美术作品展”各1人作品入选。书法方面：国家级展览中，“伟业：庆祝中国共产党成立100周年书法大展”2人作品入选；“第九届中国书坛新人新作展览”“全国第五届青年书法篆刻作品展览”各1人作品入选；“全国第五届正体书法作品展览”2人作品入选；“‘书圣故里·中国临沂’中国书法临书大会”1人作品入选。市级展览中，“重庆市第三届临帖书法（篆刻）展”“重庆市第十一届书法篆刻作品展”“永远跟党走——百年风华·重庆市篆刻作品展”“脱贫攻坚书法展暨重庆市第二届群众书法作品展”“墨润忠州·第十届全国中小学教师书法作品展”等活动有8人获奖，45人次作品入选。音乐方面：音乐作品《村头那棵黄桷树》获“我为春晚献首歌2022全民春晚选拔优秀原创作品”优秀作品奖，并荣获专家评审奖铜奖；《我是消防员》荣获“军民鱼水情大型原创词曲作品电视网络大赛”专家评审亚军。舞蹈方面：舞蹈《山水渝北梨花香》在“永远跟党走2021——欢跃四季·舞动山城重庆市广场舞展演”中获得优美队伍称号（二等奖），舞蹈《灯火里的中国》荣获优秀队伍称号（三等奖）；舞蹈《青山村》荣获重庆市第九届中小学生艺术展演活动舞蹈类小学组一等奖，并被推荐参加全国中小学生展演活动，舞蹈《星·火》荣获中学组一等奖，并入围第十九届全国群星奖重庆选拔活动（舞蹈类）决赛；舞蹈

《清风·子虬》入围第十九届全国群星奖重庆选拔活动（舞蹈类）决赛。戏剧方面：谐剧《我爸是我爸》入围第19届群星奖重庆赛区重点打造剧目。

【人才培养】 书法家协会发展区级新会员20名、培养市级书协会员7名、中书协会员1名；作家协会发展区级新会员22名，培养市级作协会员1名；摄影家协会发展区级新会员13名。举办“华万里诗歌高研班”第二期，多人在全国诗歌刊物发表作品200余首；举办“陈航中国画高研班”第二期，20余名中国画学员实力得到大幅度提升，学员龙勤国获得加入中国美术家协会资格；举办“金像奖高研班”第四期，选送摄影创作骨干60余人参训。举办“渝北文学艺术创作讲座”10场，其中作协5场、摄协2场、民间文艺家协会1场、老年诗书画研究会2场。

【惠民活动】 精心组织开展文艺志愿服务活动，促进人民群众精神文化生活更加健康丰富。扎实开展“三下乡、四进社区”“送欢乐下基层”“红色文艺轻骑兵”等一系列文艺惠民活动，开展优秀传统文化进校园活动。书协开展送万“福”进万家下基层公益活动，翰墨书香润家风等活动；舞协开展志愿者“进社区、进校园”主题实践活动；摄协开展“送全家福活动”，组织摄影家深入村社开展义务摄影活动。

（解　勇）

新闻传媒

【概况】 重庆市渝北区融媒体中心（简称“区融媒体中心”）于2019年10月16日正式挂牌成立，选址原区广电台大楼为中心办公大楼，全媒体采编模式初步形成。区融媒体中心内设办公室、总编室、全媒体策划部、全媒体采访部、人事部、计财部、报刊工作部、广播电视新闻部、电视专题部、手机报（台）工作部、App工作部、微信微博工作部、技术部、媒体运营部等14个内设机构。

【媒体融合】 2021年，区融媒体中心整合“报、台、网、端、微”资源，开办“渝北掌媒”App、渝北手机报、渝北手机台、“渝北发布”微博、“渝北发布”微信公众号、“文明渝北”微信公众号、渝北网、渝北融媒体抖音号、渝北融媒体视频号、渝北数字报、重庆临空之城Twitter和Facebook账号、iChongqing渝北频道等新媒体网络平台12个，《渝北时报》、渝北电视台、渝北人民广播电台等传统媒体，打破原有平台界限，将新闻“三审三校”制度与“数智融媒”有机结合起来，运用“数智融媒”实质性开展选题汇集、记者调度、素材采编、文稿撰写、节目制作、内容审核、内容发布等，建立起适合报纸、电视和网络新媒体的“策、采、编、发、存、评”工作流程，形成“一体策划、一次采集、多种产品、多媒传播”的现代传播格局，避免各自为战，分散媒体资源，形成强大的凝聚力和影响力。

【庆祝中国共产党成立100周年主题宣传】 年初制定大型全媒体宣传策划方案，将庆祝中国共产党成立100周年的宣传贯穿全年。开设“奋斗百年路　启航新征程”的主专栏，根据15个宣传平台的传播特点，开设不同类别的子专栏，相继策划“寻访红色印记”“时光轴上党旗红”“渝北党史知识有奖竞答”“颂歌献给亲爱的党”“百姓话里感党恩”“党史春秋”等子栏目。截至12月底，中心15个媒体平台共刊发相关稿件2000余条，为热烈庆祝中国共产党成立100周年营造浓厚氛围。

【媒体宣传】 “渝北掌媒”App发布的《紧急追踪、现场采样、检测病毒……镜头带你直击现场！》《视频|严防死守！渝北有序开展大规模核酸检测，向你们致敬！》，以及渝北融媒体抖音号发布的《高速

执法部门开展联合行动，整治非法运营违法行为》等稿件浏览量均突破百万。配合清明节、劳动节等节日，精心制作《缅怀革命英烈，传承红色基因》《渝北十二时辰·致敬新时代的劳动者（H5）》等新媒体产品，鼓舞全区干部群众奋进新时代、迈进新征程，其中《渝北十二时辰·致敬新时代的劳动者（H5）》入围“2021中国正能量五个一百网络精品”。《渝北时报》编辑出版247期、《渝北新闻》播出新闻约260期3650余条，“渝北发布”微信公众号发布推文近3000条。完成机构改革后，广播电视道频率重新审核，顺利通过评审，取得“广播电视频道许可证”。新开通“渝北融媒”视频号，移动传播矩阵进一步丰富。区融媒体中心充分发挥各平台融合传播的功能作用，结合贯彻落实习近平新时代中国特色社会主义思想、党史学习教育、防控新冠肺炎疫情、助力乡村振兴等重大主题，及时准确传递党和政府声音，立足本地主流媒体定位，权威发布时政新闻。《中共重庆市渝北区委常委会关于做到“十个带头”的公开承诺》等推文收获较高点击率、转发率。区融媒体中心坚持围绕中心、服务大局，协调安排记者深入基层一线，全面生动地向全市、全国观众展现渝北区经济社会发展中的新成效、新亮点。在重庆电视台新闻中心、《重庆新闻联播》上稿690余条，两级媒体上稿量均居全市各区县第一名；在中央电视台各栏目共计上稿130多条，其中央视《新闻联播》16条。结合党史学习教育和“我为群众办实事”实践活动，在中央电视台《新闻联播》以单条新闻形式播出的《奋斗百年路　启航新征程·小康梦圆——重庆：幸福养老，让城市更有温度》，反映渝北区社区居家养老工作，时长1分47秒，同时该条新闻也在央视《焦点访谈》中播出，在服务发展大局和提升渝北形象中发挥积极作用。

（李姗姗）

旅　游

【概况】 2021年，渝北旅游工作坚持以习近平新时代中国特色社会主义思想为指导，深入贯彻落实党的十九大和十九届历次全会精神，围绕开局“十四五”，突出中国共产党成立100周年主题，围绕临空经济示范区建设，全速打造旅游升级版，推动文化和旅游高质量融合发展。全年旅游产业增加值比重超过4.7%。

【旅游产业发展】 创建五星级旅游饭店1家、四星级旅游饭店1家。统筹推进重点文旅项目建设，成功引进华侨城，签约统景国际温泉度假区项目。启动龙兴古镇提档升级，铜锣山矿山公园一期开园迎客，T23时装小镇等项目快速推进。大力发展旅游民宿，成立民宿产业协会，建成“慢屋·青麦”，启动“廖家大院”“白云·粮宿”“天池·是何年”“玉峰酒煮”等高端民宿建设。全年旅游接待游客3409.26万人次，综合收入146.12亿元。

【旅游宣传】 连续3期在国航班机专刊《中国之翼》投放渝北文旅宣传信息，渝北电子旅游地图上线，实现全区180个文旅点位信息快速索引。结合疫情防控大背景，深挖用活渝北“五线十二景”资源，推出60余条渝北特色主题线路，树立渝北“主城周边游　渝北好风光”的旅游目的地形象。渝北文旅委获2021“重庆好礼”旅游商品大赛优秀组织奖，原木如意拼花梳子、毛哥礼盒分获大赛铜奖，并入围重庆外事礼品。

【成渝地区双城经济圈建设】 深度对接眉山、广安、广元、双流、德阳等地，共建融合发展友好城市，开展联展联销联谊互动活动，共推川渝红色旅游、生态康养、历史文化等区域旅游主题线路11

条。开通“社保卡川渝阅读一卡通”项目，实现川渝两地读者通过居民社会保障卡完成图书通借通还服务。加强公共服务对接交流，深度开展联展等活动，组织参加重庆市委宣传部、四川省委宣传部举办“人民的信仰”川渝阅读之星诵读大赛，渝北选手秦轩荣获个人总决赛、组合赛总决赛2项大奖。

【矿山公园】 矿山公园（一期）5个矿坑、2200亩于6月25日正式开园，开通了小火车、餐车等特色服务，同步推出矿山文创产品，全年累计接待游客约50万人次，峰值日2.6万人次，吸纳周边村民200余人就业和创业，人均增收约2万元。生态修复项目成功入选《联合国生物多样性大会典型案例》《中国生态修复典型案例集》。

【龙兴古镇】 对标国家AAAA级旅游景区标准，全面推进龙兴古镇“1街5巷41节点”改造任务。经龙兴古镇建设指挥部第2次领导小组审议，明确本项目采用EPC建设模式以及综合评估法招标方式。截至2021年底，完成中标候选人公示，并配合区发改委开展投诉受理工作。在区水利局支持下，完成三峡移民后续资金9930万元的申报工作。配合区文化旅游委申报龙藏宫文保修缮专项资金，进入概算审批阶段，待市文旅委完成全市文保修缮统筹后下发。

（何　凡　张方瑜）

卫　生

【概况】 2021年末，全区拥有各级卫生机构884家，其中医院、卫生院61家，社区卫生服务中心（站）39家。实有床位7130张。注册执业（助理）医师4323人，护士4991人。医疗收入43.21亿元。总诊疗人次827.42万人次，其中门急诊人次824.33万人次。出院人数18.83万人。

【新冠肺炎疫情防控】 坚持“外防输入、内防反弹”总策略和“动态清零”总方针，全年累计筛查阳性患者6例，高效处置入境人员、进口冷链食品和非冷链物品等阳性事件34起，平稳处置“7·28”“11·2”疫情，守住重庆“空中门户”和“北大门”。“11·2”疫情发生后，“一键”启动应急响应机制，采取边流调、边管控、边检测措施，精准开展分区分类管控，高效调度、有序组织对防范区所在7个街道开展核酸检测，从11月2日7时接到疫情报告，到11月16日晚社区防控区域全面解除，未发生1例外溢病例，在第一个潜伏期14天内控制住疫情，科学精准打赢疫情防控阻击战。快速推进疫苗接种，设置方舱组、流动接种组等10个组，按照“专门接种门诊为主，常规免疫门诊为辅，流动接种车为补充”方式，设置接种点60余个为群众开展疫苗接种，为全市建立免疫屏障做出渝北贡献。组织开展新冠肺炎疫情应急处置实战演练，完成西洽会等重大活动防控工作保障70余起。

【医药卫生体制改革】 组建由区人民医院、区中医院牵头的区域医共体，分级诊疗、分片双向转诊机制进一步优化，茨竹中心卫生院挂牌成为区人民医院茨竹分院，区中医院在茨竹中心卫生院、古路中心卫生院建立精神科分病区，“医通、人通、财通”各节点逐步打通。区远程医学中心为36家基层医疗机构提供影像诊断、心电诊断、视频会诊等，将区级医院资源覆盖到基层医疗机构。选派区级优秀骨干医生通过支医、对口帮扶、专家赶场、适宜技术推广等形式到基层支医、义诊、查房、带教，提升基层卫生技术人员业务技术能力，全年落实52名二级及以上医疗机构卫生技术人员以全脱产方式到基层医疗机构提供医疗服务。成功创建重庆医科大学教学医院2家，博士后科研工作站1个，市级区域医学重点学科1个，申报市级临床重点专科2个，开展新技术、新项目119项，获国家发明专利14

项。申报国家级基层中医药传承工作室、市级传承工作室、市级中医药文化体验馆各1个，创建精品中医馆5家。政务服务“最多跑一次”事项占比达到100%，“双随机、一公开”监督覆盖率达100%。

【卫生事业发展】 积极优化医疗卫生服务体系，着力提升医疗服务能力和水平，全年全区门诊诊疗人次、出院人次同比分别增长35%、8.8%。区中医院新院区完成实体项目建设和设备安装。王家、空港佳园社区卫生服务中心建成投用，兴隆、统景等5家基层医疗机构完成改造升级。区妇幼保健院迁建、区第四人民医院新建项目完成施工图设计，区二院扩建工程完成前期方案设计。区人民医院顺利通过“三甲”医院创建评审，有望实现全区公办“三甲”综合性医院零的突破。区妇幼保健院顺利通过“二甲”复评。回兴社区卫生服务中心、统景中心卫生院成功创建全市首批甲级基层医疗机构，推动引领基层医疗体系规范化、高质量发展。成功签约樊代明院士，在区人民医院建设其全国唯一的院士工作站。引进高层次医疗人才22人、实用型人才222人，纳入国家级中医药重点培养人才计划1人、重庆中青年医学高端人才培养计划6人，入选重庆英才计划人才培养5人、区县医疗卫生学术技术带头人3人。用好区疾控中心增核编制，新招聘公共卫生专业人员44人。

【公共卫生服务】 在常态化新冠肺炎疫情防控背景下，抓好重大疾病防治，完成常规疫苗接种，强化艾滋病、结核病等重大传染性疾病防治，继续对严重精神障碍患者实施免费服药，规范管理率提升至90%以上，全年未发生肇事肇祸事件。提升职业健康监管质效，职业病危害因素定期检测率达到92%，区卫生健康执法支队成功创建“重庆市规范化卫生健康监督执法机构”，并在年度绩效评价中获得全市第一的优异成绩。

【爱国卫生工作】 深化爱国卫生运动，顺利通过国家卫生区复审，市级卫生镇实现全覆盖。深入推动农村改厕，完成户厕改造2.8万户，卫生厕所普及率达90.8%，超额完成市级目标任务，获得市政府真抓实干成效明显激励表扬。

【健康帮扶】 巩固拓展健康扶贫成果同乡村振兴有效衔接，保持先诊疗后付费、兜底保障等政策稳定不变，全年累计救助1.8万人次，投入救助金493万元。

（黄圣杰）

社会生活

综　述

2021年，渝北区以习近平新时代中国特色社会主义思想为指导，全面贯彻落实党的十九大和十九届历次全会精神，坚持稳中求进工作总基调，科学统筹新冠肺炎疫情防控和经济社会发展，经济总体呈现持续恢复、稳中向好的良好态势，民生保障坚实有力，实现“十四五”良好开局。2021年末，全区常住人口220.58万人，较上年增加0.71万人，其中城镇常住人口197.85万人，城镇化率89.70%，较上年提高0.65个百分点。户籍总人口152.20万人，其中城镇人口120.76万人，比上年增加6.19万人；乡村人口31.44万人，比上年减少0.51万人。全年出生人口14384人，人口自然增长率4.66‰，符合政策性生育率99.91%。城乡居民持续增收，全区常住居民人均可支配收入45066元，同比增长9.1%。其中，城镇常住居民人均可支配收入49114元，同比增长8.9%；农村常住居民人均可支配收入23465元，增长11.0%。全区城镇职工基本养老、失业、工伤保险参保177.53万人次，城镇企业职工基本养老、医疗、失业、工伤参保人数分别达63.94万人、48.69万人、45.95万人和67.64万人，城乡居民基本养老保险参保23.53万人，城乡居民医疗保险参保69.11万人，基本养老、医疗保险参保率均稳定在96%以上。全区城乡低保对象7925人，较上年减少2040人，其中城镇低保2189人、农村低保5736人，全年累计发放城乡低保金5367.36万元。城乡居民最低生活保障标准分别为636元/月和515元/月·人，分别增长2.6%和3.8%。城乡居民平均每万人（按照户籍人口计算）拥有移动电话12144部。年末移动电话用户181.38万户。2021年6月，渝北区将悦来和龙兴片区的城市管理工作移交给两江新区，并按照CJJT85—2017城市绿地分类标准，对城市公园进行重新分类整理。截至2021年末，渝北区建成开放综合公园10个、专类公园11个、社区公园32个、游园101个。人均公园绿地18平方米，城区绿化覆盖率达到45%。全年环境空气质量指数（AQI）优良天数达到321天，优良天数比例达87.9%。

（熊林森　蒲志宇　张郁梅）

人民生活

【城乡居民收入】 2021年，城乡居民收入稳步增长。全区人均可支配收入45066元，同比增长9.1%，增速高于地区生产总值增速0.6个百分点。城镇常住居民人均可支配收入49114元，同比增长8.9%，其中人均工资性收入达到32249元，增长9.0%；人均经营净收入3151元，增长7.9%；人均财产净收入4592元，增长9.2%；人均转移净收入9121元，增长8.7%。农村常住居民人均可支配收入23465元，同比增长11.0%，其中人均工资性收入、人均经营净收入、人均财产净收入、人均转移净收入分别为10280元、5427元、898元、6860元，分别占人均可支配收入的43.8%、23.1%、3.8%、29.2%。

【物质文化生活】2021年，城乡居民物质文化生活水平显著提升。城镇常住居民人均生活消费支出34780元，占可支配收入的70.8%。城镇常住居民家庭恩格尔系数为28.85%。农村常住居民人均生活消费支出18929元，其中用于居住、生活用品及服务、交通通信、教育文化娱乐和医疗保健消费支出分别占生活消费支出的20.4%、5.6%、13.0%、6.5%和11.6%。农村常住居民家庭恩格尔系数为35.75%。城镇居民家庭平均每百户年末拥有家用汽车54辆、摩托车6辆、彩色电视机171台、电冰箱103台、洗衣机118台、空调291台、计算机120台。

（熊林森）

劳动　工资

【概况】2021年，渝北区统筹新冠肺炎疫情防控和劳动工资各项工作，聚焦重点领域强化管理和服务指导，深入实施劳动关系"和谐同行"能力提升三年行动计划，稳步推进企业工资宏观调控，不断提升调解仲裁服务社会能力，逐步健全根治欠薪长效机制，进一步完善协调劳动关系制度机制，圆满完成年度各项目标任务，实现"十四五"良好开局，劳动关系保持总体和谐稳定。

【行政审批】规范行政审批程序。全年办理人力资源服务行政许可68件、劳务派遣设立许可51件，办理特殊工时审批527件、民办职业培训办学许可1件。优化退休审核服务。实行退休审核"一站式"办理服务，全年为9230名符合退休条件和享受养老待遇资格的人员办理退休手续（其中正常退休7791人，特殊工种退休268人，因病完全丧失劳动能力退休214人，农转非享受养老待遇957人），全力保障退休待遇政策落实。

【工伤认定】坚持维护单位和受伤职工双方合法权益的原则，健全工伤事故调查核实和疑难案例评议制度，全年接受工伤认定申请4299件，作出受理4281件，认定结论3742件（其中作出认定3158件、不予认定100件、驳回471件、不予受理13件）。召开案件评议会8次，评议作出决定案件400余件。工伤认定行政诉讼146件，行政复议37件，无不作为、乱作为引发败诉发生。当期节余工伤保险基金超亿元，居全市第一。

【劳动关系协调】推进实施"和谐同行"能力提升计划，新培育"和谐同行"企业3家，推荐申报AAA级和谐劳动关系企业2家。组织劳动关系协调员培训36名，培育金牌协调员5名。服务200家新注册企业规范用工管理。"四下"单位劳动工资总体增速14.71%，高于上年同期。扎实开展根治欠薪夏季行动和冬季攻坚行动，检查用人单位756户，涉及农民工6万人，化解农民工工资拖欠案件470件，涉及金额1464万元，"两金三制"覆盖率达到100%，保障农民工工资支付获评A级，连续第3年获评市考A级单位；成功创建第二批重庆市创新执法优化服务试验区。受理劳动监察举报投诉998件、处理信访5336件，为624名非建设领域农民工追薪318万元。深化构建"1+3"多元调解网络，受理劳动人事争议案件4272件，增幅达17%。当期审结4074件，立案结案率达95%。其中调解结案3082件，调解率76%。龙山、回兴、双凤桥派驻庭全面建成，派驻庭开庭常态化，全年开庭处理案件375件。引入律师驻调解室调解，完善人民调解程序，人民调解成功调解案件330件。安排专人维护"互联网＋调解"平台，镇街调解中心通过互联网平台参与调解劳动争议 648 件，劳动争议调解工作走在全市前列。

（李　丹）

就业再就业

【概况】 2021 年，渝北区坚持经济发展就业导向，始终把“稳就业”和“保居民就业”作为重大政治任务和头等大事，大力实施就业优先战略和积极就业政策，实现城镇新增就业 5.59 万人（不包含两江直属区），完成目标任务的 112%，城镇登记失业人员就业 1.31 万人，比上年下降 28.2%；就业困难人员就业 4784 人；城镇登记失业率为 2.16%，下降 0.82 个百分点。就业形势保持稳定。

【就业创业】 扎实开展稳岗留工的返岗复工工作，17.7 万名农村劳动力、1070 名脱贫人口实现就近就地就业和转移就业。优化创业担保贷款政策，发放创业担保贷款 4486 万元，离校未就业高校毕业生就业率稳定在 90% 以上。推进创业孵化基地建设，14 家孵化基地入驻企业 1445 家，累计吸纳就业 1.5 万人。围绕“一基地一产业”“一基地一特色”，先后建成国家级创业孵化基地 1 家、市级创业孵化基地 14 家、留学人员创业园 1 家，累计孵化企业 3187 户，带动就业 3.67 万人，基地孵化企业年产值 50 亿元。继续落实失业保险阶段性降费政策，累计为参保单位降费 3.12 亿元。积极筹措就业补助资金 10089 万元，推动就业增长与经济发展的良性互动。累计发放 5658 万元就业补助资金支持创业创新，惠及 2.7 万人。

【就业帮扶】 开展“春风行动”“就业援助月”等公共就业服务，保障重点群体就业。升级改版“渝北就业人才”系统，通过现场招聘、网络、手机 App、微信和自助求职终端五大平台并联发力，举办线上线下招聘会 109 场，提供就业岗位 9.9 万个，达成意向协议 2.6 万人，促进人力资源顺畅流通。主动对接吾悦广场、泽科星泽汇、大悦城商圈，组织 150 户商家携 3200 个岗位开展专场招聘会，帮助解决商圈开业招工难问题，现场达成就业意向 600 余人。建立重点企业用工保障和余缺调剂机制，多渠道发布岗位信息，保障区智能终端企业用工 4.06 万人次。新增“渝北乡厨”“农机运维员”等 3 个特色职业工种，开展各类职业技能培训 4.2 万人次，兑现职业培训补贴 4600 万元、技能提升补贴 721 万元。加强川渝地区劳务协作，多渠道帮助 7429 名川籍农民工到区级智能终端企业就业，广元驻重庆农民工工作站渝北分站顺利成立。建立“校企合作 + 工学结合”机制，引导长安渝北工厂与四川工业科技学院、德阳安装技师学院联合培养技能人才。

（李　丹）

社　保

【概况】 2021 年，渝北区抢抓人口净流入多、市场主体活跃的契机，持续深化“放管服”改革，全面推行“五证合一”，优化企业注册、参保一网通服务，参保单位达到 2.82 万家，职工养老、工伤、失业累计参保 172.24 万人次，新增参保人数连续 3 年居全市第一。完成全区 1.8 万名机关事业单位人员职业年金清算补缴工作，上缴职业年金 5.67 亿元。累计征收社保费 68.3 亿元，支出 39.56 亿元，全年基金收支总量超 100 亿元，继续保持为全市社保基金总量收支盈余最多的区。

【待遇落实】 落实社保降费减负政策，累计为企业减免社保缴费 12.8 亿元。为全区 20 万名老年人员发放养老待遇 37.07 亿元，企业退休人员养老待遇实现十七连调，月人均养老金达 2604 元，城乡居民老年人员月人均养老金达到 140 元。为 1.27 万名工伤职工支付工伤待遇1.28亿元，为5.1万名失业人员支付失业保险待遇8098万元，为85名退捕渔民兑现养老保险缴费补贴37.8万元。

【政务服务】 创新推出系列举措，深挖潜力减时限，全力打造“快速办”。截至2021年末，依申请类政务服务事项时限压缩达78.0%，其中行政许可事项时限压缩达91%，62%的政务服务事项跑动次数为0，行政许可全程网办比例达100%。推行“重庆人社”App、“渝快办”等多种线上服务渠道，积极引导企业职工和办事群众通过手机“掌上办”社保卡申领补换、参保信息查询打印、养老保险接续停保等72项高频社保业务。在全区22个镇街社保所设立社保业务经办窗口，在所有村（居）设立社保代办点，构建“2+3”社保经办服务体系。梳理出企业和群众日常办理较多的高频业务53项，全部下沉至镇街或村居，实现高频业务“就近办”。落实公共服务跨省通办，个人社保信息查询、养老保险关系转移接续等35项公共服务事项实现“川渝通办”“全程网办”，跨省通办事项办件量累计达1.9万件。健全政务服务事项清单动态管理机制，131项公共服务事项办事指南执行到位并在政务服务网上公示。深化“证照分离”改革，实行涉企经营许可事项清单管理，人力资源服务许可、民办职业培训学校（涉企经营许可事项）和自贸区内劳务派遣经营许可均实行告知承诺制。推进行政审批事项和社保服务“周六不打烊”，设置社保大厅24小时便民自助服务区，为企业群众提供社保信息查询打印等高频事项服务，人社服务群众满意度进一步提高。

【基金监管】 开展全区社保基金管理问题专项整治，构筑起全区“3+4+2”社保基金风险防控体系，核查对比疑点数据6万余条，追回33人违规领取的工伤待遇107.4万元、44人违规领取的职工养老待遇161.13万元、2430人违规领取的居民养老保险金267.86万元；社保待遇资格认证率达到98%，因资格认证超期停发待遇13263人次。

（李　丹）

医　保

【概况】 2021年，渝北区医疗保障工作坚持以人民为中心的发展思想，以深入贯彻落实习近平总书记视察重庆重要讲话精神为指导，全面落实各项医保待遇政策，推动医保公共服务更加便民可及，更好服务人民健康，服务社会和谐稳定。截至2021年底，全区职工医保参保单位1.9万户，参保缴费人数48.69万人；城乡居民参保缴费人数69.11万人，参保率稳定在96%以上，基本实现“全民参保”。全年基本医疗保险基金总收入34.1亿元，总支出15.19亿元，基金收支平稳。

【医保控费减负】 推进实施总额付费。进一步完善总额分配办法，严格实施考核清算，全年扣除总额付费机构2020年度不合理支出557.09万元，扣除项目付费机构2020年度不合理支出10.23万元。继续实施单病种付费。确定100个单病种的付费标准，全年为参保人报销单病种医疗费用3703万元，同比增长43%。推动降低群众医药费用支出。将全区所有定点医疗机构全部纳入高血压糖尿病（简称“两病”）门诊诊断机构，实行居住地就近、随到随鉴定，截至2021年底全区有“两病”人员56978人，其中高血压37956人、糖尿病19022人，同比分别增长341%、130%，次均医疗费用降幅分别达52%、33%，全年降低群众“两病”医药费用支出1000万余元。

【药品耗材集中带量采购】 组织全区定点医疗机构累计开展8批次国家、省级联盟药品集中采购工作，执行药品 293 个，药品平均降幅 50%，最高降幅达 97%，全区 28 家涉及医疗机构采购任务金额共计 2050 万元，完成目标任务的 328%。累计开展 4 批次耗材集中带量采购工作，涉及医疗机构 3 家、耗材 5 类，最高降幅达 97.7%，采购总金额达 772 万元，完成目标任务的 333%。2021 年通过实施药品和耗材集中带量采购，为群众降低医药费和节约医保基金总计 1500 万余元。

【新冠肺炎疫情防控】 按照全市统一部署，全面落实核酸检测降价政策，做好新冠肺炎病毒疫苗接种费用专项资金预算、资金划拨、结算数据统计和医保基金运行监测等工作，确保及时结算新冠疫苗接种费用。2021 年，向全区 26 个医疗机构结算拨付新冠肺炎疫苗接种费用 3206 万元。

【医保基金监管】 会同区级相关部门制定印发《重庆市渝北区医疗保障局关于推进医疗保障基金监管制度体系改革重点任务清单的通知》，发挥部门联动监管机制作用，全年开展联合检查 4 次，核查医药企业 2 家，召开联席会议 4 次，向相关部门移送案件 3 例。聘请会计师事务所分两批对辖区内 60 家定点医药机构开展专项审计，扩展监管深度；聘请医疗专家审核病历 700 余份，提升专业水平；在全市首批设立社会监督员制度，聘请区内人大代表、政协委员、村（居）社区干部、新闻媒体工作者等 78 人担任渝北区医保基金监管社会监督员，强化社会监督。聚焦“三假”“三乱”，通过网审、夜查、现场检查，实现 1306 家定点医药机构“三个全覆盖”的目标。全年处理协议机构 280 家，查处违规费用 740 万元，处罚违约金 1844.25 万元；网上审核 268 家次，查处违规机构 66 家次，违规金额 171.71 万元；调取审核住院病历 800 余份开展专项审核，扣除不合理费用 148.64 万元，对辖区内 70 家定点医疗机构开展第三方审计，受理投诉举报 35 起，约谈“两定”机构 1470 余家次，通过《渝北时报》对暂停网络、解除协议的 12 家定点医药机构进行曝光。

（唐发丽）

低保　福利　社区建设

【城乡低保】 2021 年，渝北区扎实推进城乡低保工作，严格执行《渝北区最低生活保障条件认定办法》以及《市、区低保认定办法差异条款执行意见》等规定，加强规范低保工作流程。组织实施农村低保专项治理巩固提升行动，全面巩固农村低保专项治理成果。2021 年 9 月，全区城乡低保标准分别由 620 元 / 月・人提高到 636 元 / 月・人、496 元 / 月・人提高到 515 元 / 月・人，全年累计发放城乡最低生活保障金 5367.36 万元，惠及城乡低保对象 110374 人次，切实保障困难群众基本生活。

【慈善救助】 2021 年，区慈善会接受捐赠 1382.2 万元，其中接收货币资金 1358 万元，接收物资折合人民币 24.2 万元；救助款物合计支出 958.9 万元，其中货币资金支出 934.7 万元，物资折价支出 24.2 万元。全年共救助近 12000 人次，开展活动近 20 次。

【养老服务】 推进养老服务设施建设。加快实施农村养老全覆盖，完成 8 个镇街养老服务中心、69 个村级互助养老点建设。新增养老机构 3 家，分别为重庆嘉悦里养老服务有限公司、重庆弘诚养老服务有限公司、重庆市恭和苑养老服务有限责任公司；撤销石船镇麻柳敬老院 1 家。截至 2021 年末，全区建成区级公办养老服务机构 1 个、农村敬老院 20 个、社会办养老机构 26 个、镇街养老服务中心 18 个、社区养老服务站 158 个、农村互助养老点 101 个；提供各类养老床位 6700 余张（机构养老床位 5627 张）；机构护理型床位 3664 张，占比 65%；政府运营床位 1706 张，占比 30.3%；城市地区社区居家养老服务设施覆盖率100%；农村地区养老服务设施覆盖率91%；养老机构医养结合率100%；养老机构失能老年人入住率51.08%。强化从业人员培训。全年轮训养老护理员2655人次，培训养老机构负责人逾200人，全区养老护理员持证率达71.1%。完善提升养老服务。依托养老服务中心、社区养老服务站，建成老年助餐点45个、助浴点11个、助医点9个、慢性病康养理疗站28个，开展助餐、助浴、助医服务5.2万余人次；依托专业机构开展居家养老线上线下服务3.1万余人次、喘息服务230人次，探索开展家庭养老床位。推动以双龙湖街道为代表的试点全域宜居养老社区建设、以兴隆镇牛皇村为代表的探索农村互助养老可持续发展。

【社区建设】 深化城乡基层民主自治，全面加强自治能力建设。圆满完成第十一届村（居）委员会换届选举工作，全区354个村（社区）共选出村（居）委会成员1844人、村（居）民小组长4064人、村（居）务监督委员会成员1062人、村（居）民代表16016人。合理调整设置村（社区）。石船镇撤销石河村、金桥村，合并到太洪村；撤销凉水村，合并到河水村。撤销金滩村，合并到梅溪村；龙兴镇撤销沙金村、下坝村，合并后新村名为龙胆村；撤销人民村，合并到御临社区。古路镇撤销石权村，合并到裕民村。全区81%村（社区）达到城乡社区综合服务设施按每100户不低于30平方米标准，统景镇江口村被列为“全国村级议事协商创新实验试点单位”，“四张清单”经验做法先后三次在全国性会议上作交流发言，入选第三批全国乡村治理典型案例，被中央深改办改革工作简报单篇刊发。

（王　宇）

人口和计划生育

【概况】 2021年，渝北区认真贯彻落实《重庆市人口与计划生育条例》修改决定，启动实施“三孩政策”，全面做好政策过渡期有关衔接工作，深入推进计划生育服务管理改革，大力发展普惠性婴幼儿照护服务，荣获“全国计划生育优质服务先进单位”称号。2021年末，全区户籍总人口152.20万人，其中城镇人口120.76万人、乡村人口31.44万人；户籍人口中，男性人口75.29万人、女性人口76.91万人，人口性别比为97.9（女性为100）。全年出生人口14384人，死亡人口7424人，人口自然增长率4.66‰。出生人口性别比为106.92。符合政策生育率99.91%。

【全面二孩政策和三孩政策实施】 按照三孩政策实施时间节点，严格抓好新旧政策解读、衔接和配套，做好新增加的产假、护理假、育儿假等政策宣传与咨询，不断增强生育政策包容性，促进人口长期均衡发展。坚持实行首问负责、一次性告知、全程代办、服务承诺制，继续将计生证件办理纳入“同区通办”事项。全面开通“渝快办”跨区县通办，计划生育证件办理及时率、规范率达96%以上。全年办理生育服务证7543个，其中一孩登记办证4385个，二孩登记办证3158个；登记办理再生育服务证363个；办理独生子女父母光荣证771个，网上登记率、网上办证率均达100%。加强“区—镇街—村居”三级出生人口数据统计预警和监测。2021年，全区常住人口出生10012人。其中，一孩出生6038人，二孩出生3576人，三孩出生353人，多孩出生45人，二孩出生人口占总出生人口的35.72%。

【基层基础工作】 加强计生队伍建设。全区22个镇街卫生健康办配备工作人员85人；352个村居配备计生专干364名，专干报酬纳入区财政预算。强化计生业务培训。通过集中或分散方式，全年组织镇街、村居计生干部开展业务培训20余次。加强维稳工作，圆满完成两会、“两节”、“五一”、国庆维稳任务。

【计生民生】 落实计生惠民政策。梳理汇总所有继续执行的计生特殊家庭扶助关怀政策制度，完成规范性文件备案。全年发放各级各类计生奖励扶助惠民资金5557.06万元，惠及41214人次。开展生育关怀行动。为2021年新增和遗失就诊卡的计生特殊家庭办理“优先就诊服务卡”900余张，在全区医疗机构门诊挂号、看病、取药以及住院治疗等环节，为计生特殊家庭人员提供优先便捷服务。完善计生特殊家庭关爱服务。将年满60周岁以上失独老人优先纳入居家养老服务对象，2021年全区有524名失独老人享受居家养老服务。投入99.3万元为全区2421名计生特殊家庭人员购买住院护理保险。

【婴幼儿照护服务】 定期组织召开部门联席会议，研究制定具体政策措施，印发实施《3岁以下婴幼儿照护服务发展部门职责分工方案》。多次组织到托育机构、早教中心以及相关镇（街）、村（社区）开展实地调研，建立工作台账。深入实施支持社会力量发展普惠托育服务专项行动，认真筛查普惠托育项目储备和前期准备工作，上报市发改委第二批普惠托育服务项目1个。推进托育服务示范机构创建工作，推荐尚慈托育公司参加全市复审。加强与区市场监管局、区民政局、区消防救援支队、区妇幼保健院等单位衔接，督促托育机构完善登记备案以及消防合格证、评价报告等。扎实开展春秋季复托验收和定期联合监督检查，对不符合机构设置和服务标准规范（超龄招生）的单位给予警告处罚，并责令限期整改。推进实施普惠托育服务专项行动2020年中央预算内投资项目，先后2次组织相关部门开展检查验收。全区累计备案5家托育机构，婴幼儿照护服务工作水平不断提升。

【生育技术服务】 全区全年开展生殖健康检查服务3312人、百姓生殖健康咨询服务63063人次。落实免费孕优项目，参检1896对，孕前优生健康检查结果及评估完成率100%。建立危重孕产妇救治绿色通道和高危孕产妇救治中心，完成免费地贫筛查2000对、新生儿疾病筛查25029人。设固定避孕药具发放网点464个、药具自助发放机131台，全年免费药具发放服务人数37000人。

【政策宣传引导】 全年印制计生政策宣传资料40万余份，在全区范围内广泛发放计生证件办理一次性告知书、惠民政策宣传册、打击“两非”手册、3岁以下婴幼儿照护服务相关政策宣传等资料。利用元旦、春节、“5·15”、“7·11”等重要节日和纪念日开展大型宣传活动，持续开展“三下乡四进社区”“婚育新风进万家”等活动，群众政策知晓率达90%以上、满意率达95%以上。注重发挥计生特殊家庭中党员作用，结合实际举办“5·29”义诊、困难慰问、“永远跟党走·奋进新征程”党课等活动，切实加强计生特殊家庭思想引导，维护社会和谐稳定。

【母婴室建设】 截至2021年末，全区建成规范母婴室23处66个，其中公共场所20处、用人单位3处，涵盖全区交通枢纽、商业中心、旅游景区、医疗机构等主要公共场所。新建企业母婴室2个，实现应配置母婴设施的公共场所配置率达100%。

【计生信息化建设】 严格落实人口监测统计调查制度，全员人口库户籍和常住人口覆盖率、主要数据项准确率达96%以上。定期开展人口形势分析并形成分析报告，按时保质完成国家规定的统计报表和人口监测点任务。加强“区—镇街—村居”三级出生人口数据统计预警和监测，持续开展人口家庭信息系统（FIS）数据消重补漏。加强部门间数据共享，坚持婚姻登记、死亡火化、户籍人口变动、入学、社保等相关数据信息定期共享，全年各部门共享信息40万余条。

（石　兵）

妇女儿童　婚姻家庭

【概况】 2021年，渝北区以习近平新时代中国特色社会主义思想为指导，坚持把思想政治引领贯穿妇女工作各方面，深入贯彻落实儿童优先原则，扎实推进“巾帼心向党”“巾帼建新功”“巾帼善治理”“巾帼暖人心”“巾帼亮形象”等行动，妇女儿童各项事业取得长足发展，呈现出妇女儿童事业与经济社会同步协调发展的良好态势。截至2021年底，全区有直属妇联组织114个，其中镇街22个、区级机关事业单位65个、非公有制经济组织4个、社会组织2个、国有公司12个、系统妇委会9个。2021年，全区妇女工作获全国表彰集体1个；获市级表彰集体5个，家庭9户，个人11名；获区委、区政府表彰个人2名；全区妇女工作上中央电视台《新闻联播》栏目1次，在市区主流媒体上稿36条。

【思想引领】 强化思想政治引领，扎实推进“巾帼心向党”行动。牢牢把握庆祝中国共产党成立100周年的重大历史契机，引领广大妇女坚定不移听党话、跟党走。集中开展“铭记小平同志留下的宝贵财富”“强素质、树形象、充分发挥新时代‘半边天’新作为”专题学习5次。联合广安市、邻水县妇联，创新开展“颂党恩，传家风”100余个家庭互访红色教育基地活动，组织妇联干部、妇女群众代表到小平故里、川陕革命根据地红军烈士陵园学习。组织创作《渝北女儿心向党》主题诗歌，制作短视频通过媒体广泛传播，唱响时代主旋律。

【妇女发展】 助推高质量发展，扎实推进“巾帼建新功”行动。召开乡村振兴工作推进会，组织先进妇女典型参观统景镇江口村、大盛镇青龙村乡村振兴发展成果，到万盛经开区学习考察妇女参与乡村振兴工作，推荐上报玉峰山镇玉峰村党委书记助理樊静蓉为“川渝乡村女能人之最美乡村女干部”，汇聚巾帼之智为乡村振兴献计出力。依托区妇女儿童活动中心开设家政育儿、创新创业培训19次，累计培训产业大户、创业女性1200余人次，全力提升妇女创业就业能力。

【家庭文明】 围绕家庭文明建设，扎实推进“巾帼善治理”行动。评选一批渝北“最美家庭”“好婆婆”“好儿媳”，示范引领广大家庭向善向美。推进村（社区）家长学校建设，指导开展家庭教育知识讲座、亲子活动9000余场。通过政府购买服务，引入专业力量在全区22个镇街深入开展家庭教育示范活动，家长科学家教能力进一步提升。打造仙桃街道空港佳园社区、融创嘉德领馆小区“家家幸福安康工程”示范基地，“家风润万家”取得新成效。举办“童心向党爱祖国，党旗引领我成长”庆六一绘画作品展，引导儿童从小厚植爱国情怀。

【权益维护】 聚焦“我为群众办实事”，扎实推进“巾帼暖人心”行动。完成2011—2020年妇女儿童发展纲要（规划）终期监测评估，其中妇女发展纲要规划达标率为97.8%，儿童发展纲要规划达标率为100%。启动实施新一轮妇女儿童发展规划编制工作。加强维权接访工作，全年调处婚姻家庭矛盾纠纷364件，将矛盾化解在萌芽状态。开展“三孩”政策下女性平等就业调查，区妇联联合公检法建立反家庭暴力“一站式”人身安全保护令申请机制、未成年人人身权益保护机制，从源头维护妇女儿童合法权益。持续开展妇联系统品牌慰问，全年筹集资金28.6万元，慰问女性“两癌”患者、贫困女大学生、困难妇女儿童共793人。成功争取到中国妇基会46万元“母亲水窖”项目落地大盛镇天险洞村，推动当地256户村民用水品质明显提升。创新举办“情暖童心，相伴成长”困境儿童心理团辅活动，为困境儿童提供持续稳定亲情关爱。

（刘妍利）

老龄工作

【概况】 2021年，渝北区遵循“党委领导、政府主导、社会参与、全民行动”方针，以实现“五个老有”为目标，突出加强和改善老年民生，全面落实惠老政策，提升老年健康服务，持续开展老年文体、敬老表彰活动，扎实推进老年友善医疗机构、全国示范性老年友好型社区创建工作，全区老年人的物质生活、精神生活、健康水平得到明显改善，老年人的幸福指数明显提升，老龄事业得到长足发展。截至2021年底，全区60岁以上老年人20.92万人、占户籍总人口的19.13%；70岁以上老年人口10.77万人、占户籍总人口的9.85%；80岁以上老年人口3.13万人、占户籍总人口的2.86%。

【落实惠老政策】 深入实施“孝老安康工程”。全区全年老年人意外伤害综合保险参保3.35万人。财政投入资金59.58万元，对户籍在渝北区的65周岁（含）以上城乡居民参加老年人意外伤害综合保险给予补助，其中特殊人群（即低保、五保及三无老人，下同）全额补贴每人每年30元，其他人群补贴每人每年15元。深入开展老年群体慰问。对贫困、空巢、失能、高龄等特殊老年群体，持续开展元旦春节、端午节、中秋国庆重阳节、夏季送清凉、冬季送温暖慰问活动，全年发放慰问金（品）138.27万元，惠及老人7325人。

【老年健康服务】 强化老年健康管理。对全区100岁以上老年人完善“两档案两服务”（建立个人信息档案、健康档案，开展家庭医生签约服务、上门免费体检服务）；对65周岁以上老年人完善“一档案两服务”（建立个人健康档案，开展家庭医生签约服务、免费体检服务），建档率达75%。深化老年健康促进行动。深入开展老年健康宣传周活动、老年健康教育活动，全年印制发放《老年人医养结合服务优待政策》《老年健康核心信息20条》《老年失能预防核心信息16条》等宣传折页9万余份，设计制作并广泛发放以老年健康知识为内容的抽纸、矿泉水、无纺布袋、塑料扇等宣传品，以慢性病防治、中医药义诊、“专家赶场”、家庭医生签约服务等形式，全力推动老年健康知识普及、老年自我保健意识增强和老年健康生活方式养成，积极营造老年健康生活良好环境。

【医养结合工作】 2021年全区56个养老机构（社区养老服务站）全部与医疗机构签订合作协议，签约率达100%。推进医养结合服务向家庭延伸，全年为65岁以上老年人提供医养结合服务145972人次，为65岁以上的775名失能老年人提供健康评估与健康服务。在城市社区对65岁以上失能老人开展爱心助医服务，为提出申请的376名失能老人提供家庭医生签约、健康评估、康复护理指导、免费体检等助医服务1400余次。开展老年人新冠肺炎疫情防控工作，指导医养结合机构做好新冠肺炎疫情常态化管理，确保防控措施落实到位。

【老年文体活动】 2021年，区卫生健康委与区委老干部局、区老年协会联合举办第六届“夕阳好声音”比赛、庆祝中国共产党成立100周年暨渝北区第七届“夕阳好声音”比赛活动；与区老年诗书画影研究会联合举办“泼墨豪情跟党走”和渝北区第四届“夕阳红”书法、绘画、摄影作品展示活动，春节期间组织创作赠送春联15920副、福字14750张，参与243人次；会同区老年人体育协会定期开展老年门球、乒乓球、太极拳（剑）、柔力球等老年体育交流活动，成功承办重庆市第四届老年人体育健身运动会太极拳（剑）比赛。区老年学会坚持开展老年问题调研、人文养老文艺演出、编印慈孝敬老综合性季刊《尊者》，推动老年科学事业发展。

【敬老表彰活动】 隆重举行“敬老月”敬老表彰活动，对“十大孝子”“十大老有所为明星”“十佳老年协会”“敬老楷模”“敬老模范单位”等先进个人及集体予以表彰，区委、区人大、区政府、区政协主要领导出席活动并现场为获奖代表颁奖。全区共奖励“长寿之星”百岁老人71名，发放奖励资金共24.1万元；奖励“模范金婚夫妇”18对，发放奖励资金共1.8万元。

【敬老宣传活动】 深入开展老年健康宣传周、敬老月宣传活动，组织各镇街及涉老单位，通过公共显示屏滚动播放PPT等方式，大力宣传贯彻《重庆市老年人权益保障条例》及老年优待政策。印制发放《重庆市老年人权益保障条例》《老年人医养结合服务优待政策》等宣传资料上万份，制作发放有爱老敬老标志的无纺布袋、洗衣液、肥皂等2万余个（瓶），积极营造敬老尊老良好社会氛围。

【示范创建工作】 成功创建全国示范性老年友好型社区4个。仙桃街道睦邻路社区、两路街道义学路社区、双龙湖街道飞湖路社区、龙山街道旗龙路社区被国家卫生健康委、全国老龄办命名为“2021年全国示范性老年友好型社区”，创建命名数量居全市第一，全区社区服务能力和水平普遍提升，更好地满足老年人在居住环境、出行设施、社区服务、社会参与、孝亲敬老、科技助老等方面的需求。扎实推进老年友善医疗机构创建工作。组织全区10个医疗机构实施老年友善医疗机构创建，创建率达41.6%，超过2021年市下达创建目标11.6个百分点，有力推动老年人就医环境进一步优化。

（龚志平）

残疾人工作

【概况】 2021年，渝北区深学笃用习近平新时代中国特色社会主义思想和习近平总书记关于残疾人事业的重要指示批示精神，贯彻落实第六次全国残疾人事业工作会议精神，全面推进残疾人社会保障、残疾人精准康复、残疾人教育就业、残疾人文化体育、残疾人脱贫帮扶等各项工作，圆满完成年度各项目标任务，推动残疾人事业高质量发展。截至2021年末，渝北区有六类持证残疾人共计23111人，其中视力残疾4541人、听力残疾1328人、言语残疾253人、肢体残疾11474人、智力残疾2173人、精神残疾2198人、多重残疾1144人。

【残疾人社会保障】 2021年，重庆市残疾人福利基金会渝北区办事处完成资金募集126万元。开展公益活动资助学生172人，总金额15.4万元；应急救助困难残疾人4人，总金额1.2万元。向12353名符合条件的残疾人发放护理和生活补贴，总金额达1094万元。资助三四级残疾人参加城乡居民合作医疗保险、基本养老保险，全年累计12064人次，资助总额达282.6万元。投入资金80万元，为22836名持证残疾人购买团体意外保险；为53名残疾人办理保险理赔事宜。通过政府购买服务，推进实施残疾人居家服务工作，惠及残疾人240人。

【残疾人精准康复】 全年救助残疾儿童264人次、376万元，为9名残疾儿童提供送康复上门服务。为2名残疾人适配助听器，发放补贴1000元；为5名残疾人免费安装假肢；为896名残疾人发放基本辅具。对934名有需求的残疾人，落实精准康复家庭医生签约。开展残疾儿童康复机构安全检查2次，新增2家残疾儿童康复机构为全市定点机构。协助区卫健委核实申请免费服用精神病药患者精神残疾证持证情况。6名儿童申请疑似残疾儿童诊断补贴，补贴资金1800元。开展第22次全国“爱耳日”宣传教育活动和第五次残疾预防日宣传教育活动。通过政府购买服务，对木耳镇、古路镇110名肢体残疾人开展上门康复服务。

【残疾人教育就业】 完成665名适龄残疾儿童少年教育安置663人，“扶残助学”资助教育阶段残疾人824人83.3万元，全区残疾人教育质量进一步提高。中国残联副理事长3次带队到渝北区剪爱工艺品有限公司考察残疾人就业工作。组织开展2021年春风行动暨就业援助月活动，联合区级相关部门举办残疾人专场招聘会，43家用人企业参加入场招聘，530余名残疾人入场应聘。向28名残疾人发放创业资助9.8万元；累计发放辅助性就业补贴3.6万元，对25名应届高校残疾毕业生开展“一户一册”就业帮扶。组织40名残疾人开展职业能力测评、23家企业开展残疾人雇主（用人单位）培训。加强盲人按摩机构新冠肺炎疫情防控工作排查，并免费发放口罩等防疫物资，全年累计排查121家。组织5名盲人医疗按摩人员参加市级和国家级继续教育培训。联合印发《关于申报缴纳2020年度残疾人就业保障金的通告》，完成审核450家企业的2464名残疾人用工情况。组织150名残疾人开展火锅、咖啡师培训，50名残疾人开展农村实用技术培训，6人参加2021年重庆市盲人医疗按摩人员继续教育暨学术交流会，2人参加德阳市2021年残疾人非遗面塑手工艺品制作技能培训，全力提高残疾人就业创业能力，促进残疾人就业增收。

【残疾人文化体育工作】 组织50名残疾人参加“五个一”残疾人文化活动；举办“我心向党共筑梦·携手迈进新征程”——渝北区残疾人庆祝中国共产党成立100周年文艺演出，300余人现场观看演出；开设市级残疾人陶艺培训基地；开展“第15次全国特奥日”“第11届残疾人健身周”活动；组队参加重庆市第六届残疾人运动会，渝北区代表团共50名残疾人运动员参赛，取得8金10银6铜的好成绩；组织残疾人参加全国第十一届残运会暨第八届特奥会，获3枚银牌，残疾人精神文化生活进一步丰富。

【残疾人脱贫帮扶】 印发实施《2021年渝北区残联巩固脱贫攻坚成果实施方案》，对古路镇银花村6户脱贫户进行建档立卡并结对帮扶，帮扶人数共计16人。全年开展入户帮扶总计60次。新申报农村残疾人阳光扶贫基地1家和农村残疾人种养业大户2家，残疾人用工和帮扶工作取得积极成效。

【残疾人合法权益维护】 贯彻落实《中华人民共和国残疾人保障法》《中华人民共和国残疾人就业条例》等法律法规，加大残疾人法律服务工作力度，完善残疾人权益保障制度体系，依法保障残疾人合法权益，切实增强残疾人自我发展能力。全年妥善接处来电172人次、来访65人次，信访系统自录12条领导干部接访下访情况。完成50名下肢残疾人ETC套餐办理、15名残疾人C5驾照补贴兑现、57名下肢残疾人机动轮椅车燃油补贴发放。全年累计投入52万元，完成残疾人家庭无障碍改造160户。

【助残服务管理】 将残疾人综合服务站建设纳入渝北区民生实事，全年完成10个残疾人综合服务站建设，超任务数5个，于2021年11月底全部通过验收并挂牌试运行。组织30名残疾人工作者开展培训，全面加强基层残疾人工作力量。充分发挥5个残疾人专门协会作用，全年累计邀请律师和检察官成功举办“德法相伴”“莎姐大普法”等普法专题活动6期。开展持证残疾人基本状况调查，完成调查22338人，完成率100%，其中入户调查21202人、电话调查1136人，入户调查率94.91%、电话调查率 4.9%，App 采集率 100%；完成数据比对工作，差错率 0%，异常情况调查占总量 2.62%（其中，查无此人 29 人、已搬迁 97 人、空挂户 158 人、外出 295 人、迁移 10 人、注销 14 人）。

【残疾人证管理】 开展残疾上门评定 4 次，为 116 名疑似残疾人提供下乡评残鉴定服务。开展违规持有残疾人证专项清理工作，重新评定残疾等级 373 人，注销 33 人，冻结 82 人。全面落实残疾人证跨省通办和川渝通办“网上办”。2021 年，完成残疾证新办 681 个、补办 101 个、迁移 61 个、变更 408 个、注销 604 个、冻结 96 个。

（辜升霜）

民政工作

【概况】 2021 年，渝北区民政局坚持以习近平新时代中国特色社会主义思想为指导，紧扣“三基”职责定位，坚持真抓实干、改革创新，全面完成市、区各项工作目标任务。农村留守儿童关爱保护和困境儿童保障工作获全国表彰，“四张清单”助推基层减负增效获评全国乡村治理典型案例，社会救助助力脱贫攻坚入选全国社会领域公共服务助力脱贫攻坚典型案例，养老服务体系建设获市政府办公厅真抓实干成效明显地方督查激励，三级社工服务体系率先实现全覆盖，福彩销售额连续第 7 年保持全市第一，农村养老全覆盖建设顺利推进，困难家庭救助帮扶综合评估、精神障碍社区康复、三社联动、婚俗改革等民政领域改革试点取得阶段性成效。

【临时救助】 始终坚持应救尽救、适度救助、公开公正的工作原则，深化临时救助制度与各项救助保障制度有效配合，加强临时救助与政府救助、社会帮扶、家庭自救有机结合，切实解决城乡群众突发性、紧迫性、临时性基本生活困难问题，筑牢社会救助体系最后一道防线。全年救助困难群众 903 户次，发放临时救助金 619.31 万元，户均救助额达到 6858 元。

【特困供养】 加强特困供养人员动态管理。对全区特困人员进行家庭经济状况核查和定期复核，及时清退不再符合条件的特困供养对象。截至 2021 年底，全区共有特困供养对象 4356 人，其中城市特困 1290 人、农村特困 3066 人。提高特困供养人员供养标准。2021 年 9 月，渝北区特困供养人员供养标准由 806 元 / 月 · 人提高到 827 元 / 月 · 人，全年累计发放特困供养金 4316.9 万元。规范特困供养人员护理补贴。开展特困供养人员生活自理能力评估，向生活自理存在困难的供养对象分类发放护理补贴，全护理、半护理、全自理补贴标准分别为每人每月 300 元、200 元、50 元，全年累计发放照料护理补贴金 367.6 万元，惠及 4187 名特困供养对象，其中全护理 202 人、半护理 328 人、全自理 3657 人。

【救助管理】 持续推进流浪乞讨人员救助管理服务质量大提升专项行动，通过政府购买服务引入专业社工参与工作。完善护送返乡制度，建立易流浪走失人员信息库，对全区 315 名易流浪走失人员及时跟踪回访，有效防止反复流浪发生。加大“互联网 + 救助寻亲”，推进落户安置、源头治理，三级救助网络进一步巩固。扎实开展“6 · 19”救助开放日、“冬季送温暖”、“夏季送清凉”专项救助行动，全面实施救助对象常态化疫情防控。加强基础设施建设完善，渝北区救助管理站暨区未成年人救助保护中心迁建项目顺利开工建设。全年救助流浪乞讨人员 905 人次，其中未成年人 72 人次、精神病人 50 人次、送医救治 62 人次、护送返乡 79 人次。

【殡葬服务】 全年免除“四类”困难群众基本丧葬服务费 477 人，减免金额 63.83 万元；免除农村户籍死亡人员基本丧葬费1447人，减免金额150万元；减免符合条件的人体器官捐献者基本丧葬服务费5人，减免金额0.6万元；为1563名群众减免厅堂费558.65万元，人均减免费用近3600元，为115名在区外治丧的群众发放文明治丧补贴16.58万元，切实减轻群众丧葬负担，提高群众自觉实行文明殡葬的积极性。开展违规治丧专项整治行动，及时妥善处置违规治丧事件6例，有效遏制搭棚违规治丧现象。

【社会组织管理】 有序组织年检。通过党政网、民非社团QQ管理群、微信群等方式，将年检通知及时发给各业务主管单位和社会组织，确保年检工作有序实施、落实到位。提高年检效率。依托重庆市社会组织网上年检填报系统，全面实行网上年检，促进社会组织年检更加方便、快捷。全区应参加年检社会组织515家，其中社团126家（注销2家），民非389家（撤销2家、注销8家），实际参加年检社会组织454家，参检率达90.25%。规范等级评估。开展2021年度社会组织等级评估工作，重庆市渝北区青年商会、重庆市渝北区洛碛镇商会被评为5A级社会组织，重庆市渝北区道路运输行业协会被评为4A级社会组织，重庆市渝北区建筑业协会被评为3A级社会组织。2021年，全区新登记社会组织30家（社会团体8家、民办非企业单位22家），变更社会组织61家（社会团体16家，民办非企业单位45家），注销社会组织23家（社会团体4家、民办非企业单位19家）。

【区划地名】 更新制作渝北区行政区划图300份、丝绸地图200份。完成渝北长寿线、渝北合川线区县级行政区域界线联合检查工作，与广安市、邻水县民政局签订平安边界建设协议。完成木耳兴隆线、回兴宝圣湖线乡镇行政区域界线勘界试点任务。统景场、温塘峡2个地名成功入选重庆市第二批历史地名保护名录。完成编写渝北区标准地名录9258条。2021年，全区共命名地名61个，其中道路47条、小区12个、构建筑2个。

（王　宇）

街道·镇

龙溪街道

【概况】 龙溪街道东接龙塔街道、南与江北区接壤、西接龙山街道、北接天宫殿街道。辖区面积6.6平方公里，辖龙湖、新牌坊、嘉州、金紫山等14个社区，常住人口约20万人，其中户籍人口8万人。辖区驻有中央驻渝单位2个、市级单位26个，驻辖区部队3个、中小学校4所、幼儿园28所、医院9家。拥有中心城区核心商圈嘉州商圈，有市场主体6955家，规模以上服务业企业54家、限额以上商贸企业43家，传统金融企业52家、新金融企业72家，大型商务楼宇18栋。2021年，街道先后荣获区优化营商环境先进集体、区全国文明城区建设和综合复查集体三等功，龙湖社区退役军人服务站成功创建国家100强标杆型示范型社区退役军人服务站。

【经济发展】 充分发挥嘉州商圈区位优势，依托重庆基金小镇、渝北区总部贸易基地、海归服务贸易双创园、新牌坊金融服务聚集示范区等载体，加快发展总部经济、创新金融等新业态。是年，辖区全口径税收35.39亿元，本级财政收入4.08亿元，同比增长16.13%，限额以上商贸企业实现社零总额达53.5亿元，同比增长6%；人均可支配收入达48991元，同比增长7%。开展重点企业集中走访和精准服务活动，了解生产经营情况，加深与企业联系，帮助企业解决实际困难，不断优化营商环境，全年新增“四上”企业9家，持续赋能经济发展。

【城市建设】 全力配合确保轨道4号线西延伸段、新牌坊立交建设，实施背街小巷提升工程，畅通城市“毛细血管”。继续深入推进“街区制”，不断完善基础设施。全面完成和盛街片区122户1.6万平方米和金紫山一期567户5万平方米旧城改造。违法建筑整治1.6万平方米，超额完成目标任务。持续推进文创园项目建设，签约入驻企业35家。抓好垃圾分类集中收集点建设，建成住房城乡建设部示范联系点2个、市级生活垃圾分类投放点小区2个。聘请第三方公司对29家重点餐饮企业进行全面检测，整治“散乱污”中小微企业55家。开展坡坎崖整治工作，清理闲置空地，覆绿2600平方米。严格落实“双总河长”制，常态化开展河长巡河和App巡河。

【社会事业】 开展低保审批和动态管理工作，发放低保金126万元。实施临时救助38户，发放各类救助、补助、奖励扶助资金近500万元。加大灵活就业、新就业形态政策的落实力度，城镇新增就业10185人，就业困难人员就业781人，推荐成功就业600人。开展个人养老保险预约服务300余人次，补缴金额1500余万元。办理“4050”灵活就业人员社保补贴230余万元。结对帮扶古路镇兴盛村脱贫户11户23人，提供帮扶资金2.1万元，采购结对帮扶农产品7.8万余元。老旧居民楼增设电梯9台，投入使用2台。开展马路办公203次，现场解决城市管理重难点问题845个，群众幸福指数明显提升。

【平安建设】 持续开展安全生产和消防安全专项整治三年行动，深入开展燃气安全排查整治和城市生命通道专项治理，持续抓好交通、建设施工、食品药品、特种设备、高层建筑消防等重点领域安全管理，坚决遏制较大及以上安全生产事故。全年排查隐患331条，全部完成整改。不断完善重大疫情防控体制机制，持续抓好常态化疫情防控，从严从细落实“外防输入、内防反弹”总策略，有序推进新冠疫苗接种。联合区商务委、区公安分局、区市场监管局等部门对恒大中渝写字楼和香奈公馆开展金融风险排查专项行动，摸排企业375家，发现风险线索6条，并实现成功处置。建立健全“夜间共享停车”“黑名单管理”机制，打造高空抛物监测系统和百合园片区消防车道整治示范点，建成市级示范养老服务中心。

【其他工作】 选举产生区第十九届人大代表22名，圆满完成选举任务。持续推动党管武装工作再上新台阶，征兵工作、兵役登记等工作走在全区前列。扎实做好“八五”普法工作，开展“三月法治集中宣传月”、“12·4”国家宪法日等法治宣传活动87场次，普法受众达7万余人次。

（陈　礼）

龙山街道

【概况】 龙山街道于2006年12月由原龙溪街道分设，与江北区石马河、大石坝街道，两江新区天宫殿街道和渝北区龙溪街道接壤。辖区以龙山大道为中轴线，自北向南呈条形块状分布，南北长约3公里，东西宽约2.6公里，辖区面积6.4平方公里，社区13个，户籍人口约8.6万、常住人口约14.25万、管理人口约23万。近年来，街道围绕“品质龙山、美好家园”目标，统筹抓好党的建设、经济发展、城市管理、社会治理、民生保障各项工作，先后荣获“国家节约型公共机构示范单位”“全国先进基层司法所”“全国综合减灾示范社区”“全国最美志愿服务社区”“全国四好商会”“重庆市先进基层党组织”“重庆市扫黑除恶专项斗争先进集体”“市级文明街道”“重庆市安全社区”等荣誉，连续5年获全区综合（绩效）考核一等奖。

【经济发展】 2021年，国家储备林西南基地项目成功落地，成功引进重庆盒马网络科技有限公司落户华融现代广场，建成3500平方米的盒马鲜生冉家坝总部店；协助春风时光开展招商工作，懂车帝重庆首家线下体验店等新业态入驻，招商入驻90%以上。是年，完成地区生产总值81亿元，同比增长8%；全口径税收14.07亿元，同比增长28.3%；体制税收收入2.18亿元，同比增长25.61%。

【城市管理】 是年，维修增设海沁广场、安家咀体育文化公园等公共场所休闲座椅、健身器材80余件，修缮盘溪河周边人行步道4公里，新增小游园3个。投入140余万元，为居民小区及单体楼补充分类垃圾桶800余个，建成多网融合服务点1个、集中投放点41处。协调辖区22条人行道路，共计22万平方米，纳入渝北城区环境综合整治PPP项目，铺设完成10万余平方米。在建要坝、余松路社区小游园停车场2个，增设停车位780个；投入50余万元整治小区外墙渗水、外墙砖脱落、化粪池塌陷，维修地面、更换井盖等700余处。受理申请加装电梯82台，按程序实施加装36台。开展多勤联动专项整治10余次，出动800余人次，规范骑门摊点1000余处，清理背街卫生死角、居民堆放杂物

600余处，清运垃圾500余车次；拆除58家校外培训机构违规广告、招牌等67块，拆除广东海鲜大排档等10处违法建筑3811平方米，完成率101%；跨区联合开展污水整治行动2次，处理跨界污染源3个，开展大气污染联合执法11次，主题宣传活动5次，有效整治汽修、餐饮、工地等涉气问题32个，督促12家餐饮单位新增、改造油烟净化设施。

【平安建设】 一是安全生产绷紧弦。严格落实安全生产“党政同责、一岗双责”，领导带队检查、研究安全生产工作390余次，累计排查企业单位及各类场所1670家次，消除隐患485条，整改率98.64%；开展高层建筑消防安全综合治理暨百日攻坚行动“回头看”、打通“生命通道”集中整治、今冬明春火灾防控等工作，出资13万元为居民购买火灾惠民保险。二是打造品牌亮点。投入190余万元完成公共法律服务站改造升级，率先在全区镇街建立40人的调解咨询服务专家库，成功化解矛盾纠纷110余件，挽回经济损失4500余万元，街道调委会获全国模范调委会。投入100万余元新建冉家坝社区天邻风景养老助餐点、旗龙路社区和冉家坝社区慢性病康养服务站、天竺路社区残疾人综合服务站。稳步推进政协协商工作在基层落地生效，“渝事好商量”委员工作站获首届全国人民政协“优秀委员工作站”称号。三是推进平安建设。以“八个起来”为载体，广泛开展全民反诈宣传，发送短信20多万条，入户宣传53万户次、签订反诈承诺书10万份，发放宣传资料27万份，辖区电诈发案率逐步下降；扎实开展市级社会治安重点地区银桦路社区综合整治工作，完成松牌路社区“枫桥式社区”打造，辖区可防案件同比下降32.5%，街道党工委获重庆市扫黑除恶专项斗争先进集体。

【民生民利】 做好285名严重精神障碍患者、772名残疾人、156户计生特殊家庭、160名低保人员和1764名高龄老人的服务管理工作，发放各类补贴110.9万元，救助金、低保金149.6万元，慰问金31万元。新增就业7211人，帮助困难人员就业440人，零就业家庭保持动态为零。对接大盛镇16个村助销朝天椒等农产品，帮扶消费240.12万元。为未成年人、残障人士、老年人和流动人口开展文化活动14场次，播放惠民电影156场次，开展“全民阅读学党史”“书畅渝北”亲子全民阅读等活动50余场次，承办“我为群众办实事”“讲健康”志愿服务活动等30场，举行舞蹈、声乐、太极拳、健身技能培训30余次，累计受益群众达15万余人次。依托“渝快办”政务服务平台，实现退休人员待遇认证、社保、医保等服务事项一网通办，新增“社保综合”窗口3个，推行“通窗受理”服务，受理审批服务项目6万余件，办结率100%。充分利用数字城管等系统完善群众服务热线、进家入户工作机制，通过认领派单、协同会商、限时督办等方式，分级分批解决消防隐患、停车秩序等群众急难愁盼7大类235个问题，银桦路社区向奕文、龙山商会朱炳清被评为“2021重庆市第六届劳动模范”。

（李博文）

龙塔街道

【概况】 龙塔街道由原龙溪镇分设，于2006年10月13日成立，名字由辖区的龙头寺和附近的塔子山合并而来。辖区面积7.2平方公里，户籍人口7.3万人，常住人口13.6万余人，下辖13个社区，15个直属党组织，54个非公有制企业党组织，现有党员3680名。街道区位优势明显，北临两江新区天宫殿街道，东接江北区溉澜溪街道，南邻江北区五里店街道、观音桥街道，西接龙溪街道，全域城市化，建成区级社区示范商圈佳华北宸里及“99艺术长廊”特色商业街。街道交通便捷，紧邻机场高速、渝邻高速，毗邻江北嘴中央商务区、观音桥商圈，轻轨3号线、6号线横贯辖区，距重庆北火车站2公里。辖区内有市一中院、市公安局、市司法局等8个市级机关。街道先后获得重庆市全民阅读示范单位、示范镇街综合文化服务中心、文明城区工作集体三等功、新中国成立70周年安保维稳工作集体三等功等荣誉称号。

【经济发展】 2021年，实现地区生产总值总量57.43亿元，同比增长7%，实现限额以上贸易企业社会消费品零售总额11.6亿元，同比增长16%，主要经济指标保持良好增长态势。打造区级社区示范商圈“佳华北宸里”及“99艺术长廊”特色商业街，辐射带动紫薇路“后街经济”发展，实现“老破散乱亏”到“高大上美赚”的华丽变身，成为新晋人气网红打卡点。成功引进重庆刘一手商业管理有限公司、重庆智网科技有限公司、重庆怒火社商业管理有限公司等高附加值企业落户，新增市场主体354家，经济业态逐渐丰富。走访企业60余家，建立工作台账，宣传解读涉企政策，协调解决有关诉求，着力助企纾困，营造良好营商环境。

【平安建设】 牢固树立安全发展理念，认真落实“党政同责、一岗双责”要求，全年研究安全生产工作78次。针对道路交通、燃气油气、建筑施工、消防、工商贸、自然灾害等重点行业领域，持续深化大排查大整治大执法，实行清单管理、挂牌整治，及时整改销号339条，切实加强源头防控、风险严控，坚决守住安全生产底线。严格落实矛盾纠纷四级联排联调机制，滚动开展矛盾纠纷排查化解。充分发挥“蓝丝带”“环物委”作用，积极推进吉安园、鲁能7街区等物业矛盾纠纷调处。扎实推进“治重化积、清仓见底”专项工作。认真开展重点地区整治和“零警情”小区创建，常态化开展扫黑除恶专项斗争和全民反诈宣传，人民群众安全感持续提升。

【民生实事】 织密织牢民生保障网，低保、医保、养老保险实现应保尽保，加大就业服务和特殊困难群体帮扶力度，补齐民生事业短板，综合救助格局基本形成。加大“双拥”工作力度，开展“爱心献功臣”“双拥在基层”等活动，优化退役军人服务，落实退役军人就业创业、社保接续等工作。从资金、产业、就业、消费扶贫等方面对大湾镇、统景镇开展对口帮扶工作，巩固拓展脱贫攻坚成果同乡村振兴有效衔接。统筹推进教育、医疗、养老等事业发展，配合做好龙头寺小学、龙塔实验学校扩建工程和新建龙塔实验学校附属幼儿园，实现辖区公办幼儿园“零”的突破。建成1个养老服务中心市级示范点、12个养老（助残）服务站，建立“中心—站—居家（家庭）”三级养老服务体系，实现辖区养老服务全覆盖。公共服务中心群众满意率达99%以上，大力推进社区阵地建设，抓好工农、渝鲁、紫福路等社区办公用房建设。着力打造“书香龙塔”，建成国家一级文化站1个，新建5个全民健身点，获得市“全民阅读示范单位”等荣誉称号。积极开展群众喜闻乐见的文体活动，全年举办各类展览、表演等18场次。充分挖掘社区文体资源，组织参赛队代表渝北区参加重庆市第十届全运会气排球比赛、柔力球比赛并取得优异成绩。

【城市环境】 配合做好、有序推进红土地立交改造项目、溉澜溪清水绿岸治理提升工程、紫兴路南段工程等重点项目。启动鲁能星城1～5、7、9街区地下排污管网整治工程。完成渝鲁公园建设、龙塔社区公园周边环境整治，紫园路片区棚改征收工作稳步推进、基本扫尾。扎实开展市容整治，加大对辖区背街小巷及农贸市场的巡查、清扫保洁管理及化粪池安全管理，深入推进生活垃圾分类工作，人居环境持续向好，街道顺利通过国家卫生城区复审、全国文明城区复查测评。扎实开展“多勤联动”综合执法，整治违建1万余平方米。加强生态文明建设，深入实施环保“五大行动”，开展“人与自然和谐共生”环保主题宣传7场，推进餐饮油烟专项整治行动。积极落实河长制，开展巡河46次，研究解决问题5个，各类督察检查反馈问题全面整改落实。

（田　宇　余　春）

双凤桥街道

【概况】 双凤桥街道位于重庆市渝北区两路片区，紧邻江北国际机场、两路寸滩保税港区，空港工业园区坐落境内，210国道、渝邻高速公路、重庆主城外环高速公路、轻轨3号线北延伸段横穿辖区。街道东邻王家街道，南接两路街道，西与双龙湖街道、北碚区复兴街道交界，北与木耳镇相连。至2021年末，辖区面积34.5平方公里，辖13个社区、1个建制村，有耕地365.6公顷、林地361.87公顷。户籍人口57221人，其中农业户籍人口2534人、常住人口15万余人。

街道辖区工贸企业549家，其中规模以上工业企业87家，多为劳动密集型企业。现有桃源公园、红树林、狮子山等公园7个，有观音洞水库、东方红水库、高堡湖水库等水域3个。有商业体1个、在建商业体1个、大型酒店3个、大小宾馆100多家、美食街1条等。有空港医院、金港医院、临港中西结合医院等民营医院3家，便民诊所31家，区中医院（三甲）竣工落成，精神科住院部已入驻，社区卫生服务中心1个，卫生服务站4个。大专以上普通高等院校1所，职业中学2所，渝北区教委直属中学1所，城区小学有两江小学、空港实验小学、长安锦尚城小学，城乡接合部有仁睦中学、仁睦小学，有幼儿园18所。建有1000平方米的党群服务中心和安全体验中心、长空路社区200平方米科普体验馆、空港广场24小时自助图书馆，接待参观超过1万人次。

【经济建设】 2021年，街道规模以上工业产值为546.99亿元，限额以上贸易企业社会消费品零售总额为2.34亿元，城乡居民收入48784元，实现稳定增长。加强招商引资资源排查，全力推动桃源天地购物中心等商贸项目与超市、影院、百货、餐饮等业态公司的合作联动。全面做好空港新城、保税港区、空港开发公司的开发服务，积极推进东环铁路建设协调工作。落实班子成员联系重点企业制度，全年组织政策讲解、安全排查等服务30余场次，解决实际问题和困难20余个，帮助解决用工1000余人、办理贷款325万元。兴旺村引种试种枇杷、李子等7大项50余个名特优新品种，推广优质无公害大田作物、蔬菜、果树等生产种植300公顷。深化三社融合发展试点，农户入股资金达103.5万元、土地近66.67公顷，启动经果林项目，开展土地宜机化整治18.67公顷，推进“三变”改革，组建兴旺、中建2个集体经济组织，兴旺村全年经营性收入超过45万元。

【民生工作】 认真落实各项积极的就业政策，联合辖区高校、企业、求职者举办“1+3就业联盟”大型现场就业推介会4场，提供就业岗位1982个，达成求职意向612人，实现城镇新增就业人数4651人，创业就业培训人数150人，回引外出务工人员38人，城镇调查失业率控制在5.5%以内。办理创业就业贷款380万，“4050”灵活就业人员社保补贴共242人、122万元，低保再就业补贴1户、6496元。抓好养老、医保等社保工作，办理新参加城乡居民养老保险26人，城乡居民医疗保险29360人，城镇职工社会保险参保单位新增535家、涉及人数875人。实施精准救助，全年累计发放低保金、特困人员供养金等民政类资金262.53万元。街道、村（社区）退役军人服务站持续落实好关怀慰问、困难帮扶、扶持就业创业等各项保障政策，完成村（社区）创建全国示范型退役军人服务站验收任务，其中街道打造的“老兵之家”在迎接国家级、省、市级领导调研时得到肯定，接待各级单位交流学习30余次、电视媒体采访报道10余次，累计接待退役军人1000余人次，协助退役军人开展娱乐活动、战友会、书画活动100余次。

【城乡管理】 以开展“马路办公”为抓手，领导带队马路办公192次，出动人次625人，发现市容环卫类问题128件、市政设施类问题144件、城市秩序类问题404件、园林绿化类问题122件、城市管理相关问题42件，解决问题840件。常态化开展1+8联合执法12余次，督促完成背街小巷绿化问题整改20余起，按照工作要求做好辖区门前三包、五长制工作。有效处置文明城区常态化管理案件50件，12319案件40件，数字化城市管理平台案件5000余件，区城市日常考核问题180余件，完成城市管理信息采集有效上报1500条。密切配合“多勤联动”工作组及相关部门，全力推进红树林小区外围道路、空港大道、桃源大道、长空路、民秀路、园港路“多勤联动”综合整治，累计出动411人次，发放宣传资料1826份，现场教育364人，劝离违停车辆400台次，拖移车辆56台次，僵尸车12台次，处罚违停车辆50台次，拆除违章建筑97处、违规广告15块，清除乱堆物31处。全力保障完成国卫复审工作。开展僵尸车专项整治行动，清理摩托车电瓶车81辆、三轮车15辆、小轿车12辆，劝导移除8辆。全年整治违法建筑87件，面积8707.11平方米，消除新增违法建筑1件，完成市级卫片图斑疑似核查整治28件，面积6662平方米。妥善做好农房建设规划、用地许可及规划验收相关工作，全年共计办理规划许可证11件、宅基地批准书38件，共验收农房106户，对居民新村104户进行产权办理并发放产权证。

【环境保护】 开展中央生态环境保护督察、市环保督察案件“回头看”，确保整治到位。开展“绿水青山就是金山银山”实践创新基地环保文艺会演、“4·22”世界地球日、“5·22”生物多样性日、“6·5”环境日暨环保设施向公众开放、“9·22”世界无车日暨垃圾分类宣传等环保宣传活动。协助区级单位开展严厉打击危险废物环境违法犯罪行为专项行动工作，督促博才社区长安锦尚城小区完成雨污混流整改工程。配合开展渝北区2021年长安汽车渝北工厂危险废物暂存场废溶剂泄漏突发环境事件综合应急演练。开展2021年高中考期间环境保障工作中防止考区周围噪声污染，开展餐饮油烟监测工作，监测餐饮油烟单位5家。启动大气污染防治巡查工作10次，重点巡查涉气企业、餐饮店、国有空地、汽修店、加油站、施工工地等。开展2021年夏秋冬季臭氧污染防控工作，定期巡查涉气企业，发放《防控夏秋季臭氧污染深入打好大气污染防治攻坚战告知书》100份。办理“12369”、群工平台、现场投诉等案件150余件，组织城管执法大队、公安派出所、市场监督管理所、生态环境局执法队等对10余家投诉重点餐饮单位进行约谈，联合执法3次，并督促3家安装餐饮油烟治理设备，已安装净化设备的餐饮单位，告知其应定期清洗。启动生态环境保护执法案4件，其中立案处罚2件。完成31个生活垃圾分类集中投放点建设，联合辖区内的幼儿园、小学、企业等单位开展“小手拉大手”“八进”等大小型垃圾分类宣传活动140余次，开展入户宣传3万余人次，发放垃圾分类宣传海报、入户宣传三折页等宣传资料2.5万余份，在15个小区开展人工和智能可回收物积分兑换，为中建社区、兴旺村购置分类垃圾桶70个，在兴旺村共投放15个垃圾箱体、100个分类垃圾桶，设置7个生活垃圾分类集中投放点。

【平安建设】 全面推进“平安双凤”建设。打好扫黑除恶专项斗争收官战，深入摸排黑恶线索，累计发放宣传资料16万份，入户走访17.23万余人次；

构建联动巡逻防控体系，建立专职+协勤+网格的联动群防群治模式开展巡逻防控，累计出动巡逻车1290余台次，专职巡逻队2560余人次，网格员29790余人次；多元化解矛盾纠纷，发挥村（社区）人民调委会和街道第三方调解室的作用，对物业、征地、劳资劳务、婚姻家庭等领域各类矛盾纠纷开展调解化解，全年接访群众290余人次，调解各类纠纷723件，成功化解高堡湖等20余件历史遗留信访问题，街道人民调解委员会被司法部授予“全国模范人民调解委员会”；开展社会治安重点地区专项整治和全民反诈专项行动，通过4个“动起来”，广泛向辖区群众宣传防范电信网络诈骗，全年开展反诈宣讲活动168场次，发放宣传册30万册，张贴横幅标语2000余条；推进综治中心和智能化社区建设，推进街道两级综治中心标准化建设，街道和14个村（社区）综治中心投入使用并与区综治中心完成互联互通。在环湖雅居A区、B区、锦绣丽舍单体楼小区，建成163套智能门禁系统。

【安全生产】 全年领导共带队检查130余次；强化隐患排查治理，检查609家次，查找各类隐患809条；严格落实三级挂牌督办制度，区领导在街道挂牌1条，街道处级挂牌2条、科级挂牌2条；处罚违法企业11家，罚款金额6.3万元。强力推进高层建筑消防安全百日攻坚回头看工作，完成高层小区消防车道规范管理2个，开展联合执法9次，累计劝离占用消防通道的车辆99辆，处罚占用消防通道车辆92辆；推进高层建筑消防管网无水的19个小区108栋高层全部完成整治；开展全民提升安全意识专项行动，入户宣传5.2万户，悬挂横幅500条、宣传海报1560张、宣传资料6万余份。建立《双凤桥街道自然灾害与安全生产综合应急预案》《双凤桥街道突发地质灾害应急预案》《双凤桥街道防汛抗旱救援预案》《双凤桥街道森林防火应急预案》等多个应急预案；转移安置受灾人群5户14人；成立由街道、社区工作人员组成的综合应急救援队伍，开展森林防火、高层建筑火灾逃生、道路交通、环境事件应急演练4次，参与演练人次200余人次；保障应急物资储备，配置铁锹、镰刀、灭火器、救生绳、帐篷等应急救援物资。

（潘　舒　陈　洁　游朝义　代发晶　邵　伟　范袅娜）

两路街道

【概况】 两路街道于2010年4月28日经市政府批准设立，是全国文明单位。辖区面积36.8平方公里，西邻双龙湖街道，南接回兴街道，北连双凤桥街道，东与王家街道接壤。两路街道建制历史悠久，是渝北最早发展的老城区，是区委、区政府所在地，驻有区级部门26个。江北国际机场和双凤桥换乘中心落户辖区。常住人口约11.3万人，户籍人口约4.6万人，下辖14个社区，212个居民小组，9个社。有党组织99个（含非公有制企业党组织30个），党员2117名。近年来，两路街道党工委、办事处以习近平新时代中国特色社会主义思想为指导，把握区位优势，找准发展定位，围绕“靓丽空港、美好两路”目标，以经济发展为中心，以不断满足人民日益增长的美好生活需要为根本目的，统筹发展和安全，经济社会发展和党的建设各项事业建设取得新进展新成效。

【经济发展】 2021年，街道牢牢抓住坐拥国际航空枢纽这一区位优势，助力临空经济发展，推动两路商圈建设，集中力量抓紧项目推进，全力以赴抓好服务保障。街道形成以航空物流、金融商贸、现代服务等为重点的优势产业，第三产业增加值逐年提高。全年实现地区生产总值108.2亿元，同比增长6.5%，一、二、三产业结构比为0.02 ：6.12 ：93.86；社会消费品零售总额61.3亿元，其中限额以上法人社零总额9.8亿元，同比增长12.4%；限额以上法人单位商品销售额70亿元，同比增长34.5%；住宿及餐饮营业额14.1亿元；城市常住居民预计可支配收入45765元，同比增长5.1%。实现税收收入11亿元，本级财政收入2.25亿元。

【**民生事业**】坚持教育优先发展地位，协助推进城区学校建设，南华中学、实验中学完成搬迁，实验小学、两路幼儿园实施扩建优化。推动“双减”政策落地，深化校外培训机构治理。不断完善养老服务体系，建成市级示范养老服务中心1个、社区养老服务站12个，探索实施“中心带站”模式，创建全国示范性老年友好型社区1个。密切关注特殊群体基本生活保障，对城乡低保对象、特困供养人员、临时困难人员等实施精准救助，制定《两路街道应急和其他特殊困难群体救助工作实施办法》，共计救助330人次、133万余元。深入实施全民参保计划，医保、社保参保率均达99%以上。多渠道开发就业岗位，积极开展职业技能培训，鼓励创业带动就业，每年城镇登记失业率均控制在3%以内。规范化建设街道及各社区便民服务中心，实现全程办事代理制便民服务网络全覆盖。优化公共文化设施建设，完成3000余平方米的街道综合文化服务中心提档升级，13个社区文化站各有特色，金港国际24小时城市书房建成使用。

【**城市管理**】以“优化、净化、序化”为突破口，对辖区单体楼和老旧小区进行绣花式管理，让老城好住、好看、好管。老旧单体楼电梯增设做到能装尽装、便民利民，已申请107台、增设（含在建）43台。完成270栋老旧建筑室内外消火栓及管道系统建设，辖区7层以上建筑消防设施全覆盖，完成所有高层建筑防盗网、更换可燃雨棚整治。以国家卫生区复审及文明城区迎检工作为抓手，对单体楼周边硬件环境提档升级，全面整治天灯堡片区、渝航路三巷、汉渝路沿线道路破损、卫生死角、设施老化安全隐患，实施水井湾片区综合改造。对C、D级危房逐步改造加固排危，定期监测、清掏“三无”化粪池、检查井。加强风貌管控，完成违法建筑五年整治计划，覆绿添绿4800余平方米。顺利完成观音岩片区棚户区改造工程，安全拆除老旧、功能缺损住宅及其他建筑累计8.25万余平方米。

【**平安建设**】坚持和发展新时代“枫桥经验”，打造全市首个“平安驿站”，通过资源整合、信息共享，实现综治工作总指挥、大融合、大走访、大调解。驿站全年接待群众4600余人次，解决实际困难622件，开展平安宣传活动20场次。组建7支专职巡逻队、36支网格巡逻队、1500余人的志愿者巡逻队，实行全天24小时全覆盖巡逻，各岗亭24小时值守创新采取“六合”工作机制。点对点开展“国家反诈中心”App推广和反诈宣传，点对点签订责任书3万份，街道电信网络诈骗发案量同比下降近17.8%。坚持社会稳定风险评估，落实重大矛盾主动介入调处、疑难案件联合调处制度，加强律师进社区工作，累计化解矛盾纠纷630余宗。完成老旧建筑和高层建筑消防安全专项整治。切实做好防汛抗旱减灾工作，强化综合应急救援队伍和微型消防站建设，定期开展应急演练。辖区安全生产形势总体保持稳定，连续6年事故亡人指标数保持为0。

（余林霜）

王家街道

【**概况**】王家街道辖区面积35.5平方公里，城区17.93平方公里，国有林地3.24平方公里，农村集体土地14.33平方公里。2021年，辖荣华、大屋、玉峰山、荀溪桥4个村54个村民小组和王家、观月路、硚田3个社区22个居民小组，户籍人口14542人（其中农业人口6279人），常住人口59927人。街道坚持新冠肺炎疫情防控和经济社会发展两手抓两手硬，辖区主要经济指标稳中有进，全年实现生产总值67.9亿元，同比增长7%；固定资产投资47.63亿元，增长20%；城乡居民人均可支配收入23760元，增长8%；完成本级税收收入1928万元，增长28.69%。

【开放发展】 协调处置航空物流园D6地块遗留问题，解决施工炮损问题，协助推进空港型国家物流枢纽建设。全力服务东环铁路项目建设，补征地4000平方米，完成铁塔项目建设用地交付和25座塔基建设，协调处置矛盾纠纷。做好重庆现代建筑智慧产业园征地准备，开展约233.33公顷拟征土地的地界地类核实、群众诉求摸底等工作。全力服务保税港区，举办港区文体活动32场次，营造积极健康向上的文化氛围；强化生活配套区门店安全隐患排查整治，配合区级部门和保税港区开展围网内安全监管。依托“渝快办”政务服务平台，深化“互联网+政务服务”，通过让企业、群众评定办事效能督促服务质量提升，建立辖区民营企业台账，开展企业走访收集解决民营企业困难诉求，进一步优化营商环境。

【乡村振兴】 消费帮扶106.78万元助力乡村振兴。辖区3个村集体经济组织承接项目建设50个，实现集体经济收入180余万元。健全自治法治德治相结合的乡村治理体系，推广实施乡村治理“积分制”，进一步强化大屋村“农业企业之家”、苟溪桥村“丰收驿站”、玉峰山村“娘家缘”等乡村治理示范点品牌建设，夯实乡村数字化基础，提升乡村社会治理的智能化水平，助推渝北数字乡村全国试点。苟溪桥村整村推进规划建设“都市田园·山水湖乡”的乡村旅游综合体，打造旅游民宿2处，建设苟溪桥村“梨湾人家”文化大院，以示范点引领推动乡村文化振兴。

【基础建设】 新建场镇便民停车场2处，提供免费停车位200个，升级公共厕所3个，优化公交候车点2处，增设人行道花箱234个，焕发老场镇新活力。在场镇老街外围规划建设一条便道，用于消防车临时通行，场镇消防老难题得到解决。实施苟溪桥村自来水管网改造项目，投资420万元新建和改造自来水管网约40公里，300余户农户喝上来自该项目的自来水。新建泥结石路2.5公里，硬化公路2公里，整治路面1.2公里，投入20余万元实施公路养护，群众出行更加安全便利。

【生态环境】 坚决遏制耕地“非农化”“非粮化”，深入开展大棚房问题专项清理整治行动回头看，强力实施拆违控违，拆除存量违建11处、1803.72平方米，拆除卫片图斑8处，巡查制止12处新增违建。清理整治辖区临时搅拌站、碎石厂，强制拆除荣凯建材厂，对彬渝建材厂实施关停，完成巨鼎建材厂土地复垦。完成苟溪桥村文家坡地灾点治理，实施2个地灾隐患点搬迁。全面推行林长制，开展森林防火和松材线虫防治，加强苗木管护巩固国土绿化成效，有效保护森林资源。认真履行河长职责，加强巡查监管，严格环保执法，推动解决平滩河支流新塘河污染问题，不断提升河道和水库生态环境，持续巩固市级生态文明建设示范街道创建成果。

【安全生产】 全面贯彻落实《重庆市党政领导干部安全生产责任制实施细则》，坚持党政同责、一岗双责，党政主要领导全年开展安全检查81次，分管领导及行业主管科室全年出动814人次检查行业领域安全。从严从重处罚企业违法行为，压紧压实企业主体责任，对安全隐患问题实行台账闭环管理，全年共检查582家次，发现并整改隐患936个。开展道路交通、消防、危化品、工商贸企业、特种设备、在建工程、食品药品、校园安全和防溺水等重点领域安全隐患大排查大整治大执法。重点整治货运行业道路交通安全隐患，检查各类货运车辆800余车次，查处各类违法违规行为280余起，营造安全有序的道路交通环境。指导村居开展灭火应急疏散演练和地灾、防汛等应急演练8次，提升应急救援能力。

【平安建设】 开展“五式”反诈宣传活动，诈骗案件发案率同比下降36%。构建公安、街道、村居、网格四级联动治安巡逻防控体系，持续提升辖区社会治安环境，治安案件发案率同比下降20%，群众安全感达95%以上。深入开展“枫桥经验”渝北实践，排查化解矛盾纠纷121件。探索社会治理新路，打造玉峰山村平安建设示范点和“娘家缘”品牌服务，发挥品牌效应化解矛盾纠纷、解决群众困难100余起，玉峰山村、荣华村档案工作服务农村基层社会治理试点顺利通过国家档案局验收。深入推进依法信访工作，全年共受理信访件98件，受理率、按期办结率均为100%。

（方纪函）

双龙湖街道

【概况】 双龙湖街道紧靠重庆江北机场，东以210国道为界，南与回兴街道相邻，北靠两路街道，西与仙桃街道接壤。辖区面积22.5平方公里，城区面积10.65平方公里，户籍人口6.4万人、常住人口（含流动人口）10.8万人。街道辖18个社区，其中农村社区2个。辖区有楼栋933栋（其中788栋为单体楼），店堂门市7500余个（以小型餐饮业和服务业为主），有法人企事业单位1700余家，其中机关事业单位61个。2021年，街道飞湖路社区被评为全国示范性老年友好型社区，辖区居民任泽林被评为“中国好人”，老旧单体楼电梯加装、养老服务、老旧小区改造等民生工作被中央电视台《新闻联播》《焦点访谈》等报道4次7条，“老兵故事汇”宣讲团做法被中央党史学习教育办公室、新华社内参宣传，老旧小区改造工作、养老工作分获住建部、市住建委和市民政局好评，1.5支路街区改造被列为全市首批老旧小区改造示范项目、住建部重点案例。

【经济发展】 是年，完成地区生产总值58.3亿元，同比增长5%，完成全口径税收16亿元，本级税收1.53亿。城镇居民可支配收入4.6万元，同比增长6%；农村居民人均可支配收入2.3万元，同比增长6.5%。

【平安建设】 严格落实平安渝北建设工作总体要求，强化基层治理，促进矛盾化解，开展“全民反诈”专项行动，打造集中心警务室、心理咨询室、法律超市等于一体的“平安驿站”，排查化解矛盾纠纷722条。从严从细从实抓好安全生产工作，压紧压实监督责任，持续做好辖区风貌整治外墙砖脱落、危化品、“三无”化粪池、地灾隐患、森林防火及危房等日常监管，强化单体楼消防、电梯安装等重点领域监管，专题研究安全生产工作42次，排查整治隐患218条，全年安全责任事故零发生。

【城市管理】 积极推进老旧小区改造，完成1.5支路街区19栋单体楼、63个单元、14.5万平方米建筑基础设施改造。持续推进老旧住宅加装电梯，建设完成239台，占全区40%。大力开展“多勤联动”市容（交通）秩序执法，解决化粪池堵塞、路面破损等问题600余个，拆除群众反映强烈的烤羊庄等违法建筑150处，占道经营、违规停车等乱象得到改善。深入实施五大环保行动，持续推进垃圾分类，顺利通过中央生态环境保护督察等各类督察检查，城市环境更加优美。

【社会事业】 街道在全市率先探索推进全域宜居养老社区建设，完成“康逸园”等3个老年主题园适老化改造，成立老年大学双龙湖街道分校，打造“永不停课”空中云课堂。完善低保、社会救助、医疗、养老、就业服务等体制机制，发放低保金及临时救助金260余万元，实现城镇新增就业4558人；弘扬慈善精神，设立“阳光基金”，建立“幸福银行”，充实社会帮扶力量，多方位保障群众基本生活水平。成立“老兵之家”“‘不要烦’工作站”“老兵志愿服务队”，积极发挥退役军人作用，帮助解决老兵就业等。大力推广“互联网+”政务，创新推出预约服务、上门服务、延时服务等举措，提高群众办事效率，街道便民服务工作3次被区政务办评为优秀。积极做好对口帮扶工作，向云阳县青龙街道提供项目帮扶资金20万元，购买扶贫产品20余万元。联合重庆市温州商会开展“学党史、办实事、携手共建美丽乡村”帮扶行动，助推温州商会帮扶兴隆镇乡村振兴43万元。

（陈　成）

回兴街道

【概况】 回兴街道成立于2013年11月，紧邻江北国际机场，辖区面积16.42平方公里，辖17个社区，常住人口16.9万人。渝都大道、渝航大道、盛兴大道、机场南联络道通贯全境，轨道3号线、10号线和9号线纵贯南北，交通便捷。辖区内有宝桐路、双湖路等2个市级社区商圈，商居条件优越。有黄桷坪体育公园、圣名游乐园、中华职教社社史陈列馆、环山公园等公园游园和旅游景点。有重庆外语外事学院、重庆八中教育集团黄炎培中学、重庆一中寄宿学校、南华中学、回兴小学等各类中小学、幼儿园53所，有重医大附三院、渝北妇幼保健院、渝北疾控中心等医疗机构6家。

【经济发展】 2021年，完成地区生产总值95.5亿元，同比增长8.5%；社会消费品零售总额10.6亿元，同比增长9.8%；规模以上工业总产值91.36亿元，同比增长10%。完成街道级税收收入3.09亿元，同比增长28.79%。新入统规模以上、限额以上贸易企业16家，新增市场主体8183家。积极融入“四个大区”建设，服务时装小镇项目，谋划打造重庆外语外事学院文化美食一条街，助力临空消费走廊打造。召开银企对接座谈会、企业用工招聘会，帮助企业获得3亿元贷款授信和2300万元融资，达成意向就业600人。推行“锦囊五计”社企工作法，开通“一站式”服务大厅，让企业享受便捷的政务服务，有效缓解企业“融资难”“用工难”“办证繁”问题，营商环境持续优化。完成铁路枢纽东环线征地拆迁扫尾工作，全力推进长河、白鹤片区286.67余公顷棚改征地拆迁，为临空经济示范区核心区建设、现代化临空文旅新城打造腾挪发展空间。

【社会事业】 民生民利方面，助推重庆一中寄宿学校顺利完成“民转公”，黄炎培中学纳入重庆八中管理学校，南华中学整体搬迁至原职教中心。新建助餐点5个、慢性病康养服务站1个、残疾人综合服务站1个，15个社区养老服务站全部纳入市场化运营，投入27万元完成公共区域适老化改造工程，初步构建起以居家为基础、社区为依托、机构为支撑，功能完善、布局合理、规模适度、覆盖整体的养老服务体系。推进老旧住宅电梯安装，取得规划许可证128台，完成安装90台，新增老旧单体楼街区制管理4.8万平方米，“蓝丝带”调解物业纠纷成功率100%，督促辖区153个物业小区实施精细化管理。全面推广电子医保凭证，持续改善养老认证，为高龄、重病、行动不便的老人提供上门服务，办理养老生存信息采集认证2667人。

【平安建设】应急管理方面，压实安全生产责任，健全“三委四指九专”的应急管理组织体系，举办安全培训12次、应急演练18次。引入社会智管，聘请专业三方机构对“3+1”片区650家重点生产经营单位开展全覆盖检查，排查隐患1406条，整改率99.7%。倒逼企业自管，全面推行“两单两卡”，推进“有限空间”“日周月”隐患排查模本化管理，实施实名制监管及全员安全生产责任制。强力推动市、区督查交办的水木年华、东朝静园等消防隐患整改，完成6个高层小区、2个老旧小区消防管网整治，为214栋老旧小区购买消防维保服务、5万户居民购买火灾惠民保险，切实守护群众生命财产安全，全年未发生较大安全事故。科桐路社区“四有双查双改”应急工作法获应急管理部宣教中心高度肯定。平安建设富有成效。矛盾纠纷排查化解方面，全面完成“治重化积、清仓见底”5件任务。加强对严重精神障碍患者等5类288人的服务管理和情绪疏导。成立“劝劝劝”志愿服务队，持续推动全民反诈。常态化推进扫黑除恶，营造安全稳定和谐氛围。市域治理方面，推动“1+17”综治中心实体化运行，接待来访群众1.8万人，化解矛盾纠纷1127件，群众满意度不断提升。打造宝圣东路、双湖路市域治理示范点，双湖路社区社会治安重点地区挂牌整治成功摘牌。做好人民调解和普法教育，成功调解92件案件、涉及金额659.6万元。开展平安细胞创建，安装70套智能门禁系统，组建群防群治队伍，筑牢居民安全防线。

【城市建设】按照“大城智管、大城细管、大城众管”的工作思路，加大对背街小巷破损市政设施整治和维护力度。筹资1000万元重点整治五金机电城市场，有效改善该片区长达10年的环境脏乱差、经营秩序不规范状况。提出“四个一批”举措，助推部门解决辖区“停车难”问题，施划停车位1584个。拆除违法建筑物652件93874.61平方米，拆除件数和面积均居全区第一。认真落实“河长制”“林长制”工作，安装8套森林防火智慧化监控系统，实现24小时全覆盖监控。坚决打好污染防治攻坚战，阻止各类露天焚烧、烟熏腊肉、秸秆焚烧行为60次。完成辖区436家企业“散乱污”摸底排查、115家企业固废排查、3件环保处罚任务及7家餐饮店油烟排放检测，开展化粪池安全隐患排查专项整治，督促辖区化粪池管理单位落实主体责任，聘用有资质的单位定期清掏化粪池、设置安全警示标志、加装排气设施等，圆满完成市生态环保督察。开展城乡环境整治和综合执法，启动坡坎崖集中“换装”，实施垃圾分类，城市管理和文明城区日常督查居全区前列，高标准高质量完成国卫复审和全国文明城区复查测评。

（田　梦）

宝圣湖街道

【概况】宝圣湖街道辖区面积11.38平方公里，下辖社区15个，常住人口21.4万人，户籍总人口6.7万人，街道办事处驻宝圣大道1号。辖区教育资源丰富，生态环境优美，商业氛围浓郁。西南政法大学等6所大中小学校、30所幼儿园坐落其间；宝圣湖公园、果塘湖公园、鳄鱼馆、华人美术馆、赖家坟等自然人文景观星罗棋布；有三亚湾海鲜港、蘭亭·新都汇、圣名世贸城、创意公园、千谷产业园等大型商业综合体5处，有泰山电缆、天友乳业、农投肉、毛哥食品等规模以上工业16家，有限额以上批发零售企业15家、限额以上住宿餐饮企业8家、重点服务业企业23家。

【经济发展】街道通过送政策、送服务、解难题不断优化营商环境，帮助企业解决困难问题百余件。有序推动产业升级，华荣路片区征收接近尾声，西南汽贸城已签约项目18个，西政智谷打造的“熙正里特色商业街”正式启动开园，重庆法律服务产业园已入驻法律专业企业10余家，西部（重庆）法制科技园建设顺利。进一步推动三亚湾水产市场提档升级，完成中庭绿化改造，引进一批中小微企业，开展市场综合整治，强化常态管理。街道全年限额以上贸易企业社会消费品零售总额11.3亿元，同比增长59.2%；辖区居民人均收入4.86万元，实现与经济同步增长。

【城市管理】 街道全面落实林长、河长制，覆绿1.33余公顷，继续开展餐饮油烟整治，有效处理各类环保投诉案件30余条。整治完成金福花园、圣湖天域等小区外立面800余平方米，修剪兴科大道沿线及背街行道树300余棵。开展城市联动执法271次，处置问题1000余个，发现并处置新增违法建筑141处，拆除企业无证违建房屋18400平方米，核查常青藤小区疑似违建图斑566处11455平方米。清理大件垃圾530余车，整修市政设施420余处，增设道路隔离桩315处，划线停车位1959个。为3条道路增设道路路灯、拓宽市政道路、拆除墙体广告，保障行人出行安全。

【平安建设】 街道积极建设法治政府，邀请法律顾问列席重大行政决策会议，聘请专业律师向居民提供免费法律服务，开展法治宣传159场次。在金石路社区试点安全生产实名制管理制，30余家企业加入安全互助平台，实现风险隐患分级分类管控，动态闭环管理。更新综合应急救援队伍218人，建立高层微型消防站35个，开展应急演练102次。坚持每周“一夜巡”和每晚“3+3+N”巡逻防控模式，排查较大矛盾纠纷56起，领导干部接待群众492人次，切实维护辖区平安。

【社会事业】 街道投入资金143万元，改建工业园区片区养老服务中心和石盘河社区养老服务站，建设慢性病康养理疗服务站2个，建成养老服务站助餐点5个，全面提升养老服务基础设施条件，补齐社区居家养老服务短板。全力以赴增加就业，实施全民参保计划，精准落实救助政策，持续开展“大爱进小家”和结对帮扶活动。建设全国退役军人示范型服务站8个，建成渝北区图书馆阅读点，开设免费课程100堂。组织西南政法大学志愿者常年开展“衣恋阳光家教”志愿服务活动，免费服务青少年141名。开展“宝圣之声”文化品牌活动6期，“我们的节日”系列主题活动60余场。18个单位与街道社区开展结对共建活动45次。街道党员到社区开展志愿服务3000余人次，为群众办理身边好事实事342件，惠及居民3万余人。

（吴秋瑶）

悦来街道

【概况】 悦来街道成立于2007年12月5日，居嘉陵江东岸，辖区面积23.5平方公里（水域面积1.5平方公里）；东连仙桃、翠云，南接礼嘉，向北辐射水土，西与蔡家隔江相望，毗邻江北国际机场，紧邻仙桃国际大数据谷、中央公园和园博园；办事处驻渝北区欣悦路258号，距区政府8公里。街道辖7个社区，划分为57个网格，居住人口约3.45万人（户籍人口1.92万人）。街道党工委下属23个基层党组织，其中6个党总支、17个党支部，党员531名。悦来国际会展城规划建设面积18.67平方公里，是两江新区开发建设的核心区域，建成区约13平方公里。

【经济发展】 悦来国际会展城成功举办中新金融峰会、智博会等展会活动221个（其中展览面积超5万平方米的展览10个，国际展览6场、国际会议6场，500人规模以上会议41场），展出面积163.97万平方米，参会人员103万人次，实现会展直接收入 21.4 亿元，拉动消费 192 亿元，地区生产总值、固定资产投资总额等指标稳居全区平均水平以上，在“减税降费”和新冠肺炎疫情冲击的大背景下完成税收收入 7362 万元。街道辖区全年生产总值达 50.54 亿元，同比增长 9.4%，财政总收入 1.07 亿元。

【改革创新】 全面贯彻新发展理念，以市容整治、安全监管等为重点，全面服务市级平台建设悦来国际会展城，深入推进国际会展集聚区、生态示范先行区、智慧创新引领区建设。发挥悦来国际会展城对外开放平台的辐射带动作用，大力发展会展、文旅、设计产业，不断完善城市基础设施，打造礼嘉悦来智慧园（礼悦智慧湾区）。积极开展江合公司征收工作“百日攻坚”“纾困助迁”等行动，取得清溪口项目阶段性重大突破。

【平安建设】 深入推进“治重化积”攻坚行动，成功化解中央联席交办积案 2 件、市级交办积案 7 件、区级交办 5 件，扎实推进平安悦来建设，心悦调解室全年调处矛盾纠纷 164 件，服务群众 2000 余人次；统筹发展和安全，严格落实常态化安全监管“十条措施”，积极推行“两单两卡”强化企业一线岗位从业人员安全生产责任。认真组织开展安全主题宣传活动，发放宣传资料 2 万余份，制作横幅标语 266 幅、宣传展板 15 处，开展危化品、消防、森林防火安全等应急救援演练 24 次。对辖区 180 家监管对象开展执法检查 536 家次，排查发现安全隐患或违法行为 577 个，出具执法文书 681 份，约谈违规违章企业 24 家，行政处罚 9 家、罚款 9900 元。高层建筑消防安全“回头看”整改新增可燃雨棚 72.5 米、防盗网 22 个、楼道乱堆乱放 179 处、用电用气安全隐患 87 处，拆除伸缩门 7 扇。

【生态环保】 开展常态化巡河工作，全年巡河 423 次，发放宣传资料 2 万余份、劝导水污染行为 50 余起、清理垃圾 95 余车，组织“十年禁渔”现场宣传活动 2 次，开展《河长制条例》和《长江保护法》培训 3 次。坚持环保常态化巡查机制，加强沿江污染源管控与环境风险隐患排查，集中开展河流清漂及岸边垃圾清理 4 次，清理垃圾 5 吨。开展蓝天保卫行动，开展空气污染天气预警与应对工作 10 次，共出动 185 人次、车辆 84 次，巡查工地 84 次，道路洒水 94 次；检查油烟净化设备 86 次，餐饮店整治油烟污染 3 家；劝阻违规露天焚烧 26 起；制止工地扬尘 7 起。重拳整治违法建筑 7298 平方米。

【保障和改善民生】 深入开展“我为群众办实事”实践活动，办理增设公交车线路、开辟居民活动场所、消防通道清理回头看等民生实事 130 多件。以建好 4 个社区党群服务中心、嘉陵路社区崇贤楼等 10 大民生项目为目标，完成社区用房移交 30 处近 1.4 万平方米，办理产权 3 处 913 平方米，对 4 个社区的新阵地按照市级标杆进行规划设计。落实养老服务“中心带站”要求，将 4 个社区服务站移交养老机构运营管理，完成 3 个助餐点建设，试行居家养老上门服务。悦来中学新校区建成投用，辖区共有中学 1 所、小学 3 所、幼儿园 2 所，辖区教育资源进一步丰富。完成新增就业 986 人，再就业 177 人，“春风行动”专项招聘会为群众提供就业岗位 400 余个，开展技能培训 250 人次。开展计生特殊家庭“暖心行动”，在重大节假日慰问困难群众 798 户，“99 公益日”爱心捐款 5 万余元。对口帮扶玉峰山镇，结对帮扶大湾镇两岔湖村、河嘴村 22 户 59 人，开展帮扶活动 255 人次，线上线下消费帮扶累计 119.96 万元。

（李向浩）

仙桃街道

【概况】 仙桃街道东邻双龙湖街道、南接回兴街道和两江新区翠云街道、西连悦来街道、北与北碚区复兴街道接壤，辖区面积23平方公里，建成区18平方公里，总人口20余万人，辖16个社区。街道地处两江新区核心地带和空港新城核心板块，重庆仙桃国际大数据谷、两江国际商务中心、重庆中央公园、市人力资源产业园、市检察院、重庆八中、空港佳园公租房、全民健身中心等坐落域内。2021年，街道全力推动智美仙桃高质量发展，先后荣获国家智能社会治理实验基地、全国红十字示范单位、重庆市家风家教创新示范基地、渝北区先进基层党组织、渝北区优化营商环境先进集体、渝北区全国文明城区建设集体三等功等荣誉，机关干部先后荣获重庆市优秀共产党员、重庆市生活垃圾分类工作先进个人、渝北区担当作为好干部、渝北区优秀党务工作者等20多项荣誉。

【经济发展】 街道大力促进商圈发展，融创中央广场特色餐饮街日益活跃，"水獭云选"、泽科星泽汇等新兴特色商圈成为居民和游客"吃喝玩乐购"好去处，两江国际商务中心如期开业、人气爆棚，辖区人流、物流、商流、资金流加速汇聚。全力推进征地集中攻坚，全面完成征地企业处置和优惠人员调查，攻克仙桃旧场镇难点，稳妥处置征地遗留问题，有力保障空港新城片区重点项目建设。48.67公顷睦邻路片区棚改快速推进，平稳顺利完成民康实业等征收搬迁，城市发展空间进一步拓展。做细做优"扶本事"计划，实现企业用工和居民就业良性循环；常态化走访民营企业，主动为民营企业排忧解难297项。街道全年实现地区生产总值58.07亿元，同比增长14.2%；税收收入2.48亿元，同比增长30.2%；限额以上社零总额2.32亿元，同比增长33.9%；城镇居民可支配收入4.88万元，同比增长11.12%。

【民生服务】 街道全力办好10件重点民生实事，帮扶2300余人实现就业，街道综合文化服务中心、舟济路等3个残疾人服务站建成投用，增设老旧小区电梯6台。四类十项"精准发力"惠民工作扎实推进，街道老年大学在全区率先运营开课，就业援助行动持续发力，党员干部办实事200余件。做好社会保障，城乡养老、医保参保率分别稳定在96%、97%以上，发放低保金43.86万元、临时救助金11万元，核发"4050"补贴70余万元。优化退役军人服务，发放各类优抚待遇139.6万元、各类慰问金和慰问物资38万元，申请解决退役军人困难补助11.9万余元。依托就业创业汇，建立市、区、街道、社区四级就业创业帮扶机制，协助解决居民就业创业难题，实现新增就业稳步增长，百果路社区成功创建国家级充分就业社区。社区养老服务体系建设成效显著，睦邻路社区获评首批全国示范性老年友好型社区。打造"医+养+科技"三位一体的智慧居家养老服务体系，提供安全管理、健康管理、医疗服务和养老服务，让上万名老年人享受到智慧居家养老服务，被评为2021年重庆市大数据智能化智慧应用精选案例，获评国家智能社会治理实验基地。

【城市管理】 街道开展城市管理治理百日攻坚，突出整治占道停车、广场歌舞扰民、占道经营三大顽疾，累计出动1700余人次，贴放罚单1.9万张，拖移车辆940台，锁车140辆，辖区100余支广场舞队伍3000余人实名登记，广场歌舞噪声扰民现象得到有效遏制。开展桂馥大道、兰桂大道、金玉莱市场、新都花园周边市容环境综合整治，清理规范占道经营近百起，督查办理清洁卫生问题910件，清理暴露垃圾淤泥300余吨；扎实做好文明城区建设工作，文明城区交办案件办结率100%，打造同茂大道等3条市级示范道路，城市管理常态化排名稳居全区首位。新增非机动车停车位517个、移动公厕5座、爱心洗手间20个、5G站点74个，建成区实现公交全覆盖。持续推进违法建筑管理整治，拆除违法建筑1.8万平方米，巩固拓展中央公园无违片区成果。组织开展形式多样的环保主题宣传活动60余场，实施生态环境行政处罚2起，辖区无重大突发环境事件和生态破坏事件发生。协助办理排水许可66家，启动汇祥好莱坞小区雨污水混排专项治理。增配垃圾周转桶1700余个，发放宣传资料10万余份，办理积分卡2万余张，建成天晋、金色池塘等2个国家级分类示范联系点，提档升级麓山别苑等37个分类集中投放点，垃圾分类走在全区前列。全面落实河长制，各级河长巡河180余人次，常态化清理河道漂浮物近40吨。

【安全稳定】 街道常态化抓好安全隐患排查整治，领导带队检查安全460余次，检查企业1860余家次，整改隐患1879条，开展行政处罚6次、罚款1.2万余元。严格落实“一岗双责”，全面完成润丰水尚等5个小区消防管网整治，金色池塘入选全市消防管网整治先进典型案例；深入推进高层建筑消防安全综合治理，排查整改隐患205条，快速处置突发火情，全年无伤亡事故；抓实“两违”排查整治，清查面积超1400万平方米，常态化巡查检查60个在建项目、235个化粪池，动态监控商业项目装修，加强防汛抗旱统筹调度，积极应对“5.2”暴雨，落实每日巡山巡河，劝离河边游泳烧烤群众600余人次；聚焦地灾避险开展2次应急演练，持续开展成品油非法经营专项整治，严厉打击违法销售行为，集中整治燃气安全隐患，增强居民居家安全意识。深入开展防范电信诈骗宣传，举办首届电信诈骗短视频创作大赛，召开院坝会40场、印发宣传资料15万余份。积极推进市域社会治理和“治重化积”专项攻坚，做好综治中心实体化、规范化运行，累计办理综治事件74073件、办结率达100%。空港佳园“三事共治”社会治理机制吸引甘肃、四川、山东等省市到访交流学习。建成投用数据谷等2个多勤联动平安驿站。以“十有十无”为抓手，指导监督汇祥林里3000一期等6个小区选举业委会，调处物业纠纷240起。

（陈军飞）

鸳鸯街道
（两江直属区）

【概况】 鸳鸯街道东临宝圣湖街道；南靠金山街道、人和街道，以金州大道、金渝大道中心线接蓝湖郡西面自然山脊线为界；西接礼嘉街道、康美街道，以重光立交接金山大道北段中心线为界；北连翠云街道。辖区面积22.01平方公里，辖丹鹤、白鹭、金桥、金谷、金岭、金州、金华7个社区，实有人口16.42万人。辖区有汽博中心、聚信美家居城、居然之家、N37月光之城、一奥天地、红星美凯龙等大型卖场，有保利高尔夫、美利山、约克北郡等高品质商业楼盘，有国家AAAA级旅游风景区——园博园。辖区有宝钢、爱思帝等规模以上工业企业4家，限额以上批发零售企业32家，限额以上住宿餐饮企业5家，重点服务业企业29家。有中小学13所、幼儿园24所。

【经济发展】 辖区现有规模以上工业企业4家，限额以上批发零售企业38家，限额以上住宿餐饮企业7家，规模以上服务业29家。1至12月，辖区“四上”企业实现营业收入223.86亿元，同比增长21%；上缴税金4.43亿元，同比增长17%；规模以上工业企业实现总产值25.43亿元，同比增长26%；限额以上批发零售业实现商品销售额123.3亿元，同比增长6%（其中零售额96.24亿元，同比负增长1%）；限额以上住宿餐饮业实业营业额3.06亿元，同比增长30%。

【平安建设】 稳步推进重大决策律师参与和法律评估机制，规范文件合法性审查，规范审查230余份合同，推选群众公议员3名，组织街道46名行政执法人员参加行政执法人员通用法律知识培训，60名在编干部均通过法治理论考试；联合地建安全专家对辖区2000余家“九小”场所、40多家物业公司、7家规模以上企业、7家危化品经营单位、35家学校（幼儿园）开展拉网式安全隐患排查整改，整改安全隐患600余处，全年未发生重特大安全生产事故；办结网上上级转办来信332件，接待来访群众48批次337人次；开展扫黑除恶专项斗争宣传活动2次，发放宣传资料3000余份；排查各类重大风险或矛盾纠纷52件，协调化解19件；接收社区矫正对象48人，组织社区矫正对象集中教育4次，社区服务4次，得到司法部“教科书管理”的好评；深化“1+8+N”的老班长调解室标准化建设、规范化管理。各调委会全年调解并录入系统案件数共计583件，成功调解576件，成功率99%，涉及金额1454.34万元。

【城市管理】 严格落实“双总河长制”，街级河长年度巡河次数39次，社区级河长巡河184次，妥善处理上报湖库环保问题12件；积极推行“双总公园长制”，建立“街道、社区”二级公园长体系，妥善处理4件交办问题；开展垃圾分类桶边指导354场，入户宣传10750户，投入45万元资金打造重庆首个垃圾分类智能环保屋，全部办结35件第二轮生态环境保护督察案件。持续整治汽博中心和农贸市场周边秩序，治理金州片区占道停车，全年出动人员2.7万余人次，出动执法车辆4600余台次，现场纠正和制止各类违章2.1万余件；各级领导组织开展“马路办公”124次，综合治理城市管理中的热点、难点问题22个，督促处理大小问题500多件；三大办案平台保持高效运转，数字城管平台处置案件12366件，12319城管热线处理回复案件536件，行政执法平台立案查处违法行为65件，罚款20.1万元，接办群众电话咨询和投诉500余件；依法强拆违法建筑33户，拆除面积2920平方米，处置存量违建15户，面积559平方米，没收违法收入638.84万元；完成对辖区47个围墙（围挡）的安全排查，整改完成8个存在安全隐患围墙；建成湖影街、龙荣路等2条“门前三包”“五长制”示范道路。

【社区建设】 持续完善城市功能配套，配齐金岚社区居委会空调、就餐等设施设备，完成金华社区居委会附属设施维修改造和丹鹤社区居委会办公用房维修整治；大力推进农转非小区综合整治工程，推进农转非小区物业管理便民服务中心成立、老旧住宅增设电梯工作，完成鸳鸯街道龙帆路新市场一、二楼示范菜市场改造工程，努力改善城市人居环境质量，增强群众获得感和满意度。

【民生保障】 严格落实就业优先政策，完成城镇新增就业3626人，城镇登记失业人员就业人数555人，就业困难人员就业320人，重庆就业网发布招聘信息条数550条；重庆就业网介绍成功人次671人次，职业指导人次1961人次，发放创业担保贷款350万，完成率388%；开展保育员、西式面点、重庆小面、服装缝纫等各类技能培训16期，结业547人，完成率113.9%。大力推行“一门受理、协同办理”社会救助模式，按时兑现特殊困难群体惠民政策，全年办理困难群众临时救助18户，发放救助金12.4万元，发放特困人员供养经费102人次9.62万元，发放事实无人抚养儿童补贴6人72人次4.26万元，发放446户低保金38.91万元；慰问低保户、特困、困难建档、残疾人、计生特殊家庭等1329人次，发放慰问金53.18万元，发放残疾人补贴374人次22.53万元，发放困难群众慈善爱心卡212人次、42400元。认真落实养老服务体系建设配套政策，办理居家养老服务补贴1302人次25.24万元，发放高龄津贴1348人次44.13万元。

【企业服务】 精准对接企业需求，积极协助解决46家企业、7个商圈商场解决疫苗接种、法律咨询、招工等困难，协助321家企业完成全程接种疫苗16156人；建立起涵盖3200余家企业的行业工作群，搭建辖区3个大型聚集性商圈27家商业体的工作联系机制，编订街道企业服务通讯录，发放到企业107册。严格落实各项惠企暖企政策，深入开展送服务、送法律、送政策进企业等系列活动，为企业解读劳动保障法等相关政策，妥善处理劳动监察投诉案件和劳动争议调解案件45起，初步培育并评定A级和谐企业6家，辖区劳动关系和谐企业总数累计80家。狠抓汽博中心、西部建材城、一奥天地、N37月光之城、光环购物公园等商业体的城市管理，集中整治市容秩序和车辆乱停乱放，拆除商圈周边楼盘影响城市形象的广告和招牌75处，协调相关部门解决光环购物公园周边交通拥堵问题，做好光环购物公园开业前的集中整治、开业期间的重点保障、开业后的持续监管工作，持续巩固汽博中心片区专项整治成效，护航企业发展。

（朱万强）

人和街道（两江直属区）

【概况】 人和街道辖区面积约17平方公里，下辖13个社区、1个社区筹备组，常住人口20余万人。2021年，人和街道户籍人口9.8万人；人口出生率9.42‰，人口自然增长率7.9‰。辖区有公办学校8所（其中高中1所、中学2所、小学5所）、幼儿园32所，有公立医院2家、民办医院1家。街道紧紧围绕服务新区发展，以加强基层党建为引领，突出民生服务为重点，抓住人民最关心最直接最现实的利益问题，不断探索基层社会治理创新，先后获得2016—2020年重庆市法治教育宣传工作先进集体、重庆五一劳动奖状等荣誉，邢家桥社区党委书记谢兰被评为“全国三八红旗手”、2021年“全国优秀共产党员”，辖区居民周千会入选2021年度“感动重庆十大人物”。

【优化营商环境】 开展走访企业活动66次、协调解决难题58个，推动160余家企业享受惠企政策红利。网上咨询办理智能化服务为企业提供网上咨询和预约办理服务1000余次。推进综合柜员制提升服务效能。推行轮班制延时服务累计服务230小时、覆盖2673人次。举办系列招聘活动，395家企业提供岗位1.5万余个，达成就业意向6000余人。助力小微企业发展，受理创业担保贷款金额265万元、企业社会保险补贴申报24家119人。组织重庆小面制作、保育员等职业技能培训16次，500余人取得结业证书。

【城市品质提升】 聚焦城市品质，提升辖区“颜值”，提升人民群众获得感幸福感安全感。全力打好邢家桥社区综合整治工程攻坚战，先后组织召开党员及居民会议35次、院坝会40余场，累计协调矛盾纠纷500余起，实现整治基本完工。开展环境综合整治“百日攻坚”行动，对19条背街小巷进行闭环“治脏、治乱”，取缔占道经营1800余起，规范门店900余家。大力整治道路交通秩序，新增划线停车位300余个。清理恒大御景半岛临时停车场、金童路加油站绿化用地暴露垃圾55吨，清理老旧小区废弃家具及暴露垃圾65余处。常态化推行“马路办公”，处置问题960余处，开展户外广告专项治理，拆除违规户外广告195处，完成违法建筑处置83处、5286.83平方米。

【生态文明建设】 开展河长巡查河库136次，成功处置问题55件。推行“公园长制”、巡查公园20次。优化污染防治举措，检查在建工地124次，处置油烟投诉46件。推进垃圾分类常态化，增设23

处宣传设施，建设东原星樾超高层物业小区垃圾分类示范点，万紫山小区在全区率先推行生活垃圾分类“定时定点”投放模式。挂牌整治5个垃圾分类“黑牌”小区，开出全区首个针对个体经营户的罚单。完全日均收运厨余垃圾29.37吨，生活垃圾回收利用率达到38.02%。

【平安建设】 加强安全隐患治理，拆改可燃雨棚2794户、防护网5777户，拆改率100%。启动安置小区718户燃气专项整治、加新综合交易市场消防安全隐患整治，持续开展“安全通道”治理。开展大排查大整治大执法百日行动保百年大庆专项工作，巡查检查各类生产经营单位328家次，督促整改隐患136处。开展国家安全、全民反诈专项行动、国家宪法日宣传活动，常态化开展扫黑除恶专项斗争，创新开办“人和普法小课堂”线上宣传平台，发放宣传资料近6万份，组织各类培训会、院坝会等70余场次。打造“和姐”调解品牌，成功调解农民工欠薪、物业等各类矛盾120件，涉及金额330余万元，提供法律咨询或服务200余人次。

【民生服务】 城镇私营单位就业人员年平均工资7.5万元，增长25%；城镇登记失业人员就业率97.26%，增长10.23%。兜准困难群众底线，全年累计发放低保金363户次、463人次共计28万余元，建成社区养老服务设施8个，上门入户走访就业调查75461人。第五届“幸福人和”书画摄影大赛暨第九届“魅力人和”群众文化活动参与人数达2500余人。创新成立物业专项维修资金现场查勘小组和物业管理监督小组，审核物业专项维修资金116笔、涉及金额620余万元。建成13个社区退役军人服务站，为辖区2000多名退役军人提供优质服务。践行乡村振兴战略部署，为万州区乡村提供帮扶资金20.32万元、开展消费帮扶470余万元。选派街道优秀干部到万州区罗田镇折岩村担任第一书记。

【特色亮点】 深入推进大数据智能化管理，推动邢家桥社区智慧停车场、天湖美镇社区智慧心理室建设，提高基层治理智能化水平。建立垃圾分类大数据平台、“和·物业”智能服务社区云平台，为基层决策提供依据。金安社区《智慧赋能，社区防疫显成效》成为重庆市唯一入围全国社区智能化手段“抗疫”十佳案例。“又见人和”微信公众号成功上线。

（杨　迪）

天宫殿街道
（两江直属区）

【概况】 天宫殿街道成立于2005年10月28日，辖区面积9.6平方公里，下辖天龙路、丁香路、星湖路、东湖南路、洪湖东路、红枫路、东湖北路、太湖西路8个社区和梧桐路社区筹备组，户籍人口约6.7万人，常住人口约11.9万人，流动人口约7.5万人。

【经济发展】 2021年，完成辖区116家入库“四上企业”实地走访调查，8500家基本单位名录库维护，新增入库企业34家，116家“四上企业”实现营收244.5亿元。人均可支配收入49114元，同比增长8.9%；新增就业4991人；限额以上商业零售总额42.47亿元，两年平均增长12.19%；规模以上服务业实现营收201.9亿元，占两江新区直管区规模以上服务业营收13.5%。持续优化营商环境，新公共服务中心全面建成并投入使用，打造一刻钟服务圈，真正实现“愉快办、就近办”。加强与成都天府新区万安街道开展党建引领、经济发展、城市管理、社会治理等领域深度交流合作，促进双方共同融入成渝双城经济圈发展大局。

【城市管理】 是年，加强清扫保洁精细化管理和绿化景观精细化养护，稳步推进生活垃圾分类，开展生活垃圾分类“清零行动”，升级改造4个生活垃圾分类智能厢房、84个集中投放点，98个物业小区完成建档57134户，垃圾分参与率达99.5%以上；推进城市“三微”改造，7个“三微”城市升级改造项目顺利完成。着力建设生态文明，严格落实“河长制”“园长制”，全面对照“三找”“三高”“三全面”要求，强化专项执法行动，着力推动执法工作落地见效，城市窗口形象全面提升。出台《天宫殿街道重点物业矛盾调处联席会议制度》，进一步加强维修资金使用程序、关键环节的监督，破解物业管理难点。

【平安建设】 统筹发展和安全，有效推动市域社会治理创新，扎实推进网格管理，深入开展全民反诈行动和扫黑除恶专项斗争，统筹推进社会治安重点地区、八类主要案件高发区域和涉黄问题突出区域挂牌整治摘牌行动，有效净化社会治安环境。围绕“百日行动保百年大庆”专项行动，突出“两重大一突出”问题整治，全面压实安全责任，扎实开展消防无水小区、高层建筑可燃雨棚和突出外墙防护网整治等安全隐患排查整治，消除安全发展风险点，东湖北路社区成功创建“全国综合减灾示范社区”。

【民生保障】 着力打造“天天向上”文化品牌，成功举办“奋斗百年路 启航新征程”庆祝中国共产党成立100周年文艺会演，扎实开展党史学习教育和“我为群众办实事”活动，完成10项重点民生实事和33项民生微实事。全面开展“全国示范型退役军人服务站”创建，街道退役军人服务站和星湖路社区退役军人服务站成功通过“全国示范型退役军人服务站”创建验收。积极推进“三助”养老服务，1个养老服务中心、5个养老服务站运营良好。抓“六稳”促“六保”，困难群众基本生活得到充分保障，星湖路社区、红枫路社区被评为第五批国家级充分就业社区。深化巩固脱贫攻坚成果，全力开展乡村振兴帮扶，消费帮扶总量位列两江新区8个街道第一。

【社区建设】 设立全市首个“社区治理创新发展基金”，拓展巩固星湖学院、河马学堂、格格凡人事、周四工作室等一批社区治理创新品牌，星湖路社区、东湖北路社区被评为AA级，天龙路社区、丁香路社区、东湖南路社区和红枫路社区被评为A级。积极推进新时代文明实践站（点）建设，大力培育先进典型，主动讲好天宫殿故事，在人民网等媒体发布宣传报道148条，丁香路社区网格员肖霞被市委、市政府授予“重庆市道德模范”称号，红枫路社区居民魏天芳家庭获评“重庆市最美家庭”。

【法治建设】 深入贯彻习近平法治思想，扎实开展政法队伍教育整顿，率先开展公证员进街道驻社区法律服务工作机制，为群众提供法律咨询、调解、公证等“一站式”免费法律服务，巩固践行“枫桥经验”成果。坚持全面从严治党，持续打好党风廉政教育监督“8套组合拳”。强力推进党建强基工程、创新工程和星火工程，圆满完成区级人大代表、社区“两委”和妇联、团工委换届选举。

（周芋瑾）

翠云街道（两江直属区）

【概况】 翠云街道位于渝北区西南部，东邻回兴、宝圣湖街道，南接鸳鸯街道，西连礼嘉、悦来街道，北靠仙桃街道。街道办事处驻重庆市渝北区翠渝路3号，距两江新区管委会金山大厦7公里，距渝北区政府7.8公里，距210国道3公里，金开大道、金兴大道和轻轨3号线穿越辖区境内。辖区面积19.1平方公里，辖4个社区居委会。辖区总人口6.4万人，其中常住人口4万人、流动人口2.4万人。有中学1所，在校教职工人数35人，学生101人；小学4所，教师254人（翠云小学113人、花朝小学90人、云锦小学38人、云创小学13人），在校学生2749人（翠云小学1469人、花朝小学1169人、云锦小学65人、云创小学46人），适龄儿童入学率100%。2021年，辖区规模以上工业企业42家，累计实现工业总产值729.25亿元，同比增长40.9%；营业收入784.8亿元，同比增长22.21%；营业利润29.44亿元；重点服务业企业6家，累计完成营业收入50.08亿元，同比增长22.22%。限额以上批发零售业3家，实现商品销售总额47.08亿元，同比下降5.59%。固定资产投资项目共65个，累计完成固定资产投资26.75亿元。

【开发建设】 是年，街道认真贯彻“守土有责”精神和“属地管理”原则，积极做好融创地产用地保障施工协调工作，排除阻工障碍，确保施工单位顺利进场施工；完成石棺村2社剩余集体资产分配工作；协调处理Q1路北段征地施工遗留问题。做好中央公园片区公交线路规划及13处断头路的规划建设、投入使用等问题的协调对接工作，协调689路公交增设公园中二路、公园西路中段2个站点。扎实做好辖区国有土地巡查管护及多功城土地看护工作。

【城市管理】 街道持续推进城市品质提升工程，深挖“我”角色，构建街道党工委、社区党委、各党支部、党员“四级”办实事主体，在精准调研的基础上提出居民持续增收工程、电动车集中充电桩安装项目、福安地下车库建设工程、便民电梯加装工程等10大民生实事项目和10项微改造项目，极大改善周边停车难、儿童室外游乐空间短缺、电动车充电安全隐患、老旧小区配套不足、环境不优等突出问题。创建“门前三包”“五长制”示范道路2条——翠莲路、云松路。持续开展“三治行动”，整治“乱、堵、脏”问题约6500件，强制拆除新增违建72处4084.44平方米。扎实推进重点地区专项整治，集中整治云竹路社区乱搭乱建、乱停乱放等秩序混乱现象。统筹推进环境卫生、绿化管护、市政设施综合整治，严格落实河长制，有序推进公园长制工作。推进大气污染防治工作，开展餐饮油烟专项整治。以“清零”行动为抓手，全面推进垃圾分类工作，“黑牌小区”水木阳光小区顺利摘牌，辖区垃圾分类持续参与率由65.9%提升至88.3%。

【社区建设】 街道严格按程序要求开展社区“两委”换届工作，共选举产生社区党委班子35名、居委会班子36名。4个社区均实现年龄、学历“一降一升”，全面推行党组织书记“一肩挑”。指导各社区制定五年任期目标、居委会发展规划，推进“一社区一品牌”“一社区一特色”建设。突出居民自治，修订居委会规章制度、居民公约。在福安社区南山花园C区打造居民自治示范点，探索“点长制”，以“1+3+4”工作架构聚集点长、点员、成员的带头作用，搭建交流平台，不断提升居民参与自治的意识，逐步形成基层治理共建、共治、共享新模式。挖掘社区用房资源，有序推进福安、云卉路社区居委会迁建工程，完成云竹路便民服务中心、养老服务中心建设，推进云锦社区筹备组服务用房选址等前期工作；完善尚格博园、水木阳光小区“综合岗”建设，拓展服务阵地和功能。改造升级花朝农贸市场，安装智慧系统，实现食品安全可追溯、农药残留可检测的智慧化监管。

深化线上线下社区“综合岗”建设，以“五微一体”为思路，在居民小区构建党组织＋居委会＋物业＋社会组织＋社工组织（志愿者）＋社区居民的多元治理主体联盟，显“微”、求“精”、重

"联"、促"融"，搭建党群协同、多元主体、共建共治的社区治理新平台。推行"三精"服务，社区居民同一事项二次办理率由5%降低到0.1%，居民对社区工作的满意度从94%增加到99.5%，结合街道实际，积极探索"三理"工作法创新基层社会治理，引导居民晓法理、明事理、畅心理。开展"执炬为民·聚光悦心"心理服务体系建设工作，以翠渝路社区"幸福驿站"为阵地，建立"家、校、社、医"联动机制，构建"线上+线下""互联网+心理服务""心理疏解+专业调解"的心理服务调解模式，瞄准多元需求丰富服务载体、深化服务内涵，开展"进机关""进社区""进养老站""进学校""进企业"心理健康服务，形成幸福翠云心理健康评价指标体系，构建基层社会治理重点人群工作服务标准，以心理服务体系建设拓展基层社会治理创新路径。

【民生实事】 街道持续抓好新冠肺炎疫情防控工作，严格落实境外入渝人员健康管理措施，排查来渝返渝人员7250人次，转运酒店集中隔离医学观察46人。加快推进疫苗接种，实施线上线下精准预约，开展疫苗集中上门服务，"进社区""进小区""进企业""进工地""进机关"90余场次，辖区全程接种累计完成38468人，接种加强针3154人。落实行政、医疗"双点长"负责制，开展专业培训，充实物资保障，强化应急措施，积极做好大规模核酸检测的各项准备。实施养老服务中心升级改造工程，进一步探索居家养老、社区养老和机构养老一体化建设。在云竹路社区开展"残疾人服务+养老服务"特色养老试点；持续深化"五暖"行动，开展各类活动70余场次，服务老人8000余人次。建成"渝康家园"，强化对精神障碍患者的服务管理。持续落实纾困政策全覆盖，优化帮扶人员分类管理，全年共发放民政资金426万余元。持续巩固"更高质量就业街道"建设成果，以中短期"订单、定向、定点"培训为抓手，将培训与市场需求、劳动力转移就业相融合；加快推进花朝创业孵化基地建设，促进街道就业创业提质升级。全年共审核各类补贴420.82万余元，新增城镇就业4101人次，发放创业担保贷款255万元，辖区居民增收496.01万元。持续开展在校大学生暑期实践活动，吸纳辖区39名大学生到社区参与公益实践。持续做好退役军人服务，发放各类补助301万余元，分类完善就业创业、帮扶援助等36个台账。成立退役军人志愿服务队4支，开展常态化公共区域设备维修维护、政策宣传、新冠肺炎疫情防控等志愿服务。加强企业走访调研，开展"百万"企业大走访活动，走访企业187家次，共计收集企业反映问题及诉求325条，建立走访台账、企业反映问题、企业实验室情况等7项台账。指导企业做好新冠肺炎疫情防控工作，协助27名外籍人士办理入境申请。通过流动接种车、开设接种专场等方式，完成3万员工接种工作。畅通劳动关系调解处置机制，劳动监察受理案件185件次，结案率97.3%。全力打造两江新区劳动争议仲裁派出庭，共审理案件55件，结案54件。

（廖远东）

大竹林街道
（两江直属区）

【概况】 重庆市渝北区大竹林街道成立于2007年4月，背靠照母山，面朝嘉陵江，东接人和街道，南靠天宫殿街道、江北区石马河街道，西临嘉陵江，北连康美及人和街道，辖区面积14.65平方公里，户籍人口35144人，辖凤栖沱、水竹苑、紫竹苑、汪家桥、星汇、龙竹苑6个社区，街道拥有两江新区服务贸易产业园、互联网学院、自动化仪器仪表生产研发基地、生物医药产业集聚地；汇聚重庆市委政法委等市级机关事业单位、机电控股等国企、高新技术企业及各大银行的地区总部，是区域性金融、科技、商务中心和两江新区高品质居住区。

【防汛工作】 8月7日至9日全市防汛二级响应中，街道4小时紧急转移群众109户244人，实现零伤亡、零事故、零受灾。制定应对极端暴雨灾害应急处置方案，成立重庆市首个街道水上应急救援队。开展防汛紧急排查，治理地灾点3处，紧急排查隐患35处。

【平安建设】 开展海州建材公司危旧房安全监管工作，组织11名巡查员24小时巡查巡防，配合做好D级危房居民安置工作，确保群众在洪峰过境、多轮暴雨中生命财产安全。抓好大排查、大整治、大执法，查改隐患2894个。化解纠纷375件。为1254家“九小”场所购买安全技术服务。完善社区微型消防站建设。电信网络诈骗发案率同比下降26.25%。开展政法队伍教育整顿，持续开展扫黑除恶专项工作。打造、优化社区便民服务中心。推进星汇社区自贸区社区服务示范点建设，新增黄杨路7号渝兴广场B6栋1层3号门市为办公服务用房。推广“七心筑五桥”等社区治理品牌、“绿社微工场”等社工服务品牌。探索“多网合一、一网多能”网格管理机制。推进水竹苑社区“五微两室”和星汇社区党建引领市域社会治理创新试点工作。

【营商环境】 做好22家规模以上工业、84家重点服务业、27家商贸业、25家新型金融业及8家规下工业、14家规下服务业企业的定期报表。办理企业提出问题106个。建立“企业——政府——劳动者”三方档卡平台，收集242家企业用工信息，发布招聘岗位9079个，收集求职登记1.6万人次，组织开展招聘会4场，开展企业委托招聘35家次。办理企业社保补贴47家777人365.6万元，一次性吸纳补贴52家331人62.4万元。创建（保持）和谐劳动关系企业172家。新经济单位名录核实认定400余家。开展规模以下数字经济企业调查156家次。动态维护4000家基本单位名录库。新建工会组织17家，换届选举10家。总工会慰问企业40余家。街道政务大厅推行“一窗通办”，打造“三心”（贴心、细心、公心）、“三零”（零距离、零差错、零投诉）服务品牌，受理下沉150余项社保业务，办理单位参保5896笔、29779人次，接待政策咨询9500余人次，实现“零差错”“零投诉”。全市首个自贸区社区服务示范点（星汇社区）为1000余家企业提供优质社区服务。

【城市管理】 成立拆违专班，依法拆除黑沟水库附近（原碧湖山庄）1500余平方米违法建筑，消除十几年的征地遗留问题。开展违法建筑整治“百日攻坚”行动，消除存量违建1030.38平方米、市级治理等任务764.85平方米。开展4次江与城市容环境综合整治行动，取缔游摊占道经营31起、店外经营等违规行为120余起。拆除违规户外广告及招牌128处1260平方米。依法拆解嘉陵江流域禁捕退捕上岸船舶17艘；开展禁渔期渔业执法监管。出动蓝天应急冲洗11次；制止露天焚烧、烧烤18起；查处违规工地6家、渣车21台，共处罚金11.9万元。居民累计办理“分类智能卡”2.45万余户，办卡率109%。配置街道生活垃圾分类厢房4个，增设26个集中投放点。打造中华坊、慈竹苑小区垃圾分类投放示范点。巩固德隅园（市级）和柏树湾公园（区级）无废公园创建成果。复位金海湾公园被占用的公共停车场。完成区生态环境分局交办的107件油烟扰民案件，满意率100%。拖移不规范停放共享单车2299辆。处理数字城管等案件16114件。金海湾公园的河滩、跳墩河公园的粉黛乱子草、凤栖沱社区的柿子树、百林公园的粉桥、幸福广场的银杏，成为重庆市民追捧的“网红景点”。

【民生保障】 发放计划生育特扶家庭76人经费77.2万元，新增区级奖扶171人13.3万余元。兑现高龄老年津贴48万余元，居家养老补贴近22万元，残疾人两项补贴16.5万元。发放优抚对象生活及医疗补助122.6万元。办理征地农转非养老保险补缴171人，个人身份参加城镇职工养老保险1211人，退休344人，生存验证6152人。新参城镇职工医疗保险403人。兑现死亡待遇95人377.9万元。发放重大节假日慰问金60.6万元，组织消费帮扶437.8万元。每月巡查917家食品安全相关单位，实现食品经营户持证率98.26%。发放5名生活及住房困难优抚对象“解三难”资金3万元。协调拆除设置不合理的公交站点1处，重新规划新增公交站点2处。楠竹路、人和小学教师宿舍楼老旧小区改造工程纳入两江新区年度十大重点民生实事。新增就业人员4016人。城镇就业困难人员就业670人。指导退役军人多渠道就业22人。发放创业担保贷款4笔、100万元，再就业小额贷款100万元。处理劳动投诉案件164件，涉及562人、774.9万元，结案率91%以上。

【文化建设】 政务信息获两江新区《两江要情》采用136篇，两江新区信息公开网采用32篇,《工作专报》采用9篇,《工作通报》采用3篇。建设运营街道微信公众号、视频号，推出“竹林声声话党史”等专栏，发布信息186期、711篇。《人民日报》、央视新闻、新华社、《重庆日报》、中新网、今日头条、华龙网、两江新区官微官网等采用信息552条。开展学习宣讲、文明倡导、志愿服务主题系列活动30场。深耕“竹林精神”，培育“竹林文化”，开展好“我们的节日”春节、元宵、清明、端午等系列活动。组建川江号子等5支特色文化队伍，打造竹林文体风采等三大群演平台。开展“全民阅读”“全民健身”“职工长跑比赛”“巾帼建新功”“河小青”等活动，落实“社区书屋提升行动”“健身设施更新行动”“文化广场修缮行动”。组织文艺骨干、基层文体干部培训，围绕“一居一品”建设，探索打造社区特色文化品牌。加强1个市级文物、3个区级文物点巡查监管。

（赖　昕　幸　青）

礼嘉街道（两江直属区）

【概况】 礼嘉街道位于重庆两江新区西南部，东接鸳鸯街道，南靠康美街道，西临北碚区童家溪镇，北连北碚区蔡家岗街道，辖区面积21.73平方公里，嘉陵江横贯境内，属两江新区直管街道之一。2011年礼嘉撤镇建街，辖白马、富安、嘉兴、嘉和、嘉宁5个社区，户籍14350户，常住人口42070人。现有党组织49个，党员1039人；有中小学5所，幼儿园8所，社区卫生服务中心1个。

2021年，辖区规模以上工业企业6家，实现工业总产值1770510万元；销售产值2109052万元；辖区固定资产投资项目14个，计划总投资251880万元，自开始建设累计完成投资171636万元；辖区规模以上服务业企业3家，实现营业收入288617万元。

【优化营商环境】 坚持常态化走访企业，广泛宣传惠企政策，为企业排忧解难。在推动企业重大项目方面及时给予支持，为企业境外合作伙伴入境考察洽谈、国内商务伙伴来渝合作等方面开通快速办理通道。完成金融打非、能耗双控等宣传活动，向企业发放宣传资料及宣传品1.4万余份。成立专门小组对接企业开展疫苗接种，为1万余人次企业员工提供便捷服务。

【智慧社区建设】 初步建成场景完备的智慧社区应用体系，城市码、礼嘉智慧社区门户、智慧小区、智慧政务、智慧校园等80个智慧应用场景投入使用。其中，城市码依托“智慧礼嘉”小程序，提供吃、住、行、游、购、娱等全维度服务，实现“一码通城”；智慧社区门户汇聚政务服务信息、便民公共服务信息和礼嘉人文地产景等数据资源，上线社区新冠肺炎疫情防控调查系统和民生实事调查系统；智慧政务通过政务机器人、法律机器人、政务服务一体机等智慧化设施，“预约办”“上门办”相结合，实现30余项业务“网上办、掌上办”。智能门禁、数字物管、智慧老年服务等智慧便民措施成效被《人民日报》刊登。

【城市管理】 一是推进重大项目落地。保障礼嘉嘉陵江大桥、蔡家嘉陵江大桥、悦华路、礼嘉智慧馆等标志性工程顺利完工并投入使用；山城步道工程、礼仁街人行道改造工程等项目进场施工。二是强化环保督察整改。加大扬尘污染、露天焚烧、餐饮油烟问题整治力度，深入实施“一河一长”“一河一策”，巩固“三乱”“三排”行动成果。全年巡河551次，整改问题24个；检查工地853次，查处违章工地、运渣车45起，罚款20.3万元；开展渔政执法巡查518次，打击违法捕鱼、钓鱼、售鱼行为40余起。礼慈路、嘉和中路通过市级扬尘控制示范道路验收。垃圾分类打造市级示范社区2个，完成“黑牌”小区摘牌，居民知晓率达100%，参与率98.4%，投放准确率75%。三是提升城市品质。在“畅”“美”“暖”“绿”上下功夫，认真落实“马路办公”“门前三包”“五长制”等管理机制，探索在辖区11个公园建立“公园长”制，组建片区、街道、社区三级公园长队伍。礼嘉智慧公园、礼嘉天街、金海湾公园、欢乐谷等一批重点生态智慧旅游公园成为全国网红景区景点。以2021国际智能产业博览会和礼悦江湾联动发展、打造最美江湾为契机，积极成功创建各类示范道路。全年开展市容环境综合整治行动17次，整治背街小巷8条，数字城管平台处置投诉1.2万余件，全年拆除违建86处，整治面积4988平方米。

【平安建设】 一是加快遗留问题处置。妥善处置征地遗留问题7件，黄环西路、金泰A08地块等6个新开工项目用地率达100%。二是不断夯实平安基础。扫黑除恶形成长效机制。坚持防范化解重大风险研判日排查、周例会，全年排查风险点41个，化解风险点29个。大力宣传推广国家反诈中心App，以禁毒、反诈为主题拍摄制作视频3期，视频浏览量达60万次。三是深入隐患整治。严格落实安全生产“党政同责、一岗双责”，切实提升风险隐患防控效能，辖区安全生产形势总体稳定。整改圈占燃气设施违规用户65户。积极应对暴雨极端天气，加强监测预警，处理金海大道滑移性库岸、华侨城磨石沟滑坡等风险隐患点4处，紧急转移群众47人次。依托高层建筑消防安全综合治理等专项行动，督促整改火灾隐患148项，整治“三合一”场所53家，制止违规占用消防通道行为1400余起，提前完成白马嘉兴安置房及配套用房火灾隐患整治摘牌和嘉和社区消防管网漏水整治。四是提升法治服务。扎实开展社区矫正、安置帮教、法治宣传、人民调解、公共法律服务等司法行政工作。完成政法队伍教育整顿、国家法治建设大督查。聘任律师和专职调解员参与人民调解，通过公共法律服务智能机灵活开展普法宣传。全年调解纠纷263件，涉及金额353.97万元，审查合同611件。

【社会治理创新】 一是创新服务机制。梳理综合服务事项清单，整合服务窗口，推动“一站式”服务向“一窗式”服务转变，实现“一岗多能”。对社区服务站进行改革，精简公共服务事项办理流程。二是推进社区自治。利用两江新区社会组织礼嘉孵化基地优势资源，运用社区邻里中心、本土社会组织，打造居民自己的综合性服务平台，实现邻里交融、邻里互助，构建社区治理共同体。进一步推进居民自治协商解决问题，全年居民自治协商委员会提案218件，在社区层级解决118件。三是深化特色品牌。在“一社区一品牌”治理基础上，分别在白马、富安社区开办“老年人微公益圈”“老年大学”

品牌项目2个，开展“尚学行动”“崇德行动”等主题活动61场次，挖掘和培育“最美夕阳”文明典型22名。在嘉兴社区，依托四自组织，以“党总支+党支部+党员+社区”组织模式，围绕社区文化、重点人群帮扶、新冠肺炎疫情防控等领域，开展服务80余场次，受益人数1500余人次。在嘉宁社区、嘉和社区打造“善美嘉宁”“嘉和红五心”等品牌，常态化开展“义仓加油站”“资源联动网”“修心国学堂”“开心手作坊”等共驻共建活动85余场。

【民生事业】 一是拓展脱贫攻坚成果。精准助力对口联系村成功脱贫“销号”，2021年礼嘉街道办事处被市委、市政府评为“脱贫攻坚先进集体”，聚焦消费帮扶，动员企事业单位和社区居民广泛参与，全年消费帮扶350万元。二是做好居民保障服务。全年实现新增就业3905人，组织各类创业就业培训20期，帮扶应届毕业生、安置就业困难人员等重点人员238人。发放各项救助奖扶资金440万余元。民政干部唐伟荣获“全国留守儿童关爱保护和困境儿童保障工作先进个人”。三是扎实推进民生实事。围绕“我为群众办实事”实践活动，确定医疗养老、便民服务、交通出行等重点民生实事项目24个，其中4个项目列入区级重点。在城市治理方面，规范小区网线2200余户，新增停车位146个，优化调整公交线路3条，完善人行便道、护栏等设施12处，新增社区监控摄像头140个；在改善民生方面，富安社区养老服务站、嘉和社区临时治丧点建成并投入使用；在优化政务服务方面，建成全市首个24小时便民服务中心，推行综合柜员制，完成“川渝通办”事项清单中21项服务流程优化，采购社会保险身份认证系统和手持移动设备，提供上门服务230余次，开通社区代缴服务，为居民代缴费用近万次。安置房外墙砖安全整治、社区屋顶漏水整治、高层建筑可燃雨棚与突出外墙防护网整治等民心工程顺利完成。四是丰富群众文化生活。坚持文化惠民，全年开展各类培训30余场次，有文体队伍22支、文化骨干127名。

（田焱文）

金山街道（两江直属区）

【概况】 金山街道于2013年10月29日经重庆市政府批准设立，2014年2月18日正式授牌成立。金山街道东接江北寸滩街道，西临人和街道，南靠天宫殿街道，北连鸳鸯街道，辖区面积11.56平方公里，常住人口8.6万余人、户籍人口2.4万余人，辖奥园社区，民心佳园一、二、三社区，金渝社区，金湖社区6个社区。2021年，规模以上企业72家，其中工业企业15家，批发零售企业24家，重点服务业企业33家。辖区限额以上商品销售额74.73亿元，同比增长1.6%；规模以上工业总产值53.78亿元，同比增长8.4%；规模以上服务业营业收入44亿元，同比增长21.1%。

【营商环境】 全面落实惠企暖企政策，制定《金山街道2021年优化营商环境任务清单》，建立“一对一”联系重点企业机制，畅通政企沟通渠道。走访辖区重点企业40家，收集处理问题43条。整合辖区重点企业用工信息和人力资源调查资源，做好“双向”统筹协调，收集建立法定劳动年龄内人口台账，及时更新就业信息电子台账9本、纸质台账5本，涉及2.04万人，组织就业培训20班次624人，取得执业资格证书516人。开展就业服务活动6场次，140家企业提供岗位2800个，城镇新增就业3348人，职业介绍成功728人，点对点向87家企业输送就业人员365人。

【城市管理】 持续加大城市治理力度，落实“三限三有三控”管控措施，规范4条示范道路417家商户的“门前三包”“五长制”考核评比工作，实现一社区一示范、一门店一责任、一街区一联盟，创新搭建自律共建联盟和共建共管共享平台。开展城市管理各项整治行动，发现整改问题130余处，约谈共享单车企业6次，增设22处停放点，规范4100余处占道经营、200余辆占道违停车辆，处置乱堆放160余处。建设全市首个垃圾分类宣教中心、垃圾分类主题公园，打造龙宁路餐厨垃圾智能化分类示范街区，推动垃圾分类工作全面提档升级，生活垃圾回收利用率达38.25%。

【民生保障】 民生保障统筹推进，制定“重点”“特殊”“基本”三级分类统筹保障，确保基本保障工作应保尽保，发放低保、慰问、社保补贴等各类救助惠民资金263.2万元，惠及各类目标群体1342人次。购买为明、叠彩等2所民营性质幼儿园，解决“入园难”“入园贵”等问题。金渝社区惠民食堂、金山社区卫生服务中心相继投入使用。有序推进文化惠民，开展“一品、一会、一廊、一节”建设，促进各类文体活动全面开花，全年开展“文化艺术节”、全民健身运动会等各类文体活动75场次，参与群众3万余人次。

【退役军人服务】 创新退役军人服务工作模式，探索出“一引五创”工作机制，积极开展创办献礼活动、创宣红色基因、创新“金山双拥”、创建“军号”服务、创立“老兵调解室”。全面推进帮困救助、化解矛盾纠纷、开展关怀活动等工作。帮助退役军人就业30余人次（含2名革命烈属），发放救助、补贴、慰问等资金近90万元，开展表彰会、座谈会等暖心活动20余场。

（刘月星）

康美街道（两江直属区）

【概况】 康美街道位于重庆市渝北区南部，辖区面积13.97平方公里，辖4个社区居委会（其中金竹苑社区、银竹苑社区为农转非社区，康庄美地一社区、康庄美地二社区为公租房社区），以及3个社区筹备组，即筹备一组（江山樾片区）、筹备二组（玫瑰园片区）和筹备三组（九里晴川片区）。

2021年，辖区总人口8.76万人，其中户籍人口1.18万人，常住人口6.43万人，流动人口1.15万人。辖区有医院3所、社区卫生服务中心1个、社区卫生服务站1个、透析门诊部1个，医疗人员共995人。有幼儿园8所、小学2所、中学1所，在校学生6249人，教职工514人，适龄儿童入学率100%。共有规模以上企业48家。

【优化营商环境】 创新政务服务模式。按照“重庆一体化政务服务平台”要求，完成各部门依职权类事项办事指南和网上运行表单、流程配置，规范网上运行、协同办理，定期维护相应事项办事指南，做到实时更新，年底街道领取101项。实行工作日延长服务、休息日（周末）“网上办、假日办、预约办”的人性化服务试点工作，自推行“无假之保”起公共服务大厅共服务居民群众1468人，其中网上办478人；假日办389人；延时、预约办601人。完善联系服务机制。建立规模以上企业“一企一档”，全面落实113企业服务举措，完善“一张清单”，打造“一个平台”，建立完善重点企业领导联系、企业诉求快速响应、产业园区组团服务等“三项机制”，形成企业问题收集—转办—处置—回复—反馈的良性循环链。全年集中走访企业52家次，线上、线下收集企业问题33个，帮助解决企业反映的问题31个。落实惠企暖企政策。制定年度服务重点企业名单，将企业用工纳入街道就业服务体系，全年入户指导企业申报（复核）和谐劳动关系企业共58家（A级34家、AA级19家、AAA级/国家级5家），兑现32家和谐劳动关系企业创建奖励。

【城市管理】 大力开展专项整治。持续探索“门前三包”+“五长制”+“网格化”的城市管理机制，落实“点、线、面”分级管理责任。开展市容环境大排查、大整治专项行动，共取缔占道经营1230起，规范门店670余家，规范和劝离占道停车874台次，规范单车停放1122台，完成市级交办的违法建筑整治事项5件次。全面加强环境保护。严格落实“双总河长制”，积极推行“双总公园长制”，各级河长累计巡河4025次，发现上报并处置河库问题9个，开展宣传活动12次，实现街道河长制、公园长制管理责任全覆盖。常态化开展大气污染巡查，建立292家餐饮单位信息台账，定期开展监督检查和餐饮油烟治理，妥善处理19起环保投诉案件和2928起市容环境、市政设施、清扫保洁案件，化解率96.4%。持续推进垃圾分类。建立和完善生活垃圾分类单位融合机制、正向激励机制、骨干带头党建引领等工作机制，开展生活垃圾分类“两高一重”专项提质行动、“清零”行动、投放收集点（站）升级改造等专项行动，对辖区所有居住小区尤其是黑牌小区进行集中整改，建设生活垃圾分类房3个，集中投放点升级改造（功能完善）27个。

【社区建设】 圆满完成辖区第十一届社区居委会换届选举。完成辖区4个社区党组织及其下设党支部换届工作。全面启动金竹苑、银竹苑社区功能完善和品质提升工程，消防管网整治工程进展顺利，金竹苑、银竹苑小区91栋311个单元入户摸底全部完成。渝拢会周边市容秩序整治、金竹苑农贸市场整体提升、西归堂殡仪馆重新招租等一批群众反映强烈的热点难点问题有序推进，融创玫瑰园配套幼儿园装修工程进入规划建设阶段。完成2个筹备组社区办公用房装修，以及筹备三组办公用房交接工作。

【平安建设】 强化隐患排查整改。加强“九小”场所、危化品企业等重点行业重点部位安全巡查和专项治理，建立问题隐患清单，如期完成康庄美地B区管网整治工程、农转非小区充电桩工程、可燃雨棚拆改、458家国资门市线路、588户转非社区顶楼燃气改造等多处隐患整改任务。优化网格管理服务。建立网格化管理长效工作机制，及时了解群众诉求、解决民生问题，建立全民反诈专项行动“派出所+社区”预警宣防队伍，精准预警劝阻135人次，确保将风险隐患化解在萌芽阶段。及时化解矛盾纠纷。坚持“调防结合、以防为主”的方针，建立完善“驻所调解室”，聘请4名专业律师担任专职调解员，提高调解公信力。全年共调处各类矛盾纠纷196件，其中重大矛盾纠纷18件，涉赔金额1740.92万元。

【保障和改善民生】 严格落实就业优先政策，精准对接企业用工需求，积极打造线上就业服务平台。全年完成新增就业3440人、登记失业人员就业374人、公益性岗位开发20人、重庆就业网介绍成功680人次、就业创业培训480人。开发“夜市百货街”“烧烤一条街”145个摊位，促进辖区159名就业困难人员实现就近创业就业。严格落实居民最低生活保障政策，实现低保家庭应保尽保，累计发放低保金79户107人，共80.26万元；发放精神病人监管费155人、14.166万元；发放养老服务补贴860人次、15.25万元；落实精准帮扶76户104人，家庭人均月收入均达到700元以上；申请区级慈善资金10万元，开设慈善超市，278人受益；开展慈善助学，51人受助，计18.86万元。落实困难退役军人专项医疗救助7.2万元。

【干部队伍建设】组织开展“党课开讲啦”活动，党工委班子成员和各党组织书记累计讲党课96场次，参与听课党员1932人次。指导社区党组织围绕“做好四件事”开展党员冬训，实现396名党员学习教育全覆盖。积极探索城市党建联动机制，召开城市党建联席会，建立资源、需求、项目“三张清单”，达成双向服务事项13项。抓实非公有制企业党建“两个覆盖”摸排工作，完善企业信息578家，打造非公有制企业党组织阵地2个。组建党员突击队5支。是年，街道党工委下属基层党组织共51个，在册党员763人。其中，机关和社区党组织17个、党员509人，“两新”非公有制企业党组织29个、党员254人。街道组织社区工作者参加各类培训及职业资格证考试，社区工作者持证率达77.5%。社区专职工作者79名，平均年龄34岁，大专以上文化77人，占97.5%，取得职业资格证书的有65名，占82.2%。

（陈雁铃）

石船镇

【概况】石船镇位于渝北区东部，东接洛碛镇，西与玉峰山和古路镇接壤，北与统景镇相连，南与龙兴镇毗邻，长江一级支流御临河贯穿境内23.8公里。辖区面积129.28平方公里，现辖21个村、3个社区。户籍人口64395人，其中常住人口26148人、农业人口38831人。

【矿山公园】矿山公园顺利开园，矿山生态修复成效显著。投入资金4217万元，治理矿山1180亩，完成马天路两侧绿化7.8公里。开展319国道沿线环境提升工程12公里，拆除蓝棚顶1.17万平方米。启动关早路、双关路建设，新建临时停车场4个、新增车位500个，配套设施不断完善。有序推进罗家湾居民新村建设，完成收储85户，拆除房屋47栋。“情定关兴”农旅项目初见成效，投资900余万元，完成项目核心区一期水生蔬菜基地、环湖步道、亲水休闲平台、乡村大舞台等主体建设，为矿山区域旅游发展奠定基础。

【产业升级】瞄准“建、管、销”三大环节。投入资金3200万元，高标准建成关兴、石壁、民利村经果林4000亩，增加清脆李、黑玫瑰李、奈李、蜂糖李等5个品种，产果期从6月份延伸到10月份。套种西瓜、大豆等粮食作物1500余亩。争取资金380万元，实施高标准农田等涉农项目，建成机耕道4.2公里，整治沟渠0.8公里，改造蓄水池3座，产业配套设施进一步完善。建立“区、镇、村、社”4级管护体系，提升管护实效，在全区经果林管护专项考核中位居前列。完成3个第三批市级“一村一品”示范村和2个区级家庭农场发展项目申报工作。

【集体经济】盘活利用闲置学校等固定资产，创收80万元。承接清扫保洁、山坪塘整治等涉农项目，创收570万元；发展水蛭、土元、乡村旅游等特色产业，创收80万元。劳务输出创收50万元，股份合作创收50余万元，申请中央集体经济试点项目资金100万元，2021年村集体创收超900万元。

【场镇建设】投入资金930万元，硬化桥湾路，新建人行道3000米，增设交通标志及安全设施，筑牢交通安全屏障。投入资金1100万元，完成4个撤并场镇雨污分流系统。投入资金26万元，更换农贸市场雨棚1500平方米，配备公共直饮水机4台。开展场镇联合执法60余次，取缔违规经营活动130余处，集中拆除违章建筑10余处，场镇面貌更规范、功能更齐备。

【生活品质】投入1000万元，完成农村危房整治338户，固化拆除100户。投入资金4232万元，完成农村旧房整治工程529户，新增公共场所绿化3200平方米。投入1100万元，完成319沿线“四美庭院”建设4个，受益群众200余户700余人，因工作成效突出，石船镇镇在全区“四美庭院”建设工作会上作经验介绍。投入资金222万元，强化管护农村公路360公里，完成水毁修复23处、安全护栏安装448米。实施关旱水厂、石船水厂改造工程，受益群众3267户，为137户“四类人员”免费安装自来水入户管道，全域自来水供水率达95%。

【生态环境】 严格落实林长制，完成“四山”范围内违法建筑整治88户1.17万平方米，坡屋顶整治60户3900平方米，实施国土绿化提升行动项目2843亩，森林抚育3100亩，完成石船镇民主村紫薇基地建设343亩。严格落实河长制，镇村两级河长累计巡河480余次，组织河面清漂及沿河垃圾清理130余次。开展施工扬尘污染治理专项行动，处理扬尘污染案件1件，清理辖区内搅拌站14家。推行生活垃圾分类，倡导绿色生活方式，石船镇生态环境进一步改善。

【民生民利】 围绕群众急难愁盼问题，为群众办实事154件，为企业办好事16件。扎实开展脱贫攻坚“回头看”相关工作，完成消费扶贫107万元。新增就业2000余人，城乡居民医疗保险参保率保持在96%以上。建成2个社区养老服务站，10个村级互助养老点。建成“悦享驿站”3个和“学习强国”示范农家书屋1个，打造观月湖文化长廊，广泛开展新时代文明实践活动300余场，群众精神文化生活更加丰富。成功评选重庆市文明村1个，重庆市文明家庭1个，渝北区文明村3个，民生民利不断改善。

【平安建设】 持续向好，全力开展“治重化积”专项攻坚，办结交办信访案件共计20件。建成村级综治中心3个，启动铜锣山矿山公园“平安驿站”建设，打造民利村“乡村管家”、石垭村“帮帮队”、石龙村“党员先锋”等区、镇级乡村治理品牌，积极探索乡村治理新路径。完成高层建筑消防安全隐患整治32栋。开展“迎大庆保安全”百日攻坚，为庆祝中国共产党成立100周年营造了安全稳定的社会环境。石船镇退役军人示范站创建工作代表重庆市顺利通过迎接退役军人事务部的抽检，获得市、区肯定。

【征地开发】 全力优先保障市、区重点工程用地1000余亩，全面完成拟新征集体土地2380亩前期准备工作。及时、足额兑现各类费用9000余万元，协调道路改移用地114亩土地，发放补偿资金540万元。拆除农房500余幢7.5万平方米，办结优惠人口861件。积极推进安置房二期项目建设，协助两江新区新征地首批报建1500亩。妥善化解群众矛盾纠纷和征地遗留问题110余件。

（谭兴悦）

洛碛镇

【概况】 洛碛镇位于渝北东部，毗邻江北、巴南、长寿及两江新区，是渝北最大的水码头、唯一的长江口岸。洛碛依江而立，背靠明月山，镇域沿长江带状展开，岸线长15.3公里，辖区面积95.34平方公里，辖16个村、5个社区，户籍人口5.1万人，常住人口4.1万人，是全国重点镇、市级中心镇、市级文明镇。洛碛历史悠久、文化厚重，素有“状元故里”“武术之乡”的美誉，1700多年的历史里，涌现出北宋状元冯时行、武术大师赵子虬等名人志士，流传下南华宫、余家院子等文物旧址。洛碛景观多样、物产丰富，森林覆盖率达57%。镇内渝万、渝利、长专、渝怀及其复线5条铁路贯穿全境，里程83公里，南两、三环、渝长及复线4条高速公路纵横交错，全长47公里，随着洛碛港的开工建设，“铁公水”立体交通网络正逐步形成，西部陆海新通道长寿直达班列首发正是从洛碛火车站驶出。2021年，洛碛镇地区生产总值达7亿元，同比增长8%；社会固定资产投资8亿元，同比增长8%；农业总产值3.4亿元，同比增长2%；社会消费品零售总额4.5亿元，同比增长10%；农民人均纯收入2.31万元，同比增长8%；地方财政总收入2.1亿元，同比增长8%；全年民生投入1.02亿元，占全镇预算支出71%。

【经济转型】 新动能不断聚集。完成昆仑化工厂环保搬迁，全面关停春瑞化工厂生产车间；加快推进古洛环线农旅融合示范带、高铁沿线现代农业示范带建设，箭沱湾人文纪念园、洛碛港区建设即将落地。

现代农业蓄力起势。以沐丰园为龙头，带动百花谷、金山果园、原耕农业等一批农业业主加快升级，发展沙湾、新石、宝华特色经果林356.67公顷，全年实现农业增加值2.47万元，农旅收入800万元；统防统治柑橘大实蝇89.47公顷、水稻病虫害200公顷；落实农产品快检381批次，推进农产品核查认证36家，打造优质农产品品牌。

集体经济提质增效。出台《洛碛镇村集体经济组织收益分配考核办法》《洛碛镇农村集体经济组织董事会监事会成员资格认定办法》，修订《洛碛镇集体经济组织重点环节内控简化制度》，坚持集体经济规范化管理；指导完成16个村集体经济组织换届工作；推动“三变”改革，加快三社融合，推动镇供销社创建市级示范社；通过发展菌菇培育、布局无人售卖网点等各种形式，制定“一村一策”发展目标，探索资产经营型、资源开发型、人力资源型、资金投资型等发展新路，全年16个村集体经济组织收入突破1000万元，部分村分红最高400元/股。

【城镇建设】 加快基础设施提档升级。投入1700万元，实施洛碛集镇新渝、兴隆社区小区综合帮扶项目，完成车行道大修黑化，人行道车行道改造8500平方米，改造统建房小区公共活动场地1966平方米，新建活动广场1500平方米。投入190万元完成民生乐园小区室外环境整治，投入50万元实施状元广场景观升级，投入80万元完成洛碛镇养老服务中心升级改造，投资280万元基本完成场镇支路排水管网改造项目。

推动城市精细化管理。深化市政协管员、专职网格员与社区合署办公机制，围绕城市管理的薄弱环节和突出问题，开展“十乱整治”“门前三包”“文明大行动”“多勤联动”等市容提升综合整治96次，开展马路办公49次，解决群众看得见的身边事、烦心事132个，协调处理矛盾纠纷100余件。依托“社区党支部—网格党小组—网格党员”的服务链条，完善场镇5个社区24个网格管理，将网格单元化为服务单元，把需求清单转为责任清单，解决群众反映的热点、痛点、堵点问题21件。

丰富群众精神文化生活。整合八角井议事厅、道德讲堂等文化阵地，拓展新时代文明实践平台，深化“点单式”工作服务，丰富综合文化服务中心供给功能，举办百本好书送你读、全民阅读知识展、绿色书签行动展等活动16次，组织茶艺培训、声乐培训、广场舞培训30次，开展院坝宣讲、田间宣讲等基层理论宣讲119场，覆盖群众6000余人次。组织庆祝中国共产党成立100周年主题宣传活动，开展“声临其境学党史·我为经典来配音”“追忆党史·寻迹洛碛”系列活动。挖掘状元文化、长江文化、武术文化，举办“奋进百年路·启航新征程——魅力洛碛”摄影展、第四届番茄文化节、洛碛“十大名菜”评选等活动。

【乡村建设】 整治提升人居环境。投入1500万元实施青木村等5个村基础设施建设及环境综合整治工程，投入390万元整治桃韵天池周边环境，投入278万元完成上坝村环境改造工程。推进乡村绿化美化，常态化开展拉练考评活动，创建市级垃圾分类示范村16个。排查农村房屋安全6873户，完成危旧房整治261户，唯一住房安全率100%。持续实施旧房整治提升工程，完成农村旧房整治提升485户。推进“厕所革命”，新改建无害化厕所173户。完成2019年和2020年第一批、第二批“四好农村路”建设任务，新建宝新路、水杨路等泥结石公路9.5公里，硬化沙宝路、河砖路等公路25.5公里，新建人行便道62公里，加强214公里农村公路养护，完成道路病害整治和滑坡、泥石流治理79处。

强化生态环境保护。投入1.59亿元实施洛碛岸线环境综合整治，加大库岸保护。深入推进“河长制”工作，加强“一江一河两池三湖”保护，抓好山坪塘治理，开展“四乱”“三排”“矮围”查处、长江清漂及库岸垃圾整治等工作，全年镇村两级河长日常巡查494次，饮用水源保护巡查40余次。全面落实长江十年禁捕，开展禁捕工作联合执法13次。扎实推进“林长制”工作，构建镇村两级双林长组织体系，林长全年巡林864次。加强植树造林，投入574万元完成2020年国土绿化提升行动项目，森林抚育496.53公顷，林相改造3公顷，疏林地及未成林地培育14.93公顷，四旁植树79.4公顷。健全落实23支540人应急扑火队伍，完成森林防火检查站“八个一”规范化建设。核查清理整顿53个违法占用林地卫星执法地块，整治“四山”违建9878平方米。开展化肥农药减量增效，投入700万元推进海朋污染场地治理修复，投入1100万元完成沙湾村全域土地综合整治，完成农村建设用地复垦项目。

深化文明乡风建设。发挥农村基层群众组织作用，规范村民议事会等群众组织运行，把道德教育作为新时代文明实践工作重点，深入开展邻里互助、道德评议等活动。以“积分制”为纽带，充分发挥榜样示范作用，广泛开展“星级文明户”“敬老爱亲模范”等表彰评选活动，让群众在参与中改变观念、在实践中提高认识。

【平安建设】 筑牢城市平安基底。构建城市智慧治理体系，推动落实“一网统管”，不断健全经济治理、社会治理、城市治理统筹推进和有机衔接的智慧治理体系，持续完善镇级综治应急应战平台和村级综治站点，新安装智能门禁53套，推进平安驿站和中心警务室建设，开展禁种铲毒、扫黑除恶等常态化斗争，全面推动全民反诈工作。积极化解积案，解决洛碛村十二社房屋拆除、新石村艺雅苗圃等遗留问题20余件。加大移民办证力度，137个移民办证组团办结131个，46个组团的两证遗留办结37个。优化信访服务，加强矛盾摸排预警，有效处理群众诉求121件。

加强安全生产监管。细化落实安全生产专项整治三年行动，严格落实一岗双责责任制，启用安全管理信息化系统，打造“警保联动”标准化劝导站，完成交巡警洛碛中队组建运行。将安全生产工作融入网格治理体系，全年排查安全隐患672家次496条，执法处罚6家，辖区未发生一例责任口径内的较大及以上安全生产事故。

提高应急处置能力。健全应急预案和监管体系，画定长江沿岸洪水风险图，持续开展地质灾害、山洪旱灾等自然灾害巡查，加大应急队伍培训力度，配齐配足应急抢险物资。围绕“防灾减灾日”“安全生产月”“保建党百周年安全百日行动”等节点，开展户外宣传演练9次，室内教育培训10次，悬挂标语横幅和知识展板87幅，发放各领域各种类宣传品7000余册。

【民生保障】 民生实事落实见效。完成2021年人大代表票决的10件民生实事。投入600万元建成水溶洞、太洪岗、新石村便民服务中心，投入150万元完成养老服务中心及站点升级，投入360万元实施太洪岗达泥坎供水工程，投入160万元完成张关水厂升级改造，投入260万元完成两江水厂扩网工程建设，建设充电桩10个、专用停车位10个，完成场镇3000余棵行道树修剪，深化“我为群众办实事”实践活动，累计服务群众8000余人次。

基本保障稳固兜牢。累计发放农村低保金277.4万元、城市低保金121.7万元，为201名特困老人发放特困人员生活费及医药兜底保障费322万元，为符合条件的经济困难失能人员、高龄人员及90岁以上的高龄人员、困境儿童发放补贴45.6万元，发放计生惠民资金359.12万元，为52名医疗、助学救助对象办理临时救助43.11万元，为726名残疾人发放残疾人“两项补贴”、护理补贴71万元，为38名残疾人申请了轮椅、助听器等器材，为襄渝铁路和伤残民工、精简老职工、临时突发困难户等困难群体发放补助31万元，为205人办理文明治丧补贴，为186名农村群众办理殡葬补助，为1219名老年人办理意外伤害保险，为分散特困户、计生特扶家庭中的65人办理居家养老服务。

提升就业服务水平，组织市民培训，开展春风招聘，积极对接求职人员1021人次，开展职业指导服务611人次，实现城镇新增就业1088人，城镇登记失业率控制在5%以内。持续抓好移民后期扶持及廉租房保障工作，健全防止返贫监测和帮扶机制。

社会事业全面进步。认真落实《全民科学素质行动计划纲要》，积极推进科普活动常态化，丰富科普平台载体。完善公共卫生服务体系建设，加强卫生健康队伍教育管理。加强全民健身宣传，不断完善健身设施，积极组织全民健身活动。做好退役军人服务工作，完善服务保障体系建设，确保双拥优抚政策落到实处。加强公共法律服务体系建设，办好“律师驻镇进村居”活动，加大法律援助、人民调解、社区矫正、普法依法治理等各项工作力度。

（张远刚）

龙兴镇

【概况】 龙兴镇地处重庆市渝北区东南部，距区政府驻地22公里，距重庆市中心36公里，紧邻江北国际机场和寸滩深水港码头。东依洛碛镇，西邻玉峰山镇，北连石船镇，南接江北区复盛镇和鱼嘴镇。龙兴镇交通便利，绕城高速、三环高速、渝利铁路和御临河越境而过。镇境处于川东平行岭谷地带，背靠玉峰山，面向张关山，四周高，中间低，坐落在被民间称之为“五马归槽”的浅丘盆地上。辖区面积111.31平方公里，辖4个建制村、14个社区。2021年，全镇地区生产总值824606万元，同比增长18.8%；规模以上工业（不含产业活动单位）总产值实现361373万元，同比增长47%；固定资产投资304亿元；限额以上商品零售额52001万元；农村常住居民人均可支配收入达23836元，同比增长10.2%；全口径财政收入293269.16万元，其中税收280592.45万元。

【城镇建设】 为优化2023年亚洲杯赛场周边环境，按照“拓功能、提品位”目标，对龙兴古镇进行升级打造，完成场镇改造区域现有房屋、居住人群、商业业态等基本情况的调查摸底，分类建立台账。2021年，累计实施改造33栋房屋约7.5万平米，其中基本完工15栋约2万平米。

【乡村振兴】 推进农村危房改造，拆除重建4户，固化拆除5户，累计拆除668.8平方米，34户农村四类重点对象房屋完成新、改建，住房安全得到保障。投入资金100万元新建蓄水池两口，完成排花洞村山坪塘建设。投入资金370万元完成排花洞水厂改扩建主体工程，完成支援社区、壁山村483户农户自来水管网建设。在排花洞村、支援社区扎实推进“双十万工程”，增强农村发展内生能力。

【生态保护】 严格落实长江十年禁渔，筑牢长江上游重要生态屏障。落实“河长制”“林长制”，全年镇、村级河长累计巡河300余次，镇、村级林长累计巡林380余次，组织清漂工作实行劳务外包，不定期开展点、线清漂，随时保持河面河岸清洁，累计清理垃圾30余吨。积极推进排花洞水厂改扩工程，已全面完成建设任务。组织三方机构对2019国土绿化工作森林抚育、四旁植树及2020年森林抚育项目进行了管护验收和完工验收。

【社会民生】 做实民生兜底保障，全年发放低保、临时救助、临时救济、特困供养、春节慰问等资金468万元，市级示范养老服务中心正式运营。做实就业服务，加大就业扶持力度，利用“龙兴就业”微信公众号推送招工信息150条，提供岗位近800个，组织现场招聘会3场，提供用工岗位3000余个，现场达成意向性就业协议约1200人。投资230万元，完成和平社区办公阵地建设；投资1500万元，启动洞口村、龙胆村办公阵地建设，完成选址、审批、地基开挖等工作。

【平安建设】 深入开展防范电信诈骗宣传工作，推进御临河非法捕捞市级社会治安重点挂牌整治工作，打造洞口村、龙胆村、排花洞村、壁山村“135”乡村治理体系建设示范点，完成龙胆村、洞口村、御临社区过渡性综治中心建设、全区反邪教镇街关爱之家示范点建设；各村（社区）应用综治信息平台录入办结日常走访、风险隐患、矛盾纠纷、城市管理等各类事件共计4144件；严格落实安全生产“一岗双责、党政同责”制度，检查企业442家次查出隐患855条；启动老街一级消防站建设，筹建15人专职消防队伍，不断增强消防配套和力量。

【征地开发】 全力确保两江新区龙兴新城和协同创新区重点项目用地，积极推进场镇农房和无产权房的拆迁处置，协助两江新区推进黄胡路、铁路东环线龙盛站等重点项目建设。

（肖 桢）

大湾镇

【概况】 大湾镇是渝北的北大门，也是重庆的北大门，周边与渝北区统景、古路、兴隆、茨竹等4镇相邻，东与长寿区毗邻，北与四川省邻水县接壤，位于两省市三区县交界处。辖区面积117.71平方公里，为全区面积第二大镇，总人口4.2万人，辖23个村、2个社区。2021年，大湾镇地区生产总值实现5.13亿元，农民人均可支配收入21226元，社会消费品零售总额实现1.93亿元，农业总产值实现4.55元，本级财政收入预计94.6万元。

【产业发展】 主动融入成渝地区双城经济圈建设，依托高竹新区大力发展川渝毗邻区现代高效特色农业。坚持建管并重，启动高兴村柑橘园建设，强化金凤桃园、龙洞岩梨园、太和雷竹基地后续管理，先后承办全区经果林、生态林管护现场会3次，向全区推广管护经验。推广林下套种，新增林下套种大豆、蔬菜7820亩，粮食播种面积38902亩，总产量15278吨。开展农产品安全检测，创绿色食品品牌4个。点灯村肉牛养殖项目开工建设，上古农耕博览体验园项目主体完工，乡野欢乐谷项目完成道路硬化和彩色林栽种，上游悟空漂流项目启动建设。

【基础设施】 完成场镇安置桥、龙庙村头塘河、黄阳村深水沟等5座桥梁建设，在八角、拱桥和空塘等村新建泥结石公路6.5公里，杉树、高兴和金凤等村硬化公路约18.4公里，黑化场镇等道路7.2公里。实施路域环境整治，清理道路塌方103处，新建道路堡坎9处，增设安保护栏5.3公里，制作各类标牌56个，持续改善道路安全条件。完成中心场镇整治设计和概算编制，正在进行施工审查。老街棚户区改造完成群众房屋分配。依托大湾敬老院新建的养老服务中心及红竹敬老院已完成改造并投入使用。石院村、点灯村、拱桥村、龙庙村和团丘村天然气村村通项目全面完工。

【人居环境】 持续开展危旧房整治工作，实施C级加固维修69户、D级拆除重建215户、固化拆除80户，推动农村危房动态清零。有序推进团丘村梨子园、太和村草米崖、河嘴村河屋嘴老院子聚居区建设。实施两岔湖村、龙洞岩村、黄阳村、空塘村、太和村、高兴村等6个村共360户及茨大路沿线300户农村人居环境整治旧房提升工作。完成高兴大岚垭、金凤张家湾等4个院落环境整治。

【生态环境】 投资2500万元，在金凤村实施大湾镇山水林田湖草生态保护修复工程试点项目。完成国土绿化项目建设任务8662亩。完成大湾镇污水管网提升一期工程。基本完成铂钏建材厂清理退出工作方案。通过全面拆除、棚改坡等方式整治“四山”存量违法建筑483件8.3万平方米，全面完成年度工作任务。投资800万元治理杉树村狐狸沟滑坡和水口村毛哥泡菜厂后侧滑坡。

【民生民利】 务实办理重点民生实事5件。圆满完成村（居）民委员会换届工作。认真组织实施临时救助，按时发放高龄失能老年人经济补贴，做好重度精神病管理。对全镇在册540名特困人员及800余户低保人员进行了经济状况核查，全面摸排在保人员收入、财产等信息，共计核查3950人次。投资170万元，完成大湾养老服务中心修建。深入开展“双拥”工作，走访慰问1224人次，发放慰问品2088套，慰问金9.71万余元，发放优抚各类补助510.19万元。帮扶援助家庭困难的退役军人、优抚对象、现役军人家庭，发放解困资金。开展送书活动46场，全民阅读活动13场，瑜伽培训20场，送流动文化演出进村（社区）46场，送讲座展览进村（社区）53场，送法规政策科技宣传进村（社区）13场，放映惠民电影176场，服务人次1.15万人。

【公共服务】 落实“六稳”工作任务，全面强化稳就业工作举措，实现城镇新增就业870人，脱贫人员稳岗就业251人，申报扶持创业贷款4人110万元。社会保险工作稳步推进，多渠道促进社会保险扩面工作的全面落实，城乡养老保险参保率稳定在95%以上，符合参保条件的特殊困难人员100%参保，城乡居民医疗保险参保31094人次，全面完成城乡居民医疗保险征收工作。开展“振兴发展美丽大湾”摄影作品征集和宣传推送活动，并成功举办庆祝中国共产党成立100周年摄影展，创建农家书屋示范点1个。成功举办“奔跑吧大湾”乡村振兴健身跑比赛。大力弘扬和传承小河锣鼓、金钱板等非遗文化。

【平安建设】 定期开展安全生产风险研判，着力整治安全隐患。党政领导专题研究部署安全生产和自然灾害防治工作35次，带队安全检查调研98家次。开展安全“大排查大整治大执法”百日行动，排查整治隐患175条。开展大湾镇水旱灾害防御应急演练，补充森林防火、抗洪抢险等应急物资。推动扫黑除恶常态化，深入打击整治黄赌毒等人民群众反映强烈的突出违法犯罪，群众安全感指数排名全区第四。深入开展“全民反诈”专项行动。抓好矛盾纠纷预防化解，严格执行领导干部接访约访下访制度，办结信访件175件，解决矛盾纠纷59件，化解区交办积案6件，化解率86%。重新优化配备专（兼）职网格员48人，积极创建平安校园、平安村居、平安网格，推广安装“乡村卫士”智慧看家摄像头。创新基层社会治理，通过“群众点单、网格接单、干部派单、群众评单”模式解决群众急难愁盼问题。

（谭显春）

古路镇

【概况】 古路镇地处渝北区中部，东接统景镇，南靠王家街道，西临木耳镇，北与大湾镇、兴隆镇接壤，是两江新区的重要区域，紧靠空港工业园区及保税港区，是保税港区出口加工区和农业园区的拓展区。古路镇距江北机场15公里，二环、渝邻高速公路纵贯全境。镇政府驻草坪场，距区政府驻地26公里。全镇地貌东高西低，一年四季分明，属于亚热带气候。辖区面积92.96平方公里，辖16个村1个社区，253个村民小组。全镇总户数14595户，总人口3.69万人，其中农业人口3.64万人，非农业人口5376人。全镇有中学1所，小学1所，幼儿园1所，在校学生100余人。医疗卫生机构13个（含个体诊所）、中心卫生院1个，医疗机构有床位45张，卫生技术人员13人。文化服务中心1个，村级农家书屋15个，社区文化室1个，小型综合运动场地3个（含塑胶篮球场），镇健身广场1个。地区生产总值稳步增长，预计2021年完成地区生产总值4.18亿元，实现一般公共预算收入140万元，常住居民人均可支配收入将达到2.29万元，较2016年增长66%。全镇居民收入显著提高，经济发展动能显著增强。

【农村发展】 持续推进高效山地农业经果林建设，完成土地宜机化整治、安装水肥一体化设备并种植仙桃李、粉黛李、香榧等经果林2542亩。扩大集体经济发展成效，争取项目资金400余万元在吉星、乌牛、继光三村建设冷藏气调库5500立方米、菌包加工中心1000平方米，收缩雨棚6000平方米及直播基地等生产设施，村级集体经济从无到有、从有到强。大力推进农旅融合，盘活盛世花都闲置资源，打造盛世田园综合体。深入推进三社融合，新建熊家村生产互助农业股份合作社，组建管护队伍，划分11个管护片区，完成社会化服务面积1400亩。积极探索城乡融合，保障多宝湖智慧生态城前期建设，完成多宝湖生态修复2800亩租地工作。

【古路镇第十六次党代会】 中共重庆市渝北区古路镇第十六次代表大会于2021年11月30日在古路镇政府驻地召开。此次镇党代会从党的建设、经济发展、环境面貌、民生福祉、安全稳定五个方面系统总结了过去五年取得成绩，同时针对未来五年发展提出了全镇“135”发展思路，“1”即一个定位，努力把古路打造成为渝北的经济强镇；“3”即三大任务，突出全区城市拓展新阵地、产业发展新基地、乡村振兴新高地三大任务；“5”即五个目标，推动建设慈孝古路、富强古路、美丽古路、幸福古路、生态古路。

【环境建设】 全面推进国土绿化工程，实施林相改造600亩，村庄绿化104亩，庭院绿化项目1个。投入650万元新建雨污管网6.08公里，完成吉星村左家院子污水处理站和古路村新塘湾污水处理站改造，从源头治理水体污染。积极开展“5·22”国际生物多样性日、“6·5”世界环境日等活动，获市级媒体宣传报道4次。镇自主开展环保委托执法2起，配合区环保支队对草坪村污水处理站、同德村家具厂进行了行政处罚。全面推进垃圾分类工作。全年垃圾清运量1700余吨，设置生活垃圾“四分类”集中收集点19处，分类垃圾桶300组，新建“两分类”垃圾站台635个，古路村成功创建垃圾分类市级示范村。

【社会民生】 便利辖区群众出行。投入1000万元，启动建设可容纳长途车20辆，旅客500余人的农村客运站，新增18个农客招呼站和周家山大桥、古路村公交站点。保障群众用水安全。投入164万元，完成希望村一至三社供水工程，解决百余户居民用水困难，回收吉星、古路水厂交由两江水务公司运营管理，完成古路镇水源地调整工程，古路水厂、吉星水厂、王家水厂和熊家村高位水池已全部使用牛头岩水厂饮用水。加大投入惠民资金。兑现完成各项惠农补助338.6万余元，对现有农村低保358户566人，城市低保19户38人，特困供养人员423人，全年发放民政资金850.1万元。着力稳就业、保民生。城镇新就业录入941人，组织100人次参加农民工新市民培训，申报创业担保贷款放款330万；录入委托求职登记1000人。提高参保人员对医保电子凭证的知晓率和使用率，切实增强群众就医购药的便捷感，医保电子凭证激活工作排名镇序列第二。

【平安建设】 深化拓展网格化服务管理，将全镇16个村（社区）划分为39个网格，采集基础信息28012条，全面启用渝北综治信息平台，统筹辖区平安信息，录入综治信息1062件，办结率98.87%，录入量及办结率在全区镇序列排名靠前。认真开展大排查大整治大执法百日行动。共计检查企业单位416家次，发现安全隐患402条，全部整改完毕。开展安全、消费领域行政执法4件，罚款合计10900元。持续道路交通安全专项整治，对中投、三圣、中铁等重点企业安全约谈2次，联合保税港交巡警大队、镇派出所进行交通联合执法13次，现场处罚车辆200余辆。做好应急救援与自然灾害防治工作，设置森林防火站6个，有效应对“5·2”风雹和“7·12”暴雨突发自然灾害，做到人员零伤亡，切实保障人民生命安全。

（樊文宇）

统景镇

【概况】 统景镇位于渝北区东北部，东与大盛接壤，南与石船相望，西与古路相邻，北与长寿区连接。距重庆江北国际机场35公里，距重庆市中心45公里。境内铜锣山脉横亘南北，略呈西高东低，北高南低之势，高程海拔612米，低程海拔174米，御临河、温塘河横穿全境，东河过境。森林面积约10万亩，森林覆盖率49.3%。辖区内有国家AAAA级旅游景区“统景温泉”和3A级景区“印盒李花生态旅游区”。传统优势水果柑橘3万亩、李子1.4万亩，系国家地理标志登记产品，有“中国梨橙之乡”“中国李之乡”的美誉。辖区面积117.5平方公里，其中场镇规划面积4.8平方公里，辖23个村（社区），户籍人口4.49万人，常住人口2.66万人。2021年全镇地区生产总值达8.39亿元，农村居民人均可支配收入23571元，完成本级税收656.2万元，全镇总财力2.3亿元。

【产业发展】 2021年，持续赋能乡村振兴。跨村建立集体经济联合党委，整合资源、统筹发展，积极推动传统农业转型升级，深入推进农村“三变”改革，实现村级集体经济全覆盖，优化提升柑橘、李子等特色产业，转型升级传统农业，新发展特色水果产业6000亩，高接换种、留树保鲜等技术革新持续推广，实现柑橘年销售收入1.2亿元。西南地区最具智能化的长堰肉兔示范养殖场正式投产，出栏7批次3万余只，经营收入达160余万元。

【城乡建设】 2021年，持续强化城乡建设。三环高速、两江大道统景段建成通车，东环铁路完工试车。龙井广场、入城景观公园建成投用，场镇4条主干道黑化提升，景泉路滑坡治理有效、污水管网改造到位。投入2.8亿元完成场镇棚户区改造3.8万平方米，景区安置房建成投用，231户群众获分新房，解决了长达36年的历史遗留问题。

【基层治理】 2021年，持续推进基层治理。依托党员家庭设立“民情茶室”，全面推行镇村干部“三个一”工作法（即召开一次座谈、开展一次遍访、形成一张清单）和“民情遍访”制度，累计收集意见建议300余条、调解矛盾纠纷614起、解决实际问题408个、化解农村积案93起，群众满意度显著提升。聚焦景区、校园、车站等重点区域，从严从紧、从细从实抓好新冠肺炎疫情防控工作。常态化开展安全生产大排查大整治大执法专项行动，排查隐患961个，已销号845个。

【民生民利】 2021年持续保障社会民生。重庆微电子工业学校正式落户统景。开展“大走访、大遍访”活动，现行标准下159户400名贫困人口全部稳定脱贫，印盒村被评为重庆市充分就业村，全国示范型退役军人服务站创建通过国家验收。开展“迎大庆保安全”百日攻坚，排查整治安全隐患380个，镇平安办荣获“平安中国建设先进集体”。完成全年84场送流动文化服务进村工作任务，其中送文艺演出42场，送辅导培训11场，惠民政策宣传25场，展览展示6场，服务群众6361人次，投入资金14.84万元。建成统景镇新时代文明实践所1处、新时代文明实践站23处、24小时自助图书馆1个，建成镇级乡情陈列馆1座，江口渔村乡情屋1座。

（白泰萌）

大盛镇

【概况】 大盛镇位于渝北区东北部，南靠石船镇、洛碛镇，西连统景镇，东北与长寿区接壤，距区政府驻地两路城区、重庆江北国际机场约50公里。辖区面积103.76平方公里，辖16个村、2个社区居委会，户籍人口39762人。镇党委管理党员1234名，下设1个村级党委、16个村（社区）党总支、44个党支部。辖区内御临河（东河）横贯全境，明月山清秀怡人，有较好的农业生产条件和得天独厚的自然生态环境，是渝北区定位的“乡村振兴产业引领型试验示范镇”，曾获得重庆市科普示范镇、重庆市生态镇、重庆市“绿水青山就是金山银山”实践创新基地、重庆市卫生镇、重庆市文明镇、重庆市乡村治理示范镇、重庆市先进基层党组织等荣誉称号。

【农业产业】 2021年，大盛镇大力扩大农业规模，新实施土地宜机化整治和苗木定植4000亩，完成林下套种青菜头、南瓜等农作物2万余亩，建成水肥一体化灌溉设施1.1万亩。推进人和、千盏、明月等村1500亩粮油生产基地农田宜机化改造及千盏村千吨级气调库项目建设。新发展顺龙、鱼塘、天险洞等村名贵中药材1000余亩、高山有机蔬菜400亩，建成菊花坝村现代化食用菌基地。青龙村智慧物联网成功入选2021重庆市大数据智能化应用十大“智慧农业”精选案例，并在智博会上展示推广。发展壮大村集体经济，建成生产互助农业股份合作社12个，完善合作社制度体系，规范合作社运营管理，全年各村集体经济累计实现收益700余万元、平均收益达40万元。推进农旅融合发展，依托柑橘、黄桃、高山蔬菜、中药材等特色产业，积极开发水果采摘、农事体验、自然教育、研学等新兴业态。全力推进滑翔基地、露营基地、帐篷宾馆及廖家湾、樱之驿特色民宿建设，云龟山成为主城休闲旅游热门目的地和网红打卡地。

【人居环境】 2021年，大盛镇按照“八改六化”要求，推进天险洞村孙家湾、唐家湾人居环境整治，建成青龙村平滩湾、马鞍山、游家湾等人居环境示范点。常态化长效化开展全域清扫保洁工作，推进千盏村综合环境提升工程。推行积分制管理，建成积分兑换点6个，垃圾集中投放点25个，分类投放点320个，更换垃圾分类桶200余个，打造垃圾分类文化墙3处，成功创建市级垃圾分类处置示范村1个。开展农业面源污染普查，关闭违规养殖场10家，建设雨污管网22公里，完成顺龙、鱼东、仙女洞、真理、明月5处水厂水源地规范化建设。严格落实林长制、河长制，持续开展河堤绿化和水域清理，御临河（东河下游）岸线生态环境综合治理工程。完成退耕还林3500亩、疏林地及未成林培育2060亩、四旁植树2230亩。

【基础设施】 2021年，大盛镇实施路域环境整治20公里，建成“四好农村路”硬化路55公里、泥结石路20公里，硬化人行便道65公里，完成大白路、张白路升级改造，大麻路改造进场施工，大盛二桥、隆仁桥建成投用，积极推进吊子滩大桥建设，环线公路、张红路、东河村公路桥等项目竣工投用。累计投入300余万元，实施公路水毁治理及道路排危，新统大路公交线路正式开通，新建招呼站12个，现境内运行公交和农客线路达6条，投入660万元，加快推进东山水厂建设，东山、东河村1200余户群众的饮水条件得到改善。整治病险水利设施16处、分散式供水设施8处。

【社会民生】 2021年，大盛镇巩固拓展脱贫攻坚成果，严格落实“四个不摘”。医疗政策实现全覆盖，全面完成14个标准化村卫生室建设。持续开展技能培训，为“四类人群”设立公益岗位163个，培育致富带头人58人，在全区率先落实消费扶贫128万元，促进农户增收致富。整治C、D级危房1168户，旧房提升98户，改厕240户。扎实开展“两不愁三保障”巩固情况“回头看”暨防止返贫动态监测，累计排查近5000户，发现问题13个，整改完成率100%，获评全国脱贫攻坚先进个人1人，全市脱贫攻坚先进集体1个、先进个人2人。举办“我们的节日”文化活动，送文化下乡演出64场、电影放映200余场。镇综合文化服务中心、体育公园建成投用，建成区文化驿站示范点、文化大院示范点、示范村文化室各1个，启动3个村级体育场地健身步道建设。加快青龙、天险洞、顺龙、明月等4个村公共服务中心建设，完成千盏村、鱼塘村、兴盛社区公共服务中心改扩建。完成大盛、明月敬老院综合改造。

【平安建设】 2021年，开展安全生产大排查大整治大执法和重点领域专项整治行动，发现并整改消防隐患30处，查获非法烟花爆竹60余件，查处交通违法行为72起，扣减安全文明施工费2.6万元。推进平安建设智能化，建成镇级综治中心1个、综治视联网18个，在重点区域、场所和路口安装100余组太阳能警灯，大幅提升群众安全感。认真实施“七五”普法规划，提高群众遵法、守法、学法、用法意识。开展邻里“四互”、“四人”普法、“五风”润德活动，推动矛盾纠纷化解自治化。完善风险防范化解、矛盾纠纷多元调解等体系，调处矛盾纠纷905件，调处率100%。获评市级乡村治理示范镇。

（李　岚）

木耳镇

【概况】 木耳镇位于重庆市渝北区中西部，地处华蓥山主峰以南的巴渝平行岭谷地带，距江北国际机场5公里，210国道、南北大道横贯全境，渝广高速、渝邻高速，重庆绕城高速、合长高速环绕四周。辖区面积83.42平方公里，辖7个社区、11个村，户籍人口3.8万人，流动人口10万余人。2021年，全镇地区生产总值达17.9亿，总财力17340.31

万元，本级收入财力1704.45万元，农村居民可支配收入24723元，新增就业1390人，分别是五年前的2.16倍、1.55倍、1.64倍、1.48倍，人民群众幸福感同步攀升。

【经济发展】 开展土地宜机化整治4000亩，栽植柑橘苗木20万株，完成节水灌溉6000亩，引进吉奔渝农业科技、源滋味农业发展公司示范管理。在石鞋、白房等村试点种植β-葡聚糖大米，收获稻谷10万斤，经三方公司检测β-葡聚糖含量达6.93%，农残和重金属指标均合格。金刚村食用菌厂建成投产，将实现年产新鲜食用菌1500吨、年利润200万元。在金刚村试点推行1000亩示范农作物秸秆综合利用项目，获市、区农业农村委高度评价。以新乡村项目建设为引领，投入资金2亿元，收储农房682户，完成向阳居一期450户住房主体工程；启动张家坝新村建设，实施龚家湾、四花屋基等院落整治；完成花田坝子绿化美化，打造插旗山节点景观，建设燕子岩、青龙嘴观景平台，与临空文旅公司合作建设木耳时光酒店。持续打造学堂村斗碗寨产业园，启动五通庙村“农小李”生态采摘园升级改造，推进白房村“柚见面”项目大龄柚树高接换种，助推白云山粮站等民宿建设，农旅融合发展空间有效扩展。以三社融合为抓手，组建销售团队，成立修枝、整形、喷药等管护队伍，提供农资、农机、农技、信息等服务，使农户得保障、集体经济得壮大、联合社得发展。创新开展借土回填整理土地，实现“一升一降一增加”效果。承接公租房停车场升级改造等项目，建成投用占地近5万平方米的汽车之家，种苗基地育苗5万株，为群众带来10万元务工收益，全年集体经济纯收益实现1000万元。

【基础设施】 投资1020万元新建泥结石道路10公里、黑化道路2公里，投入155万元整治修复白房、良桥、白云山等6个村水毁路段。在木耳、石鞋场镇安装防撞栏、阻车杆、减速带3228米，完善公租房智能停车导视系统，改善海诺市场至跳蹬河大桥道路设施，保障群众出行需要。完成白房村扶贫供水工程、斗碗寨供水工程建设，启动垭口水厂改扩建，整治维修山坪塘37口，保证群众生活生产用水。按照城市收费标准，学堂、金刚、垭口等6个村767户用上天然气清洁能源。大力推广无害化卫生厕所，实施厕所改造49户，农村常住人口卫生厕所普及率达85%以上。完成农村C、D级危房整治117户、旧房提升400户、拆除固化124户，存量危房全面消除。处置卫片执法图斑71个，为农户解决房屋遗留问题562宗。按照“四美庭院”标准，完成石坪村大湾院子，金刚村青坎、染坊、涂家庄，白云山村张家院子，新乡村四花屋基等院落整治。

【民生福祉】 社会保障更加完善，发放各类补贴1148.9万元，发放救助金24.77万元，惠及群众6698人。建设金刚村老兵之家。投资420万元筹建公租房片区1550平方米养老服务中心，城区7个养老服务站实现社会化运营。稳步拓宽参保覆盖面，城乡居民养老保险参保18343人，全年小额意外保险参保10921人。做好高校毕业生、返乡农民工等重点群体就业工作，帮助申请创业担保贷款225万元，新增城镇就业1390人。提档升级镇、村（社区）综合文化服务中心，安装健身器材45套，做实书报刊借阅服务。组建书法、管弦乐、坝坝舞等业余文化队伍23支。开展送流动文化进村、惠民电影放映、全民阅读、培训讲座等活动168场，举办全民运动会，丰富群众文体生活。定期开展文物安全巡查，积极收集非遗线索，成功申报“黄鳝地丁汤”为区级非遗项目，传统文化遗产得到保护。利用“清秀木耳”“渝北发布”“渝北文旅”等新兴媒体，大力推介白云山瓜果、“农小李”有机果蔬等文旅产品。

【城乡环境】 完成疑似违法图斑及历史遗留问题清理销号120余处，完成新乡村范围内残次林林相改造1000余亩，提升林地品质。推广绿肥压青还田，实施化肥、农药双减，有效防治农业面源污染，提升耕地质量。建成空气质量监测点2个、荒草秸秆焚烧监控点1个。增设石鞋中小企业基地污水处理站，升级金刚村涂家庄等5个村级污水处理站，启动实施金刚村唐家湾、下板桥动力污水处理站技改工程。开展村庄清洁行动，实施农村生活垃圾分类，增设垃圾分类亭15个、垃圾分类桶3882个，五通庙村成功创建市级农村垃圾分类示范村。大力开展公租房交通整治，劝导违法停车6000余次，清理违停车辆、"僵尸车"800余辆，新建停车场4个，提供停车位270个，乱停乱放现象明显改善。整治店面、巡查占道经营1200余起，清理"牛皮癣"、破损墙面广告2500余处、废旧广告牌200余块，修缮人行道、下水管道、窨井盖等700余处，整治餐饮油烟3家。拆除整治"蓝棚顶"1.3万平方米、违章建筑6万平方米，着力改善市容环境。投资21.68万元对木耳、石鞋场镇行道树修枝整形，清掏场镇化粪池21个。规范游摊游贩，清理限宽墩、废弃物、建筑材料，确保消防通道畅通安全。

【平安建设】 完成公租房95套智能门禁建设。探索网格员队伍改革，社区48名网格员全面实现专职化。深化发展"枫桥经验"，全面推广"情理堂"，打造华晖路"情理亭"，建立"询访调"纠纷化解机制，调解各类矛盾纠纷460余件，办理化解信访案件195件，处理国家、市区信访积案4件，稳定形势持续向好。金刚村成功创建全国乡村治理示范村。持续开展"新村民成长计划"，从农业技能、民宿经营、接待礼仪等方面开展专题培训，参训群众达2000人次。建设新时代文明实践工作示范点4个，挂牌星级文明户318户，开展"我们的节日"等系列主题活动40场，蒋兴福获评全区道德模范，蔡晓晴等获评文明家庭。建立院落长"1+N"职责体系，"硬化"村规民约，编写院落民谣三字经，通过乡风文明"红黑榜"进行"唱红斥黑、奖优罚懒"，用文明新风尚汇聚起推进乡村振兴的磅礴力量。

（李　丹）

兴隆镇

【概况】 兴隆镇位于渝北区中北部，北临茨竹镇，东连古路镇，西与北碚区三圣镇接壤，是重庆市卫生镇、文明镇、生态镇。镇政府驻地距离区政府驻地约23公里，210国道纵贯全境，辖区面积93.5平方公里，辖15个建制村、233个村民小组和2个社区、9个居民小组。2021年，兴隆镇实现地区生产总值达到7亿元，同比增长12%；农业总产值达到5.52亿元，同比增长11%；农民人均纯收入达到2.34万元，同比增长10%；财政收入274.01万元，同比增长18.59%。

【乡村振兴】 作为重庆市乡村振兴综合示范镇、渝北区农文旅融合发展示范镇，2021年兴隆镇特色产业全面提升，成功举办第二届渝北区中国农民丰收节。

产业融合发展。建成全区最大的伏季水果种植基地、主城近郊最具吸引力的采摘基地，包括永兴村李子、保胜寺村笋竹、苏翠梨乡、"晚秋·逅"精品葡萄等20个基地。全年宜机化基地1133.34万平方米，宜机化经果林1066.67万平方米、生态林666.67万平方米。建成设施农业连栋大棚10万平方米和年产量可达30吨的双孢菇智能生产工厂，新寨村智慧种苗工厂为全区林下套种育苗100万株。建成9个生产互助农业股份合作社，15个村集体经营收益实现1212万元，其中新寨村、徐堡村、广佛村、龙寨村、永兴村收益超过100万元。

农文旅结合发展。新寨村创建市级乡村振兴示范村。建成南北大道智慧农业指挥中心、林下花园、重庆乡愁博物馆，开工建设白俄罗斯风情小镇，成为重庆主城乡村休闲度假“打卡地”。“兴隆古法榨油制作技艺”“牛皇庙挂面传统制作技艺”成功申报区级非物质文化遗产项目。创建“兴隆有礼·家园亲亲”地方文旅品牌、牛皇村“春牛喜耕”一村一艺品牌。作为全国文化和旅游公共服务机构功能融合试点村，牛皇村建成“礼朝屋基”文化大院、主题村居艺术馆，并被评为全市书香乡村、全市乡村旅游重点村。打造“物华天宝”乡村客厅1个。

【人居环境】 高标准打造礼朝屋基、杉树屋基、红旗屋基等3个院落，实施“四美庭院”院落整治项目11个、美丽宜居村庄项目1个，创建市级美丽宜居村庄5个、垃圾分类示范村2个。在12个村开展旧房风貌提升1000余户，整治农村危房C级33户、D级139户，完成固化拆除58户。整治销号“四山”违法建筑155个图斑3.29万平方米。完成农村建设用地复垦项目443户，复垦面积13.4万平方米。

【基础设施】 新建停车场1个、规范停车位126个；清掏化粪池60口，维护更换窨井、安检井74口，更换水篦子83个，维修路灯45盏，加装电子抓拍摄像头和监控视频探头3组。建成公交枢纽站，在全区率先开通3条农村公交线路。新建泥结石路4.5公里，硬化公路26.5公里。南北大道二期建成通车，农科大道建成投用。治理后河流域、黄葛等村水土流失1500亩，修建100立方米蓄水池5座，1立方米沉沙池10个，排水沟3公里，实施作业便道7.5公里，路涵30处；投入资金34万元，实施公路绿化25公里；新建园区徐堡污水处理厂，升级改造兴隆污水处理厂以及发扬、永庆等村污水处理站。从牛头岩水厂至兴隆水厂的管道投入使用，饮用水水质得到改善。

【社会事业】 对各类社会救助对象开展家庭经济状况核查1174户2213人次，争取资金300余万元，实现敬老院软件硬件双提升。城镇登记失业率控制在1.3%左右的较低水，重点群体就业保持稳定，城镇零就业家庭保持动态清零。城乡居民养老保险、医疗保险参保率稳定在96%，困难人群参保率为100%。支出城乡低保金、特困供养金、临时救助金等社会救助资金66.74万元。落实老年人、残疾人等各项补贴129.67万元。宣传动员育龄妇女开展“两癌”免费检查4100余人次。组建镇退役军人服务站，采集信息979人，落实经费482万元用于重点优抚对象节日慰问、困难帮扶、应急临时救助。改造无害化厕所1032户、卫生厕所299户。就业扶贫19人，消费扶贫106万元，通过产业帮扶，年人均增收达2000元以上。落实小额信贷优惠政策，为8户贫困户发放贷款19万元。

【重点项目】 协调解决农业园区各类矛盾纠纷136件。搬迁徐堡、龙寨、新寨、广佛4个村农房1005户3231人。流转土地240户，流转面积180万平方米，完成集体建设用地盘活利用工作，宗地块盘活面积3.4万平方米。建成徐堡居民新村占地5.27万平方米8栋560套房屋。

【平安建设】 成功探索“一平台两互助三榜单”社会治理新模式，创建“亲亲家园”平台，开展生产互助和养老互助，建立完善红榜、黄榜、黑榜考核考评机制，乡村治理迈上新台阶。成功化解信访积案难案35件，接待群众来访570余人次，化解各类矛盾纠纷300余件。常态化开展安全生产隐患大检查大排查523次，全覆盖建立“一患一策一档”，全年未发生安全责任事故。辖区新冠“零感染”，累计完成疫苗接种21628针次，实现第一针应接尽接全覆盖。

（倪婷婷）

茨竹镇

【概况】 茨竹镇位于渝北区北部，东与大湾镇相邻，南与兴隆镇相接，西与北碚区、合川区毗邻，北与四川省广安邻水、华蓥市接壤，素有重庆“北大门”之称。210国道横穿过境，南北大道二期延伸至茨竹场镇，南北大道三期建设正有序推进。茨竹距渝北两路城区30分钟车程。茨竹镇拥有全市最大的万亩梨园基地、国家AAA级旅游景区放牛坪、华蓥山市级自然保护区，以及“红色文化、武术文化、高腔文化、佛教文化”四大地方传统文化，茨竹青椒鱼、张记老酒、放牛坪梨膏酒等被评定为区级非物质文化遗产。先后被评为市级特色小城镇、生态镇、卫生镇、文明镇、巴蜀气候养生地，2019年成功创建全区第一个国家级卫生镇，2021年成功创建国家级“节约型机关”。2021年末，辖区面积113.96平方公里，辖16个村2个社区，户籍人口33974人，常住人口14880人，场镇建成区面积0.99平方公里，常住人口约5988人，耕地5.9万亩，森林7.1万亩，森林覆盖率达57%，海拔高度在440～1435.6米之间，重庆主城最高峰大沙土梁子位于境内华蓥村。2021年，全镇实现地区生产总值5.79亿元、同比增长3.5%；固定资产投资1.23亿元、同比下降32%；社会消费品零售总额2.15亿元、同比增长6%；农民人均可支配收入达20921元，同比增长7.5%。

【脱贫巩固】 2021年，持续巩固脱贫攻坚成果。动态调整因死亡和户籍迁出减少0户5人，调整后有脱贫户172户475人、边缘易致贫户4户9人，脱贫户年人均收入达16818元，较2020年增长16.8%。组织开展巩固脱贫攻坚成果“大走访大遍访”活动，录入渝防贫系统4023户，发放35.2万元到户扶持资金用于发展产业。所有脱贫及边缘人口基本医疗保险全部资助参保；住房安全、饮水安全持续保障到位；低保兜底保障脱贫户14户32人，边缘户3户7人。继续深化消费扶贫，超额完成消费扶贫任务。

【乡村振兴】 2021年，集体经济快速发展。持续推进土地“宜机化”整治，新建460亩经果林。栽种雷竹18.5万株，建成3000亩雷竹基地，茨竹“小竹海”已成雏形。科学指导各村分区域、分季节栽种土豆、青椒、南瓜、蜜薯、萝卜等蔬菜，全年经果林林下套种蔬菜累计20000亩，在秦家发展各类高山大棚蔬菜30亩。积极谋划放牛坪万亩梨园提档升级，持续推进放牛坪改良换种工作，全镇梨产业超2万亩，是重庆市最大的高山梨园产业基地。镇级集体经济总公司全年实现收益470余万元，16个村集体经济组织实现收益260余万元，大面坡等3个村村民喜获集体经济分红款。

【配合高竹新区建设】 2021年，全力配合高竹新区建设。围绕《川渝高竹新区总体方案》，在镇第十六次党代会上将全镇总体发展目标定位为“川渝新区·山水茨竹”。南北大道二期建成通车，南北大道三期征地工作已启动。完成川渝高竹新区胡家梁子观景平台提质改造20户18栋共3156.87平方米房屋拆除及用地清理丈量任务，完成川渝大道352亩用地清理丈量任务，重庆工职学院落户中河片区，高竹新区重点建设项目“竹林春风小镇”将在茨竹场镇实施建设。抽调人员专门负责新区建设相关工作，以实际行动融入成渝地区双城经济圈建设。

【人居环境】 2021年，持续改善人居环境。实施农村危房整治365户，其中C级修缮加固123户，D级拆除重建146户，固化拆除96户。启动实施南北大道两侧、茨大路沿线、花六雷竹基地周边旧房整治提升377户，已完成309户。完成茨竹—邻水高滩渝北境内公路沿线可视范围内农村254户旧房整治提升项目。方家沟海龙屋基、新泉村小屋基2个居民新村建设即将竣工。启动金银村板栗屋基、向阳院子、大面坡村艾家祠堂、金银状元屋基4个四美庭院建设。依托积分制管理全面推行垃圾分类，实行“分段包干”，大幅提升保洁员、转运员履职能力。完成茨竹—邻水高滩渝北境内公路沿线可视范围内77户农村环境综合整治，常住人口无害化卫生厕所覆盖率达到92%。完成“四山”管控范围内517件19.2万平方米违法建筑整治。

【基础设施】 2021年，加快基础设施建设。投资802万元，实施华蓥村双水井水厂改造工程；投资900万元完成了自力山洪沟、三江河道整治工程；投资20余万元对花六河道和牛蛙基地河道进行恢复；投资249万元完成了同仁村后扶移民项目（滑文路、水菜路、江田路）建设；投资282万元完成中河场镇饮水管网改造工程。新建泥结石公路10.2公里，全力配合南北大道二期（茨竹段）“四改六”项目和南北大道三期的建设工作。

【社会事业】 2021年，不断提升民生福祉。完成全镇490户3967人次低保对象经济核查，累计发放民政救助资金1129.23万元。积极做好城乡医保和养老保险工作，确保应保尽保和困难群众100%参保。举办川渝高竹新区春风行动专场招聘会暨公共就业服务专项活动”1次。启动渝北首个茨竹红色退役军人服务站施工建设。完成茨竹镇养老中心提档升级，茨竹镇成为渝北第一个将农村养老服务实施开展共建民营的镇。

【平安建设】 2021年，全力保障安全稳定。按照“防风险、保安全、迎大庆”的要求，全力做好庆祝中国共产党成立100周年大庆安全稳定工作，实现了全镇安全稳定的良好形势。坚持“属地管理、分级负责”党政领导责任制，每月进行安全稳定工作通报，每季度召开一次安全稳定工作会对全镇的安全形势进行分析研判。全面开展安全稳定风险隐患大排查大整治大执法，放牛坪村简桥地质灾害预警处置工作，受区政府通报表扬。严格做好新冠肺炎疫情防控，广泛宣传，加强排查，全镇未发现新冠病毒感染的确认和疑似病。“村民积分制”全域推广，妥善解决历时多年的华蓥村金竹林采煤沉降严重区危房搬迁安置等一系列问题，群众满意度、安全感常年位居全区前列。

（邹　静）

玉峰山镇

【概况】 玉峰山镇因玉峰山而得名，位于渝北区东南部，东邻龙兴、鱼复工业园，南接寸滩保税港，西连回兴、宝圣湖街道，北与江北机场毗邻。玉峰山、环山两座山环抱全镇，朝阳河、金竹溪两河纵贯南北。两座山作为城市肺叶是主城市民休闲度假胜地，腹地是渝北区自主开放开发的主战场前沿科技城。2021年，全镇耕地面积15955亩，其中田7656亩、土8299亩。全镇总（户籍）人口28530人，其中农业人口（户籍）13674人、非农业人口14856人。2021年，全镇粮食总产量3486吨，同比下降25.9%蔬菜产量15112吨，同比下降13.1%。家禽38576只，同比增长30.5%。水产品产量217吨，同比下降56.4%。农业总产值15725万元，同比下降7.3%。全镇有中小学3所，在校学生1422人，教师149人，适龄儿童入学率达100%。有中心院1所，病床40张，卫生技术人员22人。2021年，玉峰山镇实现地区生产总值58.37亿元，较2016年的5.7亿元增长9.24倍；全社会固定资产投入49.16亿元，较2016年的19.31亿元增长2.35倍；完成地方财政收入2.2亿元，较2016年的3500万元增长

5.28倍（2016年一般公共预算本级收入3500.42万元）；城乡居民收入25154元，较2016年的16725元增长50.4%。

【城乡建设】 占地3000平方米的石坪公交首末站建成投用，完成5座场镇公厕的升级改造，约284平方米；完成8600平方米治丧中心改建。建成四好农村公路25公里、维修建设黑石子垃圾站道路1公里；投入资金约1472万元，整治提升农村旧房184户、CD级危房89户。投资100万元完成玉峰村、龙门村污水处理站升级改造项目和旱土村新建污水处理设施项目。投资300余万元完成旱土村农村环境卫生综合整治，在旱土村开展农村生活垃圾分类暨环境整治“积分制”试点工作。

【民生福祉】 2021年，超额完成职业技能培训、城镇新就业、城镇登记失业、就业困难人员就业等目标任务。办理就失业登记135个、失业金申领91人，创业担保贷款完成110%。调查核实37名灵活就业人员补贴、为29名“4050”灵活就业人员办理养老和医保补贴约14.8万元，申报公益性岗位7个。共11232人参保城乡居民养老保险，参保金额85万余元，为172名困难人员代缴城乡居民养老保险，办理城镇职工养老保险续保等业务700余件，养老保险指纹认证2365人。持续推进低保审批下放改革试点工作，开展试点工作，新纳入低保11户19人，累计发放城乡低保金154.67万元，解决临时救助16户16人10.71万元，发放特困供养经费104.5万元，发放残疾人三项补贴430人38.69万元。组织开展庆祝中国共产党成立100周年文艺演出、宣讲等活动。组织参加渝北区庆祝中国共产党成立100周年系列活动，荣获“唱支山歌给党听”歌咏比赛二等奖、中国农民丰收节“唱丰收”合唱比赛三等奖、中国农民丰收节“赛丰收”比赛二等奖，还组织参加渝北区戏曲曲艺比赛、广场舞比赛和欢跃四季·舞动山城”2021重庆市街舞大赛渝北片区赛。

【平安建设】 聚焦“两重大一突出”，深入开展大排查大整治大执法百日行动，深化“十条措施”落实常态化安全监管，大力开展新安法和安全生产举报奖励宣传。全年下达执法文书102份，排查隐患并整改闭环471条，约谈企业负责人16家次，实施安全生产行政处罚13家次、1.55万元。受理信访案件81件、办结77件，坚持“一把手”带头包案，班子成员主动包案，组建专班攻坚化解，因人制宜、因案施策，陈福琴、梁正全等8件情况复杂且化解难度大的积案全部清仓销号，“治重化积”化解率100%。

【环山公园】 评审通过环山公园概念性规划和产业发展规划。深入摸底“两违”整治，拆除花满园、山顶顶等违法建筑1200余平方米，复垦2000余平方米。制定农房收储试点方案和配套政策，丈量农房291户、签订收储协议200户、拆除房屋107户。实施大坪寨子居民新村建设，有14栋房屋封顶。发展农业产业，65%土地已入股，完成17社（火烧坡）300余亩土地清表。开展公路路网规划编制，建成投用环山产业发展中心。

（何　东）

先进名录

2021年获市级部门及其以上表彰奖励的先进集体名录（部分）

表1

获奖单位	获奖名称	授奖机关	授奖时间
渝北区	全国第二批深化小型水库管理体制改革样板区县	水利部	2021年12月
	严厉打击非法金融活动，积极化解重点企业信用风险，认真开展互联网金融风险、非法集资等专项整治，推进地方金融机构“减量增质”方面效果明显的区县	市政府	2021年5月
	积极推动企业上市，2020年境内外上市公司数量增长明显的区县	市政府	2021年5月
	2020年落实有关重大政策措施真抓实干成效明显地方	市政府办公厅	2021年5月
重庆市渝北区人民政府第七次全国人口普查领导小组办公室	第七次全国人口普查国家先进集体	国务院第七次全国人口普查领导小组	2021年9月
区人大办公室	节约型机关	国管局、中直管理局、国家发展改革委、财政局	2021年8月
区政府	2020年政务信息报送工作突出单位	市政府办公厅	2021年1月
	2021年全市政务公开工作成效突出单位	市政府办公厅	2021年12月
区政协	2021年度政协新闻宣传工作先进集体	政协重庆市委员会办公厅	2021年12月
区纪委	“清风常伴·廉洁齐家”家庭助廉立德活动表现突出单位	市妇联、市纪委机关、市委直属机关工委	2021年12月
区法院	全国扫黑除恶专项斗争先进集体	全国扫黑除恶专项斗争领导小组	2021年1月
	国家2019—2020年节约型公共机构示范单位	国管局、中直管理局、国家发展改革委、财政局	2021年3月
	执行工作先进法院	市高级人民法院	2021年1月
	审判条线工作先进法院——商事条线工作先进法院	市高级人民法院	2021年1月
	审判条线工作先进法院——环资条线工作先进法院	市高级人民法院	2021年1月

续表 1

获奖单位	获奖名称	授奖机关	授奖时间
区法院	审执领域专项工作先进法院——执行工作长效机制建设专项工作先进法院	市高级人民法院	2021 年 1 月
	队伍建设工作先进法院	市高级人民法院	2021 年 1 月
	内部监督工作表现突出单位	市高级人民法院	2021 年 1 月
	联络工作先进法院	市高级人民法院	2021 年 1 月
	调研工作先进法院	市高级人民法院	2021 年 1 月
	司法行装工作先进法院	市高级人民法院	2021 年 1 月
	2020 年行政政法处财务管理工作一等奖	市财政局行政政法处、市机关管理局	2021 年 1 月
区法院司法警察大队	司法警察工作先进集体	市高级人民法院	2021 年 1 月
区法院刑事审判庭	全国维护妇女儿童权益先进集体	中华全国妇女联合会办公厅	2021 年 12 月
	重庆市法院系统先进集体	市人力社保局、市高级人民法院	2021 年 12 月
区法院民事审判三庭	重庆市巾帼文明岗	市妇联	2021 年 12 月
区检察院	全国扫黑除恶专项斗争先进集体	全国扫黑除恶专项斗争领导小组办公室	2021 年 3 月
	节约型机关	国管局、中直管理局、国家发展改革委、财政局	2021 年 8 月
	全市检察机关宣传工作先进单位	市检察院	2021 年 1 月
	全市检察研究工作先进单位	市检察院	2021 年 1 月
	工作考核先进单位	市检察院	2021 年 1 月
	刑事检察工作考核先进单位	市检察院	2021 年 1 月
	未成年人检察工作考核先进单位	市检察院	2021 年 1 月
	公益诉讼检察工作考核先进单位	市检察院	2021 年 1 月
	业务管理工作考核先进单位	市检察院	2021 年 1 月
	2020 年度重庆政法优秀宣传作品评选活动新媒体创意互动特别奖	市委政法委	2021 年 2 月
	全市检察机关第一届刑事检察部门检察官助理业务竞赛优秀组织奖	市检察院	2021 年 7 月
	资产管理示范院	市检察院	2021 年 12 月
	2021 年度全市检察机关“保知识产权、护知名品牌”专项行动先进集体	市检察院	2021 年 12 月
区人武部	全面建设先进人武部	重庆警备区	2021 年 1 月
	岗位学雷锋活动示范点	市委宣传部	2021 年 3 月
渝北区“理论麻辣烫”宣讲团	2021 年基层理论宣讲先进集体	中宣部	2021 年 10 月
区委宣传部	节约型机关	国管局、中直管理局、国家发展改革委、财政局	2021 年 8 月

续表 1

获奖单位	获奖名称	授奖机关	授奖时间
区委宣传部	第八届红樱桃“冬日针爱”志愿行动优秀组织奖	市文明办	2021 年 1 月
	“寻根乡愁·记住年味”——第六届九童圆梦春节行动	市委宣传部、市文明办、市教委、市妇联	2021 年 1 月
	重庆市“粒粒皆辛苦”青少年短视频大赛	市委宣传部、市文明办、市科协、市科技局	2021 年 2 月
	2020 年度舆情信息工作优秀单位	市委宣传部	2021 年 7 月
区社科联	2020 年度重庆市区县社科联工作先进单位	市社科联	2021 年 1 月
区文明办	重庆市“绿书签行动”创意微视频征集活动获奖	市“扫黄打非”办公室	2021 年 11 月
区“扫黄打非”办	2021 年重庆市“绿书签行动”创意微视频征集活动优秀组织奖	市“扫黄打非”工作领导小组办公室、市精神文明办、市教委、市文旅委	2021 年 11 月
区委政法委	全市扫黑除恶专项斗争先进集体	市扫黑除恶专项斗争领导小组、市人力社保局	2021 年 5 月
区委网信办	2021 中国正能量五个 100 网络精品百幅网络图片	中央网信办	2021 年 6 月
	“清朗·整治网上历史虚无主义”专项行动成绩突出集体	中央网信办	2021 年 12 月
	全市扫黑除恶专项斗争先进单位	市扫黑除恶斗争领导小组	2021 年 5 月
	全市网信信息工作先进单位	市委网信办	2021 年 7 月
	全市网络舆情和网络应急工作突出单位	市委网信办	2021 年 10 月
区关工委	全国“中华魂”(科技托起强国梦)主题教育活动先进集体	中国关工委、教育部关工委、全国“中华魂”主题教育活动组委会	2021 年 5 月
区委老干部局	全优报表单位	市委老干部局	2021 年 3 月
区发展改革委	2020 年度重庆市发展和改革委员会优秀研究成果奖(二等奖)	市发展改革委学术委员会	2021 年 7 月
区教委	重庆市关心下一代工作先进集体	市关工委、市文明办、市人力社保局	2021 年 11 月
区科技局	第九届中国创新创业大赛暨第六届重庆“高新杯”众创大赛优秀组织奖	中国创新创业大赛(重庆赛区)组委会	2021 年 6 月
区经济信息委	重庆市经济和信息化系统先进集体	市经济信息委、市人力社保局	2021 年 12 月
区司法局	全国司法行政机关 2020 年国家统一法律职业资格考试工作表现突出单位	司法部	2021 年 2 月
	2016—2020 年全国普法工作先进单位	宣传部、司法部、普法办	2021 年 12 月
区财政国库集中支付中心	全市财政系统先进集体	市人力社保局、市财政局	2021 年 2 月

续表 1

获奖单位	获奖名称	授奖机关	授奖时间
区财政局	2020—2021 年度重庆市社会保险基金预算绩效管理工作考核先进	市财政局	2021 年 12 月
区劳动人事争议仲裁院	全国五一巾帼标兵岗	中华全国总工会	2021 年 4 月
区人力社保局的重庆创意公园创业孵化基地	获第五批全国创业孵化示范基地	人社部	2021 年 6 月
区劳动人事争议仲裁院	全国青少年维权岗	共青团中央、人社部	2021 年 7 月
区人力社保局	第二批人力资源和社会保障创新执法优化服务试验区	市人力社保局	2021 年 5 月
	2016—2020 年重庆市法治宣传教育工作先进集体	市委宣传部、市人力社保局、市司法局	2021 年 12 月
	2021 年度全市技能人才评价工作突出单位	重庆高技能人才工作联席会办公室	2021 年 12 月
区生态环境保护综合行政执法支队	2021 年环境应急大比武三等奖	市生态环境局	2021 年 12 月
	重庆市 2021 年生态环境保护执法大练兵表现突出集体	市生态环境局、市文明办、市委直属机关工作委员会、市总工会、团市委、市妇联	2021 年 12 月
区住房城乡建委	重庆市住建系统先进集体	市人力社保局、市住房城乡建委	2021 年 7 月
区商务委员会	节约型机关	国管局、中直管理局、国家发展改革委、财政部	2021 年 8 月
区卫生健康委	2018—2020 年全国计划生育优质服务先进单位	国家卫生健康委办公厅	2021 年 1 月
区人民医院曾陈英家庭	重庆最美阳台	市妇联、市生态环境局、市城管局	2021 年 12 月
渝北区退役军人服务中心	退役军人服务保障先进单位	退役军人事务部、中央军委政治工作部	2021 年 11 月
区应急管理局	全国应急管理系统先进集体	人社部、应急部	2021 年 11 月
区审计局	2018—2019 年度重庆市学前教育政策落实情况专项审计调查优秀项目	市审计局	2021 年 1 月
	2019 年度全市财政预算执行和决算草案审计优秀项目	市审计局	2021 年 1 月
	2019 年度地方国有金融产业发展情况审计调查优秀项目	市审计局	2021 年 1 月
	2020 年度领导干部自然资源资产离任（任中）审计优秀项目	市审计局	2021 年 1 月
	2019 年保障性安居工程资金投入和使用绩效审计优秀项目	市审计局	2021 年 1 月
	2017—2019 年全市住房和城乡建委系统建设管理审计调查优秀项目	市审计局	2021 年 1 月

续表 1

获奖单位	获奖名称	授奖机关	授奖时间
区审计局	2020 年度中央和市级重大项目跟踪审计优秀项目名单	市审计局	2021 年 1 月
	全市审计机关 2020 年度综合目标考核二等奖	市审计局	2021 年 2 月
	重大政策措施落实情况跟踪审计优秀项目	市审计局	2021 年 12 月
	2020 年度区县财政预算执行和决算草案编制情况审计优秀项目	市审计局	2021 年 12 月
区政府外办	节约型机关	国管局、中直管理局、国家发展改革委、财政部	2021 年 8 月
	五一劳动奖状	市总工会	2021 年 12 月
区医保局	重庆市医疗保障系统先进集体	市人力社保局、市医保局	2021 年 4 月
区金融办	2020 年度全市扫黑除恶专项斗争先进单位	市扫黑除恶专项斗争领导小组	2021 年 4 月
区工商联	2020—2021 全国“五好”县级工商联	中华全国工商业联合会	2021 年 12 月
	2021 年调查点工作先进基层单位	中华全国工商业联合会	2021 年 12 月
民革区委会党员之家	优秀民革党员之家	民党中央委员会	2021 年 12 月
民革区委会	最佳创作奖	民革重庆市委会	2021 年 6 月
	2021 年度参政议政工作、宣传思想工作先进集体	民革重庆市委会	2021 年 12 月
	《团结报》发行征订工作先进集体	民革重庆市委会	2021 年 12 月
	《团结报》宣传发行工作地市级先进集体优秀奖	团结报社	2021 年 12 月
民盟区委会	民盟中央 80 周年微视频宣传工作优秀集体	民盟中央	2021 年 12 月
	民盟中央 80 周年微视频宣传工作优秀作品奖	民盟中央	2021 年 12 月
	民盟中央《群言》杂志社发行工作突出成绩奖	民盟中央	2021 年 12 月
	纪念中国民主同盟成立八十周年先进集体	民盟市委会	2021 年 3 月
	庆祝民盟成立 80 周年微视频大赛优秀组织奖	民盟市委会	2021 年 3 月
	2020 年度反映社情民意信息工作二等奖	民盟市委会	2021 年 5 月
	重庆民盟第二届群言堂征文活动优秀组织奖	民盟市委会	2021 年 7 月
	重庆民盟第四届教育论坛征文活动优秀组织奖	民盟市委会	2021 年 9 月
	2021 年度民盟重庆市委会先进集体	民盟市委会	2021 年 12 月
民建区委会龙塔支部	“为全面建成小康社会作贡献”先进集体	中央统战部和各民主党派中央、全国工商联	2021 年 11 月
民建区委会	2020 年度参政议政工作先进集体	民建市委会	2021 年 3 月
	2021 年度反映社情民意信息工作先进集体	民建市委会	2021 年 12 月
民进区工委会	民进全国反映社情民意信息工作先进集体	中国民主促进会中央委员会	2021 年 11 月
	2021 年度参政议政、社情民意、理论研究先进单位	民进市委会	2021 年 12 月

续表 1

获奖单位	获奖名称	授奖机关	授奖时间
农工党重庆市农业支部委员会	中国农工党脱贫攻坚工作先进集体	农工党中央委员会	2021 年 6 月
农工党区委会	中国农工党脱贫攻坚民主监督先进集体	农工党中央委员会	2021 年 6 月
	中国农工党 2021 年度《前进论坛》发行工作先进单位	农工党中央办公厅	2021 年 8 月
	2021 年度农工党重庆市委组织工作、参政议政工作、反映社情民意信息工作先进集体	农工党市委会	2021 年 12 月
	2021 年度农工党重庆市委宣传思想工作、理论研究工作、社会服务工作优秀单位	农工党市委会	2021 年 12 月
致公党区工委会	中国致公党脱贫攻坚先进集体	致公党中央	2021 年 9 月
	2021 年度致公党重庆市委参政议政先进集体二等奖	致公党市委会	2021 年 12 月
	2021 年度致公党重庆市委海外联络先进集体	致公党市委会	2021 年 12 月
九三学社区委会	2018—2020 参政议政先进集体	九三学社中央	2021 年 12 月
	第八届重庆九三青年论坛优秀组织奖	九三学社市委会	2021 年 10 月
	2021 年度参政议政工作、社会服务工作、组织建设工作、机关建设工作先进集体	九三学社市委会	2021 年 12 月
团区委	2020 年度重庆市共青团工作考核特等奖	团市委	2021 年 3 月
	“志愿青春心向党 共筑乡村振兴梦”重庆西部计划志愿者乡村振兴创新项目设计大赛一等奖	团市委、市农业农村委、市乡村振兴局	2021 年 6 月
	重庆市 2021 年大中专学生志愿者暑期文化科技卫生“三下乡”社会实践活动优秀单位	团市委	2021 年 12 月
区青少年活动中心、龙山小学少工委	“童心向党薪火传”重庆市青少年庆祝中国共产党成立 100 周年党史学习教育主题活动课展评二等奖	团市委、市少工委、市校外联	2021 年 6 月
区青少年活动中心	2020 年度重庆市青少年校外教育工作考核 特等奖	市校外联	2021 年 6 月
区妇联	“清风常伴·廉洁齐家”家庭助廉立德活动表现突出单位	市妇联、市纪委机关、市委直属机关工委	2021 年 12 月
区科协	2016—2020 年度全国科普示范县（市、区）总结评估优秀	中国科学技术协会	2021 年 3 月
	全国科普日优秀活动	中国科学技术协会	2021 年 12 月
	第 36 届重庆市青少年科技创新大赛优秀组织单位	市科协、市教委、市科技局、市生态环境局、市体育局、市知识产权局、团市委、市妇联	2021 年 7 月
	第四届重庆市公民科学素质大赛复赛一等奖	市科协	2021 年 10 月
	重庆市科协第四届重庆市公民科学素质大赛总决赛一等奖	市科协	2021 年 12 月

续表 1

获奖单位	获奖名称	授奖机关	授奖时间
区科协	重庆市全国科普日活动优秀组织单位	市科协	2021 年 12 月
	重庆市全国科普日优秀活动	市科协	2021 年 12 月
	2020—2021 年度重庆市院士工作站总体评估优秀	市科协	2021 年 12 月
区残联	2020 年全市残疾人工作综合目标考核二等	市残联	2021 年 2 月
	2020 年全市残疾人工作单项工作考核“残疾人脱贫攻坚工作考核先进单位”	市残联	2021 年 2 月
	2019 年全市残疾人工作单项工作考核“创新残疾人工作考核先进单位”（康复保健服务）	市残联	2021 年 2 月
区委党校	全市党校行政学院系统 2020 年度办学考评工作一等奖	市委党校、重庆行政学院	2021 年 7 月
	全市党校行政院校系统年度办学考评工作创新奖	市委党校、重庆行政学院	2021 年 7 月
区融媒体中心机关党支部	重庆市先进基层党组织	市委	2021 年 6 月
区融媒体中心	2020 年度“学习强国”重庆学习平台区县供稿内容审核把关（防止错情）工作评比优秀奖	重庆广播电视集团（总台）、重庆网格广播电视台	2021 年 1 月
	2020 年度重庆网络广播电视台区县通讯员用稿量评比第二名	重庆广播电视集团（总台）、重庆网格广播电视台	2021 年 1 月
	《渝北区 2020 年重点民生实事办理情况宣传片》荣获 2021 年重庆人大新闻奖三等奖	市人大常委会办公厅、市委宣传部	2021 年 11 月
区融媒体中心渝北时报	1 月 23 日 2 ~ 3 版被评为 2020 年重庆市区县报“十佳版面”	重庆市区县报研究会	2021 年 1 月
	2020 年度重庆市区县报年度核验“优秀区县报”	市新闻出版局	2021 年 4 月
区机关事务中心	国家节约型机关	国管局、中直管理局、国家发展改革委、财政局	2021 年 8 月
区教育考试中心	教育考试招生工作目标考核综合工作优秀奖	市教育考试院	2021 年 9 月
龙山街道	节约型机关	国管局、中直管理局、国家发展改革委、财政部	2021 年 8 月
	重庆市先进基层党组织	市委	2021 年 6 月
	2020 年度生活垃圾分类工作先进集体	市生活垃圾分类工作领导小组办公室	2021 年 3 月
	重庆市扫黑除恶专项斗争先进集体	市扫黑除恶领导小组、市人社局	2021 年 5 月
龙山街道旗龙路社区	全国示范性老年友好型社区	国家卫生健康委、全国老龄工作委员会办公室	2021 年 10 月
龙山街道银桦路社区郑建家庭	重庆绿色家庭	市妇联、市生态环境局、市城管局	2021 年 12 月
龙山街道旗山路社区向红家庭	重庆最美阳台	市妇联、市生态环境局、市城管局	2021 年 12 月

续表 1

获奖单位	获奖名称	授奖机关	授奖时间
龙山街道余松路社区邓玲玲家庭	重庆最美家庭	市妇联、市委宣传部、市文明办	2021 年 12 月
龙塔街道紫福路社区党委	重庆市先进基层党组织	市委	2021 年 6 月
两路街道义学路社区、双北街社区	全国示范性老年友好型社区	国家卫生健康委、全国老龄工作委员会办公室	2021 年 10 月
两路街道义学路社区	第五批重庆市“扫黄打非”先进基层示范点	市“扫黄打非”工作领导小组办公室	2021 年 12 月
王家街道办事处	节约型机关	国管局、中直管理局、国家发展改革委、财政部	2021 年 8 月
双龙湖街道飞湖路社区	全国示范性老年友好型社区	国家卫生健康委、全国老龄工作委员会办公室	2021 年 10 月
回兴街道团工委	全国五四红旗团委	共青团中央	2021 年 4 月
回兴街道	节约型机关	国管局、中直管理局、国家发展改革委、财政部	2021 年 8 月
回兴街道金凯路社区、高岩路社区	最具魅力“侨胞之家”	市归国华侨联合会	2021 年 8 月
仙桃街道和庆路社区	全国红十字示范单位	中国红十字总会	2021 年 1 月
仙桃街道办事处	国家智能社会治理实验基地	中央网信办信息化发展局、国家发展改革委创新和高技术发展司等 9 单位	2021 年 9 月
仙桃街道睦邻路社区	全国示范性老年友好型社区	国家卫生健康委、全国老龄工作委员会办公室	2021 年 10 月
仙桃街道百果路社区	国家级充分就业社区	国家人力资源社会保障部就业促进司、中国就业培训技术指导中心	2021 年 12 月
仙桃街道同盛路社区居委会	重庆市三八红旗集体	市人力社保局、市妇联	2021 年 3 月
仙桃街道同盛路社区	最具潜力侨胞之家	市归国华侨联合会	2021 年 8 月
仙桃街道空港佳园社区科普馆	重庆市巾帼文明岗	市妇联	2021 年 12 月
仙桃街道空港佳园路社区	重庆市家风家教创新示范基地	市妇联	2021 年 12 月
人和街道人民武装部	征兵工作突出集体	市人民政府征兵办公室	2021 年 1 月
人和街道办事处	重庆市燃放烟花爆竹安全管理工作先进单位	市燃放烟花爆竹安全管理工作领导小组办公室	2021 年 5 月
人和街道	2016—2020 年重庆市法治教育宣传工作先进集体	市委宣传部、市人力社保局、市司法局	2021 年 12 月
鸳鸯街道	微视频《无人接听》在全国双拥文艺作品征集评选活动中荣获二等奖	全国双拥工作小组办公室	2021 年 10 月
	全国第十届“母亲河奖”优秀组织奖	全国保护母亲河行动领导小组	2021 年 11 月

续表 1

获奖单位	获奖名称	授奖机关	授奖时间
大竹林街道康庄美地一社区	“爱邻家育幼”志愿服务项目，被推选为最佳志愿者服务项目	市委宣传部等 16 部门	2021 年 1 月
大竹林街道水竹苑社区党委	重庆市先进基层党组织	市委	2021 年 6 月
大竹林街道	全国示范型退役军人服务站	市退役军人事务局	2021 年 6 月
大竹林街道汪家桥社区	第五批重庆市“扫黄打非”进基层示范标兵	市“扫黄打非”工作领导小组办公室	2021 年 6 月
大竹林街道办事处应急管理办公室	重庆市应急管理先进集体	市人力社保局、市应急管理局	2021 年 12 月
天宫殿街道东湖北路社区	2020 全国综合减灾示范社区	国家减灾委员会	2021 年 2 月
天宫殿街道星湖路社区、红枫路社区	全国充分就业社区	人社部办公厅	2021 年 12 月
天宫殿街道丁香路社区吴琼家庭	重庆市“最美阳台”	市妇联、市生态环境局、市城市管理局	2021 年 12 月
天宫殿街道红枫路社区魏天芳家庭	重庆市“最美家庭”	市妇联	2021 年 12 月
天宫殿街道办事处	2021 年度烟花爆竹禁放安全管理工作市级先进单位	市燃放烟花爆竹管理办公室	2021 年 5 月
金山街道	全国“扫黄打非”进基层示范点	全国“扫黄打非”办公室	2021 年 12 月
金山街道办事处	重庆市脱贫攻坚先进集体	市委、市政府	2021 年 4 月
民心佳园“楼层互助”	公租房社区治理示范型项目	市公共租赁房管理局	2021 年 3 月
砂之船商业管理集团有限公司重庆分公司	第三批市级妈咪小屋示范点	市总工会	2021 年 9 月
金山街道退役军人服务站	市级红色精品退役军人服务站	市退役军人事务局	2021 年 11 月
民心佳园社区“楼层互助”项目	第三届重庆市志愿服务项目大赛金奖	市精神文明建设委员会办公室等 7 部门	2021 年 11 月
金山街道新时代文明实践基地	2021 年度重庆市学雷锋志愿服务先进典型	市委宣传部等 16 部门	2021 年 12 月
金山街道公共服务中心	2021 年重庆市巾帼文明岗	市妇联	2021 年 12 月
大湾镇龙庙村党支部	重庆市脱贫攻坚先进集体	市委、市政府	2021 年 9 月
古路镇政府王英家庭	重庆最美书香家庭	市委宣传部、市妇联、市文明办、市教委、市文化旅游委	2021 年 6 月
古路镇双鱼村周勇家庭	重庆绿色家庭	市妇联、市生态环境局、市城管局	2021 年 12 月
古路镇双鱼村陈安芳家庭	重庆最美庭院	市妇联、市生态环境局、市城管局	2021 年 12 月
统景镇平安办	平安中国建设先进集体	平安中国建设协调小组人力资源社会保障部	2021 年 12 月
统景镇财政办	全市财政系统先进集体	市人力社保局、市财政局	2021 年 2 月

续表 1

获奖单位	获奖名称	授奖机关	授奖时间
统景镇河长办公室	河长制工作劳动和技能竞赛标兵单位	市水利局	2021 年 11 月
大盛镇党委	先进基层党组织	市委	2021 年 6 月
大盛镇政府	重庆市“绿水青山就是金山银山”实践创新基地	市生态环境局	2021 年 1 月
木耳镇良桥村	重庆市脱贫攻坚先进集体	市委、市政府	2021 年 4 月
木耳镇金刚村	重庆市先进基层党组织	市委、市政府	2021 年 6 月
重庆市寨坪农业专业合作社	国家农民合作社示范社	农业农村部	2021 年 6 月
茨竹镇	节约型机关	国管局、中直管理局、国家发展改革委、财政部	2021 年 8 月
重庆创新经济走廊开发建设有限公司党委	重庆市先进基层党组织	市委	2021 年 6 月
重庆仙桃数据谷投资管理有限公司	2020 年中国最具活力软件园	中国软件行业协会	2021 年 1 月
	2020—2021 中国数字经济与软件服务业最佳服务平台奖	中国国际数字和软件服务交易会组委会	2021 年 3 月
	重庆市特色产业基地	市经信委	2021 年 7 月
	重庆市汽车电子重点关键产业园	市经信委	2021 年 8 月
	重庆市软件信息服务产业示范园（示范基地）	市经信委	2021 年 8 月
重庆空港工业园区	成渝地区双城经济圈产业合作示范园区	四川省经信厅、重庆市经信委	2021 年 5 月
临空基建公司	2020 年度三峡杯优质结构工程奖（渝北区中医院三级甲等医院主体工程）	市建设工程质量协会	2021 年 4 月
区公安分局指挥中心	全国巾帼文明岗	全国妇联	2021 年 3 月
区公安分局刑警支队陈德林劳模工作室	全国工人先锋号	中华全国总工会	2021 年 4 月
区公安分局政治处	嘉奖	市公安局	2021 年 4 月
区公安分局警卫处	三等功	市公安局	2021 年 9 月
区公安分局国内安全保卫支队	二等功	市公安局	2021 年 10 月
区公安分局双凤派出所	三等功	市公安局	2021 年 10 月
区公安分局交通巡逻警察支队勤务一大队	嘉奖	市公安局	2021 年 10 月
区规划和自然资源局	重庆市规划和自然资源系统先进集体	市人力社保局、市规划和自然资源局	2021 年 7 月
区税务局	节约型机关	国管局、中直管理局、国家发展改革委、财政部	2021 年 8 月
	重庆市税务系统 2021 年税收业务大比武三等奖	市税务局	2021 年 1 月
区税务局机关党委	重庆市先进基层党组织	市委	2021 年 6 月
区税务局党委纪检组	2021 年重庆市巾帼文明岗	市妇联	2021 年 12 月

续表 1

获奖单位	获奖名称	授奖机关	授奖时间
区市场监管局唐绪全家庭	重庆最美书香家庭	市委宣传部、市妇联、市文明办、市教委、市文化旅游委	2021 年 6 月
区气象局	“巴渝工匠”杯第十三届重庆市气象行业技能竞赛团体三等奖	市气象局、市人力社保局、市总工会	2021 年 9 月
冉家坝消防救援站党支部	先进基层党组织	中共重庆市消防救援总队委员会	2021 年 6 月
区消防救援支队党委	先进党委	中共重庆市消防救援总队委员会	2021 年 2 月
重庆机场集团	民航打赢蓝天保卫战先进单位	中国民用航空局	2021 年 1 月
	重庆市第七届“安全伴我行”安全文艺创作比赛决赛一等奖	市总工会、市应急管理局	2021 年 7 月
民航重庆空管分局办公室、管制运行部区域管制室	民航空管系统抗击新冠肺炎疫情先进集体	民航局空管局	2021 年 1 月
民航重庆空管分局办公室党支部、管制运行部区域管制室党支部	民航空管系统抗击新冠肺炎疫情先进基层党组织	民航局空管局党委	2021 年 1 月
国航股份重庆分公司地面服务部客运项目	全国民航五一巾帼标兵岗	中国民航工会	2021 年 1 月
国航重庆分公司阳光乘务组	2019—2020 年度中央企业青年文明号	中央企业团工委	2021 年 4 月
国航重庆分公司红岩乘务组	第 20 届全国青年文明号	共青团中央	2021 年 8 月
重庆航空有限责任公司团委	重庆市五四红旗团委	市委组织部、市人力社保局、团市委	2021 年 5 月
重庆航空有限责任公司飞行部飞标班组	重庆市十佳青年安全生产示范岗	团市委、市应急管理局	2021 年 5 月
华夏航空客舱地面服务部	民航服务质量品牌建设先进单位	民航局	2021 年 1 月
华夏航空运行控制中心、新疆基地群、市场网络规划部	2020 年重大运输工作先进集体	民航局	2021 年 3 月
华夏航空股份有限公司	重庆市“护网 2020”网络安全攻防演习优秀防守单位	市网络与信息安全信息通报中心	2021 年 1 月
华夏航空云鸽乘务组	全国民航五一巾帼标兵岗	民航局工会	2021 年 2 月
西部航空运行控制部保障团队	2020 年民航重大运输保障工作先进集体	民航局	2021 年 2 月
西部航空紫荆花班组	全国民航五一巾帼标兵岗	民航工会	2021 年 3 月
市邮政管理局五分局	重庆市应急管理先进集体	市人社局、市应急管理局	2021 年 12 月
中邮渝北片区分公司花园新村邮政所、中邮渝北片区分公司服务质量部	中国邮政集团有限公司重庆市分公司优秀团队	中邮重庆市分公司	2021 年 4 月
中邮渝北片区分公司生产作业党支部	中国邮政集团有限公司重庆市分公司先进基层党组织	中共中邮重庆市分公司委员会	2021 年 6 月

2021年获市级部门及其以上表彰奖励的先进个人名录（部分）

表2

获奖人单位	获奖人姓名	获奖名称	授奖单位	授奖时间
区政府办公室	毛黎明	2020年政务信息报送工作成效突出个人	市政府办公厅	2021年1月
	龚宇	2021年全市政务公开工作成效突出个人	市政府办公厅	2021年12月
区政协机关	孙群坤	重庆市政协宣传工作先进个人	市政协办公厅	2021年12月
	高娇娇	重庆市政协宣传工作优秀通讯员	市政协办公厅	2021年12月
区法院	黄青松	重庆市先进工作者	市委、市政府	2021年10月
	尚伟	审判管理工作先进个人	市高级人民法院	2021年1月
	郑永红	全市扫黑除恶专项斗争二等功	市委政法委	2021年7月
	李文鹏、肖锋、易夕寒、张晓华	重庆市法院系统先进个人	市人力社保局、市高级人民法院	2021年12月
区检察院	杨熹	打击危险废物环境违法犯罪行为活动表现突出个人	最高人民检察院、公安部、生态环境部	2021年6月
	谭小兵	全市检察宣传工作先进个人	市检察院	2021年1月
	刘飞龙	全市检察信息工作先进个人	市检察院	2021年1月
	刘飞龙	三等功	市检察院	2021年2月
	杨辉、喻彦霖	个人嘉奖	市检察院	2021年2月
	谭小兵	2021年全市检察机关新进人员培训班优秀学员	市检察院	2021年2月
	邓益素	重庆市扫黑除恶专项斗争个人二等功	市检察院	2021年5月
	唐玉梅	第一届全市检察机关控告申诉业务标兵	市检察院	2021年6月
	许洪	第一届全市检察机关控告申诉业务能手	市检察院	2021年6月
	刘溉、付佩	全市检察机关第一届刑事检察部门检察官助理业务竞赛全市检察机关第一届十佳检察官助理	市检察院	2021年7月
	吴宇琼	重庆市检察机关第一届行政检察业务能手	市检察院	2021年8月
	童洋洋	全市检察机关第一届民事检察业务标兵	市检察院	2021年9月
	丁涵	重庆市检察机关第二届未成年人检察业务标兵	市检察院	2021年9月
	喻彦霖	2021·第四届重庆市检察官—律师模拟庭审大赛优秀公诉人	市检察院	2021年12月
	樊鹏飞	2021年度全市检察机关“保知识产权、护知名品牌”专项行动先进个人	市检察院	2021年12月

续表 2

获奖人单位	获奖人姓名	获奖名称	授奖单位	授奖时间
区委宣传部	叶静怡	2020 年度舆情信息工作优秀个人	市委宣传部	2021 年 7 月
区委政法委	包季伟	全市扫黑除恶工作记二等功	市扫黑除恶专项斗争领导小组、市委组织部	2021 年 5 月
	周帆	全市扫黑除恶专项斗争先进个人	市扫黑除恶专项斗争领导小组、市人力社保局	2021 年 5 月
区委网信办	胡建军	全市脱贫攻坚先进个人	市委、市政府	2021 年 4 月
	余梦瑶	全国优秀网评员	中央网信办	2021 年 6 月
	李熙蒙	2020 年度网络舆情和网络应急工作突出个人	市委网信办	2021 年 9 月
	张玉、易彦龙	全市网络舆情和网络应急工作优秀稿件	市委网信办	2021 年 10 月
区委老干部局	邹维	全国先进老干部工作者	中共中央组织部、人力资源社会保障部	2021 年 12 月
区发展改革委	缪璞	全国优秀党务工作者	中共中央	2021 年 6 月
	缪璞	重庆市优秀党务工作者	市委	2021 年 6 月
区经济信息委	彭明亮、赵青	重庆市经济和信息化系统先进个人	市经济信息委、市人力社保局	2021 年 12 月
区司法局	鄢文俊	全国司法行政机关 2020 年国家统一法律职业资格考试工作表现突出个人	司法部	2021 年 2 月
区财政局	任晓曼	重庆市第六届先进工作者	市委、市政府	2021 年 10 月
	任晓曼	全市财政系统先进个人	市人力社保局、市财政局	2021 年 2 月
区人力社保局	邓贤伦	全国人力资源社会保障系统优质服务先进个人	国家人社部	2021 年 12 月
	冯宗伦	全国根治拖欠农民工工资工作先进个人	国务院根治拖欠农民工工资工作领导小组	2021 年 12 月
	王曦	“迎建党百年，谋就业新篇”征文活动二等奖	国务院就业工作领导小组办公室	2021 年 1 月
	秦于清	成渝两地“办民生实事”演讲比赛二等奖	市人力社保局、四川省人力社保厅	2021 年 6 月
区住房城乡建委	贺渝、陈渝江	重庆市住建系统先进个人	市人力社局、市住房城乡建委	2021 年 7 月
	游楠	2016—2020 年重庆市法治宣传教育工作先进个人	市委宣传部、市人社局、市司法局	2021 年 12 月
区人民医院	王浩	征兵工作突出个人	市政府征兵办公室	2021 年 1 月

续表 2

获奖人单位	获奖人姓名	获奖名称	授奖单位	授奖时间
区体育中心	周光华	优秀教练员	市教委	2021 年 10 月
区退役军人事务局	陈小川	2021 年度《中国退役军人》宣传工作先进个人	退役军人事务部办公厅	2021 年 1 月
	杨万萍	重庆市三八红旗手标兵	市人力社保局、市妇联	2021 年 3 月
区应急局	郭应虎	重庆市应急管理先进个人	市人力社保局、市应急局	2021 年 12 月
区审计局	曹霞	2020 年度全市审计机关先进女职工	市审计局	2021 年 3 月
区统计局	谢惠文	第七次全国人口普查国家先进个人	国务院第七次全国人口普查领导小组	2021 年 9 月
区林业局	刘小龙	重庆市林业系统先进个人	市林业局	2021 年 5 月
市交通局综合运输管理处	吴耀轩（渝北民革党员）	2020 年度优秀信息员	重庆交通运输部	2021 年 1 月
重庆伟豪律师事务所	孙超（渝北民革党员）	2020 年度参政议政工作先进个人	民革市委会	2021 年 4 月
民革区委会	徐蜜	优秀通讯员	民革市委会	2021 年 12 月
西南政法大学	王琳竹（渝北民革党员）	“不忘初心·与党同心·共抒统战情·同筑中国梦”2021 年高校比赛（总决赛）团体二等奖	市教委	2021 年 12 月
民盟区委会	夏小敏	民盟中央优秀盟员	民盟中央	2021 年 6 月
	夏小敏	纪念中国民主同盟成立八十周年优秀盟员	民盟市委会	2021 年 3 月
	张志辽	纪念中国民主同盟成立八十周年杰出盟员	民盟市委会	2021 年 3 月
	林倪	纪念中国民主同盟成立八十周年优秀盟员	民盟市委会	2021 年 3 月
	左娅	2020 年度参政议政工作先进个人	民盟市委会	2021 年 5 月
	林倪	2020 年度参政议政工作先进个人	民盟市委会	2021 年 5 月
凰腾集团有限公司	郑辉（渝北民盟盟员）	民盟中央脱贫攻坚先进个人	民盟中央	2021 年 6 月
区农委畜牧水产站	尹思明（渝北民盟盟员）	民盟中央脱贫攻坚先进个人	民盟中央	2021 年 6 月
市民政局区划地名处	王文秀（渝北民盟盟员）	2021 年全国民政政策理论研究三等奖	中华人民共和国民政部	2021 年 11 月
石船中心小学校	刘欣（渝北民盟盟员）	民盟中央 80 周年微视频宣传工作优秀个人	民盟中央	2021 年 12 月
市第五中级人民法院	刘杰（渝北民盟盟员）	2020 年度参政议政工作先进个人	民盟市委会	2021 年 5 月
区法院	田力（渝北民盟盟员）	2020 年度参政议政工作先进个人	民盟市委会	2021 年 5 月

续表 2

获奖人单位	获奖人姓名	获奖名称	授奖单位	授奖时间
西南政法大学	李雄（渝北民盟盟员）	2021 年度人民政协理论研究优秀论文二等奖	市政协	2021 年 12 月
凰腾集团有限公司	郑辉（渝北民盟盟员）	2021 年度优秀盟员	民盟市委会	2021 年 12 月
重庆空港航空地面服务有限公司	吴佳（渝北民盟盟员）	2021 年度优秀盟员	民盟市委会	2021 年 12 月
西南政法大学	陆伟明（渝北民盟盟员）	2021 年度优秀盟员	民盟市委会	2021 年 12 月
区法院	田力（渝北民盟盟员）	2021 年度优秀盟员	民盟市委会	2021 年 12 月
渝北中学校	唐小光（渝北民盟盟员）	2021 年度优秀盟员	民盟市委会	2021 年 12 月
重庆百事得律师事务所	段茂兵（渝北民盟盟员）	2021 年度优秀盟务工作者	民盟市委会	2021 年 12 月
区文化馆	肖姗（渝北民盟盟员）	2021 年度优秀盟务工作者	民盟市委会	2021 年 12 月
重庆江泰律师事务所	冉谩嫣（渝北民盟盟员）	2021 年度优秀新盟员	民盟市委会	2021 年 12 月
重庆宝田硕果投资有限公司	陈立伟（渝北民建会员）	参与脱贫攻坚先进个人	民建中央	2021 年 11 月
西南政法大学	肖忠意（渝北民建会员）	2020 年度参政议政工作先进个人	民建市委会	2021 年 3 月
市发展改革委	龙维众、王波,（渝北民建会员）	2020 年度参政议政工作先进个人	民建市委会	2021 年 3 月
两江新区经济运行局	冷燕（渝北民建会员）	2020 年度参政议政工作先进个人	民建市委会	2021 年 3 月
西南政法大学	肖忠意（渝北民建会员）	2021 年度反映社情民意工作先进个人	民建市委会	2021 年 12 月
民进区工委会	马成全	民进全国社会服务暨脱贫攻坚工作先进个人	中国民主促进会中央委员会	2021 年 5 月
西南政法大学	侯东德（渝北民进会员）	民进全国反映社情民意信息工作先进个人	中国民主促进会中央委员会	2021 年 11 月
国科创新智库（北京）科技咨询有限公司	俞容龄（渝北民进会员）	民进全国反映社情民意信息工作先进个人	中国民主促进会中央委员会	2021 年 11 月
市农业农村委	唐双福、张钟灵,（渝北农工党党员）	农工党全国脱贫攻坚工作先进个人	农工党中央委员会	2021 年 6 月
区商务委	汪官余（渝北农工党党员）	农工党全国脱贫攻坚民主监督工作先进个人	农工党中央委员会	2021 年 6 月
致公党区工委	王乐乐	中国致公党脱贫攻坚先进个人	致公党中央	2021 年 9 月
	曹菁	2021 年度组织建设先进个人	致公党市委会	2021 年 12 月
市财政局	余璐（渝北致公党党员）	2021 年度优秀党员	致公党市委会	2021 年 12 月
西南政法大学	徐晨（渝北致公党党员）	2021 年度优秀党员	致公党市委会	2021 年 12 月

续表 2

获奖人单位	获奖人姓名	获奖名称	授奖单位	授奖时间
西南政法大学	杨永红、朱颖，(渝北致公党党员)	2021 年度参政议政先进个人	致公党市委会	2021 年 12 月
	周力 (渝北致公党党员)	2021 年度理论研究先进个人	致公党市委会	2021 年 12 月
	尹小玲 (渝北致公党党员)	2021 年度海外联络先进个人	致公党市委会	2021 年 12 月
九三学社区委会	尹书菊	2017—2021 年先进个人	九三学社市委	2021 年 12 月
	唐豪菊	宣传工作先进个人	九三学社市委	2021 年 12 月
	魏红	参政议政工作先进个人	九三学社市委	2021 年 12 月
	石颖慧	组织工作先进个人	九三学社市委	2021 年 12 月
	唐豪菊	机关建设工作先进个人	九三学社市委	2021 年 12 月
区政协	李攀富（渝北九三学社社员）	专（工）委工作先进个人	九三学社市委	2021 年 12 月
区人大	袁野（渝北九三学社社员）	2017—2021 年先进个人	九三学社市委	2021 年 12 月
重庆仙桃数据谷投资管理有限公司	王玉妍（渝北九三学社社员）	2017—2021 年先进个人	九三学社市委	2021 年 12 月
市审计局	李勇（渝北九三学社社员）	2017—2021 年先进个人	九三学社市委	2021 年 12 月
重庆佳邦商贸有限责任公司	邱述兵（渝北九三学社社员）	2017—2021 年先进个人	九三学社市委	2021 年 12 月
区医保局	唐鹏（渝北九三学社社员）	2017—2021 年先进个人	九三学社市委	2021 年 12 月
区公共资源交易中心	游炜（渝北九三学社社员）	2017—2021 年先进个人	九三学社市委	2021 年 12 月
市科学技术研究院技术评估与转移服务中心	黄建（渝北九三学社社员）	2017—2021 年先进个人	九三学社市委	2021 年 12 月
	黄建（渝北九三学社社员）	专（工）委工作先进个人	九三学社市委	2021 年 12 月
林同棪国际工程咨询（中国）有限公司	彭禹铭（渝北九三学社社员）	2017—2021 年先进个人	九三学社市委	2021 年 12 月
西南政法大学	周尚君、程德安，(渝北九三学社社员）	社情民意信息工作先进个人	九三学社市委	2021 年 12 月
市司法局	彭克斌（渝北九三学社社员）	社情民意信息工作先进个人	九三学社市委	2021 年 12 月
	彭克斌（渝北九三学社社员）	参政党理论与社史研究工作先进个人	九三学社市委	2021 年 12 月
	彭克斌（渝北九三学社社员）	专（工）委工作先进个人	九三学社市委	2021 年 12 月
重庆市工业职业技术学院	唐敏（渝北九三学社社员）	参政党理论与社史研究工作先进个人	九三学社市委	2021 年 12 月
市经济信息委	王陈刚（渝北九三学社社员）	专（工）委工作先进个人	九三学社市委	2021 年 12 月
团区委	张晏	2020 年度重庆市优秀团委书记	团市委	2021 年 3 月
	李雨佳	2020 年度重庆市优秀共青团干部	市委组织部、市人力社保局、团市委	2021 年 4 月

续表 2

获奖人单位	获奖人姓名	获奖名称	授奖单位	授奖时间
团区委	李雨佳	2020 年度重庆市青少年学生校外教育工作先进个人	市校外联	2021 年 6 月
	张晏	重庆市关心下一代工作先进个人	市关工委、市文明办、市人力社保局	2021 年 11 月
	刘培	重庆市 2021 年大中专学生志愿者暑期文化科技卫生“三下乡”社会实践活动先进工作者	团市委	2021 年 12 月
区妇联	张国平	重庆最美巾帼奋斗者	市妇联	2021 年 6 月
区关工委	王希荣	重庆市关心下一代工作先进个人	市关工委、市文明办、市人力社保局	2021 年 11 月
区委党校	马丽	全市党校（行政院校）系统第七届教学比赛二等奖	市委党校、重庆行政学院	2021 年 12 月
区融媒体中心	熊德领、彭尧、王悦月、朱强	《千盏村“碟变”记》在 2019—2020 年度“重庆广播电视优秀作品评选”中获（电视文艺类）电视纪录片三等奖	市文旅委、市广播电视协会	2021 年 7 月
	王斌、沈兵、黄川洋、文寒	《驻村之后》在 2019—2020 年度重庆广播电视优秀作品评选中获（电视新闻类）消息三等	市文旅委、市广播电视协会	2021 年 7 月
	熊德领、彭尧、王悦月、肖小琳	《直播那些事》在 2019—2020 年度重庆广播电视优秀作品评选中获（电视新闻类）专题二等	市文旅委、市广播电视协会	2021 年 7 月
	唐博文、黄川洋	《情调时光》在 2019—2020 年度重庆广播电视优秀作品评选中荣获（广播文艺类）音乐节目三等	市文旅委、市广播电视协会	2021 年 7 月
	杨梦婷、冉针、黄川洋、黄果	《家家有妙招》在 2019—2020 年度重庆广播电视优秀作品评选中获（广播文艺类）服务类节目三等	市文旅委、市广播电视协会	2021 年 7 月
	陈俊龙、彭尧、王悦月、熊德领	《我和我的祖国》在 2019—2020 年度“重庆广播电视优秀作品评选”中获（电视文艺类）文艺节目二等	市文旅委、市广播电视协会	2021 年 7 月
	王悦月、熊德领、肖小琳、孙晓雪	《要报之大盛云龟山》在 2019—2020 年度重庆广播电视优秀作品评选中获（电视文艺类）服务类节目三等	市文旅委、市广播电视协会	2021 年 7 月
	唐博文、黄果、吴梅	《渝北新闻》在 2019—2020 年度重庆市广播电视优秀作品评选中获广播电视播音主持优秀作品	市文旅委、市广播电视协会	2021 年 7 月
	陈俊龙、曹蓝心、熊德领、王悦月	《蓝心姑姑》在 2019—2020 年度重庆广播电视优秀作品评选中获（电视文艺类）服务类节目一等	市文旅委、市广播电视协会	2021 年 7 月

续表 2

获奖人单位	获奖人姓名	获奖名称	授奖单位	授奖时间
龙山街道办事处	赵媛媛	全国司法所模范个人	司法部	2021 年 10 月
	夏伟	全市财政系统先进个人	市人社局、市财政局	2021 年 2 月
	张平、彭小华	第四届重庆市公民科学素质大赛总决赛团体一等奖	市科协	2021 年 2 月
	谢华	2020 年度生活垃圾分类工作先进个人	市生活垃圾分类工作领导小组办公室	2021 年 3 月
龙塔街道办事处	余昱瑾	全国残疾人工作先进个人	国务院残疾人工作委员会	2021 年 7 月
双凤桥街道办事处	靳鑫	重庆市 2020 年度生活垃圾分类工作先进个人	重庆市生活垃圾分类工作领导小组办公室	2021 年 3 月
	曹俐	重庆市坚决打好防范化解重大风险攻坚战先进个人	市委政法、市人社局	2021 年 8 月
两路街道办事处	何竺璠	重庆市扫黑除恶专项斗争先进个人	重庆市扫黑除恶专项斗争工作小组	2021 年 5 月
	赵卫功	2016—2020 年重庆市法治宣传教育工作先进个人	市委宣传部、市人社局、市司法局	2021 年 12 月
宝圣湖街道办事处	李佳	2020 年度生活垃圾分类工作先进个人	重庆市生活垃圾分类工作领导小组办公室	2021 年 3 月
悦来街道办事处	陈安梅	最美护河员	市水利局、市总工会、市河长办公室	2021 年 2 月
仙桃街道办事处	袁杰	重庆市优秀共产党员	市委	2021 年 6 月
	陈咏	重庆市 2020 年度生活垃圾分类工作先进个人	重庆市生活垃圾分类工作领导小组办公室	2021 年 3 月
人和街道办事处邢家桥社区	谢兰	全国优秀共产党员称号	中国共产党中央委员会	2021 年 6 月
	谢兰	重庆最美巾帼榜样、重庆最美巾帼建设者	市妇联	2021 年 6 月
礼嘉街道嘉宁社区	成诚	2021 年重庆市最美社会工作者	市委宣传部、市文明办、市民政局	2021 年 3 月
康美街道康庄美地一社区	龙世建	重庆市最美巾帼倡导者	市妇联	2021 年 7 月
天宫殿街道丁香路社区	肖霞	重庆市道德模范	市委、市政府	2021 年 12 月
洛碛镇沙湾村	张禹梅	重庆市优秀共产党员	市委	2021 年 6 月
龙兴镇政府	彭莉	重庆市坚决打好防范化解重大风险攻坚战先进个人	市委政法委、市人力社保局	2021 年 8 月

续表 2

获奖人单位	获奖人姓名	获奖名称	授奖单位	授奖时间
统景供销社	费敏秀（退休）	重庆最美巾帼倡导者	市妇联	2021 年 6 月
大盛镇政府	张何欢	重庆市脱贫攻坚先进个人	市委、市政府	2021 年 4 月
大盛镇青龙村	黄志	全国脱贫攻坚先进个人	党中央、国务院	2021 年 2 月
	黄志	全国向上向善好青年	共青团中央	2021 年 10 月
半边月勤美合作社	万康	重庆市脱贫攻坚先进个人	市委、市政府	2021 年 4 月
玉峰山镇政府	郑义泉	征兵工作突出个人	市政府征兵办公室	2021 年 1 月
玉峰山镇玉峰村	樊静蓉	川渝乡村女能人之“最美乡村女干部”	四川省妇联、重庆市妇联	2021 年 9 月
重庆仙桃数据谷投资管理有限公司	汪小平	重庆市优秀共产党员	市委	2021 年 6 月
	王平	重庆市巾帼建功标兵	市妇联	2021 年 12 月
区公安分局	曾令柱	建党 100 周年安保维稳成绩突出个人	公安部	2021 年 7 月
	樊科	全国信息化工作成绩突出个人	公安部	2021 年 9 月
	王石东、敖焕然	个人三等功	公安部	2021 年 10 月
	王磊	嘉奖	公安部	2021 年 10 月
	谭晓蔚	三等功	市公安局	2021 年 1 月
	曹新科、赵晏、罗辉、谭琪琳	个人嘉奖	市公安局	2021 年 1 月
	潘亚军	二等功	市公安局	2021 年 4 月
	陈昶、李渝刚、向莉	个人嘉奖	市公安局	2021 年 4 月
	胡洋	二等功	市委组织部	2021 年 5 月
	陈飞、刘洋	个人三等功	市公安局	2021 年 8 月
	程江维、江伟、廖勇炜	个人嘉奖	市公安局	2021 年 8 月
	陈进、吴承富、王东华	个人二等功	市公安局	2021 年 8 月
	刘卫华	二等功	市公安局	2021 年 9 月
	周怡、梁燕槐、周宓	个人三等功	市公安局	2021 年 9 月
	李广周、罗川、张伟	个人嘉奖	市公安局	2021 年 9 月
	李刚、詹军	个人二等功	市公安局	2021 年 10 月
	张晓宇、王宇、廖伸红、邓瑶、罗辉、陈远明、李旸、雷清平	个人三等功	市公安局	2021 年 10 月
	郭运华、秦进波、胡胜波、李平、谭伟华、方源、刘静、刘亚岚、李司山、黄小平、唐世华、陈怡、李秀利、邹隆银、陈浩、凌涛、谭定洲、文榆、张思文、许继堂、常雷、郭静、文川、吴小猛	个人嘉奖	市公安局	2021 年 10 月

续表 2

获奖人单位	获奖人姓名	获奖名称	授奖单位	授奖时间
区公安分局	阮强、张明	个人二等功	市公安局	2021 年 11 月
	王亮、李铸立	个人二等功	市公安局	2021 年 12 月
	郑强、于晓杰、李旭、王立庭、赵晏、黄航、贺斐	个人嘉奖	市公安局	2021 年 12 月
区看守所	熊涛	嘉奖	市公安局	2021 年 10 月
区拘留所	周文辉	嘉奖	市公安局	2021 年 10 月
两路派出所	曾淑俊	二级英模	公安部	2021 年 3 月
	张云、郑雷	个人嘉奖	市公安局	2021 年 10 月
新牌坊派出所	曹代军	三等功	市公安局	2021 年 9 月
	杨毅	三等功	市公安局	2021 年 10 月
保税港区空港派出所	王健	嘉奖	市公安局	2021 年 10 月
悦来派出所	李松林	嘉奖	市公安局	2021 年 10 月
双龙派出所	龚家其、王小川	嘉奖	市公安局	2021 年 9 月
	敖洋	三等功	市公安局	2021 年 10 月
龙山派出所	林俊	三等功	市公安局	2021 年 10 月
宝圣湖派出所	田庄	嘉奖	市公安局	2021 年 9 月
	彭登涛	三等功	市公安局	2021 年 10 月
	李成文	嘉奖	市公安局	2021 年 10 月
仙桃派出所	伍磊、何彬	个人三等功	市公安局	2021 年 8 月
	汪福强	嘉奖	市公安局	2021 年 8 月
	李蔚兴	三等功	市公安局	2021 年 9 月
	辜云洲、刘国锋	个人嘉奖	市公安局	2021 年 10 月
木耳派出所	黄孙和	嘉奖	市公安局	2021 年 8 月
	方海珍	三等功	市公安局	2021 年 10 月
双凤派出所	李波	嘉奖	市公安局	2021 年 8 月
	董青春	三等功	市公安局	2021 年 10 月
	田维兴	嘉奖	市公安局	2021 年 12 月
兴隆派出所	吴华杨	嘉奖	市公安局	2021 年 9 月
	黄霜傲	嘉奖	市公安局	2021 年 10 月
回兴派出所	倪铭璟	三等功	市公安局	2021 年 10 月
黄泥塝派出所	翟冬园、栾海鹏	个人嘉奖	市公安局	2021 年 10 月
	张健唯	嘉奖	市公安局	2021 年 12 月
龙兴派出所	朱寿文	嘉奖	市公安局	2021 年 10 月
王家派出所	石莎莎	嘉奖	市公安局	2021 年 10 月
洛碛派出所	韦曦	嘉奖	市公安局	2021 年 10 月

续表 2

获奖人单位	获奖人姓名	获奖名称	授奖单位	授奖时间
茨竹派出所	杨勇	嘉奖	市公安局	2021 年 10 月
古路派出所	毛谦	嘉奖	市公安局	2021 年 10 月
大湾派出所	秦粒	嘉奖	市公安局	2021 年 10 月
统景派出所	马志强	嘉奖	市公安局	2021 年 10 月
玉峰山派出所	曾俊伟	嘉奖	市公安局	2021 年 10 月
石船派出所	付泽华	嘉奖	市公安局	2021 年 10 月
大盛派出所	王俊杰	嘉奖	市公安局	2021 年 10 月
区规划和自然资源局	古博文	重庆市规划和自然资源系统先进个人	市人力社保局、市规划和自然资源局	2021 年 7 月
区税务局	邓循	2016—2020 年全国普法工作先进个人	中共中央宣传部、司法部、全国普及法律常识办公室	2021 年 12 月
	朱韵琪	重庆市税务系统 2021 年税收业务大比武“财产和行为税”税收业务能手	市税务局	2021 年 1 月
	王云、韩雪	重庆市税务系统 2021 年税收业务大比武“税收大数据和风险管理”税收业务能手	市税务局	2021 年 1 月
	邓俊杰	2021 年重庆市税务局社保非税条线（社会保险费类别）大比武成绩突出个人	市税务局	2021 年 11 月
	谢伟、李志睿、周晓、邓俊杰	重庆市税务局专项工作三等功	市税务局	2021 年 12 月
	周旻、邱玥、朱洪波、李柏泓、朱守拓、董航、曾谛、曾方、陈昙、甘宇宸、张涵	重庆市税务局专项工作嘉奖	市税务局	2021 年 12 月
区气象局	赵衍斌	“巴渝工匠”杯第十三届重庆市气象行业技能竞赛个人全能奖第三等奖	市气象局、市人力社保局、市总工会	2021 年 9 月
	赵衍斌	“巴渝工匠”杯第十三届重庆市气象行业技能竞赛强对流天气临近预报单项二等奖	市气象局、市人力社保局、市总工会	2021 年 9 月
区消防救援支队	赵俊、万明	优秀领导干部	中共重庆市消防救援总队委员会	2021 年 2 月
	张令健、王刚	个人三等功	市消防救援总队	2021 年 2 月
	李欣颐	优秀女干部	市消防救援总队	2021 年 3 月
区冉家坝消防救援站	黄诗羽	优秀党务工作者	中共重庆市消防救援总队委员会	2021 年 6 月
	苏飞	优秀共产党员	中共重庆市消防救援总队委员会	2021 年 6 月
区不动产登记中心	吴军花	重庆市规划和自然资源系统先进个人	市规划和自然资源局、市人力社保局	2021 年 7 月

续表 2

获奖人单位	获奖人姓名	获奖名称	授奖单位	授奖时间
民航重庆空管分局	杨秋晨、杨克军、李晓飞、旷文怡	民航空管系统抗击新冠肺炎疫情先进个人	民航局空管局、民航局空管局党委	2021 年 1 月
	杨秋晨、杨克军、李晓飞、旷文怡	民航空管系统抗击新冠肺炎疫情先进共产党员	民航局空管局党委	2021 年 1 月
	张健	2020 年度空管系统安全先进个人二等奖	民航局空管局	2021 年 1 月
	陈俊桦、曹枝东、吕崇山	2020 年度空管系统安全先进个人三等奖	民航局空管局	2021 年 1 月
国航重庆分公司综合保障部	尚雯	重庆市巾帼文明标兵	市妇联	2021 年 8 月
川航重庆分公司	李娜	全国民航“优秀共青团干部”	全国民航团委	2021 年 5 月
华夏航空股份有限公司	唐冬阳	“民航服务质量品牌建设”专项行动先进个人	民用航空局	2021 年 3 月
	危家麟、商圣哲、杜经传、周义双、王立华、周欣	2020 年民航重大运输工作先进个人	民用航空局	2021 年 3 月
	杨璐遥	全国民航五一巾帼标兵	民航局工会	2021 年 2 月
西部航空	孔祖龙	2020 年民航重大运输工作先进个人	民航局	2021 年 2 月
	邱申迪	全国民航优秀共青团员	民航团委	2021 年 4 月
中邮渝北片区分公司	曾小凤、聂秀	中国邮政集团有限公司重庆市分公司优秀基层管理者	中邮重庆市分公司	2021 年 4 月
	谭雷、李译、胡雪晴	中国邮政集团有限公司重庆市分公司优秀员工	中邮重庆市分公司	2021 年 4 月
	石全	2021 年“重庆青年五四奖章”	市委组织部、市人力社保局、团市委	2021 年 5 月
	陈飞、游贤琼	市分公司优秀基层管理者	中邮重庆市分公司、中邮集团工会重庆市委员会	2020 年 5 月
	潘静、邬寅啸、辜琬淇	党员先锋岗	中共中国邮政集团有限公司重庆市分公司委员会	2020 年 6 月
	蒋源	优秀共产党员	中共中国邮政集团有限公司重庆市分公司委员会	2020 年 6 月
	隆卫东	优秀党务工作者	中共中国邮政集团有限公司重庆市分公司委员会	2020 年 6 月
	肖蒙	中国邮政集团有限公司重庆市分公司优秀共产党员	中共中国邮政集团有限公司重庆市分公司委员会	2021 年 6 月

续表 2

获奖人单位	获奖人姓名	获奖名称	授奖单位	授奖时间
中邮渝北片区分公司	邓永梅	中国邮政集团有限公司重庆市分公司优秀党务工作者	中共中邮集团有限公司重庆市分公司委员会	2021 年 6 月
西南政法大学	肖忠意	全国大学生挑战杯重庆市特等奖	中共团中央	2021 年 9 月
	肖忠意	全国大学生数学建模大赛重庆市二等奖	工信部	2021 年 11 月
	谢明星	2020 年度全市高校安全稳定工作先进个人	市教委、市公安局	2021 年 3 月
	曾妍	重庆市研究生招生工作先进个人	市教委	2021 年 10 月
	叶昕辰	重庆市普通高校招生工作先进个人	市教委	2021 年 10 月
	武健君	重庆市微课教学比赛三等奖	市教委	2021 年 12 月
重庆工业职业技术学院	袁苗达	入选重庆英才・名家名师	市委组织部、市人力社保局	2021 年 11 月
	李坤宏	2021 年重庆市高等学校教学成果特等奖	市教委	2021 年 12 月
	李兰	2021 年重庆市高等学校教学成果一等奖	市教委	2021 年 12 月
渝北中学	杨明芬	学生生涯规划指导专业委员会一等奖	市教育学会	2021 年 6 月
重庆两江新区云慧小学校	张巧艳	重庆市青少年科技创新大赛优秀指导教师奖	市科协、市教委等 8 单位	2021 年 6 月
重庆市两江新区星光学校	伍泓颖	诗歌朗诵市级三等奖	市教委	2021 年 7 月
东和春天实验学校	张若水	2021 年重庆市“少年儿童心向党”文化作品征集活动优秀绘画奖	市妇联、市妇儿工委办	2021 年 5 月
渝北实验小学	杨轩睿	2021 年重庆市“少年儿童心向党”文化作品征集活动优秀绘画奖	市妇联、市妇儿工委办	2021 年 5 月
空港新城小学	周祥	全国“中华魂”（科技托起强国梦）主题教育活动先进个人	中国关工委、教育部关工委、全国“中华魂”主题教育活动组委会	2021 年 5 月
天一新城小学校	王姝月	2021 年重庆市“少年儿童心向党”文化作品征集活动优秀征文奖	市妇联、市妇儿工委办	2021 年 5 月
渝北区巴蜀小学	艾音	先进个人	市教委	2021 年 12 月
渝北庆龄幼儿园	邓雪梅	重庆市三八红旗手	市人力社保局、市妇联	2021 年 3 月
区韦林职业培训学校	王琳	重庆“最美巾帼家政人”	市妇联	2021 年 6 月
重庆凌空家政服务有限公司	李静	重庆“最美巾帼家政人”	市妇联	2021 年 6 月

统计资料

重庆市渝北区行政区划（2021年）

表3 单位：个

地　区	街道	镇	群众自治组织	
			村民委员会	居民委员会
总计	19	11	173	234
不含两江直属区	11	11	173	184
双龙湖街道	1	—	—	18
回兴街道	1	—	—	17
宝圣湖街道	1	—	—	15
双凤桥街道	1	—	1	13
龙溪街道	1	—	—	14
龙山街道	1	—	—	13
龙塔街道	1	—	—	13
悦来街道	1	—	—	7
王家街道	1	—	4	3
两路街道	1	—	—	14
仙桃街道	1	—	—	16
玉峰山镇	—	1	10	1
龙兴镇	—	1	4	14
统景镇	—	1	21	2
大湾镇	—	1	23	2
兴隆镇	—	1	15	2
木耳镇	—	1	11	7
茨竹镇	—	1	16	2
古路镇	—	1	15	1
石船镇	—	1	21	3
大盛镇	—	1	16	2
洛碛镇	—	1	16	5

续表 3

地　区	街道	镇	群众自治组织	
			村民委员会	居民委员会
两江直属区	8	—	—	53
人和街道	1	—	—	13
天宫殿街道	1	—	—	8
鸳鸯街道	1	—	—	7
翠云街道	1	—	—	4
大竹林街道	1	—	—	6
礼嘉街道	1	—	—	5
金山街道	1	—	—	6
康美街道	1	—	—	4

注：本数据截止时间为 2021 年 10 月。

国民经济和社会发展总量（2021 年）

表 4

指标	总量	指标	总量
一、人口与就业		固定资产投资（亿元）：	
人口：		房地产开发投资	902.48
年末户籍总户数（户）	650183	财政（万元）：	
年末户籍总人口（人）	1521987	一般公共预算收入	738833
乡村人口	314434	一般公共预算支出	1164766
城镇人口	1207553	三、产业	
男性人口	752878	农业：	
女性人口	769109	农林牧渔总产值（万元）	439998
常住人口（万人）	220.58	主要农产品产量：	
# 城镇人口	197.85	粮食（万吨）	11.14
就业：		蔬菜（万吨）	30.16
城镇登记失业人数（人）	13086	油料（吨）	2701
二、宏观经济		水果（吨）	67548
国民经济核算（亿元）		猪牛羊肉（吨）	6608
地区生产总值	2235.61	# 猪肉	6345
第一产业	31.16	牛奶（吨）	3396
第二产业	765.16	水产品（吨）	8021
工业	633.98	工业：	
建筑业	131.19	规模以上工业生产情况：	
第三产业	1439.29	工业企业个数（个）	413
人均地区生产总值（元）	101515	# 国有企业	7

续表 4

指标	总量	指标	总量
其他经济类型	406	普通中学	49
工业总产值（亿元）	3684.86	职业中学	6
# 轻工业	191.45	小学	86
重工业	3493.41	中小学专任教师（人）	14296
# 国有企业	0.95	普通中学	6026
股份制企业	1967.76	职业中学	765
外商及港澳台商投资企业	1706.31	小学	8173
规模以上工业主要经济指标（亿元）:		中小学在校学生数（人）	227581
营业收入	3650.07	普通中学	75636
固定资产原值	1115.94	职业中学	16155
本年应交增值税	46.52	小学	135790
利润总额		五、人民生活	
建筑业:	144.06	收入支出（元）:	
注册地建筑业总产值（亿元）	1016.35	城镇居民人均可支配收入	49114
房屋施工面积（万平方米）	4520	城镇居民人均消费支出	34780
房屋竣工面积（万平方米）	651	农村居民人均可支配收入	23465
交通邮电业:		农村居民人均生活消费支出	18929
邮电业务收入（亿元）	17.85	卫生:	
移动电话用户（万户）	181.38	卫生机构数（个）	1330
国内商业（亿元）:		# 医院、卫生院	91
社会消费品零售总额	1070.38	卫生技术人员数（人）	16869
金融（亿元）:		# 医生	6573
金融机构各项存款余额	5958.26	卫生机构床位数（张）	15914
金融机构各项贷款余额	8005.32	# 医院卫生院床位数	15198
四、教育			
中小学校（所）	141		

注：1. 人均地区生产总值按常住人口计算；2. 财政收入统计范围不含两江直属区、龙兴工业园区，财政支出统计范围均不含两江直管区、保税港区；3. 规模以上工业指全部国有工业企业及年销售收入 2000 万元以上非国有工业企业，本表规模以上工业企业单位个数不包含非独立核算产业活动单位，资料来源为年报数；规模以上工业总产值包含非独立核算产业活动单位，资料来源为快报数；4. 卫生机构数统计范围包含村卫生室和诊所，卫生技术人员和卫生机构床位数包含村卫生室和诊所。

国民经济和社会发展结构指标（2021年）

表5　　　　单位：%

指标	总量	指标	总量
一、人口		农林牧渔服务业	4.16
户籍人口		工业	
乡村、城镇人口结构	100	工业总产值结构	100
乡村	20.66	#轻工业	5.2
城镇	79.34	重工业	94.8
性别结构	100	三、教育	
男	49.47	中小学在校学生结构	100
女	50.53	中学	40.33
二、宏观经济		小学	59.67
国民经济核算		中小学专任教师结构	100
地区生产总值产业结构	100	中学	47.5
第一产业	1.39	小学	52.5
第二产业	34.23	四、生活	
第三产业	64.38	居民消费	
投资		农村居民消费结构	100
固定资产投资结构	100	#食品烟酒类	35.75
#建筑安装工程	61.7	衣着类	5.41
#工业投资	12.3	教育文化娱乐	6.49
房地产开发	58.8	居住	20.41
农业		卫生	
农林牧渔业产值结构	100	医生结构	100.00
农业	73.18	执业（助理）医师（医生）	38.96
林业	7.19	注册护士（护师、护士）	47.84
牧业	11.12	其他人员	13.2
渔业	4.35		

平均每天主要社会经济活动（2021年）

表6

指标	2021年
国民经济核算（万元）：	
地区生产总值	61250
第一产业	854
第二产业	20963
工业	17369
建筑业	3594
第三产业	39433
财政（万元）:(不含两江直属区)	
公共财政预算收入	2024
公共财政预算支出	3191

续表 6

指标	总量
工业（万元）：	
规模以上工业总产值	100955
农业：	
农业总产值（万元）	1205
主要农产品产量（吨）：	
粮食	305
蔬菜	826
猪牛羊肉	18
# 猪肉	17
水产品	22
牛奶	9
水果	185
商贸业（万元）：	
社会消费品零售总额：	29326
金融（万元）：	
金融机构各项存款余额	163240
金融机构各项贷款余额	219324
人口（人）：	
出生人口	39
死亡人口	20
婚姻（对）：	
结婚登记	34

人均主要社会经济活动水平（2021 年）

表 7

指标	2021 年
国民经济核算（元）：	
地区生产总值	101515
第一产业	1415
第二产业	34745
工业	28788
建筑业	5957
第三产业	65356
工业（元）：	
规模以上工业总产值	246715
农业：	
农业总产值（元）	22946
主要农产品产量（公斤）：	
粮食	74.6
蔬菜	201.9
猪牛羊肉	4.4

续表 7

指标	总量
#猪肉	4.2
水产品	5.4
牛奶	2.3
水果	45.2
商贸业（元）：	
社会消费品零售总额	71666
财政金融（元）：	
公共财政预算收入	4947
居民收入（元）：	
城镇居民人均可支配收入	49114
农村居民人均可支配收入	23465

注：除地区生产总值及其组成部分是按常住人口计算外，其余指标人均主要社会经济活动水平指标按户籍人口计算。

渝北区社会经济指标占全市的比重（2021 年）

表 8　　单位：%

指标	2021 年
土地面积	1.76
户籍人口	4.46
地区生产总值	8.01
农业总产值	1.5
粮食总产量	1.02
社会消费品零售总额	7.66
一般公共预算收入	3.23
年末金融机构存款余额	13.46
年末金融机构贷款余额	17.39

渝北区社会经济主要指标在全市的位次（2021 年）

表 9

指标	2021 年	
	在三十八个区县的位次	在主城九区的位次
土地面积	26	2
常住人口	1	1
地区生产总值	1	1
农业总产值	29	2
粮食总产量	30	2
社会消费品零售总额	2	2
一般公共预算收入	1	1
年末金融机构存款余额	2	2
农村居民人均可支配收入	11	8

注：在主城九区的位次指渝北区在主城都市区中心城区（包括渝北区、渝中区、大渡口区、江北区、沙坪坝区、九龙坡区、南岸区、北碚区、巴南区 9 区）的位次。

附　录

重庆市渝北区行政区划一览表

表 10

全区总计 街道、镇	街道（个）	镇（个）	社区（个）	村（个）
	19	11	237	173

龙溪街道	社区 14 个：金紫山　武陵路　松树桥　金龙路　嘉州　龙湖　花卉东路　花卉西路　新牌坊　红石支路　李家花园　锦绣　百合　安家嘴
龙山街道	社区 13 个：龙山路　冉家坝　余松路　花园新村　龙脊新村　松石路　龙华　银桦路　天竺路　松牌路　旗龙路　旗山路　盘溪河
龙塔街道	社区 13 个：工农　红土地　黄泥塝　鲁能西路　鲁能东路　龙头寺　紫荆路　紫园路　紫福路　龙塔　龙盛　月隐湖　渝鲁
双凤桥街道	社区 13 个：宏锦路　安康路　溜马山　长翔路　凤鸣路　长空路　桃源　环湖雅居　瓦房　中建博才路　朗月路　民秀路 村 1 个：兴旺
两路街道	社区 14 个：义学路　双北街　双凤路　汉渝路　渝航路　张家口　同兴　同茂　临港　泽科　石油　齐心　沙坪　新华
双龙湖街道	社区 18 个：龙祥街　五星路　凯歌路　翠湖路　龙昌街　龙旺街　飞湖路　绿茂　观音岩路　渝湖路　龙兴街　滨港路　蓬莱　龙顺街　锦湖路　民兴路　方家山　鹿山
仙桃街道	社区 16 个：金玉路　百果路　桂馥路　沐仙湖　舟济路　同盛路　祥和路　睦邻路　兰馨　花石　黄山　空港佳园　和庆路　数据谷　春华　秋成
回兴街道	社区 17 个：宝圣东路　双湖路　宝桐路　馨兰路　金兰路　科兰路　龙石路　白鹤　长河　高岩路　双桐路　羽裳路　锦华路　锦屏路　科桐路　金凯路　康兴路
宝圣湖街道	社区 15 个：宝圣西路　宝圣南路　海福路　金果路　金石路　兴科路　长福路　湖滨西路　宝圣湖　石盘河　翠苹路　果塘湖　西政　万湖　宝石路
王家街道	社区 3 个：观月路　王家　硚田 村 4 个：玉峰山　苟溪桥　荣华　大屋
悦来街道	社区 7 个：新春　嘉悦　阳光　合力　嘉陵路　清溪口　清南
鸳鸯街道 *	社区 7 个：丹鹤　白鹭　金桥　金谷　金岭　金州　金华
人和街道 *	社区 13 个：邢家桥　万寿山　和睦路　万年路　万紫山　龙寿路　天湖美镇　人兴路　金和　金祥　金安　万和　金宁
天宫殿街道 *	社区 8 个：天龙路　丁香路　星湖路　东湖南路　洪湖东路　东湖北路　红枫路　太湖西路

续表 10

全区总计 街道、镇	街道（个）	镇（个）	社区（个）	村（个）
	19	11	237	173
翠云街道 *	社区 4 个：福安　翠渝路　云竹路　云卉路			
大竹林街道 *	社区 6 个：凤栖沱　水竹苑　紫竹苑　汪家桥　星汇　龙竹苑			
礼嘉街道 *	社区 5 个：白马　富安　嘉兴　嘉和　嘉宁			
金山街道 *	社区 6 个：奥园　金渝　民心佳园一　民心佳园二　民心佳园三　金湖			
康美街道 *	社区 4 个：金竹苑　银竹苑　康庄美地一　康庄美地二			
石船镇	社区 3 个：渝长街　天宫　圣石 村 21 个：重桥　太洪　河水　石翔　胆沟　梅溪　胜天　葛口　黄岭　石龙　战旗　天坪　共和　麻柳　石垭　大堰　民主　民利　青杠　关兴　石壁			
洛碛镇	社区 5 个：朝阳　兴隆　新渝　张关　迎祥 村 16 个：经开　新石　砖房　幸福　沙地　沙湾　青木　洛碛　上坝　宝华　高桥　箭沱　水溶洞　老君山　大天池　太洪岗			
龙兴镇	社区 14 个：迎龙　御临　支援　天堡　同乐　普福　白桥　回龙　龙羽　和平　龙德　龙骏　龙祥　和泽 村 4 个：壁山　洞口　排花洞　龙胆			
茨竹镇	社区 2 个：竹峰　中河 村 16 个：大面坡　放牛坪　金银　茨竹　玉兰　半边月　中兴　花六　方家沟　华蓥　秦家　自力　花云　三江　新泉　同仁			
大湾镇	社区 2 个：滨河路　红竹街 村 23 个：大湾　河嘴　团丘　龙庙　拱桥　八角　凤龙　三沟　水口　天池　金安　杉树　黄阳　金凤　杉木　高兴　空塘　太和　建兴　石院　龙洞岩　两岔湖　点灯			
统景镇	社区 2 个：温泉　滨河 村 21 个：江口　中坪　龙安　中和　河坝　平安　御临　长堰　远景　骆塘　兴发　前锋　胜利　民权　合理　裕华　印盒　滚珠　西新　黄印　荣光			
木耳镇	社区 7 个：石狮路　街道　华晖路　富民路　举人坝　聚英路　民意路 村 11 个：五通庙　白云山　新合　白房　石鞋　石坪　新乡　学堂　垭口　良桥　金刚			
兴隆镇	社区 2 个：兴隆　永福 村 15 个：龙平　南天门　小五　永庆　保胜寺　永兴　发扬　天堡寨　牛皇　新寨　徐堡　龙寨　广佛　杜家　黄葛			
玉峰山镇	社区 1 个：石坪 村 10 个：香溪　石岩　环山　桐梘　龙门　双井　龙井　中心　玉峰　旱土			
古路镇	社区 1 个：黄金阁 村 15 个：希望　兴盛　吉星　双鱼　古路　草坪　百步梯　新桥　裕民　同德　菜子　银花　熊家　继光　乌牛			
大盛镇	社区 2 个：兴盛　东升 村 16 个：大盛　云龙　东山　东河　鱼塘　顺龙　隆盛　隆仁　青龙　人和　三新　明月　真理　千盏　天险洞　菊花坝			

注：本表内容截至 2021 年 12 月 31 日，街道、镇名称后标有 * 号为两江新区代管。

重庆市渝北区2021年组织机构及领导名录

说明：

1. 本名录由区级机关、区级部门（含人民团体和民主党派）、街道和镇以及市直部门（单位）四部分组成。

2. 所列现职领导是指本名录截至日期2021年12月31日在任的领导。

3. 区政府工作部门行政领导又有党的职务的，只列其行政职务，专职党的干部列党的职务。

区级机关

中共重庆市渝北区委员会

书　记：唐　川（8月离任）
　　　　于会文（8月起任）
副书记：谭　庆（8月离任）
　　　　廖红军（8月起任）
　　　　邓孝明（女，12月离任）
　　　　王小渝（12月起任）
常　委：王广荣（12月离任）
　　　　赵荣华（9月离任）
　　　　罗　勇　徐永德（3月离任）
　　　　廖红军　王小渝
　　　　张广莉（女，12月任职）
　　　　颜其勇（12月任职）
　　　　于贵生（9月任职）
　　　　王代兵　唐　密
　　　　胡建川（11月任职）
　　　　杨　帆（女，11月任职）

重庆市渝北区人大常委会

主　任：李联铁
常委会党组书记：黄宗林（7月起任）
副主任：曾　军　王　充（7月离任）
　　　　唐丽华（女）　裴　林　刘章权
区人大常委会办公室主任：任忠明
副主任：淦秀清（女）　伍　怡（女）
教科文卫委主委：陈邦友
教科文卫委办公室主任：陈邦友（11月离任）
副主任：熊　菲
财经委主委：黄　政
副主委：王正福　付福碧（女）
财经委办公室主任：黄　政（11月离任）
　　　　陈伯全（11月起任）
副主任：付福碧（女，11月离任）
预算工委主任：王正福（11月离任）
　　　　孙次宜（女，11月起任）
副主任：张　波（11月离任）
社会建设委主委：符荣良
社会建设委办公室主任：符荣良（11月离任）
　　　　张玉兰（女，11月起任）
副主任：徐胜梅（女，11月离任）
　　　　袁　野（11月起任）　胡　勤（女）
信访办主任：符荣良（兼，11月离任）
　　　　张玉兰（女，兼，11月起任）
副主任：徐胜梅（女，11月离任）

袁　野（11月起任）
监察法制委主委：何才德（2月离任）
副主委：苏明生
监察法制委办公室主任：何才德（2月离任）
丁　勇（11月起任）
副主任：苏明生（11月离任）
人代工委主任：陈长琼（女）
副主任：唐方文
农工委主任：蒋　宁（女）
副主任：蒋光明（11月离任）
白雪梅（女，11月起任）

重庆市渝北区人民政府

区　长：谭　庆（8月离任）
廖红军（10月起任）
副区长：廖红军（常务，10月离任）
李永成　张广莉（女）
颜其勇　张问伦　马成全
杨　熳（女）

政协重庆市渝北区委员会

主　席：彭建康
副主席：龙　图　尹书菊（女）　周恒丰
陈方兰（女）　夏小敏（女）
郭　里　张攀龙（8月离任）
刘明涛（3月起任）
秘书长：夏　凡
副秘书长：陈　佳
区政协办公室主任：夏　凡（兼）
副主任：石玉梅（女）　陈　佳（兼）
社会法制委主任：刘文长（11月离任）
农业农村委主任：朱　涛（11月离任）
经济委主任：陈道全（11月离任）
提案及农业农村办公室主任：
李彦鸿（11月离任）
副主任：曾婷婷（女）
陈艺雯（女，11月离任）
社会法制及教科卫体办公室主任：
郑荣华（11月离任）
副主任：罗天念
文化文史学习及城乡建设办公室主任：
龚华敏（女，11月离任）
副主任：李祖兰（女）
联络及经济办公室主任：吴　欣（女）
副主任：冯青育　孙群坤（女）
区社情民意信息中心主任：胡洪川
副主任：王　森（女）
政协文化文史学习委主任：胡洪川

中共重庆市渝北区纪律检查委员会

书　记：赵荣华（9月离任）
于贵生（9月起任）
副书记：曹兴兵（常务，11月离任）
沈迎春（常务，11月起任）
陈永平　陈青松
常　委：喻应平　周　旭　刘　兵　刘宏亮
陈黎昀（女）

重庆市渝北区监察委员会

主　任：赵荣华（10月离任）
副主任：曹兴兵　陈永平　陈青松
委　员：喻应平　周　旭　刘　兵
张紫红（女）　唐　龙

重庆市渝北区纪委监委机关

办公室主任：陈之涵
组织部部长：赵　亮（7月离任）
宣传部部长：罗　钢（11月离任）
研究室主任：陈小强
党风政风监督室主任：梅　锋

信访室主任：冉长斌
案件监督管理室主任：
韩　龙（2月离任）
赵　亮（7月起任）
第一监督检查室主任：曾　劲
第二监督检查室主任：陈祝君
第三监督检查室主任：聂国波
第四监督检查室主任：李　佳
第五审查调查室主任：余红伟
第六审查调查室主任：卢明渊
第七审查调查室主任：陈　文
第八审查调查室主任：王　琳（女）
第九审查调查室主任：宋　黎
第十监督检查室主任：吴　尹
案件审理室主任：陈　俊（女）
纪检监察干部监督室主任：熊德芬（女）
区委巡察办主任：陈永平（兼）
副主任：朱　立
巡察专员：黄　伟　蒋家国（11月离任）
陈金刚　游　惠　潘　伟

重庆市渝北区人民法院

院　长：周　轶
副院长：刘　成　郑永红（女）冯　彬
纪检组组长：姜凤伦
政治部主任：李　静
执行局局长：游晓彪
审判委员会专职委员：
陈　宏　田　力　杨　琳　朱泽冰

重庆市渝北区人民检察院

检察长：戴　萍（女）
副检察长：王　治　陈　静（女）
陈炜佳（女）
纪检组长：谢会云
政治部主任：刘金华
两江新区检察室主任：王　治（兼）
检察委员会专职委员：周朝祥　黄　镔

重庆市渝北区人民武装部

部　长：王代兵
政　委：覃进南
副部长：王健全

区委各部委

区委办公室

主　任：李义奎
副主任：陈方文（11月离任）
余　江（11月离任）
陈伯全（11月离任）
刘　畅　李晓宇
区档案局局长：李义奎（兼）
副局长：李晓宇（兼）
区委机要（区密码管理）局局长：
陈方文（兼，11月离任）
区国家保密局局长：余　江（兼，11月离任）
区委保密办主任：余　江（兼，11月离任）
区纪委监委派驻区委办纪检监察组组长：
游　燕（女）

区委组织部

部　长：王小渝（11月离任）
胡建川（11月起任）
副部长：王卓伟（常务，7月起任）
雷　平（女，兼，11月离任）
唐建军（11月离任）邬凡中
区纪委监委派驻区委组织部纪检监察组组长：
李　铃（女）

区委非公经济和社会组织工委

书　记：王小渝（11 月离任）
　　　　胡建川（11 月起任）
专职副书记：梅小云（7 月离任）

区委宣传部

部　长：罗　勇
副部长：郭志远（常务）
　　　　艾　忻（7 月离任）　易仕美
　　　　冯　雄　师　念（7 月起任）
区新闻出版局局长：郭志远（兼）
区政府新闻办主任：易仕美（兼）
区社科联主席：黄　果
副主席：刘佑红（女）
区文联主席：唐文武（11 月离任）
副主席：张　娟（女）

区委统战部

部　长：王广荣
副部长：姜　勇（常务）　刘思伦（兼）
　　　　江晓娟（女，兼）　聂小淘（兼）
区委台办、区政府台办主任：江晓娟（女）
区政府侨务办主任：江晓娟（女）
区民宗委主任：聂小淘

区委政法委员会

书　记：唐　密（11 月离任）
　　　　颜其勇（12 月起任）
副书记：包季伟（常务，11 月离任）
　　　　魏庆超（常务，11 月起任）
　　　　李代贵（11 月离任）
　　　　彭　钢（挂职，9 月起任）
　　　　张铭铭（11 月离任）　王　琳
政治处主任：王　兴

区委研究室

主　任：吴国平（7 月离任）
　　　　梅小云（7 月起任）
副主任：潘德东　罗　敏（7 月离任）

区委网信办

主　任：刘 烜（7 月离任）　艾 忻（7 月起任）
副主任：冯中建
区网络宣传中心主任：李熙蒙

区委编办

主　任：常　涛
副主任：王　蕾（女）　吴金龙

区委直属机关党工委

书　记：汪谟学（女）
副书记：黄 莉（女）

区委老干部局

局　长：雷　平（女，11 月离任）
副局长：熊伟兵　白雪梅（女，11 月离任）

工商联　民主党派　社会团体

区工商业联合会

主　席：王充（6 月离任）　况　斌（6 月起任）
书　记：刘思伦
副主席：刘思伦　王维伦（6 月离任）
　　　　邓　宗（6 月起任）
　　　　康碧霞（女，6 月离任）
　　　　彭红梅（女，7 月起任）
秘书长：康碧霞（女，兼，6 月离任）
　　　　彭红梅（女，兼，7 月起任）

民革渝北区委

主　委：郭　里（兼）

专职副主委：陈　卓（女）

副主委：雷　勇（兼）　陈　昱（兼）

董家正（兼，6月离任）

李玉梅（女，兼，6月起任）

民盟渝北区委

主　委：夏小敏（女，兼，6月离任）

张志辽（兼，6月起任）

专职副主委：左　娅（女）

副主委：张志辽（兼，6月离任）

付福碧（女，兼，6月离任）

伍发远（兼，6月离任）

苏玉梅（女，兼）

袁苗达（兼，6月离任）

李　雄（兼，6月起任）

刘　杰（兼，6月起任）

刘　欣（兼，6月起任）

民建渝北区委

主　委：唐丽华（女，兼，6月离任）

刘荐华（女，兼，6月起任）

专职副主委：张继均

副主委：罗　斌（兼，6月离任）

何文锋（兼，6月离任）

刘荐华（女，兼，6月离任）

樊爱华（兼）

肖忠意（兼，6月起任）

邓雪莲（女，兼，6月起任）

陈　果（女，兼，6月起任）

周维兵（兼，6月起任）

民进渝北区工委

主　委：马成全（兼）

专职副主委：徐　俊（女，11月离任）

副主委：曾兴华（兼，6月离任）

侯东德（兼）

李　纲（兼，6月起任）

颜遥平（兼，6月起任）

农工民主党渝北区委

主　委：刘明涛（兼）

专职副主委：杜　建

副主委：汤贤君（女，兼）

汪官余（兼，6月离任）

吴　忠（兼）

罗本德（兼，6月离任）

杨佳红（兼，6月起任）

罗　森（兼，6月起任）

致公党渝北区工委

主　委：薛　山（兼，6月离任）

陈冰梅（女，兼，6月起任）

专职副主委：王乐乐（女）

副主委：陈冰梅（女，兼，6月离任）

朱　颖（兼）

张仁国（兼，6月离任）

屈磊旻（兼，6月起任）

杨玉仁（兼，6月起任）

九三学社渝北区委

主　委：尹书菊（女，兼，6月离任）

李攀富（女，兼，6月起任）

专职副主委：魏　红（女）

副主委：李攀富（女，兼，6月离任）

周尚君（兼）　陈雪峰（兼，6月离任）

刘绍才（兼，6月起任）

陈　聪（兼，6月起任）

区总工会

主　席：曾　军（兼）

副主席：陈朝晖（常务，11 月离任）

黄　梅（常务，11 月起任）　徐志红

童峻峰　杨德兵（兼）　齐　红（兼）

共青团重庆市渝北区委员会

书　记：张　晏（11 月离任）

陈相颖（11 月起任）

副书记：方　芳（7 月离任）　李筱磊（兼）

区妇女联合会

主　席：张国平（女，11 月离任）

朱　燕（女，11 月起任）

副主席：姜　澜（女，2 月离任）

廖　序（女，7 月起任）

区科学技术协会

书　记：童杭军（12 月离任）

主　席：李攀富（女）

副主席：周茂林（11 月离任）

董昭权（11 月起任）　黄孝礼

区华侨侨眷联合会

主　席：孙明明

副主席：傅建锋（兼）　黎　藜（女，兼）

黄　茜（女，兼）　李向东（兼）

郭　青（兼）　杨　杰（兼）

翟福强（兼）

区残疾人联合会

理事长：殷　勇

副理事长：樊代芬（女，12 月离任）

区政府各部门

区政府办公室

主　任：许　彬（3 月离任）

邓　超（3 月起任）

副主任：陈相颖（11 月离任）　贺　健

周代国（3 月离任）

方　芳（女，7 月起任）

张　楠（8 月离任）　彭　伟

区政务信息中心主任：莫　爱（2 月起任）

区纪委监委派驻区政府办纪检监察组组长：

代久康

区发展改革委

主　任：石　品（3 月离任）

缪　璞（7 月起任）

副主任：何　毅　冉龙楷

骆炳臻（7 月离任）

胡　昕（7 月起任）

区纪委监委派驻区发展改革委纪检监察组组长：

陈仁都

区教委

主　任：艾道淳

教工委副书记：熊德宪

副主任：李发林　蒋世健　程建军

区教师进修学院院长：陈治国

督　学：肖　莉（女）　鄢小玲（女）

区纪委监委派驻区教委纪检监察组组长：

刘　俭（女，11 月离任）

区科技局

局　长：王文武（11 月离任）

副局长：杨朝军　袁　野（11 月离任）

陶柱铸（11 月起任）

区经济信息委

书　记：徐永德（兼，3月离任）
　　　　赵　兵（3月起任）
主　任：曾德明（3月离任）
　　　　赵　兵（3月起任）
副书记：饶春英（女，11月离任）
副主任：万东良　彭明亮
　　　　熊运昌（挂职，8月离任）
　　　　朱士松（挂职，10月起任）

区民政局

局　长：邱隆秀（女）
副书记：周文静（11月离任）
副局长：喻春明（11月离任）
　　　　张　强　李青松

区司法局

书　记：聂国倡（2月离任）
　　　　沈迎春（女，2月起任，11月离任）
局　长：杨佳红
副局长：唐兴全　王　蕾（女，11月起任）
　　　　鄢文俊（11月离任）
　　　　童作勇（11月离任）
政治处主任：何科学

区财政局

局　长：任晓曼（女）
副局长：易思维　孙次宜（女，11月离任）
　　　　朱敬玲（女）
预算编审中心主任：杨　伟

区人力社保局

局　长：邓贤伦（11月离任）
副书记：王　静（女）
副局长：杨　力　孙小筱（女）
　　　　马　姝（女，挂职）
区社会保险中心主任：吴邦力
副主任：申正华（11月离任）　苏玉梅（女）
　　　　周　峰
区就业和人才中心主任：韩玉平

区生态环境局

局　长：段成海（5月离任）
　　　　曾德明（5月起任）
副局长：张星凡（12月离任）
　　　　陈学军　蔡　奇（12月起任）
　　　　张　姝（女，12月起任）
执法支队支队长：孙良杰
政　委：蒲章明（11月起任）
监测站站长：吴小华

区住房城乡建委

主　任：李世瑜
副书记：马　宁（11月离任）
副主任：李享强（11月离任）　董　燕（女）
　　　　唐仕权　潘　勇　胡小荣（女）
区重点建设和管线中心主任：王　磊
区房屋征收中心主任：江东奇
区纪委监委派驻区住房城乡建委纪检监察组组长：
杨　彦（女）

区交通局

局　长：罗正道
副书记：张幼福
副局长：叶　强　包秀华（11月离任）
　　　　汪　川（11月离任）
区道路运输事务中心主任：杨　毅
区公路事务中心主任：鞠　荣

区城市管理局

局　长：唐贤源
副书记：彭　敏（女，11 月离任）
副局长：吴克宪（11 月起任）
　　　　段辉立（11 月离任）　颜丽娜（女）
　　　　肖永红（女）
区公园管理中心主任：辛国旗（2 月起任）
副主任：李国建（女）　刘永昌
　　　　张　勇（8 月起任）
　　　　管　翼（女，11 月离任）
　　　　何　容（11 月离任）
区园林绿化中心主任：唐国宏
区城管执法支队支队长：李光云
政　委：唐春华
区纪委监委派驻区城管局纪检监察组组长：
　　　　杨　羚（女）

区水利局

局　长：曾庆文
副书记：王素贵（11 月离任）
副局长：幸毅立　樊爱华　伍　学

区农业农村委

主　任：陈　华
农工委副书记：陈正进（1 月离任）
副主任：黄　凤（女）　邬德品
　　　　刘孝安（11 月离任）
区农业综合行政执法支队支队长：李　强
政　委：赵良翠（7 月起任）
区纪委监委派驻区农业农村委纪检监察组组长：
　　　　赵　玲（女，11 月离任）

区商务委

主　任：曹兴建（女）
副书记：王艳莲（女）
副主任：汪官余　周　远　刘小燕（女）

区文化旅游委

主　任：吴云斌
副书记：魏晓东
副主任：陈　文（11 月离任）
　　　　胡　刚（11 月离任）
　　　　吴海焱（女）　邓　静　叶兴文
　　　　龙春玲（女）
　　　　罗　俊（挂职，9 月离任）
区文化市场综合行政执法支队支队长：李　勇
区文化市场综合行政执法支队政委：
　　　　贺红玉（女）

区卫生健康委

主　任：胡　容（女）
副书记：倪桂华（11 月离任）
副主任：汤贤君（女，11 月离任）
　　　　周禄友　钟卫民
区纪委监委派驻区卫生健康委纪检监察组组长：
　　　　余显锋
区红十字会副会长：陈　畅（女，常务）
区红十字会秘书长：左智慧（女）
区计生协会常务副会长、秘书长：
　　　　杨坤敏（女，2 月离任）

区退役军人事务局

局　长：杨万萍（女，11 月离任）
副局长：杨必武　陈吉林

区应急局

局　长：赵　兵（3 月离任）
　　　　荣修高（3 月起任）
副局长：胡宝同（11月离任）　潘仁超　范　瑜
政治处主任：张　伟
救援指挥中心主任：陈　睿（8 月离任）
副主任：幸文明　马永妮（女）

区审计局

局　长：李　梅（女）

副局长：曹　霞（女）　欧　林　刘　静（女）

纪检组长：谢贤友

经济责任审计办公室主任：黄明荣

区政府外办

主　任：刘荐华（女）

党组书记：程　前

区国资委

主　任：潘　劼

副主任：刘　志（12月起任）

　　　　刘晓东（12月离任）　艾　伟

区纪委监委派驻区国资委纪检监察组组长：

　　　　钟志权

区统计局

局　长：邓　超（7月离任）

　　　　康碧霞（女，7月起任）

副局长：董昭权（11月离任）

　　　　刘成军　冉　现（女）

区医保局

局　长：杨　政

副局长：刘　颖（女，11月离任）

区医保中心主任：向　华

区金融办

主　任：白晓琴（女，11月离任）

副主任：郑林燕（女）　陈　乾

区信访办

主　任：商红松（11月离任）

　　　　江　艇（11月起任）

副主任：张玉兰（女，11月离任）

　　　　江　艇（11月离任）　包宏钢

　　　　刘裕文（挂职，9月起任）

督查专员：龙进洋　邹　勇

区大数据发展局

局　长：冯　梁（3月起任）

副局长：蔡　奇（12月离任）　罗　义

区林业局

局　长：龙裕贤

副局长：高兴中　凌　云　唐庆荣

区政务办

主　任：黄禄江（11月离任）

　　　　刘　俭（女，11月起任）

副主任：沈晓荣　苏定超（女）

区临空办

主　任：刘雪梅（女，2月离任）

　　　　姜　澜（女，2月起任）

副主任：刘　琴（8月离任）

　　　　高　博（10月起任）　曹　章

部分事业单位及其他机构

区供销合作社

主　任：辜夕尹（女）

副主任：李甲胜（11月离任）　罗少华

区委党校

校　长：邓孝明（女，兼，12月离任）

　　　　王小渝（兼，12月起任职）

副校长：唐　灵（常务，11月离任）

　　　　汤建容（女，常务）　李　艳（女）

区委党史研究室

主　任：杨永洪

副主任：张明虎（11月离任）

　　　　邹　建（11月起任）

区档案馆

馆　长：张国安

副馆长：封雪梅（女）　冷国峰（8月离任）

　　　　黄　旭（11月起任）

区融媒体中心

主　任：李劲松

副主任：汪年庆　朱　强　黄　燕（女）

　　　　刘恋恋（女）　文　寒（女）

区机关事务中心

主　任：陈蓓蕾（女）

副主任：袁昌建　蒋波霞（女）

区地方志编纂中心

主　任：李　晋

副主任：刘　琴（女，8月起任）

区征地事务中心

主　任：刘　志（11月离任）

　　　　汪　海（11月起任）

副书记：罗大荣（8月离任）

副主任：谢小平（女）

　　　　何山多（11月离任）

　　　　吴文耀（11月起任）

区土地储备整治中心主任：邓福斌

区公共资源交易中心

主　任：杜东北

副主任：罗　疆（女）　贺伦学（11月离任）

　　　　李江陵（11月离任）

区体育中心

主　任：叶文峰

副主任：谌　军　丁　佳（11月离任）

区教考中心

主　任：程雪松

副主任：敖奇禄（11月离任）

区属国有公司

重庆创新经济走廊开发建设有限公司

董事长：唐　利（9月离任）

　　　　唐中浩（9月起任）

总经理：唐中浩（9月离任）

　　　　文荣刚（9月起任）

副书记：周良懿（女，专职）

监事会主席：陈　斌

副总经理：林云登（常务，2月离任）

　　　　　谢　勇　张炜巍（9月离任）

　　　　　张　强（12月起任）

　　　　　彭中明（12月起任）

　　　　　肖　飞（女，挂职，8月离任）

　　　　　白涌滔（挂职，9月起任）

财务总监：郭　玲（女）

总工程师：何祥全（12月离任）

仙桃数据谷投资管理有限公司

董事长：汪小平

总经理：马中骏

副书记：吴永洪（专职）

监事会主席：程会平（12月离任）

副总经理：陈煜红　刘　毅　徐　忆　杨继刚

　　　　　王唐路

财务总监：陈　嘉（女）

重庆空港经济开发建设有限公司

董事长：尹华伟（11月离任）

总经理：况　斌

副书记：陈长寿（专职）

监事会主席：文　涛

副总经理：杜中明　吴　勇　刘　东　陈　彪

财务总监：潘光明

空港新城公司

董事长：王映波（2月离任）

　　　　胡天才（2月起任）

总经理：范清海

副书记：杨国强（专职）

监事会主席：张晓云

副总经理：周远贵　陈祥华（2月起任）

　　　　　寿安明（7月起任）

财务总监：任　奎

总工程师：罗　亨（3月离任）

临空都市农业开发建设有限公司

董事长：张　枫

总经理：骆炳臻（8月起任）

副书记：米　格（专职）

监事会主席：屈胜强

副总经理：潘爰媛（女）　江建明

　　　　　谭　星（挂职，8月离任）

　　　　　钱世波（挂职，9月起任）

财务总监：樊成兰（女）

重庆临空招商集团有限公司

董事长：张　维（2月离任）

　　　　邓镓佳（女，2月起任）

总经理：韩　啸

副书记：蒙　琴（女，7月离任）

监事会主席：李鑫鑫

副总经理：蒙　琴（女，7月离任）

　　　　　孙爱杰（12月离任）　郭志强

　　　　　高　博（9月离任）

　　　　　曾　泓（2月离任）

　　　　　邓潘颖（女，7月起任）

临空开发投资集团有限公司

董事长：丁后荣

总经理：蔚世雄

副书记：黄　乐（专职）

监事会主席：郭　中

副总经理：胡容蓉（女）　甘鸣懿（女）

财务总监：张爱军

渝港建设投资集团有限公司

董事长：倪　伟

总经理：朱敬松

副书记：陈　明（专职）

监事会主席：封光亮

副总经理：文荣刚（9月离任）　张淑国

　　　　　刘晓婷（女）

财务总监：沈　晰

临空都市基础设施建设运营有限公司

董事长：晏其彬（11月离任）

总经理：王　波

副书记：游　敏（女，专职）

监事会主席：王明军（11月离任）

副总经理：严志钢　陈　丹

总工程师：刘　毅

财务总监：欧春梅（女）

渝北农村基础设施建设有限公司

董事长：李 涛
总经理：李朝金
副书记：陶 平（专职）
监事会主席：唐忠友
副总经理：黄 波 罗丽红（女）
财务总监：汪楣英（女）
总工程师：何品祥

渝北城市更新建设有限公司

董事长：李世伟
总经理：何建辉
副书记：张 利（女，专职）
监事会主席：邓镓佳（女，2月离任）
林云登（2月起任）
副总经理：张 利（女，12月离任）
何祥全（12月起任）
张炜巍（8月起任）
吴 猛（12月离任）
陈 渝（女）
财务总监：段荣华

重庆文化旅游发展有限公司

董事长：代建军
总经理：沈蓝乔
监事会主席：任利君（女）
副总经理：张 海（2月起任）
徐中伟（2月起任）
杨 航（2月起任）
汪 舟（2月起任）

渝北区三社融合发展供销服务有限公司

董事长：陈 睿（8月起任）
总经理：蒙 琴（8月起任）
监事会主席：张明良（8月起任）

街道、镇

龙溪街道

书 记：黄 梅（女，11月离任）
王瑞全（11月起任）
主 任：王瑞全（11月离任）
刘 颖（女，11月起任）
人大工委主任：马甫超（11月离任）
冯业勤（女，11月起任）
副书记：陈帮财（11月离任）
张 磊（11月起任）
副主任：冯业勤（女，常务，11月离任）
吕建中 段成波（女） 王希海
纪工委书记：高 姗（女）
组织委员：张 伟
政法委员：朱 勇
宣传统战委员：林小东
人武部长：王希海（兼）

龙山街道

书 记：杨廷会（女）
主 任：余 徽（7月离任）
文乐乐（7月起任）
人大工委主任：曹阳平（11月离任）
聂本秀（女，11月起任）
副书记：聂本秀（女，11月离任）
副主任：龚家禄（11月离任）
彭德海（11月离任）
张 磊（11月离任） 罗益春
人大工委副主任：杨丹丹（女，兼）
纪工委书记：滕 可（女）
组织委员：杨丹丹（女）
政法委员：马 强
宣传统战委员：魏丽君（女，11月离任）

人武部长：罗益春（兼，12月离任）

龙塔街道

书　记：任山城（11月离任）
　　　　曹兴兵（11月起任）
主　任：唐　滨
人大工委主任：冉茂国（9月离任）
　　　　　　　罗大荣（9月起任）
副书记：夏　浪（11月离任）
　　　　谭万红（女，11月起任）
副主任：熊　军（常务）付永均　李燎原
　　　　蔡俐宴（8月起任）
　　　　黄朝文（8月离任）
人大工委副主任：林　毅（兼）
纪工委书记：邹大刚（11月离任）
　　　　　　何小琴（女，11月起任）
组织委员：林　毅
政法委员：曾海中（11月离任）
　　　　　桂平勇（11月起任）
宣传统战委员：熊常琼（女）
人武部长：李燎原（兼）

双凤桥街道

书　记：毛志亮
主　任：李玉萍（女）
人大工委主任：庹俊星（11月离任）
　　　　　　　张　波（11月起任）
副书记：涂明忠
副主任：江国群（常务）张　彬　曹　俐（女）
人大工委副主任：王安柿（兼，7月离任）
　　　　　　　　罗　婷（女，兼，7月起任）
纪工委书记：张邻均（女）
组织委员：王安柿（7月离任）
　　　　　罗　婷（女，7月起任）
政法委员：傅　勇
宣传统战委员：高　霞（女）
人武部长：李振宇

两路街道

书　记：田期容（女，2月离任）
　　　　穆　林（2月起任）
主　任：朱　荣
人大工委主任：徐六云（11月离任）
　　　　　　　胡　刚（11月起任）
副书记：胡　佳（11月离任）
　　　　王　超（11月起任）
副主任：王显秀（女，常务，7月离任）
　　　　罗　敏（常务，7月起任）陈世海
　　　　苑后双　陈明斌
纪工委书记：张　艺（女）
组织委员：白　钧（女）
政法委员：白太宏
宣传统战委员：陈　瑜
人武部长：苑后双（兼）

王家街道

书　记：左其刚（11月离任）
　　　　唐　灵（11月起任）
主　任：沈迎春（女，2月离任）
　　　　韩　龙（2月起任）
人大工委主任：何祯模（11月离任）
　　　　　　　李大军（11月起任）
副书记：唐　彬
副主任：李大军（常务，11月离任）
　　　　徐登玉（女）唐　宗（11月离任）
　　　　任　虹（女）
纪工委书记：王顺桦
组织委员：幸坤琴（女）
政法委员：李天智
宣传统战委员：马　雪（女）

人武部长：李大军（兼，12 月离任）

双龙湖街道

书　记：杨坤敏（女，2 月起任）
主　任：郭晓亮（11 月离任）
　　　　黄　聚（11 月起任）
人大工委主任：高　军
副书记：许　珂（女）
副主任：罗海全（常务，11 月离任）
　　　　房开斌（常务，11 月起任）
　　　　陈　琼（女，11 月离任）
　　　　杨光强　代家祥
人大工委副主任：刘　玲（女，兼）
纪工委书记：黄　智
组织委员：刘　玲（女）
政法委员：陈　建
宣传统战委员：刘联春
人武部长：代家祥（兼）

回兴街道

书　记：冯　梁（2 月离任）
　　　　刘雪梅（女，2 月起任）
主　任：杨孝东（11 月离任）
　　　　徐吉江（11 月起任）
人大工委主任：聂　爽（女）
副书记：徐　荐（女，11 月离任）
　　　　罗　钢（11 月起任）
副主任：徐吉江（11 月离任）
　　　　桂来轩（11 月离任）
　　　　余时鹏（11 月离任）　潘光前
　　　　李洪波（11 月起任）
　　　　但蜀蓉（女，11 月起任）
纪工委书记：杜思奇（女）
组织委员：李璐璐（女）
政法委员：肖远斌
宣传统战委员：高才龙
人武部长：潘光前（兼，11 月离任）
　　　　　李洪波（兼，11 月起任）

悦来街道

书　记：荣修高（2 月离任）
　　　　王代兵（2 月起任）
主　任：付　勇（11 月离任）
　　　　张　晏（女，11 月起任）
人大工委主任：冉利行（女，9 月离任）
　　　　　　　李和平（9 月起任）
副书记：李和平（9 月离任）
　　　　王显秀（女，7 月起任）
副主任：杨小伟（常务，11 月离任）
　　　　石树林　邓美田　马　毅
人大工委副主任：刘桂岑（女，兼）
纪工委书记：谷　宏
组织委员：刘桂岑（女）
政法委员：李红斌
宣传统战委员：徐朝阳（女）
人武部长：石树林（兼）

宝圣湖街道

书　记：严　斌（11 月离任）
　　　　郭晓亮（11 月起任）
主　任：王莉霞（女，2 月离任）
　　　　唐作玖（2 月起任）
人大工委主任：杨　刚（9 月离任）
　　　　　　　冉利行（女，9 月起任）
副书记：田延梅（女）
副主任：黄　聚（常务，11 月离任）
　　　　罗召兰（女，11 月离任）　肖　毅
　　　　姜　梅（女，11 月起任）　熊齐林
人大工委副主任：李　红（女，兼）
纪工委书记：龚华中

组织委员：李　红（女）
政法书记：辜庆龙（11 月离任）
宣传统战委员：龙　勇
人武部长：肖　毅（兼）

仙桃街道

书　记：廖和平（女，2 月离任）
　　　　邓　伟（2 月起任）
主　任：邓　伟（2 月离任）
　　　　刘　烜（2 月起任）
人大工委主任：丁　勇（11 月离任）
　　　　唐成梅（女，11 月起任）
副书记：唐成梅（女，11 月离任）
　　　　徐　荐（女，11 月起任）
副主任：余时琼（女）　龚生荣
　　　　陈祥勇　李　勇
纪工委书记：邹燕妮（女）
组织委员：税　莺（女）
政法委员：邓臣涛
宣传统战委员：张　丁
人武部长：龚生荣（兼）

鸳鸯街道

书　记：邓　科（女）
主　任：陈邦贵（5 月离任）
　　　　范　宇（5 月起任）
人大工委主任：胡　玲（女，12 月离任）
　　　　曾建全（12 月起任）
副书记：颜　军（7 月离任）
　　　　杨　越（7 月起任）
副主任：万劲松　张　强（7 月离任）
　　　　江信敏（女，7 月起任）
　　　　廖　萍（女）
纪工委书记：胡　平
组织委员：何　豪
宣传委员：王　建
人武部长：潘昌林

人和街道

书　记：甘敬鸣
主　任：盛　勇
人大工委主任：陈　锋（11 月离任）
副书记：曾建全（12 月离任）
　　　　何渝生（12 月起任）
副主任：戴维玲（女，7 月离任）
　　　　邓贤明（12 月起任）
　　　　张　强（7 月起任）
　　　　昌　泾（女）　刘孝礼（12 月离任）
纪工委书记：张　渝
组织委员：李　莉（女，8 月起任）
宣传委员：王　成
人武部长：胡　斌

天宫殿街道

书　记：杨　虹（女）
主　任：周　兵（12 月离任）
　　　　杨　林（12 月起任）
人大工委主任：张德龙
副书记：范卫东（4 月离任）
　　　　张问勤（5 月起任，11 月离任）
　　　　徐杰科（11 月起任）
副主任：苏开全（11 月离任）
　　　　张永娟（女）　刘孝礼（12 月起任）
　　　　张问勤（5 月离任）
　　　　王　刚（5 月起任）
纪工委书记：瞿　蜜（女）
组织委员：王　刚（1 月起任，5 月离任）
　　　　黄　波（8 月起任）
宣传委员：王　刚（1 月离任）
　　　　宋龙江（3 月起任）

人武部长：李　刚

翠云街道

书　记：谭　于
主　任：杨　林
人大工委主任：陈昌武
副书记：杨　越（7月离任）
　　　　张光英（7月起任）
副主任：罗　辉　徐为利（6月离任）
　　　　冯　涛（6月起任）　王海燕（女）
纪工委书记：胡琼文（女，6月起任）
组织委员：李　燕（女）
宣传委员：喻晓莹
人武部长：高兴连

大竹林街道

书　记：鲁　松（1月离任）
　　　　刘世斌（1月起任）
主　任：陈　斌（5月离任）
　　　　陈　锋（5月起任）
人大工委主任：王启明（11月离任）
　　　　　　　杨　峻（11月起任）
副书记：胡晓东
副主任：余　磊　谷正义（11月离任）
　　　　刘远全（11月起任）　张跃学（女）
组织委员：苏　辉
宣传委员：王晓莉（女）
武装部长：黄治庆（5月离任）
　　　　　陈睦彪（5月起任）

礼嘉街道

书　记：喻宗华（7月离任）
　　　　张光明（7月起任）
主　任：江　华
人大工委主任：唐久明（3月起任）
副书记：张光英（女，8月离任）
　　　　叶腾平（8月起任）
副主任：江信敏（女，8月离任）
　　　　戴维玲（女，8月起任）
　　　　刘远全（11月离任）
　　　　齐红英（女，8月起任）
　　　　李前杰（6月离任）
纪工委书记：吴维东（8月起任）
组织委员：苗元君
宣传委员：王阳璇（女，8月离任）
人武部长：冯　粒

金山街道

书　记：李亭一（11月离任）
　　　　王三环（女，11月起任）
主　任：杨红军
人大工委主任：李前杰（7月起任）
副书记：刘立红（12月离任）
副主任：邓贤明（11月离任）
　　　　尹平利（11月起任）　王　洵
纪工委书记：易真菊（女）
组织委员：曹　勇
宣传委员：孙　杰（女）
人武部长：何渝生（11月离任）

康美街道

书　记：潘世品（5月离任）
　　　　陈　斌（5月起任）
主　任：邓礼彬（7月离任）
　　　　王　斌（9月起任）
人大工委主任：倪中良（11月离任）
　　　　　　　胡　玲（女，11月起任）
副书记：叶腾平（11月离任）
　　　　王　燕（女，11月起任）
副主任：齐红英（女，7月离任）

尹平利（11 月离任）
苏开全（11 月起任） 杨仁亮
纪工委书记：万珍秀（女）
组织委员：胡亚兰（女）
宣传委员：陈德英（女）
人武部长：陈子松

石船镇

书　记：王莉霞（女，2 月起任）
镇　长：邓天才（11 月离任）
胡　佳（11 月起任）
人大主席：姚　遥（女）
副书记：胡　昕（7 月离任）
黄红川（7 月起任）
副镇长：刘　波（常务，11 月离任）
张　平　彭中明（11 月离任）
熊人杰（11 月起任）
黄红川（7 月离任）
蒙　亮（7 月起任）
韩　明（11 月起任）
纪委书记：黄小琴（女）
组织委员：陈青亮
政法委员：熊人杰
宣传统战委员：倪　红（女）
人武部长：黄红川（兼，7 月离任）
蒙　亮（兼，7 月起任）

洛碛镇

书　记：邹　浩
镇　长：杨　明
人大主席：王　林（12 月离任）
张　义（12 月起任）
副书记：蒋文峰
副镇长：文乐乐（常务，8 月离任）
唐　刚　倪元强（12 月起任）
邓　宗（6 月离任）
宋文峰　饶　杰（8 月起任）
纪委书记：肖　颖（女，11 月离任）
敖世龙（11 月起任）
组织委员：但蜀蓉（女，11 月离任）
董建宏（11 月起任）
政法委员：倪元强
宣传统战委员：满　薇（女）
人武部长：宋文峰（兼）

龙兴镇

书　记：汪　海（11 月离任）
邓天才（11 月起任）
镇　长：辛国旗（2 月离任）
代全川（3 月起任）
人大主席：梁海青
副书记：高德明（专职，11 月离任）
张　楠（专职，11 月起任）
副镇长：代全川（3 月离任）
张　楠（7 月起任，11 月离任）
刘兴刚　贺静爽（女） 杨才麟
沈靖翔（12 月起任）
秦　平（12 月起任）
纪委书记：傅家莲（女）
组织委员：张余玲（女）
政法委员：桂平勇（11 月离任）
沈靖翔（11 月起任）
宣传统战委员：邹　建（11 月离任）
刘洪敏（女，11 月起任）
人武部长：刘兴刚（兼）

大湾镇

书　记：张俊华
镇　长：唐作玖（2 月离任）
骆瑞华（3 月起任）

人大主席：骆瑞华（3 月离任）
谭治义（3 月起任）
副书记：魏长虹（8 月离任）
张 煜（11 月起任）
人大副主席：唐永合（专职，7 月离任）
石 赟（女，兼，12 月起任）
副镇长：张 煜（常务，11 月离任）
刘厚伟 李广致（12 月起任）
王 俊 马成瑶（女，12 月起任）
彭 燕（女，12 月起任）
纪委书记：刘小全
组织委员：石 赟（女）
政法委员：李广致
宣传委员：黄 旭（11 月离任）
马成瑶（女，11 月起任）
统战委员：黄 旭（11 月离任）
刘厚伟（12 月起任）
人武部长：刘厚伟

古路镇

书 记：穆 林（2 月离任）
石 品（2 月起任）
镇 长：张 华
人大主席：田其钢
副书记：刘 浩
副镇长：马吴林 颜遥平
敖瑞均（11 月离任）
聂 鹏（11 月起任）
童 舟（11 月起任）
纪委书记：陈大军
组织委员：陈青伦
政法委员：敖瑞均（11 月离任）
聂 鹏（11 月起任）
宣传统战委员：姜 梅（女，11 月离任）
向小丽（女，11 月起任）
人武部长：马吴林（兼）

统景镇

书 记：缪 璞（7 月离任）
唐 利（8 月起任）
镇 长：魏庆超（10 月离任）
唐建军（11 月起任）
人大主席：朱 燕（女，10 月离任）
胡 伟（11 月起任）
副书记：王 超（女，10 月离任）
杨小伟（11 月起任）
副镇长：胡 伟（常务，10 月离任）
雷朝春（10 月离任） 叶晓军
李玉梅（女） 姜 南（11 月起任）
黄健华（12 月起任）
石胜兵（11 月起任）
纪委书记：陈 红（女）
组织委员：李俊毅
政法委员：黄健华
宣传统战委员：姜 南（10 月离任）
任 地（11 月起任）
人武部长：雷朝春（兼，10 月离任）
石胜兵（兼，11 月起任）

大盛镇

书 记：汪 勇
镇 长：李 觅
人大主席：欧代明
副书记：张 义（11 月离任）
刘 波（12 月起任）
副镇长：黄 东（常务） 齐训山
张何欢（女，8 月起任）
曾廷素（女，12 月起任）
纪委书记：黄 刚
组织委员：刘 畅（女）

政法委员：黄　东（兼，11月起任）
宣传统战委员：倪　佳（女）
人武部长：齐训山（兼）

木耳镇

书　记：杨　旭（11月离任）
　　　　冯　梁（11月起任）
镇　长：张明良（6月离任）
　　　　吴国平（7月起任）
人大主席：邓云峰
副书记：谭治义（2月离任）
　　　　陈艺雯（女，11月起任）
副镇长：张　强（常务，11月离任）
　　　　田均广　杨丛蛟（11月起任）
　　　　邓　刚　谭万红（女，11月离任）
　　　　胡小东（11月起任）
　　　　徐　毅（11月起任）
纪委书记：贾志敏
组织委员：王　晶（女）
政法委员：吴文耀（11月离任）
　　　　　田均广（11月起任）
宣传统战委员：胡小东（11月离任）
　　　　　　　胡寅权（11月起任）
人武部长：田均广（兼，11月离任）
　　　　　杨丛蛟（兼，11月起任）

兴隆镇

书　记：邓小勇
镇　长：陈正进（2月起任）
人大主席：贺祖全（12月离任）
　　　　　罗海全（12月起任）
副书记：王安柿（11月起任）
副镇长：王　蕾（女，11月离任）
　　　　杨　荫（女）　李长江
　　　　任广彬（12月起任）　杨　怡
　　　　谭国刚（12月起任）
纪委书记：张世全
组织委员：谭国刚（11月离任）
　　　　　戴彦侠（11月起任）
政法委员：任广彬
宣传统战委员：游宏宇（女）
人武部长：李长江（兼）

茨竹镇

书　记：王卓伟（7月离任）
　　　　余　徽（7月起任）
镇　长：谭　浩
人大主席：刘　巍（12月离任）
副书记：房开斌（11月离任）
　　　　敖瑞均（11月起任）
人大副主席：张正娟（女）
副镇长：董先炼（常务）
　　　　田书勤（11月离任）
　　　　张　勇（7月离任）
　　　　童　强（12月起任）
　　　　胡传军（11月起任）
纪委书记：何小琴（女，11月离任）
　　　　　余巧惠（女，11月起任）
组织委员：李　蕾（女）
政法委员：童　强
宣传委员：蒋承材
统战委员：蒋承材（11月离任）
　　　　　田书勤（兼，11月起任）
人武部长：田书勤

玉峰山镇

书　记：王代兵（2月离任）
　　　　唐先文（2月起任）
镇　长：唐先文（4月离任）
　　　　周代国（4月起任）

人大主席：王明素（女，12 月离任）

高德明（12 月起任）

副书记：辛国艺（女）

副镇长：罗坤兵　晏晓华（8 月离任）

田茂川（8 月起任）

陈燕燕（女）　徐　昶（12 月起任）

纪委书记：潘晓书

组织委员：田茂川（7 月离任）

邵预颀（女，7 月起任）

政法委员：晏晓华（7 月离任）

田茂川（7 月起任）

宣传统战委员：吴学兰（女）

人武部长：罗坤兵（兼）

市直部门及部分驻区单位（企业）

区公安分局

局　长：李永成（11 月离任）

徐志强（11 月起任）

政　委：刘道龙（11 月离任）

副局长：陈　俊　龚玉波　向　俊

冉义智（11 月离任）

纪委书记：吴小猛

政治处主任：汪　洋

区规划自然资源局

局　长：胡天才（2 月离任）

张一兵（2 月起任）

副局长：何先聪　文贻伦（5 月离任）

陈　静　邓伟平（12 月离任）

王　兵

纪检组长：丁　前（2 月离任）

周　琴（女，3 月起任）

区规划自然资源事务中心主任：

寇洪菲（2 月离任）

夏　阳（8 月起任）

区税务局

局　长：盛　强

副局长：白宏斌　郑泽秀（女）

童卫东　郭　荣

总会计师：程　羿

纪检组长：黄　艳（女，9 月离任）

庞　渝（9 月起任）

总经济师：陈　娟（女）

区市场监管局

局　长：刘永安

副局长：颜宇雄（8月离任）　马　强（8月离任）

向　欣（8 月离任）　刘　涛　黄贞钢

张　林　吴　珊　何仕福

王　黎（3 月起任）　杨　晨　蒋元福

纪检组长：陈　彬

知识产权局局长：刘永安（兼）

综合行政执法支队支队长：

颜宇雄（兼，8 月离任）

陈渝徽（8 月起任）

区气象局

局　长：方德贤

副局长：李俊英（女）　陈　宏

区烟草局（公司）

局　长、经　理：戴　翔

副局长：宣　宜（女，10 月离任）

吴玉林（10 月起任）

副经理：骆　明　詹　胜（10 月起任）

纪检组长：宣　宜（女，10 月离任）

吴玉林（10 月起任）

区消防救援支队

政　委：万　明

支队长：赵　俊（4 月离任）

副政委：陈　城

副支队长：陈德榜　燕　翔　蹇子平

政治部主任：卢俊吉

市邮政管理五分局

局　长：墙　坤

副局长：李　勇

中邮渝北片区分公司

总经理：隆卫东（3 月离任）

　　　　晏木春（3 月起任）

副总经理：朱　洪　鲜光彬　杨绍斌（5 月离任）

　　　　　张婕玉（女，9 月起任）

纪委书记：朱　洪

国家统计局渝北调查队

队长：幸坤均（女）

纪检组长：廖渝青

区不动产登记中心

主　任：张　斌（6 月离任）

　　　　周浔倩（女，6 月起任）

副主任：刘玉亭（6 月离任）

　　　　何显华（8 月起任）　向　雯（女）

重庆机场集团有限公司

董事长：谭平川（8 月离任）

　　　　戴　科（8 月起任）

总经理：戴　科

监事会主席：黄　伟

副书记：罗　丽（女）

纪委书记：王志清

副总经理：陈世琴（女）　李光彩　贾朝轩

　　　　　张明进　熊德智

民航重庆空管分局

局　长：王一兵（9 月离任）

　　　　陈　立（9 月起任）

书　记：陈　立（9 月离任）

　　　　徐　颢（12 月起任）

副书记：徐　颢（9 月起任，12 月离任）

副局长：徐　颢（9 月离任）　沈　昕

　　　　王　珂（8 月起任）

纪委书记：吴　波

工会主席：陈　立（9 月离任）

　　　　　徐　颢（9 月起任）

中国电信渝北分公司

总经理：洪　军

副总经理：文　勇　翁晓蓉

　　　　　王德睿（9 月起任）

中国联通渝北分公司

总经理：龙厚智

副总经理：谢　畅　谢有德　范　涛

中国移动渝北分公司

书　记：陈劲松

总经理：韩　宏

副总经理：江晓帆